Mind Map

TOPIK VOCA

토픽 어휘
2300

저자 한후영, 정보영

한글파크

서 문

 외국인 학습자들이 한국어 중급 수준에 들어서면서 수많은 어휘를 외우는 것이 어렵기도 하고, 외워도 기억하기 어렵다고 호소하는 것을 자주 듣는다. 이 책은 어휘 학습을 어려워하는 많은 외국인 학습자들에게 어떻게 하면 도움을 줄 수 있을까 하는 질문에서 시작되었고 그 고민의 결과로 이 교재를 집필하게 되었다. 이 교재는 의미장을 활용한 어휘 교재로 마인드맵을 통하여 어휘를 학습할 수 있다. 지금까지 어휘 학습을 위한 한국어 교재는 많이 나왔지만 어휘 학습 전략을 제시하는 교재는 미비하다. 의미장을 활용하면 하나의 의미장으로 묶이는 어휘를 학습할 수 있고, 관련 어휘를 활용하여 유의어와 반의어 학습도 효과적으로 할 수 있다. 이 책은 교재 안에 제시된 주제별 마인드맵을 통하여 의미 중심으로 학습할 수 있기 때문에 학습자들이 단어를 암기하고 기억하는 데 많은 도움이 되리라고 본다.

 본 교재는 국립국어원에서 제시한 TOPIK 중급 어휘 중 2,300여 개의 단어를 수록하고 있다. 47개의 주제가 DAY 80으로 구성되어 80일 안에 중급 필수어휘를 학습할 수 있도록 구성하였다. 학습한 어휘를 사용하는 데 도움을 주고자 일상생활에서 실제적으로 쓰이는 대화와 문장을 수록했고, 단어 의미에 대한 이해를 돕고자 영어, 일본어, 중국어로 번역을 달았다. 또한, 학습 어휘 이외에 연어, 유의어, 반의어를 제시해 어휘 학습을 풍성하게 할 수 있도록 했다. DAY의 마지막 부분에는 연습문제를 실어 배운 어휘를 확인할 수 있도록 하였는데 학습자들이 지루하지 않고 재미있게 학습할 수 있도록 과제 유형의 연습문제를 포함시켰다. '어휘력 쑥쑥'은 중고급으로 갈수록 한자어의 비중이 높아지는 것을 고려하여 한자어를 학습하는 데 도움을 주고자 수록하였다.

 그동안 한국어 어휘 학습을 어려워했던 많은 외국인 학습자들이 이 책을 통하여 한국어 어휘 공부에 조금이나마 쉽게 접근할 수 있기를 바란다. 또한, 수많은 어휘를 가르치는 데 어려움을 느꼈던 한국어 교사들에게도 이 책의 마인드맵을 통한 교육이 실제 한국어 교실에서 도움이 되기를 바란다.

 이 책이 집필되는 2년여의 긴 시간 동안 옆에서 힘을 준 가족들과 기도와 응원으로 함께해 준 모든 분들께 진심으로 감사하는 마음과 사랑을 전한다. 또한, 보다 좋은 책을 출판하기 위해 언제나 노력하시는 랭기지플러스 한국어 편집부께도 감사를 드린다.

제목

제목은 중고급 단계의 주요 어휘를 분류한 주제로, DAY별로 하루 학습량을 구성하였다. 매일 꾸준히 학습하면 80일에 주요 중고급 어휘 학습을 끝마칠 수 있다.

마인드맵

마인드맵은 어휘를 이미지화하여 단기 기억 및 장기 기억을 강화하도록 한다. 제목의 대주제를 소주제로 나누고, 각 소주제별로 어휘를 분류하여 마인드맵으로 시각화하였다.

어휘 학습 시 먼저 마인드맵의 소주제를 확인하고, 소주제와 목표 어휘의 의미를 관련지으면서 학습할 것을 권한다. 또한 어휘 학습 후에 대주제, 소주제, 개별 어휘 순으로 마인드맵을 직접 그려 보는 것도 좋은 학습 방법이다.

목표 어휘

목표 어휘는 단원의 주제별로 분류했다. '가, 나, 다' 순으로 제시하여 찾기 쉽도록 하였고, 외래어는 별도로 표시하였다. 영어로부터 온 외래어가 많으므로 영어의 발음을 생각하며 학습하면 기억에 도움이 된다. 목표 어휘의 유의어, 반의어 및 관련 표현을 제시하여 어휘 사용에 도움을 주고자 하였다.

예문

예문은 목표 어휘의 실제 쓰임을 보여준다. 대화문과 문장의 두 종류 예문을 제시하였는데 대화문에서는 구어체, 문장에서는 문어체를 사용하였다.

예문을 읽을 때 격식적이고 공식적인 상황, 비격식적이고 일상적인 상황 등 어휘가 사용되는 상황에 주의를 기울여서 학습하는 것이 좋다.

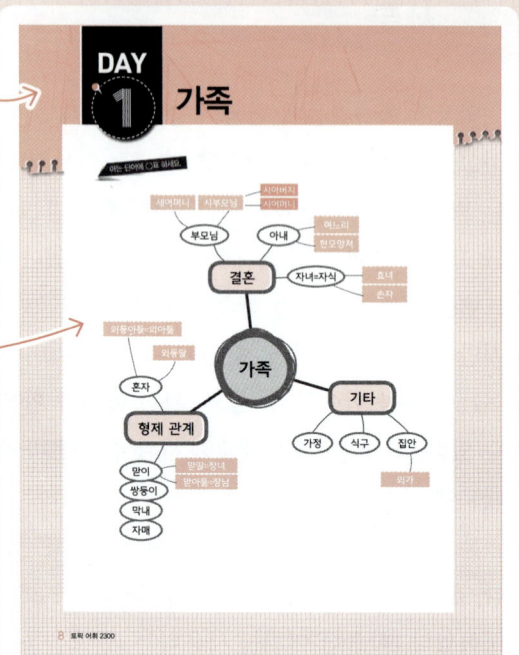

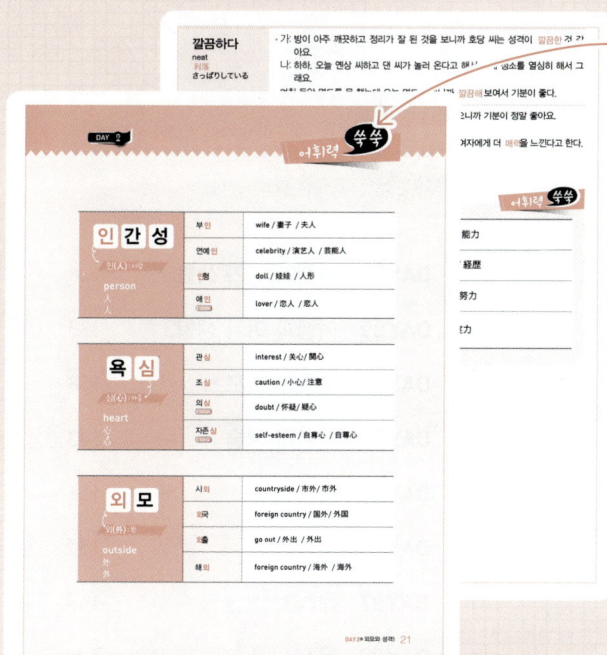

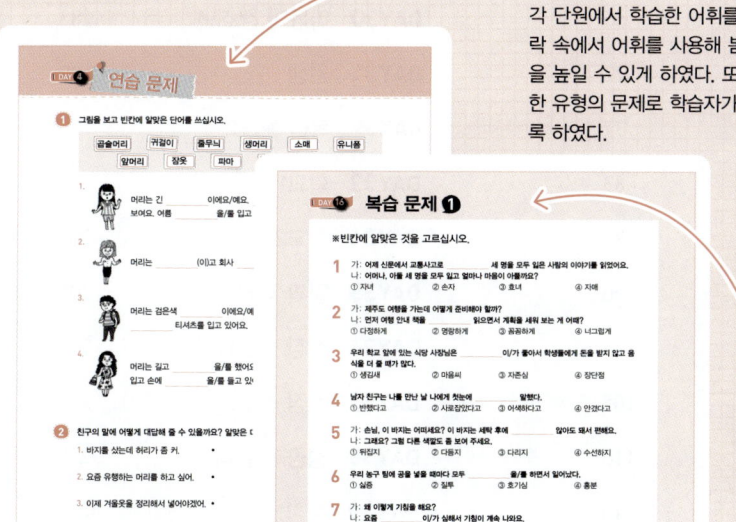

어휘력 쑥쑥

한국어 단어에 쓰이는 한자 중 조어력이 높은 한자를 익혀 어휘력을 높일 수 있다. 중고급으로 갈수록 한자어의 비중이 높아지므로 한자와 단어의 의미를 연결하여 학습하면 오래 기억할 수 있다. 새 어휘를 학습할 때에도 한자로 단어의 의미를 추측하거나 이해하는 데에 도움이 된다.
목표 어휘 중 조어력이 높은 한자를 선별하여 의미를 설명하고 초중급 어휘 중 해당 한자가 사용된 단어를 예로 들어 그 의미를 기억할 수 있도록 하였다. 예시한 어휘가 교재의 어느 단원에 나오는지도 표시하여 쉽게 찾아볼 수 있게 하였다.

연습 문제

각 단원에서 학습한 어휘를 복습하는 부분이다. 유의미한 사용 맥락 속에서 어휘를 사용해 봄으로써 실제 상황에서 어휘 사용 능력을 높일 수 있게 하였다. 또한 과제, 대화 연습, 문장 완성 등 다양한 유형의 문제로 학습자가 흥미와 관심을 가지고 학습할 수 있도록 하였다.

복습 문제

약 2주간 학습한 어휘를 복습하는 부분이다. 각 단원에 나온 예문을 문제로 하였다. 어휘를 학습할 때의 문맥을 다시 떠올리는 것이 어휘의 의미를 오래 기억하는 데에 도움이 된다.

차 례

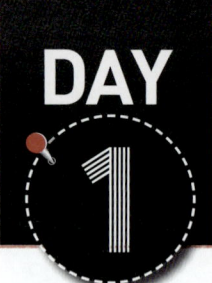

DAY 1 가족

아는 단어에 ○표 하세요.

- 새어머니
- 시부모님
  - 시아버지
  - 시어머니

결혼
- 부모님
- 아내
  - 며느리
  - 현모양처
- 자녀=자식
  - 효녀
  - 손자

가족

형제 관계
- 혼자
  - 외동아들=외아들
  - 외동딸
- 맏이
  - 맏딸=장녀
  - 맏아들=장남
- 쌍둥이
- 막내
- 자매

기타
- 가정
- 식구
- 집안
  - 외가

며느리 daughter-in-law 儿媳妇 嫁	• 가: 가족사진에 외국 여자가 있네요. 누구예요? 　나: 셋째 며느리예요. 우리 막내아들이 영국 여자하고 결혼했어요. • 나는 결혼하면 남편에게 행복을 주는 아내, 좋은 엄마, 사랑받는 며느리가 되고 싶다.
새어머니 stepmother 继母 継母	• 가: 아버지가 다시 결혼해서 새어머니가 생겼을 때 마음이 어땠어요? 　나: 처음에는 새어머니를 '어머니'라고 부르는 것이 많이 어려웠는데 지금은 괜찮아요. • 어렸을 때 읽은 이야기책에 나오는 새어머니는 보통 나쁜 사람이었다.
손자 grandson 孙子 孫	• 가: 할아버지, 이 아이가 손자예요? 　나: 그래. 우리 막내 손자인데 방학이어서 우리 집에 놀러 왔어. • 첫째 조카가 태어났을 때 부모님은 손자가 보고 싶어서 매일 언니의 집에 가셨다.
시부모님/ 시아버지/ 시어머니 parents-in-law/ father-in-law/ mother-in-law 公婆/公公/婆婆 義父母/義父/義母	• 가: 시부모님을 모시고 사는 게 힘들지 않아요? 　나: 괜찮아요. 그리고 시어머니가 요리를 잘하셔서 많이 배우고 있어요. • 시아버지께서 일찍 돌아가셔서 시어머니께서 남편을 혼자 기르셨다.
자녀=자식 children, child 子女 子供, 子	• 가: 어제 신문에서 교통사고로 자식 세 명을 모두 잃은 사람의 기사를 읽었어요. 　나: 어머나… 세 명 모두 잃고 얼마나 마음이 아플까요? • 나는 자녀들의 말을 잘 들어 주는 부모가 되고 싶다. 표현 자녀/자식을 가지다/낳다
현모양처 a good wife and wise mother 贤妻良母 良妻賢母	• 가: 어떤 사람과 결혼하고 싶어요? 　나: 아이들도 잘 기르고 우리 부모님께 잘하는 현모양처가 될 수 있는 여자와 결혼하고 싶어요. • 할머니는 나에게 여자는 결혼하면 현모양처가 되어야 한다고 항상 말씀하셨다.
효녀 filial daughter 孝女 孝女	• 가: 우리 딸이 취직한 후부터 매달 30만 원씩 준다고 하네요. 　나: 와, 딸이 효녀네요. 행복하시겠어요. • 영화배우 손여진 씨는 10년 동안 모은 돈으로 혼자 자신을 길러 준 엄마에게 집을 사드려서 사람들이 효녀라고 말한다.

형제 관계

막내
환 맏이
the youngest
老小
末っ子

- 가: 가족이 어떻게 돼요?
  나: 부모님과 언니 두 명, 오빠 두 명 있고 저는 **막내**예요.
- 내 친구들 중에서 일찍 결혼한 친구는 **막내**아들이 벌써 대학교를 졸업한다고 한다.

맏딸=장녀
the eldest
daughter,
the oldest
daughter
長女
長女

- 가: **맏딸** 결혼식은 잘 끝났어요? 기분이 어때요?
  나: 친구 같은 딸인데 이렇게 빨리 결혼하게 되어서 눈물이 많이 났어요.
- 우리 아내는 딸만 여섯 명인 집의 **장녀**이다.

맏아들=장남
the eldest son,
the oldest son
長男
長男

- 가: 제가 **맏아들**이라서 할아버지께서 돌아가실 때 이 시계를 저에게 주셨어요.
  나: 그렇군요. 보통 옛날 어른들은 **맏아들**을 제일 중요하게 생각하시죠.
- 과거에는 **장남**이 부모님을 모시고 살았지만 지금은 부모님을 모시는 사람들이 거의 없다.

맏이
the eldest
老大
長子

- 가: 귀여운 동생이 태어나서 아이들이 좋아하겠어요.
  나: 둘째 아들은 괜찮은데 **맏이**는 제가 막내와 같이 있는 것을 싫어해요.
- 나는 **맏이**라서 어렸을 때부터 엄마가 집안일을 하라고 하거나 동생들과 놀아주라고 하신 적이 많았다.

쌍둥이
twin
双胞胎
双子

- 가: **쌍둥이**인데 얼굴이 많이 달라요.
  나: 네. 성격도 달라서 **쌍둥이**라고 말하면 사람들이 다 깜짝 놀라요.
- 다음 달이 되면 세**쌍둥이** 아들의 엄마가 된다.

외동딸
only daughter
独生女
一人娘

- 가: 언니하고 같은 방을 쓰는데 자주 싸우니까 방이 하나 더 있으면 좋겠어.
  나: 그래? 나는 **외동딸**이라서 너처럼 언니나 여자 동생이 있으면 좋겠는데.
- 하나밖에 없는 **외동딸**이 외국으로 유학을 가고 싶다고 하는데 걱정이 되어서 가지 말라고 했다.

**외아들
=외동아들**
only son
独生子
一人息子

- 가: 저는 **외동아들**이라서 부모님이 돌아가시면 가족이 없어서 외로울 것 같아요.
  나: 맞아요. 저도 외동딸인데 그런 생각을 할 때가 많아요.
- 할아버지와 아버지와 나는 모두 형제가 없는 **외아들**로 자랐다.

자매 🔄 형제 sisters 姐妹 姉妹	• 가: 어렸을 때는 언니들하고 많이 싸웠는데 결혼한 후에는 제일 친한 친구가 되었 　어요. 　나: 보통 **자매**들은 결혼하고 엄마가 되면 많이 친해진다고 들었어요. • 어머니의 **자매**를 '이모'라고 한다.

가족 기타

가정 family 家庭 家庭	• 가: 어제 아내와 싸워서 오늘 기분이 계속 안 좋아요. 　나: 그렇군요. **가정**에서 문제가 있으면 공부나 회사일이 잘 안 되죠. • 나의 꿈은 결혼해서 행복한 **가정**을 만드는 것이다.
식구 🔄 가족 family member 家口 家族	• 가: 와, 차가 정말 크네요! 왜 이렇게 큰 차를 샀어요? 　나: 부모님과 동생과 같이 살아서 우리 집은 **식구**가 여덟 명이니까 큰 차가 필요해요. • 우리 회사 사장님은 직원들도 자기의 **식구**처럼 생각하신다.
외가 one's mother's side 外婆家 母の実家	• 가: 민수 씨는 **외가**에 자주 가는 것 같아요. 　나: 네. 친척들이 모두 가까운 곳에 살아서 자주 모여요. • 어머니는 형제가 4명인데 명절 때 **외가**에 가면 사촌들이 많아서 재미있다.
집안 family 家 家、家柄	• 가: 결혼한다고 들었어요. 결혼식 날짜가 언제예요? 　나: 다음 달 2일인데 손님들을 초대하지 않고 **집안** 어른들만 모시고 결혼식을 하기 　로 했어요. • 우리 **집안**은 교사 **집안**이다. 할아버지, 할머니부터 사촌들까지 교사가 모두 14명이 　있다.

1 형제에 대해서 이야기하고 있습니다. 빈칸에 알맞은 단어를 쓰십시오.

| 막내 | 맏아들 | 쌍둥이 | 외아들 |

1. 저는 _____이에요/예요. 형제가 없으니까 외로울 때가 많아요. 가끔 형이 있으면 좋겠다고 생각할 때가 있어요.

2. 저는 _____ 언니가 있어요. 얼굴은 똑같은데 성격은 아주 달라요.

3. 저는 _____인데 남동생만 두 명 있어요. 그래서 귀여운 여동생이 있으면 좋겠어요.

4. 저는 _____이에요/예요. 큰언니는 회사에 다니고 둘째 언니는 대학원생이에요.

2 여성 결혼이민자들이 이야기하고 있습니다. 빈칸에 알맞은 단어를 쓰십시오.

| 며느리 | 손자 | 식구 | 효녀 |

1. 가 : 흐엉 씨는 방학 때마다 아이들하고 베트남에 있는 부모님을 뵈러 갔으니까 이번에도 가겠네요?
   나 : 네, 이번에는 시댁 _____들이 모두 같이 가기로 했어요.

2. 가 : 파니아 씨의 시부모님은 어떤 분들이세요?
   나 : 좋은 분들이세요. _____인 저를 딸처럼 생각해 주세요.

3. 가 : 아기가 생겼다고 들었어요. 축하해요.
   나 : 고마워요.
   가 : 부모님들도 기뻐하시죠?
   나 : 네. _____를 오랫동안 기다리셨어요.

4. 가 : 1년 동안 모은 돈으로 러시아에 계신 부모님에게 제주도 여행을 보내 드릴 거예요.
   나 : 와! 정말 _____네요! 부모님이 기뻐하시겠어요.

어휘력 쑥쑥

가 정	가족	family / 家族 / 家族
가(家) : 가족, 집	가구	furniture / 家具 / 家具
family 家族 家族	외가 DAY1	one's mother's parents' home / 外婆家 / 母の実家
	가전제품 DAY63	household electrical appliance / 家用电器 / 家電製品

장 남	부장	department head / 部长 / 部長
장(長) : 처음, 머리	사장	president / 社长 / 社長
first, head 长 長	장녀 DAY1	the oldest daughter / 长女 / 長女
	회장 DAY36	chairman / 会费 / 会長

MEMO

DAY 2 외모와 성격1

아는 단어에 ○표 하세요.

긍정적
사교적
유머
명랑하다
씩씩하다
활발하다

너그럽다
다정하다
인간적 — 인간

꼼꼼하다   따뜻하다

밝다   **긍정적**   느긋하다

솔직하다   조용하다

얌전하다
점잖다

외모와 성격1

엄격하다
여리다

게으르다

까다롭다   **부정적**   **기타**

고집

욕심   계획성
내성적
이기적   눈치
자존심
장단점
마음씨
인간성

| 외모
apperance
外貌
見かけ、外観 | • 가: 요즘은 취직할 때 외모도 중요하다고 해요.
　나: 맞아요. 그래서 얼굴을 고치는 사람도 많아졌어요.
• 결혼할 사람을 선택할 때 여자보다 남자가 외모를 더 중요하게 생각한다고 한다. |

외모와 성격1 ▷ 긍정적

긍정적 positive 肯定的 肯定的	• 가: 어제 시험에 합격 못 했다고 하는 연락을 받았어. 　나: 이번이 처음이니까 다음에는 좋은 회사에 들어갈 수 있을 거라고 긍정적으로 생각해. • 스트레스는 항상 나쁜 것이 아니라 사람에게 도움을 주는 긍정적인 점도 있다고 한다. 표현 긍정적 반응/생각/태도
꼼꼼하다 meticulous 仔細 几帳面	• 가: 제주도 여행을 가는데 어떻게 준비해야 할까? 　나: 먼저 여행 안내 책을 꼼꼼하게 읽으면서 계획을 세워 보는 게 어때? • 이사를 할 때는 집의 이곳저곳을 꼼꼼하게 확인하는 것이 중요하다. 표현 꼼꼼하게 가르치다/따지다/적다/챙기다
너그럽다 generous 寬厚 寬大だ	• 가: 어제 너무 늦게 들어가서 아버지가 화가 많이 나셨지? 　나: 나도 그렇게 생각했는데 너그러운 표정으로 다음에는 일찍 집에 들어오라고 말씀하셨어. • 학생 때와 다르게 직장에서는 실수를 너그럽게 받아 주지 않는다. 표현 너그러운 마음/표정/태도
느긋하다 반 급하다 relaxed 裕如 のんびりする	• 가: 내일부터 방학이니까 느긋하게 술을 마시자. 　나: 그래. 아침에 늦게까지 잘 수 있으니까. 자, 한 잔 받아. • 기차 시간까지 3시간이 더 남았으니까 느긋하게 출발해도 된다. 표현 느긋한 기분/마음/태도
다정하다 friendly 多情 優しい	• 가: 두 사람이 정말 다정해 보여. 　나: 응. 두 사람을 보면 나도 남자 친구를 사귀고 싶어. • 유학 생활이 힘들 때 전화로 어머니의 다정한 목소리를 들으면 항상 눈물이 났다. 표현 다정하게 대하다/말하다/이야기하다, 다정한 말/목소리/미소
명랑하다 비 밝다 cheerful 开朗 朗らかだ	• 가: 딸이 어떤 사람이 되기를 바라세요? 　나: 밝고 명랑하고 항상 긍정적으로 생각하는 사람이 되었으면 좋겠어요. • 동생이 이번 시험을 잘 못 봤지만 다음 시험에서는 열심히 공부해서 1등을 하겠다고 명랑하게 말했다. 표현 명랑하게 웃다/말하다, 명랑한 목소리/표정

사교적 sociable 随和的 社交的	• 가: 켄토 씨는 **사교적**이라서 아는 사람이 정말 많아요. 　나: 맞아요. **사교적인** 켄토 씨 성격 덕분에 저도 켄토 씨와 빨리 친해졌어요. • 미키 씨는 **사교적이지** 않아서 친구가 많지 않지만 알고 보면 성격이 좋고 따뜻한 사람이다.
솔직하다 honest 率直 率直だ	• 가: 어제 만난 내 남자 친구 어땠어? **솔직하게** 말해 봐. 　나: 정말이지? **솔직하게** 말하면 다정한 성격은 아닌 것 같았어. • 나는 자신의 기분이나 생각을 **솔직하게** 말하는 사람이 좋다.
씩씩하다 valorous 勇壯 勇ましい	• 가: 요즘 보고 있는 드라마 있어? 　나: 응. '형제'라고 하는 드라마인데 부모님 없이 **씩씩하게** 사는 세 형제의 이야기야. • '군인의 날' 행사에서 **씩씩하게** 걸어가는 군인들이 멋있어 보였다.
얌전하다 well-behaved, quiet 斯文 大人しい	• 가: 아이가 아주 **얌전하네요**. 　나: 네. 너무 말이 없고 조용해서 걱정이 될 때도 있어요. • 자동차 안에서 음악을 틀어 주니까 아기는 울음을 멈추고 **얌전하게** 음악을 들었다. **표현** 얌전하게 입다/앉다
외 유머 humor 幽默 ユーモア	• 가: 승원 씨는 인기가 아주 많은 것 같아요. 　나: 네. **유머**가 많아서 다른 사람들을 잘 웃겨요. • 나는 **유머**가 너무 없어서 요즘 **유머** 책을 한 권 사서 읽고 있다.
인간 **비** 사람 human 人 人間	• 가: **인간**이 몇 살까지 살 수 있을까? 　나: 가까운 미래에는 100살까지 건강하게 살 수 있게 된다고 해. • 옛날이야기 중에는 동물이 **인간**이 된 이야기들이 있다.
인간적 humane 仁爱的, 当做人的话 人間的	• 가: 회사 잡지에 쓸 기사 때문에 사장님과 인터뷰를 했다고 들었어요. 어땠어요? 　나: 사장님과 처음 이야기를 해 봤는데 보기와 다르게 아주 **인간적인** 분이셨어요. • 아무리 화가 나도 그런 말은 **인간적**으로 너무 심한 것 같다.
점잖다 **비** 얌전하다 gentle 稳重 上品だ、温厚だ	• 가: 오늘 무슨 일 있어요? 왜 이렇게 **점잖게** 옷을 입었어요? 　나: 오늘 여자 친구의 부모님과 처음 만나는 날이라서 그래요. • 조용하고 **점잖은** 우리 남편은 딸과 놀아 줄 때는 다른 사람이 된 것처럼 재미있고 많이 웃는다.

활발하다 lively 活泼 活発だ	• 가: 동생하고 많이 닮았어요. 성격도 비슷해요? 나: 아니요. 저는 조용하고 내성적인데 동생은 **활발하고** 친구 사귀는 것을 좋아해요. • 운동을 매일 하고 **활발한** 취미 생활을 가지는 것은 건강에 매우 도움이 된다.

외모와 성격1 부정적

부정적 반 긍정적 negative 否定的 否定的	• 가: 어제 비행기 사고 뉴스 들었어? 나: 또 사고 뉴스야? 요즘은 뉴스를 보면 좋은 소식보다 **부정적**인 소식이 많은 것 같아. • 이번 조사에서 우리 반 학생들의 35%가 결혼을 **부정적**으로 생각한다고 대답했다.
게으르다 lazy 懶 怠惰だ	• 가: 곧 방학인데 아침에 같이 수영장 다니자. 나: 나는 **게을러서** 아침 일찍 무슨 일을 하는 걸 싫어해. • 겨울에는 날씨가 추워서 **게으른** 생활을 하게 된다. 움직이고 싶지 않고 집에만 있고 싶다.
고집 stubborn 固执 固執	• 가: 지난주에 차를 바꿀 거라고 했는데 아직 안 샀나 봐요? 나: 저는 지금 타는 차와 비슷한 차로 바꾸고 싶은데 남편은 큰 차로 바꾸자고 계속 **고집**을 피워서 아직 못 샀어요. • 막내 동생은 **고집**이 너무 세서 다른 사람의 말을 잘 들으려고 하지 않는다. 표현 고집이 세다/없다/있다, 고집을 버리다/피우다
까다롭다 fastidious, particulous 挑剔 気難しい、うるさい	• 가: 이 꽃은 물도 자주 줘야 하고 너무 덥거나 추우면 안 되고 그래서 기르기가 좀 **까다로운데** 괜찮으시겠어요? 나: 네. 어렸을 때부터 제 취미가 꽃을 기르는 거예요. • 아버지는 입맛이 **까다로우셔서** 다른 사람이 만든 음식은 잘 드시지 않고 어머니가 해 주시는 음식만 드신다. 표현 까다로운 문제/방법/성격/손님/입맛/조건
욕심 greed 贪心 欲	• 가: 옌샹 씨는 질문도 많고 숙제도 안 하는 날이 없어요. 나: 맞아요. 공부 **욕심**이 많은 것 같지요? • **욕심**은 끝이 없어서 **욕심**을 채우면 다른 **욕심**이 또 생긴다. 표현 욕심을 내다/버리다/채우다, 욕심이 나다/많다/생기다
이기적 selfish 自私的 利己的	• 가: 우리 아이가 자기만 알고 다른 사람의 기분이나 마음을 잘 모르는 것 같아서 걱정이에요. 나: 아직 5살인데요? 아이들이 **이기적**인 건 이상한 일이 아니에요. • 친구의 **이기적**인 행동 때문에 우리 모두 화가 났다.

계획성
have plans
计划性
計画性

- 가: 저는 여행을 가기 전에 미리 계획을 잘 세워요.
  나: 저는 **계획성**이 없어서 계획을 안 세우는데 계획 없이 가는 여행도 재미있을 때가 많아요.
- **계획성**이 없는 사람은 일을 급하게 해서 실수하기 쉽다.

표현 계획성이 있다/없다

내성적
introverted
内向的
内向的

- 가: 케이티 씨, 우리가 처음 만났을 때 케이티 씨가 나한테 먼저 말을 한 적이 없어서 나를 별로 좋아하지 않는다고 생각했어요.
  나: 그랬어요? 나는 **내성적**인 성격이라서 친구를 사귈 때 시간이 많이 걸려요.
- 나는 성격이 **내성적**이라서 여러 사람들과 같이 일을 해야 하는 직업은 맞지 않을 것 같다.

눈치
wits
眼色
目端

- 가: 오늘 무슨 좋은 일이 있는 것 같은데?
  나: 와, **눈치**가 빠르네. 오늘 남자 친구와 만난 지 100일이 되는 날이라서 특별한 데이트를 하기로 했어.
- 부모가 서로 싸우거나 아이들에게 쉽게 화를 내면 아이들은 부모의 **눈치**를 보게 된다.

표현 눈치가 빠르다/없다, 눈치를 보다

마음씨
heart
心地
心立て

- 가: 어떤 여자 친구를 만나고 싶어요?
  나: **마음씨**가 착한 사람을 만나고 싶어요.
- 우리 학교 앞에 있는 식당 사장님은 **마음씨**가 좋아서 학생들에게 돈을 받지 않고 음식을 더 줄 때가 많다.

표현 마음씨가 곱다/따뜻하다/착하다

엄격하다
strict
严格
厳格だ

- 가: 아이들과 친구처럼 지내시는 것 같아요.
  나: 네. 우리 아버지는 너무 **엄격하셨는데** 저는 아이들에게 그렇게 하고 싶지 않아요.
- 집을 살 돈을 은행에서 빌리려고 하는데 조건이 너무 **엄격하다**.

표현 규칙/조건이 엄격하다

여리다
비 약하다
tenderhearted
心软
脆い

- 가: 수지 씨가 다른 사람에게 싫다고 하거나 안 되겠다고 하는 말을 하는 걸 본 적이 없어.
  나: 응. 보기와 다르게 마음이 **여린** 것 같아.
- 내 기숙사 방 친구는 마음이 **여려서** 내용이 별로 슬프지 않은 드라마나 영화를 볼 때도 자주 운다.

인간성
humanity
人性
人間性

- 가: 얼굴도 잘생기고 좋은 회사에 다니고 **인간성**도 좋은 남자를 만나고 싶어.
  나: 너무 욕심이 많은 것 같은데!
- 어려운 일이나 힘든 일이 있을 때 그 사람의 **인간성**을 알 수 있다.

표현 인간성이 나쁘다/좋다/훌륭하다

자존심 ego 自尊心 自尊心、プライド	• 가: 우리 아이는 자존심이 세서 친구가 자기보다 게임을 잘하면 화를 내고 울 때가 많아요. 나: 아직 어려서 그래요. 시간이 지나면 괜찮을 거예요. • 우리 언니는 자존심이 강해서 실수했다는 말이나 미안하다는 말을 잘 하지 않는다. 표현 자존심이 강하다/상하다/세다, 자존심을 버리다
장단점 advantages and disadvantages 优缺点 長所と短所	• 가: 어느 카메라를 사면 좋을지 잘 모르겠어. 나: 마음에 드는 것을 몇 개 골랐으니까 장단점을 잘 비교해 보고 선택해. • 사람들의 성격에는 모두 장단점이 있다.

1 가족이나 친구에 대해서 소개하고 있습니다. 빈칸에 알맞은 단어를 쓰십시오.

| 까다롭다 | 씩씩하다 | 엄격하다 | 여리다 |

1. 우리 아버지는 매우 _____ (으)세요. 제가 대학생이 되었지만 아직도 저녁 8시까지 집에 들어와야 한다고 하세요.

2. 제 남동생은 아주 귀엽고 _____ 아/어요. 넘어져도 '난 아프지 않아!'라고 하면서 울지 않고 일어나요.

3. 제 여자 친구는 좀 _____ 아/어요. 음식을 먹거나 옷을 살 때 고르는 시간이 많이 걸려요. 그래서 제가 여자 친구 선물을 살 때 정말 생각을 많이 해야 돼요.

4. 우리 아들은 12살인데 마음이 너무 _____ 아/어요. 친구들에게 싫다는 말도 잘 못하고 친구들 말에 상처도 쉽게 받아요.

2 바뀌고 싶은 성격에 대해서 이야기하고 있습니다. 알맞은 단어를 쓰십시오.

| 꼼꼼하다 | 내성적이다 | 느긋하다 | 솔직하다 |

1. 저는 아주 _____ (으)ㄴ 성격이어서 힘든 일이 있어도 말하지 못해요. 제 마음이나 기분을 다른 사람에게 잘 표현할 수 있으면 좋겠어요.

2. 저는 제 기분이나 생각을 너무 _____ 게 말하는 성격이어서 다른 사람들에게 상처를 줄 때가 있어요.

3. 저는 성격이 아주 급해서 좀 _____ 아/어지고 싶어요. 급한 일도 시간을 가지고 천천히 생각할 수 있으면 좋겠어요.

4. 저는 _____ 지 못해서 회사에서 실수를 많이 해요. 일을 할 때 많이 생각하고 미리 계획하고 다 끝내고 나서 다시 한 번 더 확인하는 습관을 가져야겠어요.

인간성	부인	wife / 妻子 / 夫人
인(人) : 사람	연예인	celebrity / 演艺人 / 芸能人
person 人 人	인형	doll / 娃娃 / 人形
	애인 DAY6	lover / 恋人 / 恋人

욕심	관심	interest / 关心 / 関心
심(心) : 마음	조심	caution / 小心 / 注意
heart 心 心	의심 DAY47	doubt / 怀疑 / 疑心
	자존심 DAY2	self-esteem / 自尊心 / 自尊心、プライド

외모	시외	countryside / 市外 / 市外
외(外) : 밖	외국	foreign country / 国外 / 外国
outside 外 外	외출	go out / 外出 / 外出
	해외	foreign country / 海外 / 海外

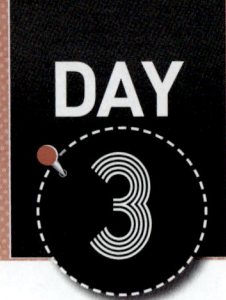

DAY 3 외모와 성격2

아는 단어에 ○표 하세요.

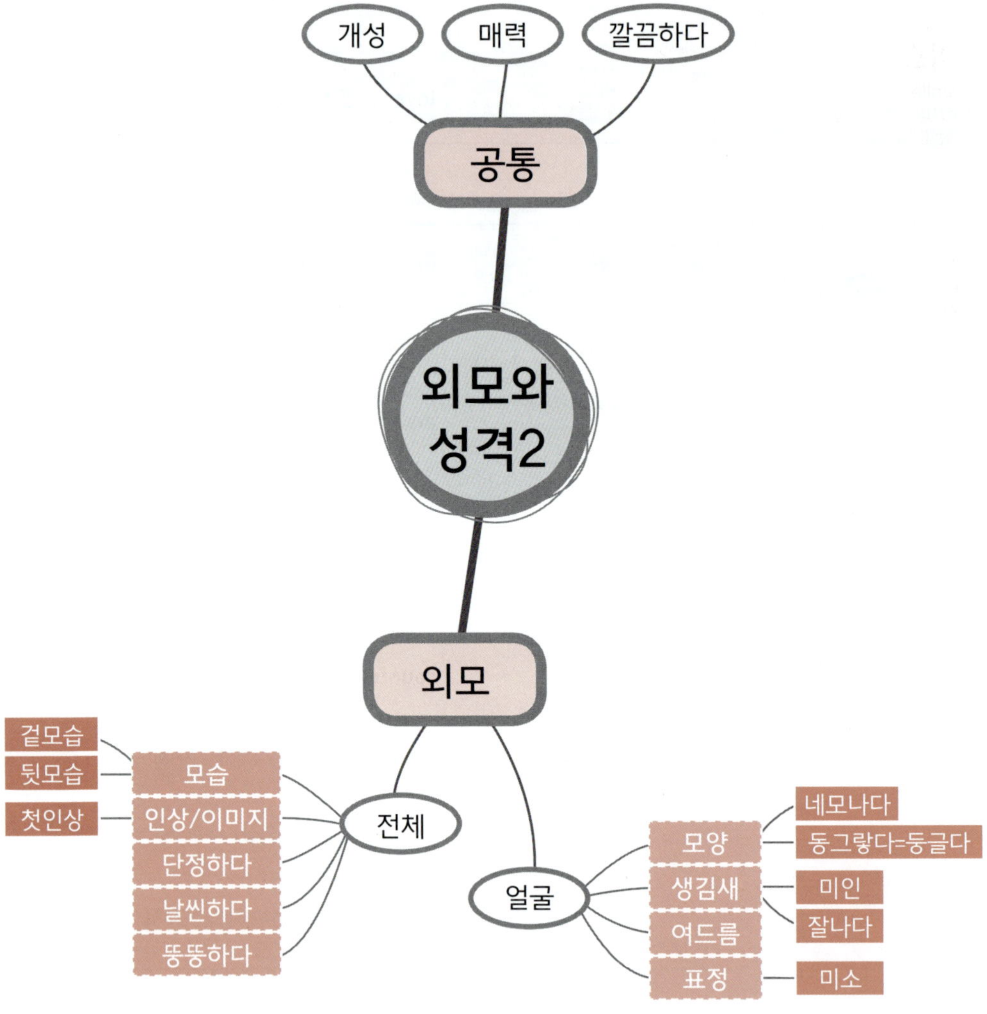

개성
매력
깔끔하다
공통
외모와 성격2
외모
겉모습
뒷모습
첫인상
모습
인상/이미지
단정하다
날씬하다
뚱뚱하다
전체
얼굴
모양
생김새
여드름
표정
네모나다
동그랗다=둥글다
미인
잘나다
미소

네모나다 square 四方的 四角い	• 가: 이제 볶음밥을 만들어 볼까요? 　나: 좋아요. 먼저 야채들을 작고 네모나게 썰어야 해요. • 네모난 얼굴에는 머리가 너무 짧거나 긴 것보다는 어깨 정도까지 오는 것이 가장 잘 어울린다고 한다.
동그랗다 **=둥글다** round 圓的 真ん丸い, 丸い	• 가: 추석 때 달 봤어요? 　나: 네. 그렇게 크고 둥근 달은 오랜만에 본 것 같아요. • 공원에 소풍을 온 초등학생들이 동그랗게 앉아서 점심을 먹고 있다.
미소 smile 微笑 微笑	• 가: 딸들을 보는 민호 씨의 얼굴이 아주 행복해 보여요. 　나: 네. 저는 우리 아이들이 노는 모습을 보면 항상 미소를 짓게 돼요. • 올림픽을 끝내고 공항에 도착한 선수들이 환영하러 나온 시민들에게 밝은 미소를 보냈다. 표현 미소를 짓다
미인 beautiful woman 美人 美人	• 가: 내가 젊었을 때는 미인이라는 말을 많이 들었어. 　나: 할머니, 지금도 영화배우처럼 예쁘세요. • 올해 세계 미인 대회는 서울에서 열리는데 43개 나라의 미인들이 나온다고 한다.
생김새 apperance 長相 外見、顔付き	• 가: 집에서 여러 가지 꽃을 키우네요. 　나: 아니에요. 생김새는 조금씩 다르지만 같은 종류의 꽃이에요. • 두 사람은 쌍둥이지만 생김새와 성격이 매우 다르다.
여드름 pimple 青春痘 ニキビ	• 가: 요즘 얼굴에 여드름이 많이 나서 화장품을 바꿔야겠어. 　나: 화장품을 바꾸기 전에 먼저 병원에 가 보는 게 어때? • 기름이 많거나 우유가 들어간 음식은 여드름에 좋지 않다.
잘나다 비 잘생기다 반 못생기다, 못나다 good, smart 清秀 かっこいい、偉い	• 가: 어제 친구 소개로 만난 남자는 어땠어? 　나: 얼굴은 잘나지 않았지만 인상이 좋고 나와 성격도 잘 맞는 것 같아. • 나미 씨는 항상 자기만 잘난 것처럼 말해서 친구가 없다.
표정 expression 表情 表情	• 가: 와, 사진마다 표정이 달라요. 귀여운 표정, 화가 난 표정… 아주 재미있는데요. 　나: 네. 저는 여러 가지 표정을 지으면서 사진 찍는 것을 좋아해요. • 표정을 보면 그 사람의 마음이나 기분을 알 수 있다. 표현 표정을 짓다

겉모습 apperance 外貌 外貌、外観	• 가: 이 아파트는 지은 지 오래 된 것 같아요. 　나: 겉모습은 그렇지만 대부분의 집들이 다 집 안을 새로 고쳐서 들어가 보면 새 아파트 같아요. • 우리 선생님은 겉모습은 무섭고 차가운 사람처럼 보이지만 마음이 따뜻하고 아주 친절하시다.
날씬하다 slim 苗条 すらりとしている	• 가: 지난주부터 다이어트를 시작해서 저녁을 안 먹고 있어. 　나: 지금도 날씬한데 왜 다이어트를 해? 그렇게 심하게 하면 건강이 나빠질 거야. • 검은색이나 어두운 색 옷을 입으면 날씬해 보인다.
단정하다 neat 端正 端正だ	• 가: 아들의 여자 친구와 저녁 식사 잘 했어요? 어땠어요? 　나: 외모가 단정하고 우리 아들과 다르게 말이 없고 조용한 사람인 것 같았어요. • 어머니는 아침에 일어나면 항상 세수부터 하고 머리를 단정하게 빗으라고 하셨다.
뚱뚱하다 🔵 날씬하다 fat 肥胖 太っている	• 가: 옷이 예쁜데 왜 바꾸려고 해? 　나: 인터넷으로 사서 오늘 받았는데 입어 보니까 좀 뚱뚱해 보여. • 남동생이 어렸을 때는 뚱뚱하고 키가 작았는데 고등학생이 된 후부터 갑자기 키가 크면서 날씬해졌다.
외 이미지 🔵 느낌, 인상 image 形象 イメージ	• 가: 저 탤런트가 드라마에서 좋은 사람으로 나오는 것은 처음 보는 것 같아요. 　나: 네. 연예인 뉴스에서 인터뷰한 것을 봤는데 이번 드라마 덕분에 이미지가 많이 바뀌었다고 해요. • 외국인들에게 한국의 좋은 이미지를 주는 가장 쉬운 방법은 '친절'입니다.
인상/첫인상 impression/ first impression 印象/第一印象 印象/第一印象	• 가: 가장 인상에 남는 여행은 언제였어요? 　나: 대학교 때 아르바이트를 해서 모은 돈으로 친구들과 간 유럽 여행이요. • 회사 인터뷰 시험에서는 첫인상이 중요하기 때문에 옷을 단정하게 입고 가야 한다. **표현** 인상(이) 깊다, 인상에 남다, 인상을 남기다

개성 individuality 个性 個性	• 가: 요즘 가수들은 개성이 없고 노래나 춤이 모두 비슷한 것 같아요. 　나: 맞아요. 자신의 개성을 표현하는 가수를 찾기 어렵지요. • 우리 다섯 형제는 개성이 강해서 좋아하는 옷이나 음식이 모두 다르다.

깔끔하다 neat 利落 さっぱりしている	• 가: 방이 아주 깨끗하고 정리가 잘 된 것을 보니까 호당 씨는 성격이 **깔끔한** 것 같아요. 　나: 하하. 오늘 옌상 씨하고 댄 씨가 놀러 온다고 해서 어제 청소를 열심히 해서 그래요. • 며칠 동안 면도를 못 했는데 오늘 면도를 하니까 **깔끔해** 보여서 기분이 좋다.
매력 attractiveness 魅力 魅力	• 가: 올라올 때는 너무 힘들었는데 이렇게 끝까지 오니까 기분이 정말 좋아요. 　나: 바로 그게 등산의 **매력**이에요. • 형은 자기보다 나이가 어린 여자보다 나이가 많은 여자에게 더 **매력**을 느낀다고 한다.

매 력	능력	ability / 能力 / 能力
력(力): 힘 power 力 力	경력 DAY35	career / 经历 / 経歴
	노력 DAY49	effort / 努力 / 努力
	실력 DAY35	skill / 实力 / 実力

1 사람들의 외모와 성격에 대한 이야기입니다. 빈칸에 알맞은 단어를 쓰십시오.

뒷모습	매력	미인	여드름

1. 내 여자 친구는 예쁘지는 않지만 귀엽고 _____ 이 있다.

2. 우리 할머니는 얼굴이 둥글고 눈이 작으신데 옛날에는 이런 얼굴을 가진 사람이 _____ 이었다고 한다.

3. 남동생은 올해 중학생이 되었는데 얼굴에 _____ 이 많이 나기 시작했다.

4. 할아버지와 아버지는 아주 많이 닮으셨는데 걸을 때 _____ 까지 비슷하시다.

2 밑줄 친 단어의 비슷한 말 또는 반대말을 쓰십시오.

겉모습	동그랗다	날씬하다	이미지

1. 소피아 씨가 화장을 하니까 인상이 많이 달라 보인다.

   비슷한 말 : _____

2. 나에게는 네모난 안경보다 둥근 안경이 더 잘 어울리는 것 같다.

   비슷한 말 : _____

3. 외모만 보고 그 사람이 좋은 사람인지 아닌지 알기 어렵다.

   비슷한 말 : _____

4. 뚱뚱한 사람은 그렇지 않은 사람보다 여러 가지 병에 걸리기 쉽다고 한다.

   반대말 : _____

옷과 패션1

아는 단어에 ○표 하세요.

눌러쓰다
다듬다
말리다
빗다
손질하다

곱슬머리
단발머리
생머리
앞머리
염색
파마

스타일

미용사

동사

머리

액세서리

옷과
패션1

귀걸이
띠 — 벨트=허리띠
향수 — 뿌리다
핸드백

남성복
숙녀복=여성복
셔츠
유니폼
정장
내복
속옷
잠옷

의상
집 안

의류

옷

옷의 부분

무늬 — 줄무늬
소매
실크
지퍼

곱슬머리
curly hair
卷发
癖毛

- 가: 아이를 잃어버렸어요. 여자 아이인데 4살이고 머리가 짧고 갈색 **곱슬머리**예요. 그리고 파란색 원피스를 입었어요.
  나: 잠깐만 기다리세요. 안내 방송을 해 드릴게요.
- 어렸을 때 심한 **곱슬머리**라서 친구들에게 머리가 라면 같다는 말을 자주 들었다.

눌러쓰다
jam one's (hat) on
戴
目深にかぶる

- 가: 저기 빨간색 모자를 **눌러쓴** 사람이 영화배우 정승원 씨 아니에요?
  나: 맞아요! 그런데 텔레비전에서 보이는 것보다 키가 크네요.
- 밖에 나갈 때는 화장을 꼭 하는데 오늘 화장을 안 해서 모자를 **눌러쓰고** 운동하러 나갔다.

다듬다
trim
修, 处理
整える

- 가: 손님, 머리 다 잘랐습니다.
  나: 그럼 눈썹 좀 **다듬어** 주세요.
- 나는 혼자 살아서 보통 재료를 **다듬는** 시간이 안 걸리는 간단한 음식을 해서 먹는다.
  표현 눈썹/머리/야채를 다듬다

단발머리
bobbed-hair
短发
短髪

- 가: 머리를 어떻게 잘라 드릴까요?
  나: **단발머리**로 잘라 주세요. 귀 아래 2cm 정도면 좋겠어요.
- 친구들이 나한테 긴 머리보다 **단발머리**가 더 잘 어울린다고 했다.

말리다
dry
晒
干す

- 가: 너는 차가운 바람으로 머리를 **말려**?
  나: 응. 뜨거운 바람으로 머리를 **말리면** 머리카락에 좋지 않다고 해.
- 고구마를 **말리면** 더 달아져서 더 맛있다.

미용사
barber, hairdresser
美容师
美容師

- 가: 마데 씨는 어머니가 **미용사**이시니까 어렸을 때는 항상 어머니가 머리를 잘라 주셨겠네요.
  나: 네. 그래서 친구들에게 부럽다는 이야기를 많이 들었어요.
- 내 여동생은 어렸을 때부터 강아지를 아주 좋아해서 지금 강아지 **미용사**로 일하고 있다.

빗다
comb
梳
梳かす

- 가: 기숙사 방 친구는 머리를 **빗은** 후에 머리카락이 많이 떨어지는데 청소를 안 해.
  나: 그래? 그럼 친구한테 그 이야기를 해 보는 게 어때?
- 아침에 늦게 일어나서 시험 시간에 늦을까 봐 머리도 **빗지** 않고 집에서 나왔다.

생머리
straight hair
直发
ストレートヘア

- 가: 짧은 **생머리**가 아주 잘 어울리는데!
  나: 3년 동안 머리 모양을 한 번도 안 바꿔서 이번에 좀 잘라 봤어.
- 나는 심한 곱슬머리라서 어렸을 때는 **생머리**를 갖는 게 꿈이었다.

손질하다 (비) 다듬다 trim 修整，处理 手入れする、さばく	• 가: 머리가 예쁘게 되었어요. 집에서 어떻게 손질해야 돼요? 　나: 머리를 감은 후에 빗지 말고 손으로 손질하시면 돼요. • 생선을 살 때 손질한 생선을 사면 요리하는 시간이 많이 안 걸린다. 　표현 머리/생선/옷을 손질하다
외 **스타일** style 式样 スタイル	• 가: 우리 선생님의 옷 입는 스타일이 아주 좋지 않아? 　나: 응. 오늘 입으신 원피스도 예뻤어. • 내 친구는 대학교 때부터 지금까지 머리 스타일을 거의 바꾸지 않았다.
앞머리 bangs 刘海 前髪	• 가: 앞머리를 왜 그렇게 짧게 잘랐어? 　나: 응. 내가 집에서 직접 잘랐는데 좀 잘못 잘랐어. • 이마가 넓은 사람은 앞머리가 있으면 얼굴이 작아 보인다.
염색 dyeing 染发 染色	• 가: 머리 스타일 바꿨네? 염색도 하고. 　나: 응. 그런데 염색이 너무 밝게 된 것 같아. • 우리 할머니는 염색약을 사서 집에서 직접 염색을 하신다.
외 **파마** perm 烫发 パーマ	• 가: 오늘 미용실 가서 머리 어떻게 할 거야? 　나: 계속 생머리만 해서 이번에 파마할 거야. • 요즘 유행하는 파마 스타일은 나와 어울리지 않는 것 같다.

옷과 패션1 옷

남성복/ **여성복** **=숙녀복** men's wear/ women's clothing, ladies' wear 男装/女装 男性服/女性服 ＝婦人服	• 가: 인터넷에서 예쁜 숙녀복 파는 곳 알아? 　나: 내가 자주 옷을 사는 곳이 있는데 숙녀복만 팔아. 알려 줄게. 한번 봐. • 남성복은 여성복보다 디자인이나 색깔의 종류가 많지 않다.
내복 long johns 保暖内衣 肌着	• 가: 내복을 좀 사려고 하는데요. 　나: 그럼 이거 어떠세요? 새로 나왔는데 가볍고 따뜻해서 요즘 제일 잘 팔려요. • 옛날에는 월급을 처음 받으면 부모님께 내복을 선물했다고 한다.

무늬/줄무늬 pattern/stripe 纹儿/条纹 柄/ストライプ	• 가: 손님, 찾으시는 스타일이 있으세요? 　나: 네. 파란색 줄무늬가 있는 흰색 티셔츠 있어요? • 나는 그릇이나 컵을 살 때 보통 무늬가 없는 그릇이나 컵을 고른다.
外 **셔츠** shirts 村衫 シャツ	• 가: 이 셔츠에 어울리는 넥타이가 있을까요? 　나: 네, 손님. 이쪽으로 오세요. • 줄리안 씨는 등에 '저는 한국어를 잘 못해요'라고 쓰인 셔츠를 입고 다닌다.
소매 sleeve 衣袖 袖	• 가: 여름인데 왜 소매가 긴 옷을 입었어? 더울 것 같은데. 　나: 나는 팔에 살이 많아서 소매가 없는 옷을 입고 싶지 않아. • 우리 학교 교사는 여름에 소매가 없는 옷을 학교에 입고 가면 안 된다.
속옷 underwear 内衣 下着	• 가: 어떻게 하지? 여행 가방에 속옷을 안 넣었네! 　나: 그래? 아까 택시 타고 호텔에 올 때 큰 슈퍼마켓을 봤는데 거기에서 팔지도 모르 　니까 한번 가 보자. • 나는 옷을 세탁할 때 속옷은 따로 모아서 빤다.
外 **실크** silk 丝绸 シルク	• 가: 실크 블라우스가 정말 예쁘다. 비싸 보이는데! 　나: 실크가 아니고 실크 느낌이 나는 옷이야. 가격도 20,000원밖에 안 돼. • 아버지 생신 때 좋은 실크 넥타이를 선물해 드렸다.
外 **유니폼** uniform 制服 ユニフォーム	• 가: 유니폼에 사인을 했네? 　나: 내 사인이 아니고 작년에 축구 보러 경기장에 갔을 때 박지성 선수한테 받은 사 　인이야. • 우리 회사의 유니폼은 디자인이 예쁘다.
의류 비 옷 clothing 服装 衣類	• 가: 무슨 일을 하세요? 　나: 의류 회사에서 옷을 디자인하는 일을 해요. • 가수 김민정 씨는 프랑스에서 유학을 마치고 한국으로 돌아와서 패션·의류 사업 　을 시작했다.
의상 비 옷 clothes, costume 服装 衣装	• 가: 한국에서 결혼식에 처음 초대받았는데 뭐 입어야 돼요? 　나: 결혼식 의상으로 보통 양복을 입어요. • 요즘 결혼식이나 파티처럼 특별한 날에 입는 의상을 빌려주는 곳이 많이 생기고 있다.
잠옷 pajama 睡衣 パジャマ	• 가: 부모님 입으실 잠옷을 찾고 있는데요. 　나: 네, 손님. 이거 어떠세요? 가볍고 시원해서 요즘 제일 많이 팔려요. • 요즘 날씨가 너무 더워서 잠옷을 안 입고 속옷만 입고 잔다.

정장 suit 正装 スーツ	• 가: 오늘 회사에 안 갔어? 운동화를 신었네? 　나: 아니. 우리 회사는 금요일에 정장을 안 입어도 돼서 운동화를 신었어. • 이 블라우스는 정장 바지에도 어울리고 청바지에도 잘 어울린다.
외 **지퍼** zipper 拉链 ジッパー	• 가: 이 바지 지퍼가 고장이 나서 버려야겠어. 　나: 아직 새 옷 같으니까 세탁소에서 고쳐서 입어. • 작년부터 지퍼가 뒤에 있는 블라우스나 스웨터가 유행하고 있다.

옷과 패션1 ▷ 액세서리

귀걸이 earring 耳坠 イヤリング	• 가: 수지 씨, 귀걸이가 아주 예뻐요. 어디에서 샀어요? 　나: 산 게 아니고 친구한테 선물 받았어요. • 여권 사진을 찍을 때는 귀걸이를 빼고 찍어야 한다.
띠 비 끈 belt 带 带	• 가: 효성 씨는 태권도 띠 색깔이 저와 다르네요? 　나: 태권도를 처음 시작할 때는 흰색 띠를 해요. 그 다음은 노란색이고요. • 나는 머리띠를 좋아하는데 옷마다 어울리는 스타일이 달라서 머리띠를 많이 가지고 있다. 　표현 띠를 매다, 허리띠/머리띠를 하다
뿌리다 spray 洒 巻く	• 가: 얼굴에 뿌리는 게 뭐예요? 　나: 로션인데 저는 여름에는 뿌리는 로션을 사용해요. • 파는 채소에 약을 많이 뿌린다고 해서 자주 먹는 채소는 집에서 길러서 먹는다. 　표현 물/약/향수를 뿌리다
향수 perfume 香水 香水	• 가: 향수가 너무 많은데 작은 거 없어요? 　나: 작은 병에 조금씩 나누어서 팔기도 합니다. 얼마나 필요하세요? • 여자들은 생일이나 특별한 날에 선물로 향수를 받는 것을 좋아한다.
외 **핸드백** handbag 手提包 ハンドバッグ	• 가: 어떤 핸드백을 찾으세요? 　나: 요즘 어떤 디자인이 유행이에요? • 지금 백화점에서 핸드백을 사면 지갑을 50% 할인해 주는 행사를 하고 있다.
허리띠 = 외 **벨트** belt 腰带 ベルト	• 가: 오늘 점심을 너무 많이 먹어서 저녁은 안 먹어도 될 것 같아. 　나: 응. 정말 맛있었지? 나도 배가 너무 불러서 허리띠를 좀 풀어야겠어. • 남자 친구의 크리스마스 선물로 벨트와 지갑을 샀다.

1 다음 그림을 보고 빈칸에 알맞은 단어를 쓰십시오..

곱슬머리	귀걸이	줄무늬	생머리	소매	유니폼
앞머리	잠옷	파마	핸드백	단발머리	

1.  머리는 긴 _____ 이에요/예요. _____ 이/가 있어서 이마가 안 보여요. 여름 _____ 을/를 입고 있어요.

2.  머리는 _____ (이)고 회사 _____ 을/를 입고 있어요.

3.  머리는 검은색 _____ 이에요/예요. 왼쪽 귀에 _____ 을/를 하고 _____ 티셔츠를 입고 있어요.

4.  머리는 길고 _____ 을/를 했어요. _____ 이/가 없는 원피스를 입고 손에 _____ 을/를 들고 있어요

2 친구의 말에 어떻게 대답해 줄 수 있습니까? 알맞은 대답을 찾아서 연결하십시오.

1. 바지를 샀는데 허리가 좀 커. •

2. 요즘 유행하는 머리를 하고 싶어. •

3. 이제 겨울옷을 정리해서 넣어야겠어. •

4. 이 블라우스는 어떻게 빨면 될까? •

• ⓐ 내년에도 새 옷처럼 입으려고 하면 잘 손질해서 넣어.

• ⓑ 실크는 물로 세탁하면 안 돼. 세탁소에 가지고 가.

• ⓒ 그럼 벨트를 해.

• ⓓ 그럼 헤어스타일을 소개하는 잡지를 보고 마음에 드는 것을 골라.

내 복	국**내**	domestic / 国内 / 国内
	내과	internal medicine / 内科 / 内科
내(内) : 안	**내**용	content / 内容 / 内容
inside 内 内	시**내**	downtown / 市内 / 市内

미 용 사	간호**사**	nurse / 护士 / 看護師
	요리**사**	chef / 厨师 / 調理師
사(師) : 직업으로 하는 사람	의**사**	doctor / 医生 / 医者
-or, -er 师 師	강**사** DAY35	lecturer / 讲师 / 講師

DAY35

↘ MEMO

DAY 5

옷과 패션2

아는 단어에 ○표 하세요.

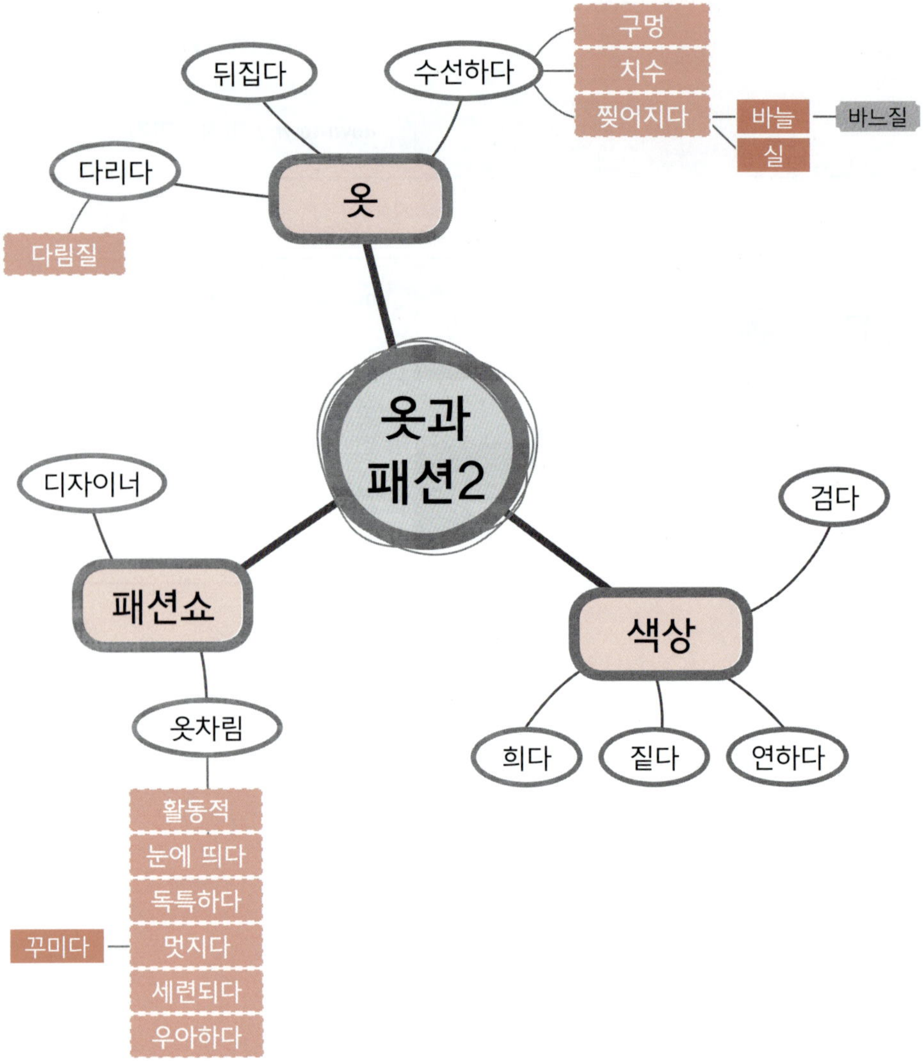

```
                                    구멍
                  뒤집다    수선하다    치수
                                    찢어지다 — 바늘 — 바느질
                                            실
        다리다        옷
    다림질

                    옷과
                   패션2

    디자이너                              검다

        패션쇼              색상

            옷차림            희다   짙다   연하다

            활동적
            눈에 띄다
            독특하다
    꾸미다 — 멋지다
            세련되다
            우아하다
```

수선하다
mend
修
修繕する

- 가: 처음 보는 옷인데?
  나: 유행이 지난 옷인데 조금 **수선해서** 입었어. 괜찮지?
- 회사 앞에 구두를 닦아 주거나 **수선해** 주는 곳이 있는데 우리 회사 직원들에게는 20% 할인해 준다.

구멍
hole
漏洞
穴

- 가: 어떻게 하지? 스타킹에 **구멍**이 났어.
  나: 그렇네. 내가 스타킹을 하나 더 가지고 다니는데 내 거 줄게.
- 겨울에 낚시를 가면 제일 먼저 강에 **구멍**을 뚫어야 한다.
  표현 구멍이 나다, 구멍을 뚫다

다리다
iron
熨
アイロンをかける

- 가: 손님, 이 바지는 어떠세요? 이 바지는 세탁 후 안 **다려도** 돼요.
  나: 그래요? 그럼 다른 색깔을 좀 보여 주세요.
- 나는 일주일 동안 입을 와이셔츠를 주말에 모두 **다린다**.

다림질
ironing
熨
アイロン掛け

- 가: 아저씨, **다림질**만 하면 얼마예요?
  나: 2,000원인데 와이셔츠는 1,000원입니다.
- 나는 와이셔츠를 잘 못 다려서 하나를 **다림질**할 때 30분이 걸린다.

뒤집다
flip
翻
覆す

- 가: 이 티셔츠는 어디가 안쪽이에요?
  나: 손님, 이거는 양쪽으로 모두 입을 수 있어서 어느 쪽으로도 **뒤집어서** 입으셔도 돼요.
- 동생은 옷이나 양말을 항상 **뒤집어서** 세탁기에 넣는다.

바느질
sewing
针线活
針仕事

- 가: **바느질**할 수 있어요?
  나: 네. 하지만 고등학교 때 학교에서 배웠을 때만 해 보고 그 후에는 한 번도 한 적이 없어요.
- 딸이 태어나기 전에 직접 **바느질**을 해서 옷과 인형을 만들었다.

바늘
needle
针
針

- 가: 젓가락처럼 생겼는데 이게 뭐예요?
  나: 스웨터를 만들 때 사용하는 **바늘**이에요.
- **바늘**이 있는 상자는 위험하니까 아이들이 만질 수 없는 높은 곳에 놓아야 한다.

실
thread
线
糸

- 가: 어제 스웨터를 손으로 직접 만드는 가게에 갔는데 제일 싼 게 15만 원이었어요. 너무 비싸서 그냥 나왔어요.
  나: 저도 스웨터를 만들어 입은 적이 있는데 좋은 **실**로 만들 때는 **실** 값만 10만 원이 넘었어요. 그러니까 그 정도 가격은 비싼 게 아니에요.
- 어렸을 때 아버지가 이에 **실**을 매고 이를 빼 주셨다.

찢어지다 be ripped 被撕开 破れる	• 가: 수업이 시작했는데 다케츠 씨가 아직 안 왔어. 　나: 쉬는 시간에 계단에서 넘어졌는데 이마가 **찢어져서** 병원에 갔어. • 올해는 **찢어지거나** 구멍이 난 티셔츠나 청바지를 입는 게 유행이다.
치수 외 비 사이즈 size 尺寸 寸法、サイズ	• 가: 이 옷 조금 작은 **치수** 없어요? 　나: 네, 손님. 이 옷은 **치수**가 하나밖에 없는 옷이에요. 이렇게 'F'라고 쓰인 옷은 모두 　한 사이즈만 나오는 옷이에요. • 발 **치수**가 큰 사람들은 신발 종류가 많지 않아서 마음에 드는 신발을 고르기 어렵다.

옷과 패션2 > 패션쇼

외 **패션쇼** fashion show 服装表演 ファッションショー	• 가: 주말에 **패션쇼**에 가자고 했지? 어떤 **패션쇼**야? 　나: 우리 언니가 졸업하는데 학교에서 졸업하는 사람들이 해마다 **패션쇼**를 해. • 서울백화점 1층에서는 매달 첫 번째 주 토요일마다 **패션쇼**가 열리는데 무료로 구경 　할 수 있다.
꾸미다 decorate 装饰，打扮 飾る	• 가: 아이가 이제 곧 태어나지요? 　나: 네. 그래서 요즘 태어날 아이 방을 **꾸미고** 있어요. • 중학교 때 외모에 관심이 생겨서 예쁘게 **꾸미고** 다니기 시작했다. 표현 방/외모/집을 꾸미다
독특하다 particular 独特 独特	• 가: 이 카페의 가구들은 모두 디자인이 **독특하네요**. 　나: 이 카페 사장님이 직접 디자인한 가구라고 들었어요. • 나는 디자인과 모양이 **독특한** 가방이나 신발을 좋아한다. 표현 냄새/디자인/모양/분위기가 독특하다
외 **디자이너** designer 设计师 デザイナー	• 가: 이 거리의 옷 가게의 옷들은 다 비싸 보여요. 　나: 그 말이 맞아요. 이곳은 유명한 패션 **디자이너**의 가게가 많은 곳이에요. • 나는 디자인을 전공하고 있는데 책을 좋아해서 졸업 후에 책 **디자이너**가 되고 싶다.
(눈에) 띄다 stand out 显眼 (目に)立つ	• 가: 옷 가게를 하려고 하는데 가게 자리로 어디가 좋을까? 　나: 지하철역 근처처럼 금방 눈에 **띄는** 곳이 좋지 않을까? • 어린이 버스는 특히 안전이 중요하기 때문에 눈에 잘 **띄는** 노란색이다.
멋지다 nice 精彩，帅 素敵だ	• 가: 가족과 제주도 여행 어땠어? 　나: 경치도 아름답고 맛있는 음식도 많이 먹고 정말 **멋진** 여행이었어. • 내 남자 친구는 키가 크고 잘생겨서 꾸미지 않아도 **멋져** 보인다.

세련되다 refined 洗练 気が利く	• 가: 이 코트 어때? 어울려? 　나: 와, 그거 입으니까 정말 세련돼 보이는데! • 이 식당은 비싼 호텔 식당처럼 분위기도 세련되고 음식도 맛있지만 가격이 비싸지 않다.
옷차림 clothing 穿戴 身なり	• 가: 대학교 인터뷰 시험을 보러 가는데 어떤 옷차림을 하고 가야 될까요? 바지는 청바지밖에 없는데……. 　나: 보통 시험을 보러 갈 때는 정장을 입고 가는 게 좋아요. • 가벼운 옷차림으로 등산을 갔는데 산 위에 올라가니까 바람이 많이 불어서 좀 추웠다. 표현 옷차림이 가볍다/단순하다/화려하다
우아하다 elegant 优雅 優雅だ、上品だ	• 가: 학교 앞에 새로 생긴 카페에 가 봤어? 　나: 응. 음악이 조용하고 분위기도 우아하고 내가 좋아하는 스타일이야. • 이번 패션쇼에서는 가을과 어울리는 우아한 멋을 보여 주는 옷들이 소개되었다. 표현 우아한 미소/멋/분위기/옷
활동적 active 具有活动性的 活動的	• 가: 김수미 씨가 좋아하는 옷 스타일은 무엇입니까? 　나: 저는 방송할 때가 아니면 보통 편하고 활동적인 옷을 입어요. • 나는 활동적인 성격이라서 하루 종일 사무실에 앉아서 해야 하는 일보다 여기저기 다니면서 사람들을 만나는 일을 하고 싶다.

옷과 패션2 색상

색상 color 颜色 色相	• 가: 어떤 색상의 가구를 찾으세요? 　나: 하얀색이나 밝은 갈색의 옷장을 보고 싶은데요. • 언니는 매일 다른 옷을 입지만 색상이 비슷한 옷만 사서 같은 옷처럼 보인다.
검다 dark 黑 黒い	• 가: 이 검은콩을 어떻게 해서 먹어요? 　나: 한국 사람들은 밥을 지을 때 쌀하고 같이 조금씩 넣어서 해요. • 하늘에 검은 구름이 있는 것을 보니까 곧 비가 올 것 같다.
연하다 light 软，浅 軟らかい、薄い	• 가: 와, 고기가 아주 연하고 맛있어요. 　나: 고기 요리할 때 배를 조금 넣으세요. 그러면 고기가 아주 연해져요. • 친구에게 연한 분홍색 스웨터를 생일 선물로 받았다. 표현 고기/색깔/커피/화장이 연하다
짙다 dark 深 濃い	• 가: 화장이 어때? 　나: 눈 화장이 좀 연한 것 같아. 조금 더 짙게 해 봐. • 머리 스타일을 바꾸고 싶어서 짙은 갈색으로 염색했다. 표현 짙은 눈썹/색깔/안개/화장

희다
white
白
白い

- 가: 이 옷들 모두 세탁기에 넣으면 돼?
  나: 아니. **흰** 옷은 색깔이 있는 옷과 같이 넣지 말고 따로 세탁해야 돼.
- 내 동생은 **흰** 우유는 안 마시고 초콜릿 우유나 딸기 우유를 먹는다.

독**특**하다

特(特) : 다르다, 특별하다

be special
特
特

특징	characteristic / 特点/ 特徴
특히	especially / 尤其/ 特に
특기 DAY35	specialty / 特长/ 特技

치**수**

수(數) : 숫자

number
数
数

수학	mathematics / 数学 / 数学
점**수**	score / 分 / 点数
다**수** DAY57	a lot / 多数 / 多数
수량 DAY57	amount / 数量 / 数量

1 옷에 대한 이야기입니다. 빈칸에 알맞은 단어를 쓰십시오.

| 꾸미다 | 다림질 | 옷차림 | 우아하다 |

1. 우리 회사에서는 직원들이 유니폼을 입는데 불편해요. 일하기 편한 _____ 을/를 할 수 있으면 좋겠어요.

2. 시간이 너무 많이 걸려서 매일 입는 와이셔츠나 양복바지를 살 때는 세탁 후에 _____ 이/가 필요 없는 것을 산다.

3. 우리 언니는 보통 때는 화장도 안 하고 아무 옷이나 입고 다니는데 남자 친구를 만날 때는 아주 예쁘게 _____고 나가요.

4. 결혼식 때 입을 한복을 입은 여자 친구의 모습이 정말 _____고 아름답다.

2 유키 씨가 언니에 대해서 이야기하고 있습니다. 빈칸에 알맞은 단어를 쓰십시오.

| 수선하다 | 찢어지다 | 치수 | 패션쇼 |

우리 언니는 옷을 만드는 디자이너니까 1. _____에도 자주 가요. 언니 덕분에 저도 몇 번 가 봤는데 거기에서 유명한 영화배우와 가수를 본 적도 있어요.

우리 언니는 새로 산 옷이나 오래 된 옷을 고쳐서 입고 싶으면 직접 2. _____아/어서 입어요. 제 옷 중에서 3. _____이/가 조금 큰 바지도 언니가 줄여 줬어요.

우리 언니는 유행을 먼저 알 때도 있어요. 요즘 유행하는 옷은 4. _____(으)ㄴ/는 청바지인데 우리 언니가 작년에 직접 만들어서 입고 다녔어요.

우리 언니의 꿈은 언니가 직접 디자인한 옷을 파는 옷 가게를 가지는 거예요. 저는 언니가 꼭 멋있는 사장님이 될 거라고 생각해요.

DAY 6

연애와 결혼1

아는 단어에 ○표 하세요.

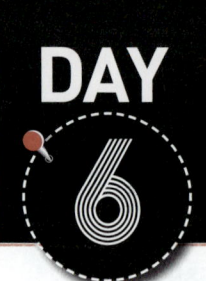

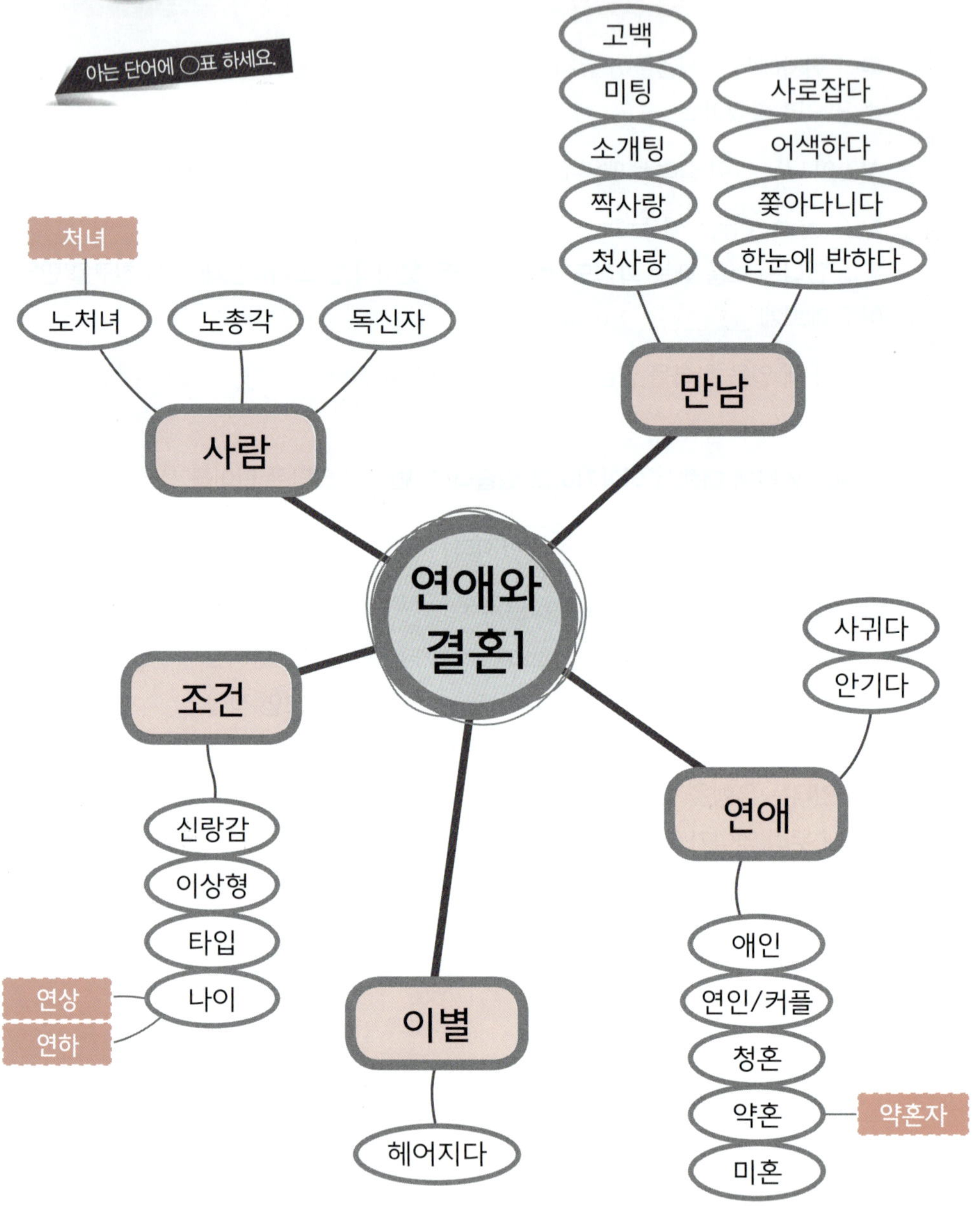
연애와 결혼1
사람
노처녀
처녀
노총각
독신자
만남
고백
미팅
소개팅
짝사랑
첫사랑
사로잡다
어색하다
쫓아다니다
한눈에 반하다
조건
신랑감
이상형
타입
나이
연상
연하
이별
헤어지다
연애
사귀다
안기다
애인
연인/커플
청혼
약혼
약혼자
미혼

조건 condition 条件 条件	• 가: 옌상 씨는 행복의 **조건**이 무엇인 것 같아요? 　나: 사랑하는 가족과 건강하게 사는 것이라고 생각해요. • 집을 사려고 은행에서 돈을 빌리려고 하는데 **조건**이 너무 많아서 어려울 것 같다. 　**표현** 조건이 까다롭다/맞다/없다/있다/좋다, 조건을 갖추다
신랑감 a suitable bridegroom 值得做新郎的 新郎候補	• 가: 지난번에 소개팅에서 만난 남자도 별로 마음에 안 들어. 　나: 너무 좋은 **신랑감**을 고르려고 하면 결혼이 늦어질 수 있어. • 타카요시 씨는 잘생기고 성격도 좋고 직업도 좋은 최고의 **신랑감**이다.
연상/연하 older/younger 比我年龄大的/ 比我年龄小的 年上/年下	• 가: 여자 친구가 5살 **연상**이면 누나라고 불러? 　나: 아니. 처음 만났을 때는 누나라고 했는데 사귀기로 한 후부터는 이름을 불러. • 부모님은 남편이 아내보다 나이가 많아야 한다고 생각하시기 때문에 4살 **연하**인 남자 친구와 결혼한다고 했을 때 반대하셨다.
이상형 ideal type 意中人 現象のタイプ	• 가: **이상형**과 결혼하는 사람이 얼마나 될까? 　나: 자기가 생각하는 **이상형**과 결혼하는 사람은 1%도 안 된다고 해. • 나는 지금까지 내 **이상형**을 만난 적이 없다.
외 **타입** 비 외 스타일, 종류 type 类型 タイプ	• 가: 어떤 **타입**의 수영복을 찾으세요? 　나: 수영장에서만 입을 거니까 원피스 **타입**으로 좀 보여 주세요. • 말이 많은 사람은 내가 좋아하는 **타입**이 전혀 아니다.

노처녀/ 노총각 spinster/old bachelor 老处女/大龄青年 老处女	• 가: 요즘 재미있는 드라마가 뭐가 있어? 　나: '세 친구'라고 하는 드라마가 있는데 같이 사는 **노총각** 세 명의 이야기인데 아주 재미있고 웃겨. • 여동생이 두 명이 있는데 모두 40살이 넘은 **노처녀**다.
독신자 single 独身者 独身者	• 가: 요즘 **독신자**로 살겠다는 사람들이 많다고 해요. 　나: 맞아요. 제 친구들 중에서도 결혼을 안 한 친구가 많아요. • 결혼을 안 한 우리 큰언니는 취미가 같은 **독신자** 모임에 자주 나간다.

처녀 unmarried woman 处女 処女	• 가: 이 옷을 다 버리려고 해? 나: 응. **처녀** 때 입은 옷인데 아이를 낳고 나니까 작아져서 입을 수가 없네. • 아직 결혼하지 않은 친구들이 휴가 때 해외여행을 간다는 말을 들으니까 다시 **처녀** 때로 돌아가고 싶다.

연애와 결혼1 만남

만남 meeting 见面 出会	• 가: 두 사람의 첫 **만남**은 언제였습니까? 나: 고향에서 서울로 오는 기차 안에서 처음 만났어요. • 세계 여행을 하면서 가장 기억나는 것은 여러 나라 사람들과의 **만남**이다.
고백 confession 表白 告白	• 가: 여자 친구에게 좋아한다고 **고백**할 때 어떻게 했어요? 나: 장미 100송이를 주면서 사귀고 싶다고 말했어요. • 아는 오빠에게 좋아한다는 **고백**을 받았지만 사귀고 싶은 마음이 안 생긴다.
외 **미팅** meeting 聚会 ミーティング	• 가: 대학교에 가면 뭐 하고 싶어? 나: 제일 먼저 **미팅**을 해 보고 싶어요. • 첫 **미팅**에서 지금의 여자 친구를 만나서 그 후에는 **미팅**에 나간 적이 없다.
반하다 fall in love 迷恋 惚れる	• 가: 러시아 여행이 어땠어? 나: 이번에 여행하면서 러시아에 **반했어**. 러시아가 그렇게 아름다운지 몰랐어. • 남자 친구는 나를 만난 날 첫눈에 **반했다**고 말했다. **표현** 첫눈/한눈에 반하다
사로잡다 capture heart 吸引 捕える	• 가: 저 가수는 특히 젊은 여자들에게 인기가 많다고 들었어요. 나: 네. 저도 좋아해요. 여자들의 마음을 **사로잡는** 목소리를 가진 것 같아요. • 이 식당은 직접 만들어 먹는 비빔밥 메뉴로 외국인들의 입맛을 **사로잡고** 있다. **표현** 눈길/마음/입맛을 사로잡다
소개팅 blind date 介绍 合コン	• 가: 저는 미팅은 많이 해 봤는데 **소개팅**은 한 번도 안 해 봤어요. 나: 와! 정말이에요? 그럼 제 친구를 소개해 줄게요. • 친구가 갑자기 출장이 생겨서 내가 친구의 **소개팅**에 나가게 되었다.
어색하다 awkward 尴尬 気まずい	• 가: 한국어를 공부한 지 얼마 안 되었는데 한국어가 **어색하지** 않네요. 나: 그래요? 한국 친구가 많아서 말하기 연습을 많이 할 수 있어서 그런 것 같아요. • 인터넷에서 알게 된 친구를 오늘 처음 만났는데 오래 사귄 친구처럼 전혀 **어색하지** 않았다. **표현** 어색한 분위기/표정

짝사랑 crush 単相思 片思い	• 가: **짝사랑** 때문에 힘들었을 때 있었어? 나: 나는 **짝사랑**을 해 본 적이 없어. • 내가 고등학교 때 **짝사랑**한 누나가 지금 나의 아내가 되었다.
쫓아다니다 follow 追 追い回す	• 가: 동생이 좋아하는 연예인만 **쫓아다니고** 공부에 관심이 없어서 걱정이에요. 나: 그런 때는 금방 지나니까 너무 걱정하지 마세요. • 우리 집 강아지는 맛있는 음식을 만들어 주는 엄마만 **쫓아다닌다**.
첫사랑 first love 初恋 初恋	• 가: 보통 사람들은 **첫사랑**을 잊지 못한다고 하는데 줄리안 씨는 어때요? 나: 저도 그래요. 저는 3년 동안 짝사랑해서 지금도 그때를 생각하면 마음이 아파요. • 나의 **첫사랑**은 중학교 1학년 때 영어 선생님이었다.
한눈 at once 一眼 一目	• 가: **한눈**에 반해서 사랑을 하게 되는 사람은 별로 없다고 생각해. 나: 하지만 나는 아내를 처음 봤을 때 내 아내가 될 사람이라는 것을 **한눈**에 알았어. • 이 지도를 보면 서울에서 유명한 곳을 **한눈**에 알 수 있다. 표현 한눈에 반하다/알다

연애와 결혼1 ▸ 연애

연애
date
恋爱
恋愛
	• 가: 여기저기 꽃이 피기 시작하네요.
	  나: 이렇게 봄이 되니까 **연애**를 하고 싶은 마음이 생겨요.
	• 할아버지가 젊으셨을 때는 **연애**결혼을 하는 사람이 거의 없고 부모님의 소개로 결혼
	  할 사람을 만났다고 한다.
	표현 연애결혼

미혼 single 未婚 未婚	• 가: 요즘은 결혼이 점점 늦어지는 것 같아요. 나: 맞아요. 제 친구들도 대부분 **미혼**이고 결혼한 친구는 3명밖에 없어요. • **미혼** 남녀의 만남을 도와주는 결혼 정보 회사를 이용하는 사람들이 많다.
사귀다 date 交 付き合う	• 가: 한국 친구를 어떻게 그렇게 많이 **사귀었어**? 나: 인터넷에 외국 친구를 **사귈** 수 있는 곳이 많아서 한국 친구가 많아졌어. • 지금은 유학을 와서 공부를 해야 하기 때문에 남자 친구를 **사귈** 마음이 없다.
안기다 be hugged 偎 抱かれる	• 가: 저기 영화배우 정승원 씨 아니에요? 정말 키도 크고 잘생겼어요. 나: 정말이네요! 저런 멋있는 남자한테 한 번만 **안겨** 보고 싶어요! • 나는 아기였을 때 엄마에게 **안기지** 않으면 잠을 자지 않았다고 한다.

애인 lover 爱人 恋人	• 가: 켄토 씨, **애인** 있어요? 　나: 아직 없어요. 야스코 씨 친구 중에서 좋은 사람 있으면 좀 소개해 주세요. • 올해 크리스마스에는 **애인**이 없어서 외롭게 보낼 것 같다.
약혼 engagement 订婚 婚約	• 가: 반지가 예쁜데요! 　나: **약혼**반지예요. 지난 주말에 가족들만 모시고 **약혼**을 했어요. • 요즘은 **약혼**을 하지 않고 결혼을 하는 사람들이 더 많다. 　**표현** 약혼식
약혼자 fiance 订婚的人 婚約者	• 가: 지우 씨하고 사귀고 싶은데 남자 친구가 있을까요? 　나: 어머, 몰랐어요? **약혼자**가 있다고 들었어요. • 축구선수 백지성 씨가 **약혼자**와 커피숍에서 찍은 사진이 인터넷에 올라왔다.
연인 one's love 恋人 恋人	• 가: 완여 씨와 준호 씨가 사귀어요? 　나: 아니에요. 그런데 저도 처음에 두 사람이 너무 친해서 **연인**이라고 생각했어요. • 몇 년 전에 '파리의 **연인**'이라고 하는 드라마를 보고 한국에 관심을 갖게 되었다.
청혼 proposal 求婚 求婚, プロポーズ	• 가: 여자 친구한테 어떻게 **청혼**을 했어? 　나: 꽃과 반지를 준비해서 여자 친구 생일날 분위기가 좋은 카페에서 **청혼**했어. • 남자 친구가 호텔 식당에서 노래를 부르면서 **청혼**을 할 때 감동해서 눈물이 났다.
외 **커플** couple 情侣 カップル	• 가: 처음 보는 반지인데? 　나: 어제 남자 친구랑 만난 지 100일이 되어서 **커플** 반지를 샀어. • 요즘 거리에서 같은 티셔츠를 입고 다니는 **커플**들을 쉽게 볼 수 있다.

연애와 결혼1 이별

이별 farewell 离别 別れ	• 가: '가장 아름다운 **이별**'? 무슨 내용의 책이야? 　나: 큰 병에 걸린 후 가족들과의 **이별**을 준비하는 엄마의 이야기야. • 남자 친구와 헤어져서 **이별** 노래를 들으면 눈물이 난다.
헤어지다 divorce 分手 別れる	• 가: 두 사람이 **헤어졌다고** 들었어. 　나: 응. 사귄 지 10년이 넘었는데 마음이 많이 힘들겠다. • 오랜만에 만난 친구들과 **헤어지고** 싶지 않아서 늦게까지 함께 술을 마셨다.

1 책을 광고하는 글입니다. 빈칸에 알맞은 단어를 쓰십시오.

노총각	독신자	연애	연인	타입

40살까지 혼자 살았고 지금은 결혼을 해서
두 아이의 아빠로 살고 있는 OOO 씨가 말하는 '사랑과 결혼 생활' 이야기

1. _____을/를 처음 시작하는 사람부터

2. 헤어진 _____와/과 다시 만나고 싶은 사람,

3. 나와 맞는 _____의 사람을 알고 싶은 사람,

4. 마흔을 넘어서 여자 친구 찾기가 힘들다고 말하는
_____,

5. 결혼에 관심이 없는 _____까지!

이 책에서 행복하고 건강하게 사랑하는 방법을 만나 보세요!

2 밑줄 친 부분과 의미가 같은 단어를 쓰십시오.

고백하다	청혼하다	한눈에 반하다	헤어지다

1. 저와 아내는 처음 본 순간 서로 사랑하게 되었어요. 그래서 우리는 만나고 나서 한 달 후에
결혼했어요.

_____

2. 저는 내성적이고 소심해서 마음에 드는 여자에게 좋아한다고 말하는 것이 너무 힘들어요.

_____

3. 여자 친구에게 결혼하자고 말하려고 반지와 장미꽃 100송이를 준비했어요.

_____

4. 여자 친구와 성격이 너무 달라서 만날 때마다 싸워요. 그래서 이제 만나지 않기로 했어요.

_____

연 상	년	year / 年 / 年
	연세	old / 年纪 / お年
년/연(年) : 년, 나이	학년	grade / 年级 / 学年
year 年 年	연도 DAY54	year / 年度 / 年度

독 신 자	기자	reporter / 记者 / 記者
	환자	patient / 患者 / 患者
자(者) : 사람	부자 DAY69	rich person / 富人 / 金持ち
person 者 者	학자 DAY35	scholar / 学者 / 学者

MEMO

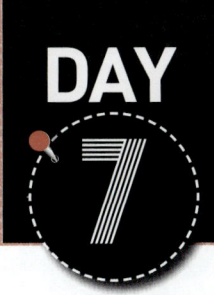

DAY 7

연애와 결혼2

아는 단어에 ○표 하세요.

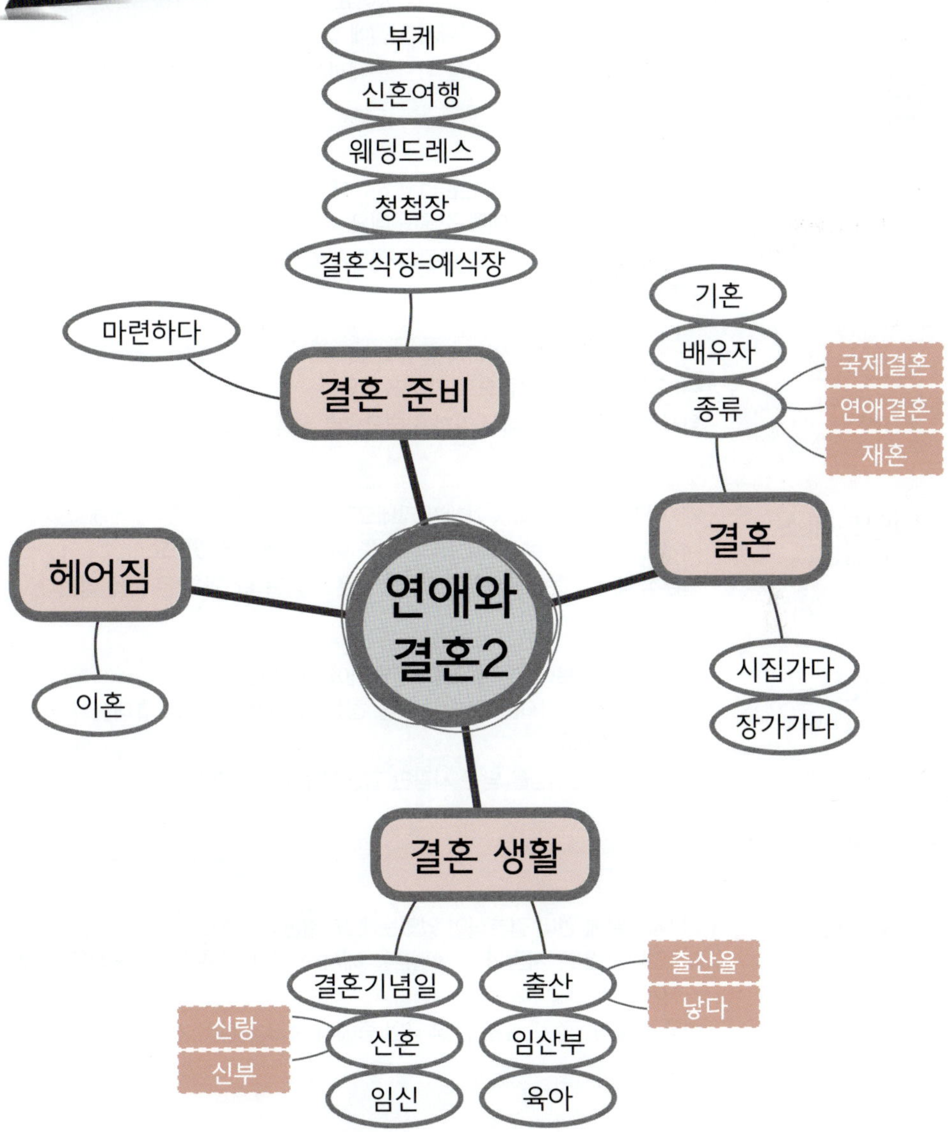

연애와 결혼2
결혼 준비
부케
신혼여행
웨딩드레스
청첩장
결혼식장=예식장
마련하다
결혼
기혼
배우자
종류
국제결혼
연애결혼
재혼
시집가다
장가가다
헤어짐
이혼
결혼 생활
결혼기념일
신혼
신랑
신부
임신
출산
출산율
낳다
임산부
육아

결혼식장 =예식장
wedding hall
婚礼大厅
結婚式場

- 가: **결혼식장** 앞에 차가 왜 저렇게 많지요?
  나: 오늘 유명한 연예인의 결혼식이 있다고 들었어요.
- 봄과 가을에는 결혼하는 사람들이 많아서 **예식장**을 예약하기가 어렵다.

마련하다
비 준비하다
prepare
准备
準備する、用意する

- 가: 신혼집은 어디에 **마련하기로** 했어요?
  나: 서울은 집값이 너무 비싸서 인천에 살기로 했어요.
- 우리 부모님은 결혼 후 집을 **마련할** 때까지 10년이 걸렸다고 한다.

외 부케
a bouquet
花束
ブーケ

- 가: 친구에게 줄 **부케**를 만들려고 하는데 무슨 꽃이 좋을까?
  나: 장미꽃으로 하면 예쁠 것 같은데요.
- 결혼식 한 달 전에 **부케**를 주문하시면 20% 할인을 해 드립니다.
- 표현 부케를 던지다/받다

신혼여행
honeymoon
蜜月旅行
新婚旅行

- 가: **신혼여행** 휴가를 얼마나 받았어요?
  나: 2주를 받아서 유럽으로 가려고 해요.
- 회사일 때문에 한국에서 가까운 태국으로 **신혼여행**을 가기로 했다.

외 웨딩드레스
wedding dress
婚紗
ウエディングドレス

- 가: 여기는 **웨딩드레스** 가게가 많네요?
  나: 네. 저도 결혼할 때 입은 드레스를 여기에 와서 골랐어요.
- 결혼식 때 언니는 유명한 연예인이 입은 **웨딩드레스**와 같은 것을 입었다.

청첩장
wedding invitation
喜帖
結婚式招待状

- 가: **청첩장**을 보내려면 주소를 다 알아야 하겠어요.
  나: 네. 하지만 저희는 결혼 소식을 **청첩장**을 보내지 않고 휴대전화 메시지로 보내기로 했어요.
- 일본에서는 **청첩장**을 받은 사람만 결혼식에 갈 수 있다.

연애와 결혼2 결혼

국제결혼
international marriage
国际结婚
国際結婚

- 가: 지난달에 언니 결혼식이 있었는데 또 결혼식을 해요?
  나: 언니가 일본 사람과 **국제결혼**을 해서 한국과 일본에서 결혼식을 두 번 하게 됐어요.
- 한국 사람과 **국제결혼**을 한 외국인 중에서 중국 사람이 가장 많다고 한다.

기혼 🔄 미혼 married 已婚 既婚	• 가: **기혼** 여자 5명 중에서 3명은 아이가 있으면 회사에 못 다닐 거라고 생각한다고 해. 나: 그런 것 같아. 내 주변 사람들만 봐도 아이가 태어난 후에는 회사를 그만둔 사람이 많아. • 지난달에 새로 나온 이 자동차는 30~40살의 **기혼** 남자들에게 인기가 많습니다.
배우자 spouse 伴侶 配偶者	• 가: 이 스마트폰을 사시면 **배우자**와 통화할 때 전화 요금이 무료입니다. 나: 아, 그래요? 그럼 이걸로 주세요. • 남자와 여자는 **배우자**를 선택할 때 중요하게 생각하는 것이 다르다.
시집가다/ 장가가다 marry/ marry a women 嫁/娶 嫁に入る、婿に入る	• 가: 형제가 어떻게 돼요? 나: 언니만 3명인데 큰언니와 둘째 언니는 **시집갔고** 막내 언니는 일본에 유학을 갔어요. • 내 친구들 중에서 제일 먼저 **장가간** 친구는 대학생 때 결혼했다.
연애결혼 love marriage 恋爱結婚 恋愛結婚	• 가: 두 사람은 소개로 만났어요, **연애결혼**했어요? 나: 부모님 소개로 만났는데 만난 지 10개월 후에 결혼했어요. • 우리 오빠는 회사에서 만난 여자 친구와 **연애결혼**했다.
재혼 second marriage 再婚 再婚	• 가: 영화배우 이영은 씨가 결혼한다고 해요. 나: 네. 저도 뉴스에서 봤는데 **재혼**이라고 해요. • **재혼** 가정의 가장 큰 어려움은 아이들과 새 부모의 관계 문제이다.

연애와 결혼2　결혼 생활

결혼기념일 wedding anniversary 結婚纪念日 結婚記念日	• 가: 어제 **결혼기념일**이라고 했는데 뭐 했어요? 나: 우리는 **결혼기념일**마다 가족사진을 찍어요. • 남자들은 여자들과 다르게 **결혼기념일**을 잊어버릴 때가 많다.
낳다 give birth to 生 産む	• 가: 둘째는 딸이면 좋겠어요, 아들이면 좋겠어요? 나: 첫째가 딸이니까 이번에는 아들을 **낳고** 싶어요. • 요즘은 아이를 기를 때 돈이 많이 들어서 아이를 한 명만 **낳겠다고** 생각하는 사람이 많다. 　**표현** 딸/쌍둥이/아들/아이/달걀을 낳다

신랑 groom 新郎 新郎	• 가: 결혼 축하 노래를 부르는 저 사람 누구예요? 정말 잘 부르네요. 　나: 가수인데 몰랐어요? **신랑**의 친구라고 해요. • 결혼식 마지막에 **신랑**은 신부를 안고 결혼식장을 나갔다.
신부 bride 新娘 新婦	• 가: 신랑과 **신부**가 같이 결혼식장에 들어오네요? 　나: 네. 전에는 신랑이 먼저 들어왔는데 요즘은 저렇게 하는 사람이 많아요. • **신부** 화장이 잘 되어서 결혼식 사진이 예쁘게 나왔다.
신혼 new marriage 新婚 新婚	• 가: 요즘 결혼 준비로 바쁘지요? 　나: 네. 그런데 일주일 동안 **신혼** 가구를 보러 다녔지만 아직 마음에 드는 가구를 못 　　찾았어요. • 우리 부부는 결혼을 하고 바로 아이가 생겨서 **신혼** 기간이 짧았다.
육아 infant care, childcare 育儿 育児	• 가: 요즘은 **육아**를 잘 도와주는 남편들이 많은 것 같아요. 　나: 네. 제 친구 남편도 **육아**를 도와주려고 회사를 6개월 동안 쉬었어요. • 가끔 **육아** 때문에 힘들 때는 아이가 없는 신혼 때로 돌아가고 싶다.
임산부 pregnant 孕妇 妊婦	• 가: 버스 의자에 있는 이 그림은 뭐예요? 　나: 나이가 많은 사람이나 아이들이나 **임산부**가 앉는 자리라는 뜻이에요. • **임산부**가 먹는 음식은 아이의 건강에 매우 중요하다.
임신 pregnancy 怀孕 妊娠	• 가: **임신** 축하해요. 몇 주예요? 　나: 내일이 되면 4주예요. • 감기가 심하지만 **임신**을 해서 약을 먹지 않고 있다.
출산 childbirth 生育 出産	• 가: 배가 많이 커졌네요. **출산**이 언제지요? 　나: 다음 달 5일이에요. • 한국에서는 배우자가 **출산**할 때 남편은 **출산** 휴가를 3~5일 받을 수 있다.
출산율 birthrate 生育率 出産率	• 가: 한국은 **출산율**이 계속 떨어지고 있다고 들었어요. 　나: 네. 그리고 나이가 많은 사람들이 많아서 미래에는 일할 사람이 적은 것이 큰 사 　　회 문제가 될 거라고 해요. • 작년 한국에서 가장 **출산율**이 낮은 도시는 서울이었다.

이혼
get divorced
离婚
離婚

- 가: 이혼을 하는 가장 큰 이유가 뭘까요?
  나: 신문에서 읽었는데 성격이 달라서 이혼하는 일이 가장 많다고 해요.
- 요즘 60살이 넘어서 이혼하는 부부가 늘고 있다고 한다.

예식장	경기**장**	play ground / 赛场 / 競技場
장(場): 장소	극**장**	theatre / 劇場 / 映画館
place 场 場所	**장**소	place / 场所 / 場所
	주차**장**	parking lot / 停车场 / 駐車場

출산	외**출**	go out / 外出 / 外出
출(出): 나오다, 나가다	**출**근	go to work / 上班 / 出勤
go out 出 出る	**출**발	departure / 出发 / 出発
	출장	business trip / 出差 / 出張

1 결혼식 준비에 대해서 이야기하고 있습니다. 빈칸에 알맞은 단어를 쓰십시오.

| 신랑 | 신혼여행 | 웨딩드레스 | 청첩장 |

가 : 결혼 준비 잘 되고 있지? 친척들과 친구들에게 1. _____ 은/는 모두 보냈어?

나 : 응. 벌써 한 달 전에 보냈어.

가 : 빨리 보냈구나. 2. _____ 은/는 어디로 가?

나 : 프랑스로 10일 동안 가기로 했어.

가 : 와, 좋겠다! 그런데 3. _____ 이/가 미국 사람이라서 외국 손님도 많겠다.

나 : 응. 그럴 것 같아.

가 : 그럼 이제 결혼식 날만 기다리면 되겠네.

나 : 아니야. 아직 4. _____ 을/를 못 골랐어. 이번 주말에 남자 친구하고 같이 가서 입어 보려고 해.

2 결혼에 대한 신문 기사의 내용입니다. 읽고 기사의 제목을 완성하십시오.

| 배우자 | 이혼 | 임산부 | 출산율 |

1. 마음에 드는 _____ 찾을 때까지 필요한 시간 보통 3~3.5년

미래의 아내나 남편이 될 사람을 만날 때까지 걸리는 시간은 3년에서 3.5년인 것으로 나타났다

2. 부부 _____ 이유 47.8%가 성격 문제

부부가 헤어지는 이유 중 '성격이 다르기 때문'이 가장 큰 이유로 나타났다

3. 한국 은행, 다음 달부터 _____ 직원에게 1시간 동안 잠을 자는 시간 주기로

한국 은행은 임신한 여자 직원에게 다음 달부터 일하는 시간 중에 1시간 동안 잠을 잘 수 있는 시간을 주기로 했다

4. 올해 한국 _____ 1.18명으로 세계에서 가장 낮아

올해 한국은 세계에서 아이를 가장 적게 낳는 나라가 되었다.

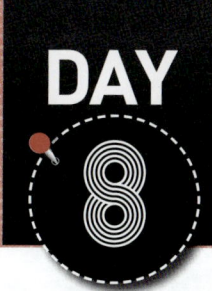

DAY 8 감정1

아는 단어에 ○표 하세요.

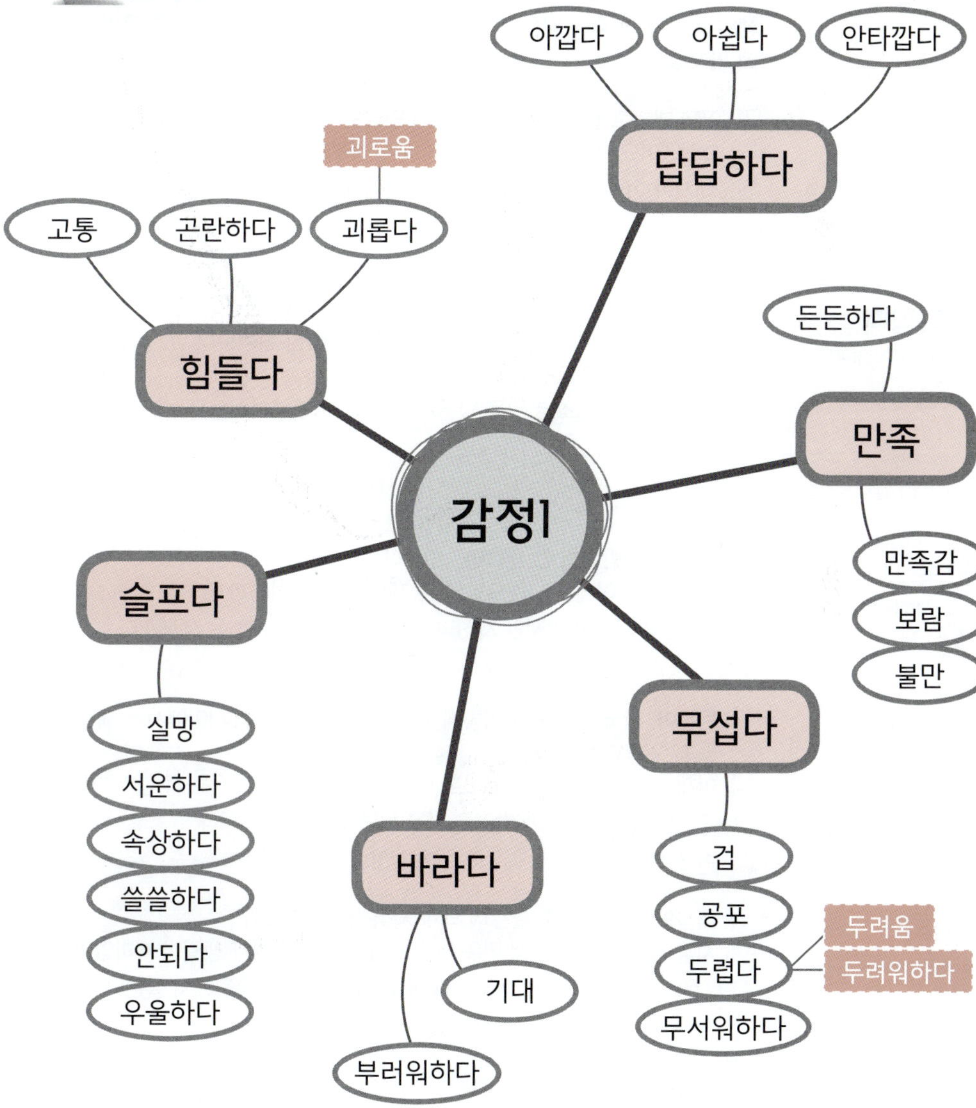
감정1
답답하다
아깝다
아쉽다
안타깝다
힘들다
고통
곤란하다
괴롭다
괴로움
만족
든든하다
만족감
보람
불만
슬프다
실망
서운하다
속상하다
쓸쓸하다
안되다
우울하다
바라다
기대
부러워하다
무섭다
겁
공포
두렵다
두려움
두려워하다
무서워하다

감정 emotion 感情 感情	• 가: 민수 씨가 노래를 정말 잘하네요. 　나: 네. 노래 부를 때 **감정**을 잘 표현하는 것 같아요. • 아이들이 매일 30분에서 1시간 동안 컴퓨터 게임을 하면 다른 사람의 **감정**을 이해하기 어렵게 된다고 한다.

감정1 답답하다

아깝다 feel sorry 可惜 惜しい	• 가: 1점이 부족해서 한국어능력시험에 떨어져서 너무 **아까워**. 　나: 그렇겠다. 힘을 내. 다음에는 꼭 합격할 거야. • 생일 파티를 한 후에 남은 음식을 버리는 것이 **아까워서** 우리는 조금씩 나누어서 집에 가져갔다.
아쉽다 **비** 섭섭하다 sorry, sad 惋惜 惜しい、残念だ	• 가: 어제 대학교 친구들을 오래간만에 만났는데 금방 헤어져서 많이 **아쉬웠어요**. 　나: 그랬겠어요. 저도 아이를 낳은 후에는 친구들을 만나기가 어려워요. • 인도네시아 여행 중에 비가 많이 와서 바다에서 수영을 하지 못해서 **아쉬웠다**.
안타깝다 refgrettable, sad 心焦 気の毒だ	• 가: 한국에서 대학교에 가려면 아주 열심히 공부해야 한다고 들었어. 　나: 맞아. 내 동생이 지금 고등학교 3학년인데 아침 일찍부터 밤 12시까지 공부만 하는 걸 보면 **안타까워**. • 부모님이 없어서 스스로 돈을 벌면서 학교를 다니는 아이들을 보면 **안타깝다**.

감정1 만족

만족 satisfaction 満足 満足	• 가: 이 작은 가방이 15만 원이야? 비싸다. 　나: 응. 하지만 이게 인터넷으로 찾은 제일 싼 가격이니까 **만족**해. • 많은 돈을 가지지 않았지만 자신의 생활에 **만족**하는 사람은 행복하다.
든든하다 reassured 充分的，結実 気強い	• 가: 동운아, 한국의 겨울이 이렇게 추운지 몰랐어. 인도네시아에서는 제일 기온이 낮을 때도 20도가 넘어. 　나: 이제 겨울이 시작이야. 앞으로 더 추워지니까 옷을 **든든하게** 입고 다녀. • 그동안 열심히 모은 돈이 쌓인 통장을 보면 마음이 **든든하다**. 　**표현** 마음/배가 든든하다, 든든하게 먹다/입다
만족감 satisfaction 満足感 満足感	• 가: 월급도 높고 교통도 좋은데 왜 회사를 옮기려고 해? 　나: 지금 하고 있는 일에서 **만족감**을 느끼지 못해서 회사 생활이 재미없어. • 운동 후의 **만족감** 때문에 추운 겨울에도 매일 30분씩 공원에서 달린다.

보람 worthwhile, fruitful 成效 甲斐	• 가: 선생님은 언제 가장 **보람**을 느끼세요? 　나: 학생들이 한국어를 할 수 있게 되어서 한국 생활이 즐겁다고 말할 때 **보람**을 느껴요. • 갈비가 싸고 맛있는 것으로 유명한 식당에 가서 1시간 동안 줄을 서서 기다렸는데 정말 맛있어서 기다린 **보람**이 있었다. 　표현 보람을 느끼다/찾다
불만 ⊕ 만족 dissatisfaction 不满 不満	• 가: 이 호텔은 직원들이 조금 더 친절하면 좋겠어. 　나: 나도 그렇게 생각했는데. 그럼 우리 저기에 있는 '손님의 목소리' 상자에 **불만**을 써서 넣을까? • 우리 회사는 늦게까지 일해야 하는 날이 많아서 직원들의 **불만**이 많다.

감정1 　무섭다

겁 fear 怯 怖じ気	• 가: 자전거 타는 것을 좋아하지 않아? 　나: 아니, 그건 아닌데 다칠까 봐 **겁**이 나서 잘 못 타. • 내 동생은 물을 보면 **겁**을 먹어서 아직도 수영을 배우지 못하고 있다. 　표현 겁이 나다/많다/없다, 겁을 내다/먹다
공포 fear, fright 恐惧 恐怖	• 가: 이 건물 제일 위층에 가면 서울 시내를 다 볼 수 있다고 하는데 가 볼까? 　나: 미안하지만 안 돼. 나는 높은 곳에 올라가면 **공포**를 느껴. • 영화에서 **공포** 분위기를 만드는 것은 영화에 나오는 음악이다.
두렵다/ **두려움** fearful/fear 害怕/害怕 怖ろしい/恐怖	• 가: 회사를 그만두고 사업을 시작할 때 **두렵지** 않으셨어요? 　나: 물론 **두려움**이 있었지만 오랫동안 하고 싶은 일이었기 때문에 즐거운 마음이 더 컸어요. • 나미 씨에게 좋아한다는 고백을 했을 때 사귀고 싶지 않다는 말을 들을까 봐 **두려워서** 아직 말하지 못했다.
두려워하다 be afraid of 怕 恐れる	• 가: 동생이 남자를 안 만나려고 한다는 말이야? 왜? 　나: 작년에 3년 동안 사귄 남자와 헤어졌는데 그때 상처를 많이 받아서 다시 남자를 만나는 걸 **두려워하는** 것 같아. • 아버지는 같은 실수는 **두려워해도** 되지만 새로운 실수는 **두려워하지** 말라고 말씀하셨다.
무서워하다 be scared of 怕 怖がる、脅える	• 가: 오랜만에 놀이공원에 오니까 기분 좋은데. 우리 뭐부터 탈까? 　나: 저 '하늘기차' 먼저 타자. 지난번에 케이티하고 왔을 때 케이티가 너무 **무서워해서** 못 탔어. • 나는 강아지를 아주 좋아하는데 동생이 강아지를 **무서워해서** 집에서 못 키우고 있다.

기대
(비) 희망
expectation
期待
期待

- 가: 5분 남았어. 곧 공연이 시작하겠다.
  나: 내가 좋아하는 황정모 씨가 노래하는 걸 이렇게 가까운 곳에서 보게 되네. 오늘 공연 정말 **기대**돼.
- 이번 올림픽에서 우리나라가 우리 축구팀에게 거는 **기대**가 매우 크다.

  표현 기대가 깨지다/되다/크다, 기대를 가지다/걸다

부러워하다
envy
羨慕
羨む

- 가: 유미 씨는 가늘고 긴 눈이 참 매력적이에요.
  나: 고마워요. 그런데 어렸을 때는 눈이 동그랗고 큰 친구들을 **부러워했어요**.
- 자신의 생활에서 행복을 찾지 못하는 사람은 항상 다른 사람을 **부러워한다**.

서운하다
(비) 섭섭하다
sad (about)
舍不得
寂しい

- 가: 내일 고향으로 돌아가지? 보고 싶을 거야, 크리스틴.
  나: 나도 많이 **서운하네**, 파니아. 미국에 여행 오게 되면 우리 집에 꼭 와.
- 중학생, 고등학생 때는 내가 좋아하는 친구가 다른 친구와 친하게 지내는 것을 보면 **서운한** 마음이 들었다.

속상하다
upset
伤心
癪に障る

- 가: 지난주에 새로 산 옷을 동생에게 빌려줬는데 뜨거운 물에 빨아서 옷이 줄었어.
  나: 정말? 새 옷인데 그렇게 돼서 **속상하겠다**.
- 열심히 공부했지만 시험을 잘 못 봐서 너무 **속상하다**.

실망
disappointment
失望
失望

- 가: 유명한 식당이라고 들었는데 서비스가 별로 안 좋은 것 같아요.
  나: 네. 음식 맛도 별로라서 **실망**인데요.
- 피아노 대회의 결과가 좋지 않아서 며칠 동안 울 정도로 **실망**했다.

쓸쓸하다
(비) 외롭다
lonely
寂寞
もの寂しい

- 가: 부모님 집에서 나와서 혼자 사니까 어때?
  나: 처음에는 자유를 느껴서 좋았는데 지금은 아무도 없는 집에 들어갈 때 가끔 **쓸쓸해**.
- 우리 다섯 형제가 모두 결혼을 해서 혼자 사시는 어머니가 **쓸쓸하실** 것 같아서 자주 전화를 드린다.

안되다
sorry (that)
惋惜
気の毒だ

- 가: 축구 선수 김영호 씨가 다리를 심하게 다쳐서 이제 축구를 못하게 됐다고 해요.
  나: 정말요? 앞으로 기대가 되는 선수였는데 너무 **안됐어요**.
- 심한 감기 때문에 혼자 집에 있는 친구를 생각하니까 마음이 **안됐다**. 과일을 좀 사서 친구 집에 가 봐야겠다.

| 우울하다
depressed
忧郁
鬱ぐ | • 가: 소피아 씨가 요즘 우울해 보여.
  나: 어머니가 곧 큰 수술을 하셔서 걱정이 많다고 들었어.
• 날씨가 흐리거나 비가 오는 날에는 우울한 기분이 든다. |

감정1 힘들다

고통
비 아픔
pain
痛苦
苦痛
	• 가: 연예인들은 다른 사람들이 자신의 개인 생활에 관심을 많이 가져서 고통을 받는
	  일이 있는데 어떻게 생각해?
	  나: 너무 심하면 안 되겠지만 연예인은 사람들의 관심을 받을 수밖에 없는 것 같아.
	• 처음 아기를 낳을 때 느낀 고통은 그 전까지 경험한 아픔과는 비교할 수 없이 컸다.
	표현 고통을 겪다

곤란하다
difficult,
embarrassing
困难
困る
	• 가: 옷 가게에서 일하는 거 어때?
	  나: 재미있어. 그런데 가끔 한 번 입은 옷을 바꿔 달라고 하는 손님이 있을 때 참 곤
	  란해.
	• 나는 친구가 돈을 빌려 달라고 할 때 아주 곤란하다.
	표현 곤란한 경우/문제/시간/일/입장

괴롭다/
괴로움
반 즐겁다, 기쁘다
painful/pain
难受/难受
苦しい/苦しみ
	• 가: 3년 동안 사귄 남자 친구와 헤어진 동생을 보면 마음이 아파.
	  나: 그렇구나. 나도 여자 친구와 헤어지고 괴로움을 잊으려고 매일 술을 마신 적이
	  있어.
	• 내일 건강 검사가 있어서 오늘 저녁을 먹으면 안 되는데 텔레비전에서 치킨 광고가
	  나오니까 괴롭다.

감 정 감(感): 느끼다 feel 感 感じる	감동	be touched / 感动 / 感動
	감사	gratitude / 感谢 / 感謝
	감상 DAY24	appreciate / 感想 / 感想
	만족감 DAY8	satisfaction / 满足感 / 満足感

1 다음은 '행복한 인생의 비밀'이라는 책의 내용입니다. 빈칸에 알맞은 단어를 쓰십시오.

두려워하다	만족하다	부러워하다	실망하다

1. 다른 사람의 행복이나 장점을 _____지 말고 내가 이미 가지고 있는 장점과 행복을 찾으세요.

2. 나에게 없는 것을 가지려고 하지 말고 현재에 _____고 감사하는 마음을 가지세요.

3. 어떤 일이 기대처럼 잘 안 되었을 때도 _____지 마세요. 잘하지 못했지만 열심히 노력한 당신에게 박수를 쳐 주세요.

4. 미래를 알 수 없다고 생각해서 _____지 말고 미래를 꿈꾸고 준비하세요. 행복한 미래는 자기 자신이 만드는 거예요.

2 괄호 안에서 알맞은 단어를 고르십시오.

1. 외국에 혼자 살고 있지만 나를 도와주는 친구들이 주변에 많이 있어서 마음이 항상 (든든하다 / 안타깝다).

2. 나는 중학교에서 영어를 가르치는데 학생들이 졸업한 후에도 잊지 않고 고맙다는 편지를 보내거나 학교에 찾아올 때 (기대 / 보람)을/를 느낀다.

3. 남자 친구가 생일을 잊어버리고 선물도 카드도 주지 않아서 너무 (서운했다 / 아쉬웠다).

4. 심한 감기 때문에 잘 때 기침이 계속 나와서 밤에 못 자니까 너무 (괴롭다 / 우울하다).

3 빈칸에 알맞은 단어를 쓰십시오.

고통	공포	불만

1. 2년 전에 10년 동안 기른 고양이가 병으로 죽었을 때 우리 가족은 마음이 너무 아프고 힘들었다. 가족을 잃은 _____을/를 경험하지 못한 사람은 아마 모를 것이다.

2. 학교 도서관에 있는 컴퓨터가 자주 고장이 나서 학생들이 _____이/가 많다.

3. 내 여동생은 _____ 영화를 보지 않는다. 영화관에서 처음 같이 봤을 때 너무 무서워해서 영화가 끝나기 전에 나왔다.

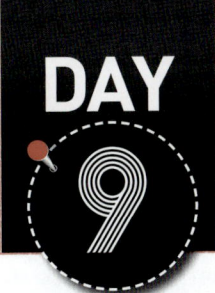

DAY 9 감정2

아는 단어에 ○표 하세요.

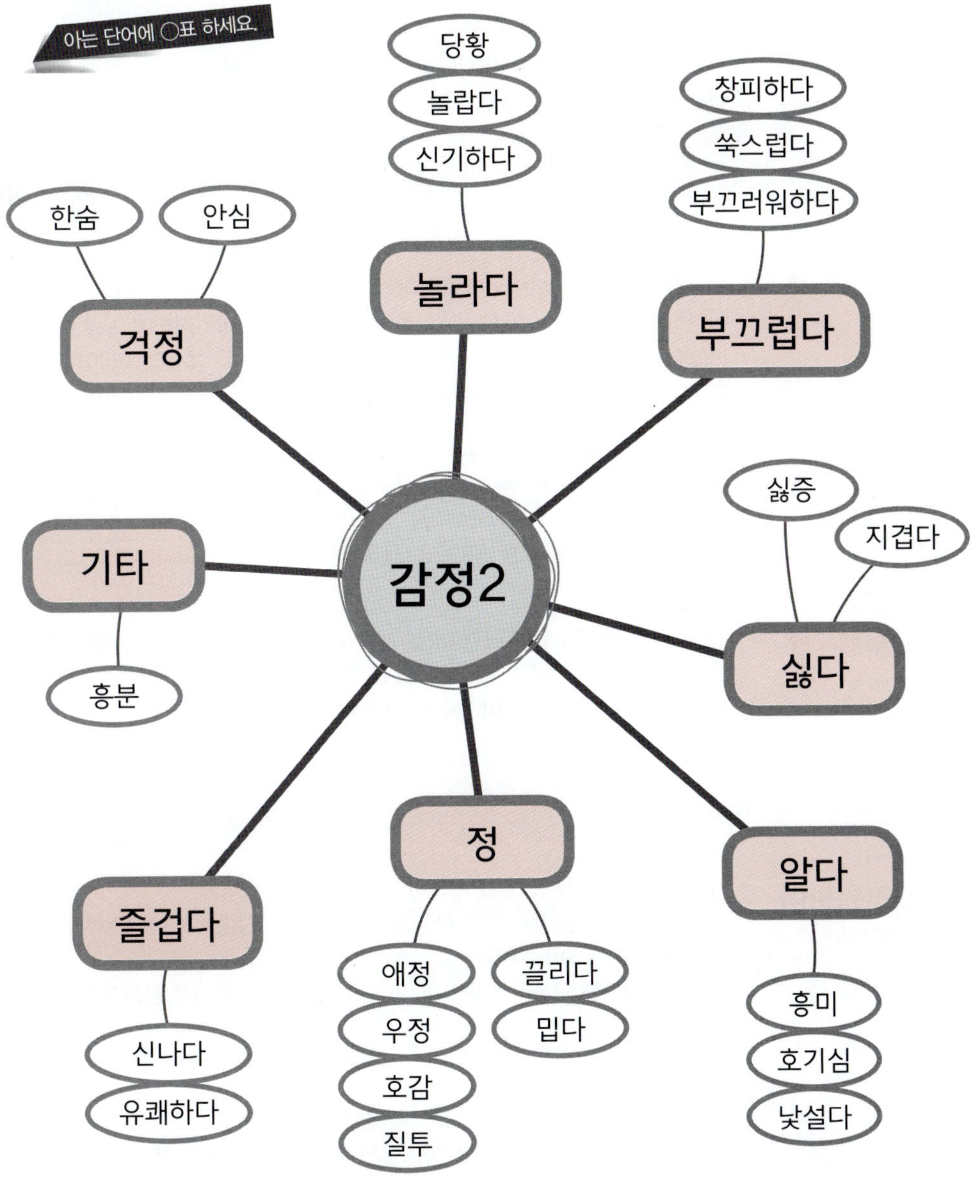

감정2
걱정
한숨
안심
놀라다
당황
놀랍다
신기하다
부끄럽다
창피하다
쑥스럽다
부끄러워하다
기타
흥분
싫다
싫증
지겹다
즐겁다
신나다
유쾌하다
정
애정
우정
호감
질투
끌리다
밉다
알다
흥미
호기심
낯설다

감정2 **걱정**	

안심 ⓐ 걱정 relax 放心 安心	• 가: 큰딸이 처음 외국 여행을 갔는데 **안심**이 안 돼서 매일 잠을 잘 못 자요. 나: 걱정하지 마세요. 일본은 **안심**하고 여행할 수 있는 나라예요. • 밤에 여자들만 탈 수 있고 여자 기사가 운전하는 '**안심** 택시'가 생긴다고 한다.
한숨 sigh 叹气 ため息	• 가: 왜 그렇게 **한숨**을 쉬어? 나: 일이 너무 많아서 주말에도 회사에 나가야 할 것 같아. • 컴퓨터 게임 때문에 공부를 하지 않는 아들을 보면 **한숨**이 나온다. 표현 한숨이 나오다, 한숨을 쉬다

감정2 **놀라다**	

놀랍다 surprised 惊人 驚く	• 가: 어제 텔레비전 봤는데 13살에 대학교에 들어간 아이가 나왔어요. 나: 네. 저도 봤어요. 9살 때 벌써 중학교 공부를 끝냈다고 하는데 정말 **놀라워요**. • 18살밖에 안 된 고등학생이 직원이 200명이 넘는 구두 회사의 사장이라는 것이 **놀랍다**.
당황하다 ⓑ 놀라다 be ambarrassed 惊慌 慌てる	• 가: 문화가 달라서 한국 생활이 힘들지 않아요? 나: 괜찮아요. 그런데 한국 사람들이 처음 만났는데 몇 살이냐고 물을 때는 많이 **당황해요**. • 불이 나면 **당황하지** 말고 계단으로 내려가서 건물 밖으로 나가야 한다.
신기하다 surprised 新奇 珍しい	• 가: 이거 선물이야. 일본 여행 때 산 건데 과일을 쉽게 깎을 수 있는 칼이야. 나: 고마워. 이걸로 정말 과일을 깎을 수 있어? **신기하게** 생겼는데! • 저 가게에는 **신기한** 물건이 많아서 구경하는 손님들이 항상 많다.

감정2 **부끄럽다**	

부끄러워하다 be ashamed 害羞 恥ずかしがる	• 가: 한국 대학교에서는 발표 수업이 아주 많다고 들었어요. 나: 네. 그런데 저는 한국말도 아직 잘 못하고 많은 사람들 앞에서 말하는 것을 **부끄러워해서** 걱정이 많아요. • 한국어 말하기를 잘하려면 틀리게 말하는 것을 **부끄러워하지** 않아야 한다.
쑥스럽다 ⓑ 부끄럽다 shy 难为情 極まり悪い	• 가: 켄토, 학교에서 춤 대회가 있다고 하는데 한번 나가 보는 게 어때? 네가 나가면 꼭 1등할 것 같은데. 나: 아니야. 춤을 좋아하지만 많은 사람들 앞에서 추는 것은 좀 **쑥스러워**. • 여자 친구가 있냐고 물었을 때 **쑥스럽게** 웃는 것을 보니까 남동생에게 여자 친구가 생긴 것 같다.

창피하다
비 부끄럽다
be ambarrassed
丢脸
恥ずかしい

- 가: 마데, 스키를 처음 탄다고 했는데 오늘 어땠어?
  나: 다른 사람들은 다 잘 타는데 나만 계속 넘어져서 좀 창피했지만 아주 재미있었어.
- 외국인이 영어로 길을 물었는데 대답을 잘 못해서 창피했다.

감정2 **싫다**

싫증
be tired of
厌恶
嫌気

- 가: 비슷한 운동화가 있는데 또 살 거야?
  나: 응. 이제 싫증이 나서 못 신겠어.
- 비빔밥을 좋아해서 매일 먹지만 싫증이 안 난다.
  표현 싫증이 나다, 싫증을 내다

지겹다
반 즐겁다
be tired of
厌倦
懲り懲りだ

- 가: 호당 씨는 왜 바나나를 안 먹어요?
  나: 네. 유학 생활 동안 돈이 없어서 싼 바나나를 지겹게 먹었어요. 그래서 이제 먹기 싫어요.
- 작년 여름에는 한 달 동안 지겨운 장마가 계속되었다.

감정2 **알다**

낯설다
반 익숙하다
unfamiliar
陌生
見慣れない

- 가: 메리 씨는 여행을 왜 좋아하지 않아요?
  나: 저는 낯선 곳에 가거나 낯선 음식을 먹는 것을 별로 안 좋아해서요.
- 나는 아이들에게 낯선 사람이 주는 음식을 먹지 말라고 가르친다.

호기심
curiosity
好奇心
好奇心

- 가: 담배를 전혀 안 피워요?
  나: 네. 고등학교 때 호기심 때문에 몇 번 피워 봤는데 담배 냄새가 안 좋아서 그때부터 안 피웠어요.
- 아이들은 어른들이 보지 못하는 아주 작은 것에도 호기심을 보인다.
  표현 호기심을 보이다

흥미
interest
兴趣
興味

- 가: 영어에 흥미가 안 생겨서 공부하기 싫어.
  나: 그럼 영어로 된 드라마나 노래로 공부해 보는 게 어때?
- 서울 도서관은 직접 경험해 볼 수 있는 프로그램이 많아서 아이들의 관심과 흥미를 모으고 있다.
  표현 흥미가 끌리다/당기다/생기다, 흥미를 가지다/보이다/잃다

정 affection, attachment 情 情	• 가: 방학 동안 한국 여행을 한다고 했는데 어땠어요? 나: 아주 재미있었어요. 특히 시골 사람들은 정이 많은 것 같아요. 어느 시골집에서 잤 는데 저녁과 아침을 공짜로 주셨어요. • 하숙집 친구와 정이 많이 들어서 고향으로 돌아간다고 하니까 많이 섭섭하다. 표현 정이 들다/많다/없다, 정을 느끼다
끌리다 be drawn, drag 引起, 被拉 引かれる、引きずる	• 가: 이번에 새로 들어온 남자 직원한테 마음이 끌려. 나: 그럼 도와줄 일 없냐고 물어보면서 한번 말을 걸어 봐. • 바닥에 끌릴 정도로 긴 바지가 유행한 적이 있었다.
밉다 detestable 可恶 憎い	• 가: '주는 것 없이 밉다'는 말이 무슨 말이야? 나: '내가 주는 것이 없어도 미운 사람이 있다. 다르게 말하면 나한테 나쁜 일을 하는 사람도 아닌데 밉다'는 뜻이야. • '미운 7살'이라는 말처럼 올해 7살이 된 내 조카는 다른 사람의 말을 듣지 않으려고 하고 고집이 매우 세졌다.
애정 반 사랑 affection, love 爱情 愛情	• 가: 와, 이 꽃은 기르기 어려운 꽃인데 어떻게 이렇게 꽃을 잘 길렀어요? 나: 꽃도 사람과 같아서 애정을 가지고 기르면 잘 자라요. • 젊은 사람들이 지하철 안에서 애정 표현을 심하게 하는 것을 보면 불편하다. 표현 애정을 가지다/표현하다, 애정이 가다/담기다/식다
우정 friendship 友谊 友情	• 가: 우리는 초등학교 때부터 동네 친구였는데 대학교 2학년 때부터 사귀기 시작했 어요. 나: 와, 우정이 사랑이 되었군요! • 나와 제일 친한 친구인 승원이와의 우정이 벌써 25년이 되었다.
질투 jealousy 嫉妒 嫉妬	• 가: 줄리안, 모르는 여자한테 왜 그렇게 친절하게 말해? 나: 치에미, 지금 질투하는 거야? 전에는 내가 친절한 사람이라서 좋다고 말한 것 같 은데. • 나는 어렸을 때 자존심이 강하고 질투가 많은 아이였다. 표현 질투가 나다/많다/생기다/심하다, 질투를 느끼다
호감 favorable impression, good feeling 好感 好感	• 가: 언제부터 메리 씨를 좋아하게 되었어? 나: 처음에는 친구로 지냈는데 지난번 발표 수업 준비를 같이 할 때부터 호감이 생 겼어. • 케이티 씨는 처음 보는 사람에게도 호감을 주는 얼굴이다. 표현 호감이 가다/생기다, 호감을 주다

감정2	즐겁다

신나다
be excited
开心
浮かれる、
ウキウキする

- 가: 대학교 입학시험이 끝났는데 무슨 계획 없어요?
  나: 입학하는 날까지 친구들과 매일 신나게 놀 거예요.
- 오늘까지 일하면 10일 동안 여름휴가라서 하루 종일 신난다.

유쾌하다
비 즐겁다
happy, cheereful
愉快
愉快だ

- 가: 탕기 씨가 웃는 것을 보면 저도 웃음이 나와요.
  나: 맞아요. 탕기 씨의 유쾌한 웃음소리는 다른 사람의 기분을 좋게 만드는 것 같아요.
- 오래간만에 만난 초등학교 친구들과 즐겁고 유쾌한 시간을 보냈다.

감정2	기타

흥분
excitement
兴奋
興奮

- 가: 오마르가 나한테 어떻게 이렇게 할 수 있어? 이제부터 오마르와 말도 하지 않을 거야.
  나: 흥분하지 말고 화가 난 이유를 먼저 말해 봐.
- 우리 농구 팀이 공을 넣을 때마다 모두 흥분을 하면서 일어났다.

  표현 흥분한 목소리/상태

1 다음 광고 문구에서 괄호 안에 알맞은 단어를 고르십시오.

1.

여성분들,

늦은 밤에 혼자 집에 돌아가기 무서우시지요?

걱정하지 마세요. 올해 6월부터 서울시에서

(안심 / 애정) 서비스를 시작합니다.

123으로 전화만 주세요.

집까지 안전하게 모시겠습니다.

2.

여름 등산 티셔츠 세일!

5,900원부터 15,000원까지
(놀라운 / 당황한) 가격으로 여러분에게 찾아갑니다.

3.

아이들이 (낯설지 / 지겹지) 않게

길고 긴 겨울 방학을 보내면 좋겠지요?

아이들을 도서관으로 보내 주세요.

아침 9시부터 오후 6시까지 재미있는 프로그램이 많이 있습니다.

11월 30일까지 인터넷으로 신청해 주세요.

2 밑줄 친 부분과 비슷한 의미의 단어를 찾아서 바꿔 쓰십시오.

| 끌리다 | 싫증이 나다 | 질투가 나다 | 창피하다 |

1. 높은 구두를 신은 날 지하철 계단 앞에서 넘어졌다. 사람들이 모두 나를 보는 것 같아서 너무 부끄러웠다. → _____

2. 나는 어렸을 때 비행기를 아주 좋아했다. 그래서 매일 혼자 비행기를 가지고 놀 때도 하나도 지겹지 않았다. → _____

3. 친구 소개로 만난 남자는 친절하고 성격이 좋지만 지금까지 5번 만나는 동안 호감이 생기지 않아서 이제 만나지 않으려고 한다. → _____

4. 여자 동생과 지금은 친구처럼 친하게 지내지만 어렸을 때는 엄마가 동생만 좋아하는 것 같아서 동생이 부럽고 싫었다. → _____

안 심	불**안**	insecurity / 不安 / 不安
안(安) : 편안하다 be comfortable 安 安らかだ	**안**전하다	safe / 安全 / 安全だ
	편**안**하다	comfortable / 舒服 / 安らかだ
	안부 DAY74	regard / 问候 / 安否

애 정	우**정**	friendship / 友谊 / 友情
정(情) : 정 affection 情 情	감**정** DAY8	emotion / 感情 / 感情
	다**정**하다 DAY2	friendly / 多情 / 優しい
	정 DAY9	affection / 情 / 情

MEMO

DAY 10 날씨와 계절1

아는 단어에 ○표 하세요.

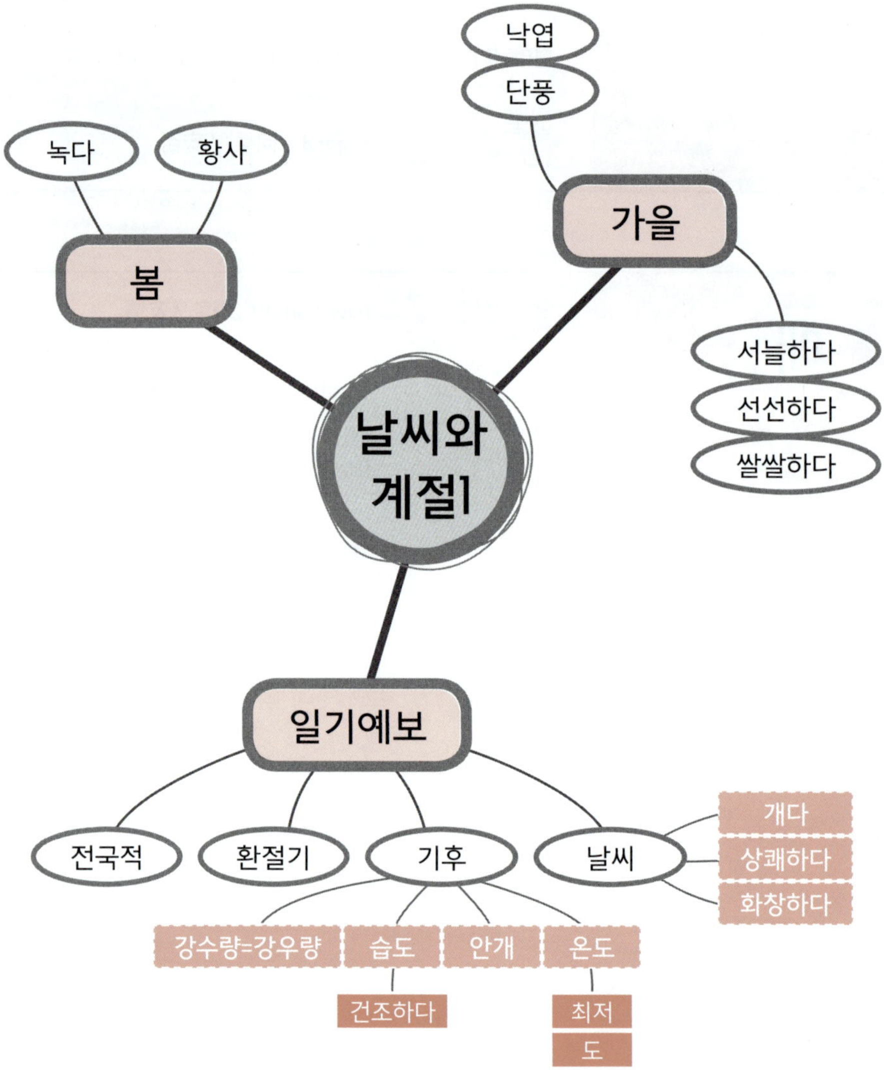

낙엽
단풍

녹다   황사

가을

봄

서늘하다
선선하다
쌀쌀하다

날씨와
계절1

일기예보

전국적   환절기   기후   날씨

개다
상쾌하다
화창하다

강수량=강우량   습도   안개   온도

건조하다

최저
도

녹다
melt
融化
溶ける

- 가: 봄이 오고 있는 것 같아요.
  나: 네, 이제 산에 있는 눈이 거의 다 녹았어요.
- 선풍기 앞에서 아이스크림을 먹으니까 아이스크림이 금방 다 녹았다.

황사
yellow dust
沙尘暴
黄砂

- 가: 왜 이렇게 기침을 해요?
  나: 요즘 황사 바람이 많이 부니까 기침이 계속 나와요.
- 황사가 심할 때는 외출을 안 하는 것이 좋다.

날씨와 계절1 가을

낙엽
fallen leaves
落叶
落葉

- 가: 떨어지는 낙엽을 보니까 외로워.
  나: 갑자기 왜 그래? 내가 따뜻한 커피 사 줄게. 같이 가자.
- 옛날에는 낙엽을 편지에 넣어서 보내거나, 책 사이에 낙엽을 넣어 선물하기도 했다.
  표현 낙엽이 떨어지다/지다

단풍
autumn colors
红叶
紅葉

- 가: 저기 산에 나무들 좀 보세요. 단풍이 들어서 정말 예쁘네요.
  나: 네, 정말 아름답네요. 우리 주말에 단풍 보러 갈까요?
- 가을에 단풍 축제를 하는 도시가 많이 있다.
  표현 단풍 구경/숲, 단풍이 들다/지다

서늘하다
cool
凉快
涼しい

- 가: 10월이 되니까 기온이 좀 떨어졌죠?
  나: 네, 낮에는 아직 더운데 아침저녁으로 서늘해서 감기에 쉽게 걸릴 것 같아요.
- 요즘은 아침에 공기가 서늘해져서 가을의 시작을 느낄 수 있다.

선선하다
cool, refreshing
凉快
涼しい

- 가: 지금 운동하러 가?
  나: 응, 요즘 저녁에는 날씨가 선선해서 덥지도 않고 걷기 운동하기도 좋아.
- 여름이 끝날 때쯤에는 선선한 바람이 불어서 시원하다.

쌀쌀하다
chilly
冷飕飕
肌寒い

- 가: 바람이 차갑네요. 긴팔 옷을 입었는데 추워요.
  나: 네, 날씨가 많이 쌀쌀하네요. 내일은 옷을 더 따뜻하게 입어야겠어요.
- 올해는 가을이 시작되는 9월부터 쌀쌀한 날씨가 계속된다고 한다.

일기예보 weather forecast 天气预报 天気予報	• 가: 다음 주에 여행 가는데 비가 올까 봐 걱정이에요. 　나: 여행 가는 곳의 일기예보를 미리 확인해 보세요. • 요즘 비가 너무 안 와서 일기예보에서 비 소식을 기다리는 사람들이 많다. 　표현 일기예보가 맞다/안 맞다, 일기예보를 듣다/보다/하다
안개 fog 雾 霧	• 가: 여보, 오늘은 안개가 많이 끼었으니까 운전 조심하세요. 　나: 알겠어요, 조심해서 다녀올게요. • 안개가 낀 날은 앞이 잘 안 보여서 교통사고가 많이 생길 수 있다. 　표현 안개가 끼다/짙다, 안개에 가리다
강수량 **=강우량** precipitation 降水量, 降雨量 降水量、降雨量	• 가: 배동운 기자, 장마철 비가 어느 정도 올 것으로 봅니까? 　나: 네, 이번 장마철 강수량은 448.3mm 정도가 될 것으로 보고 있습니다. • 올해 강우량은 작년의 반도 안 되어서 야채와 과일 가격이 오를 것이라고 한다.
개다 stop, cease 晴 晴れる	• 가: 비가 계속 많이 오네요. 다음 주에도 이렇게 계속 비가 올까요? 　나: 뉴스에서 봤는데 다음 주부터는 날씨가 갠다고 해요. • 장마 후 맑게 갠 하늘을 보니까 기분이 좋다.
건조하다 dry 干燥 乾く、乾燥する	• 가: 계절이 바뀌어서 요즘 얼굴이 너무 건조해. 　나: 나도 그래. 그래서 밤마다 로션하고 크림을 많이 바르고 자. 너도 그렇게 해 봐. • 날씨가 건조할 때는 산에 불이 나기 쉽기 때문에 조심해야 한다.
기후 climate 气候 気候	• 가: 요즘에는 여름에 눈이 오는 곳도 있다고 해요. 　나: 저도 그 뉴스 들었어요. 기후가 점점 이상하게 바뀌고 있는 것 같아요. • 중국은 아주 커서 지방마다 기후가 많이 다르다. 　표현 기후 변화/조건, 기후가 나쁘다/따뜻하다/좋다
도 degree 度 度	• 가: 오늘 몇 도인데 이렇게 더워? 　나: 아침에 뉴스 봤는데 낮에는 30도가 넘는다고 해. • 러시아는 겨울에 기온이 영하 20도 아래로 내려간다.
상쾌하다 fresh 爽快 爽やかだ、爽快だ	• 가: 땀을 흘리면서 운동한 후에 샤워하니까 상쾌하다. 　나: 그렇지? 운동하니까 시원하고 기분이 좋아. • 시골에는 산과 나무가 많아서 도시보다 공기가 상쾌하다.

습도 humidity 湿度 湿度	• 가: 콧물이 많이 나와서 병원에 갔는데 요즘 습도가 높아서 그렇다고 해요. 　나: 네, 코가 약한 사람들은 장마 때는 특히 더 조심해야 돼요. • 일본 같은 섬나라는 여름에 습도가 높아서 다른 나라보다 더 덥다. 　표현 습도가 낮다/높다
온도 temperature 温度 温度	• 가: 에어컨을 켰는데 덥네? 　나: 에어컨 온도를 조금 더 내릴까? • 여름에 방 안이나 사무실의 온도는 22~26℃ 정도로 하는 게 좋다고 한다. 　표현 온도가 낮다/높다/내려가다/올라가다, 온도를 조절하다
전국적 national 全国的 全国的	• 가: 이번 추석 연휴 때 차를 운전해서 고향에 가려고 해요. 　나: 추석은 큰 명절이라서 전국적으로 차가 막힐 거예요. 기차를 타고 가세요. • 내일부터 모레까지 전국적으로 많은 눈이 내리겠습니다.
최저 반 최고 minimum 最低 最低	• 가: 선생님, 4급에 가고 싶은데 시험에서 몇 점 정도 받아야 해요? 　나: 최저 점수가 70점은 되어야 해요. 열심히 하세요. • 저희 여행사에서는 최저 가격으로 가을 단풍여행을 하실 수 있습니다.
화창하다 sunny 晴朗 長閑だ	• 가: 여보, 오늘 날씨가 정말 화창한데 아이들하고 공원에 놀러 갈까요? 　나: 미안해요, 여보. 오늘은 너무 피곤해서 못 가겠어요. 다음 주에 가요. • 오전에 계속 비가 왔는데 지금은 비가 그쳐서 날씨가 더 화창해졌다.
환절기 the change of seasons 季节转换期 季節の変わり目	• 가: 엄마, 사과를 왜 이렇게 많이 사셨어요? 　나: 환절기에는 비타민이 많이 필요한데 사과가 아주 좋대. 너도 많이 먹어. • 환절기에는 아침과 저녁에 기온이 많이 달라서 매일 간단한 운동을 하는 것이 건강에 도움이 된다고 한다.

연습 문제

1 다음은 날씨 뉴스입니다. 빈칸에 알맞은 단어를 쓰십시오.

| 단풍 | 안개 | 선선하다 | 쌀쌀하다 |

이번 주의 날씨를 말씀 드리겠습니다. 요즘 1. _____ (으)ㄴ/는 가을 날씨가 계속되고 있습니다. 오늘은 날씨가 맑아서 2. _____ 구경하시기 좋겠습니다. 주말에는 3. _____ 이/가 끼겠습니다. 다음 주부터는 기온이 8도까지 떨어져서 4. _____ 겠습니다. 지금까지 날씨였습니다.

| 강수량 | 일기예보 | 환절기 | 전국적 |
| 개다 | 화창하다 | 최저 |

5. _____ 을/를 말씀 드리겠습니다. 오늘도 어제처럼 6. _____ (으)ㄴ/는 날씨가 계속되겠습니다. 오늘 낮 최고 기온은 27도, 7. _____ 기온은 18도가 되겠습니다. 요즘 계절이 바뀌는 8. _____ 이어서/여서 낮과 밤의 온도가 많이 다르니까 감기 조심하셔야겠습니다.

내일은 9. _____ (으)로 비가 오겠습니다. 10. _____ 은/는 15~20mm가 될 것으로 보입니다. 이 비는 내일 저녁부터 11. _____ 겠습니다. 오늘의 날씨였습니다.

2 빈칸에 알맞은 단어를 쓰십시오.

| 건조하다 | 녹다 | 상쾌하다 | 서늘하다 |

1. 가 : 제 방이 _____ 아/어서 아침에 일어나면 코가 자주 막혀요.
   나 : 그럼 밤에 잘 때 물수건을 얼굴 옆에 두고 자 보세요.

2. 가 : 아침 일찍 산에 오니까 공기가 아주 맑아서 _____ 네요.
   나 : 네, 우리 주말마다 올까요?

3. 가 : 저녁이 되니까 좀 추운 것 같아요.
   나 : 네, 가을이 시작돼서 저녁에는 _____ (으)니까 저는 긴팔 옷을 가지고 다녀요.

4. 가 : 마트에서 조금 전에 산 아이스크림이 벌써 다 _____ 았/었어.
   나 : 벌써? 밖의 날씨가 많이 덥구나.

일기예보

일(日) : 날

day
日
日

매일	everyday / 每天 / 毎日
생일	birthday / 生日 / 誕生日
일기	diary / 日记 / 日記
휴일	holiday / 假日 / 休日

전국적

적(的) : ~ 성격/특징이 있는

-ive
-的
-的

감동**적** DAY24	moving / 感动的 / 感動的
긍정**적** DAY2	positive / 肯定的 / 肯定的
내성**적** DAY2	introverted / 内向的 / 内向的
활동**적** DAY5	active / 活跃的 / 活動的

MEMO

DAY 11 날씨와 계절2

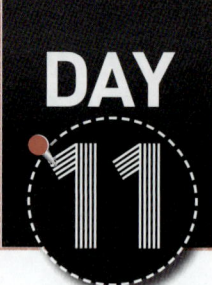

아는 단어에 ○표 하세요.

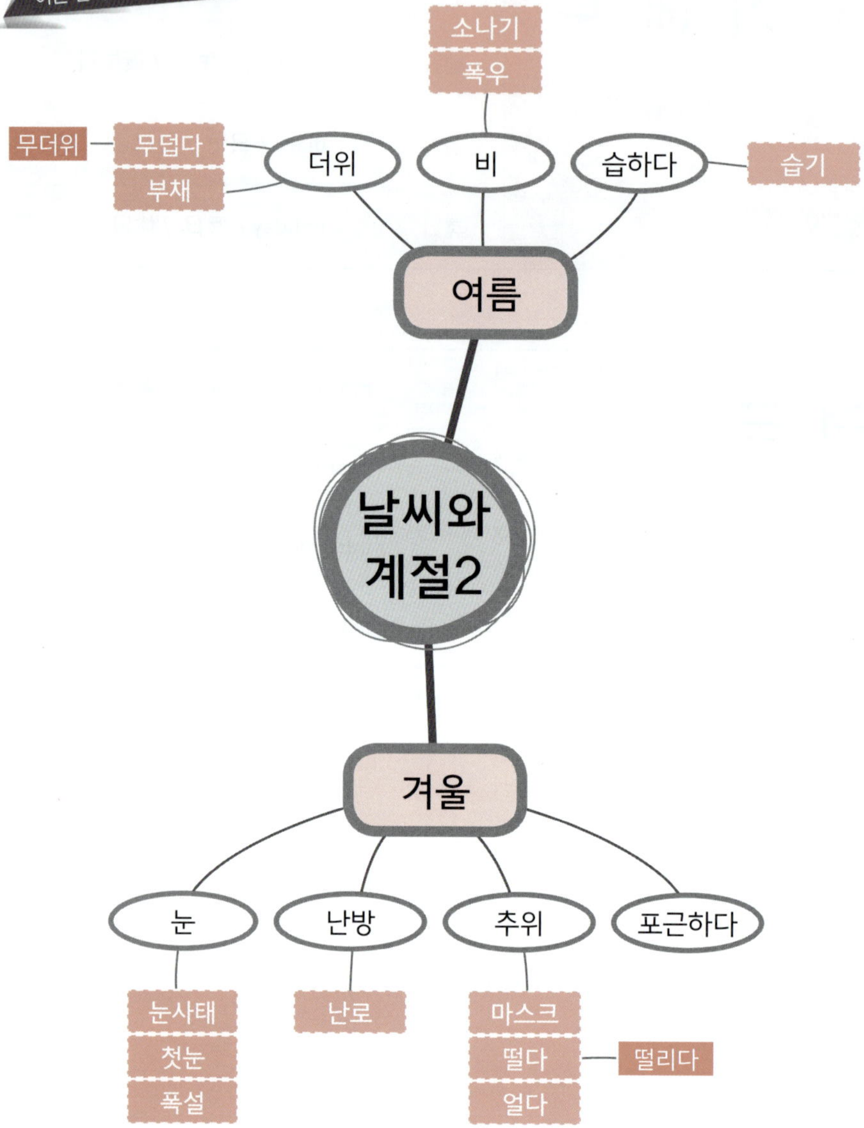

소나기
폭우
무더위
무덥다
부채
더위
비
습하다
습기
여름
날씨와 계절2
겨울
눈
난방
추위
포근하다
눈사태
첫눈
폭설
난로
마스크
떨다
떨리다
얼다

더위
the heat
热
暑さ

- 가: 올해 여름도 작년처럼 **더위**가 심할 거라고 해요.
  나: 네, 저도 들었어요. 올해 여름에는 에어컨을 하나 사야겠어요.
- 이번 주말은 기온이 별로 높지 않아서 큰 **더위**는 없겠습니다.

  표현 **더위**가 시작되다/오다/지나가다, **더위**를 먹다/타다/피하다

무더위
sultriness
暑热
蒸し暑さ

- 가: 아버님, 더운데 수박 좀 드세요.
  나: 그래 **무더위**에는 수박이 최고지.
- **무더위** 때문에 아이스크림이 작년보다 20% 정도 더 많이 팔린다고 한다.

무덥다
stifling
炎热
蒸し暑い

- 가: 왜 아무것도 안 하고 그냥 있어?
  나: 날씨가 **무더우니까** 아무것도 하고 싶지 않아.
- 1년 동안 **무더운** 여름만 계속 되는 나라도 있다.

부채
fan
扇子
扇子、うちわ

- 가: 고향에 계신 부모님께 한국 여행 기념 선물을 사 드리고 싶은데 뭐가 좋을까요?
  나: **부채** 어때요? 더운 여름에 가지고 다니면서 쓸 수 있어서 좋을 것 같은데요.
- 한국의 옛날 **부채**는 나무와 종이로 만들었다.

  표현 **부채**를 접다/펴다

소나기
shower
阵雨
夕立

- 가: 비가 오는데 우산이 없어서 지금 집에 못 가겠어.
  나: 갑자기 오는 걸 보니까 **소나기**인 것 같아. 조금만 기다리면 그칠 거야.
- (일기예보) 현재 서울 여러 곳에서 **소나기**가 오고 있습니다.

  표현 **소나기** 구름/소리/소식

습기
damp
湿气
湿気

- 가: 자동차 안에서 안 좋은 냄새가 나요.
  나: **습기** 때문일 거예요. 차 안을 깨끗하게 청소하면 괜찮아질 거예요.
- 약은 햇빛과 **습기**가 없는 곳에 둬야 한다.

  표현 **습기**에 젖다

습하다
반 건조하다
damp, humid
湿
湿る

- 가: 부산은 서울보다 **습하지**?
  나: 그럼, 바닷가에 위치하고 있으니까 서울보다 많이 **습하지**.
- 집이 지하라서 장마철에는 방이 많이 **습하고** 공기도 안 좋다.

폭우
heavy rain
暴雨
暴雨

- 가: 시골에는 이번에 내린 **폭우**로 집을 잃은 사람이 많다고 해요.
  나: 네, 저도 들었어요. 이제 그런 일이 더 없었으면 좋겠어요.
- 오늘 낮 갑자기 내린 **폭우** 때문에 버스가 계속 늦게 와서 버스를 이용하는 시민들이 큰 불편을 느꼈다.

  표현 **폭우**가 내리다/오다

난로 heater 炉子 暖炉	• 가: 이 **난로**에는 기름이 들어가니까 사용할 때 항상 조심해야 해. 　나: 네, 엄마 알고 있어요. 걱정하지 마세요. • 올해 겨울에 **난로**를 사는 사람들이 작년보다 55%나 늘었다고 한다.
난방 heating 供暖 暖房	• 가: 이번 달 **난방**비가 너무 많이 나왔어요. 　나: 저희 집도 그래요. 난로를 너무 오래 켜지 말아야겠어요. • 아파트는 **난방** 시설이 좋아서 겨울에도 아주 따뜻하다. 　표현 난방 시설, 난방이 들어오다
눈사태 avalanche 雪崩 雪崩	• 가: 이번에 '에베레스트' 산에서 **눈사태**가 나서 12명이 죽었다고 해요. 　나: 네, 겨울 산은 너무 위험해서 정말 조심해야 돼요. • 겨울 산에는 **눈사태**가 날 수 있어서 눈이 올 때는 산에 안 가는 게 좋다. 　표현 눈사태가 나다
떨다 tremble 发抖 震わせる	• 가: 얼굴이 많이 피곤해 보인다. 왜 그래? 　나: 집 열쇠를 잃어버려서 추운 날씨에 한 시간 동안 밖에서 **떨어서** 그래. • 나는 긴장을 하면 다리를 **떠는** 습관이 있다.
떨리다 be trembled 打颤 震える	• 가: 감기에 걸려서 온몸이 **떨려**. 　나: 약은 먹었어? 심하면 병원에 가야지. • 노래 대회에 나갔는데 너무 긴장해서 **떨리는** 목소리로 노래를 불렀다. 　표현 온몸이 떨리다
외 **마스크** mask 口罩 マスク	• 가: 왜 **마스크**를 했어? 감기에 걸렸어? 　나: 아니, 요즘 감기가 유행해서 안 걸리려고 미리 **마스크**를 하고 다니는 거야. • 황사 바람이 불 때는 꼭 **마스크**를 해야 한다.
얼다 반 녹다 freeze 冻 凍る	• 가: 지난주에 날씨가 많이 추웠는데 여행 잘 다녀오셨어요? 　나: 네, 여행은 잘 다녀왔는데 제가 없는 동안 집에 난방이 안 돼서 수도가 **얼었어요**. • 이번 겨울은 너무 추워서 한강이 **얼었다**.
첫눈 the first snow 初雪 初雪	• 가: 와, 밖을 좀 봐. 눈이 오고 있어. 　나: 어머, 올해의 **첫눈**이야! 빨리 나가서 사진 찍자! • 12월인데 아직 **첫눈**이 내리지 않았다.

추위	• 가: 왜 이렇게 몸을 떨어요?
閉 더위	나: 저는 다른 사람보다 **추위**를 많이 타서 그래요.
cold	• 공원에서 아이들이 **추위**도 잊고 눈싸움을 한다.
寒冷	표현 추위가 오다/지나가다/풀리다, 추위를 막다/타다/피하다
寒さ	

포근하다	• 가: 요즘 날씨가 **포근하네요**.
warm	나: 네, 이제 낮에는 별로 춥지 않고 따뜻해서 좋아요.
温暖	• 며칠 동안 봄처럼 **포근했는데** 기온이 다시 떨어졌다.
ぽかぽかとしている	

폭설	• 가: 오늘 아침에 회사 오기 힘들었죠?
heavy snow	나: 네, 어젯밤에 내린 **폭설** 때문에 아침에 출근할 때 길이 많이 막혔어요.
暴雪	• **폭설**이 심하게 내렸을 때는 학교가 쉬기도 한다.
大雪	표현 폭설이 내리다/오다

폭 우	폭발 DAY67	explode / 爆发 / 爆発
폭(暴): 심하다/무섭다	폭설 DAY11	heavy snow / 暴雪 / 大雪
be heavy 爆, 暴 激しい	폭식 DAY15	binge / 暴食 / 暴食

1 다음은 계절에 대한 설명입니다. 빈칸에 알맞은 단어를 쓰십시오.

난방	눈사태	더위	부채
소나기	얼다	첫눈	무덥다

여름에는 1. _____ (으)ㄴ/는 날씨 때문에 에어컨과 2. _____ 이/가 많이 팔립니다. 밤에도 계속되는 더위 때문에 잠을 잘 수 없어서 밤에 시원한 공원으로 나와 3. _____ 을/를 잊으려는 사람들도 많습니다. 이런 날씨에 사람들은 시원하게 내리는 4. _____ 을/를 기다립니다.

겨울이 되면 하얀 5. _____ 을/를 기다리는 사람들이 많습니다. 날씨가 많이 추우면 강에 얼음이 6. _____ (으)ㄴ/는데 이렇게 추울 때는 7. _____ 을/를 따뜻하게 해야 합니다. 겨울에도 등산을 하는 사람들이 있는데 눈이 많이 오면 산에서 8. _____ 이/가 생길 때도 있으니까 조심해야 합니다.

2 빈칸에 알맞은 단어를 쓰십시오.

난로	떨다	무더위	습하다	추위
	포근하다		폭우	

1. 겨울이 오니까 _____ 을/를 사야겠다.

2. 우리 회사에서 만든 점퍼는 아주 따뜻해서 겨울에 밖에서도 _____ 을/를 거의 느낄 수 없다.

3. 우리 집 강아지는 목욕 시킬 때마다 몸을 많이 _____ ㄴ다/는다/다.

4. 요즘 _____ 때문에 땀이 많이 나서 옷을 하루에 두 번 갈아입어야 한다.

5. 겨울인데 오늘은 날씨가 매우 _____ ㄴ다/는다/다.

6. _____ 이/가 내릴 때는 우산을 써도 비를 다 맞는다.

7. 장마철에는 날씨가 _____ 아/어서 빨래가 빨리 마르지 않는다.

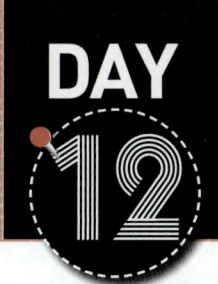

DAY 12

교통1

아는 단어에 ○표 하세요.

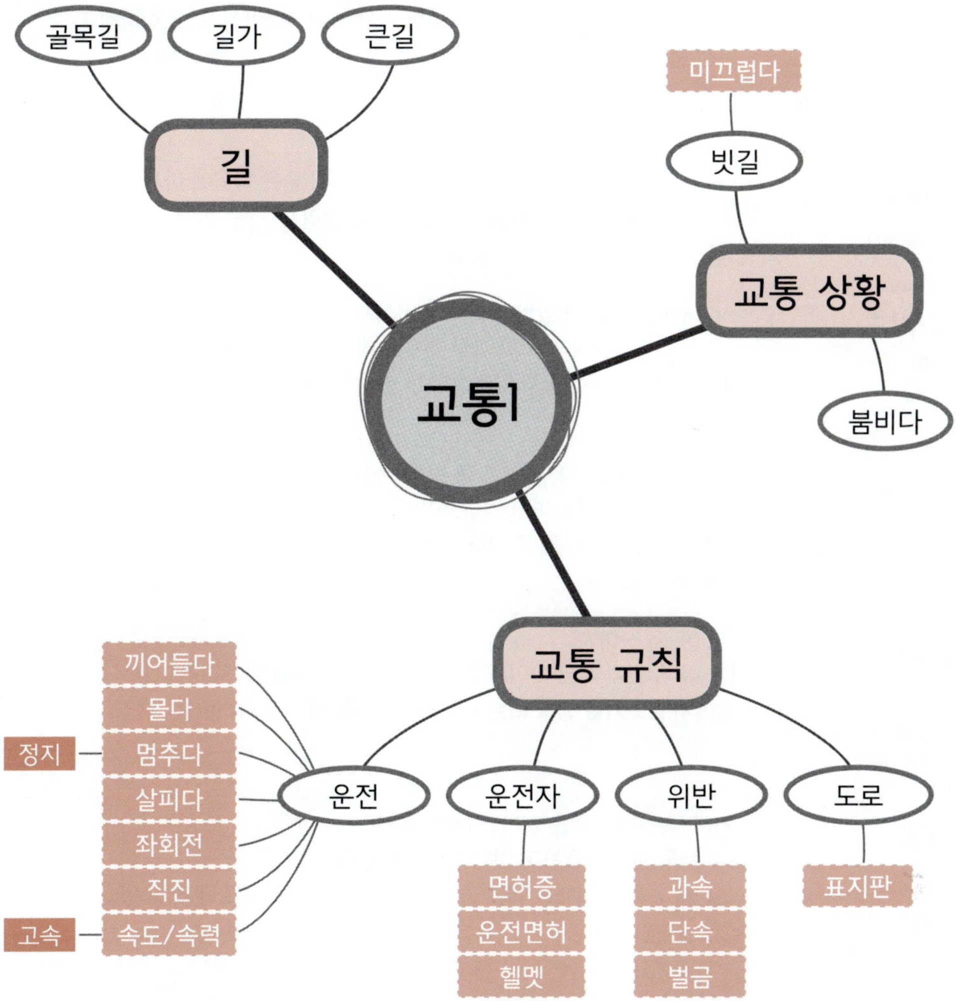
교통1
길
골목길
길가
큰길
교통 상황
빗길
미끄럽다
붐비다
교통 규칙
운전
끼어들다
몰다
멈추다
정지
살피다
좌회전
직진
속도/속력
고속
운전자
면허증
운전면허
헬멧
위반
과속
단속
벌금
도로
표지판

고속
express
高速
高速

- 가: 한국에도 고속 열차가 있지요?
  나: 그럼요, KTX라는 고속 열차가 있어요.
- 자동차를 운전할 때 고속으로 달리는 것을 즐기는 사람들이 많다.

과속
speeding
超速
過速

- 가: 동운 씨, 왜 이렇게 빨리 가요? 과속하면 안 돼요.
  나: 약속 시간에 늦을 것 같아서 좀 빨리 달렸어요. 미안해요.
- 서울 시내에는 과속 카메라가 많이 있어서 운전할 때 조심해야 한다.

끼어들다
cut in
插
割り込む

- 가: 옆쪽으로 가야 하는데 차가 많아서 가기 힘드네요.
  나: 옆에 가는 차에 갑자기 끼어들면 사고가 날 수 있으니까 조심하세요.
- 운전 중에 끼어들기를 할 때는 앞과 옆과 뒤를 잘 보고 해야 한다.

단속
crack down
查処
取り締まり

- 가: 오늘 회사 끝나고 맥주 한 잔 하고 갈까?
  나: 차 가지고 왔지? 단속하면 어떻게 하려고? 술은 다음에 마시자.
- 주차장이 아닌 곳에 주차를 했는데 단속에 걸려서 돈을 냈다.

  표현 단속에 걸리다, 단속을 피하다

멈추다
stop
停
止まる、止む

- 가: 어제 운전할 때 앞차가 갑자기 멈춰서 깜짝 놀랐어요.
  나: 정말 놀랐겠네요. 저도 그런 적 있는데 그때는 너무 놀라서 손과 다리가 떨렸어요.
- 비가 금방 멈출 것 같지 않으니까 우산을 사야겠다.

면허증
dirver's license
执照
免許証

- 가: 과속하셨습니다. 면허증 좀 보여주십시오.
  나: 아, 죄송합니다. 여기 면허증이요.
- 운전할 때는 면허증을 꼭 가지고 다녀야 한다.

  표현 면허증을 따다

몰다
drive
开, 赶
(自動車·自転車を)運
転する、追う

- 가: 어, 차 샀어?
  나: 아니, 언니 차인데 이제 언니가 안 몬다고 해서 달라고 했어.
- 강에서 물고기를 잡을 때는 물고기를 한 쪽으로 몰아야 한다.

벌금
fine
罚款
罰金

- 가: 과속하면 벌금을 얼마나 내야 해요?
  나: 저도 잘 모르겠는데 인터넷에서 한번 찾아보세요.
- 운전을 처음 시작했을 때 교통 규칙을 잘 몰라서 벌금을 낸 적이 있다.

  표현 벌금을 내다

살피다 look around 观察 窺う	• 가: 어제 집 앞에서 도로로 나올 때 사고가 났어요. 　나: 다치지는 않았어요? 좁은 길에서 나올 때는 주위를 잘 **살피지** 않으면 사고가 나 　　기 쉬워요. • 요즘 내가 자주 집에 늦게 들어가서 화가 나신 엄마의 기분을 계속 **살펴야** 했다.
속도 🔁 속력 speed 速度 速度	• 가: 이 차 디자인이 마음에 드네요. 최고 **속도**는 얼마 정도 돼요? 　나: 손님, 이 차는 최고 **속도**가 295km 정도 돼서 남자 분들이 좋아하시는 차입니다. • 비가 오는 날 운전할 때는 보통 때보다 **속도**를 줄여야 한다. 　표현 속도를 내다/높이다, 속도를 낮추다/줄이다
속력 🔁 속도 speed 速度 速力	• 가: 영국에서 어떤 사람이 취미로 만든 자동차의 **속력**이 112km나 된다고 해요. 　나: 정말이에요? 정말 똑똑한 사람이네요. • 갑자기 자동차의 **속력**을 내면 기름이 많이 든다. 　표현 속력을 내다
운전면허 dirver's license 驾驶证 運轉免許	• 가: 지우 씨, **운전면허** 있어요? 　나: 아니요, 아직 없는데 이번 방학에 따려고 해요. • **운전면허**는 따고 나서 10년이 지나면 다시 받아야 한다.
운전자 driver 驾驶人 運轉者	• 가: 사거리에서 교통사고가 크게 났어요. 봤어요? 　나: 네, **운전자**가 술을 마시고 운전해서 사고가 났다고 해요. • 운전면허증을 받기 전에 **운전자** 안전 수업을 들어야 한다.
위반 violation 违反 違反	• 가: 원원 씨가 병원에 입원했다고 들었어요. 무슨 일이에요? • 나: 어제 운전할 때 뒤에 오는 차가 속도**위반**을 해서 교통사고가 났다고 해요. • 교통 **위반** 단속 기간에는 보통 때보다 도로에 경찰들이 더 많다.
정지 stop 停止 停止	• 가: 요즘 왜 차를 안 가지고 다녀요? 　나: 술을 마시고 운전을 해서 면허가 **정지**됐어요. 그래서 두 달 동안 운전을 못해요. • 신호가 빨간 불일 때 자동차는 **정지**해야 한다.
좌회전 🔄 우회전 left turn 左转 左折	• 가: 죄송한데 길 좀 물을게요. 시청이 어디에 있어요? 　나: 저기 보이는 사거리에서 **좌회전** 하시면 돼요. • 이곳은 **좌회전** 신호가 짧아서 한 번에 4~5대밖에 지나갈 수 없다.

표지판 sign 牌 表示板	• 가: 저 표지판은 무슨 뜻이에요? 나: 이 도로에 동물이 자주 나오니까 조심해서 운전하라는 뜻이에요. • 버스역마다 버스가 도착하는 시간을 알려 주는 표지판이 있어서 편하다.
직진 go straight 直走 直進	• 가: 손님, 여기에서 어느 쪽으로 갈까요? • 나: 이 길로 직진해 주세요. 우체국이 보이면 그 앞에서 내려 주세요. • 학교에서 집까지 갈 때는 계속 직진만 하면 되니까 운전하기 쉽다.
외 헬멧 helmet 头盔 ヘルメット	• 가: 자전거를 탈 때도 헬멧을 써요? 나: 네, 안전 때문에 헬멧이 필요해요. • 헬멧을 살 때는 안전 검사를 했는지 꼭 확인해야 한다.

교통1 교통 상황

미끄럽다 slippery 滑 つるつるだ	• 가: 여보, 어제 눈이 많이 와서 길이 미끄러우니까 운전 조심하세요. 나: 네, 알겠어요. 조심할게요. • 스케이트를 타러 갔는데 너무 미끄러워서 여러 번 넘어졌다.
붐비다 be crowded 挨挤 込み合う	• 가: 토요일에 친구 생일 선물 사러 백화점에 가려고 하는데 같이 갈래? 나: 주말에는 백화점이 붐비니까 평일에 가는 게 어때? • 지금은 추석 연휴라서 고향으로 가는 차들로 고속도로가 붐비고 있다.

빗길
the rainy road
雨路
雨道
	• 가: 메리 씨, 이번 주말에 같이 등산 갈래요?
	  나: 이번 주말에 비가 온다고 들었어요. 빗길에 산에 가면 위험하니까 비가 안 올 때
	  가요.
	• 친구가 빗길에서 넘어져서 병원에 입원했다.

교통1 길

골목길 an alley 胡同 路地	• 가: 여기는 골목길인데 예쁜 카페가 많네요. 나: 서울에서 유명한 카페 골목인데 몰랐어요? • 어릴 때 동네에 공원이 없어서 골목길에서 친구들과 축구를 했다.
길가 roadside 路边 道端	• 가: 마트에서 살 게 있는데 길가에 잠깐 주차해도 될까요? 나: 손님, 죄송하지만 주차장을 이용해 주십시오. • 길가에 핀 꽃들이 예뻐서 사진을 많이 찍었다.

큰길
main street
大路
大通り

- 가: 큰길에서 자전거를 탈 때는 조심해야 한다.
  나: 네, 할머니. 그런데 저는 자전거 길로 다니니까 괜찮아요.
- 교통사고는 큰길보다 작은 길에서 많이 생긴다고 한다.

고 속		
고(高): 높다 **be high** 高 高い	**고등**학교	high school / 高中 / 高等学校
	고속버스	express bus / 高速巴士 / 高速バス
	최**고**	the best / 最高（最好） / 最高
	고급 (DAY50)	high rank / 高级 / 高級

연습 문제

1 다음은 교통 규칙입니다. 빈칸에 알맞은 단어를 쓰십시오.

끼어들다	벌금을 내다	운전면허	운전자	헬멧

* 다음과 같이 교통 규칙을 지키지 않았을 때는 1. _____ 아/어야 합니다.

2. _____ 이/가 없는데 차를 운전했을 때

3. _____ 을/를 쓰지 않고 오토바이를 탔을 때

4. _____ 이/가 안전벨트를 안 하고 운전했을 때

5. 순서를 지키지 않고 다른 차 앞으로 _____ 았/었을 때

2 빈칸에 알맞은 단어를 쓰십시오.

골목길	멈추다	빗길	속도	위반

좌회전	표지판

1. 이 길에서는 왼쪽으로는 못 가고 오른쪽으로만 갈 수 있다. _____ 은/는 안 된다.

2. 나는 운전을 시작한 지 얼마 안 돼서 큰길 운전은 괜찮지만 _____ 운전은 아직 어렵다.

3. 운전하다가 잘 모를 때는 길을 안내해 주는 _____ 을/를 보면 된다.

4. 이 도로의 최고 _____ 은/는 60km이다. 60km보다 빨리 달리면 위험하다.

5. 날씨가 안 좋을 때는 운전을 조심해야 하는데 _____ 에서 사고가 많이 나기 때문에 비가 올 때는 더 조심해야 한다.

6. 교통 규칙을 지키지 않는 것을 '교통 규칙 _____'(이)라고 한다.

7. 자동차를 정지할 때는 급하게 _____ (으)ㄴ/는 것보다 천천히 세우는 것이 좋다.

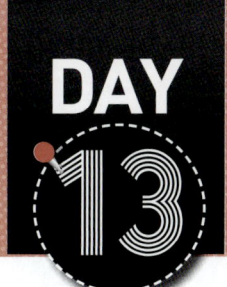

DAY 13 교통2

아는 단어에 ○표 하세요.

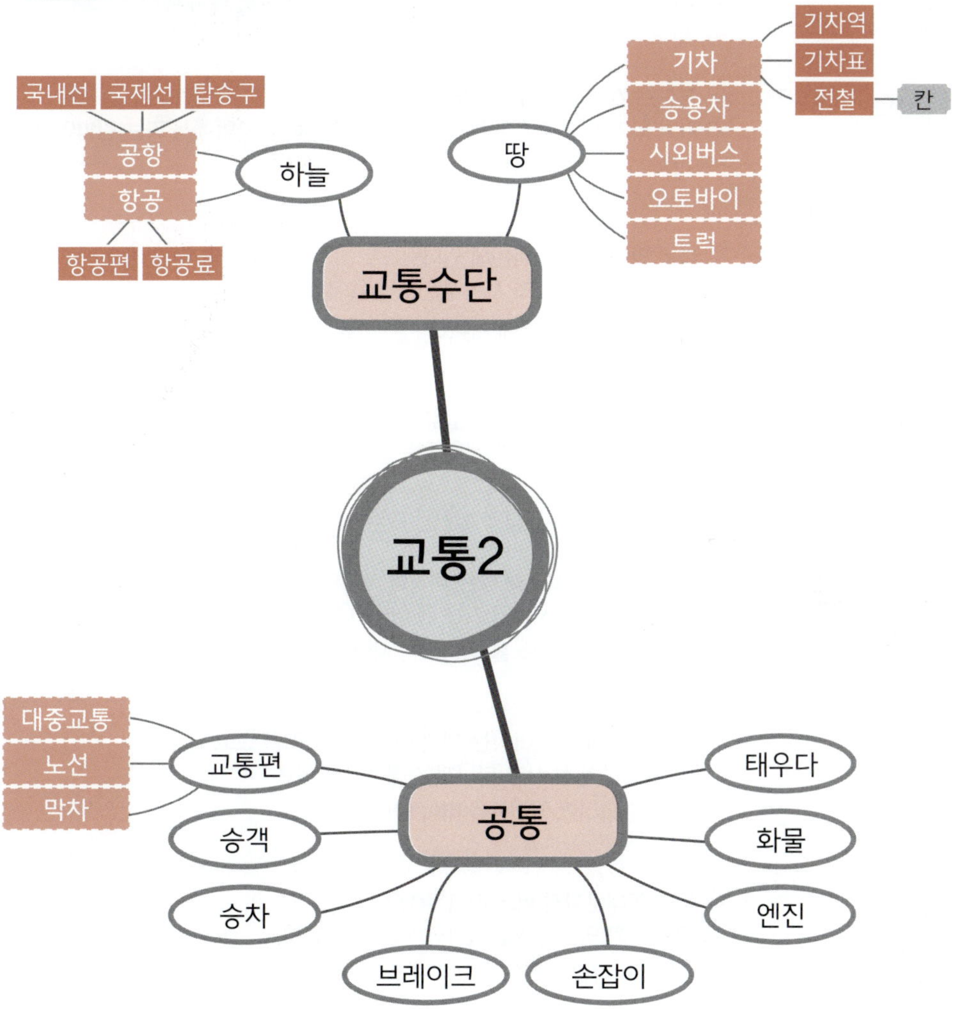
교통2
교통수단
하늘
공항
항공
국내선
국제선
탑승구
항공편
항공료
땅
기차
기차역
기차표
전철
칸
승용차
시외버스
오토바이
트럭
공통
교통편
대중교통
노선
막차
승객
승차
브레이크
손잡이
태우다
화물
엔진

교통수단 transportation 交通工具 交通手段	• 가: 명절 때 스트레스를 안 받는 **교통수단** 1위가 비행기라고 해. 나: 맞아, 차 타고 고향 내려갈 때 교통 체증 때문에 정말 힘들어. • 자동차가 나오기 전에는 말이 중요한 **교통수단**이었다.
고속도로 expressway 高速公路 高速道路	• 가: **고속도로**를 지날 때 요금을 얼마나 내요? 나: **고속도로**마다 요금이 달라요. • 주말에는 놀러 가는 사람이 많아서 **고속도로**가 정체될 때가 많다.
기차역 train station 火车站 鉄道乗車券	• 가: 점심은 기차 안에서 사 먹을까? 나: 기차 타기 전에 **기차역**에서 사는 게 어때? 이 **기차역**에서 파는 김밥이 맛있어. • 연휴라서 **기차역**에는 여행 가는 사람들로 붐빈다.
기차표 train ticket 火车票 鉄道乗車券	• 가: 다음 달에 지방에 가는데 인터넷으로 **기차표**를 예약할 수 있어요? 나: 그럼요. 그리고 미리 사면 할인도 받을 수 있어요. • 명절 때 기차 타고 고향에 가려면 **기차표**를 일찍 사야 한다.
승용차 car 轿车 乗用車	• 가: 어? 이상하다. 도로에 차가 없네? 나: 오늘부터 일주일 동안 시청 앞은 '**승용차** 없는 한 주'라는 행사를 한다고 해. 그 래서 차가 없어. • 작은 **승용차**는 주차 요금을 할인받을 수 있다.
시외버스 intercity bus 长途汽车 市外バス	• 가: 선생님, 저 버스는 왜 다른 버스랑 색깔이 달라요? 나: 저 버스는 서울 시내만 가는 게 아니라 다른 도시에도 가는 **시외버스**라서 그래요. • 추석 기간에는 **시외버스**를 이용하는 사람들이 많아서 터미널이 복잡하다.
외 **오토바이** motorcycle 摩托车 オートバイ	• 가: 타카요시 씨, **오토바이**는 위험하니까 꼭 헬멧을 쓰고 타세요. 나: 네, 헬멧을 항상 쓰고 타니까 걱정하지 마세요. • **오토바이**를 타려면 면허증을 따야 한다.
전철 비 지하철 subway 地铁 電車	• 가: 우리 동대문까지 버스 타고 갈까? 나: 지금 차가 막히는 시간이니까 **전철** 타고 가자. • **전철**은 길이 막힐 걱정이 없고 자주 오니까 제일 편한 것 같다.

외 **트럭** truck 货车 トラック	• 가: 이사 가는데 짐이 너무 많아서 **트럭** 한 대로 될지 모르겠어요. 　나: **트럭**이 크니까 괜찮을 거예요. • **트럭** 운전면허를 따는 게 어려워서 벌써 3번 떨어졌다.
화물 freight, cargo 货物 貨物	• 가: 우리 회사가 주문한 **화물**은 언제 도착합니까? 　나: 내일이면 도착한다고 합니다, 사장님. • 외국에서 들어오는 **화물**은 주로 배를 통해서 한국에 들어온다.

교통2 하늘

국내선 domestic flight 国内线 国内線	• 가: 제주도에 가는 비행기는 다른 비행기보다 작은 것 같네. 　나: 보통 **국내선**은 외국까지 가는 비행기보다 좀 작아. • 한국에서 **국내선**을 탈 때는 김포공항으로 가면 된다.
국제선 international flight 国际线 国際線	• 가: 이번 겨울 방학 때 해외여행을 가려고 해. 　나: 비행기 표는 예약했어? 방학 때 **국제선**은 자리가 별로 없으니까 빨리 예약해. • 지난 7월에 **국제선**을 이용한 사람이 513만 명이라고 한다.
탑승구 a boarding gate 登机口 搭乗口	• 가: 우리가 탈 비행기의 **탑승구**가 어디야? 　나: **탑승구**가 너무 많아서 잘 모르겠어. 직원한테 물어보자. • (안내 방송) 도쿄로 가는 비행기를 타실 분들은 8번 **탑승구**로 가시기 바랍니다.
항공료 air fare 飞机票价 航空運賃	• 가: 한국에서 캐나다까지 가는 **항공료**가 얼마 정도 돼요? 　나: 잘 모르겠지만 100만 원 정도 되지 않을까요? • 여름 방학이나 겨울 방학 기간에는 **항공료**가 많이 오른다.
항공편 flight 航班 航空便	• 가: 다음 주에 갑자기 중국 출장이 생겼는데 항공권을 살 수 있을지 모르겠어요. 　나: 중국으로 가는 **항공편**은 많이 있으니까 살 수 있을 거예요. 빨리 알아보세요. • 서울항공은 우리나라에서 가장 많은 **항공편**을 가지고 있다.

교통2 공통

교통편 transportation 交通手段 交通手段	• 가: 경주로 여행 가고 싶은데 어떤 **교통편**이 제일 가기 좋아요? 　나: 버스는 시간이 오래 걸리니까 기차가 제일 편할 것 같은데요. • 지금 내가 사는 곳은 **교통편**이 불편해서 지하철역이 가까운 곳으로 이사하고 싶다.

노선 route 路线 路線	• 가: 한국항공은 전 세계 **노선**이 122개가 된다고 해요. 　나: 와, 유명한 항공 회사는 다르군요. • 저희 한국항공은 내년부터 국내선의 **노선**을 더 많이 만들 계획입니다.
대중교통 public transportation 公交 公共交通機関	• 가: 다음 주말에 고향에 갈 건데 직접 운전하고 가면 힘들까요? 　나: 연휴라서 차가 많이 막힐 거예요. 그러니까 **대중교통**을 이용하세요. • 이번 설날 연휴에 **대중교통**을 새벽 2시까지 이용할 수 있다고 한다.
막차 the last train (bus) 末班车 終電、終車	• 가: 평일 저녁에는 지하철 **막차**가 몇 시까지 있어요? 　나: 아마 새벽 1시까지 있을 거예요. • **막차**를 못 타서 택시를 타고 집에 가야겠다.
외 브레이크 brake 刹车 ブレーキ	• 가: 이 자전거 수리를 좀 해야겠어요. **브레이크**가 잘 안 돼요. 　나: 그래? 아빠가 해 줄게. **브레이크** 정도는 내가 고칠 수 있어. • 자동차를 오래 쓰려면 **브레이크**를 천천히 밟는 것이 좋다. 　표현 브레이크를 걸다/밟다
손잡이 handle 把儿 ハンドル	• 가: 엄마, 버스가 빨리 가서 넘어질 것 같아요. 　나: **손잡이**를 꼭 잡아. • 아이들에게는 **손잡이**가 있는 컵이 먹기 편하다.
승객 passenger 乘客 乗客	• 가: 이 배에는 **승객**이 몇 명 정도 탈 수 있어요? 　나: 300명 정도 탈 수 있습니다. • (안내 방송) **승객** 여러분께 안내 말씀드리겠습니다. 이제 곧 열차가 부산역에 도착하겠습니다.
승차 get on 上车 乗車	• 가: **승차** 시간까지 얼마나 더 기다려야 돼? 　나: 10분 후에 타면 돼. • 버스나 지하철에 **승차**할 때는 꼭 줄을 서야 한다.
외 엔진 engine 发动机 エンジン	• 가: 자동차에 무슨 문제가 있는 거죠? 　나: **엔진**이 고장 나서 고쳐야 됩니다. • 내 자동차는 오래 돼서 운전할 때 **엔진**에서 큰 소리가 난다.
칸 room, car 厢 車両	• 가: 우리 자리는 몇 번째 **칸**이야? 　나: 잠깐만, 기차표 보고 확인할게. • 지하철에서 물건을 잃어버렸을 때 어느 **칸**에 두고 내렸는지 알면 좀 더 빨리 찾을 수 있다.

태우다
give sb a ride
让…坐
乗せる

- 가: 치에미 씨, 종로 쪽으로 가죠? 가는 길이니까 **태워** 드릴게요. 타세요.
  나: 아, 정말요? **태워** 주셔서 감사합니다.
- 어릴 때 외출하면 아버지가 나를 목에 **태워** 주셨는데 기분이 참 좋았다.

화 물	물건	object / 东西 / 品物
물(物) : 물건	박**물**관	museum / 博物馆 / 博物館
thing 物 もの	선**물**	present / 礼物 / プレゼント
	분실**물** DAY63	lost property / 失物 / 落し物

1 다음은 교통 정보입니다. 알맞은 단어를 사용해서 문장을 완성하십시오.

| 고속도로 | 교통편 | 노선 | 막차 |

이 시간 교통 정보를 말씀드리겠습니다.

현재 1._____은/는 명절을 보내러 고향으로 가는 많은 차들 때문에 길이 매우 막히고 있습니다. 아직 고향으로 출발하지 않으신 분들은 다른 2._____을/를 이용하시기 바랍니다. 하지만 오늘은 3._____까지 표가 모두 팔렸기 때문에 내일 출발하셔야 할 것 같습니다. 내일은 버스 4._____이/가 더 늘어서 표를 사는 것이 오늘보다 쉬우실 것 같습니다. 모두 즐거운 명절 보내시기 바랍니다.

2 다음은 교통수단입니다. 그림을 보고 알맞은 단어를 쓰십시오.

| 승용차 | 오토바이 | 전철 | 트럭 | 항공기 |

1.

_____

2.

_____

3.

_____

4.

_____

5.

_____

DAY 14 돈과 은행

아는 단어에 ○표 하세요.

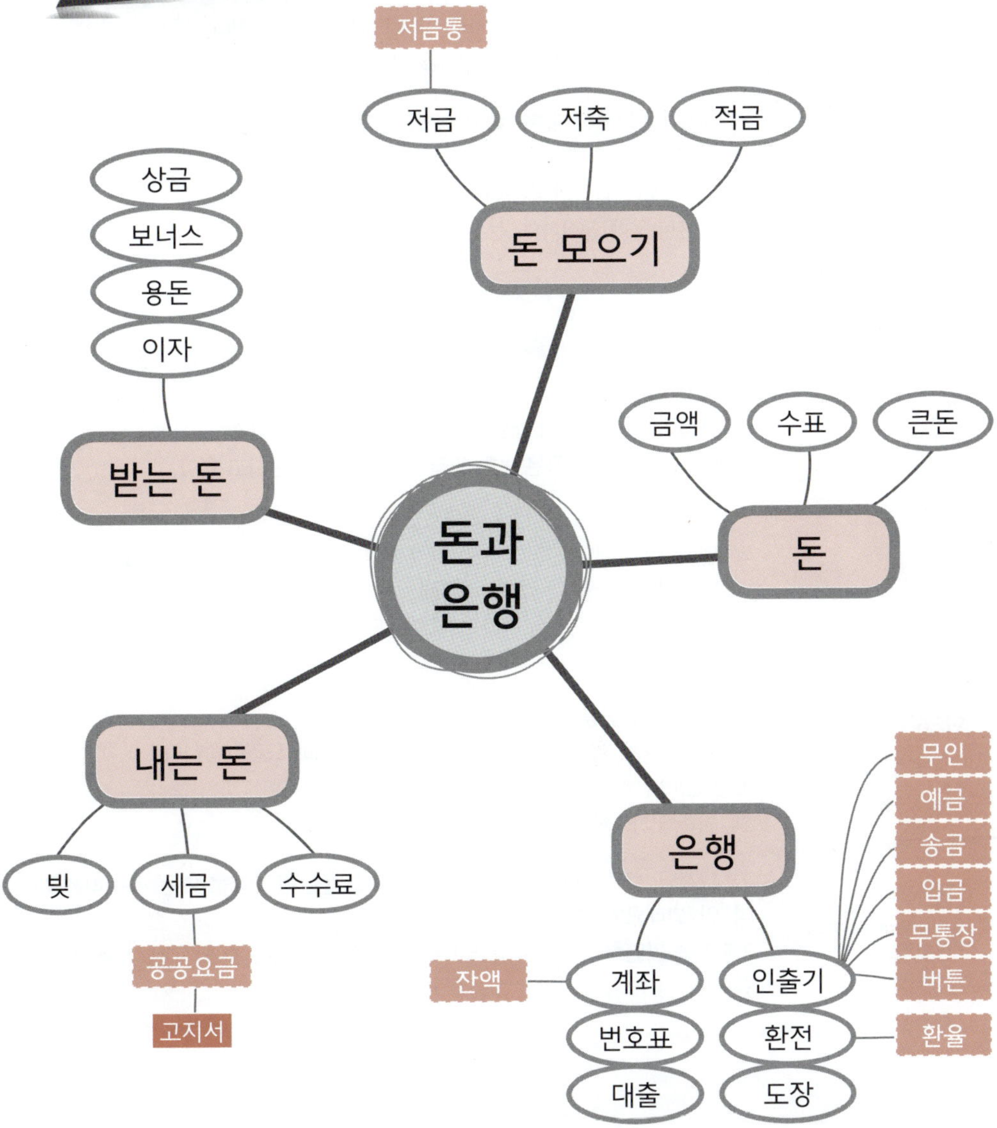

저금통

저금 · 저축 · 적금

돈 모으기

상금
보너스
용돈
이자

받는 돈

금액 · 수표 · 큰돈

돈

돈과 은행

내는 돈

빚 · 세금 · 수수료

공공요금
고지서

은행

무인
예금
송금
입금
무통장
버튼

환율

잔액 — 계좌 · 인출기
번호표 · 환전
대출 · 도장

돈과 은행 　돈

금액
fee
金額
金額

- 가: 찾으시는 **금액**이 모두 100만 원 맞습니까?
  나: 네, 맞아요. 모두 현금으로 주세요.
- 신용 카드 사용 **금액**이 높으면 여러 가지 서비스를 받을 수 있다.

  표현 금액을 줄이다, 금액이 엄청나다/정확하다

수표
check
支票
小切手

- 가: 여행 가는데 현금으로 가져가는 게 좋을까, **수표**로 가져가는 게 좋을까?
  나: 현금은 잃어버릴 수도 있으니까 **수표**로 가져가.
- **수표** 번호를 알고 있으면 잃어버렸을 때 쉽게 찾을 수 있다.

  표현 수표 교환/번호/인출, 수표로 교환하다/바꾸다/인출하다

큰돈
fortune, large sum of money
大笔钱
大金

- 가: 준호 씨, 가을에 결혼한다고 했죠? 결혼 후에 살 집은 샀어요?
  나: 아직 집을 살 정도의 **큰돈**은 못 모았어요.
- 아이가 학교에 입학한 후부터 **큰돈**이 들어갈 일이 많이 생긴다.

  표현 큰돈이 들다/들어가다, 큰돈을 만지다/모으다

돈과 은행 　돈 모으기

저금
saving
存款
貯金

- 가: 회사생활 시작한 지 1년 정도 됐지? **저금**은 얼마나 해?
  나: 월급이 많지 않아서 매달 30만 원씩 **저금**하고 있어.
- 돈을 잘 모으는 사람들은 보통 월급의 50%를 **저금**한다고 한다.

저금통
coin bank
存钱罐
貯金箱

- 가: 엄마, 여기 생일 선물이에요. 매일 **저금통**에 저금한 돈으로 샀어요.
  나: 어머나! 우리 딸 다 컸네. 고마워!
- 한국에서는 '돼지 **저금통**'이라고 부르는 돼지 모양의 **저금통**이 가장 많다.

저축
saving
储蓄
貯蓄

- 가: 좋은 **저축** 상품 있나요?
  나: 네, 고객님, 잠시만 기다려 주시면 제가 안내해 드리겠습니다.
- 10년 전보다 **저축** 상품이 훨씬 다양해졌다.

  표현 저축에 가입하다/들다

적금
installment savings
零存整取
積み金

- 가: 고객님, 보통 저축보다 **적금**이 이자가 더 높은데 **적금**을 드는 게 어떠세요?
  나: 아, 그래요? 이자가 얼마나 더 높은데요?
- 3년 전에 가입한 **적금**을 다음 달이면 받는데 그 돈으로 뭘 할지 생각 중이다.

  표현 적금에 들다/가입하다, 적금을 깨다/넣다/붓다/찾다

돈과 은행 내는 돈

고지서
bill
通知单
告知書

- 가: 여보세요? 지난달에 핸드폰 요금 **고지서**가 안 와서 요금을 못 냈는데 다시 보내 주시겠어요?
  나: 정말 죄송합니다. 바로 다시 보내 드리겠습니다.
- 요즘은 종이 **고지서**를 받지 않고 이메일로 **고지서**를 받는 사람들이 더 많다.
  표현 고지서가 나오다

공공요금
puplic utility charges
公用事业费
公共料金

- 가: 제가 한국에 온 지 얼마 안 돼서 잘 모르는데 **공공요금**은 어디에서 내야 해요?
  나: 은행에서 내면 돼요.
- 내년부터 **공공요금**이 2% 정도 오른다고 한다.

빚
debt, kindness
债，恩惠
借金,負目

- 가: 이제 직장에 다니니까 돈도 많이 모을 수 있지요?
  나: 아니요, 대학교 학비 때문에 **빚**이 많아서 갚아야 해요.
- 그 친구에게는 늘 도움을 받아서 마음의 **빚**이 많다.
  표현 빚을 갚다/얻다/지다, 빚이 늘어나다/많다/없다/있다

세금
tax
税
税金

- 가: **세금** 계산은 어떻게 해요?
  나: 저도 잘 모르겠어요. 인터넷에 보면 설명이 잘 나와 있을 거예요. 한번 찾아보세요.
- 담배나 술에는 나라에 내는 **세금**이 붙는다.
  표현 세금 부담, 세금을 깎다/내다, 세금이 나오다/무겁다/붙다

수수료
commission
手续费
手数料

- 가: 은행이 문을 닫은 후에 돈을 찾으면 **수수료**를 얼마나 내야 해요?
  나: 통장을 만든 은행에서 찾을 때는 500원, 다른 은행은 1,000원으로 알고 있어요.
- 신용카드 **수수료**는 회사마다 다르다.

돈과 은행 받는 돈

상금
cash prize
奖金
賞金

- 가: 이번 올림픽에서 받은 **상금**으로 뭘 하실 계획입니까?
  나: 아직 잘 모르겠습니다. 부모님과 이야기해 보고 결정하려고 합니다.
- 이번 행사의 최고 **상금**이 1,000만 원이라고 한다.
  표현 상금을 받다/주다/타다

용돈
allowance
零钱
お小づかい

- 가: 너는 한 달에 **용돈**을 얼마 정도 써?
  나: 난 매달 조금 다른데 보통 50만 원 정도 써. 너는?
- 나는 매달 부모님께 **용돈**을 30만 원 드린다.
  표현 용돈을 모으다/받다/쓰다/주다, 용돈이 떨어지다

이자
interest
利息
利子

- 가: 은행에 저축하면 **이자**를 많이 받을 수 있어요?
  나: 아니요, 은행 **이자**가 좀 적어서 저는 은행에 저축 안 하고 다른 방법으로 돈을 모아요.
- 서울은행에서는 대학생들에게 싼 **이자**로 돈을 빌려준다.

  표현 이자가 많다/붙다/비싸다, 이자를 갚다/내다

돈과 은행 ## 은행

계좌
account
帐
口座

- 가: 은행 **계좌**를 만들고 싶은데요. 어떻게 하면 돼요?
  나: 먼저 신분증 주시고 이 신청서를 써서 주시겠어요?
- 나는 통장이 많아서 **계좌** 번호를 다 외우지 못한다.

  표현 계좌로 (돈을) 넣다, 계좌에 (돈을) 넣다

대출
loan
贷款
貸し出し

- 가: 집을 사려고 하는데 얼마까지 **대출**을 할 수 있나요?
  나: 확인해 드리겠습니다. 신분증 좀 주시겠어요?
- **대출** 기간이 길면 내야 하는 이자도 는다.

  표현 대출 기간, 대출을 받다/신청하다

도장
seal, stamp
印章
はんこ、印章

- 가: 통장을 만들 때 꼭 **도장**이 있어야 해요?
  나: 아니요, 사인해도 돼요.
- 요즘은 이름에 예쁜 그림을 넣은 **도장**이 인기가 많다고 한다.

  표현 도장을 찍다

무인
manless
无人
無人

- 가: 쉬는 시간에 과자나 음료수를 사러 학교 안에 있는 편의점에 가면 사람이 너무 많아서 힘들어.
  나: 그래? 우리 학교에는 층마다 **무인** 판매기가 있어서 편한데.
- 2020년쯤에는 **무인** 자동차가 나온다고 한다.

  표현 무인 자동차/카메라/판매기

무통장
without a bankbook
无存折
オンライン口座

- 가: 통장을 안 가져왔는데 돈을 찾을 수 있나요?
  나: 네, 고객님, **무통장** 서비스를 이용해서 돈을 찾으실 수 있습니다.
- (광고) 서울은행에서는 **무통장**으로 이용하면 수수료를 받지 않는 행사를 하고 있습니다.

외 ## 버튼
button
按钮
ボタン

- 가: 돈을 다른 사람에게 보내고 싶은데 어떻게 해야 하는지 잘 모르겠어요.
  나: 먼저 이 **버튼**을 누르고 설명이 나오면 보내는 금액을 누르면 돼요.
- (버스 안내 방송) 내리실 분은 미리 **버튼**을 눌러 주시기 바랍니다.

  표현 버튼을 누르다

번호표
number ticket
号票
番号カード
(待機)番号表

- 가: 돈을 찾고 싶은데 어떻게 해야 하나요?
  나: 먼저 **번호표**를 뽑고 기다리시면 됩니다.
- 그 식당은 인기가 많아서 먼저 **번호표**를 받고 순서를 기다려야 한다.

  표현 번호표를 뽑다/받다

송금 remittance 汇款 送金	• 가: 지우야, 대학교 입학 축하해. 할머니가 지우 통장으로 송금할게. 사고 싶은 거 사서 써. 　나: 감사합니다. 할머니, 잘 쓸게요. • 아프리카에 있는 생활이 어려운 아이에게 나는 매달 3만 원을 송금해 주고 있다.
예금 deposit 储蓄 預金	• 가: 이오리 씨는 은행에 예금 많이 해요? 　나: 아니요, 많이 하고 싶은데 생각보다 돈 쓸 일이 많아서 많이 못 하고 있어요. • 내 친구는 예금 통장이 10개나 있다.
인출기 Automated Teller Machine 取款机 (現金)自動預け払 い機	• 가: 웬팅 씨, 은행에 사람이 너무 많으니까 현금 인출기를 이용하세요. 　나: 아직 은행 카드를 안 만들어서 인출기는 사용 못 해요. • 현금 인출기에서 수표도 찾을 수 있는지 몰랐다.
입금 deposit 存款 入金	• 가: 여러분, 김설희 씨의 결혼 선물 값은 제 통장으로 입금해 주세요. 　나: 네, 계좌 번호 알려 주세요. • 회사에서 받는 월급이 매달 통장으로 입금된다.
잔액 balance 余额 残高	• 가: 손님, 스마트폰으로 잔액을 확인할 수 있는 무료 서비스가 있는데 신청하시겠어요? 　나: 무료예요? 그럼 신청해야죠. • 버스카드 잔액은 현금으로 받을 수 없다고 한다.
환율 currency 汇率 為替レート	• 가: 다음 주에 영국 여행 간다고 했죠? 준비는 다 했어요? 　나: 돈만 바꾸면 되는데 요즘 영국 돈 환율이 높아서 좀 기다리고 있어요. • 일본에서 일할 때 받은 월급을 한국 돈으로 바꿨는데 환율이 떨어져서 받은 월급의 80%밖에 안 된다. 　표현 환율이 낮다/높다/오르다/떨어지다
환전 exchange money 兑换 両替	• 가: 얼마 정도 환전하시려고 합니까? 　나: 일본 돈으로 30만 원, 중국 돈으로 20만 원 환전해 주세요. • 공항이 은행보다 환전 수수료가 높아서 나는 공항에서 환전을 안 한다.

1 외국인 친구가 은행을 이용하려고 합니다. 처음 이용해서 모르는 것이 많습니다. 빈칸에 알맞은 단어를 쓰십시오

1. 은행에서 돈을 찾을 때는 어떻게 해야 해요?

입금	금액	송금	인출기	번호표

한국에서는 은행에서 순서를 기다릴 때 1) _____ 을/를 받습니다. 그리고 종이에 찾을 2) _____ 을/를 쓰고 그 종이를 은행원에게 주면 됩니다.
은행에 사람이 많을 때는 현금 3) _____ (ATM)을/를 사용할 수 있습니다. ATM은 직원이 없이 이용할 있는 무인 서비스입니다. ATM에서 통장에 4) _____ 한 돈도 찾을 수 있고, 통장에 돈을 넣을 수도 있고, 다른 사람에게 돈을 5) _____ 할 수도 있습니다.

2. ATM에서 다른 사람에게 돈을 보내고 싶어요. 어떻게 해야 해요?

버튼	금액	계좌	무통장

다른 사람에게 돈을 보낼 때는 먼저 사용할 메뉴의 1) _____ 을/를 누릅니다. 메뉴를 선택한 후에 돈을 받을 사람의 2) _____ 번호와 보낼 3) _____ 을/를 누르면 됩니다. 카드나 통장이 없을 때는 4) _____ 서비스를 사용하면 됩니다.

2 괄호 안에서 알맞은 단어를 고르십시오.

1. 모든 물건 값에는 10%의 (빚 / 세금)이 붙는다.

2. 매달 내야 하는 (수수료 / 공공요금)을/를 늦게 내면 이자가 붙는다.

3. 이번 달에 내가 우리 은행에서 가장 친절한 직원이 되어서 (저축 / 상금)으로 50만 원을 받았다.

4. 기간을 정하고 매달 같은 돈을 입금하는 상품을 (저금 / 적금)이라고 한다.

어휘력 쑥쑥

금 액

금(金) : 돈

money
金
金

입금 DAY14	deposit / 入款 / 入金
세금 DAY14	tax / 税金 / 税金
현금 DAY14	cash / 現金 / 現金

수 수 료

료/요(料) : 값

fee
料
料

무료	free / 免費 / 無料
요금	fee / 費用 / 料金
항공료 DAY13	air fee / 航空費 / 航空運賃

MEMO

DAY 15 건강과 질병1

아는 단어에 ◯표 하세요.

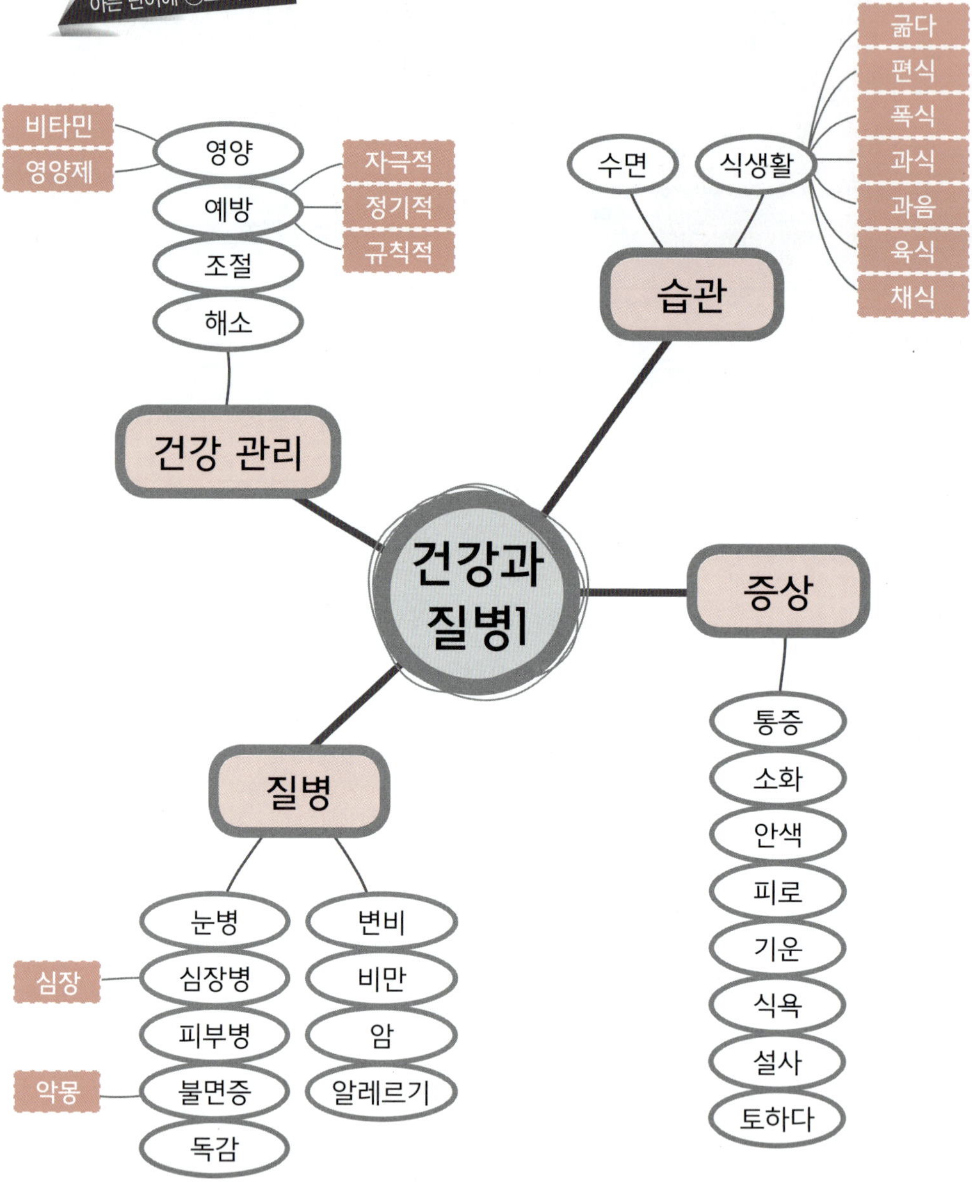

비타민
영양제

영양
예방
조절
해소

자극적
정기적
규칙적

수면 · 식생활

굶다
편식
폭식
과식
과음
육식
채식

습관

건강 관리

건강과
질병1

증상

통증
소화
안색
피로
기운
식욕
설사
토하다

질병

눈병
심장병
피부병
불면증
독감

변비
비만
암
알레르기

심장

악몽

관리
care, management
管理
管理

- 가: 엄마, 머리가 아프고 열이 나요. 감기에 걸린 것 같아요.
  나: 그래? 빨리 약 먹자. 이제 대학 입학시험이 얼마 안 남았는데 건강 **관리**를 잘해야지.
- 나는 은행에서 고객을 **관리**하는 일을 하고 있다.

  표현 관리 계약/비용, 건강/고객 관리

규칙적
regular
規律的
規則的

- 가: 아침마다 배가 아프다고 했지요? 식사를 **규칙적**으로 하세요?
  나: 아니요, 아침은 거의 못 먹습니다.
- **규칙적**으로 운동하는 것은 생각보다 쉽지 않다.

외 비타민
vitamin
维生素
ビタミン

- 가: 요즘 할 일이 많아서 너무 피곤해.
  나: 피곤하면 **비타민**을 좀 먹어 봐.
- 딸기, 오렌지, 포도 같은 과일에는 **비타민** C가 많이 들어 있다.

영양
nutrition
营养
栄養

- 가: 요즘 힘이 없고 잠을 많이 자도 회사에서 졸아요.
  나: **영양**이 부족해서 그래요. 같이 삼계탕 먹으러 갈래요?
- 우리 병원은 입원 환자들에게 **영양** 교육을 매주 하고 있다.

  표현 영양 상태, 영양이 풍부하다

영양제
nutritional supplements
营养品
栄養剤

- 가: 친구 어머님께 선물을 해 드리고 싶은데 뭐가 좋을까?
  나: 나이가 들면 건강이 더 중요해지니까 **영양제**를 선물해 드리는 게 어때?
- **영양제**를 선택하기 전에 의사에게 물어보는 것이 좋다.

예방
prevention
预防
予防

- 가: 이오리 씨, 밥 먹는데 손 안 씻어요? 병을 **예방**하려면 손을 잘 씻어야 돼요.
  나: 저도 아는데 귀찮아서 잘 안 씻게 돼요.
- 겨울에 귤을 많이 먹으면 감기를 **예방**할 수 있다.

  표현 예방 수단/시설/약/주사, 예방에 도움이 되다/좋다/효과적이다

자극적
arousing
刺激性
刺激的

- 가: 위가 안 좋은데 이렇게 매운 음식을 먹어요?
  나: **자극적**인 음식이 안 좋은 걸 아는데 자꾸 먹고 싶어요.
- 염색약은 눈에 **자극적**이어서 너무 자주 하면 안 좋다고 한다.

정기적
regular
定期的
定期的

- 가: 오후에 병원에 간다고 했죠? 어디 아파요?
  나: 아버지께서 작년에 허리 수술을 받으셔서 **정기적**으로 검사를 받으셔야 해요.
- 나는 대학교 때 친구들과 **정기적**으로 모임을 한다.

조절
control
调
調節

- 가: 저녁인데 빵 하나만 먹어?
  나: 요즘 갑자기 살이 많이 쪄서 음식을 조절해야 돼.
- 요리를 맛있게 하려면 불 조절을 잘해야 한다.

표현 조절 능력

해소
relieve
解除
解消

- 가: 요즘 회사일로 스트레스를 많이 받는데 해소가 안 돼서 힘들어요.
  나: 그럼 휴가를 내고 잠깐 쉬는 게 어때요? 계속 그러면 더 안 좋을 거예요.
- 고속도로 정체가 오늘 밤 10시 후부터 해소된다고 한다.

건강과 질병1 **습관**

과식
overeating
过饱
食べ過ぎ

- 가: 엄마, 배가 아파요. 소화제 좀 주세요.
  나: 너 또 과식했구나. 한 번에 많이 먹으니까 배가 아프지.
- 텔레비전을 보면서 음식을 먹으면 과식하기 쉽다.

표현 과식을 피하다

과음
heavy drinking
酗酒
飲み過ぎ

- 가: 켄토 씨, 오늘 왜 학교에 안 왔어요?
  나: 어제 너무 과음해서 일어날 수 없었어요.
- 회식할 때마다 과음을 해서 다음 날 속이 많이 아프다.

굶다
starve
不吃, 饿
食事を抜く、飢える

- 가: 메리 씨, 왜 저녁을 안 먹어요?
  나: 내일 건강 검사가 있어서 오늘 저녁은 굶어야 해요.
- 옛날에는 먹을 것이 없어서 굶어서 죽는 아이들이 많았다고 한다.

수면
sleep
睡眠
睡眠

- 가: 알맞은 수면 시간이 어느 정도인지 알아?
  나: 사람마다 다르지 않아? 그런데 보통 8시간 정도 자는 게 좋다고 들었어.
- 졸음운전을 예방하려면 운전하기 전 충분한 휴식과 수면이 필요하다.

표현 수면 습관

식생활
dietry life
饮食
食生活

- 가: 요즘 속이 자주 아파요. 매운 음식을 먹으면 안 되겠어요.
  나: 네, 그렇게 하세요. 동운 씨는 식생활을 바꾸는 게 좀 필요해요.
- 치료를 안 하고 식생활만 바꿔도 고칠 수 있는 병들이 많다고 한다.

표현 식생활 습관

육식
meat diet
肉食
肉食

- 가: 왜 고기는 별로 안 먹고 야채만 먹어?
  나: 건강을 생각해서 앞으로 육식을 줄이기로 했어.
- 육식을 즐기는 사람들은 성격이 급하다는 신문 기사를 봤다.

채식

🔁 육식

vegetarian diet

素食

菜食

- 가: 회사 근처에 **채식** 식당이 있어요? 친구가 점심 먹으러 오는데 야채만 먹는 친구여서요.
  나: 있는데 위치를 몰라요. 지난번에 김 팀장님이 가셨다고 했으니까 한번 물어보세요.
- 요즘은 고기를 안 먹고 **채식**을 하는 사람들이 많아지고 있다고 한다.

편식

eat only what one wants

挑食

偏食

- 가: 우리 아이는 여러 가지 반찬을 만들어 줘도 자기가 좋아하는 반찬만 먹어요.
  나: 우리 아이도 그래요. **편식**하면 안 되는데 고칠 수 있는 방법이 없을까요?
- 아이들이 어릴 때부터 야채와 과일을 많이 먹으면 **편식**이 준다고 한다.

폭식

binge

暴食

暴食

- 가: 어제 회식 때 **폭식**을 해서 배가 너무 아파요.
  나: **폭식**은 건강에 안 좋아요. 약을 좀 먹는 게 어때요?
- 스트레스를 받을 때 **폭식**하는 습관은 좋지 않다.

건강과 질병1 **증상**

증상

symptom

症狀

症状

- 가: 어디가 아파서 오셨습니까? **증상**을 말씀해 보세요.
  나: 허리가 아파서 잘 못 걷겠어요.
- 이번 감기는 **증상**이 다양해서 감기가 아니라 다른 병이라고 생각하는 사람들이 많다.

  표현 증상이 가볍다/나타나다/생기다/오다

기운

energy

力气

元気

- 가: 왜 이렇게 **기운**이 없어 보여요? 어디 아파요?
  나: 날씨가 너무 더워서 힘이 없네요. 차가운 물 좀 마셔야겠어요.
- **기운**을 내서 일어나려고 해도 몸이 무거워서 일어날 수가 없다.

  표현 기운이 나다/있다/없다, 기운을 내다/얻다

설사

diarrhea

拉肚子

下痢

- 가: 오늘 아침부터 계속 **설사**가 나요.
  나: 어제 뭐 잘못 먹었어요? 심하면 병원에 가 보세요.
- 배가 아프고 **설사**가 날 때는 따뜻한 죽을 먹는 것이 좋다.

  표현 설사가 나다

소화

digestion

消化

消化

- 가: 점심을 너무 많이 먹은 것 같아요. **소화**가 안 돼요.
  나: 그러면 밖에 나가서 조금 걸어 보세요.
- 기름이 너무 많이 들어간 음식을 먹으면 **소화**가 잘 안 된다.

  표현 소화가 되다, 소화를 돕다/시키다

식욕

appetite

食欲

食欲

- 가: 밥을 왜 이렇게 조금 먹어요?
  나: 요즘 **식욕**이 별로 없어요. 그만 먹을래요.
- 여름은 **식욕**이 떨어지기 쉬운 계절이기 때문에 영양이 많은 음식을 먹어야 한다.

  표현 식욕을 느끼다/없애다/잃다, 식욕이 생기다/없다/떨어지다

안색 complexion 脸色 顔色	• 가: 머리가 아파서 잠깐 의자에 좀 앉아야겠어요. 　나: **안색**이 많이 안 좋네요. 너무 일만 하지 말고 좀 쉬세요. • **안색**으로 그 사람의 건강을 알 수 있다고 한다. 　표현 **안색**이 나쁘다/돌아오다/좋다
통증 pain 痛症 痛み	• 가: 어깨에 **통증**이 있어서 병원에 가려고 해. 　나: 컴퓨터를 많이 해서 그런 거 아니야? 치료 잘 받고 와. • 운동을 시작한 후에 허리 **통증**이 없어졌다. 　표현 **통증**을 견디다/느끼다, **통증**이 있다/심하다
피로 exhaustion 疲劳 疲労	• 가: 주말 잘 보냈어요? 저는 주말에 잠만 잤는데도 피곤해요. 　나: **피로**가 쌓여서 그래요. 비타민 같은 영양제를 많이 드세요. • 눈이 **피로**할 때 눈 주위를 가볍게 누르면 **피로**가 풀린다고 한다. 　표현 **피로**가 심하다/쌓이다/풀리다, **피로**를 풀다
토하다 vomit 吐 吐く	• 가: 차 좀 잠깐 세워 주세요. **토할** 것 같아요. 　나: 왜 그래요? 속이 안 좋아요? • 어제 술을 많이 마셔서 아침까지 계속 **토했다**.

건강과 질병1 질병

질병 disease 疾病 病気, 疾病	• 가: 친구가 저한테 계속 건강 보험을 들라고 하는데 어떻게 할지 모르겠어요. 　나: 갑자기 **질병**이 생길 수 있으니까 보험이 필요한 것 같아요. • 암은 한국인이 가장 많이 걸리는 **질병** 중의 하나이다. 　표현 **질병** 발생
눈병 eye disease 眼病 眼病	• 가: 켄토 씨, 눈이 왜 이렇게 빨개요? 　나: 주말에 수영장에 다녀왔는데 거기서 **눈병**에 걸린 것 같아요. • **눈병**에 걸렸을 때는 손을 자주 씻고 손으로 눈을 만지지 않아야 한다. 　표현 **눈병**에 걸리다, **눈병**을 고치다, **눈병**이 걸리다
독감 flu 流感 インフルエンザ	• 가: 기침이 심하네요. 혹시 **독감** 아니에요? 　나: 저도 모르겠어요. 약을 먹어도 기침이 안 멈춰요. • 겨울이 되기 전에 **독감** 예방주사를 맞는 것이 좋다. 　표현 **독감**에 걸리다
변비 constipation 便秘 便秘	• 가: **변비**가 심해서 화장실에 가면 시간이 오래 걸려요. 　나: 야채랑 과일을 요구르트랑 함께 먹어 보세요. 좀 좋아질 거예요. • 다이어트나 편식을 심하게 하면 **변비**에 걸리기 쉽다고 한다. 　표현 **변비약**, **변비**를 고치다, **변비**에 걸리다

불면증 insomnia 失眠症 不眠症	• 가: 왜 이렇게 졸아요? 어제 잠을 잘 못 잤어요? 　나: 요즘 **불면증**에 걸린 것 같아요. 밤에는 잠이 안 와요. • **불면증**에는 우유나 바나나가 좋다고 한다. 　표현　불면증에 걸리다, 불면증으로 고생하다
비만 obesity 肥胖 肥満	• 가: 또 햄버거랑 피자 먹어? 계속 그런 음식만 먹으면 **비만**이 될 수 있어. 　나: 나도 알아. 그런데 바빠서 이런 음식을 자주 먹게 돼. • 요즘은 아이들도 **비만** 때문에 병원을 찾는 일이 많다고 한다.
심장 heart 心 心臟	• 가: 20km 마라톤을 했다고 들었어요. 힘들지 않았어요? 　나: 너무 힘들었죠. 거의 끝에서는 **심장**이 멈추는 것 같았어요. • 그 사람을 볼 때마다 **심장**이 뛰어서 하고 싶은 말을 잘 못하고 돌아온다. 　표현　심장이 떨리다/뛰다/멈추다
심장병 heart disease 心脏病 心臟病	• 가: 포도로 만든 술을 하루에 한 잔 마시면 **심장병**을 예방할 수 있다고 하는데 정말 　　이에요? 　나: 네. 그런데 많이 마시면 안 되고 하루에 한 잔 정도 마시면 예방할 수 있다고 해요. • 나는 어릴 때 **심장병**이 있어서 체육 시간에 달리기를 하지 못했다.
외 **알레르기** allergy 过敏 アレルギー	• 가: 치에미. 내가 집에 오는 길에 토마토 사 왔어. 같이 먹자. 　나: 미안한데 나는 토마토 **알레르기**가 있어서 못 먹어. • 과일과 채소를 많이 먹으면 **알레르기** 치료에 도움이 된다고 한다.
악몽 nightmare 恶梦 悪夢	• 가: 요즘 매일 무서운 **악몽**을 꿔서 잠을 잘 못 자요. 　나: 그래요? 뭐 걱정되는 일이 있어요? • **악몽**을 꿔서 나도 모르게 소리를 지르면서 깼다. 　표현　악몽을 꾸다
암 cancer 癌 癌	• 가: 스테이크가 왜 이렇게 탔어요? 탄 거 많이 먹으면 **암**에 걸린다고 들었어요. 　나: 이 정도는 먹어도 괜찮아요. • 우리 할머니는 내가 어렸을 때 **암**에 걸려서 돌아가셨다. 　표현　암에 걸리다, 암을 고치다/치료하다, 암이 낫다
피부병 skin disease 皮肤病 皮膚病	• 가: 가을이 되니까 **피부병**이 더 심해지는 것 같아요. 　나: 건조해서 그래요. 로션을 더 자주 바르세요. • 어릴 때는 **피부병**이 심해서 밖에 나가기도 힘들었다. 　표현　피부병에 걸리다

1 다음은 건강 관리를 위해 좋은 식습관과 생활 습관에 대한 설명입니다. 빈칸에 알맞은 단어를 쓰십시오

| 규칙적 | 수면 | 굶다 | 영양제 | 자극적 |
| 채식 | 과식하다 | 해소법 |

건강을 위한 6가지 습관

1. 식사는 시간을 정해서 _____ (으)로 하고 육식보다는 _____ 을/를 많이 한다.

2. 살을 빼려고 계속 _____ (으)ㄴ/는 것은 좋지 않다. 배가 고프면 다음 식사 때 _____ 아/어서 더 뚱뚱해질 수 있기 때문이다.

3. 너무 매운 음식이나 짠 음식은 먹지 않는다. 이런 _____ 인 음식은 위를 상하게 한다.

4. 30살 후에는 비타민 같은 _____ 을/를 식사할 때 함께 먹는 것이 좋다.

5. 하루의 _____ 시간은 6~8시간이 좋다. 많이 자는 것이 늘 좋은 것은 아니다.

6. 스트레스가 쌓이면 그냥 두지 말고 _____ 을/를 찾아야 한다.

2 다음과 같은 증상이 어떤 질병인지 쓰십시오.

| 눈병 | 비만 | 불면증 | 피부병 |

	증상	질병
1.	밤에 잠이 오지 않아요. 보통 새벽 5시가 돼서 잠이 들고요.	
2.	눈이 아프고 눈물이 많이 나와요. 자주 빨갛게 되고요.	
3.	계절이 바뀔 때 몸이 많이 가려워요. 심할 때는 잠을 잘 못 잘 때도 있어요.	
4.	많이 먹어도 배가 고파요. 식욕이 점점 느는 것 같아서 걱정이에요. 작년보다 10kg이 늘었어요.	

어휘력 쑥쑥

채식	간식	snack / 間食 / 小吃 / 点心
식(食):먹다 eat 食 食べる	식당	cafeteria / 食堂 / 食堂
	식사	meal / 餐，饭 / 食事
	식생활 DAY15	dietary life / 饮食生活 / 食生活

질병	병	disease / 病 / 病気
병(病):병 disease 病 病	병원	hospital / 医院 / 病院
	문병 DAY18	visit a sick person / 探病 / 見舞い
	피부병 DAY15	skin disease / 皮肤病 / 皮膚病

MEMO

※빈칸에 알맞은 것을 고르십시오.

1 가: 어제 신문에서 교통사고로 _____ 세 명을 모두 잃은 사람의 이야기를 읽었어요.
나: 어머나, 아들 세 명을 모두 잃고 얼마나 마음이 아플까요?
① 자녀　　　　　② 손자　　　　　③ 효녀　　　　　④ 자매

2 가: 제주도 여행을 가는데 어떻게 준비해야 할까?
나: 먼저 여행 안내 책을 _____ 읽으면서 계획을 세워 보는 게 어때?
① 다정하게　　　② 명랑하게　　　③ 꼼꼼하게　　　④ 너그럽게

3 우리 학교 앞에 있는 식당 사장님은 _____ 이/가 좋아서 학생들에게 돈을 받지 않고 음식을 더 줄 때가 많다.
① 생김새　　　　② 마음씨　　　　③ 자존심　　　　④ 장단점

4 남자 친구는 나를 만난 날 나에게 첫눈에 _____ 말했다.
① 반했다고　　　② 사로잡았다고　③ 어색하다고　　④ 안겼다고

5 가: 손님, 이 바지는 어떠세요? 이 바지는 세탁 후에 _____ 않아도 돼서 편해요.
나: 그래요? 그럼 다른 색깔도 좀 보여 주세요.
① 뒤집지　　　　② 다듬지　　　　③ 다리지　　　　④ 수선하지

6 우리 농구 팀에 공을 넣을 때마다 모두 _____ 을/를 하면서 일어났다.
① 싫증　　　　　② 질투　　　　　③ 호기심　　　　④ 흥분

7 가: 왜 이렇게 기침을 해요?
나: 요즘 _____ 이/가 심해서 기침이 계속 나와요.
① 기후　　　　　② 습도　　　　　③ 온도　　　　　④ 황사

8 (안내 방송) 도쿄로 가는 비행기를 타실 분들은 8번 _____ (으)로 가시기 바랍니다.
① 국제선　　　　② 탑승구　　　　③ 노선　　　　　④ 수단

9 아프리카에 있는 생활이 어려운 아이에게 나는 매달 3만 원을 _____ 있다.
① 환전하고　　　② 예금하고　　　③ 송금하고　　　④ 저금하고

10 가: 우리 아이는 여러 가지 반찬을 만들어 줘도 자기가 좋아하는 반찬만 먹어요.
나: 우리 아이도 그래요. _____ 하면 안 되는데 고칠 수 있는 방법이 없을까요?
① 과식　　　　　② 편식　　　　　③ 채식　　　　　④ 폭식

DAY 17 건강과 질병2

아는 단어에 ◯표 하세요.

외과

시력 ─ 안과   이비인후과
렌즈 ─
피부과   응급실

산부인과   종합

병원

건강과 질병2

다치다

독   데다 ─ 화상

멍   물리다 ─ 물다

삐다

미끄러지다

쓰러지다

부러지다

외 렌즈 lens 隐形眼镜 コンタクトレンズ	• 가: 눈이 많이 안 좋아서 안경을 쓰셔야겠습니다. 　나: 선생님, 안경 말고 렌즈로 맞추면 안 될까요? • 렌즈를 하루 종일 끼고 있으면 눈이 아프고 빨갛게 된다. **표현** 렌즈를 끼다
산부인과 obstetrics 妇产科 産婦人科	• 가: 요즘 문을 닫는 산부인과가 는다고 해요. 　나: 맞아요. 아이를 한 명만 낳거나 안 낳는 부부들이 많으니까요. • 나는 결혼한 후부터는 정기적으로 산부인과에 가서 검사를 받는다.
시력 eyesight 视力 視力	• 가: 너 옛날에 안경 쓰지 않았어? 지금은 렌즈 낀 거야? 　나: 아니, 수술해서 시력이 좋아졌어. • 요즘 시력이 나빠지는 가장 큰 이유는 스마트폰의 사용이라고 한다. **표현** 시력이 좋다/나쁘다
안과 department of opthalmology 眼科 眼科	• 가: 요즘 수업 시간에 칠판 글씨가 잘 안 보여요. 　나: 그럼 안과에 가서 시력 검사를 좀 해 보세요. • 안과에서는 렌즈보다 안경이 눈 건강에 더 좋다고 말한다.
외과 departmet of surgery 外科 外科	• 가: 어머, 다리에서 피가 많이 나네요. 넘어졌어요? 　나: 네, 계단에서 넘어졌는데 상처가 심해서 외과에 가 봐야 할 것 같아요. • 우리 아버지는 외과 의사이신데 수술을 잘하셔서 상도 받으셨다.
응급실 emergency room 急诊室 救急室	• 가: 과장님, 저희 어머니가 교통사고가 나서 지금 응급실에 계시다고 합니다. 지금 퇴근해도 될까요? 　나: 그럼요. 빨리 가 보세요. 큰 사고가 아니기를 바랍니다. • 응급실에 가면 심하게 상처를 입은 사람들이 많이 있다.
이비인후과 department of otolaryngology 耳鼻咽喉科 耳鼻咽喉科	• 가: 학교 근처에 이비인후과가 어디에 있는지 알아? 요즘 귀에서 계속 무슨 소리가 나서. 　나: 그래? 학교에서 100m 정도 내려가면 오른쪽에 있어. • 알레르기 때문에 재채기를 많이 해서 이비인후과에 다니고 있다.
종합 comprehensive 综合 総合	• 가: 머리가 아프기 시작한 지 한 달 정도 됐는데 약을 먹어도 좋아지지 않아요. 　나: 그럼 종합 병원에 가서 머리 사진을 좀 찍어 보는 게 어때요? • 건강 종합 검사를 했는데 문제가 있는 곳이 있을까 봐 걱정된다. **표현** 종합 계획/뉴스/잡지/전시

피부과
dermatology
皮肤科
皮膚科

- 가: 어제 **피부과**에 잘 다녀왔어?
  나: 응, 너무 가려웠는데 병원에서 준 약을 바르니까 좀 괜찮아졌어.
- 연예인들은 피부를 좋게 하려고 항상 **피부과**에서 관리를 받는다고 한다.

건강과 질병2 **다치다**

독
poison
毒
毒

- 가: 엄마 이 사진에 있는 뱀들은 색깔이 다양해요.
  나: 그렇게 색깔이 화려한 뱀들은 대부분 **독**이 있어서 조심해야 돼.
- 옛날에는 음식에 **독**을 넣어서 왕을 죽이려고 하는 일들이 많았다.

표현 독이 퍼지다

데다
burn oneself
烫伤
やけどする

- 가: 손에 왜 밴드를 했어요? 다쳤어요?
  나: 요리할 때 **데었어요**. 조금 **덴** 거라서 괜찮아요.
- 5살 때 뜨거운 물에 손을 **데었는데** 그 상처가 아직도 있다.

멍
bruise
淤血
あざ

- 가: 다리에 **멍**이 들었네요. 운동할 때 그랬어요?
  나: 앗, 언제 **멍**이 들었지? 저도 지금 봤어요.
- 친구들이 야구하는 것을 구경했는데 야구공에 팔을 맞아서 파랗게 **멍**이 들었다.

표현 멍이 들다/파랗다

물다
bite
咬
噛む

- 가: 우리 아이는 놀 때 화가 나면 친구들을 **물어서** 걱정이에요.
  나: 우리 아이도 어렸을 때 그랬는데 조금 크니까 안 그래요. 너무 걱정하지 마세요.
- 옆집 개가 우리 집 강아지를 **물어서** 동물병원에 다녀왔다.

물리다
be bitten
被…咬
かまれる

- 가: 팔이 왜 그래? 어디서 다쳤어?
  나: 어제 친구 집에 놀러 갔는데 그 집 개한테 **물렸어**. 너무 아파.
- 여름에는 밤마다 모기한테 **물려서** 잠을 잘 못 잔다.

미끄러지다
slip
滑
滑る

- 가: 엄마, 이 운동화 사도 돼요?
  나: 이건 바닥이 얇아서 잘 **미끄러질** 것 같으니까 다른 운동화를 사자.
- 할머니가 목욕탕에서 **미끄러져서** 허리를 다치셨다.

부러지다
break
断
折れる

- 가: 람스키 씨가 병원에 입원했다고 들었어요. 무슨 일인지 알아요?
  나: 어제 축구할 때 넘어져서 다리가 **부러졌다고** 했어요.
- 밤에 침대에서 떨어져서 팔이 **부러졌는데** 다시 붙을 때까지 한 달 정도 걸린다고 한다.

삐다 sprain 扭伤 くじく	• 가: 다리가 불편해? 왜 그렇게 이상하게 걸어? 　나: 주말에 산에 갔는데 내려오는 중에 발목을 **삐었어**. • 달리기 할 때 다리를 안 **삐려면** 준비운동을 많이 해야 한다.
쓰러지다 fall 倒 倒れる	• 가: 김 부장님이 과로로 **쓰러지셔서** 오늘 회사에 못 나오신다고 해요. 　나: 어머나, 가족들이 놀랐겠어요. 빨리 나으셔야 되는데…. • 작년 여름에는 태풍이 너무 강하게 불어서 큰 나무들이 **쓰러졌다**.
화상 burn 烧伤 やけど	• 가: 아빠, 여기 다리에 왜 상처가 있어요? 　나: 응, 아빠가 어릴 때 집에 불이 났는데 그때 **화상**을 입어서 그래. • 일상생활 중 **화상**을 입었을 때 먼저 물로 상처를 차갑게 해 주는 것이 좋다고 한다. 　표현 화상을 입다

어휘력 쑥쑥

시 력 시(視): 보다 see 視 みる	시각 DAY19	eye sight / 視角 / 視覚
	무시 DAY47	ignorance / 无视 / 無視
	시청자 DAY66	viewer / 观众 / 視聴者

연습 문제

1 다음 증상을 보고 가야 할 병원을 쓰십시오.

산부인과	안과	외과	이비인후과	피부과

1. 가까운 곳에 있는 물건이나 사람은 잘 보이는데 멀리 있는 것은 잘 안 보여요.	
2. 축구를 할 때 다리가 부러졌어요. 수술을 해야 해요.	
3. 아기가 곧 나올 것 같아요. 배가 너무 아파요.	
4. 요즘 코가 자주 막히고 목이 많이 아파요.	
5. 얼굴에 빨간색 작은 점 같은 것이 많이 생겼어요. 가렵기도 해요.	

2 빈칸에 알맞은 단어를 쓰십시오.

독	시력	종합	렌즈를 끼다	물다	화상을 입다

1. 뱀에게 물렸을 때는 _____이/가 퍼지기 전에 물린 부분을 강하게 묶어야 한다.

2. 안과에 갔는데 눈이 나빠져서 _____ 아/어야 한다고 한다.

3. 두 살이 된 조카는 나를 만나면 내 팔을 _____(으)ㄴ/는데 이것은 나를 좋아한다는 뜻이다.

4. 감기 같은 질병은 심하지 않기 때문에 큰 _____ 병원에 갈 필요가 없고 동네에 있는 내과에 가면 된다.

5. 여름에 바닷가에 오래 있어서 뜨거운 햇빛에 _____ 았/었다.

6. 나이가 들면 점점 _____ 이/가 떨어져서 작은 글씨가 잘 보이지 않는다.

DAY 18

건강과 질병3

이는 단어에 ◯표 하세요.

효과적
부작용

치료제
수면제
진통제
두통약
물약
안약

식후　　효과　　장기적　　종류

약

건강과 질병3

치료

진찰
처방 ── 처방전
찜질
살리다

입원

문병　　간호　　회복

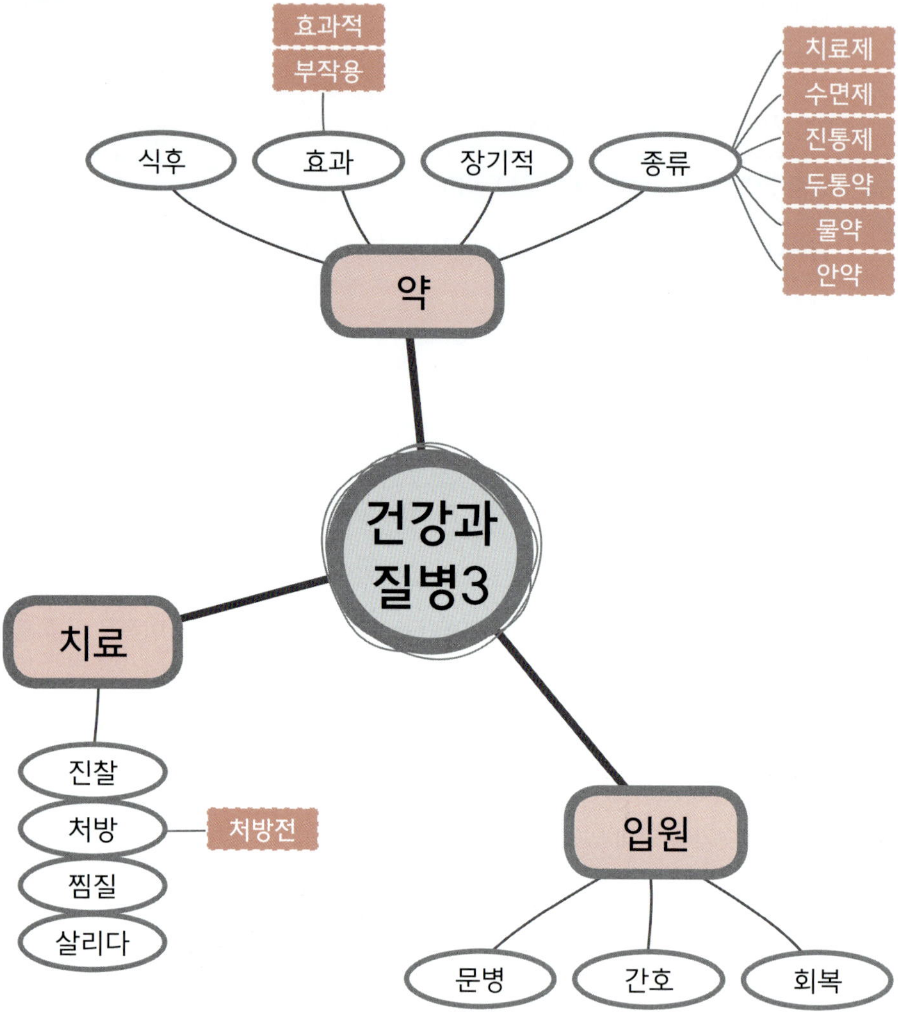

두통약 headache pill 头疼药 頭痛藥	• 가: 엄마, 머리가 너무 아픈데 집에 **두통약** 있어요? 　나: 응, 있어. 몇 개 줄까? • 어렸을 때부터 머리가 자주 아파서 **두통약**을 항상 가지고 다닌다.
물약 liquid medicine 药水 液劑	• 가: 이 **물약**도 하루 세 번 먹으면 돼요? 　나: 아니요, **물약**은 밤에 자기 전에 한 번만 드시면 됩니다. • 아이들은 단맛이 나는 **물약**을 좋아한다.
부작용 side effect 副作用 副作用	• 가: 피곤해서 비타민을 3개 먹었는데 설사가 나요. 　나: 비타민을 너무 많이 먹으면 **부작용**으로 설사가 날 수 있다고 들었어요. • 아이들은 독감 주사를 맞은 후에 **부작용**이 있을 수 있다고 한다. 　표현 부작용을 낳다, 부작용이 나타나다/생기다
수면제 sleeping pill 安眠药 睡眠藥	• 가: 요즘 밤마다 잠을 잘 수가 없어서 너무 괴로워요. **수면제**를 먹을까 생각하고 있어요. 　나: **수면제** 먹기 전에 먼저 병원에 가서 의사한테 물어보세요. • 밤마다 **수면제**를 먹지 않으면 잠이 안 오는데 약을 안 먹고 잠이 들 수 있었으면 좋겠다.
식후 after meals 饭后 食後	• 가: 이 약은 밥 먹기 전에 먹으면 돼요? 　나: 아닙니다. **식후**에 드셔야 합니다. 식사하시고 30분 후에 드세요. • 비타민은 **식후**에 바로 먹는 것이 좋다고 한다.
안약 eye drops 眼药 目藥	• 가: 눈에 **안약**을 좀 넣으셔야겠네요. 하루 두 번, 아침과 저녁에 넣으세요. 　나: 네, 다 나으려면 얼마나 걸릴까요? • **안약**을 산 지 너무 오래 되어서 색깔이 변했다.
장기적 long term 长期的 長期的	• 가: 6개월 동안 회사를 쉰다고 들었어요. 무슨 일 있어요? 　나: 건강이 많이 안 좋아서 **장기적**으로 좀 쉬어야 할 것 같아요. • 외국어는 짧은 시간에 잘할 수 없기 때문에 **장기적**인 계획과 노력이 필요하다.
진통제 painkiller 镇痛药 鎮痛劑	• 가: 언니, 아기 낳을 때 많이 아프지? 　나: 그럼. 많이 아프지. 그런데 **진통제**를 맞으면 좀 괜찮아. • 수술 전이나 후에 음악을 들려 주면 **진통제**의 사용을 줄일 수 있다고 한다.

치료제
medicine
药物
治療剤

- 가: 남편이 비만이라서 건강이 정말 걱정돼요.
  나: 비만 **치료제**가 있다고 들었는데 약을 좀 드시는 건 어때요?
- 아직 **치료제**가 없어서 치료를 할 수 없는 병들이 많이 있다.

효과
effect
效果
効果

- 가: 아까 배가 많이 아파서 30분 전에 이 약을 먹었는데 이제 배가 안 아파요.
  나: 약이 **효과**가 좋네요. 저도 다음에 배 아플 때 그 약을 먹어야겠어요.
- 비타민은 **효과**를 보려면 오랫동안 먹어야 한다.
  > **표현** 효과가 나타나다/떨어지다/좋다, 효과를 보다/얻다/주다

효과적
effective
有效的
効果的

- 가: 허리가 많이 아픈데 도움이 되는 운동이 없을까요?
  나: TV에서 봤는데 수영과 걷기 운동이 허리 치료에 **효과적**이라고 해요.
- 건강 관리 센터에서 여름에 자주 걸리는 질병의 **효과적**인 예방 방법을 발표했다.

건강과 질병3 **입원**

간호
nursing
看护
看病

- 가: 왜 이렇게 살이 빠졌어요? 어디 아팠어요?
  나: 아니요, 아버지가 병원에 입원하셔서 날마다 **간호**하니까 살이 빠졌어요.
- 어릴 때 내가 아플 때마다 어머니는 잠도 안 주무시고 나를 **간호**해 주셨다.

문병
visit sb who is sick
探病
見舞い

- 가: 웬팅 씨가 다리가 부러져서 병원에 입원했다고 하는데 같이 가 볼래요?
  나: 어머, 그래요? 그럼 오늘 수업 끝나고 **문병** 갑시다. 뭘 사가는 게 좋을까요?
- 환자가 심하게 아플 때는 **문병**을 할 수 없다.
  > **표현** 문병을 가다/오다

회복
recovery
恢复
回復

- 가: 많이 아프지 않은데 먼 곳까지 와 주셔서 감사합니다.
  나: 아니에요, 오는 게 당연하죠. 빨리 **회복**하시기를 바랍니다.
- 피로 **회복**에는 잠을 충분하게 자는 것이 가장 좋다.
  > **표현** 회복 속도, 회복에 좋다, 회복이 빠르다

건강과 질병3 **치료**

살리다
save
救活, 使生动活泼
助ける、生かす

- 가: 선생님, 우리 강아지가 밥도 안 먹고 힘도 없고 죽을 것 같아요. 꼭 좀 **살려** 주세요.
  나: 그래야죠. 언제부터 밥을 안 먹었어요?
- 우리 반의 메리 씨는 항상 재미있는 말로 반의 분위기를 **살린다**.
  > **표현** 생명/목숨/분위기를 살리다

진찰
examination
诊断
診察

- 가: 저는 최준호인데요. **진찰**을 언제 받을 수 있어요?
  나: 앞에 환자 분이 두 분 더 계시니까 이름을 부를 때까지 기다려 주세요.
- 주말이라 병원에 사람이 많아서 **진찰**을 받기까지 2시간이나 기다렸다.
  > **표현** 진찰 카드, 진찰을 받다

찜질 steam 敷 湿布	• 가: 엄마, 축구하면서 발을 삐었는데 바를 약 좀 주실래요? 　나: 많이 아프니? 먼저 **찜질**부터 하자. • 목이나 어깨가 아플 때 **찜질**을 하면 효과적이다.
처방 prescription 下药 処方	• 가: 멍이 많이 들었네요. 바르는 약하고 먹는 약을 같이 **처방**해 드릴게요. 　나: 네, 선생님 며칠 정도 지나면 멍이 없어질까요? • **처방**을 받은 약을 먹어도 효과가 없을 때는 의사에게 물어보고 다른 약으로 바꿔야 한다.
처방전 prescription 药方 処方箋	• 가: 몸에 피부병이 생긴 것 같아요. 약을 좀 사서 발라야겠어요. 　나: **처방전**이 없으면 살 수 없는 약들이 많으니까 먼저 병원에 가서 진찰받아 보세요. • **처방전**에는 사용할 수 있는 기간이 정해져 있기 때문에 병원에서 받은 후 바로 약을 사는 것이 좋다.

어휘력 쑥쑥

두 통 약

약(藥) : 약

medicine
药
薬

약	medicine / 药 / 薬
약**국**	pharmacy / 药房 / 薬局
약**사**	pharmacist / 药剂師 / 薬剤師
치**약**	tooth paste / 牙膏 / 歯磨き粉

1 다음 증상을 보고 필요한 약을 쓰십시오.

| 두통약 | 수면제 | 안약 | 진통제 |

1. 밤에 잠이 안 옵니다. 낮에는 피곤해서 직장에서 졸아요.	
2. 머리가 너무 아파서 깨질 것 같습니다.	
3. 눈이 건조하고 자주 빨갛게 됩니다.	
4. 다리가 부러졌는데 밤이 되면 더 많이 아파서 참기 어려워요.	

2 괄호 안에서 알맞은 단어를 고르십시오.

1. 친구가 병원에 입원해서 (간호 / 문병)을/를 가려고 한다.

2. 목이 아플 때 따뜻한 차를 마시면 (처방 / 효과)이/가 있다고 한다.

3. 다리를 삐었을 때는 뜨거운 수건으로 (진찰 / 찜질)하는 것이 좋다.

4. 안약을 (장기적 / 효과적)으로 사용하면 눈이 건조해질 수 있다.

3 빈칸에 알맞은 단어를 쓰십시오

| 물약 | 부작용 | 식후 | 처방전 |

1. 가 : 밥을 너무 많이 먹은 것 같아. 지금 나가서 좀 뛰어야겠어.

   나 : _____ 에 바로 뛰는 건 안 좋다고 들었어. 조금 이따가 나가.

2. 가 : 감기에 걸려서 약을 먹었는데 먹은 후에 음식을 다 토했어요.

   나 : 감기약도 _____ 이/가 있군요.

3. 가 : 한국에서는 약국에서 약을 살 때 꼭 _____ 이/가 있어야 해요?

   나 : 가벼운 감기약이나 두통약 정도는 처방전 없이 살 수 있어요.

4. 가 : 우리 아이는 약 먹는 걸 너무 싫어해요.

   나 : 우리 아이도 그랬는데 과일 향이 나는 _____ 을/를 주니까 잘 먹어요. 약을 바꿔 보세요.

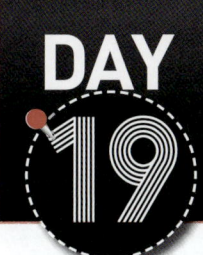

DAY 19 신체와 감각

아는 단어에 ○표 하세요.

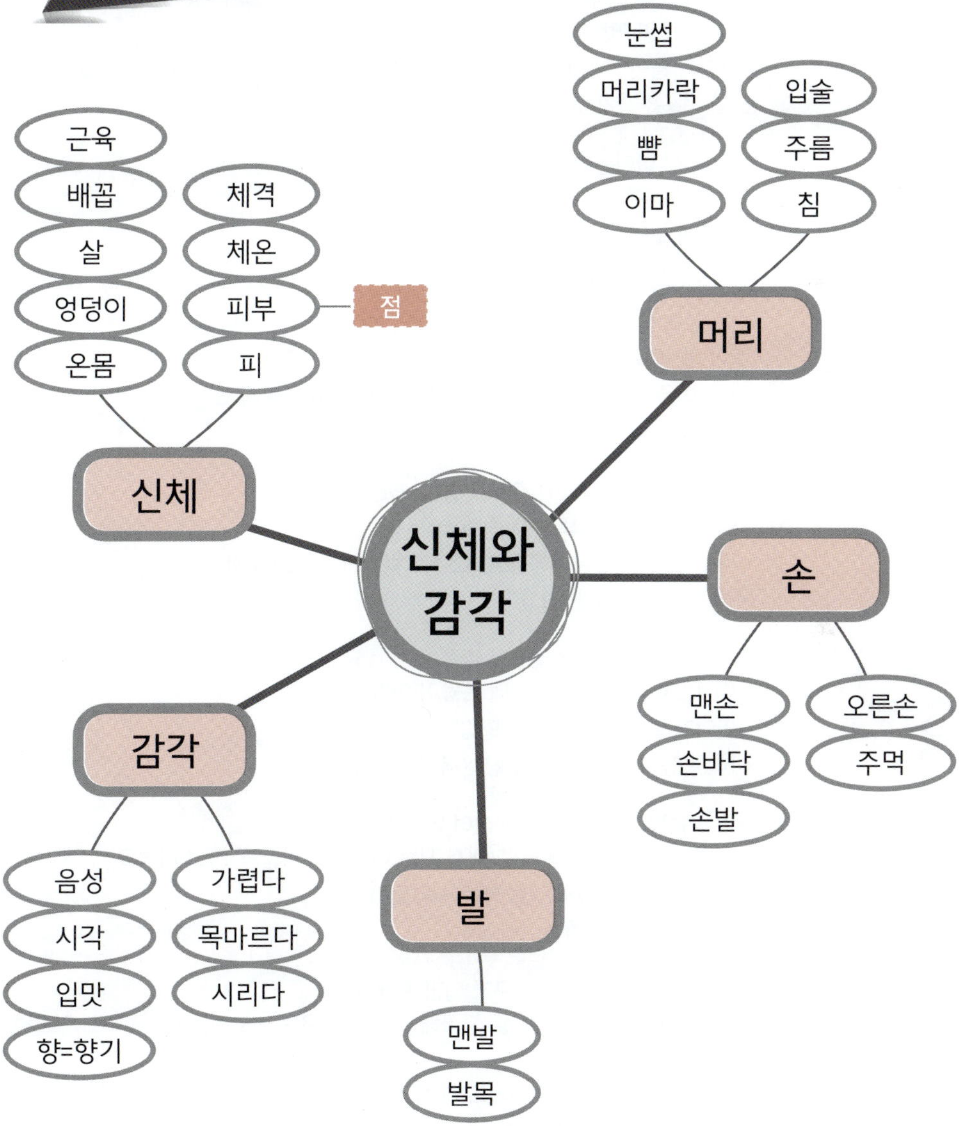

신체와 감각
신체
근육
배꼽
살
엉덩이
온몸
체격
체온
피부
점
피
머리
눈썹
머리카락
뺨
이마
입술
주름
침
손
맨손
손바닥
손발
오른손
주먹
발
맨발
발목
감각
음성
시각
입맛
향=향기
가렵다
목마르다
시리다

신체 body 身体 身体	• 가: 겨울이라서 날씨가 추우니까 밖에 나가기 싫어요. 　나: 추운 겨울에는 **신체** 활동이 적어지니까 매일 10~15분 정도 운동하는 게 좋다 　　 고 해요. • 경찰이나 군인이 되려면 **신체** 조건이 좋아야 한다. 　표현 신체 검사/조건/활동
근육 muscle 肌肉 筋肉	• 가: 저 배우 배에 있는 **근육** 좀 봐. 멋있다. 　나: 와, 진짜 멋있다. 초콜릿 같아. • 나이가 들면 **근육**이 줄기 때문에 힘을 키울 수 있는 운동을 하는 것이 좋다. 　표현 근육을 움직이다/풀다, 근육이 생기다/붙다
배꼽 navel 肚脐 へそ	• 가: 우리 아이는 잘 때 **배꼽**을 만지면서 자요. 　나: 아이들은 어릴 때 자주 그렇게 한다고 해요. • **배꼽**이 보이는 옷이 유행인 때가 있었다.
살 flesh, fat 脂肪, 皮肤 肉、肌	• 가: 요즘 운동해요? **살**이 좀 빠진 것 같아요. 　나: 네, 전보다 **살**이 많이 쪄서 운동을 시작했어요. • 지난여름에 바닷가에서 수영을 자주 해서 **살**이 까맣게 탔다. 　표현 살이 찌다/빠지다, 살이 타다
엉덩이 butt 屁股 尻	• 가: 자, 이제 **엉덩이**에 주사를 놓을게요. 　나: 선생님, 안 아프게 해 주세요. • 나는 아기 때 **엉덩이**에 파란 점이 있었는데 지금은 없어졌다. 　표현 엉덩이를 들다, 엉덩이에 (주사를) 놓다
온몸 whole body 全身 全身	• 가: 오늘 피곤해요? 얼굴이 별로 안 좋네요. 　나: 네, 어제 등산을 했는데 **온몸**이 아파요. • 아이가 열이 나서 **온몸**이 뜨겁다. 　표현 온몸 운동, 온몸을 묶다, 온몸이 떨리다
점 dot 斑点 ほくろ	• 가: 여름이 지나고 얼굴에 **점**이 많이 생겼어요. 　나: 햇빛 때문에 그래요. 그래서 저는 여름에 모자를 꼭 쓰고 다녀요. • 요즘은 병원에 가서 **점**을 빼는 사람들이 많다. 　표현 점이 나다/생기다, 점을 빼다
체격 physique 体格 体格	• 가: 어떤 사람이 남자 친구가 되면 좋겠어요? 　나: 저는 **체격**이 큰 남자를 좋아해서 남자 친구는 키도 좀 크고 근육도 있으면 좋겠 　　 어요. • 보통 서양 사람이 동양 사람보다 **체격**이 더 좋다. 　표현 체격이 작다/좋다/크다

체온
body temperature
体温
体温

- 가: 엄마, 제 입술 좀 보세요. 파래졌어요.
  나: 물속에 너무 오래 있어서 **체온**이 떨어져서 그래. 이제 수영 그만하자.
- 갑자기 열이 나서 **체온**이 올라갔을 때는 물을 충분히 마셔야 한다고 한다.

표현 체온을 조절하다, 체온이 높다/낮다

피
blood
血
血

- 가: 메리, 저녁 준비 다 끝났어? 어, 그런데 왜 손에서 **피**가 나? 다쳤어?
  나: 야채를 자를 때 조금 다쳤는데 심하지 않아서 괜찮아.
- **피**를 깨끗하게 해 주는 음식에는 사과와 양파와 마늘이 있다.

표현 피가 나다/나오다/떨어지다/흐르다

피부
skin
皮肤
皮膚

- 가: 나는 고등학생도 아닌데 얼굴에 여드름이 너무 많이 나.
  나: 그렇구나. 요즘은 여드름 **피부**에 좋은 비누가 많이 있으니까 비누를 한번 바꿔 봐.
- 나도 아기들처럼 부드러운 **피부**를 갖고 싶다.

표현 피부 빛/상태, 피부가 까맣다/하얗다/타다, 피부를 가꾸다

신체와 감각 머리

눈썹
eyebrow
眉毛
眉

- 가: 너는 **눈썹**이 참 예쁘다.
  나: 정말 그래? **눈썹**이 예쁘다는 말은 처음 들어. 고마워.
- 요즘은 **눈썹**을 동그랗게 그리는 것이 유행이라고 한다.

표현 눈썹이 검다/짙다

머리카락
hair
头发
髪の毛

- 가: 여기요, 음식에서 **머리카락**이 나왔어요.
  나: 손님, 정말 죄송합니다. 다시 만들어 드리겠습니다.
- 남자들은 보통 **머리카락**이 긴 여자를 좋아한다고 한다.

표현 머리카락을 만지다/기르다/뽑다

뺨
cheek
脸颊
頬

- 가: 너 술 많이 마셨어? **뺨**이 빨개.
  나: 아니, 난 조금만 마셔도 얼굴이 빨갛게 돼.
- 이탈리아와 프랑스에서는 인사할 때 **뺨**에 뽀뽀를 한다고 한다.

표현 뺨을 때리다/맞다/치다

이마
forehead
额头
額

- 가: 뛰어왔어요? **이마**에 땀이 많이 나네요.
  나: 네, 약속 시간에 늦지 않으려고 뛰어서 그래요.
- 내 동생은 **이마**가 넓어서 얼굴을 작게 보이려고 항상 앞머리를 자른다.

표현 이마가 깨지다/넓다/뜨겁다, 이마를 만지다

입술
lip
嘴唇
唇

- 가: **입술**이 건조할 때는 어떻게 하는 게 좋아요?
  나: 자기 전에 **입술**에 로션을 많이 바르고 자 보세요.
- **입술**이 두꺼운 여자가 미인인 나라도 있다.

표현 입술이 마르다/타다/파랗다

주름 wrinkle 皱纹 しわ	• 가: 치에미 씨는 어느 회사 화장품을 써요? 요즘 자꾸 **주름**이 생겨서 걱정이에요. 　나: 대한 화장품을 쓰는데 **주름**에 아주 좋아요. 한번 써 보세요. • 나는 회색 **주름**치마를 즐겨 입는다. 【표현】 주름을 잡다/펴다, 주름이 가다/깊다/생기다/지다
침 spit 口水 唾	• 가: '웃는 얼굴에 **침** 못 뱉는다'는 말이 무슨 뜻이에요? 　나: 항상 웃으면서 이야기하는 사람에게 나쁘게 할 수 없다는 뜻이에요. • 아기들은 **침**을 많이 흘려서 외출할 때 수건을 여러 장 준비해야 한다. 【표현】 침이 나오다/생기다, 침을 뱉다/흘리다

신체와 감각　손

맨손 bare hands 赤手 素手	• 가: 설거지를 **맨손**으로 하면 피부에 안 좋다고 해요. 　나: 그래요? 다음부터는 꼭 장갑을 끼고 해야겠네요. • 어릴 때 강에서 **맨손**으로 물고기를 잡아본 적이 있다.
손바닥 palm 手掌 手のひら	• 가: 연예인들을 직접 보면 얼굴이 아주 작다고 해요. 　나: 네, 전에 명동에서 모델 김나미를 본 적이 있는데 얼굴이 **손바닥**보다 작았어요. • 속이 안 좋을 때 **손바닥** 가운데를 눌러 주면 도움이 된다. 【표현】 손바닥을 찍다
손발 hands and feet 手脚 手足	• 가: 엄마, 학교 다녀왔습니다. 배고파요. 간식 주세요. 　나: 외출하고 집에 들어오면 **손발**부터 씻으라고 이야기했지? 씻고 와서 먹자. • 날씨가 추운데 밖에 오랫동안 있어서 **손발**이 얼었다. 【표현】 손발을 묶다/움직이다, 손발이 맞다/붓다/차갑다
오른손 right hand 右手 右手	• 가: 켄토 씨는 왼손으로 글씨를 쓰네요. 　나: 네, 그런데 밥을 먹을 때는 **오른손**으로 먹어요. • 사람들은 보통 왼손보다 **오른손**이 조금 더 크다고 한다.
주먹 fist 拳头 拳	• 가: 우리 아들이 옆집 남자 아이랑 싸웠어요. 　나: 어릴 때 **주먹**싸움 한 번 정도는 다 하니까 너무 걱정하지 마세요. • 자고 있는 아이의 작은 **주먹**이 정말 귀엽다. 【표현】 주먹으로 맞다/치다, 주먹을 펴다/피하다, 주먹이 세다

신체와 감각　발

맨발 bare foots 赤脚 素足	• 가: 엄마, 바닷가에 왔으니까 신발 벗고 놀아도 되죠? 　나: 그래, **맨발**로 놀아도 돼. • 아프리카에서는 아직도 **맨발**로 다니는 사람들이 많이 있다.

발목
ankle
脚腕
足首

- 가: 나미 씨, 왜 그래요? 다리 아파요?
  나: 아까 뛸 때 **발목**을 좀 다친 것 같아요.
- 나는 **발목**까지 오는 치마를 즐겨 입는다.

  표현 발목까지 오다

신체와 감각 **감각**

가렵다
itchy
痒
痒い

- 가: 환절기라서 피부가 건조해요.
  나: 네, 저도 그래서 요즘 몸이 **가려워요**.
- 눈에 뭐가 들어갔을 때는 **가려워도** 만지면 안 된다.

목마르다
thristy
渴
喉が渇く

- 가: 너무 많이 뛰어서 **목마른데** 음료수 마실래?
  나: 그래, 좀 쉬고 다시 달리자.
- 새벽에 **목말라서** 일어날 때가 가끔 있다.

시각
sight
視覚, 視角
視覚

- 가: '헬렌 켈러'는 어릴 때 **시각**을 잃었는데 어떻게 어려움을 이기고 훌륭한 사람이 됐을까요?
  나: 자신의 노력도 컸겠지만 좋은 선생님을 만나서 그런 것 같아요.
- 사람마다 그 문제를 보는 **시각**이 달라서 서로 대화하는 것이 필요하다.

  표현 시각을 잃다/시각이 다르다

시리다
cold
发凉
しみる、冷える

- 가: 차가운 물을 마실 때 이가 **시린데** 병원에 가 봐야 할까요?
  나: 자주 그러면 가 보는 게 좋을 것 같아요.
- 나는 겨울 아침에 밖에 나왔을 때 코가 **시린** 느낌을 좋아한다.

음성
sound
声音
音声

- 가: 설희 씨, 전화하는데 왜 말을 안 해요?
  나: 남편이 미국으로 출장을 갔는데 전화로 **음성** 메시지를 남겨서 듣고 있어요.
- 남편이 나를 처음 만났을 때 내 맑은 **음성**에 반했다고 한다.

  표현 음성 메시지/신호, 음성을 듣다, 음성이 낮다/높다/들리다/맑다

입맛
appetite
口味
食欲、口あたり

- 가: 요즘 날씨가 더워서 그런지 **입맛**이 없어.
  나: 응, 나도 그래서 요즘에는 냉면만 먹어.
- 봄에는 **입맛**을 잃기 쉬우니까 과일과 채소를 많이 먹는 게 좋다.

  표현 입맛이 좋다/없다/떨어지다, 입맛을 잃다, 입맛에 맞다

향=향기
fragnance
香味
香り

- 가: 무슨 샴푸 써요? 냄새가 정말 좋네요.
  나: 친구한테 선물 받은 거예요. **향**이 정말 좋죠?
- 봄에 창문을 열면 꽃**향기**가 집으로 들어와서 기분이 좋다.

1 빈칸에 알맞은 단어를 쓰십시오.

| 가렵다 | 목마르다 | 시리다 | 입맛이 없다 |

1. 3일 동안 머리를 안 감았어요. 머리가 _____ 아/어요.
2. 산 위까지 올라가는 동안 물을 하나도 못 마셨어요. _____ 아/어요.
3. 날씨가 추운데 장갑이 없어요. 손이 _____ 아/어요.
4. 몸이 안 좋아서 아무것도 먹고 싶지 않아요. _____ 아/어요.

2 밑줄 친 표현을 다른 단어로 바꿔 쓰십시오.

| 맨발 | 신체 | 점 | 주름 | 향기 |

1. 여름에는 더우니까 사람들이 보통 양말을 신지 않고 다닌다. _____
2. 몸이 건강해야 마음도 건강하다. _____
3. 엄마의 화장품에서 좋은 냄새가 난다. _____
4. 나이가 들면 얼굴이나 몸에 작은 줄이 많이 생긴다. _____
5. 몸에 나는 작은 것인데 햇빛을 받으면 많이 생길 수 있다. _____

3 빈칸에 알맞은 단어를 쓰십시오.

| 근육 | 살 | 체온 | 피부 |

1. 가 : 왜 그렇게 걸으세요? 다리가 아프세요?
   나 : 어제 운동할 때 넘어져서 다리 _____ 을/를 좀 다쳤어요.

2. 가 : 저 아기 좀 보세요, 정말 귀엽죠?
   나 : 네, 아기들은 얼굴에 _____ 이/가 많아서 더 귀여운 것 같아요.

3. 가 : 여름인데 등산 갈 때 왜 점퍼를 가져가?
   나 : 산 위에 올라가면 _____ 이/가 떨어져서 감기에 걸리기 쉬워서.

4. 가 : 메리 씨는 _____ 이/가 정말 깨끗하네요. 어떻게 하면 그렇게 좋아요?
   나 : 저는 화장을 깨끗하게 지워요. 그리고 항상 물을 많이 마시고 밤 12시 전에는 꼭 자려고 노력해요.

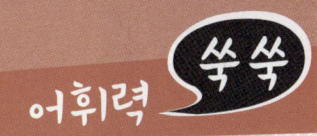

신체 	체육	athletics / 体育 / 体育
체(體): 몸	단체 DAY46	group / 团体 / 団体
body 体 体	체격 DAY19	physique / 体格 / 体格
	체조 DAY23	gymnastics / 体操 / 体操

✂ MEMO

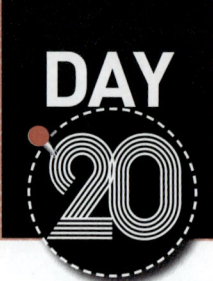

DAY 20

여행과 여가 생활1

아는 단어에 ○표 하세요.

여행과 여가 생활1
여행
방법
거치다
도중
왕복
기타
귀국
출국
출입국
휴가철
여가
취미
대여
반납
동호회
마술
만화책
바둑
수집
여유
오락
휴식
나들이
문화생활

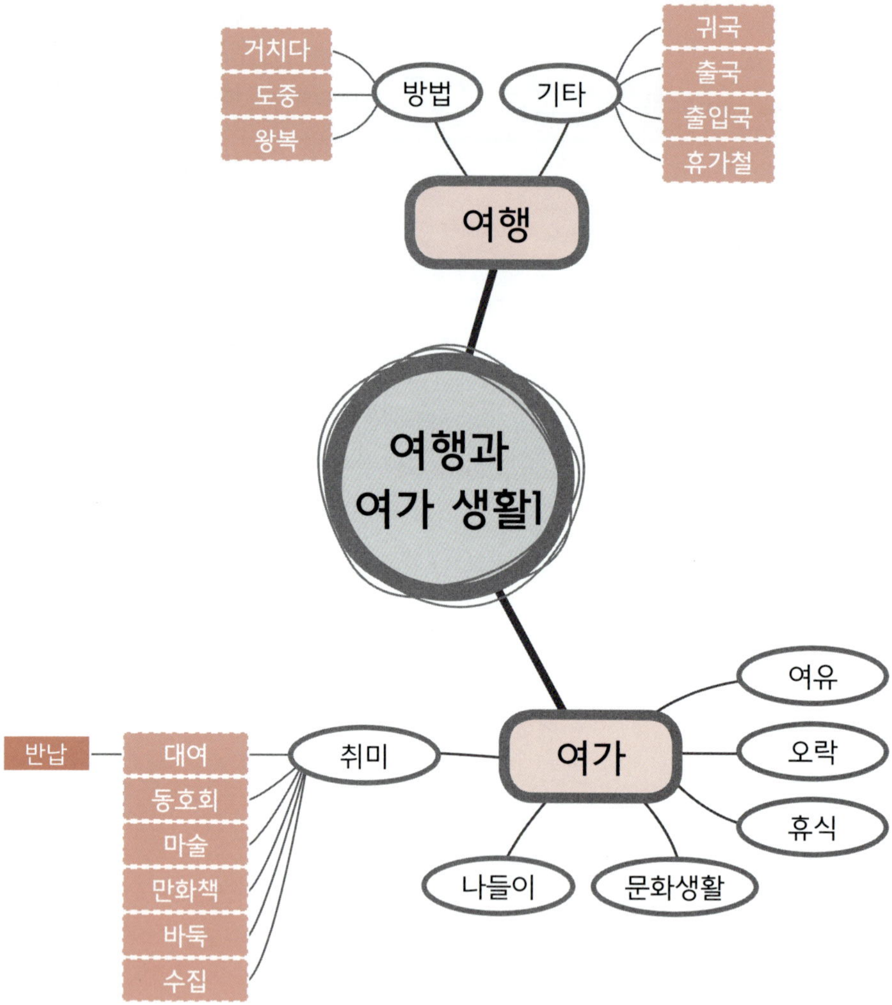

여가
leisure
业余
余暇

- 가: 보통 **여가** 시간에는 뭘 하세요?
  나: 시간이 나면 쉬거나 혼자 영화 보러 가요.
- 서울 시민 중 30~40세가 **여가** 시간이 제일 적다고 한다.

표현 여가가 나다

나들이
picnic
串门
外出

- 가: 요즘 날씨도 좋은데 우리 어디로 **나들이** 갈까요?
  나: 좋아요. **나들이** 갈 생각만 해도 좋네요.
- 단풍 **나들이**하기 좋은 장소를 안내하는 책을 샀다.

표현 나들이를 가다

대여
rent
借
貸与

- 가: 이 책 빌릴 수 있죠? **대여**료가 얼마예요?
  나: 한 권에 1,000원이에요. **대여** 기간은 3일이고요.
- 요즘은 스마트폰으로도 자동차를 **대여**할 수 있다고 한다.

표현 대여료

동호회
club, society
同好会
サークル

- 가: **동호회** 활동 해 본 적 있어요?
  나: 네, 우리 회사에 있는 자전거 **동호회**에 든 적이 있어요.
- 우리 등산 **동호회**에서는 일 년에 두 번 등산 대회를 한다.

표현 동호회에 들다

마술
magic
魔术
魔術

- 가: TV에서 **마술**하네. 무슨 **마술**이야?
  나: 이제 꽃이 새로 바뀌는 **마술**을 할 거야. 같이 보자.
- 내 친구는 취미로 **마술**을 배우러 학원에 다닌다.

표현 마술에 걸리다, 마술을 걸다

만화책
cartoon book
漫画书
漫画の本

- 가: 요즘은 스마트폰으로 **만화책**을 보는 서비스가 생겼다고 해.
  나: 그래? 그런데 무료로 볼 수 있는 거야?
- 초등학교 때 삼촌이 만화 가게 주인이어서 **만화책**을 공짜로 봤다.

문화생활
a civilized life
文化生活
文化生活

- 가: 요즘 너무 일이 바빠서 **문화생활**을 즐길 시간이 없어요.
  나: 나도 그래요. 그래서 이번 주말에는 영화를 보려고요.
- 시청 1층에서 점심 때마다 음악 공연이 있어서 점심 시간을 이용해서 **문화생활**을 하는 회사원이 늘었다.

표현 문화생활을 즐기다

바둑
go
下棋
ご

- 가: 동운 씨, **바둑** 둘 수 있으면 같이 할래요?
  나: 그래요, 그런데 오랜만에 해서 잘할 수 있을지 모르겠어요.
- 초등학교 때 **바둑**대회에 나가서 1등을 한 적이 있다.

표현 바둑을 두다

반납
return
还
返納
	• 가: 아까 DVD 대여 가게에서 전화 왔었어. 내일까지 꼭 **반납**해 달라고 해.
	  나: 아, 고마워. DVD **반납**하는 걸 잊어버렸네.
	• **반납**하는 날짜를 지키지 않으면 돈을 더 내야 한다.
	  표현 반납일

수집
collect
收集
収集
	• 가: 메리 씨는 왜 친구들한테 동전을 달라고 해요?
	  나: 저는 취미로 세계 여러 나라의 동전을 **수집**해요.
	• 우리 어머니는 우표 **수집**이 취미이신데 젊을 때부터 지금까지 모으신 우표가 200장
	  이 넘는다.

여유
freetime, afford
余裕
余裕
	• 가: 아키호 씨, 잘 지내요? 요즘 왜 이렇게 연락이 없어요?
	  나: 미안해요. 요즘 회사일이 너무 바빠서 다른 걸 할 **여유**가 없어요.
	• 우리 집은 **여유** 있는 가정이 아니어서 대학생 때 아르바이트를 많이 했다.
	  표현 여유가 넘치다/많다/사라지다/생기다/있다, 여유를 갖다/느끼다/주다

오락
entertain, game
享受, 游戏
娯楽, ゲームマシン
	• 가: 회사에서 나들이 가서 **오락** 시간에 뭘 하면 좋겠어요?
	  나: 빨리 뛰어가서 과자를 먹고 돌아오는 게임 어때요? 초등학교 때로 돌아간 느낌이
	    들어서 재미있을 것 같은데.
	• 초등학교 때 **오락**에 빠져서 매일 **오락**실에 다녔다.
	  표현 오락 시설, 오락을 즐기다, 오락에 빠지다

휴식
rest
休息
休息
	• 가: 병원 잘 갔다 왔어요? 병원에서 뭐라고 해요?
	  나: 특별한 문제는 없고 피곤해서 그런 건데 집에서 **휴식**하면 된다고 해요.
	• 나는 몸과 마음의 **휴식**이 필요할 때 혼자 기차를 타고 여행을 떠난다.
	  표현 휴식 공간/기간/부족/시간, 휴식을 얻다/주다/즐기다, 휴식이 필요하다

여행과 여가 생활1 ▶ **여행**

거치다
go through
经过
触れる
	• 가: 방학 동안 여행 간다고 했지? 어디로 가?
	  나: 친구가 경주에 살아서 잠깐 경주를 **거쳐서** 부산으로 갈 거야.
	• 집으로 올 때 항상 빵집 앞을 **거쳐야** 하는데 맛있는 빵 냄새 때문에 꼭 빵을 사 오
	  게 된다.

귀국
반 출국
return to one's
home country
回国
帰国
	• 가: 이제 유학 생활이 다 끝났죠? 언제 **귀국**해요?
	  나: 2주 후에 **귀국**하는데 가기 싫어요. 한국에서 더 살고 싶어요.
	• 동생이 3년 동안 외국에서 공부했는데 내일 **귀국**해서 공항에 가야 한다.
	  표현 귀국 예정, 귀국을 서두르다

도중 on one's way 途中 途中	• 가: 2주 전에 스페인 여행 다녀왔지? 재미있었어? 나: 응, 그런데 여행 **도중**에 고등학교 때 친구를 만나서 더 재미있었어. • 전에 중국어 학원에 다녔는데 중국어가 너무 어려워서 **도중**에 그만둔 적이 있다.

왕복 a round trip 往返 往復	• 가: 독일 여행을 갈 건데 **왕복** 비행기표를 77만 원에 샀어. 　　나: 와, 싸게 샀다. 어디에서 샀어? • 서울에서 인천까지 자동차로 갈 때 차가 막히지 않으면 **왕복** 2시간 정도 걸린다. 　**표현**　왕복 교통비, 왕복으로 몇 시간 걸리다/사다
출국 **반** 입국 leave a country 出国 出国	• 가: 영국으로 가는 비행기는 어디에서 타요? 　　나: **출국**은 3층입니다. 저쪽 엘리베이터를 이용하시면 됩니다. • 국제 대회에 참가하는 한국 축구 선수들이 오늘 스페인으로 **출국**했다. 　**표현**　출국 예정
출입국 immigration 出入境 出入国	• 가: 선생님, 내일은 비자 때문에 **출입국** 사무소에 가야 해서 오전에는 학교에 못 올 　　것 같아요. 죄송합니다. 　　나: 알겠어요. 잘 다녀오고 모레 만나요. • 휴가 때는 여행을 가는 사람이 많아서 **출입국** 직원이 50명 정도 더 는다고 한다. 　**표현**　출입국 사무소
휴가철 vacation season 休假期間 休暇シーズン	• 가: 한국에서는 **휴가철**이 언제예요? 　　나: 보통 7월~8월이 **휴가철**이에요. • 올해는 **휴가철**을 외국에서 보내는 사람들이 20% 정도 늘었다.

연습 문제

1 다음은 여가와 취미 활동 안내입니다. 빈칸에 알맞은 단어를 쓰십시오.

대여	동호회	마술	문화생활	바둑
	반납		수집	

1.

어린이부터 할아버지까지!
머리가 좋아지는
_____!
아침 수업은 20% 할인!

2.

우리 _____은/는
한 달에 한 번 자전거를
타고 여행을 떠납니다.
좋은 사람들과 함께 여행을
하고 싶은 분은 오세요~

3.

만화책 _____ 안내
1권에 1,000원 (2일)
※늦게 _____하면
1일마다 500원을
더 내셔야 합니다.

4.

엽서 _____
하시는 분!
예쁜 엽서가 있으시면
저와 바꿔요!
연락 주세요~
T. 010-2345-6789

5.

♥만 원의 행복♥
바쁜 직장인들이
_____을/를
할 수 있는 기회!
연극을 만 원에
보여 드립니다.

6.

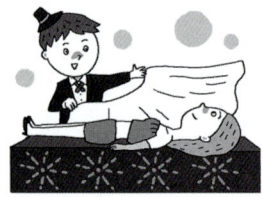

깜짝 놀랄 _____!
내 눈 앞에서
사람이 없어진다!
기대하십시오!

귀 국 국(國): 나라 **nation** 国 国	국립	national / 国立 / 国立
	국어	native language / 国语 / 国語
	한국	Korea / 韩国 / 韓国
	출국 DAY20	leave a country / 出国 / 出国

휴 식 휴(休): 쉬다 **rest** 休 休む	연휴	holiday / 休日 / 連休
	휴가	leave / 休假 / 休暇
	휴일	day off holiday / 休日 / 休日
	휴학 DAY33	leave of absence / 休学 / 休学

 MEMO

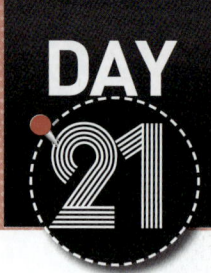

DAY 21 여행과 여가 생활2

아는 단어에 ○표 하세요.

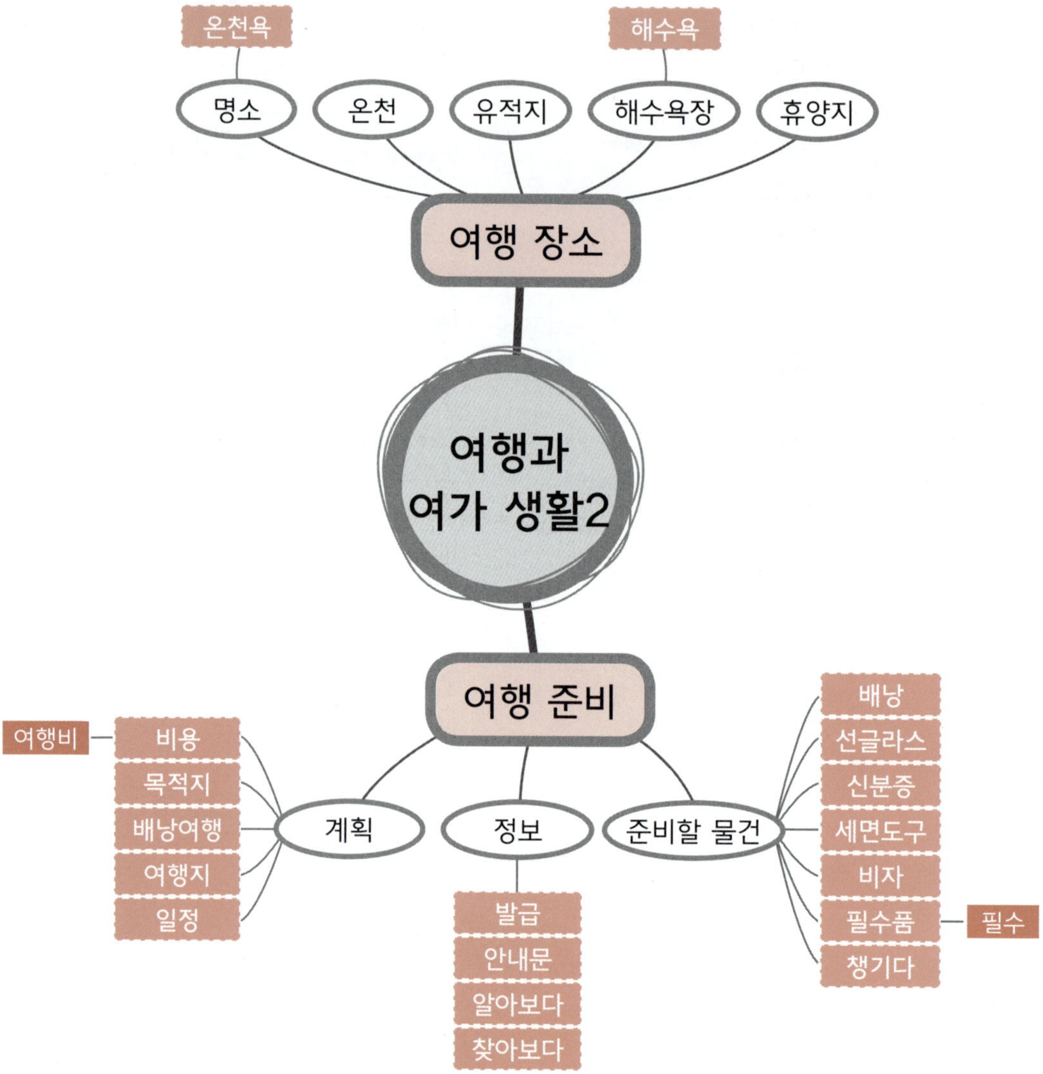

여행과 여가 생활2
여행 장소
명소
온천욕
온천
유적지
해수욕장
해수욕
휴양지
여행 준비
계획
비용
여행비
목적지
배낭여행
여행지
일정
정보
발급
안내문
알아보다
찾아보다
준비할 물건
배낭
선글라스
신분증
세면도구
비자
필수품
필수
챙기다

여행 장소

명소
attraction
景点
名所

- 가: 여기 설악산은 단풍 **명소** 중 하나예요.
  나: 네, **명소**가 맞네요. 단풍이 정말 아름다워요.
- 지금부터 제 고향의 **명소**를 소개하겠습니다.

온천
hot spring
温泉
温泉

- 가: 이번 휴가 때 뭐 할 거예요?
  나: 부모님을 모시고 일본에 **온천** 여행을 갔다 오려고 해요.
- 이 도시는 온천으로 유명해서 이곳에 **온천**을 하러 오는 사람들이 많다.

유적지
historic site
遺址
流謫の地

- 가: **유적지**가 많이 있는 도시로 여행을 가고 싶어요.
  나: 그럼 경주에 가 보세요. 경주는 옛날에 수도였기 때문에 **유적지**가 많이 있어요.
- 대학교에서 역사를 전공해서 **유적지**가 있는 도시에 자주 여행을 갔다.
  표현 유적지를 관리하다

해수욕장
beach
海滨浴场
海水浴場

- 가: 왜 쓰레기를 가지고 가요?
  나: 이 **해수욕장**에서 쓰레기를 버리면 벌금을 내야 한다고 해요.
- **해수욕장** 근처에 있는 식당들은 가격을 비싸게 받는 곳이 많다.

휴양지
vacation spot
度假胜地
休養地

- 가: 한국 사람들은 신혼여행을 어디로 많이 가요?
  나: 요즘은 편하게 쉴 수 있는 **휴양지**로 많이 가는 것 같아요.
- 나는 세계의 유명한 **휴양지** 열 곳 중에서 두 곳을 가 봤다.

여행 준비

목적지
destination
目的地
目的地

- 가: 지난달부터 여행 준비 한다고 들었는데 준비가 아직도 안 끝났어요?
  나: 네, 친구들과 생각이 안 맞아서 중간에 여행 **목적지**가 바뀌어서 그래요.
- 저희 서울 교통은 승객 여러분을 **목적지**까지 안전하게 모시겠습니다.
  표현 목적지를 향하다, 목적지에 도착하다/이르다

발급
issue
发給
発給

- 가: 오늘 여권을 신청하면 언제 **발급**받을 수 있어요?
  나: 4일 후에 받으실 수 있습니다.
- (광고) 우리 백화점 카드를 **발급**받으시면 선물로 우산을 드립니다.
  표현 발급을 받다

배낭
backpack
背包
背囊

- 가: 왜 갑자기 아르바이트를 해?
  나: 방학 때 유럽 **배낭**여행을 가려고 하는데 돈을 모아야 해서.
- 이 **배낭**은 비가 와도 가방이 젖지 않아서 다른 것보다 가격이 비싸다.
  표현 배낭을 메다/벗다/지다

배낭여행 backpacking 自助旅行 背囊旅行	• 가: 유럽으로 **배낭여행** 간다고 했지? 어느 나라로 갈 거야? 　나: 얼마 전에 산 유럽 **배낭여행** 책을 보고 독일과 프랑스로 정했어. • 겨울에 대학생들이 **배낭여행**으로 제일 많이 가는 곳은 인도라고 한다.
비용 expense 费用 費用	• 가: 지난번에 미국 여행 갔을 때 **비용**이 얼마나 들었어요? 　나: 비행기 값은 100만 원 정도 들었어요. 그런데 저는 해외여행이 처음이라 준비할 　　것이 많아서 다른 **비용**도 많이 들었어요. • 요즘은 천만 원이 넘는 결혼식 **비용**을 절약하려고 가까운 가족만 초대해서 하는 작 　은 결혼식이 많이 생기고 있다 　표현 ▏비용 문제/발생/증가, 비용이 나가다/들다/늘다/줄다, 비용을 마련하다/아끼다
외 **비자** visa 签证 ビザ	• 가: 이제 미국 여행을 갈 때 **비자**가 필요 없다고 해요. 　나: 정말이에요? 그동안 **비자** 발급 때문에 미국에 못 갔었는데 앞으로는 편하게 미 　　국에 갈 수 있겠네요. • **비자** 기간이 곧 끝나서 새 **비자**로 바꿔야 한다. 　표현 ▏비자 신청
외 **선글라스** sunglasses 太阳镜 サングラス	• 가: 너는 가을인데 **선글라스**를 써? 　나: 응, 나는 눈이 약해서 햇빛이 강하면 **선글라스**를 써야 돼. • 여자 가수가 디자인한 **선글라스**가 한 달이 안 돼서 다 팔렸다고 한다. 　표현 ▏선글라스를 끼다/쓰다
세면도구 toiletries 洗漱用品 洗面道具	• 가: **세면도구**를 가지고 오지 않았네. 어떻게 하지? 　나: 그래? 그럼 내 걸로 같이 쓰자. 근처 가게에서 칫솔만 사. • 7월 한 달 동안 이 화장품을 사시는 분들께는 여행용 **세면도구**를 드립니다.
신분증 identification 身份证 身分証明書	• 가: 잃어버린 가방 안에 뭐가 있어요? 　나: **신분증**하고 지갑이요. 그리고 흰색 모자도 있어요. • 한국에서 술이나 담배를 살 때는 **신분증**을 보여 주어야 한다. 　표현 ▏신분증을 확인하다
알아보다 look for, search 打听，认出 调べる	• 가: 여행 준비는 다 끝났어요? 　나: 거의 끝났어요. 여행지에 있는 맛있는 식당만 **알아보면** 돼요. • 초등학교 때 친구들을 10년이 지나서 만났는데 처음에는 얼굴을 못 **알아봤다**. 　표현 ▏알아보기 어렵다/힘들다
안내문 notice 指南 案内	• 가: **안내문**에 있는 한국말이 너무 어려워서 모르겠어요. 　나: 그래요? 여기 일본어로 된 **안내문**도 있으니까 이걸 보세요. • 우리 회사에는 여러 나라에서 온 외국인들이 많아서 6개의 외국어로 된 **안내문**을 준 　비한다.

여행비 travel expense 旅游费用 旅行費	• 가: 제주도에 여행을 갈 건데 **여행비**를 덜 쓸 수 있는 방법이 없을까? 나: 그럼 인터넷에서 같이 여행 갈 사람을 찾아봐. • 우리 회사에서는 여름휴가 때 **여행비**로 30만 원이 나온다.
여행지 destination 旅游地 旅先	• 가: 한국에서 가을 **여행지**로 어디가 좋아요? 나: 신문에서 봤는데 한국 사람들이 가을에 제일 많이 가는 **여행지**는 비빔밥으로 유명한 '전주'라고 해요. • 나는 대학교 때 **여행지**에서 사귄 친구와 아직도 연락을 한다.
일정 schedule 日程 日程	• 가: 홍콩에 여행 가는데 여행 **일정**을 혼자 계획하는 게 너무 어려워. 나: 며칠 **일정**인데? 내가 거기 가 봤으니까 좀 도와줄까? • 오늘 회사에서 **일정**이 너무 많아서 아직까지 점심도 못 먹었다. 표현 일정을 끝내다/잡다
챙기다 pack 带, 准备 取りまとめる	• 가: 지난번 중국 여행 갈 때 집에 여권을 두고 와서 비행기를 못 탔어요. 나: 그런 일이 있었군요. 여행 가기 전에는 여권부터 먼저 **챙겨야** 돼요. • 우리 반 메리 씨는 친구들 생일을 잘 기억하고 **챙겨** 준다.
필수 essential 必需 必須	• 가: 가을이 되니까 피부가 너무 건조해져. 나: 가을에는 공기가 건조하니까 크림이 **필수**야. 잘 바르고 다녀. • 부산에 가면 '돼지국밥'이라는 음식이 있는데 여행하는 사람들이 **필수**로 먹어야 하는 음식이라고 한다. 표현 필수 조건/코스
필수품 essentials 必需品 必需品	• 가: 요즘 황사 때문에 코랑 목이 너무 아파요. 나: 마스크 없어요? 환절기에는 마스크가 **필수품**이니까 꼭 가지고 다녀야 돼요. • 스마트폰은 이제 사람들에게 없으면 안 되는 **필수품**이 되었다.

여 행 지

지(地): 땅

place
地
地

지도	map / 地图 / 地図
지방	area / 地方 / 地方
지하철	subway / 地铁/ 地下鉄
지진 DAY77	earthquake / 地震 / 地震

1 여행을 갈 때 무엇이 필요합니까?

| 배낭 | 신분증 | 세면도구 | 선글라스 |

1.

_____

2.

_____

3.

_____

4.

_____

2 괄호 안에서 알맞은 단어를 고르십시오.

1. 외국인이 한국의 대학교에 입학하려면 한국어를 잘하는 것이 (필수 / 필수품) 조건이다.

2. 우리 회사는 여름휴가 때마다 직원들에게 가족 (여행비 / 여행지)로 100만 원을 준다.

3. 외국인이 신분증을 (비용 / 발급)받으려고 하면 출입국 사무소에 가야 한다.

4. 요즘은 운전할 때 스마트폰으로 (배낭여행 / 목적지) 안내 서비스를 받을 수 있어서 지도가 없어도 된다.

DAY 22 여행과 여가 생활3

아는 단어에 ○표 하세요.

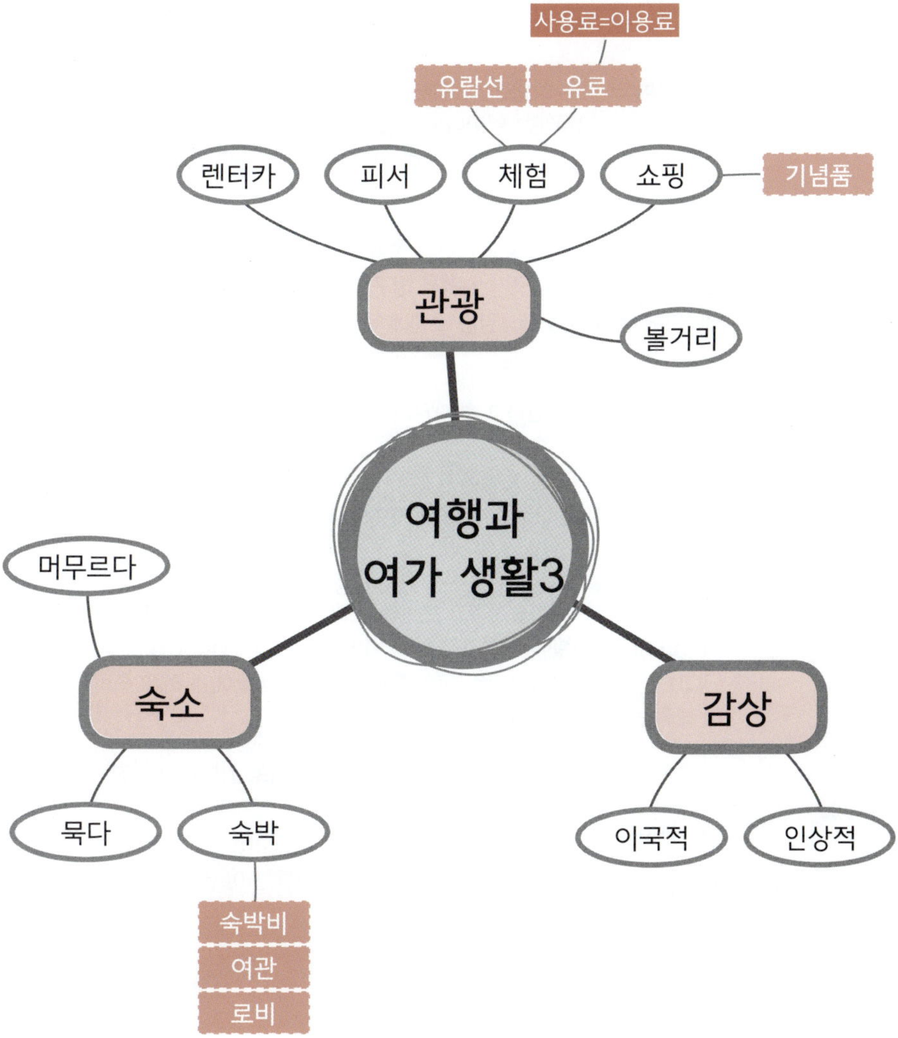

사용료=이용료

유람선　유료

렌터카　피서　체험　쇼핑　기념품

관광

볼거리

여행과
여가 생활3

머무르다

숙소

감상

묵다　숙박

이국적　인상적

숙박비
여관
로비

숙소
accommodations
宿舍
宿所

- 가: 중국 여행 가서 구경 많이 했어?
  나: 아니, 비가 계속 와서 거의 **숙소**에만 있었어.
- 나는 여행할 때 지하철역이나 버스역과 가까운 곳에 **숙소**를 정한다.

표현 숙소를 잡다/정하다, 숙소에 도착하다

외 로비
lobby
大厅
ロビー

- 가: 이 호텔은 **로비**가 1층이 아니에요?
  나: 네, 저희 호텔은 **로비**가 30층에 있습니다.
- 이 호텔에 오면 **로비**에 그림이 많이 있어서 미술관에 온 것 같다.

머무르다
stay in
停留
止まる

- 가: 내일부터 광주 여행 시작이에요. 많이 기대돼요.
  나: 좋겠네요. 광주에는 얼마나 **머무를** 거예요?
- 제주도 여행 중에 그곳에 사는 친한 친구 집에 이틀을 **머물렀다**.

묵다
stay in
投宿
取る

- 가: 다음 달에 스페인 여행 간다고 했죠? 어디에서 **묵을** 거예요?
  나: 스페인에 사는 친구가 있어서 친구 집에서 지내기로 했어요.
- 캐나다에 여행 갔을 때 4일은 호텔에 **묵고** 3일은 캐나다에 사는 친척 집에 **묵었다**.

숙박
lodge
住宿
宿泊

- 가: 전에 남이섬에 갔다고 했지? 다음주에 친구랑 남이섬에 가는데 **숙박**은 어디에서 했어?
  나: '정관루'라고 하는 호텔에서 잤어. 남이섬 안에는 그 호텔밖에 없어.
- 나는 여행을 갈 때 **숙박**할 곳을 미리 정하지 않고 간다.

표현 숙박 시설/예약/요금

숙박비
lodging expense
住宿費
宿料

- 가: 가을이라서 여행을 가려고 했는데 호텔 **숙박비**가 너무 비싸서 못 가겠어.
  나: 1년 중 9~10월에 **숙박비**가 제일 비싸니까 어쩔 수 없지 뭐.
- (광고) 한국민박에서는 11월 첫째 주에 오시는 손님들에게 하루 **숙박비**를 30% 할인해 드리는 행사를 합니다.

여관
inn
旅館
旅館

- 가: 지난주에 대구에 출장 갔을 때 숙박비를 줄이려고 **여관**에서 잤는데 창문이 없어서 너무 답답했어.
  나: 그랬구나. 다음에는 조금 비싸도 편한 호텔로 가는 게 좋겠다.
- **여관**은 숙박비가 싸서 배낭여행을 하는 젊은 사람들이 많이 이용한다.

관광
sightseeing, tour
观光
観光

- 가: 한국에도 2층 버스가 있네요?
  나: 저 버스는 서울 시내를 **관광**할 수 있는 버스예요. 시내버스는 모두 1층 버스예요.
- 해외 출장을 많이 가지만 **관광**을 할 시간은 거의 없다.

표현 관광 도시/시설/안내/호텔, 관광을 다니다

기념품 souvenir 纪念品 記念品	• 가: 부모님께 한국 **기념품**을 사 드리고 싶은데 뭐가 좋을까요? 　나: 건강에 좋은 인삼이 어때요? 외국인들이 많이 사 가요. • 이번 달까지 비행기 표를 예매하시면 작은 **기념품**을 드립니다.
외 **렌터카** rental car, rent-a-car 租车 レンタカー	• 가: 이번 휴가 때 부모님을 모시고 제주도 여행을 가려고 하는데 괜찮은 **렌터카** 회사 아니? 　나: 내 친구가 **렌터카** 사업을 하는데 소개해 줄게. • **렌터카**가 있으면 관광지를 다니기 편한데 나는 운전을 못해서 빌릴 수 없다.
볼거리 attraction 看点 見どころ	• 가: 다음 주말에 부모님이 한국에 오시는데 어디에 가면 좋을까요? 　나: 인사동 어때요? 인사동에 **볼거리**가 많으니까 부모님이 좋아하실 것 같아요. • 명동이 축제 기간이어서 요즘 **볼거리**가 많다.
사용료 =**이용료** fee, use fee 使用费 使用料, 利用料	• 가: 아저씨, 여기 주차장 **사용료**가 어떻게 돼요? 　나: 한 시간에 4,000원입니다. • 한국호텔에서는 외국인 관광객들에게 인터넷 **이용료**를 할인해 주고 있다.
유람선 cruise 游艇 遊覧船	• 가: 주말에 한강에 가서 **유람선**을 탔는데 분위기도 좋고 음식도 맛있었어요. 　나: 네, 정말 좋았겠네요. 저도 전에 타려고 했는데 비가 많이 와서 못 탔어요. • 다른 계절보다 봄과 가을에 한강 **유람선**을 타는 사람들이 많다고 한다.
유료 반 무료 charged 收费 有料	• 가: 내일 저녁에 공연 보러 갈 때 차를 가지고 갈 건데 주차장이 있을까? 　나: 공연장에 전화해서 물어봤는데 주차장은 있는데 **유료**라고 해. • 이 고속도로를 지날 때 요금을 내지 않았는데 내년부터 **유료**로 바뀐다고 한다. 표현 유료 주차장
피서 summer vacation 避暑 避暑	• 가: 방학 동안 인도네시아로 **피서** 다녀왔다고 들었어요. 인도네시아 어때요? 　나: 섬이 아주 아름다웠어요. 음식도 입에 잘 맞아서 너무 재미있게 보냈어요. • 우리 가족은 이번 여름에는 바다로 **피서**를 가지 않고 산으로 가기로 했다. 표현 피서를 가다/떠나다/즐기다
체험 비 경험 experience 体验 体験	• 가: 박물관에 초등학생들이 많이 오네요. 　나: 네, 요즘은 박물관에 아이들이 **체험**할 수 있는 여러 가지 프로그램이 많아요. • 필리핀에 갔을 때 바다 속에서 직접 물고기를 구경하는 **체험**을 했는데 나는 수영을 못해서 너무 무서웠다

이국적 exotic 異國的 異国的	• 가: 어느 나라에서 찍은 사진이에요? 　나: 여기 한국이에요. 독일 마을이라는 곳인데 이국적이죠? • 유미 씨는 한국 사람이지만 아버지가 외국 사람이라서 이국적인 외모를 가지고 있다.
인상적 impressive 有印象的 印象的	• 가: 서울의 첫인상이 어땠어요? 　나: 처음 왔을 때 서울의 중심에 한강이 있는 것이 인상적이었어요. • 인도 여행을 갔을 때 사람들이 손으로 식사를 하는 모습이 인상적이었다.

어휘력 **쑥쑥**

숙 박 숙(宿) : 자다, 묵다 **stay** 宿 とまる	기**숙**사	dormitory / 宿舍 / 寮
	하**숙**집	boarding house / 寄宿房 / 下宿している家
	숙소 DAY22	accommodations / 住宿 / 宿

1 다음은 여행 동호회의 인터넷 게시판입니다. 괄호 안에서 알맞은 단어를 고르십시오.

제목	작성자	등록일	조회수
1. 부산에 가면 꼭 사야 하는 (체험 / 기념품)을 알려 드립니다.	부산남자	3-26	104
2. 〈팝니다〉 강 위에서 아름다운 경치를 즐길 수 있는 (렌터카 / 유람선) 표를 싸게 팝니다.	여행킹	3-19	79
3. 〈소개〉 경주에서 가족들과 머무르기 좋은 (숙박 / 숙소)을/를 소개해 드립니다.	mary	3-17	50
4. 역사가 오래된 일본의 (로비 / 여관)을/를 알려 드립니다.	미도리	3-14	63

2 밑줄 친 표현과 의미가 비슷한 단어를 골라서 문장을 다시 쓰십시오.

볼거리	사용료	묵다	인상적이다

1. 미국에 있는 친구 집에서 일주일 정도 머무르려고 한다.

→ _____

2. 오전 8시부터 12시까지 서울 PC방을 이용하시면 이용료를 10% 할인해 드립니다.

→ _____

3. 서울에서 관광할 것이 가장 많은 곳은 명동이라고 생각한다.

→ _____

4. 인도에 갔을 때 사람들이 손으로 음식을 먹는 것이 기억에 남는다.

→ _____

DAY 23 운동과 스포츠

아는 단어에 ○표 하세요.

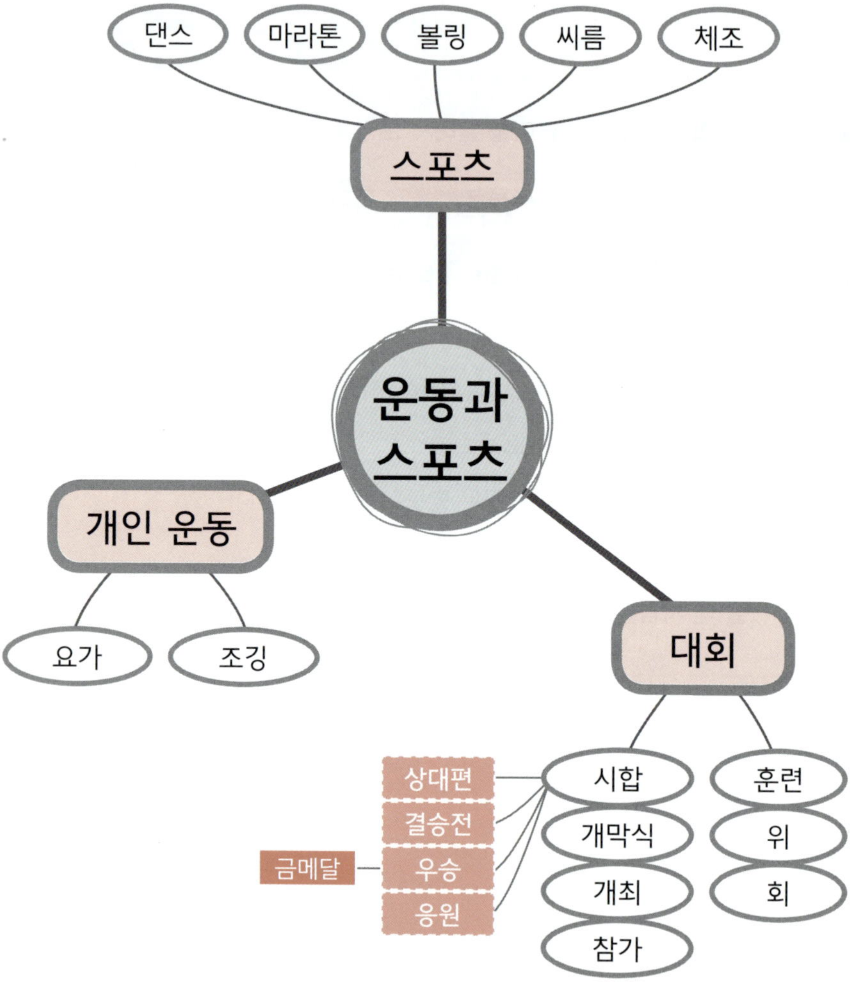

댄스   마라톤   볼링   씨름   체조

스포츠

운동과
스포츠

개인 운동

요가   조깅

대회

상대편   시합   훈련
결승전   개막식   위
금메달 — 우승   개최   회
응원   참가

개인 운동

외 조깅
jogging
慢跑
ジョギング

- 가: 타카요시 씨는 무슨 운동해요?
  나: 저희 집 근처에 한강이 있어서 아침마다 한강공원에 가서 **조깅**해요.
- 살을 빼려고 하면 밤에 **조깅**을 하는 것보다 아침에 하는 것이 더 효과가 좋다고 한다.

외 요가
yoga
瑜伽
ヨガ

- 가: 요즘 많이 자도 계속 피곤해.
  나: 그럼 운동을 좀 해 보는 게 어때? 나도 **요가**를 시작한 후부터 안 피곤해.
- **요가** 학원에 갈 시간이 없어서 집에서 **요가**를 하려고 DVD를 샀다.
  표현 요가 교실

스포츠

외 댄스
dance
跳舞
ダンス

- 가: 다음 주에 **댄스** 대회가 있는데 너무 긴장돼요.
  나: 너무 긴장하지 마세요. 잘할 수 있을 거예요.
- 내 조카는 5살인데 **댄스** 음악만 나오면 춤을 춘다.
  표현 댄스 가수

외 마라톤
marathon
马拉松
マラソン

- 가: 다음 달에 서울 **마라톤** 대회가 있는데 저는 10km에 나가려고 해요.
  나: 우와, 나는 10km를 걷는 것도 못 하겠는데, 힘들지 않겠어요?
- 올해 8월에 경주에서 국제 **마라톤** 대회가 열린다.

외 볼링
bowling
保龄球
ボウリング

- 가: 우리 이번에 모일 때 오랜만에 **볼링** 치러 갈까요?
  나: 좋아요. 회사 앞에 새로 생긴 곳이 있는데 거기로 갑시다.
- 지난 주말에 **볼링**을 칠 때 미끄러져서 허리를 다쳤다.
  표현 볼링을 치다

씨름
wrestling
摔跤
相撲

- 가: **씨름**은 한국의 옛날 운동이죠? 요즘도 **씨름**을 해요?
  나: 네, 보통 사람들은 많이 안 하지만 아직 **씨름** 대회가 있어요.
- 우리 집은 삼형제인데 어릴 때 아버지와 형들과 자주 **씨름**을 했다.

체조
gymnastics
体操
体操

- 가: 엄마, 내일 학교에서 맨손 **체조** 시험이 있는데 잘하는지 봐 주세요.
  나: 그래, 알겠어. 순서는 다 외웠니?
- 이번 아시아 **체조** 경기에서 한국 선수들이 좋은 결과를 냈다.

개막식
opening ceremony
开幕式
開幕式

- 가: 올림픽에서는 **개막식**이 제일 멋있는 것 같아요.
  나: 네, 세계 여러 나라의 선수들이 모여서 하는 축제 같아요.
- 10월 첫째 주에 부산에서 세계 영화 축제 **개막식**이 열린다.

표현 개막식 입장권, 개막식이 열리다

개최
hod, be open
召开
開催

- 가: 내년 여름에 브라질에서 올림픽이 **개최**된다고 해. 나도 직접 가서 보고 싶어.
  나: 맞아. 나도 전부터 브라질에 한번 가 보고 싶었는데 올림픽이 열릴 때 가면 더 좋겠다.
- 부산이 세계에서 국제 회의를 많이 **개최**하는 도시 중의 하나이다.

결승전
the finals
决赛
決勝戰

- 가: 월드컵 **결승전** 시작됐어?
  나: 아니, 이제 곧 시작할 거야. 빨리 와.
- 남자 농구 **결승전**은 저희 SBC 방송과 함께 하시기 바랍니다.

표현 결승전에 올라가다, 결승전에서 이기다

외 금메달
gold medal
金牌
金メダル

- 가: 올림픽에서 **금메달**을 따셨는데요, 축하드립니다. 기분이 어떠십니까?
  나: 말로 표현할 수 없을 정도로 기쁩니다. 앞으로 더 열심히 하겠습니다.
- **금메달**을 목에 건 한국 선수가 울고 있는 걸 보니까 나도 눈물이 난다.

표현 금메달을 따다/걸다

상대편
opponent
对方
相手側

- 가: 이번 축구 경기에 배동운 선수는 왜 안 나와요?
  나: 지난 경기 때 **상대편** 선수를 발로 차서 이번 경기에 못 나오게 됐어요.
- 대화를 잘하려면 **상대편**의 말을 먼저 잘 들어 주어야 한다.

시합
competition
比赛
試合

- 가: 수업 후에 뭐 해? 오늘 옆 반 친구들하고 농구 **시합**이 있는데 같이 할래?
  나: 미안해. 나도 같이 하고 싶은데 친구랑 약속이 있어.
- 운동선수들은 **시합** 전에 긴장을 풀려고 음악을 듣는다고 한다.

표현 시합이 열리다

우승
win
冠军
優勝

- 가: **우승** 축하드립니다. 이번 시합에서 **우승**한 이유가 뭐라고 생각하십니까?
  나: 먼저 선수들의 마음이 잘 맞았고 한 명, 한 명이 열심히 싸워서 **우승**한 것 같습니다.
- 김나미 선수가 100m 달리기에서 뛰는 중에 넘어져서 **우승**을 놓쳤다.

표현 우승을 놓치다/향하다

위
ranking
等
位

- 가: 지난 국제 스케이트 대회에서 김현아 선수가 1**위** 한 경기 봤어요?
  나: 당연히 봤죠. 김현아 선수는 스케이트를 탈 때 참 아름답고 멋있는 것 같아요.
- 2002년 월드컵에서 우리나라가 세계 4**위**를 했는데 아직도 그때를 생각하면 흥분이 된다.

응원 cheer 支持 応援	• 가: 우리 팀 응원할 때 같은 색깔 티셔츠를 입고 하는 게 어때? 　나: 좋은 생각이야. 무슨 색으로 입을까? • 오늘 한국과 미국의 축구 경기가 있는데 친구들과 우리 집에 모여서 같이 응원하기로 했다. 표현 응원 도구/연습, 응원을 보내다/얻다, 응원이 뜨겁다
참가 participate 参加 参加	• 가: 너는 스키를 어떻게 이렇게 잘 타? 　나: 중학교 때 스키 선수로 활동한 적이 있어. 그때는 스키 대회에도 참가했어. • 이번 K-pop 대회에 참가하는 인원이 3,000명이나 된다고 한다. 표현 참가 선수/예정
회 the Nth, inning 回, 届 回	• 가: 야구 경기 보는 거 좋아해요? 나는 9회까지 지루해서 못 보겠어요. 　나: 야구의 재미를 알면 전혀 지루하지 않아요. 9회가 짧게 느껴질 때도 있어요. • 지금부터 제 23회 외국인 말하기 대회를 시작하겠습니다.
훈련 training 训练 訓練	• 가: 김효성 선수처럼 농구를 잘하는 선수가 되고 싶다는 학생들이 많이 있습니다. 하루에 몇 시간 정도 훈련하세요? 　나: 하루에 10시간 정도 연습하고 있습니다. • 경찰 대학교에 들어갔을 때 처음에는 훈련이 너무 힘들어서 혼자 운 적이 많았다. 표현 훈련을 마치다/시키다/실시하다

어휘력 쑥쑥

개 막 식 개(開): 열다 open 开 開ける	개방 DAY49	open / 开放 / 開放
	개발 DAY79	development / 开发 / 開発
	개방적 DAY49	open / 开放的 / 開放的
	개최 DAY23	hold / 召开 / 開催

1 그림을 보고 무슨 운동인지 쓰십시오.

| 마라톤 | 볼링 | 씨름 | 요가 | 체조 |

1. _____

2. _____

3. _____

4. _____

5. _____

2 괄호 안에서 알맞은 단어를 고르십시오.

1. 우리나라가 다음 주에 있는 일본과의 야구 (시합 / 훈련)에서 이기면 세계 대회에 나갈 수 있다.

2. 이번 월드컵에서 한국이 몇 (회 / 위)쯤 할 것으로 생각하십니까?

3. 여러분이 저희 팀을 많이 (우승해 / 응원해) 주셔서 좋은 결과가 나온 것 같습니다.

4. 내가 응원하는 야구팀이 (결승전 / 개막식)에 올라가게 돼서 직접 경기를 보러 가려고 한다.

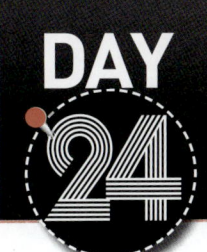

DAY 24

공연과 예술

아는 단어에 ○표 하세요.

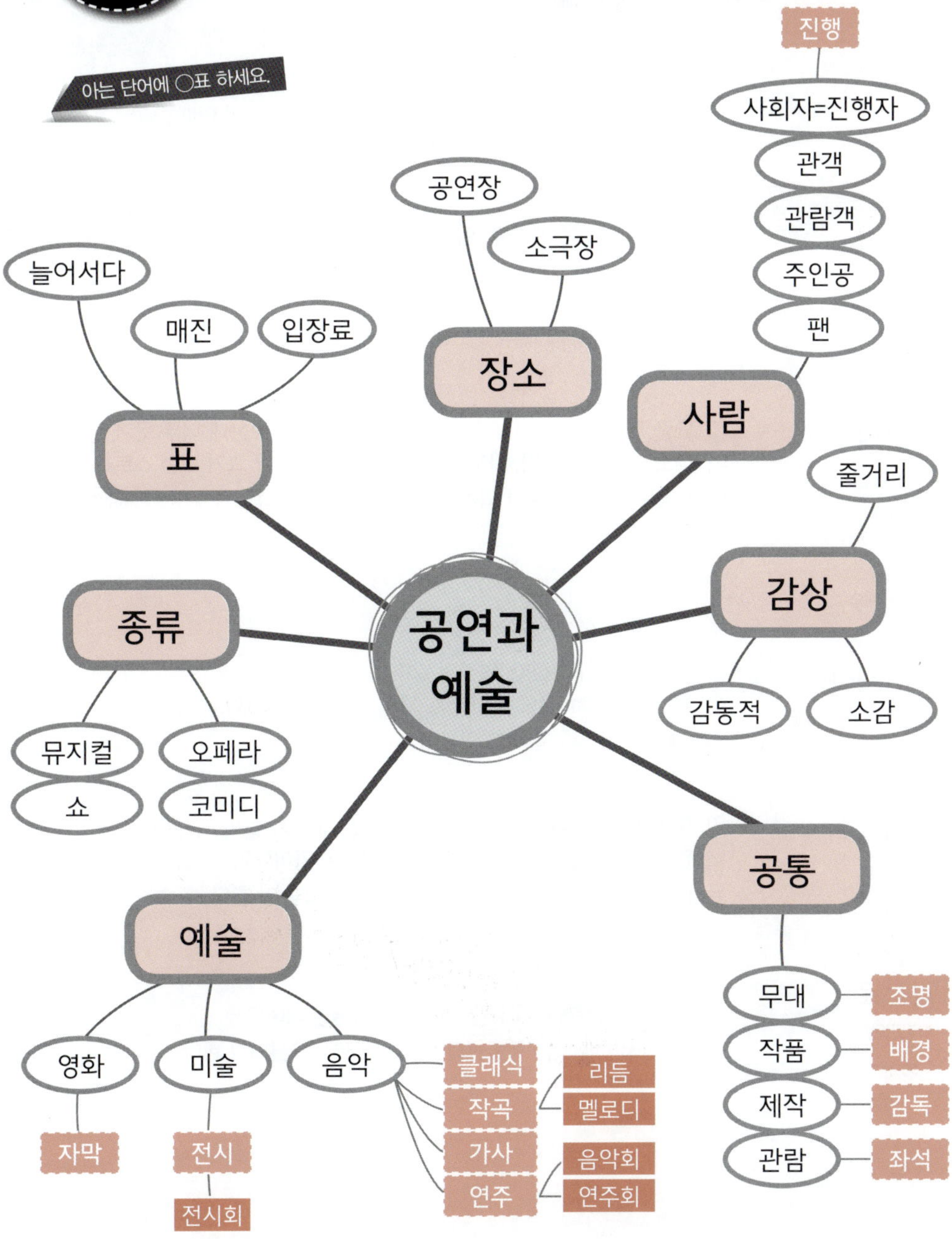

공연과 예술
표
늘어서다
매진
입장료
장소
공연장
소극장
사람
진행
사회자=진행자
관객
관람객
주인공
팬
감상
줄거리
감동적
소감
종류
뮤지컬
오페라
쇼
코미디
공통
무대
조명
작품
배경
제작
감독
관람
좌석
예술
영화
자막
미술
전시
전시회
음악
클래식
작곡
리듬
멜로디
가사
연주
음악회
연주회

뮤지컬
외
musical
performance
音乐剧
ミュージカル

- 가: 아키호 씨, 제가 좋아하는 배우가 **뮤지컬** 공연하는데 같이 갈래요?
  나: 어떤 공연인데요?
- **뮤지컬**은 춤과 노래를 함께 볼 수 있어서 더 즐겁다.

표현 뮤지컬 공연/배우/표

쇼
외
show
表演
ショー

- 가: 조금 있으면 어머니 생신인데 뭘 선물하면 좋을까?
  나: 호텔에 모시고 가서 식사도 하고 가수들의 **쇼**도 보면 어때?
- 잠시 후 마술**쇼**가 시작됩니다. 모두 자리에 앉아 주시기 바랍니다.

오페라
외
opera
歌剧
オペラ

- 가: 유미 씨, **오페라**에 관심 있어요? 친구가 표를 줬는데 저는 시간이 안 맞아서 못 가요.
  나: 공연 날짜가 어떻게 되는데요? 시간이 맞으면 갈게요.
- 나는 **오페라**를 볼 때 배우가 노래하는 내용을 이해하지 못 할 때가 있다.

표현 오페라 가수/극장

코미디
외
comedy
喜剧
コメディー

- 가: 요즘 주말마다 '**코미디** 콘서트'라는 프로그램을 보는데 너무 웃겨.
  나: 너도 그거 보는구나. 나도 보는데 진짜 재미있지? 그거 보면 스트레스가 풀려.
- 내 동생은 **코미디** 배우가 되는 것이 꿈이어서 **코미디**를 배우러 학원에 다니고 있다.

늘어서다
line up
排成
並び立つ

- 가: 이 영화 인기가 진짜 많은 것 같아.
  나: 응, 줄을 100m 정도 **늘어섰어**. 오래 기다려야 되겠다.
- 길가에 **늘어선** 나무들이 참 아름답다.

매진
sold out
卖光
売り切れ

- 가: 이번 주말에 뮤지컬을 보러 가려고 했는데 표가 벌써 **매진**됐어요.
  나: 많이 기다렸는데 아쉽겠네요. 다음 공연은 없어요?
- 유명한 공연은 빨리 **매진**되기 때문에 표를 일찍 사야 한다.

입장료
entrance fee
门票
入場料

- 가: 경복궁 **입장료**가 얼마인지 알아요?
  나: 어린이는 무료인데 어른은 아마 3,000원일 거예요.
- 내년부터 서울에 있는 동물원의 **입장료**가 10% 오른다고 한다.

공연장 theatre 劇場 公演場	• 가: 저기요, 길 좀 묻겠는데요. '신촌 **공연장**'이 어느 쪽에 있어요? 　나: 여기에서 걸어가려면 멀어요. 길 건너서 버스 타고 두 정거장 가시면 돼요. • 내가 다니는 대학교 근처에는 다양한 종류의 **공연장**이 많이 있다.
소극장 little theater 小劇場 小劇場	• 가: 다음 주부터 내가 하는 연극 시작하니까 꼭 보러 와. 　나: 그럼, 당연히 가야지. 대학로에 있는 **소극장**에서 한다고 했지? • 아이들이 볼 수 있는 공연은 보통 **소극장**에서 많이 한다. 　표현 소극장 공연

관객 audience 观众 観客	• 가: 뮤지컬 광고네요. 이 뮤지컬 재미있다고 해요? 　나: 이 뮤지컬은 **관객**이 십만 명을 넘었다고 하니까 재미있을 거예요. • 가수들은 노래할 때 **관객**들에게 받는 박수가 힘이 많이 된다고 한다. 　표현 관객 모두, 관객을 향하다, 관객의 입장
관람객 audience 观众 観客	• 가: 우리 이번 주 수요일에 영화 보러 가자. 매달 마지막 수요일에는 영화 **관람객**들에게 음료수를 무료로 준다고 해. 　나: 그래? 좋아. 수요일 몇 시 영화 볼까? • 토요일에 박물관에 갔는데 **관람객**이 너무 많아서 구경을 잘 못 했다.
사회자 **=진행자** host, MC, anchor 主持人 司会者, 進行係	• 가: 동운 씨, 제 결혼식에서 **사회자** 해 주실 수 있어요? 　나: 그럼요. 꼭 해 드릴게요. 결혼식이 언제예요? • 우리 학교 축제에 **진행자**로 인기 가수 유하열 씨가 온다고 한다.
주인공 main character 主人公 主人公	• 가: 가끔 영화 속 **주인공**이었으면 좋겠다고 생각할 때가 있어. 　나: 나도 그래. 특히 멋있는 남자 배우가 나올 때. • **주인공**이 죽는 영화는 너무 슬퍼서 보기 싫다.
진행 progress 主持, 进行 進行	• 가: 오늘부터 '밤의 이야기' 라디오 **진행**을 배우 정승원 씨가 한다고 해. 　나: 그래? 정승원 씨는 이야기도 재미있게 하고 목소리도 좋으니까 라디오 **진행**을 잘 할 것 같아. • 일을 같이 하는 사람과 서로 생각이 달라서 일의 **진행**이 느리다. 　표현 진행 방향/상황, 진행을 맡다

외 **팬**	• 가: 마지막으로 **팬**들에게 한 마디 해 주세요.
fan	나: **팬** 여러분, 항상 감사하고 사랑합니다. 이번 드라마도 열심히 하겠습니다.
粉丝	• 가수 유나 씨는 하루에 **팬**들에게 받는 편지가 300개가 넘는다고 한다.
ファン	표현 **팬**들의 관심

공연과 예술 ▶ **감상**

감상	• 가: 우리 학교 도서관 3층에 음악 **감상**실이 있는지 어제 처음 알았어.
appreciate	나: 몰랐구나. 거기 가면 음악도 들을 수 있고 CD도 빌릴 수 있어.
感想	• 다음 주부터 시작되는 가을 영화 축제에서는 세계 여러 나라의 영화를 **감상**할 수
鑑賞	있다.
	표현 **감상**에 젖다

감동적	• 가: 오늘 본 영화 어땠어?
moving	나: 마지막 부분이 정말 **감동적**이었어.
感动的	• 콘서트에 가서 가수의 노래를 직접 들으니까 TV에서 듣는 것보다 훨씬 **감동적**이었다.
感動的	

소감	• 가: 해외 영화 축제에 이번 영화가 초대된 **소감**이 어떻습니까?
thoughts	나: 정말 기쁘게 생각하고 좋은 결과가 있으면 좋겠습니다.
感想	• 1년 동안의 한국어 공부를 마치는 **소감**을 이야기할 때 눈물이 났다.
所感	표현 **소감**을 말하다

줄거리	• 가: 이 드라마가 인기가 많다고 들었는데 **줄거리**가 뭐예요?
summary	나: 곧 죽는 여자와 그 여자를 사랑하는 남자의 이야기예요. 저는 지난주부터 봤는
故事	데 재미있어요.
すじ	• 나는 영화를 선택하기 전에 **줄거리**를 먼저 찾아본다.

공연과 예술 ▶ **예술**

예술	• 가: 다음 주부터 일주일 동안 경복궁 앞에서 거리 **예술** 축제를 한다고 해요.
art	나: 그래요? 우리 집에서 가까우니까 한번 가 봐야겠어요.
艺术	• 우리 동네에 **예술** 영화만 볼 수 있는 영화관이 생겼다.
芸術	표현 **예술** 세계/영화/작품

가사	• 가: 오늘은 가수 한유미 씨와 이야기 나누고 있습니다. 다음 질문인데요, '여름여행'이
lyrics	라는 노래의 **가사**가 재미있는데 누가 쓰셨어요?
歌词	나: 이 노래 **가사**는 제가 직접 썼어요.
歌詞	• 그 노래는 **가사**가 좋아서 많은 사람들의 사랑을 받고 있다.
	표현 **가사**를 붙이다

외 리듬 rhythm 节奏 リズム	• 가: 너는 빠른 **리듬**의 음악을 좋아해, 느린 **리듬**의 음악을 좋아해? 　나: 음, 고르기가 어려워. 난 느린 음악도 좋아하고 빠른 음악도 좋아해. • 나는 신나는 음악이 나오면 **리듬**에 맞춰 춤을 추게 된다. **표현** 리듬에 맞추다, 리듬을 맞추다/타다
외 멜로디 melody 旋律 メロディー	• 가: 지금 나오는 노래가 무슨 노래야? **멜로디**가 정말 좋다. 　나: 인터넷에 무슨 노래인지 찾아 주는 서비스가 있으니까 찾아볼게. 잠깐만 기다 　려 봐. • 요즘 인기가 있는 노래는 **멜로디**가 단순한 것이 많다.
연주 performance 演奏 演奏	• 가: 유키 씨는 **연주**할 수 있는 악기 있어요? 　나: 네, 피아노를 칠 수 있어요. 6살 때부터 배웠어요. • 오늘 들은 바이올린 **연주**는 내가 지금까지 들어본 **연주** 중 최고였다. **표현** 연주회
음악회 recital 音乐会 音楽会	• 가: 우리 학교 가을 축제 때 **음악회**를 하는데 유명한 가수들이 많이 온다고 해. 　나: 유명한 가수 누구? 미리 예약 안 해도 볼 수 있어? • (안내) 시청 로비에서 다음 달부터 매주 토요일 저녁 6시에 시민들과 함께 하는 **음악** **회**가 열립니다. **표현** 음악회가 열리다
자막 subtitles 字幕 字幕	• 가: 소피아 씨는 **자막** 없이 한국 영화를 볼 수 있어요? 　나: 다 이해할 수 있는 건 아니지만 **자막** 없이 보면 듣기 연습에 도움이 돼요. • 요즘 한국 TV 방송에서는 재미있는 대화나 표현이 한국어 **자막**으로 나온다.
작곡 compostition 作曲 作曲	• 가: 제 동생은 **작곡**하는 일을 하는데 스트레스가 많은 것 같아요. 　나: 맞아요. 새로운 것을 만드는 일은 쉬운 게 아니니까요. • 결혼 전 남편이 내 생일 선물로 **작곡**한 노래를 결혼식 때 불러 줬다.
전시 exhibition 展示 展示	• 가: 설희 씨, 가구 보는 거 좋아해요? 저는 가구 **전시**에 관심이 많아서 **전시회**에 가 　려고 하는데 같이 갈래요? 　나: 그래요. 저도 가구 구경하는 거 좋아해요. 어디에서 해요? • 가게 앞에 **전시**를 예쁘게 잘해 놓으면 물건이 더 많이 팔린다고 한다. **표현** 전시 공간/기간/내용
전시회 exhibition 展示会 展示会	• 가: 아키호 씨, 다음 달 1일부터 20일까지 제 사진 **전시회**가 있는데 시간 있으면 오 　세요. 　나: 와, 개인 **전시회**를 여시는군요. 초대해 주셔서 감사합니다. 꼭 갈게요. • 내가 좋아하는 프랑스 화가의 그림 **전시회**가 서울 미술관에서 열린다. **표현** 전시회 손님/표, 전시회가 열리다, 전시회를 가지다/열다/관람하다

외 **클래식**	• 가: 대학생이 되었으니까 동아리 활동을 하면 재미있을 것 같아.
classic 古典 クラシック	나: 그래서 나는 **클래식** 기타 동아리에 들어가려고 해. • 뮤지컬 배우 방진이 씨는 피아노와 **클래식** 작곡을 전공했다고 한다. 표현 클래식 공연

공연과 예술 **공통**

감독 director 导演 監督	• 가: **감독**님, 이번 작품은 **감독**님의 어릴 때 경험을 영화로 만든 거라고 들었는데 맞습니까? 나: 네, 맞습니다. 제가 초등학교 때 할머니와 지낸 이야기를 가지고 만들었습니다. • 요즘은 다양한 아르바이트가 많은데 시험 **감독**을 하는 아르바이트도 있다고 한다.
관람 see, watch 观览 観覧	• 가: 웬팅 씨는 미술관 **관람** 자주 해요? 나: 네, 저는 그림 보는 걸 좋아해서 시간이 있으면 미술관에 자주 가요. • (안내) 6월~8월까지 경복궁의 **관람** 시간은 오전 9시부터 오후 6시 30분까지입니다.
무대 stage 舞台 舞台	• 가: 나도 나중에 유명한 모델이 되어서 **무대** 위를 멋있게 걷고 싶어. 나: 그렇게 되면 정말 좋겠다. 그때는 네가 나오는 패션쇼에 초대해 줘. • (방송) 다음 **무대**는 '소녀시대'입니다. 큰 박수 쳐 주세요. 표현 무대로 나가다, 무대를 꾸미다/떠나다, 무대에 나가다/나오다/서다
배경 background 背景 背景	• 가: 와, 이 나무 정말 멋있다. 이 나무를 **배경**으로 사진 한번 찍자. 나: 그래, 저기 지나가는 사람한테 찍어 달라고 부탁하자. • 그 드라마는 역사를 **배경**으로 해서 어려운 단어가 많이 나온다.
작품 work, piece 作品 作品	• 가: 영화 어땠어? 정말 재미있었지? 나: 응, 서지우 감독의 **작품**은 언제나 최고야. • 소설 '어머니'는 어머니와 딸의 이야기를 그린 **작품**이다. 표현 작품 사진/세계/전시/활동, 작품을 감상하다/발표하다/평가하다
제작 produce 制作 製作	• 가: 위완여 감독의 새 작품 **제작** 발표회가 서울에서 열린다고 해요. 나: 그래요? 전 위완여 감독 팬인데 꼭 가 봐야겠네요. • 그 영화는 **제작** 기간이 2년 정도 걸렸다고 한다. 표현 제작 기간/능력/비용/상황, 제작에 들어가다
조명 light 照明 照明	• 가: 오늘 뮤지컬 너무 재미있었지? 어떤 부분이 제일 좋았어? 나: 배우들의 노래와 춤도 좋았지만 **조명**이 다양하고 화려해서 멋있었어. • 드라마나 영화를 찍을 때 여자 주인공의 얼굴 밑에 큰 **조명**을 두는데 그렇게 하면 얼굴이 더 예쁘게 나온다고 한다. 표현 조명이 밝다/어둡다

좌석

seat
座位
座席

- 가: 손님, 영화 관람하실 **좌석**을 선택해 주십시오.
  나: 6번째 줄 7번과 8번으로 할게요.
- 연극이나 뮤지컬 같은 공연을 볼 때 앞**좌석**은 뒷**좌석**보다 가격이 비싸다.

표현 좌석을 예매하다

입 장 료	입구	entrance / 入口 / 入り口
입(入) : 들어가다	입원	hospitalization / 住院 / 入院
enter 入 入る	입학	enter a school / 入学 / 入学
	수**입**(收入) DAY69 수**입**(輸入) DAY70	income / 收入 / 収入 import / 进口 / 輸入

음 악 회	교**회**	church / 教堂 / 教会
회(會) : 모이다	대**회**	contest / 大赛 / 大会
gather 会 会する	**회**사	company / 公司 / 会社
	회의	meeting / 会议 / 会議

1 다음 그림을 보고 어떤 종류의 공연인지 쓰십시오.

뮤지컬	쇼	오페라	클래식

1.

_____

2.

_____

3.

_____

4.

_____

2 괄호 안에서 알맞는 단어를 고르십시오.

1. 이번 대회에서 금메달을 받은 (감상 / 소감)을 이야기해 주십시오.

2. 그 소설의 (주인공 / 줄거리)은/는 어릴 때 부모님이 돌아가셔서 생활이 어려웠지만 열심히 공부해서 선생님이 되었다.

3. 외국 영화를 볼 때 (가사 / 자막)이/가 너무 빨리 바뀌어서 읽기 어려울 때도 있다.

4. 이 드라마는 한국과 일본이 함께 (제작했는데 / 진행했는데) 만드는 시간이 1년 정도 걸렸다.

5. 박물관을 (관람하기 / 전시하기) 전에 미리 예약하면 안내 서비스를 받을 수 있다.

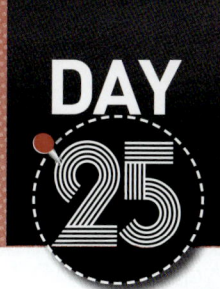

음식1

아는 단어에 ◯표 하세요.

상하다 싱싱하다

상태

고소하다
느끼하다
달콤하다
담백하다
매콤하다
밥맛

맛

음식1

재료

레몬
멜론 과일   양념

깨소금
고춧가루
꿀
식초
참기름

한우 쇠고기 고기   해물=해산물

미역
오징어
새우

깻잎 야채   기타
고구마
배추
상추
콩나물

땅콩
버섯
찬물

고구마
sweetpotato
红薯
スイートポテト

- 가: 아침에 보통 뭐 먹어요?
  나: 보통 간단하게 먹는데 요즘에는 **고구마**가 많이 나오는 계절이니까 **고구마**랑 우유를 자주 먹어요.
- **고구마**를 먹을 때 사과나 김치와 같이 먹으면 건강에 더 좋다고 한다.

고춧가루
chili powder
辣椒粉
とうがらし粉

- 가: 고추를 왜 집에서 말려요?
  나: **고춧가루**를 만들려고 말리고 있어요. 우리 엄마는 **고춧가루**를 사지 않고 집에서 만드세요.
- 나는 떡볶이를 만들 때 고추장을 넣지 않고 **고춧가루**를 사용한다.

깨소금
ground sesame
芝麻盐
ゴマしお

- 가: 드라마에서 여자 주인공이 '요즘 생활이 **깨소금** 맛이에요'라고 말하는 것을 들었는데 무슨 뜻이에요?
  나: 생활이 행복하고 즐겁다는 뜻이에요. 보통 사귄 지 얼마 안 된 커플이나 신혼부부에게 많이 사용하지요.
- **깨소금**이 들어가면 음식이 더 맛있어 보인다.

깻잎
perilla lead
芝麻叶
エゴマの葉

- 가: 이 식당은 **깻잎** 떡볶이로 유명해졌어.
  나: **깻잎**이 들어간 떡볶이는 처음 먹어 봤는데 맛있다!
- 15년 전에 앞머리를 **깻잎** 모양으로 하고 다니는 '**깻잎** 머리'가 중·고등학생들에게 유행이었다.

꿀
honey
蜂蜜
みつ

- 가: 떡볶이에 설탕을 넣어야 하는데 설탕이 안 보이네.
  나: 설탕이 다 떨어져서 없으니까 **꿀**을 넣어.
- 어렸을 때 할머니가 매일 **꿀**을 한 숟가락씩 주셨는데 그렇게 먹으면 감기에 걸리지 않는다고 하셨다.

외 레몬
lemon
柠檬
レモン

- 가: 줄리안 씨 나라에서는 감기에 걸렸을 때 어떤 음식을 먹어요?
  나: 보통 꿀을 넣은 뜨거운 **레몬**차를 마셔요.
- 손에 바르려고 **레몬** 냄새가 나는 로션을 샀다.

땅콩
peanut
花生
落花生

- 가: 맥주는 **땅콩**이랑 마른 오징어랑 같이 먹어야 하는데….
  나: 잠깐만 기다려. 내가 슈퍼마켓에 가서 금방 사 올게.
- 나는 **땅콩**을 먹으면 피부에 뭐가 나서 **땅콩**이 들어간 음식을 못 먹는다.

외 멜론
melon
甜瓜
メロン

- 가: 오랜만에 **멜론**을 먹는데 아주 부드럽고 다네요. 수박도 맛있고요.
  나: 그렇지요? 요즘처럼 더운 여름에는 **멜론**이랑 수박이 시원해서 제일 좋은 것 같아요.
- 가게에 가는 동생에게 **멜론** 맛 아이스크림을 부탁했다.

미역 seaweed 海帯 わかめ	• 가: 미역국을 끓여 보려고 하는데 뭐가 필요해? 　나: 미역, 마늘, 소고기, 간장과 소금만 있으면 돼. • 부산에 여행을 갔는데 부산에서 나오는 미역이 유명하다고 해서 어머니 선물로 미역을 샀다.
배추 cabbage 白菜 はくさい	• 가: 배추가 아주 싸네요. 　나: 네, 한국에서 배추는 가을에 나와요. 그래서 가을 배추가 제일 맛있어요. • 올해 배추 값이 많이 올라서 김치를 조금만 담갔다.
버섯 mushroom 蘑菇 きのこ	• 가: 버섯을 그렇게 많이 사? 　나: 응. 나는 고기를 구워서 먹을 때 버섯이랑 마늘이랑 양파를 구워서 같이 먹어. • 버섯 반찬을 자주 만드는데 여러 가지 버섯을 기름에 볶기만 하면 된다.
상추 cabbage 生菜 ちしゃ	• 가: 미국에서도 고기를 먹을 때 상추와 같이 먹어요? 　나: 아니요. 한국에 와서 처음 먹어 봤는데 고기와 야채를 같이 먹으니까 더 맛있고 건강에도 좋은 것 같아요. • 상추는 물만 잘 주면 되기 때문에 집에서 기르기 쉬운 야채이다.
새우 shrimp 虾 エビ	• 가: 새우 종류가 여러 가지가 있는데 뭐 살까? 　나: 볶음밥을 할 거니까 중간 크기로 사자. • 어제 저녁에 새우를 소금 위에 놓고 구워서 먹었는데 정말 맛있었다.
쇠고기 beef 牛肉 牛肉	• 가: 쇠고기를 왜 이렇게 물에 담갔어요? 　나: 이렇게 하면 쇠고기에서 나는 냄새가 없어져요. • 감기가 걸려서 밥을 잘 못 먹는 친구에게 쇠고기 죽을 끓여 주었다.
식초 vinegar 醋 食酢	• 가: 이 마늘 간장 맛있는데요. 어떻게 만들어요? 　나: 아주 간단해요. 간장과 식초에 마늘을 넣고 며칠 기다리면 돼요. • 건강에 좋아서 식초가 들어간 과일 음료수들이 많이 팔린다고 한다.
양념 seasonings 调料 やくみ	• 가: 돼지 불고기를 만들려고 하는데 간장 양념으로 할까, 고추장 양념으로 할까? 　나: 난 매운 걸 좋아하는데 고추장 양념으로 해 주면 좋겠어. • 간장, 된장, 고추장은 한국 음식에 가장 많이 사용하는 양념들이다.
오징어 squid 鱿鱼 いか	• 가: 주문하시겠어요? 　나: 떡볶이 2인분하고 오징어 튀김 1인분 주세요. • 요리 프로그램에 나온 오징어 볶음이 맛있어 보여서 저녁에 만들어 먹었다.

찬물 cold water 凉水 お冷	• 가: 음식을 잘못 먹은 게 아닌데 왜 갑자기 배가 아파? 　나: 날씨가 더워서 계속 **찬물**만 먹었는데 그래서 그런 것 같아. • 내 남동생은 여름에는 **찬물**로 머리를 감고 샤워도 **찬물**로 한다.
참기름 sesame oil 香油 ごま油	• 가: 국에 **참기름**은 언제 넣어야 돼? 　나: 국을 다 끓이고 제일 마지막에 넣는 게 좋아. • 우리 동네에는 **참기름** 가게가 있는데 가게 앞을 지날 때마다 나는 **참기름** 냄새가 아주 좋다.
콩나물 bean sprouts 豆芽 豆もやし	• 가: **콩나물**밥을 만들어 보려고 하는데 양념 만들 수 있어? 　나: 응. 내가 만들게. 여러 번 만들어 봤어. • 술을 마셔서 속이 안 좋을 때는 **콩나물**국을 끓여 먹으면 좋다.
한우 Korean beef 韓国牛 朝鮮牛	• 가: 여기 횡성 **한우** 축제 광고 안내문이 있네요. 나미 씨 여기에 가 본 적 있어요? 　나: 네. 몇 년 전에 갔어요. **한우**를 사서 바로 그 자리에서 구워서 먹을 수 있는데 사람들이 많아서 줄을 길게 서서 기다렸어요. • 지난 주말에 할머니와 할아버지를 모시고 가족이 모두 모여서 추석 선물로 받은 **한우**를 구워서 먹었다.
해물=해산물 seafood 海産 海物, 海産物	• 가: 파니아 씨 고향은 바다 근처라서 **해산물**이 많이 나오지요? 　나: 네. 그런데 우리 고향에서는 **해산물**이 별로 안 비싼데 한국에서는 너무 비싸요. • 뉴스에서 요즘 **해물**을 잘못 먹고 배탈이 나서 병원을 찾는 사람들이 많다고 들었다.

음식1 맛

고소하다 aromatic 香 香ばしい	• 가: 와, 이 **고소한** 냄새는 뭐예요? 　나: 지금 깨소금을 만들고 있어요. • 아침마다 버스 정류장 앞 빵 가게에서 나는 **고소한** 빵 냄새가 아주 좋다.
느끼하다 greasy 膩 諄い	• 가: 명절 동안 기름을 사용해서 만든 음식을 많이 먹어서 오늘은 **느끼한** 음식은 안 먹고 싶어. 　나: 그러면 오늘 김치찌개 어때? • 아버지는 피자를 드신 후에 **느끼하니까** 김치가 먹고 싶다고 하신다.
달콤하다 sweet 甜 甘ったるい	• 가: 스트레스가 쌓일 때 어떻게 해요? 　나: 저는 초콜릿이나 사탕 같은 **달콤한** 걸 먹어요. • 나는 영화배우 같은 남자를 만나서 **달콤한** 사랑을 해 보고 싶다.

담백하다 light, clean 清淡 淡泊だ	• 가: 사귀기로 한 남자 친구랑 어때? 잘 맞아? 　나: 성격은 잘 맞는데 좋아하는 음식은 정말 달라. 나는 담백한 음식을 좋아하는데 남자 친구는 음식을 짜게 먹어. • 나는 고소하고 담백한 두부 요리를 좋아한다.
매콤하다 spicy 辣 ピリ辛	• 가: 오늘 저녁은 좀 매콤한 걸 먹고 싶은데. 　나: 집 근처에 매운탕 식당이 생겼는데 그럼 오늘 거기 가 볼까? • 된장찌개를 끓였는데 매콤하게 먹고 싶어서 고춧가루와 고추를 넣었다.
밥맛 appetite 饭味 食欲	• 가: 이 식당은 밥맛이 아주 좋은데요! 　나: 이 식당은 손님이 주문을 하면 그때 새로 밥을 짓는다고 해요. 그래서 이렇게 밥맛이 좋아요. • 오래 된 쌀로 밥을 지을 때 식초를 조금 넣으면 밥맛이 좋아진다.

음식1 상태

상하다 go bad 腐烂，伤心 腐る	• 가: 어, 오늘 아침에 만든 건데 맛이 이상해. 　나: 여름에는 음식을 냉장고에 안 넣으면 금방 상해. • 새로 산 옷이 나에게 좀 안 어울리는 것 같다고 하는 친구의 말 때문에 기분이 상했다. 　표현 기분/마음이 상하다
싱싱하다 비 신선하다 fresh 新鲜 新しい	• 가: 이 식당 생선 메뉴는 모두 항상 맛있어요. 　나: 네. 오래 되지 않은 싱싱한 생선을 사용해서 그런 것 같아요. • 엄마와 시장에 같이 갔는데 싱싱한 야채나 생선을 고르는 방법을 가르쳐 주셨다.

신선하다

신(會) : 새롭다

be fresh
新
新しい

신문	newspaper / 报纸 / 新聞
신부 DAY7	bride / 新娘 / 花嫁
신입생 DAY34	freshman / 新生 / 新入生
신제품 DAY29	new product / 新产品 / 新商品

1 종류가 다른 것 하나를 고르십시오. 왜 그렇습니까?

1. 레몬   멜론   버섯   수박

2. 땅콩   깻잎   상추   콩나물

3. 참기름   깨소금   양념   식초

4. 미역   새우   쇠고기   오징어

2 빈칸에 알맞은 단어를 쓰십시오.

느끼하다	매콤하다	상하다	싱싱하다

1. 가 : 이 생선 가게는 생선들이 좀 비싸지만 _____아/어서 손님들이 항상 많아요.

   나 : 그렇네요. 지금 오후 4시인데 다 팔리고 생선이 조금밖에 없어요.

2. 가 : 된장 라면? 처음 보는 라면인데.

   나 : 응. 새로 나온 라면인데 기름이 많이 안 들어가서 _____지 않고 맛도 있네.

3. 가 : 간식 좀 만들어서 먹을까? 좀 _____(으)ㄴ 게 먹고 싶은데.

   나 : 그럼 떡볶이를 만들어 먹자. 재료도 집에 있고 만들기도 쉬우니까.

4. 가 : 아까 댄 씨가 배가 아프다고 하면서 집에 갔어요.

   나 : 어제 _____(으)ㄴ 김밥을 먹었다고 해요. 속이 많이 안 좋은 것 같아요.

DAY 26 음식2

아는 단어에 ◯표 하세요.

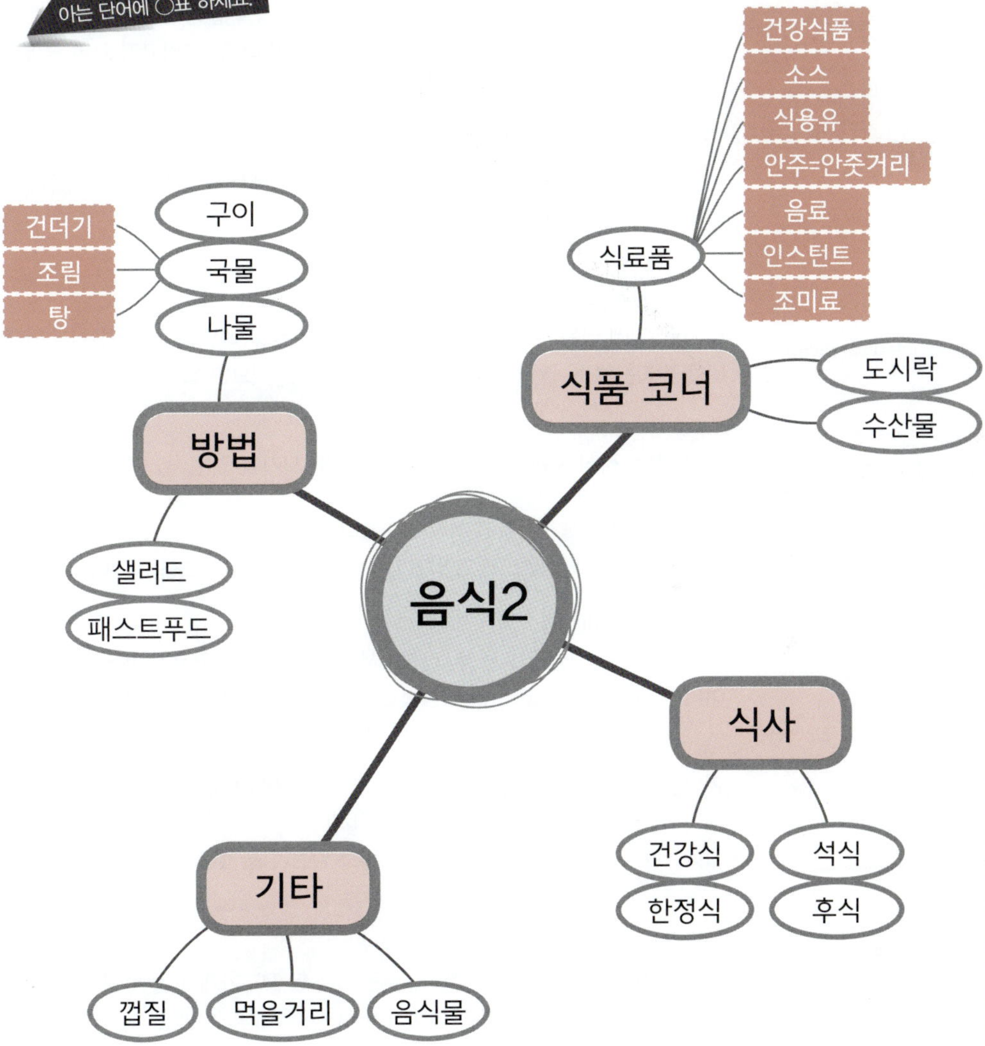

건강식품
소스
식용유
안주=안줏거리
음료
인스턴트
조미료

식료품

식품 코너

도시락
수산물

건더기
조림
탕

구이
국물
나물

방법

음식2

샐러드
패스트푸드

식사

건강식   석식
한정식   후식

기타

껍질   먹을거리   음식물

건더기
solid ingredients
剩下的原料
汁の実

- 가: 어머, 레몬까지 다 먹어요?
  나: 네. 저는 차를 다 마시고 나서 보통 **건더기**까지 다 먹어요.
- 내 동생은 국이나 찌개를 먹을 때 **건더기**는 먹지 않고 모두 남긴다.

구이
roasted meat
烤
焼き

- 가: 냄새 때문에 집에서는 생선 요리를 잘 안 하는데 오늘은 생선을 먹고 싶네.
  나: 그래? 그럼 내가 생선 **구이**를 맛있게 하는 식당을 알려 줄게. 같이 갈래?
- 중국 베이징에 가서 먹은 오리**구이**는 지금까지 먹어 본 오리고기 요리 중에서 제일 맛있었다.

국물
soup
汤
汁(しる)

- 가: 고기 **국물**을 왜 이렇게 많이 만들었어요?
  나: 고기 **국물**을 미리 만들면 여러 가지 요리에 사용할 수 있어요.
- 겨울에는 날씨가 추워서 따뜻한 **국물** 요리를 자주 만들어 먹는다.

나물
vegetables, greens
凉拌菜
総菜

- 가: 오늘 저녁은 뭐 해 먹을까?
  나: 냉장고에 남은 **나물**이 몇 가지 있는데 **나물** 넣고 비빔밥 해서 먹는 게 어때?
- **나물** 반찬은 보통 간장이나 소금, 마늘, 참기름만 있으면 쉽게 만들 수 있다.

외 샐러드
sald
沙拉
サラダ

- 가: 여기는 점심 시간 동안 **샐러드**가 무료야. 저기에 있는 **샐러드** 테이블에 가서 가지고 오면 돼.
  나: 그래? 그럼 **샐러드**를 많이 먹어야겠다.
- 아침에 고구마와 우유 그리고 닭고기를 넣어서 만든 **샐러드**를 먹었다.

조림
food boiled
煮浓
煮物

- 가: 두부**조림**이네요!
  나: 네. 두부를 그냥 먹으면 좀 싱거워서 저는 **조림**으로 해서 먹어요.
- 여러 가지 야채를 넣고 만든 매콤한 오징어**조림**만 있으면 다른 반찬이 필요 없다.

탕
soup
汤
汁物

- 가: 요즘처럼 추운 겨울에는 따뜻한 **탕** 요리가 생각나네.
  나: 그럼 갈비**탕**이나 설렁**탕**을 먹으러 가자!
- 할머니가 가끔 고춧가루 없이 생선만 넣은 맑은 **탕**을 끓여 주시는데 정말 맛있다.

외 패스트푸드
fastfood
快餐
ファーストフード

- 가: 햄버거를 시켜서 먹을 수 있어요?
  나: 몰랐어요? 요즘 집까지 배달해 주는 **패스트푸드** 가게가 많이 생겼어요.
- 집 근처에 **패스트푸드** 가게가 많이 있어서 자주 사 먹게 된다.

식품 **비** 음식 food 食品 食品	• 가: 저기 좀 보세요. 어렸을 때 먹은 불량 **식품**인데 아직도 이런 과자나 사탕을 파네요. 나: 그렇네요. 질이 좋지 않지만 어렸을 때는 저런 게 정말 맛있었지요. • 다이어트를 할 때 여자들은 다이어트 **식품**을, 남자는 운동을 가장 많이 선택한다고 한다.
건강식품 healthy food 健康食品 健康食品	• 가: 고향에 가지고 갈 선물로 뭐 샀어요? 나: 아직 다 못 사고 할머니와 할아버지께 드릴 **건강식품**만 샀어요. • 우리 어머니는 건강 때문에 하루에 드시는 **건강식품**이 3∼4가지 정도 된다.
도시락 lunch box 盒饭 弁当	• 가: 아침에 시간이 없어서 아침을 못 먹을 때가 많아요. 나: 그래서 저는 회사에서 과일 **도시락**을 주문해서 먹어요. • 요즘 학생들은 학생 식당에서 점심과 저녁을 먹지만 내가 고등학생이었을 때는 **도시락**을 매일 두 개씩 가지고 다녔다.
외 **소스** sauce 沙司 ソース	• 가: 나물이 맛있어요. 어떻게 만들었어요? 나: 보통 간장을 사용하는데 저는 된장**소스**를 사용했어요. • 친구 생일 파티에 피자를 만들어 가려고 토마토**소스**를 샀다
수산물 **비** 해산물 marine products 水产品 水産物	• 가: 명절 때마다 선물 고르는 일이 쉽지 않아요. 나: 맞아요. 저도 많이 생각했는데 올해는 **수산물** 종류로 하기로 했어요. • 안전하고 신선한 **수산물**을 사고 싶어서 인천 바닷가 바로 옆에 있는 **수산물** 시장에 자주 간다.
식료품 grocery 食品 食料品	• 가: 이 양념들을 다 어디에서 사요? 나: 남대문 시장에 가면 외국 **식료품**을 파는 가게가 많은데 거기에 없는 게 없어요. • 이탈리아에 유학을 간 동생이 한국 음식이 먹고 싶다고 해서 여러 종류의 **식료품**을 사서 보냈다.
식용유 cooking oil 食用油 オイル	• 가: 흐엉 씨 집에는 **식용유** 종류가 많네요! 나: 네. 요리마다 잘 어울리는 기름이 다른데 저는 서너 가지 정도 쓰고 있어요. • 우리 언니는 버리는 **식용유**를 사용해서 비누를 직접 만들어 쓴다.
안주 **=안줏거리** snack 酒菜 下物, おつまみ	• 가: 시원한 맥주 한 잔 할까? 나: 그래. 그럼 내가 집에 있는 과일로 **안줏거리** 좀 만들어 올게. • 학교 앞 술집은 술도 여러 가지 종류가 있고 **안주**도 싸고 양도 많아.

음료
beverage
饮料
飲料

- 가: 호당 씨는 운동 후에 물을 안 마시고 스포츠 음료를 마셔요?
  나: 물을 마시기도 하는데 땀이 많이 나는 운동을 했을 때는 스포츠 음료를 마셔요.
- 살을 빼려고 설탕이 들어간 음료는 마시지 않으려고 한다.

외 인스턴트
instant food
速食, 即溶
インスタント

- 가: 요리책 코너 저기 있다. 그런데 갑자기 왜 요리책을 사려고 해?
  나: 요즘 음식 만들어 먹을 시간이 없어서 인스턴트식품을 자주 먹게 되니까 얼굴에 뭐가 나. 그래서 간단하게 만들어서 먹을 수 있는 요리 방법을 소개한 책을 사서 보려고.
- 나라마다 커피 맛이 달라서 외국 출장을 가면 그 나라의 인스턴트커피를 꼭 사 가지고 온다.

조미료
seasonings
调料
調味料

- 가: 이 병들 안에 있는 게 뭐예요?
  나: 어머니가 만들어 주신 건데 여러 가지 재료를 사용해서 만든 조미료들이에요.
- 요즘은 건강 때문에 맛은 조금 없지만 조미료를 사용하지 않는 식당을 찾는 사람들이 늘고 있다.

음식2 식사

건강식
a health food diet
健康饮食
健康食

- 가: 더운 여름에 삼계탕을 먹으러 가요?
  나: 삼계탕은 한국 사람들이 여름에 먹는 건강식 중의 하나예요.
- 아버지는 수술 후에 운동도 매일 하시고 건강식도 열심히 챙기기 시작하셨다.

석식
데 저녁
dinner
晚饭
夕食

- 가: 빨리 뛰어서 가자. 기숙사 석식 시간이 거의 끝났지?
  나: 응. 7시까지니까 빨리 가서 20분 안에 다 먹어야 돼.
- 우리 회사는 회사 식당에서 저녁을 먹고 싶으면 하루 전에 석식을 신청하면 된다.

한정식
Korean table
d'hote
韓定食
ハンジョンシク

- 가: 이 반찬이 모두 몇 가지야? 한정식 메뉴가 1만 5,000원밖에 안 하는데 정말 많이 나오네!
  나: 그렇지? 이 한정식집은 반찬이 40가지이고 밥은 무료로 더 먹을 수 있어.
- 아버지 생신날 아버지가 좋아하시는 한정식을 사 드리려고 미리 예약을 했다.

후식
dessert
甜品
デザート

- 가: 오늘 저녁 맛있게 잘 먹었어요. 후식은 제가 살게요.
  나: 좋아요. 그럼 맛있는 케이크 어때요?
- 나는 매운 음식을 먹은 후에 후식으로 차가운 아이스크림 먹는 것을 좋아한다.

음식2 **기타**

껍질 peel 皮, 壳 皮	• 가: 혼자 준비하니까 힘들지? 음식 만드는 거 좀 도와줄게. 　나: 그래. 그럼 여기 이 감자들 **껍질** 좀 깎아 줄래? • 레몬이나 오렌지 **껍질**로 오래 된 유리컵을 닦으면 맑고 깨끗한 유리컵이 된다. **표현** 껍질을 까다/깎다/벗기다
먹을거리 foodstuffs 食物 食べ物	• 가: 이 가방이 어제 남대문 시장에서 산 거예요? 예쁜데요. 　나: 네. 남대문 시장에 처음 갔는데 쇼핑할 것도 **먹을거리**도 많아서 정말 재미있었어요. • 우리 언니 집에는 아이들 간식 때문에 **먹을거리**가 항상 많다.
음식물 food 食物 食べ物	• 가: 냉장고에서 **음식물** 냄새가 많이 나서 여러 번 닦았는데 냄새가 계속 나. 어떻게 하지? 　나: 인터넷에서 찾은 방법인데 냉장고 청소를 할 때 식초 물로 닦아 봐. 그럼 냄새가 없어진다고 해. • 나라마다 비행기에 가지고 탈 수 없는 **음식물**이 다를 수 있기 때문에 확인이 필요하다.

식용유 용(用):사용하다 use 用 用いる	사**용**	use / 使用 / 使用
	이**용**	use / 利用 / 利用
	실**용**적 DAY63	practical / 实用的 / 実用的
	용돈 DAY14	allowance / 零花钱 / 小遣い

식품 품(品):상품 product 品 品	상**품**	product / 商品 / 商品
	화장**품**	cosmetic products / 化妆品 / 化粧品
	기념**품** DAY22	souvenir / 纪念品 / 記念品
	품질 DAY29	product quality / 品质 / 品質

1 음식과 관련된 나오미 씨의 습관입니다. 빈칸에 알맞은 단어를 쓰십시오.

| 건더기 | 껍질 | 식료품 | 안주 | 패스트푸드 |

1. 국을 먹을 때 _____ 을/를 먹지 않고 국물만 먹는다.

2. 술을 마실 때 _____ 을/를 먹지 않고 술만 마신다.

3. 햄버거나 피자와 같은 _____ 을/를 먹지 않는다.

4. 포도나 사과를 먹을 때 _____ 까지 모두 먹는다.

5. 외국 여행을 갈 때마다 _____ 가게에서 사 온 재료들로 다른 나라 음식을 자주 만들어서 먹는다.

2 괄호 안에서 알맞은 단어를 고르십시오.

1. 라면을 다 먹고 난 후에 라면 (국물 / 소스)에 밥을 넣어서 먹으면 맛있다.

2. 여행을 가면 아침 식사와 (한정식 / 석식)은 보통 호텔에서 먹고 점심은 그곳에서 유명한 식당에 가서 먹는다.

3. 비빔밥은 맛있기도 하고 여러 가지 야채가 들어간 (건강식 / 건강식품)이라서 외국 사람들에게 인기가 많다.

4. 물에 간장과 설탕과 마늘로 만든 양념을 넣고 끓여서 만든 감자 (구이 / 조림)은/는 내가 제일 좋아하는 반찬 중의 하나이다.

3 빈칸에 알맞은 단어를 쓰십시오.

| 샐러드 | 수산물 | 탕 |

1. 가 : 우리 집 근처에 큰 _____ 시장이 있는데 생선이 정말 싸요.
   나 : 그래요? 저도 생선을 좋아하는데 같이 한번 갑시다.

2. 가 : 손님, 생선을 어떻게 해서 드릴까요? 구워서 드실 거예요?
   나 : 아니요. _____ 을/를 끓일 거니까 잘라서 주세요.

3. 가 : 야채와 과일을 왜 그렇게 많이 사?
   나 : 살을 빼고 있는데 저녁 식사는 과일과 야채로 _____ 을/를 만들어서 먹고 있어.

DAY

27

음식3

아는 단어에 ○표 하세요.

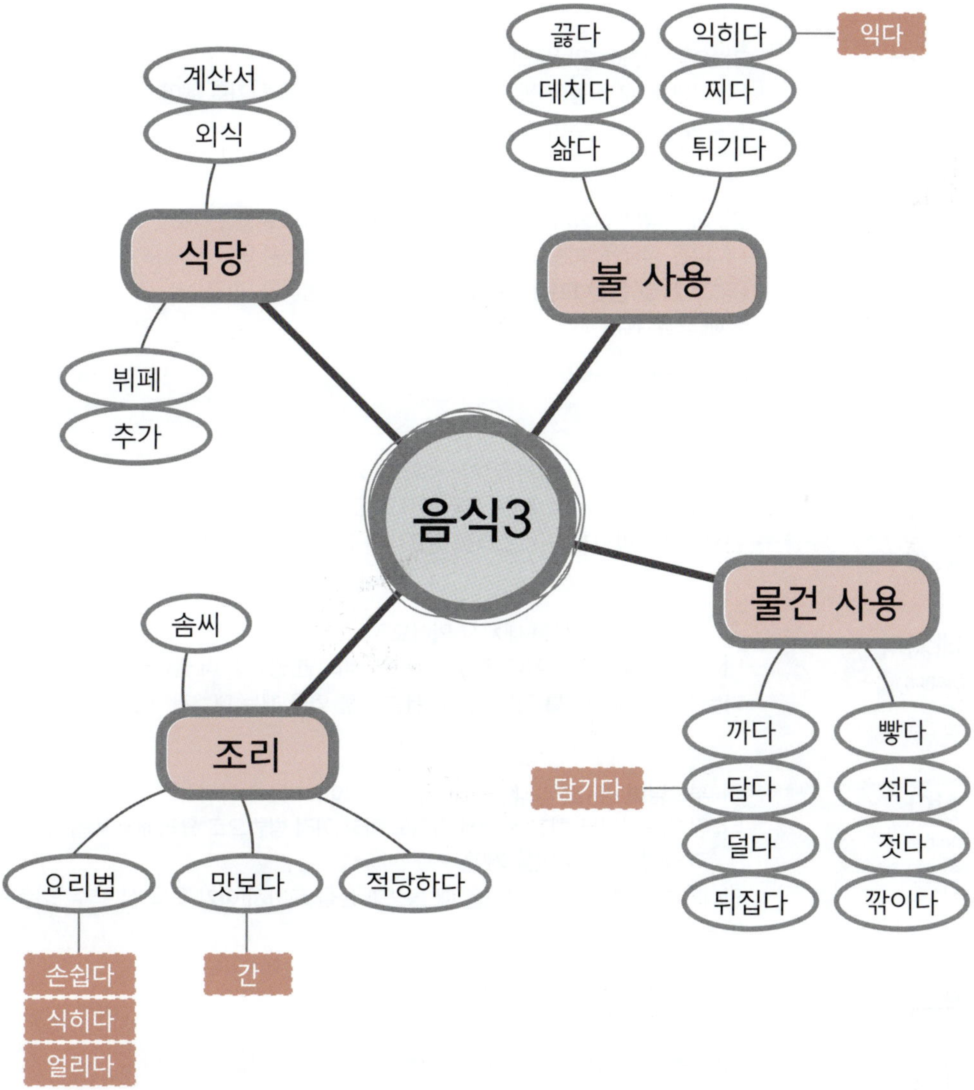

계산서

외식

식당

뷔페

추가

끓다   익히다 —— 익다

데치다   찌다

삶다   튀기다

불 사용

음식3

물건 사용

솜씨

조리

까다   빨다

담기다 —— 담다   섞다

덜다   젓다

뒤집다   깎이다

요리법   맛보다   적당하다

손쉽다

식히다   간

얼리다

계산서 bill 账单 計算書	• 가: 우리가 얼마씩 내야 하지요? 　나: 잘 모르겠는데요. 계산서를 달라고 해야겠네요. • 나는 식당에서 돈을 내기 전에 계산서를 꼭 확인한다.
외 뷔페 buffet 自助餐 ビュッフェ	• 가: 학교 앞에 한식 뷔페가 생겼어. 　나: 알아. 지난주에 한번 가 봤는데 반찬 종류가 아주 많고 맛있었어. • 어제 부모님 생신이라서 해산물 뷔페에서 저녁을 먹었다.
외식 eat out 上馆子 外食	• 가: 오늘 시험이 끝났는데 영화 보러 가자. 　나: 미안해. 오늘 동생 생일이라서 가족들과 외식을 하기로 했어. • 요즘 모임이나 약속이 많아서 외식을 자주 하게 된다.
추가 addition 再加 追加	• 가: 이 식당은 점심시간에는 밥을 추가해서 먹어도 돈을 안 내요. 　나: 다른 식당은 보통 1,000원 정도 더 받는데 좋은데요! • (광고) 한 달 동안 모든 가구를 30% 할인해 드립니다. 현금으로 사시면 10% 추가 할인해 드립니다.

끓다 boil 沸 沸く	• 가: 지우 씨, 떡국이 이제 끓어요. 파하고 계란 넣을까요? 　나: 파만 넣어 주세요. 계란은 불을 끄고 넣으면 돼요. • 김치찌개가 맛있게 끓는 소리를 들으니까 갑자기 배가 고프다.
데치다 blanch 焯 茹でる	• 가: 탕기 씨는 토마토를 데쳐서 먹어요? 　나: 네. 토마토는 데치거나 기름에 볶아서 먹으면 영양이 더 좋아져요. • 나는 요즘 다이어트를 하는 중이어서 고기를 먹을 때는 데쳐서 먹는다.
삶다 boil 煮 茹でる	• 가: 부모님이 감자를 보내 주셨는데 너무 많아. 어떻게 하지? 　나: 감자는 삶기도 하고 볶아서 먹기도 하고 여러 방법으로 요리해서 먹을 수 있으니까 금방 먹을 수 있을 거야. • 언니가 첫 번째 조카를 낳았을 때 동생과 돈을 모아서 아기 옷을 삶을 수 있는 세탁기를 선물했다.
익다 ripen 熟 煮える	• 가: 감이 맛있어 보여서 사 왔어. 자, 이거 먹어. 　나: 와, 감이 잘 익어서 아주 달고 맛있는데! • 나는 푹 익은 김치를 좋아하는데 남편은 안 익은 김치를 좋아한다.

익히다 cook, boil 煮熟 煮る	• 가: 동운 씨는 고기를 다 안 **익혀서** 먹네요. 　나: 네. 저는 중간 정도로 **익혀서** 먹으면 제일 맛있어요. • 여름에 **익히지** 않은 생선이나 고기를 먹으면 배탈이 나기 쉽다.
찌다 steam 蒸 蒸かす	• 가: 요즘에 입맛이 없어서 아침에 밥을 먹기 싫어요. 　나: 고구마를 **쪄서** 우유와 같이 먹으면 아침 식사로 아주 좋아요. • 딱딱해진 떡은 물에 몇 시간 담근 후에 다시 **찌면** 부드러워진다.
튀기다 fry 炸 上げる	• 가: 저녁을 일찍 먹어서 배가 좀 고프네. 감자를 좀 **튀겨서** 먹을까? 　나: 좋은 생각이야. **튀긴** 감자에 맥주도 한 잔 할까? • 요리마다 재료를 **튀길** 때 가장 알맞은 온도가 다르다.

음식3 　물건 사용

까다 **비** 벗기다 peel 剝 向く	• 가: 달걀을 다 삶았어. 껍데기는 내가 **깔게**. 　나: 잠깐만. 바로 **까면** 잘 안 될 수 있어. 차가운 물에 5분쯤 담근 후에 **까**. • 양파를 **까면** 양파의 매운 냄새 때문에 눈물이 계속 난다. **표현** 껍질을 까다
깎이다 be peeled, be cut (down) 被扣, 被⋯剝 削げる	• 가: 쓰기 시험 잘 봤어? 　나: 아니. 잘못 사용한 문법이 많아서 점수가 5점이나 **깎였어**. • 칼이 오래 되어서 과일이 잘 **깎이지** 않는다.
담기다 be filled 被裝, 被包含 隠る	• 가: 아키호, 그릇이 작아서 음식이 다 안 **담길** 것 같은데. 　나: 그래? 그럼 그릇 하나 더 꺼낼게. 그릇 세 개에 나눠서 담자. • 나는 생일 선물로 비싼 물건보다 마음이 **담긴** 카드나 편지를 받는 것이 더 좋다. **표현** 마음/정성이 담기다
담다 put sth in 裝 盛り込む	• 가: 소피아가 만든 음식 정말 맛있겠다. 그렇지? 　나: 응. 또 음식을 정말 예쁘게 **담았어**. • 파란색 그릇에 음식을 **담으면** 식욕을 줄이는 효과가 있다고 한다.
덜다 take some (food) 減 省く	• 가: 밥이 좀 많은 것 같은데. 　나: 그럼 나한테 **덜어** 줘. 나는 점심을 조금만 먹어서 아주 배가 고파. • 대학원을 졸업하면 빨리 취직을 해서 부모님의 걱정을 **덜어** 드리고 싶다.

뒤집다 flip 翻 覆す	• 가: 네가 야채를 볶는 동안 내가 고기 구울까? 　나: 그래. 센 불에서 한 번만 **뒤집어서** 구워. • 친구와 전화를 하는 동안 생선 **뒤집는** 것을 잊어버려서 생선 한 쪽이 까맣게 탔다.
빻다 grind 磨 碾く	• 가: 요리를 잘 못하지만 내가 좀 도와줄게. 　나: 그럼 양념으로 쓸 마늘 좀 **빻아** 줄래? • 아이가 알약을 잘 못 먹을 때는 **빻아서** 먹이면 된다.
섞다 mix 掺杂 混ぜる	• 가: 매운 것을 잘 못 먹는데 잘못 보고 매운 카레를 샀네! 　나: 우유를 **섞어서** 끓여 봐. 그럼 조금 안 맵게 돼. • 나는 빵을 구울 때 밀가루와 쌀을 **섞어서** 만든다.
젓다 stir 搅 かき混ぜる	• 가: 우유가 끓어서 소금을 넣었어요. 좀 **저을까요?** 　나: 아주 조금만 **저으세요.** 많이 **저으면** 치즈가 되었을 때 맛있지 않아요. • 빵을 만들 때는 재료들을 **저어야** 할 때가 많아서 팔과 어깨가 아프다.

음식3 조리

조리 **비** 요리 cooking 做菜 調理	• 가: 동생이 이번에 대학교에 들어갔다고 들었어요. 전공이 뭐예요? 　나: 요리하는 걸 좋아해서 **조리**학과에 들어갔어요. • 나는 요리를 자주 하지 않고 '3분 카레', '3분 된장찌개'처럼 빨리 **조리**해서 먹을 수 있 　는 제품을 자주 이용한다.
간 seasoning 咸淡 塩梅	• 가: **간**이 좀 안 맞는데 간장을 더 넣을까? 　나: 간장을 더 넣으면 미역국 색깔이 어두워지니까 소금으로 **간**을 해야 해. • 야채를 볶기 전에 **간**을 하면 물이 생기기 때문에 불을 끄기 바로 전에 **간**을 하는 것 　이 좋다. 　**표현** 간이 맞다/세다/하다, 간을 맞추다/보다
맛보다 taste 尝 味わう	• 가: 와, 여기 갈비가 정말 맛있는데! 　나: 그렇지? 한번 **맛보면** 잊을 수 없는 맛이라서 너도 나처럼 자주 오게 될 거야. • 어머니는 요리를 아주 잘하시는데 음식을 하면서 **맛보지** 않으시지만 간이 항상 잘 　맞다.
손쉽다 easy 容易 手軽い	• 가: 제가 선물한 요리책 봤어요? 　나: 네. 저처럼 요리를 처음 시작하는 사람들이 **손쉽게** 만들 수 있는 요리가 많아서 　　좋아요. • 요즘은 인터넷에서 원하는 메뉴나 분위기가 좋은 식당을 **손쉽게** 찾을 수 있다. 　**표현** 손쉽게 기르다/만들다/해결하다

솜씨 skill 技巧 うでまえ	• 가: 오늘 저녁에 우리 집에서 같이 저녁 먹을래요? 불고기 해 줄게요. 　나: 좋아요! 오늘 승원 씨 요리 솜씨를 볼 수 있겠는데요. • 우리 할머니는 바느질 솜씨가 좋으셔서 지금도 가끔 우리에게 옷을 만들어 주신다. 　표현 솜씨가 늘다/없다/있다/좋다
식히다 cool 放凉 冷やす	• 가: 빵을 다 구웠어. 이제 자를게. 　나: 잠깐만. 뜨거울 때 자르면 잘 안 되니까 조금 식힌 후에 해. • 냉장고에 뜨거운 음식을 넣으면 고장이 날 수 있기 때문에 음식을 식힌 후에 넣어야 한다.
얼리다 freeze 冷冻 凍る	• 가: 만두를 이렇게 많이 만들었어요? 　나: 네. 이렇게 만들어서 냉장고에 얼리면 오랫동안 먹을 수 있어요. • 더운 여름에는 여러 가지 과일을 얼려서 아이스크림처럼 먹는다.
요리법 recipe 烹调方法 料理法	• 가: 무슨 프로그램을 보고 있어요? 　나: 건강 프로그램인데 지금 건강에 좋은 요리법을 소개하고 있어요. • 요리법을 바꾸면 같은 재료로 만드는 음식도 맛이 많이 다르다.
적당하다 비 알맞다 right 适当, 合适 適当だ	• 가: 커피를 매일 마시는데 건강에 괜찮을까? 　나: 잡지에서 읽었는데 커피도 적당하게 마시면 건강에 좋다고 해. • 요즘은 날씨가 너무 덥지도 않고 춥지도 않아서 등산하기에 적당하다.

1 아침 식사로 먹을 수 있는 간단한 요리 방법을 소개하고 있습니다. 빈칸에 알맞은 단어를 쓰십시오

| 삶다 | 섞다 | 얼리다 | 찌다 |

1. 저녁에 달걀을 _____ 아/어서 다음 날 아침에 먹어요.
소금과 같이 먹으면 더 맛있어요.

2. 따뜻한 우유에 넣고 잘 _____ (으)면 끝!
빵과 같이 드세요.

3. 쌀로 만들어서 건강에 좋아요. 냉장고에 _____ (으)면 오랫동안 먹을 수 있어요. 떡을 밤에 냉장고에서 미리 꺼내서 두면 다음 날 아침에는 다 녹아서 바로 만든 것처럼 먹을 수 있어요.

4. 냄비에 만두를 넣고 5~7분 정도 _____ (으)면 돼요.
만두는 슈퍼마켓에서 쉽게 살 수 있고요!

2 음식에 대한 글입니다. 빈칸에 알맞은 단어를 쓰십시오

| 담다 | 덜다 | 익히다 | 젓다 |

1. 음식이 상하기 쉬운 여름에는 _____ 지 않은 고기나 달걀을 먹으면 배탈이 날 수 있다.

2. 밥을 먹기 전에 조금 _____ 고 먹는 습관을 가지면 다이어트에 도움이 된다.

3. 죽을 만들 때 계속 _____ 지 않으면 죽이 탈 수 있다.

4. 냉장고에서 냄새가 날 때 커피를 _____ (으)ㄴ/는 그릇을 냉장고 안에 두면 좋다.

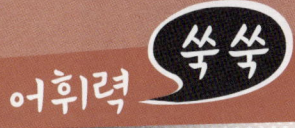
어휘력 쑥쑥

계 산 서	시계	watch / 钟表 / 時計
계(計) : 계산하다 **calculate** 計 計算する	계좌 DAY14	account / 账户 / 口座
	통계 DAY79	statistics / 统计 / 統計

추 가	가입 DAY65	join / 加入 / 加入
가(加) : 더하다 **add** 加 加える	증가 DAY66	increase / 增加 / 増加
	참가 DAY23	participate / 参加 / 参加

✎ MEMO

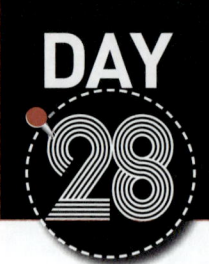

DAY 28 음식4

아는 단어에 ○표 하세요.

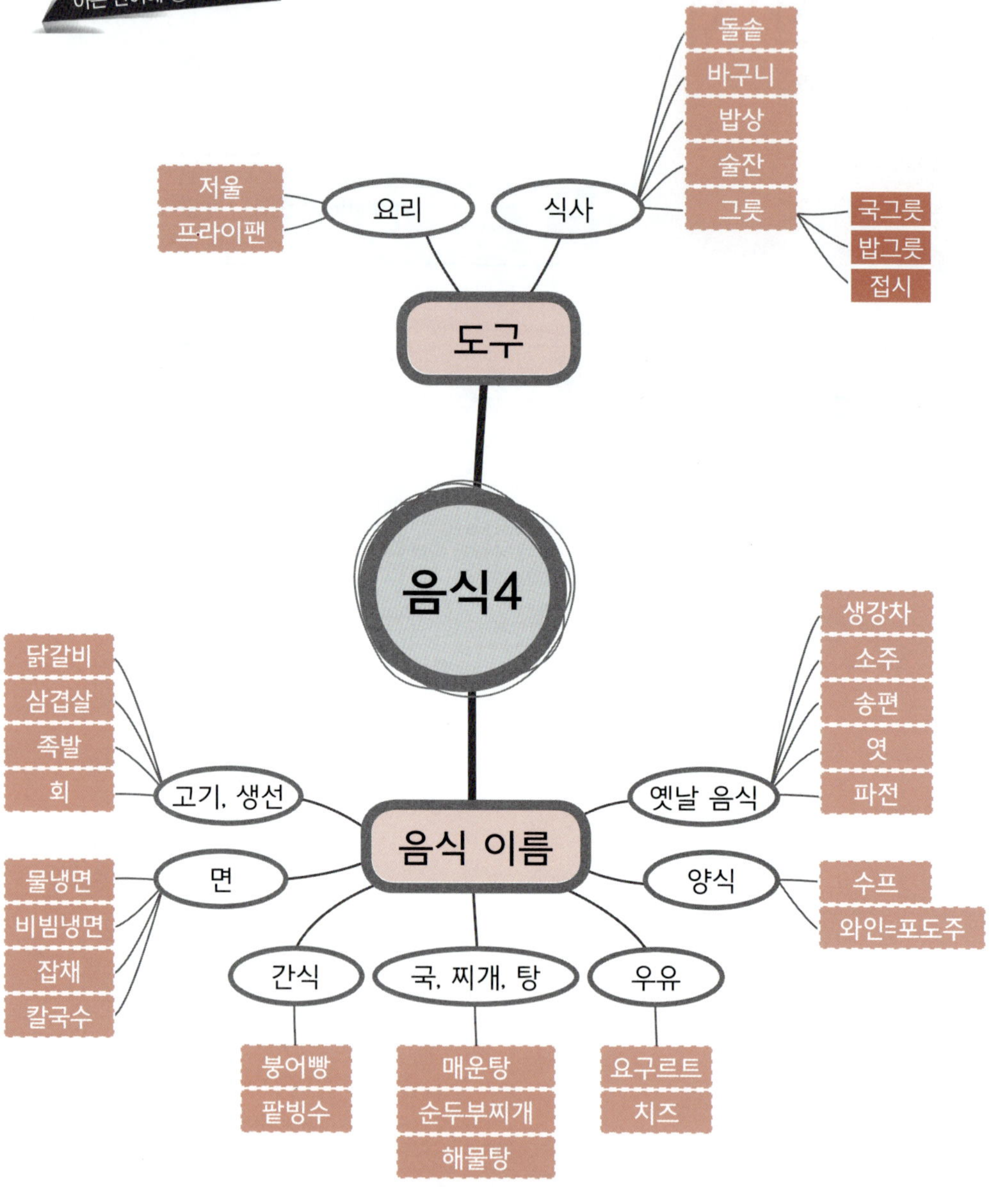

요리
- 저울
- 프라이팬

식사
- 돌솥
- 바구니
- 밥상
- 술잔
- 그릇
  - 국그릇
  - 밥그릇
  - 접시

도구

음식4

음식 이름

고기, 생선
- 닭갈비
- 삼겹살
- 족발
- 회

면
- 물냉면
- 비빔냉면
- 잡채
- 칼국수

간식
- 붕어빵
- 팥빙수

국, 찌개, 탕
- 매운탕
- 순두부찌개
- 해물탕

우유
- 요구르트
- 치즈

옛날 음식
- 생강차
- 소주
- 송편
- 엿
- 파전

양식
- 수프
- 와인=포도주

닭갈비 Spicy Stir-fried Chicken 铁板鸡 タッカルビ	• 가: 친구하고 주말에 '춘천'이라는 도시에 처음 여행을 가요. 　나: 그래요? 그러면 꼭 닭갈비를 먹어 보세요. 춘천은 닭갈비로 유명해요. • 소갈비, 돼지갈비, 닭갈비 중에서 나는 닭갈비가 제일 맛있다.
매운탕 fish stew 辣汤 メウンタン	• 가: 저는 낚시가 처음인데 잡은 생선들을 이제 어떻게 해요? 집에 가지고 가요? 　나: 아니에요. 여기에 낚시를 하러 온 사람들하고 같이 매운탕을 끓여서 먹을 거예요. • 아버지가 낚시로 잡아 오신 생선으로 매운탕을 끓여 먹었다.
물냉면/ 비빔냉면 ColdBuchwheat Noodles/ Spicy Buckwheat Noodles 冷面/拌冷面 水冷麵/ビビン冷麵	• 가: 이거 라면이 아닌 것 같은데요? 　나: 이건 물냉면이에요. 라면처럼 집에서 빨리 만들어서 먹을 수 있어요. • 더워서 입맛이 없었는데 매콤한 비빔냉면을 먹으니까 입맛이 돌아오는 것 같다.
붕어빵 a fish-shaped bun, Bungeoppang 鲫鱼饼 鯛焼き	• 가: 간식을 좀 먹고 싶은데 뭐 좀 사 올까? 　나: 겨울이 되니까 따뜻한 붕어빵이 먹고 싶은데 붕어빵 어때? • 두 사람이 아주 닮았을 때 '붕어빵'이라고 한다.
삼겹살 pork belly 五花肉 三枚肉	• 가: 와, 김치찌개가 아주 맛있다! 어떻게 이렇게 맛있게 끓였어? 　나: 삼겹살을 넣고 끓이면 맛있어. 그리고 마지막에 설탕을 조금 넣어. • 요즘 삼겹살 가격이 올라서 쇠고기보다 비싸다고 한다.
생강차 ginger tea 生姜茶 生姜茶	• 가: 이거 생강차예요. 한번 마셔 보세요. 　나: 음. 좀 맵지만 맛있는데요! • 어렸을 때부터 겨울에 감기에 자주 걸려서 어머니는 겨울이 되면 고향에서 생강차를 만들어서 보내 주신다.
소주 soju 烧酒 焼酎	• 가: 뭐 마실까? 맥주 어때? 　나: 배가 너무 불러서 나는 소주로 할게. • 고기 요리를 하기 전에 고기에 소주를 약간 붓고 조금 후에 요리하면 고기 냄새가 나지 않는다.

송편 songpyeon 豆馅蒸糕 ソンピョン	• 가: 요즘은 추석 때 먹는 **송편**도 사서 먹는 집이 많다고 해요. 　나: 맞아요. 제가 어렸을 때는 가족들이 모여서 같이 **송편**을 만들었어요. • **송편**은 떡 안에 설탕, 깨소금, 콩 등 여러 가지 재료를 넣어서 만든다.
뫼 수프 soup 汤 スープ	• 가: **수프**는 어떤 것으로 드릴까요? 　나: 쇠고기 **수프**로 주세요. • 아침에는 음식을 만들 시간이 없어서 빵과 **수프**와 과일을 먹는다.
순두부찌개 soft tofu stew 嫩豆腐锅 スンドゥブチゲ	• 가: 오늘 아침에는 **순두부찌개**를 만들었어. 　나: 해물을 넣어서 국물 맛이 시원하겠다. 잘 먹을게. • 아이들이 아직 매운 걸 못 먹어서 **순두부찌개**를 만들 때 고춧가루와 고추를 빼고 끓인다.
엿 taffy 麦芽糖 飴	• 가: '합격 **엿**'? 이게 뭐예요? 　나: 시험에 붙으라는 의미로 한국 사람들은 시험 보는 사람한테 **엿**을 줘요. 내일 시험 잘 보세요. • 어렸을 때 할아버지 댁에 갈 때마다 할아버지는 **엿**을 사서 우리에게 주셨다.
뫼 와인 **=포도주** wine 葡萄酒 ワイン	• 가: 이것 좀 드셔 보세요. 집에서 담근 3년 된 **포도주**예요. 　나: 와, 집에서 **포도주**도 만들어서 먹는군요! 정말 맛있는데요. • **와인**을 좋아해서 **와인**을 따로 넣을 작은 **와인** 냉장고를 사려고 한다.
뫼 요구르트 yogurt 酸奶 ヨーグルト	• 가: 한국에서 **요구르트**를 길거리에서 파는 아주머니들을 자주 봤어요. 　나: 맞아요. 그 회사는 **요구르트**를 슈퍼마켓이나 가게에서 팔지 않고 길거리에서 팔거나 집까지 직접 배달해 줘요. • 나는 집에서 **요구르트**를 직접 만들어서 여러 가지 과일을 넣어서 먹는다.
잡채 Stir-freid Glass Noodles and Vegetables 杂烩 チャプチェ	• 가: 중국 식당에서 음식을 시켜서 먹으려고 하는데 뭐 먹을 거야? 　나: 나는 **잡채**밥이 먹고 싶네. • **잡채**를 만들려면 고기와 4～5가지 야채들을 썰어야 해서 시간이 많이 걸린다.
족발 Pig's Feet, Jokbal 猪蹄 豚足	• 가: 이 음식 한 번도 안 먹어 봤는데 이름이 뭐예요? 　나: '**족발**'이라고 해요. 돼지고기로 만들었어요. • 종로에 아주 유명한 **족발** 가게가 있는데 점심시간이나 저녁 시간에 가면 1시간 정도 기다려야 한다.

외 치즈 cheese 奶酪 チーズ	• 가: 이 식당에 처음 오죠? 여기는 라면만 파는데 종류가 10가지가 넘어요. 전 오늘 **치즈**라면을 먹을 거예요. 　나: 정말 여러 가지가 있네요. 그럼 저는 콩나물 라면을 먹어 볼래요. • 우리 집에는 와인을 마실 때 같이 먹는 여러 종류의 **치즈**가 많이 있다.
칼국수 kalguksu 刀切面 カルグッス	• 가: **칼국수**가 좀 싱거운 것 같아요. 　나: 그럼 여기에 있는 간장 양념을 좀 넣어서 드세요. • 이 식당 **칼국수**는 국수를 손으로 직접 만들어서 아주 맛있다.
파전 pajeon 葱饼 パジョン	• 가: 점심을 많이 안 먹어서 벌써 배가 고프네. 　나: 그럼 오징어랑 새우 넣고 해물 **파전**을 만들어 먹자. • **파전**을 맛있게 만들려면 밀가루를 조금만 넣어야 한다.
팥빙수 patbingsu 红豆刨冰 氷あずき	• 가: 저기 **팥빙수** 코너 좀 봐. **팥빙수** 재료를 한 곳에서 다 파네. 　나: 요즘은 집에서 **팥빙수**를 만들어 먹는 사람이 많아서 여름만 되면 마트에 저런 코너가 생겨. • 일본에서는 한국과 다르게 **팥빙수**를 먹을 때 섞지 않고 그냥 먹는다.
해물탕 Spicy Seafood Stew 海鲜汤 海鮮鍋	• 가: 와, 이 **해물탕**을 치에미 씨가 만들었어요? 　나: 어렵지 않았어요. 슈퍼마켓에 가면 **해물탕** 재료와 양념을 파니까 집에서는 그냥 끓이기만 하면 돼요. • **해물탕**을 다 먹은 후에 국물에 라면을 끓여서 먹었는데 정말 맛있었다.
회 sashimi 生鱼片 刺し身	• 가: 이게 **회**예요? 처음 보는데요. 　나: 네. 이건 '육회'라고 하는데 쇠고기 **회**예요. • 나는 냉면을 좋아하는데 특히 **회**가 들어간 **회**냉면을 좋아한다.

음식4　도구

도구 tools, cutlery 工具 道具	• 가: 너처럼 나도 집에서 빵을 만들어 먹어야겠어. 　나: 그럼 빵 만드는 **도구**들부터 사야 해. 그런데 처음에 **도구**들을 살 때 돈이 좀 많이 들어. • 여자 친구의 화장품 가방 안에 있는 10개가 넘는 화장품 **도구**들을 보고 깜짝 놀랐다.
국그릇/ **밥그릇** soup bowl/ rice bowl 汤碗/饭碗 汁椀/茶碗	• 가: 나무로 만든 **국그릇**과 **밥그릇**을 사용하네요. 　나: 네. 이건 일본 스타일이에요. 일본에서 온 친구에게 선물받은 거예요. • 한국에서는 **국그릇**과 **밥그릇**을 놓을 때 **국그릇**은 오른쪽, **밥그릇**은 왼쪽에 놓아야 한다.

돌솥 dolsot 石锅 石窯	• 가: 아주머니, 밥 하나 더 추가할게요. 　나: 그냥 밥이 있고 **돌솥**에 나오는 밥이 있는데 뭐로 드릴까요? • 집 앞에 새로 생긴 식당에서 **돌솥**비빔밥을 시켜서 먹었다.
바구니 basket 篮子 籠	• 가: 꽃**바구니**를 주문하려고 하는데 어떤 걸로 해야 할지 잘 모르겠어요. 　나: 제가 좀 도와드릴게요. 누구에게 무슨 일로 드리실 건데요? • 집에서 직접 만든 빵을 예쁜 **바구니**에 담아서 친구 생일 파티에 가지고 갔다.
밥상 table 饭桌 食ぜん	• 가: 이제 기숙사에서 살 거라서 이 **밥상**은 필요가 없게 됐네. 　나: 그럼 내가 가지고 가도 돼? 하숙집 방에서 쓰면 좋겠는데. • 한국에서는 옛날에 여자와 남자가 **밥상**을 따로 차려서 먹었다.
술잔 glass 酒杯 杯	• 가: 이게 모두 케이티 씨 아버지가 모으신 **술잔**이에요? 　나: 네. 아버지가 술을 좋아하시는데 외국 출장을 가실 때마다 사서 모으신 거예요. • 한국 사람들은 술을 마실 때 **술잔**을 위로 들면서 '건배'라고 말한다.
저울 scale 秤 秤·衡	• 가: 나는 요리를 잘 못해서 **저울**이 꼭 필요해. 　나: 처음에는 그렇지만 계속 하면 저울 없이 숟가락만 가지고도 잘할 수 있어. • 내가 가지고 있는 요리에 사용하는 **저울**은 2kg까지만 사용할 수 있다.
접시 dish 碟子 皿	• 가: 손가락이 왜 그래요? 다쳤어요? 　나: 네. 어제 부엌에서 **접시**를 깼어요. • 내 생각에 음식을 흰색 **접시**에 담았을 때 제일 맛있어 보이는 것 같다.
外 프라이팬 frying pan 煎锅 フライパン	• 가: **프라이팬**을 바꿔야 할 것 같아. 요리할 때 음식이 자꾸 붙어. 　나: 음식을 넣기 전에 먼저 **프라이팬**을 뜨겁게 만들어야 해. 그렇지 않으면 음식이 　　붙게 돼. • 나는 생선을 구울 때는 생선 요리에만 사용하는 **프라이팬**을 따로 사용한다.

어휘력 쑥쑥

소 주 주(酒) : 술 alcohol 酒 酒	맥**주**	beer / 啤酒 / ビール
	안**주** DAY26	snack / 酒菜 / おつまみ
	포도**주** DAY28	wine / 红酒 / ワイン

1 메뉴를 보고 알맞은 음식 이름을 쓰십시오.

| 잡채 | 소주 | 칼국수 | 순두부찌개 | 치즈피자 |
| 와인 | 수프 | 닭갈비 | 해물탕 | 비빔냉면 |

닭갈비집	한식당	피자집
8,000원	12,000원	16,000원
4,000원	6,000원	20,000~50,000원
1,500원	5,000원	3,000원

2 괄호 안에서 알맞은 단어를 고르십시오.

1. 저는 돼지고기를 안 먹어서 (족발 / 회) 말고 다른 것을 먹으면 좋겠어요.

2. 파전을 만들려고 하는데 조금 큰 (저울 / 프라이팬)이 있어요?

3. 식사 후에 와인을 마실 거니까 (술잔 / 접시)을/를 준비해 주세요.

4. 다이어트를 해서 밥을 조금 먹기로 했어요. 그래서 (밥그릇 / 밥상)을 작은 것으로 바꿨어요.

5. 겨울에는 감기에 걸리지 않으려고 따뜻한 (생강차 / 요구르트)를 많이 마시게 돼요.

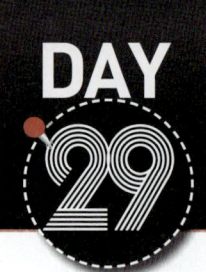

DAY 29 쇼핑

아는 단어에 ○표 하세요.

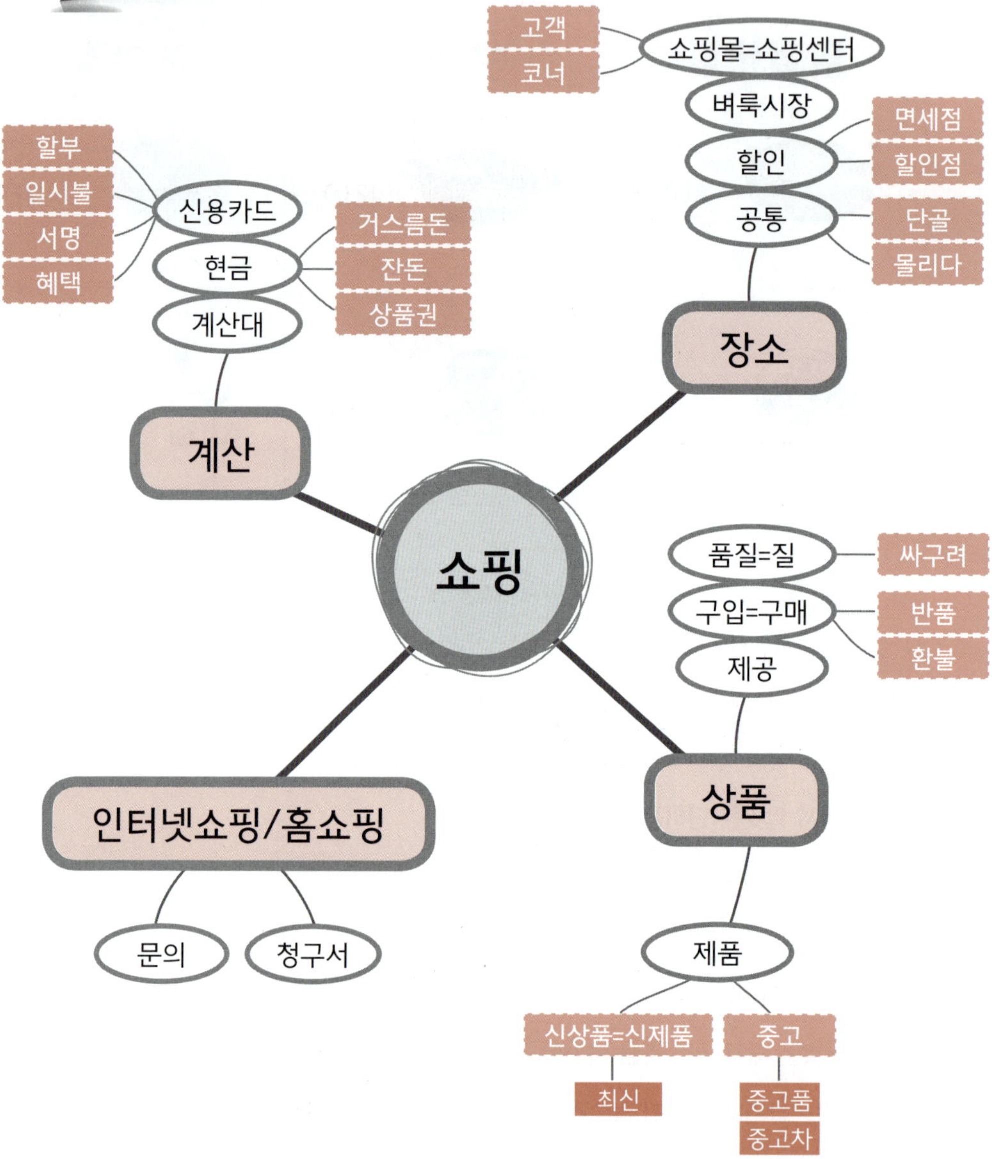
쇼핑
계산
신용카드
할부
일시불
서명
혜택
현금
거스름돈
잔돈
상품권
계산대
장소
쇼핑몰=쇼핑센터
고객
코너
벼룩시장
할인
면세점
할인점
공통
단골
몰리다
상품
품질=질
싸구려
구입=구매
반품
환불
제공
제품
신상품=신제품
최신
중고
중고품
중고차
인터넷쇼핑/홈쇼핑
문의
청구서

고객
customer
顧客
顧客

- 가: 고객님, 찾으시는 상품 있으세요?
  나: 네, 이 검은색 코트와 같은 디자인으로 갈색 코트 있어요?
- 저희 서울백화점은 늘 웃는 얼굴로 고객을 맞겠습니다.

단골
a regular customer
常客
得意

- 가: 다음 달 우리 모임 어디에서 할까?
  나: 내가 잘 가는 단골 식당이 있는데 분위기도 좋고 음식도 맛있어. 거기 가는 게 어때?
- 나는 저 떡볶이 가게의 단골이어서 갈 때마다 아주머니가 떡볶이를 많이 주신다.
  표현 단골 가게, 단골손님

면세점
dutry free shop
免税店
免税点

- 가: 나 다음 주에 미국으로 여행 가는데 뭐 부탁할 거 있어?
  나: 그럼 면세점에서 향수 하나만 부탁해도 돼?
- 면세점에서 파는 물건은 세금을 안 내기 때문에 백화점보다 싸게 살 수 있다.

몰리다
be crowded
拥挤
殺到する

- 가: 우리 이번 주말에 밥 먹고 같이 영화 볼까요?
  나: 네, 좋아요. 그런데 주말에는 사람이 몰리니까 미리 예매해야 돼요.
- 요즘 환절기라서 병원에 감기 환자가 몰린다고 한다.

벼룩시장
flea market
跳蚤市場
フリーマーケット

- 가: 이 가방 예쁘다. 비싸 보이는데?
  나: 동네 벼룩시장에서 5,000원에 샀어.
- 나는 안 쓰는 물건을 버리지 않고 벼룩시장에 판다.

**外 쇼핑몰
=쇼핑센터**
shopping mall,
shopping center
网上商店，购物
中心
ショッピングモー
ル，ショッピングセ
ンター

- 가: 가을 옷을 사고 싶은데 잘 아는 곳 있어요?
  나: 저는 동대문에 있는 쇼핑몰을 자주 이용해요. 동대문 쇼핑센터에는 여러 종류의 옷이 많아서 좋아요.
- 쇼핑몰에는 식당, 카페, 영화관까지 있어서 편하게 이용할 수 있다.

外 코너
store, corner
店铺，角落
コーナー

- 가: 식품 코너가 어디에 있나요?
  나: 지하 1층 엘리베이터 옆에 있습니다. 고객님.
- 그 가게는 건물의 오른쪽 코너에 있어서 찾기가 쉽다.

할인점 outlet 折扣店 ディスカウントショップ	• 가: 백화점에서 파는 물건이 좋기는 한데 가격이 너무 비싸서 못 가겠어. 　나: 그럼 **할인점**을 이용해 봐. 올해에 나온 상품은 아니지만 좋은 물건을 싸게 살 수 　　있어서 나도 자주 이용해. • 우리 집 근처에 의류 **할인점**이 생겼는데 최고 80%까지 싸게 살 수 있다. 표현 할인율

쇼핑 **계산**

거스름돈 change 找头 釣銭	• 가: 마트에 가서 두부 사고 **거스름돈** 잘 받아서 와. 　나: 네. 그런데 엄마, 남은 돈으로 과자 하나 사도 돼요? • 나는 택시를 탈 때 200~300원 정도의 적은 **거스름돈**은 받지 않는다.
계산대 a checkout counter 结账处 レジ	• 가: 계산하는 곳이 어디에 있어요? 　나: **계산대**는 화장실 오른쪽에 있습니다, 고객님. • 주말에 마트에 가면 **계산대**의 줄이 길어서 계산할 때 오래 기다려야 한다.
잔돈 change 零钱 小銭	• 가: 자동판매기 커피 마시고 싶은데 **잔돈**이 없네. 너 **잔돈** 있어? 　나: 응, 있어. 내가 사 줄게. 무슨 커피 마실래? • 우리 학교 버스는 300원인데 1,000원을 내면 거스름돈을 못 받아서 **잔돈**을 꼭 준비 　해야 한다.
상품권 gift card 商品券 商品券	• 가: 어제 생일이었는데 가족들이랑 잘 보냈어? 　나: 응. 가족들이랑 맛있는 것도 먹고 아빠가 선물로 백화점 **상품권**도 주셨어. • 한국에서 '문화**상품권**'은 극장이나 서점이나 식당에서 사용할 수 있다.
서명 signature 签名 署名	• 가: **서명** 안 해도 돼요? 　나: 네. 카드를 사용하셔도 오만 원이 넘지 않으면 **서명** 안 하셔도 됩니다. 고객님. • 은행에서 통장을 만들 때 도장을 안 찍고 **서명**을 해도 된다.
일시불 lump sum payment 一次性付款 一時払	• 가: 모두 22만 원입니다. 계산은 어떻게 해 드릴까요? 　나: **일시불**로 해 주세요. • 마트에서 물건을 살 때 **일시불**로 계산하면 할인을 받을 수 있는 상품이 있다. 표현 일시불로 계산하다/하다/사다
할부 monthly installment plan 分期付款 割賦	• 가: 이 구두로 주세요. 계산은 **할부**로 해 주시고요. 　나: 몇 개월 **할부**로 해 드릴까요, 손님? • 한국에서 물건을 **할부**로 사면 수수료를 내야 한다. 표현 할부로 계산하다/하다/사다

혜택 benefit 优惠 恵み	• 가: 고객님, 이번에 새로 나온 백화점 카드가 **혜택**이 아주 많은데 내용을 한번 보시고 신청하시겠어요? 　나: 어떤 **혜택**이 있는데요? • 한국에서 매달 마지막 주 수요일은 '문화의 날'이라고 하는데 영화관이나 박물관, 미술관에 갈 때 할인 **혜택**을 받을 수 있다. [표현] 혜택을 보다/입다/주다, 혜택이 돌아가다/돌아오다

쇼핑 상품

구입=구매 purchase 购买 購入, 購買	• 가: 사장님, 포도를 좀 많이 살 건데 깎아 주실 수 있어요? 　나: 네. 세 상자 이상 **구매**하시면 할인해 드리겠습니다. • 우리 동네 마트에서는 설 선물을 한 달 전에 미리 주문하면 10% 싸게 **구입**할 수 있다.
반품 take back 退货 返品	• 가: 인터넷으로 주문한 신발을 어제 받았는데 왼쪽이랑 오른쪽 사이즈가 다른 신발이 왔어. 　나: 정말? **반품**해 달라고 바로 연락했어? • 고객이 물건 구입 후 마음에 안 들어서 **반품**한 상품을 30~70% 싸게 파는 '**반품** 상품'이 최근 인기가 많아지고 있다.
신상품 =신제품 new product 新产品 新商品, 新製品	• 가: 와, 스마트폰 새로 샀어? 색깔이 정말 예쁘다. **신상품** 같은데? 　나: 응. 이번 주에 나온 **신제품**이야. • '독일빵집'에서 **신제품** 빵 3종류를 사면 쿠키를 무료로 주는 행사를 다음 주까지 한다.
싸구려 cheapie 便宜货 下手物	• 가: 저기 좀 봐. 가방이 만 원이네. 　나: 그런데 너무 **싸구려**처럼 보인다. • 신발이 **싸구려**라서 몇 번 신으니까 벌써 찢어졌다.
제공 provide 提供 提供	• 가: 나는 나이가 많아서 스마트폰을 사도 어떻게 쓰는지 몰라서 못 사겠다. 　나: 아니에요, 할아버지. 요즘은 스마트폰 사용 방법을 가르쳐 주는 프로그램을 무료로 **제공**해 주니까 걱정하지 마세요. • 이번 한 달 동안 '잘한다 한국어' 책을 사시면 mp3를 무료로 **제공**해 드립니다. [표현] 제공을 받다
제품 product 产品 製品	• 가: 타카요시 씨는 항상 GL 휴대폰만 쓰시네요. 　나: 네. 이 회사 **제품**이 다른 회사 **제품**보다 오래 쓸 수 있어서요. • 이 가방은 영국 **제품**인데 가격은 조금 비싸지만 디자인이 예뻐서 요즘 젊은 사람들에게 인기가 많다. [표현] 제품 가격/광고/설명/소개, 제품을 개발하다/팔다/포장하다

중고 second-hand 二手 中古	• 가: 무슨 옷을 이렇게 많이 샀어? 　나: 나 오늘 **중고** 시장에 가서 쇼핑했어. 바지 두 벌에 티셔츠 네 장 샀는데 전부 5만 원밖에 안 해. • 지하철 4호선 이수 역 근처에는 **중고** 가구 거리가 있어서 가구를 싸게 구입할 수 있다.
중고품 used product 二手货 中古品	• 가: 얼마 전에 새 냉장고를 사서 지금까지 사용한 냉장고는 버리려고 해요. 　나: 냉장고를 아직 쓸 수 있으면 버리지 말고 **중고품** 가게에 파는 게 어때요? • 그 가게에는 **중고품**이지만 새 제품 같은 상품이 많아서 자주 간다.
중고차 second-hand car 二手车 中古車	• 가: 지난번에 차 산다고 한 것 같은데 샀어요? 　나: 네. 샀는데 제가 아직 운전을 잘 못해서 **중고차**로 샀어요. • 언니가 5년 동안 탄 **중고차**를 결혼하기 전에 나에게 줬다.
최신 brand-new 最新 最新	• 가: 이 모자는 모양이 좀 다르네요. 　나: 그 디자인이 이번 겨울에 **최신** 유행이에요. 손님한테도 잘 어울리시네요. • **최신** 음악을 인터넷에서 들으려면 돈을 내야 한다. 　**표현** 최신 유행/음악/시설
품질=질 quality 品质 品質, 質	• 가: 지난번에 길에서 5,000원에 산 옷을 두 번밖에 안 입었는데 세탁한 다음에 색깔이 달라졌어. 　나: **질**이 안 좋아서 그럴 거야. 다음에는 너무 싼 옷은 사지 마. • 나는 가격이 조금 비싸도 **품질**이 좋은 것을 선택한다. 　**표현** 품질 검사, 품질을 자랑하다/확인하다, 질이 좋다/나쁘다/낮다/높다
환불 refund 退款 払戻し	• 가: 얼마 전에 장갑을 샀는데 이번 크리스마스 선물로 장갑을 받았어요. 전에 산 장갑을 **환불**할 수 있을까요? 　나: 구매 후 일주일 안에는 **환불**할 수 있는 걸로 알고 있어요. • 티셔츠를 구입한 후 바로 세탁을 했는데 색깔이 변해서 **환불**을 받았다.

쇼핑 ▶ 인터넷 쇼핑

문의 request 询问 問合せ	• 가: 여보세요. 서울중학교 전화번호를 알고 싶은데요. 　나: **문의**하신 전화번호는 02-345-6789입니다. • 다음 달이 추석이어서 우리 백화점에 추석 상품의 가격을 **문의**하는 전화가 많이 온다. 　**표현** 문의 전화
청구서 bill 账单 請求書	• 가: 유미야, 너한테 무슨 **청구서**가 왔어? 　나: 지난달에 과속해서 벌금 내라고 하는 **청구서**야. • **청구서**를 이메일로 받으면 전화 요금을 1% 더 할인받을 수 있다.

1 다음은 할인점에서 물건을 구입할 때 고객이 알아야 할 내용입니다. 빈칸에 알맞은 단어를 쓰십시오.

| 구입 | 문의 | 제품 | 최신 | 환불 |

쇼핑 안내

안녕하세요? 저희 한국 할인점을 이용해 주셔서 감사드립니다.

상품을 1. _____ 하시기 전에 아래의 내용을 꼭 읽어 주시기 바랍니다.

- 나온 지 1주일이 안 된 2. _____ 상품은 할인이 되지 않습니다.
- 3. _____ 을/를 원하실 때는 구매 후 7일 안에 하셔야 합니다.
- 궁금한 상품의 4. _____ 은/는 02-6234-9876으로 해 주세요.

*한국 할인점은 고객님들께 더 좋은 5. _____ 와/과
서비스를 제공해 드리려고 노력하겠습니다.

2 빈칸에 알맞은 단어를 쓰십시오.

| 신제품 | 싸구려 | 품질 | 중고품 |

1. 비싼 물건이 _____도 좋다고 생각하지만 그렇지 않을 때도 있다.

2. 다음 주에 K회사의 스마트폰 _____이/가 나오는데 벌써부터 사겠다고 예약한 사람이 많다.

3. 오천 원도 안 되는 _____ 물건은 사도 금방 고장이 나거나 못 쓰게 되니까 나는 잘 사지 않는다.

4. 나는 인터넷으로 _____을/를 자주 사는데 얼마 전에 사용한 지 3개월도 안 된 침대를 아주 싸게 샀다

면 세 점 점(店) : 가게 store 店 店	백화**점**	department store / 百货店 / デパートメントストア
	서**점**	book store / 书店 / 本屋
	점원	clerk / 店员 / 店員
	상**점** _{DAY60}	store / 商店 / 商店

문 의 문(問) : 묻다 ask 问 問う	**문**제	problem / 问题 / 問題
	방**문**	visit / 访问 / 訪問
	질**문**	question / 提问 / 質問
	설**문** _{DAY66}	survey / 调查 / 設問

MEMO

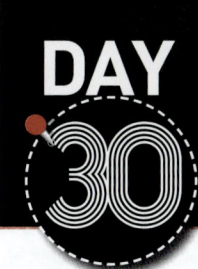

DAY 30 아동과 청소년

아는 단어에 ○표 하세요.

아동과 청소년
청소년
사춘기
여고생
공통
심부름
소년
잔소리
아동
부르는 말
개구쟁이
장난꾸러기
장난
부정적
욕심쟁이
울보
동화
그림책/동화책
공주
보물
용
놀이
낙서
스티커
장난감
게임기
풍선
놀이터
그네
기타
어린아이
유치원

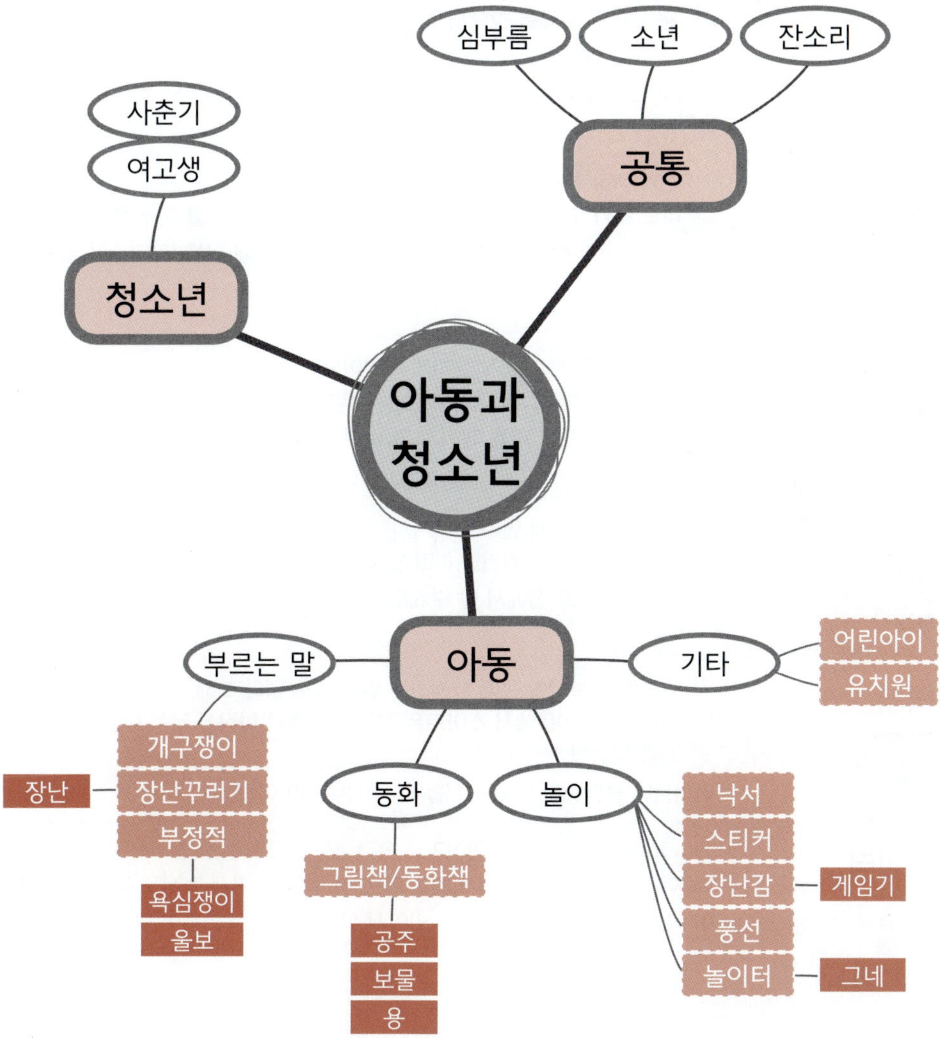

아동
child
儿童
児童

- 가: 대학원에서 무엇을 공부하고 싶어?
  나: **아동** 미술을 공부해서 그림책을 만드는 일을 하고 싶어.
- (안내문) 이 놀이터는 13살까지의 **아동**만 이용할 수 있습니다.

개구쟁이
mischievous boy
淘气鬼
腕白

- 가: 동운 씨는 성격이 참 조용하고 말이 없는 것 같아요.
  나: 아니에요. 어렸을 때는 엄마 말을 정말 안 듣는 **개구쟁이**었어요.
- 우리 막내 동생은 엄마가 없을 때 심한 **개구쟁이**로 바뀐다.

의 게임기
game console
游戏机
ゲームき

- 가: 손님, 어떤 종류를 찾으세요?
  나: 가족들이 함께 할 수 있는 **게임기**를 찾고 있는데요.
- 내가 고등학생이었을 때 음악도 들을 수 있고 영화도 볼 수 있는 **게임기**가 처음 나왔다.

공주
princess
公主
王女

- 가: 조카 생일 선물로 뭐가 좋을까?
  나: 나도 조카가 있는데 6살 여자 아이들은 **공주** 드레스를 아주 좋아해.
- 아버지는 막내딸인 나를 아주 사랑하셔서 어렸을 때 나를 '우리 **공주**님'이라고 부르셨다.

그림책
picture book
图画书
絵本

- 가: 영어를 어떻게 그렇게 잘하게 되었어요?
  나: 어렸을 때부터 집에 영어 **그림책**이 많아서 영어에 일찍 관심을 갖게 되었어요.
- 어머니는 내가 12살이 될 때까지 자기 전에 **그림책**을 읽어 주셨다.

그네
swing
秋千
鞦韆

- 가: 오늘 명절이라서 민속촌 여기저기에 옛날 놀이를 체험할 수 있는 곳이 많이 있네.
  나: 응. 어, 저기 **그네**뛰기를 하고 있네. 우리도 가서 **그네** 한번 타 보자.
- 조카 생일 선물로 집에서 탈 수 있는 **그네**를 샀다.

낙서
doodle
乱涂乱画
落書

- 가: 요즘에는 화장실 문에 **낙서**하는 일이 별로 없다고 해.
  나: 맞아. 전에 신문에서 스마트폰 사용이 늘면서 화장실 **낙서**가 없어지고 있다는 기사를 읽었어.
- 아이들이 볼펜으로 벽에 **낙서**를 해서 지우기가 어렵다.

놀이터
playground
游乐场
遊び場

- 가: 나미야, 책가방 어디 있어?
  나: 어? **놀이터**에 있는 의자에 놓고 온 것 같아요. 가서 가지고 올게요, 엄마.
- 이 식당은 밖에 작은 **놀이터**가 있어서 아이들이 있는 가족이 많이 찾는다.

동화 fairy tale 童话 童話	• 가: 집이 정말 예쁜데요! **동화**에 나오는 집 같아요. • 나: 이 집은 저와 남편이 직접 디자인한 집이에요. • 주말에 영화관에서 아이들과 **동화**에 나오는 이야기로 만든 만화영화를 봤다.
동화책 fairy tale book 童话书 童話本	• 가: 이거 **동화책** 아니에요? 　나: 맞아요. 그런데 어른들이 읽는 **동화책**이에요. • 내 조카는 동물이 나오는 **동화책**을 특히 좋아한다.
막대기 stick 棍子 棒	• 가: 이 **막대기**는 어디에 사용하는 거예요? 　나: 운동할 때 사용하는 거예요. 이 **막대기**로 집에서 여러 가지 간단한 운동을 하고 　있어요. • 고등학교 때 수학 선생님은 항상 **막대기**를 손에 들고 수업을 하셨다.
보물 treasure, doozy 宝物 宝	• 가: 저 영화가 재미있을 것 같은데 내용 알아? 　나: 섬으로 **보물**을 찾아서 여행을 떠나는 이야기야. • **보물** 상자 안에 어렸을 때부터 받은 생일 선물을 모았는데 상자가 열 개가 넘는다.
外 **스티커** sticker 贴纸 ステッカー	• 가: 자동차에 벌금을 내라는 **스티커**가 붙었어. 　나: 어머, 길가에 잠깐 주차하고 은행에 갔는데 그 사이에 **스티커**가 붙었네. • 여자 아이들은 예쁜 **스티커** 모으는 것을 좋아한다. 　**표현** 스티커를 붙이다/떼다
어린아이 children 小孩子 幼児	• 가: 가족과 주말에 보통 뭐 해요? • 나: 집 근처 공원에 자주 가요. 놀이터도 있고 자전거도 탈 수 있고 **어린아이**들도 들 　어갈 수 있는 수영장도 있어요. • (광고) 겨울철 인기 간식, 고구마 과자! **어린아이**들도 안심하고 먹을 수 있는 안전한 　재료로 만들었습니다.
욕심쟁이 greedyperson 贪心鬼 欲張り	• 가: '흥부와 놀부'? 무슨 내용의 책이야? 　나: 한국의 옛날이야기인데 착한 동생과 **욕심쟁이** 형의 이야기야. • 내 동생들은 두 명 모두 **욕심쟁이**라서 서로 싸우지 않은 날이 없었다.
용 dragon 龙 竜	• 가: 효성 씨가 어렸을 때 한국에서는 무슨 만화가 인기가 많았어요? 　나: '드래곤볼'이라는 만화였는데 공을 7개 모으면 **용**이 나오는 내용이었어요. • 어머니는 나를 임신했을 때 **용**꿈을 꾸었는데 보통 **용**꿈은 아들을 의미한다고 한다.
울보 crybaby 爱哭鬼 泣虫	• 가: 지우야, 얼굴이 왜 그래? 무슨 일이 있었어? 　나: 엄마, 학교에서 친구들이 나한테 **울보**라고 했어요. • 할아버지는 내가 울 때마다 호랑이가 밤에 와서 **울보**를 데리고 간다고 하셨는데 그 　말을 듣고 나는 울음을 그쳤다.

유치원 kindergarten 幼儿园 幼稚園	• 가: 여섯 살인데 벌써 책을 읽을 수 있어요? 　나: 네. 요즘은 **유치원**에서 한글을 가르쳐요. • 내년에 첫째 아이를 보낼 **유치원**을 찾고 있는데 마음에 드는 곳이 아직 없다.
장난 fun, joke 嬉戏, 开玩笑 いたずら	• 가: 줄리안 씨는 어렸을 때 아주 **장난**이 심한 개구쟁이였을 것 같아요. 　나: 맞아요. 초등학교 때 **장난**으로 빵 사이에 치약을 발라서 누나에게 먹으라고 준 적도 있어요. • 그냥 **장난**으로 한 말에 친구가 화를 내서 미안하다고 말했지만 기분이 좋지 않다. 　표현 장난을 치다, 장난이 심하다
장난감 toy 玩具 玩具	• 가: 완여 씨는 **장난감** 도서관에 자주 가는 것 같아요. 　나: 네. 우리 아이들은 새 **장난감**도 쉽게 싫증을 내서 **장난감**을 사지 않고 도서관에서 자주 빌려요. • 남자 아이들에게 가장 인기가 많은 **장난감**은 자동차이다.
장난꾸러기 mischievous boy 淘气鬼 鼠	• 가: 이게 무슨 사진이에요? 아주 **장난꾸러기**들 같은데요. 　나: 중학교 3학년 때 학교에서 졸업 여행을 갔을 때 친구들과 버스 안에서 찍은 사진이에요. • 어렸을 때는 심한 **장난꾸러기**라서 언니와 오빠도 나 때문에 운 적이 많았다.
풍선 balloon 气球 風船	• 가: 이 껌 한 번 씹어 봐. 새로 나온 껌인데 보통 **풍선**껌보다 2배나 크게 **풍선**을 불 수 있는 껌이라고 해. 　나: 그래? 오랜만에 껌으로 **풍선** 한번 불어 볼까? 어렸을 때 이렇게 **풍선**처럼 크게 불 수 있는 껌을 아주 좋아했는데. • 기숙사 친구의 생일 파티를 하려고 **풍선**으로 방을 예쁘게 꾸몄다. 　표현 풍선이 터지다, 풍선을 날리다/불다

아동과 청소년 ## 청소년

청소년 teenager 青少年 青少年	• 가: 중학생이나 고등학생들이 아르바이트를 할 수 있어요? 　나: **청소년**들은 부모님이 아르바이트를 해도 괜찮다고 사인한 서류가 필요해요. • 올해 세계 **청소년** 축제가 다음 달 서울 시청 앞에서 열린다.
사춘기 puberty 青春期 思春期	• 가: 여동생이 12살인데 요즘 남자 친구를 사귀고 싶다고 하고 옷에도 관심이 많이 생겼어. 　나: **사춘기**가 시작된 것 같은데. • 남자 아이들은 **사춘기**가 되면 목소리가 바뀐다.
여고생 high school girl 女高中生 女高生	• 가: 카페에 학생들이 많네요. 　나: 근처에 여자 고등학교가 있어서 **여고생**들이 많이 와요. • 어머니는 **여고생** 때 처음 남자 친구를 사귀셨다고 한다.

소년 boy 少年 少年	• 가: 탕기 씨, 축구를 아주 잘하는데요. 언제부터 축구를 했어요? 　나: 어렸을 때 축구를 좋아해서 거의 매일 했는데 우리 동네에 있는 **소년** 축구팀에서 　　　선수로도 활동했어요. • 이번 노래 대회에서 '최고의 가수상'을 받은 사람이 12살의 어린 **소년**이라고 한다.
심부름 errand 跑腿儿 使い	• 가: 길에서 이 광고를 봤는데 생활 **심부름**센터가 뭐예요? 　나: 돈을 받고 여러 가지 **심부름**을 해 주는 곳인데 한국에 처음 오는 외국인 친구를 　　　데리러 공항에 가는 일도 해 준다고 해요. • 아버지는 주말에 구두 닦는 **심부름**을 자주 시키셨다. **표현** 심부름을 가다/보내다/시키다
잔소리 nag 唠叨 小言	• 가: 우리 엄마는 **잔소리**를 너무 많이 해. 　나: 나처럼 가족들과 떨어져서 혼자 살아 보면 엄마의 **잔소리**가 듣고 싶을 거야. • 우리 어머니가 제일 많이 하시는 **잔소리**는 방을 깨끗하게 청소하라는 것이다. **표현** 잔소리가 많다/심하다

어휘력 쑥쑥

사 춘 기 기(期):때 **period** 期 時,期	기간	period / 期间 / 期間
	학기	semester / 学期 / 学期
	초기 DAY59	beginning / 初期 / 初期
	환절기 DAY10	the change of seasons / 換季期 / 季節の変わり目

소 년 소(小):작다 **be little** 小 小さい	소설	novel / 小说 / 小説
	소포	parcel / 包裹 / 小包
	소극장 DAY24	little theatre / 小剧场 / 小劇場
	중소기업 DAY69	small business / 中小企业 / 中小企業

1 여기는 유치원입니다. 그림을 보고 알맞은 표현을 골라서 문장을 만드십시오.

| 그네를 타다 | 낙서를 하다 | 장난감을 가지고 놀다 | 풍선을 불다 |

1. _____

2. _____

3. _____

4. _____

2 형제들에 대한 이야기입니다. 빈칸에 알맞은 단어를 쓰십시오.

| 공주 | 놀이터 | 보물 | 욕심쟁이 | 장난 |

1. 남동생은 12살인데 학교에서 여자 아이들한테 심한 _____을/를 자주 쳐서 엄마가 걱정을 많이 해요.

2. 7살 막내 동생은 자기가 _____(이)라고 생각해요. 매일 드레스를 입고 예쁜 구두만 신으려고 해요.

3. 우리 언니는 새로 산 노트북을 _____처럼 생각해요. 저나 동생한테도 안 빌려줘요.

4. 우리 언니는 음식을 먹을 때 _____이/가 돼요. 항상 자기가 더 많이 먹으려고 하고 냉장고에 맛있는 게 있으면 혼자서 다 먹어요.

5. 우리 형은 초등학교 때 저녁 식사 시간이 될 때까지 친구들과 _____에서 놀았어요.

DAY 31 인생

아는 단어에 ○표 하세요.

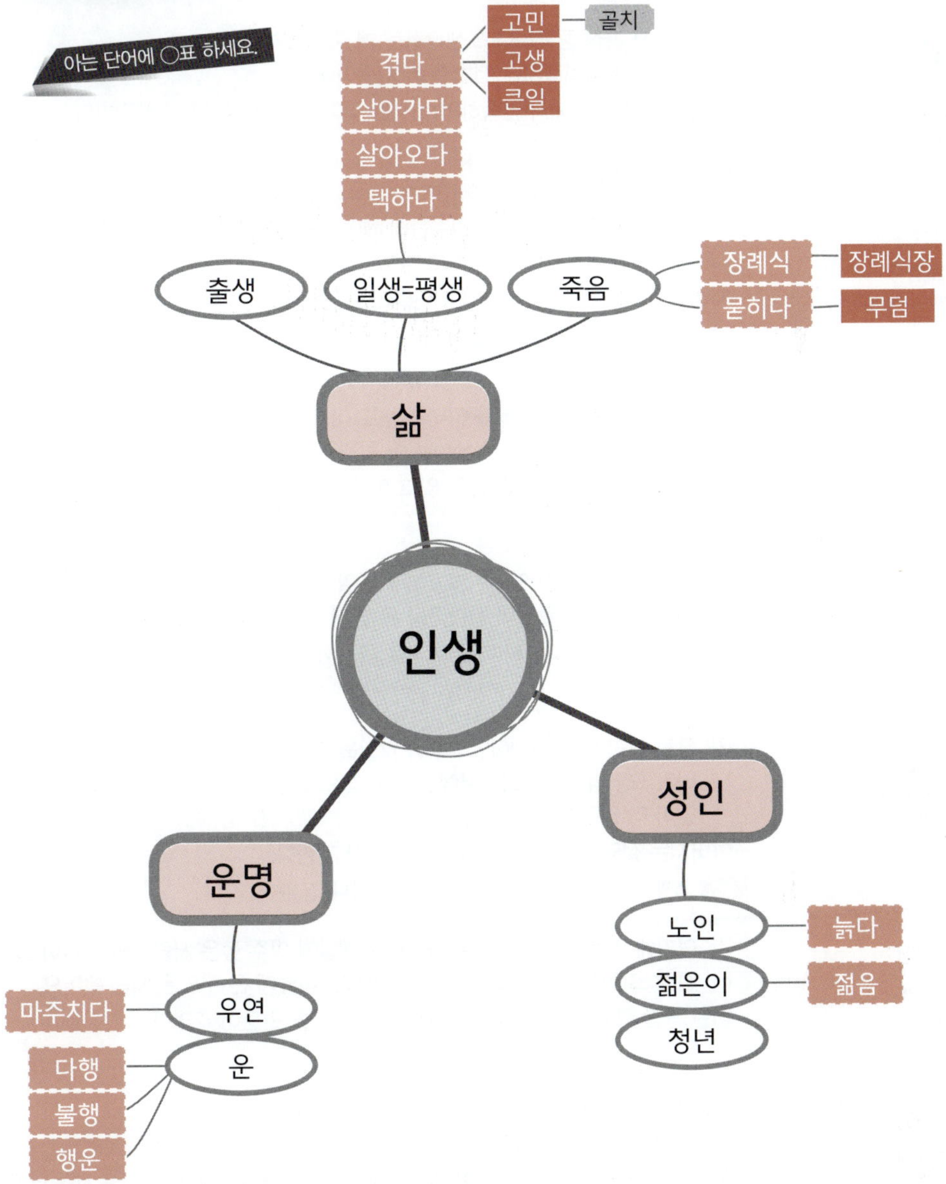

고민 — 골치

겪다 — 고생
살아가다 — 큰일
살아오다
택하다

출생   일생=평생   죽음 — 장례식 — 장례식장
                          묻히다 — 무덤

삶

인생

운명   성인

마주치다 — 우연   노인 — 늙다
다행 — 운   젊은이 — 젊음
불행   청년
행운

인생
life
人生
人生

- 가: 음악이 아주 좋은데요.
  나: '인생은 아름다워'라는 영화에 나온 음악인데 영화음악이 좋아서 CD까지 샀어요.
- 내 인생에서 가장 행복한 순간은 첫째 딸이 태어났을 때였다.

인생 삶

삶
비 인생
life
生活
生き方

- 가: 삶에서 가장 중요하다고 생각하는 게 뭐예요?
  나: 사람마다 다르겠지만 저는 우리 가족이에요.
- 나는 평범한 생활에서 만족하면서 사는 것이 행복한 삶이라고 생각한다.

겪다
비 경험하다
go through
经验
経る

- 가: 시험에서 떨어지고 여자 친구한테 헤어지자는 말을 듣고… 어제 정말 힘들었겠다.
  나: 응. 어제 같은 날은 다시 겪고 싶지 않아.
- 지하철이 갑자기 고장이 나서 시민들이 큰 불편을 겪었다.

  표현 고통/변화/불편/어려움을 겪다

골치
headache
脑筋
頭

- 가: 너무 오랫동안 컴퓨터를 하니까 눈도 아프고 골치도 아프다. 잠깐 쉬어야겠어.
  나: 나도 그래. 같이 나가서 산책을 좀 할까?
- 골치 아픈 회사 일을 잠깐 동안 잊고 여행을 떠나고 싶다.

  표현 골치가 아프다

고민
worry
苦闷
悩み

- 가: 요즘 무슨 고민이 있어? 얼굴이 어두워 보여.
  나: 시험 성적이 나왔는데 장학금을 못 받게 될 것 같아서 걱정이 돼.
- 요즘 회사를 계속 다닐까 다른 회사로 옮길까 고민하고 있다.

  표현 고민이 많다/생기다, 고민을 나누다/말하다/해결하다

고생
hardship
辛苦
苦労

- 가: 유럽 걷기 여행 어땠어? 고생이 많았을 것 같은데.
  나: 비가 오거나 눈이 오는 날에는 그냥 집으로 돌아오고 싶었지만 그래도 재미있는
  일이 더 많았어.
- 아버지는 젊었을 때 고생을 많이 겪으셨다고 한다.

  표현 고생이 심하다/크다, 고생을 겪다/견디다/끝내다/모르다

무덤
grave
坟墓
墓

- 가: 여기에 있는 무덤들은 아주 크지요? 옛날에 아주 높은 사람들의 무덤이었어요.
  나: 정말 크네요. 몽골에도 큰 무덤이 있지만 이렇게 큰 무덤은 처음 봤어요.
- 10년 동안 같이 산 강아지가 죽어서 산에 무덤을 만들어 주었다.

묻히다
be buried
被埋
埋まる

- 가: 여기가 국립공원이군요. 무덤이 아주 많네요.
  나: 네. 우리 할아버지가 군인이셨는데 돌아가신 후에 여기에 묻히셨어요.
- 어제 조카에게 세 명의 소년이 바다 속에 묻힌 보물을 찾아서 떠나는 내용의 만화영
  화를 보여 줬다.

살아가다
live a life
活下去
生きて来る

- 가: 무슨 프로그램을 보고 있어?
  나: 13남매를 낳고 시골에서 어렵지만 행복하게 **살아가는** 어떤 부부의 인생 이야기 인데 재미있네. 같이 보자.
- 우리 주위에는 돈이 없어서 하루하루 어렵게 **살아가는** 사람들이 아직도 많이 있다.

살아오다
live
活下来
生きて来る

- 가: 지금까지 **살아오시면서** 가장 기뻤을 때는 언제였습니까?
  나: 뮤지컬 배우가 된 후 처음 공연을 한 날입니다. 그때 주인공은 아니었지만 제가 주인공이 된 기분으로 공연을 했어요.
- 내일 태어났을 때부터 25년 동안 **살아온** 집에서 새 아파트로 이사를 간다.

일생=평생
lifetime
一生
一生, 障害

- 가: 요즘은 **평생**직장이라는 말이 없어지는 것 같아.
  나: 맞아. 전에는 한번 취직하면 한 회사에서 계속 일했지만 요즘은 직장을 자주 옮기니까.
- 세계 여행은 내가 **일생** 동안 꼭 해 보고 싶은 일 중의 하나이다.

장례식
funeral
葬礼
葬式

- 가: 저는 오늘 민수 씨 아버님 **장례식**에 가려고 해요.
  나: 저도 가려고 했어요. 같이 가요.
- 한국에서는 보통 죽은 지 3일째 되는 날에 **장례식**을 한다.

장례식장
funeral
殡仪馆
葬場

- 가: 어제가 가수 신하철 씨의 장례식이었다고 해.
  나: 알아. 텔레비전에서 봤는데 연예인만이 아니고 신하철 씨를 좋아하는 팬들이 **장례식장**에 많이 왔다고 해.
- 한국에서는 **장례식장**에서 손님들이 간단한 식사를 할 수 있다.

죽음
death
死亡
死

- 가: 우리 할아버지는 작년에 돌아가셨는데 주무시는 동안에 돌아가셨어요.
  나: 저도 **죽음**이 그렇게 고통 없이 찾아오면 좋겠어요.
- 중학교 때 할머니가 돌아가셨을 때 처음으로 **죽음**이 무엇인지 생각하게 되었다.

출생
birth
出生
出生

- 가: 어렸을 때 사진이 아주 많군요.
  나: 네. 우리 부모님은 제가 **출생**할 때부터 특별한 일이 없을 때에도 사진을 많이 찍으셨어요.
- 메리 씨는 미국 **출생**이지만 어머니는 스페인 사람이고 아버지는 러시아 사람이다.

큰일
problem, matter
大事
大事

- 가: 어, **큰일**났다! 학과 사무실에서 하는 아르바이트 신청을 어제까지 했어야 하는데 잊고 있었어.
  나: 하루 늦었으니까 사무실에 가서 오늘 신청해도 되는지 한번 알아봐.
- 아버지는 작은 일을 잘하는 사람이 **큰일**도 잘할 수 있다고 말씀하셨다.
  `표현` 큰일(이) 나다

택하다

(비) 선택하다
choose
选择
選ぶ

- 가: 손님들이 제일 많이 **택하는** 메뉴가 뭐예요?
  나: 매운 불고기 피자입니다. 여기 있는 야채 샌드위치도 많이 드시고요.
- 나는 패션을 공부하러 미국에 유학을 가려고 하는데 어느 대학을 **택할지** 고민 중이다.

인생 **성인**

성인

adult
成人
成人

- 가: 키가 174cm이면 한국에서 키가 크다고 할 수 있어요?
  나: **성인** 남자의 평균 키가 173~174cm 정도니까 보통이라고 할 수 있어요.
- 일본에서 '**성인**의 날'은 1월 둘째 주 월요일인데 이날은 공휴일이다.

노인

senior citizen
老人
老人

- 가: 아버님의 지하철 표는 안 사요?
  나: 서울에서 65세가 넘는 **노인**분들은 무료로 지하철을 탈 수 있어요.
- 혼자 사는 **노인**들의 가장 큰 어려움은 건강 문제와 외로움이라고 한다.

늙다

be old
老
年取る

- 가: 회사를 다니면 아이는 어떻게 할 거예요?
  나: 부모님이 도와 주신다고 했는데 **늙으신** 어머니, 아버지께 많이 죄송해요.
- 큰 수술 후 아버지가 갑자기 **늙으신** 것 같아서 마음이 아프다.

젊은이

young person
年轻人
若者

- 가: 한국의 **젊은이**들은 집을 살 때 부모님의 도움을 많이 받는다고 들었어요.
  나: 네. 우리 집은 전세인데 저도 부모님의 도움을 좀 받았어요.
- 기차표 한 장으로 원하는 곳에 모두 갈 수 있는 저렴한 기차 여행 상품이 **젊은이**들 사이에서 인기가 높다.

젊음

youth
年轻
若さ

- 가: 이곳은 대학교 근처라서 젊은 사람들이 많네요.
  나: 네. 그래서 여기 이름이 '**젊음**의 거리'예요. 주말에는 외국 사람들도 많이 찾는 곳이에요.
- 우리 학교에서 열린 특별 강의에서 한국화장품의 회장 정승원 씨는 지금 가장 부러운 것은 젊은이들의 '**젊음**'이라고 말했다.

청년

young person
青年人
青年

- 가: 요즘은 자기 사업을 하려고 하는 **청년**들이 많은 것 같아요.
  나: 맞아요. 그래서 대학교에도 사업에 관심이 있는 대학생들이 모여서 동아리를 만드는 일도 많다고 해요.
- 아버지는 나이가 드셨지만 마음은 아직도 **청년**이라고 말씀하신다.

운명
fate
命运
運命

- 가: 이번 주 토요일에 여자 친구에게 청혼을 할 거야.
  나: 그날이 너의 **운명**이 결정되는 날이 되겠구나! 잘 되기를 바랄게.
- 나는 **운명**을 믿지 않는다. 내 인생은 스스로 바꿀 수 있다고 생각한다.

다행
fortunate
幸运
幸い

- 가: 운전면허 시험 잘 봤어?
  나: 응. 합격했어. 주차를 잘 못해서 많이 걱정했는데 한 번에 붙어서 **다행**이야.
- 시계 소리를 못 들어서 늦게 일어났지만 수업 시간에 늦지 않아서 **다행**이다.

마주치다
face
触
ぶつかる

- 가: 한국 사람들은 왜 눈이 **마주쳤는데** 인사를 안 해?
  나: 미국하고 다르게 한국에서는 모르는 사람한테 인사를 하지 않아.
- 두 사람이 말도 안 하고 눈도 안 **마주치는** 것을 보면 싸운 것 같다.

불행
🔄 다행
misfortune
不幸
不幸

- 가: 노트북을 잃어버렸지만 중요한 자료가 있는 USB가 집에 있었어.
  나: **불행** 중 다행이다. 그것까지 잃어버렸으면 정말 큰일이었을 거야.
- 돈이 많고 **불행**하게 사는 것보다 돈이 없지만 마음 편하게 사는 것이 행복하다.

우연
coincidence
偶然
偶然

- 가: 지난번에도 같은 회사에서 일했는데 이번에 옮긴 회사에서 또 만났네요.
  나: 네. 이런 **우연**은 생기기 어려운데 신기하네요. 그런데 어느 부서에 있어요?
- 요리할 때 사용하는 전자레인지는 **우연**으로 발명된 것 중의 하나라고 한다.

운
luck
运气
運

- 가: 제주도 가는 표를 구했어?
  나: 예매를 늦게 해서 표를 못 살 거라고 생각했는데 **운** 좋게 1장을 샀어.
- 내 동생은 결과가 나쁘면 **운**이 나쁜 거라고 생각하고 금방 잊어버린다.
  표현 운이 나쁘다/없다/있다/좋다

행운
luck
幸运
幸運

- 가: 나라마다 숫자가 가지는 의미가 다르지요? 한국에서 7은 무슨 의미예요?
  나: 네. 우리나라에서 7은 **행운**의 숫자예요.
- 서울호텔의 새해 행사 중에서 100번째 예약 손님은 호텔 숙박비를 내지 않아도 되는 **행운**이 나에게 왔다.
  표현 행운이 따르다/오다, 행운을 바라다/빌다/잡다

1 다음은 과일 가게로 성공한 한 사람의 이야기입니다. 괄호 안에서 알맞은 단어를 고르십시오.

> 김선봉 씨는 1940년에 태어났는데 부모님이 일찍 돌아가셔서 중학교에 다니지 못하고 많은 **1.** (고민 / 고생)을 했다. 20살 **2.** (노인 / 청년)이 되었을 때 과일 가게를 시작해서 전국에 100개의 과일 가게 사장이 되었다. 그는 20년 동안 많은 돈을 모았지만 그 돈을 사회에 돌려 주고 싶어서 **3.** (출생 / 평생) 모은 돈으로 학교를 짓기로 했다. 그리고 돈이 없어서 학교에 다니지 못하는 학생들에게 장학금을 주는 일도 했다.
>
> 그는 73살에 죽었는데 죽을 때 가지고 있는 것은 작은 아파트 하나였다. 그는 죽은 후 서울 근처에 있는 한 작은 공원에 **4.** (겪었다 / 묻혔다). 하지만 그를 기억하는 많은 사람들이 지금도 그의 **5.** (무덤 / 장례식장)을 찾고 있다.

2 밑줄 친 부분의 의미를 보고 알맞은 단어를 쓰십시오.

다행	운명	죽음	행운

1. 오토바이 사고가 크게 났는데 많이 다칠 수도 있었지만 <u>운이 좋았다</u>. 무릎만 조금 다쳐서 _____ (이)다.

2. 하루에 다른 장소에서 같은 사람을 세 번 만났는데 이건 <u>우연이 아닌 것 같다</u>. 이런 만남은 _____ (이)다.

3. 인생의 끝은 누구나 같다. 모든 사람의 <u>마지막</u>은 _____ (이)다.

4. 나쁜 일이 있으면 <u>좋은 일도 생긴다</u>고 생각한다. 지금의 불행이 끝나면 _____ 이/가 기다리고 있을 것이다.

인 생 생(生) : 살다 live 生 生きる	고생	hardship / 辛苦 / 苦労
	생활	living / 生活 / 生活
	생명 DAY67	life / 生命 / 生命
	평생 DAY31	lifetime / 一生 / 一生

다 행 행(幸) : 다행, 행복 happiness 幸 幸い	행복하다	happy / 幸福 / 幸せだ
	불행 DAY31	misfortune / 不幸 / 不幸
	행운 DAY31	luck / 幸运 / 幸運

MEMO

복습 문제 ❷

※빈칸에 알맞은 것을 고르십시오.

1 가: 감기에 걸려서 약을 먹었는데 먹은 후에 음식을 다 토했어요.
　 나: 감기약도 _____ 이/가 있군요.
　 ① 물약　　　　　　　② 부작용　　　　　③ 처방전　　　　　④ 효과

2 가: 차가운 물을 마실 때 이가 _____ 병원에 가 봐야 할까요?
　 나: 자주 그러면 가 보는 게 좋을 것 같아요.
　 ① 가려운데　　　　　② 목마른데　　　　③ 시린데　　　　　④ 삐는데

3 서울에서 인천까지 자동차로 갈 때 차가 막히지 않으면 _____ 2시간 정도 걸린다.
　 ① 귀국　　　　　　　② 도중　　　　　　③ 왕복　　　　　　④ 출국

4 어떤 운동선수들은 _____ 전에 긴장을 풀려고 음악을 듣는다고 한다.
　 ① 개최　　　　　　　② 시합　　　　　　③ 응원　　　　　　④ 우승

5 가: 손님, 영화 관람하실 _____ 을/를 선택해 주십시오.
　 나: 6번째 줄 7번과 8번으로 할게요.
　 ① 감독　　　　　　　② 무대　　　　　　③ 배경　　　　　　④ 좌석

6 된장찌개를 끓였는데 _____ 먹고 싶어서 고춧가루와 고추를 넣었다.
　 ① 고소하게　　　　　② 느끼하게　　　　③ 담백하게　　　　④ 매콤하게

7 김치찌개가 맛있게 _____ 소리를 들으니까 갑자기 배가 고프다.
　 ① 끓는　　　　　　　② 담는　　　　　　③ 삶는　　　　　　④ 찌는

8 우리 동네 마트에서는 설 선물을 한 달 전에 미리 주문하면 10% 싸게 _____ 할 수 있다.
　 ① 제공　　　　　　　② 반품　　　　　　③ 환불　　　　　　④ 구입

9 가: 여동생이 12살인데 요즘 남자 친구를 사귀고 싶다고 하고 옷에도 관심이 많이 생겼어.
　 나: 내 생각에 동생에게 _____ 이/가 시작된 것 같은데.
　 ① 사춘기　　　　　　② 잔소리　　　　　③ 청소년　　　　　④ 우연

10 가: 요즘 무슨 _____ 이/가 있어? 얼굴이 어두워 보여.
　 나: 시험 성적이 나왔는데 장학금을 못 받게 될 것 같아서 걱정이 돼.
　 ① 고생　　　　　　　② 골치　　　　　　③ 운명　　　　　　④ 고민

DAY 33 학교1

아는 단어에 ○표 하세요.

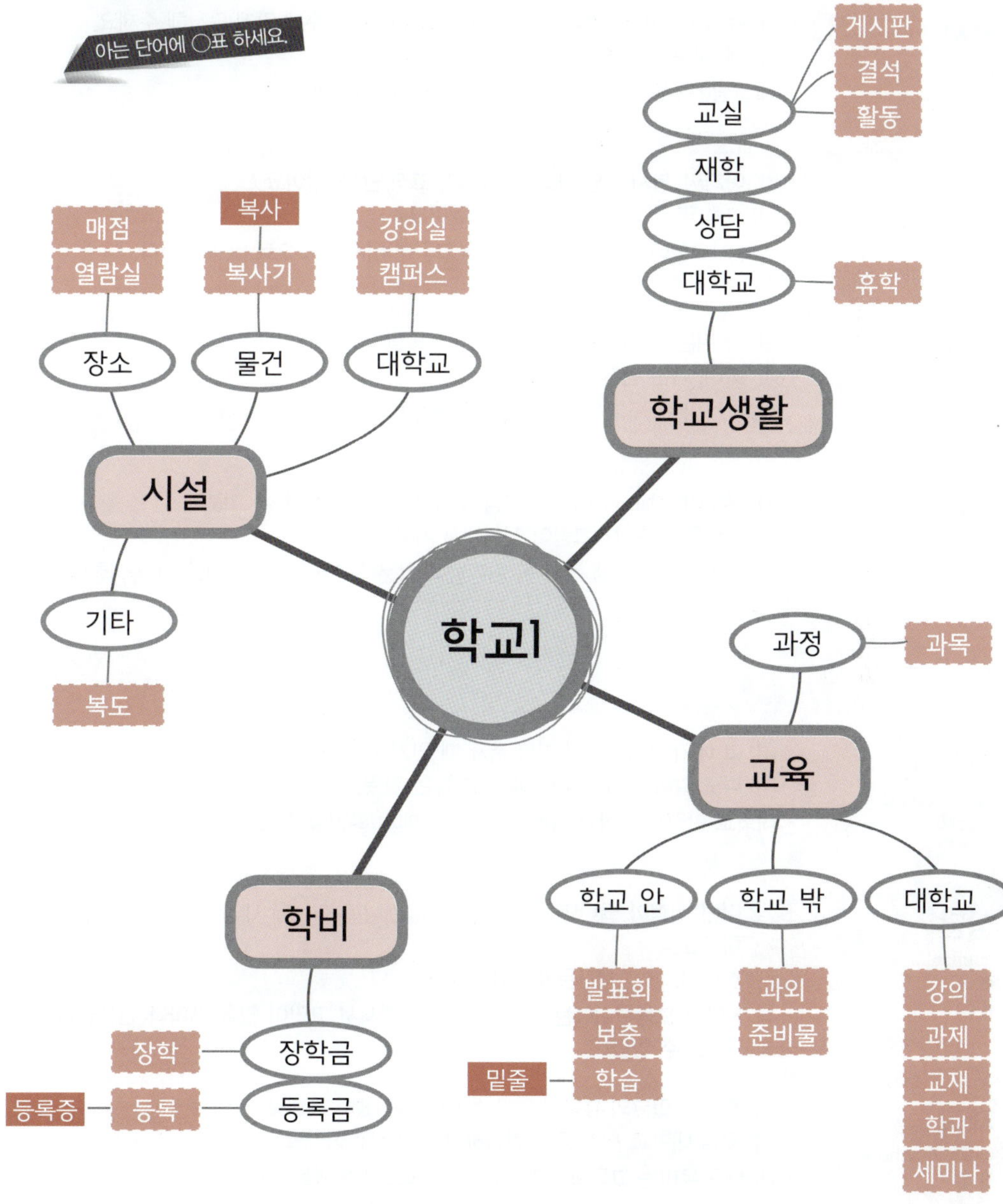

교실 — 게시판
교실 — 결석
교실 — 활동
재학
상담
대학교 — 휴학

학교생활

매점
열람실 — 장소
복사
복사기 — 물건
복사
강의실
캠퍼스 — 대학교

시설

기타
복도

학교1

과정 — 과목

교육

학교 안
학교 밖
대학교

발표회
보충
학습 — 밑줄

과외
준비물

강의
과제
교재
학과
세미나

학비

장학 — 장학금
등록증 — 등록 — 등록금

학교1 시설

강의실
lecture room
教室
講義室

- 가: 유키 언니, 학교에 입학한 지 얼마 안 돼서 강의실을 찾는 게 어려워요.
  나: 나도 처음엔 그랬어. 익숙하지 않아서 그러니까 한 달 정도 지나면 괜찮을 거야.
- 이 강의실은 너무 작아서 학생 50명이 다 들어갈 수 없다.

복사
copy
复印
コピー

- 가: 유미 씨, 이거 오늘 수업 때 쓸 자료니까 학생 수에 맞게 복사해 주세요.
  나: 네, 교수님. 그럼 40장 복사하겠습니다.
- 이 그림은 진짜가 아니라 화가의 작품을 복사한 것이다.

복사기
copy machine
复印机
複写機, コピー機

- 가: 아저씨, 복사가 안 돼요. 복사기가 고장 난 것 같아요.
  나: 그럼 옆에 있는 복사기를 쓰시겠어요?
- 우리 사무실에 있는 복사기는 자주 고장이 나서 새것으로 바꿔야 한다.

매점
canteen
小卖部
売店

- 가: 나 쉬는 시간에 매점 갈 건데 뭐 부탁할 거 있어?
  나: 아니, 나는 괜찮아. 고마워.
- 학교에 있는 매점은 보통 가게보다 가격이 싸다.

복도
corridor
走廊
廊下

- 가: 유미야, 학교 복도에 네 그림이 걸린 거 봤어. 정말 잘 그렸어.
  나: 고마워. 나도 내 그림이 전시돼서 기분이 좋아.
- 나는 비행기를 탈 때 복도 쪽 자리보다 창문 쪽 자리에 앉는 것을 더 좋아한다.

학교1 학교생활

게시판
notice board
布告牌
掲示板

- 가: 그 얘기 들었어? 학교 봄 축제 때 인기 가수 EXO가 온다고 해!
  나: 나도 알아. 학교 게시판에 광고 붙은 거 봤어.
- 대학교 합격자는 학교 홈페이지 게시판에서 확인할 수 있습니다.

상담
counsel
商谈
相談

- 가: 이번 시험이 끝나면 상담을 시작할 거니까 상담할 내용이 있는 학생들은 신청하세요.
  나: 선생님, 상담 시간은 어떻게 돼요?
- 내가 다닌 고등학교에는 상담 선생님이 계셔서 고민이 있을 때마다 선생님과 편하게 얘기할 수 있었다.

재학
while in school
在学
在学

- 가: 후미가 일본의 유명한 의류 회사에 취직했다고 해요!
  나: 요즘 대학교 재학 중에 취직하기 어려운데 정말 잘됐네요!
- 내 친구 유미는 고등학교 재학 중에 미국으로 유학을 갔다.
  표현 재학 기간

활동 activity 活动 活動	• 가: 유키 씨는 바이올린을 정말 잘 켜네요. 언제부터 배웠어요? 나: 일본에서는 학교 다닐 때 특별 **활동**으로 악기나 운동을 해야 돼요. 그때부터 시작 했는데 재미있어서 계속 배웠어요. • 다리를 다쳐서 요즘 **활동**하기가 어렵다.
휴학 leave of absence 休学 休学	• 가: 나 이번 학기 끝나면 **휴학**을 하려고 해. 나: 갑자기 왜? 무슨 일 있어? • 요즘에는 외국어를 공부하려고 **휴학**을 하고 외국에 가는 학생들이 많이 있다.

학교1   교육

강의 lecture 讲课 講義	• 가: 우리 학교에 패션 디자인으로 유명한 디자이너 김나미 씨가 와서 **강의**를 한다 고 해. 나: 그래? 나 김나미 씨 팬인데 꼭 가서 들어야겠다. • 이번 학기에는 일주일에 3번 한국어 **강의**를 듣는다. 표현 강의 내용, 강의를 끝내다/나가다/듣다
과목 subject 科目 科目	• 가: 웬팅 씨, 한국 대학교에서 듣는 **과목** 중에 뭐가 제일 재미있어요? 나: '한국 문화와 한국어'라는 **과목**이요. 한국 문화를 배우니까 한국어 공부가 더 재 미있어졌어요. • 내가 고등학교 때 배운 **과목**의 수는 13개였는데 지금은 그때보다 줄었다. 표현 과목 점수, 과목을 가르치다
과외 private lesson 辅导 課外	• 가: 중학교나 고등학교 다닐 때 **과외**한 적 있어? 나: 응, 난 수학을 잘 못해서 수학 **과외**를 받은 적이 있어. • 고등학생의 49% 정도가 **과외**를 받고 있다고 한다. 표현 과외 공부/수업, 과외를 받다
과정 curriculum, process 过程 課程	• 가: 오늘이 대학원 마지막 수업이네요. 나: 네, 대학원 2년 **과정**이 벌써 끝났다는 게 믿어지지 않아요. • 일의 결과도 중요하지만 **과정**이 더 중요하다고 생각한다. 표현 과정이 복잡하다/필요하다, 과정을 끝내다
과제 project 作业 課題	• 가: 왜 이렇게 피곤해 보여? 잠을 못 잤어? 나: 응, 이번 주에 **과제**가 너무 많아서 잠을 거의 못 잤어. • 나는 혼자 하는 **과제**보다 팀으로 하는 **과제**가 더 어렵다. 표현 과제를 내다, 과제가 남다/떨어지다
교재 textbook 教材 教材	• 가: 저기요, 요즘 잘 팔리는 한국어 **교재**가 뭐예요? 나: 이쪽에 있는 **교재**들이 인기가 많은 **교재**입니다. • 좋은 **교재**를 만들려면 많은 시간과 노력이 필요하다.

밑줄
underline
底线
下線

- 가: 유키 씨는 책에 **밑줄**을 그으면서 읽네요?
  나: 네, 저는 마음에 들거나 기억하고 싶은 표현이 나오면 그렇게 해요.
- (시험문제) 다음 **밑줄** 친 단어와 의미가 비슷한 단어를 고르십시오.
  표현 밑줄을 긋다/치다

발표회
conference
发表会
発表会

- 가: 나미야, 요즘 왜 이렇게 집에 늦게 와?
  나: 2주 후에 학교에서 의상 **발표회**가 있는데 아직 만들 옷이 여러 개 남아서요.
- 내일 초등학교에 다니는 딸의 노래 **발표회**가 있다.

보충
supplementary
补充
補充

- 가: 우와, 엄마, 오늘 저녁은 삼계탕이에요?
  나: 응, 너 요즘 시험공부 때문에 힘든데 영양 **보충** 좀 해야지.
- 학교 공부를 **보충**하기 위해서 학원에 다니는 학생들이 많이 있다.
  표현 보충 설명/수업

외 세미나
seminar
研讨会
セミナー

- 가: 여러분, 다음 달 첫째 주에 영국 유학 **세미나**가 있습니다. 유학에 관심이 있는 학생들은 이번 주까지 신청하세요.
  나: 참가 비용은 없어요? 그냥 가면 돼요?
- 이번 학기에는 수요일마다 교수님의 전공 **세미나**가 있다.
  표현 세미나를 열다

준비물
preparation
material
准备物品
準備物

- 가: 내일 운전 시험 보러 가는 날이야.
  나: 그래? 시험 잘 보고 꼭 합격해. **준비물**은 잘 챙겼어?
- 초등학교 때는 수업에 필요한 **준비물**을 어머니께서 다 챙겨 주셨다.
  표현 준비물을 챙기다, 준비물이 필요하다

학과
major
科
学科

- 가: 전공이 뭐예요?
  나: 한국어교육**학과**예요. 설희 씨는요?
- 요즘 학생들은 전공을 선택할 때 취직이 잘 되는 **학과**를 많이 선택한다.
  표현 학과 공부/시험

학습
study
学习
学習

- 가: 우리 반의 이오리 씨는 **학습** 능력이 참 좋은 것 같아요.
  나: 네, 맞아요, 그래서 다른 학생보다 문법도 빨리 이해해요.
- 이번 주에 학교에서 김치 박물관으로 체험 **학습**을 간다.
  표현 학습 내용/능력

학교1 학비

학비
tuition fee
学费
学費

- 가: 학교 다니면서 아르바이트하는 거 힘들지?
  나: 응. 힘들어. 그런데 **학비**를 벌어야 하니까 힘들어도 해야 돼.
- 나는 입학 성적이 좋아서 대학교 4년 동안 **학비**를 내지 않고 다녔다.
  표현 학비를 내다/보내다

등록 registration 登记 登録	• 가: 다음 학기에 한국어를 배우고 싶은데 **등록**이 언제까지예요? 　나: 다음 학기 **등록**은 8월 20일부터 30일까지입니다. • 헬스클럽을 다닐 때 한 번에 6개월을 **등록**하면 20% 할인받을 수 있다. 　표현 **등록** 기간/서류
등록금 registration fee 学费 登録金	• 가: 요즘 대학교 **등록금**이 많이 비싸죠? 　나: 그럼요, **등록금**을 낼 수 없어서 휴학하는 학생들도 많아요. • 나라에서 **등록금**을 내기 어려운 학생들에게 싼 이자로 돈을 대출해 주고 있다.
장학 scholarship 奖学 奨学	• 가: 유럽에서는 **장학**제도가 좋아서 등록금이 무료인 대학교가 많다고 해요. 　나: 네, 저도 들었어요. 우리나라도 그렇게 되면 좋겠네요. • 우리 회사는 어려운 학생들에게 학비를 주는 **장학** 사업을 하고 있다. 　표현 **장학** 제도
장학금 scholarship 奖学金 奨学金	• 가: 효성 씨, 이번에 **장학금**을 받았다고 들었어요. 축하해요! 　나: 고마워요. 생각도 못 했는데 **장학금**을 받게 돼서 저도 기뻐요. • 다음 학기에는 열심히 공부해서 꼭 **장학금**을 받고 싶다. 　표현 **장학금**을 신청하다
등록증 certificate of registration 登记证书 登録証	• 가: 외국인 **등록증**을 어디에서 잃어 버렸어? 　나: 지난주에 놀이공원에 갔을 때 잃어버린 것 같아. • 한국에서는 18세가 되면 주민**등록증**을 받을 수 있다. 　표현 주민**등록증**

1 다음은 대학교 생활 안내 게시판의 글입니다. 빈칸에 알맞은 단어를 쓰십시오.

| 강의실 | 매점 | 복사 | 휴학 |

1. _____ 안내
수업하는 장소는 전공마다 다르니까 학과 홈페이지에서 확인하세요.

2. _____ 안내
도서관 1층에 위치하고 있습니다. 과자와 음료수, 간단한 샌드위치를 판매합니다.

3. _____ 안내
도서관 지하 2층에서 할 수 있습니다. 1장에 50원.

4. _____ 신청 안내
신청 기간 : ① 1월 18일(월) ~ 1월 19일(화)
　　　　　　② 2월 1일(월) ~ 2월 2일(화)
신청 기간 안에 신청서를 써서 인터넷으로 내 주시기 바랍니다.

2 다음은 댄 씨가 고등학교 때 공부한 방법입니다. 빈칸에 알맞은 단어를 쓰십시오.

| 교재 | 과외 | 밑줄 | 보충 |

1. 나는 공부할 때 중요한 것에 _____ 을/를 치면서 공부했어요.

2. 학습이 부족한 과목은 학교가 끝난 후에 하는 _____ 수업을 신청해서 더 공부했어요.

3. 학교에서 배우는 _____ (으)로만 공부하지 않고 그 과목과 관계가 있는 다른 책들도 많이 사서 봤어요.

4. 학교에서 배운 과목 중 너무 어려운 과목은 _____ 을/를 했어요. 선생님께 1:1로 배울 수 있어서 도움이 많이 된 것 같아요.

휴학	유**학**	studying abroad / 留学 / 留学
학(學):배우다	입**학**	furniture / 家具 / 家具
study 学 学ぶ	**학**기	semester / 学期 / 学期
	학생	student / 学生 / 学生

활동	**동**물	animal / 动物 / 動物
동(動):움직이다	운**동**	exercise / 运动 / 運動
move 动 動く	자**동**차	car / 汽车 / 自動車
	감**동** DAY24	touched / 感动 / 感動

학비	낭**비** DAY47	waste / 浪費 / 浪費
비(費):쓰다	**비**용 DAY21	cost / 费用 / 費用
spend 费 費やす	식**비** DAY69	food expenses / 饭钱 / 食費
	회**비** DAY46	fee / 会费 / 会費

DAY 34 학교2

아는 단어에 ◯표 하세요.

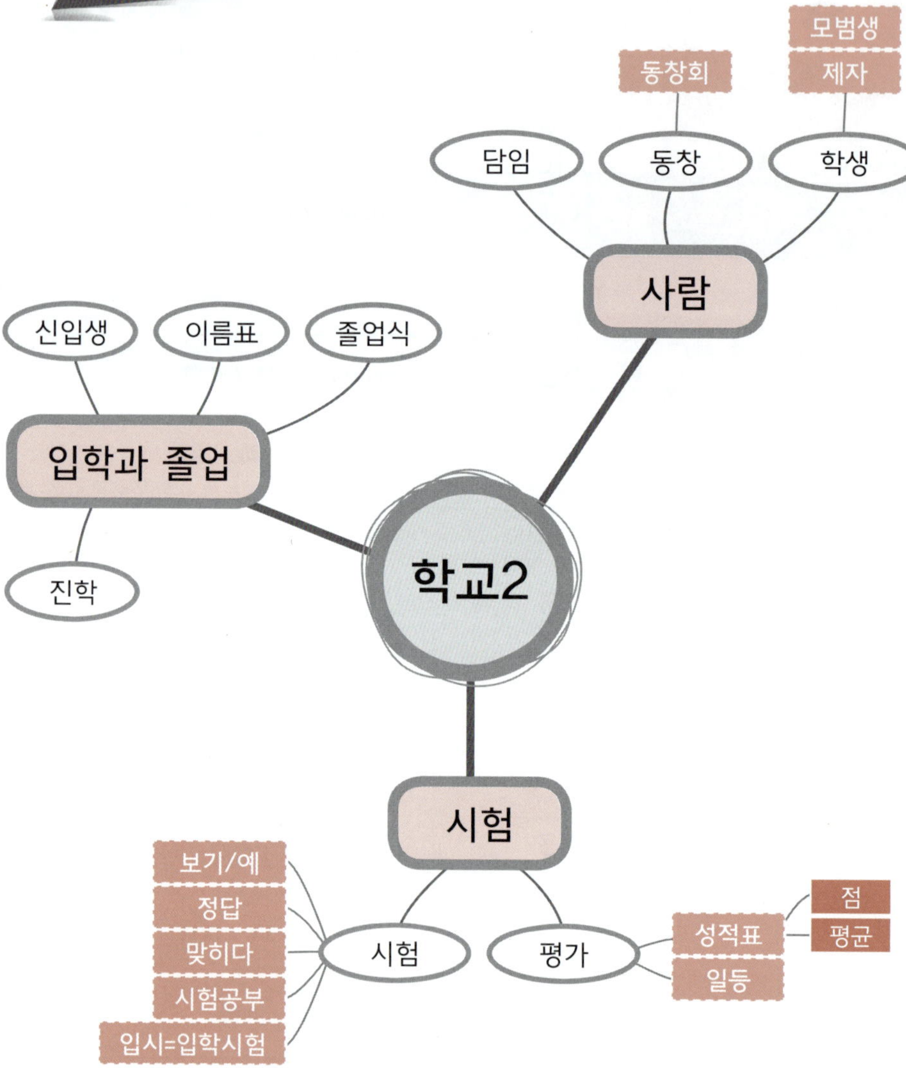

모범생
제자

동창회

담임　　동창　　학생

사람

신입생　이름표　졸업식

입학과 졸업

진학

학교2

시험

보기/예
정답
맞히다
시험공부
입시=입학시험

시험　　평가

성적표

점
평균

일등

담임
home room
teacher
班主任
担任

- 가: 다음 주에 이번 학기가 끝나는데 선생님이랑 헤어져서 너무 섭섭해.
  나: 맞아. 담임선생님께 감사하는 마음으로 조금씩 돈을 모아서 선물을 사 드리면 어때?
- 나는 초등학교 교사인데 올해 4학년 담임을 하게 되었다.

표현 담임 선생님, 담임을 맡다

동창
alumni
同学
同窓

- 가: 여보, 오늘은 퇴근 후에 동창 모임이 있어서 좀 늦을 거예요.
  나: 알겠어요. 즐거운 시간 보내고 와요.
- 우리 회사 후배인 서지우 씨는 나와 대학교 동창이다.

표현 동창 모임

동창회
reunion
校友会
同窓会

- 가: 다음 주에 동창회에 올 거지?
  나: 요즘 회사 일이 너무 바빠서 아직 모르겠어.
- 10년 동안 못 만난 친구들을 동창회에서 만나니까 정말 반가웠다.

모범생
honor student
模范学生
模範生

- 가: 엄마는 학교 다닐 때 모범생이었어요?
  나: 그럼, 엄마는 공부도 잘하고, 선생님 말씀도 잘 듣는 모범생이었지.
- 나는 공부만 하는 모범생은 별로 좋아하지 않는다.

제자
student
弟子
弟子

- 가: 교수님, 학생들을 가르치시면서 언제 제일 보람을 느끼십니까?
  나: 졸업한 제자들이 저를 잊지 않고 찾아올 때 제일 보람을 느낍니다.
- 나는 축구 선수 생활을 마친 후 학교에서 제자를 기르고 싶다.

표현 제자를 가르치다/기르다

맞히다
guess right
对
当てる

- 가: 단어 시험 잘 봤어? 몇 개 맞혔어?
  나: 물어보지 마. 잘 못 봤어.
- 수업 시간에 선생님께서 내신 문제를 많이 맞혀서 상품으로 공책을 2권 받았다.

보기/예
example/example
例子/例子
見本/例

- 가: 이 문법을 말할 때 어떻게 사용하는지 잘 모르겠어.
  나: 나는 문법 설명에 있는 '보기' 문장을 소리를 내서 많이 연습하니까 도움이 돼.
- 우리 한국어 선생님은 어려운 문법도 예를 들어서 잘 설명해 주신다.

성적표
report card
成绩单
成績表

- 가: 내일 우리 시험 성적표가 나오는데 너무 긴장돼.
  나: 너는 열심히 공부했으니까 결과가 좋을 거야. 내가 걱정이지.
- 우리 회사는 보통 회사와 다르게 취직할 때 대학교 성적표를 내지 않아도 된다.

일등 first 第一 一等	• 가: 어제 한국 가요 대회(K-pop)에서 일등 한 일본 팀 봤어? 노래 잘하지? 　나: 응, 노래도 정말 잘하고 한국말도 잘해서 놀랐어. • 이번 시험 때 어느 때보다도 열심히 공부했으니까 꼭 일등을 하면 좋겠다.
입시 **=입학시험** entrance examination 高考 入試, 入学試験	• 가: 우리 큰딸이 내년에 고등학생이 돼요. 　나: 그럼 이제 입시 준비를 시작해야겠네요. 힘들겠어요. • 올해 대학 입학시험은 작년보다 어려웠다고 한다. 　표현　입시 공부/문제
점 score 分 点	• 가: 엄마, 오늘 영어 시험 100점 맞았어요. 　나: 그래? 잘했네. 우리 딸이 100점 맞아서 엄마도 기분이 좋다. • 내 남편에게 점수를 준다면 나는 100점 중에서 90점을 주고 싶다.
정답 correct answer 答案 正答	• 가: 3번 답이 뭐야? 틀렸는데 뭐가 정답인지 모르겠어. 　나: 3번 정답은 4번이야. 나도 그거 틀렸어. • 한국어 능력 시험(TOPIK)의 정답은 홈페이지에서 확인할 수 있습니다. 　표현　정답을 맞추다/묻다
평가 appraisal 评价 評価	• 가: 후미 씨는 학교에서 평가가 있어야 한다고 생각해요? 　나: 네, 평가가 없으면 학생들이 공부를 열심히 하지 않으니까 필요하다고 생각해요. • '한국대학교'가 대학 평가에서 1등을 했다. 　표현　평가 결과/보고서, 평가를 내리다/받다
평균 average 平均 平均	• 가: 요즘은 결혼하는 평균 나이가 점점 높아지는 것 같아. 　나: 맞아, 내 친구 중에 제일 일찍 결혼한 친구가 31살에 했어. • 우리 대학교는 평균 점수가 1.8보다 낮으면 한 학기를 다시 다녀야 된다. 　표현　평균 나이/속도/점수, 평균을 내다

학교2　입학과 졸업

신입생 freshman 新生 新入生	• 가: 오늘 신입생 환영 모임 있는 거 알지? 꼭 와. 　나: 네, 선배님. 저녁 6시 맞지요? • 우리 대학교에는 외국인 신입생들이 신청할 수 있는 한국 문화 특별 체험 프로그램이 있다.
이름표 name tag 姓名牌 名札	• 가: 어제 공원에서 강아지를 잃어버렸는데 찾을 때까지 1시간 걸렸어. 　나: 쉽게 잃어버릴 수 있으니까 이름표를 만들어 주는 게 어때? • 나는 초등학교 때 학교에 가지고 다니는 물건마다 이름표를 붙였다.

졸업식		가: 이제 일주일만 있으면 졸업식이네.
졸업식 graduation ceremony 毕业典礼 卒業式		• 가: 이제 일주일만 있으면 졸업식이네. 나: 응, 입학한 지 얼마 안 된 것 같은데 벌써 졸업이야. 시간이 정말 빠른 것 같아. • 졸업식이 있는 날에는 학교 앞에서 꽃을 파는 사람들이 많다.
진학 enter school 上学 進学		• 가: 대학교 졸업하면 뭐 할 거예요? 바로 취직할 거예요? 나: 아니요, 대학원에 진학하려고 해요. • 독일은 고등학교 졸업 후 대학교에 진학하는 사람이 약 40%밖에 되지 않는다고 한다. 표현 진학 시험

졸 업 식 식(式) : 식 **ceremony, way** 式 式	결혼**식**	marriage / 婚礼 / 結婚式
	사고방**식** <kbd>DAY39</kbd>	way of thinking / 思考方式 / 考え方
	장례**식** <kbd>DAY31</kbd>	funeral / 葬礼 / 葬式

1 다음은 학교의 입학과 졸업, 동창회에 대한 안내문입니다. 빈칸에 알맞은 단어를 쓰십시오.

| 담임 | 동창 | 이름표 | 졸업식 |

〈4학년들 보세요!〉

한국대학교 학생회에서 안내드립니다. 다음 주에 4학년 학생들의 1. _____ 사진을 찍겠습니다. 오전 10시부터 오후 3시 사이에 306호로 와서 찍으시면 됩니다. 학생들은 자신의 얼굴과 이름을 확인해야 하니까 2. _____ 을/를 꼭 준비해 주시기 바랍니다.

〈금화 고등학교 동창회 안내〉

학교 다닐 때 같이 공부한 3. _____ 들을 만날 수 있는 시간!
우리에게 많은 것을 배울 수 있게 해 주신 선생님들, 특히, 여러분 반을 맡아서 가르쳐 주신 4. _____ 선생님을 만날 수 있는 시간!
우리의 아름다운 학교생활이 그리운 분들은 꼭 오셔서 그동안 못 한 이야기들을 나누시기 바랍니다.
언제: 4월 16일 (토), 오후 5시
어디에서: 학교 앞 만나레스토랑

2 밑줄 친 부분과 바꿔 쓸 수 있는 단어를 쓰십시오.

| 정답 | 신입생 | 예 | 입시 |

1. 문법이 잘 이해가 안 될 때 보기를 보면 도움이 된다. _____

2. 이 문제의 답이 잘못된 것 같아서 선생님께 여쭤보려고 한다. _____

3. 고등학교 3학년들은 대학교 입학시험을 준비하기 위해 잠도 4시간 이상 안 잔다고 한다.
   _____

4. 올해 학교에 입학한 학생들은 학교 근처 식당에서 식사할 때 10% 할인을 받을 수 있다.
   _____

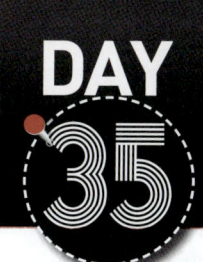

DAY 35 일과 직업

아는 단어에 ○표 하세요.

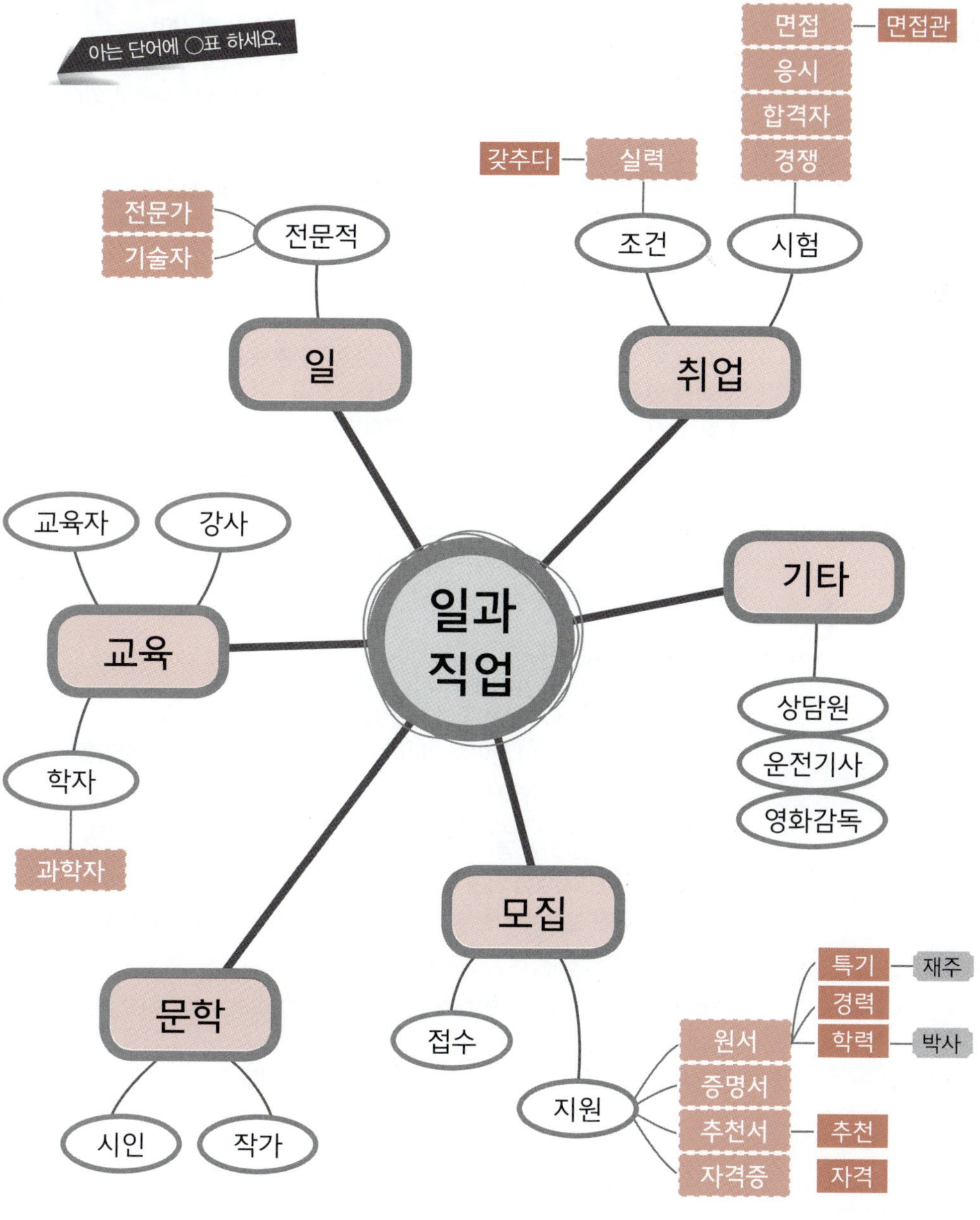

일과 직업
일
전문적
전문가
기술자
취업
조건
실력
갖추다
시험
면접
면접관
응시
합격자
경쟁
기타
상담원
운전기사
영화감독
교육
교육자
강사
학자
과학자
모집
접수
지원
원서
특기
재주
경력
학력
박사
증명서
추천서
추천
자격증
자격
문학
시인
작가

취업
get a job
就业
就業

- 가: 빨리 **취업**해야 하는데 내 조건에 맞는 회사가 별로 없어서 걱정이야.
  나: 그래? 어떤 조건의 회사를 찾는데?
- 한국에서는 좋은 회사에 **취업**하려고 하면 외국어를 잘해야 한다.

표현 취업문, 취업에 성공하다

갖추다
prepare
具备
備える

- 가: 외국 회사에 취직하고 싶은데 영어를 잘 못해서 못 갈 것 같아.
  나: 그렇구나. 미리 가고 싶은 회사에 필요한 조건을 **갖추는** 것이 중요해.
- (광고) 저희 헬스클럽은 다른 곳에서 볼 수 없는 최고의 시설을 **갖추고** 있습니다.

표현 서류/시설/자격/조건을 갖추다

경쟁
competition
竞争
競争

- 가: 요즘은 아르바이트를 구할 때도 **경쟁**이 심하다고 들었어요.
  나: 네, 어떤 회사에서 아르바이트 3명을 뽑는데 100명이 왔다고 해요.
- 함께 **경쟁**하는 사람이 있을 때 더 좋은 결과가 나온다고 한다.

표현 경쟁 상품, 경쟁이 뜨겁다/세다/심하다

면접
job interview
面试
面接

- 가: 다음 주 토요일에 한국 회사 **면접**이 있는데 무슨 옷을 입고 가면 좋을까요?
  나: 보통 한국에서는 점잖게 보이는 정장을 입어요.
- 그 회사는 **면접**이 까다로운 것으로 유명하다.

표현 면접시험, 면접에(서) 떨어지다, 면접을 보다

면접관
interviewer
面试官
面接官

- 가: 면접 잘했어?
  나: 아니, **면접관**이 어려운 질문을 많이 해서 당황했어. 그래서 대답을 잘 못한 것 같아.
- 지난번 면접을 볼 때 **면접관**이 3명이었다.

실력
ability
水平
実力

- 가: A 회사에 들어가고 싶은데 합격할 수 있을까?
  나: 너는 여러 부분에서 **실력**을 갖추고 있으니까 들어갈 수 있을 거야.
- 내 친구는 컴퓨터 **실력**이 좋아서 여러 회사에서 내 친구와 함께 일하기를 원한다.

표현 실력이 늘다/좋다/뛰어나다, 실력을 갖추다/쌓다

응시
take (an exam)
应考
応試

- 가: 이번 취직 시험에 몇 명이 **응시**했다고 해요?
  나: 20명 뽑는데 100명이 넘게 **응시**했다고 해요.
- 시험에 **응시**하신 분들은 시험 시간 30분 전까지 면접 장소로 오십시오.

합격자
successful
applicant
合格者
合格者

- 가: 이번에 우리 회사에 새로 들어오는 직원이 80명이라고 들었어요.
  나: 네. 그런데 **합격자**의 70%가 여자라고 해요.
- 내가 지원한 회사의 **합격자** 발표는 다음 주 월요일이다.

모집 recruitment 招聘 募集	• 가: 이번에 S회사 직원 **모집** 광고 봤어요? 　나: 아직 못 봤어요. 몇 명 정도 **모집**한다고 해요? • (광고) 서울시 학생 상담 센터에서는 취업 상담 프로그램을 체험할 대학생들을 **모집**합니다.
경력 career 经历 経歴	• 가: 지금까지 자동차 회사에서 일한 **경력**이 얼마나 됐습니까? 　나: 대학교 졸업 후 계속 일을 했으니까 12년 정도 됐습니다. • 요즘 젊은 사람들은 많은 **경력**을 쌓아서 월급이 더 많은 회사에 가고 싶어 한다. 　표현 경력이 있다/없다/쌓이다, 경력을 쌓다/자랑하다
박사 Ph.D 博学 博士	• 가: **박사** 과정은 몇 년 정도 걸려요? 　나: 전공마다 다른데 우리 전공은 3년쯤 걸린다고 알고 있어요. • 교수가 되려면 **박사**까지 공부를 마쳐야 한다.
원서 application 志愿书 原書	• 가: 지난번에 가고 싶다고 말한 회사에 **원서** 넣었어요? 　나: 아직 안 넣었어요. 이번 주에 넣으려고 해요. • 요즘은 인터넷으로 **원서**를 받는 회사가 많다. 　표현 원서를 내다/넣다
자격 ability 资格 資格	• 가: 사업을 시작하는데 돈이 좀 필요해서 대출받고 싶은데요. 　나: 네, 고객님, 대출받을 **자격**이 되시는지 먼저 확인을 좀 하겠습니다. • 간호사 **자격**시험에 합격해서 다음 달부터 대학 병원에서 일하게 됐다. 　표현 자격이 있다/없다/충분하다, 자격을 갖추다/얻다/잃다
자격증 certificate 资格证 資格証, 免許状	• 가: 대학교 졸업하기 전에 영어 **자격증**을 딸 거야. 　나: 어떤 **자격증**을 따려고 하는데? • 한국어 교사가 되려고 하면 **자격증**이 있어야 한다. 　표현 자격증을 가지다/따다
재주 skill 能力 才	• 가: 이 생일 카드 내가 만들었는데 어때? 　나: 이야, 너 정말 **재주**가 좋다. 팔아도 되겠는데! • 내 친구는 **재주**가 많아서 무슨 일을 해도 잘할 것 같다. 　표현 재주가 좋다
접수 apply 受理 接受	• 가: 외국인 신입생 서류 **접수**는 어디에서 해요? 　나: 오른쪽으로 가시면 화장실 옆에 **접수**하는 곳이 있습니다. • (안내) 서울 영어 학원의 다음 달 **접수** 기간은 2월 18일부터 28일까지입니다. 　표현 접수 기간

증명서 certificate 证书 証明書	• 가: 여보세요? 제가 취직할 회사에 낼 졸업 **증명서**가 필요한데요. 인터넷으로 신청할 수 있어요? 　나: 물론이지요. 학교 홈페이지에 들어가서 신청하시면 됩니다. • 회사에 취직할 때는 내야 하는 **증명서**가 아주 많아서 서류 준비하는 시간이 많이 걸린다.
지원 apply 志愿 支援	• 가: 이제 곧 졸업인데 앞으로 어떻게 할지 정했어? 　나: 취직하려고 회사 몇 곳에 **지원**했어. • (학교 게시판) 학교 노래 대회에 나가실 분 10명을 뽑습니다. 관심 있는 분들은 **지원**해 주세요.
추천 recommendation 推荐 推薦	• 가: 메리 씨는 뮤지컬 자주 보죠? 주말에 데이트할 때 뮤지컬을 보러 가고 싶은데 **추천** 좀 해 주시겠어요? 　나: 재미있는 공연이 여러 개 있는데 어떤 내용을 좋아하세요? 사랑 이야기? • 부장님의 **추천**으로 이번 해외 출장은 내가 가게 되었다. 　표현　추천을 받다/얻다
추천서 recommendation form 推荐书 推薦書	• 가: 내가 취직하고 싶은 회사에 들어가려면 **추천서**가 필요한데 어느 교수님께 부탁드리지? 　나: 한 교수님께 부탁드려 봐. 지난번에 내가 부탁했을 때도 써 주셨어. • 내가 준비하고 있는 미국 대학교가 올해 가을부터 입학을 지원할 때 **추천서**도 내야 한다고 발표했다.
특기 speciality 特技 特技	• 가: 파니아 씨, **특기**가 있으면 조금 보여 줄 수 있습니까? 　나: 네, 저는 인도네시아 전통 춤을 배웠는데 한번 해 보겠습니다. • 내 동생은 어릴 때부터 음악에 **특기**가 있어서 예술고등학교에 진학했다.
학력 level of education 学历 学歷	• 가: 요즘 취직하는 사람들의 **학력**이 점점 높아지고 있다고 해요. 　나: 네, 취직 경쟁이 심하니까 대학교를 졸업하고 바로 취직하지 않고 대학원이나 유학을 간다고 해요. • 서울 회사에서는 내년부터 **학력**을 보지 않고 직원을 뽑는다고 한다. 　표현　학력이 높다/낮다

일과 직업 **일**

기술자 technician 技术员 技術者	• 가: 마데 씨, 얘기 들었어요? 이번에 우리 교수님이 과학 **기술자** 상을 받으셨다고 해요. 　나: 그게 정말이에요? 너무 기쁘네요! • 우리 삼촌은 자동차 **기술자**인데 수리 센터를 2개 가지고 계신다.
전문가 expert 专门家 專門家	• 가: 이번 금요일에 우리 학교에서 하는 디자인 세미나에 올 거지? 　나: 응, 유명한 디자인 **전문가**들이 자신만의 경험과 방법을 소개한다고 하니까 전공 공부에 도움이 많이 될 것 같아. • 우리 오빠는 한국 역사를 잘 알고 있는데 역사 이야기할 때는 거의 **전문가** 같다.

전문적 specialized 专门的 專門的	• 가: 이사를 해야 하는데 짐이 너무 많고, 또 한국에서는 이사가 처음이라서 걱정이에요. 　나: 소피아 씨, 한국에는 전문적으로 이사를 도와주는 회사들이 많이 있어요. 제가 좀 알아볼까요? • 자신의 적성에 맞는 직업을 찾아주는 전문적인 회사가 많이 생기고 있다.

일과 직업 · 교육

강사 lecturer, teacher 讲师 講師	• 가: 우리 학교에서 하는 특별 세미나에 가수 박경림 씨가 강사로 와서 '인생의 꿈과 목적'이라는 제목으로 강의한다고 해. 　나: 나도 신청했는데 그때 신청자가 벌써 300명이 넘었어. • 나는 대학교에 다니는 동안 학비를 벌려고 아르바이트로 수영 강사를 했다.
교육자 educator 教育家 教育者	• 가: 치에미 씨는 교육 대학원에서 공부하고 있다고 했죠? 나중에 교수가 되고 싶어요? 　나: 아직 잘 모르겠어요. 하지만 '앤 설리번'처럼 사람을 바꾸는 교육자가 되고 싶어요. • 부모는 아이가 가장 처음 만나는 교육자이기 때문에 말과 행동을 조심해야 한다.
과학자 scientist 科学家 科学者	• 가: 얼마 전에 뉴스를 봤는데 미국의 '스티븐 쿡' 박사가 또 과학자 상을 받았다고 해. 　나: 그렇구나. 병 때문에 몸이 불편한데 상까지 받고, 정말 훌륭하신 분이야. • 미국에서 세계 과학자 대회가 열리는데 1,000명이 넘는 과학자들이 온다고 한다.
학자 scholar 学者 学者	• 가: 학자는 매일 공부만 해야 되니까 재미없을 것 같아. 　나: 좋아서 스스로 하는 공부니까 재미있을 것 같은데? • 우리 학과의 김 박사님은 아시아에서 매우 유명한 동물학자이다.

일과 직업 · 문학

시인 poet 诗人 詩人	• 가: 야스코 씨는 시를 좋아한다고 했죠? 시인 중에 좋아하는 사람 있어요? 　나: 저는 정호승 시인을 좋아해요. 그분은 우리가 느끼는 감정을 시로 정말 잘 표현해요. • 시인 한유미 씨는 시를 쓸 때 보통 조용한 장소를 찾는다고 한다.
작가 writer 作家 作家	• 가: 지금 텔레비전에 나오는 작가가 정말 언니 친구예요? 　나: 응, 내 친구야. 저 친구는 30살이 넘어서 작가를 시작했는데 지금은 아주 유명한 소설가가 됐어. • 김나미 작가가 이달 22일부터 27일까지 종로에서 미술 작품 전시회를 연다.

일과 직업 **기타**	

영화감독 movie director 电影导演 映画監督	• 가: 우리나라 **영화감독** 최준호 씨가 홍콩의 유명한 여배우랑 사귄다고 해. 나: 그 얘기를 이제 알았어? 지난주에 두 사람이 결혼한다고 뉴스에 나왔어. • 정승원 **영화감독**이 만든 영화들은 해외에서도 좋은 평가를 받고 있다.

상담원
counselor
咨询员
カウンセラー
	• 가: 아, 이제 알겠습니다. 친절하게 설명해 주셔서 감사합니다.
	  나: 아닙니다, 고객님. 궁금하신 내용이 있으시면 언제든지 연락 주십시오. 지금까지
	  상담원 이유미였습니다.
	• 은행의 **상담원**과 통화할 때 고객이 기다리는 시간은 평균 72초라고 한다.

운전기사
driver
司机
運転手
	• 가: 다음 주에 제주도 여행을 갈 건데 가서 자동차를 빌려서 다니는 게 편할까?
	  나: 제주도에 가면 택시 **운전기사**들이 좋은 장소를 안내해 주는 프로그램이 있다고
	  하는데 그건 어때?
	• 어제 경주에서 일어난 버스와 택시의 교통사고는 **운전기사**의 과속 때문이라고 한다.

214 토픽 어휘 2300

1 취업을 준비하는 과정입니다. 빈칸에 알맞은 단어를 쓰십시오.

경쟁	면접관	모집	접수
	지원	추천서	합격자

지우: 김 선배, 선배가 다니는 회사에서 요즘 직원을 1. _____ 하고 있지요?
저도 선배 회사에 2. _____ 하려고 해요.

준호: 아 그래? 네가 우리 회사에 와서 같이 일할 수 있으면 좋겠다.

지우: 그렇게 말씀해 주셔서 고마워요. 그런데 3. _____ 이/가 심하다고 들었어요.

준호: 너는 영어 실력도 좋고 무슨 일이나 열심히 하니까 잘 될 거야. 너무 걱정하지 마.
그런데 서류 준비는 다 했어? 교수님 4. _____ 도 내야 하는 것으로 알고
있는데.

지우: 지금 준비하고 있어요. 그런데 면접할 때 5. _____ 은/는 몇 분 정도 들어
오세요?

준호: 내가 면접 볼 때는 세 분이 들어오셨어. 6. 원서 _____ 은/는 언제 할 거야?
회사에 직접 와서 원서 낼 거면 전화해. 합격하라는 의미로 내가 점심 살게.

지우: 원서는 인터넷으로 내려고 해요. 7. _____ 발표가 나오면 연락드릴게요. 고
마워요.

준호: 그래. 좋은 결과 있기를 바랄게. 나중에 다시 연락하자.

2 다음은 어떤 직업에 대한 설명인지 맞는 직업을 찾아서 쓰십시오.

강사	상담원	시인	영화감독	운전기사

1.	제가 만든 영화를 사람들이 많이 보러 올 때 가장 기쁩니다.	
2.	글을 쓸 때 좋은 표현이 생각 안 나면 답답합니다.	
3.	술에 취한 손님이 차에 타서 그냥 주무실 때가 제일 어렵습니다.	
4.	감기에 걸려서 목소리가 안 나올 때도 수업을 해야 할 때가 정말 힘들어요.	
5.	고객이 문의한 내용에 잘 대답해서 고객이 만족했을 때 큰 보람을 느낍니다.	

취업	직업	job / 职业 / 職業
업(業): 일, 직업	기업 DAY69	business / 企业 / 企業
job 业 業	업무 DAY36	work / 业务 / 業務
	영업 DAY37	sales / 营业 / 営業

특기	경기	competiton / 竞赛 / 競技
기(技): 기술, 재주	운전기사	driver / 司机 / 運転手
technique 技 技	기술 DAY79	technique / 技术 / 技術

상담원	공무원	public official / 公务员 / 公務員
원(員): 직업으로 하는 사람	은행원	bank clerk / 银行 / 行員
clerk 员 -員	직원	employee / 职员 / 職員
	회사원	company employee / 公司职员 / 会社員

직장 생활1

아는 단어에 ○표 하세요.

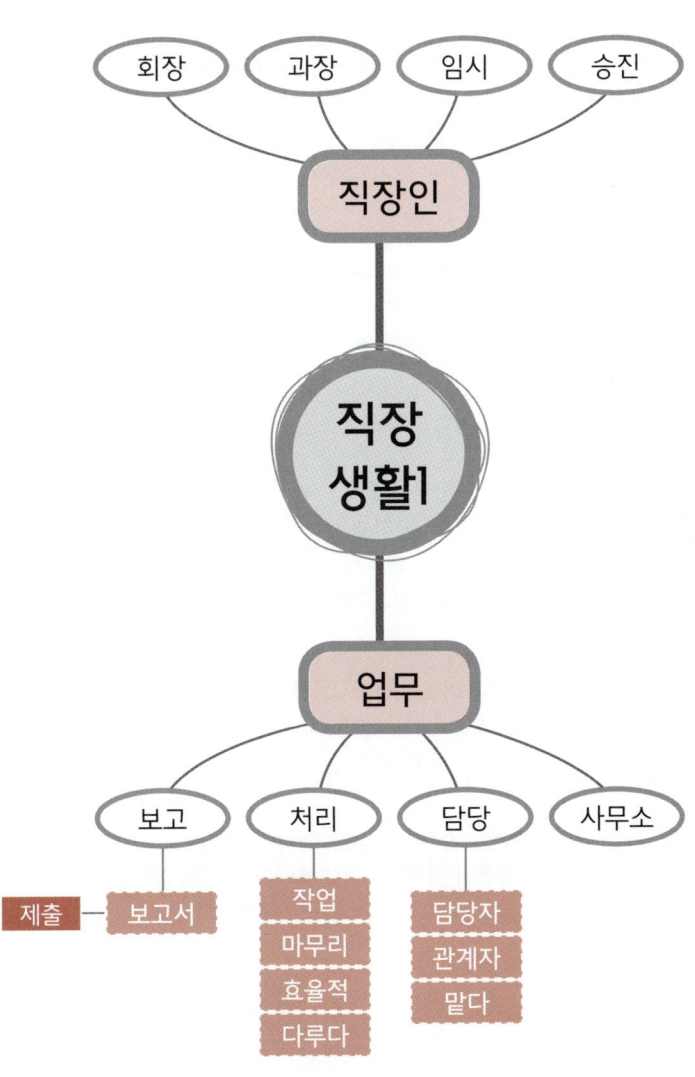

회장 과장 임시 승진

직장인

직장 생활1

업무

보고 처리 담당 사무소

제출 ─ 보고서

작업
마무리
효율적
다루다

담당자
관계자
맡다

직장인 office worker 上班族 勤め人	• 가: 탕기 씨, 지금 휴가라서 좋지요? 　나: 그럼요, 직장인들에게는 휴가가 가장 기다려지는 시간이지요. • 직장인 여성의 60%가 중간에 회사를 그만두고 싶지 않아서 결혼과 출산을 고민한 　다고 한다.
과장/회장 section chief/ president 科长/会长 課長/會長	• 가: 우리 과장님은 일도 잘하시고 마음도 넓으시고, 정말 배울 점이 많아요. 　나: 맞아요. 저도 과장님 같은 선배가 되고 싶어요. • B 회사의 정승원 회장이 재산의 50%를 돈이 없는 사람들에게 쓰겠다고 발표했다.
승진 promotion 升职 昇進	• 가: 승진 축하드립니다. 이제는 과장님이라고 불러야겠네요. 　나: 감사합니다. 더 열심히 하겠습니다. • 이번 일을 잘하면 회사에서 승진의 기회를 얻을 수 있다. 표현 승진 가능성/기회/시험, 승진이 되다/늦다/빠르다
임시 termprarily 临时 臨時	• 가: 일자리 구했다고 들었어. 정말 잘됐다. 　나: 고마워. 그런데 임시로 하는 일이라서 얼마나 일할 수 있을지 모르겠어. • 우리 회사의 주차장이 부족해서 옆 건물의 주차장을 임시로 쓰고 있다. 표현 임시 교사/공휴일/주차장

업무 work 业务 業務	• 가: 이오리, 왜 이렇게 피곤해 보여요? 　나: 요즘 회사 업무가 너무 많아서 그래요. 한 달 동안 거의 9시까지 퇴근을 못 했어요. • 직장인의 80%가 직장 동료와의 연애가 업무에 도움을 준다고 생각한다고 한다. 표현 업무 상담/처리/환경, 업무를 보다/다루다
관계자 the persons concerned 有关人员 関係者	• 가: 공연장 입구에 사람이 너무 많은데 이쪽 문으로 나가도 돼요? 　나: 죄송합니다. 이곳은 관계자들만 출입할 수 있는 문입니다. • 이번 영화 촬영의 관계자를 만나러 제주도에 출장을 가야 한다. 표현 관계자 회의, 관계자에게 묻다
다루다 deal with 使用, 管 扱う	• 가: 줄리안 씨는 컴퓨터를 정말 잘 다루시네요. 　나: 아, 제 전공이 컴퓨터라서 이 정도는 어렵지 않아요. • 이 가게는 새 제품은 팔지 않고 중고품만을 다룬다. 표현 물건/악기/업무를 다루다

담당 in charge 担任 担当	• 가: 유미 씨, 이번 행사 홍보물을 맡은 회사가 어디인지 알아요? 나: 그 일은 제 담당이 아니어서 저도 잘 모르는데요. 크리스틴 씨한테 물어보세요. • 메리 씨는 싱가포르에서 한국 문화와 관광 마케팅을 담당하고 있다. 표현 담당 검사/경찰관/의사
담당자 the person in charge 负责人 担当者	• 가: 이번 일을 담당할 사람을 한 명 추천해 주세요. 나: 네, 과장님. 저는 김효성 씨를 담당자로 추천합니다. 김효성 씨는 늘 열심히 일하 는 사람입니다. • 전화 상담 담당자들은 고객과 전화할 때 어떻게 해야 하는지 교육을 받는다.
마무리 finish, wrap up 扫尾 仕上	• 가: 야스코 씨, 퇴근 시간이 지났는데 왜 퇴근 안 해요? 같이 나갑시다. 나: 마무리를 해야 되니까 먼저 가세요. • 일을 할 때 시작이 좋아도 마무리를 못하면 좋은 평가를 받기 어렵다. 표현 마무리를 서두르다/짓다
맡다 undertake, handle 承担 引き受ける	• 가: 이번에 회사에서 하는 행사에서 사회자를 맡을 사람이 필요한데 누가 하면 좋을 까요? 나: 호당 씨가 어떨까요? 호당 씨는 유머 감각도 있고 말도 잘하니까 잘할 것 같아요. • 어릴 때 부모님이 직장 일로 바쁘셔서 할머니가 나를 맡아서 키우셨다.
보고 report 报告 報告	• 가: 크리스마스 때 할 제품 판매 행사는 잘 준비되고 있습니까? 나: 네, 부장님, 이번 주에 그동안 진행된 내용을 보고드리겠습니다. • 우리 회사에서 지방에 새로운 회사 건물을 짓고 있는데 한 달에 한 번씩 사장님께 보 고를 해야 한다. 표현 보고를 받다
보고서 report 报告书 報告書	• 가: 우리 팀에서 만든 신제품 계획 보고서의 내용이 아주 좋아서 사장님께 칭찬을 받 았어요. 나: 그동안 잠도 잘 못 자고 힘들었는데 보람이 있겠네요. • 이번 학기는 중간시험을 보지 않고 보고서를 써서 내면 된다. 표현 보고서 내용/발표회/작성, 보고서를 내다/만들다/올리다
사무소 office 事务所 事務所	• 가: 지금 하고 있는 변호사 사무소를 내년 1월에 강남으로 옮길 거야. 나: 일이 잘 되는구나. 더 좋은 곳으로 가는 거 축하해. • 요즘은 여러 가지 증명서를 현재 살고 있는 동네의 동사무소에서도 받을 수 있어서 편리하다. 표현 부동산/변호사 사무소
작업 work 职业 作業	• 가: 손님, 어떤 컴퓨터를 찾으세요? 나: 디자인 작업에 좋은 컴퓨터로 보여 주세요. • 내 동생은 노래를 만드는 일을 하는데 음악 작업을 할 때는 며칠 동안 방에서 안 나 올 때도 있다. 표현 작업 상태, 작업에 나서다/들어가다, 작업을 끝내다/벌이다

처리
handling
処理
処理

- 가: 집에서 안 쓰는 가구를 버려야 하는데 생각보다 **처리** 비용이 많이 드네요.
  나: 그럼 버리지 말고 다른 사람한테 주거나 팔면 어때요?
- 나는 다른 사람보다 업무 **처리**가 늦어서 일찍 시작해야 한다.

  표현 업무/쓰레기 처리, 처리 결과/능력/비용/속도, 처리가 가능하다

제출
submittment
交
提出

- 가: 다음 달이면 이제 유학 가는구나. 준비는 다 끝났어?
  나: 응. 이제 학교에 휴학 신청서만 **제출**하면 돼.
- 사업 때문에 은행에서 대출하려고 하는데 **제출**할 서류가 10개가 넘는다.

  표현 제출 서류, 사표 제출

효율적
effective
有效的
効率的

- 가: 영어를 빠른 시간 안에 배울 수 있는 **효율적**인 방법 없을까?
  나: 외국어를 잘하려면 시간이 필요해. 방법보다 노력이 중요하니까 계속 열심히 해 봐.
- 일을 **효율적**으로 하려면 일할 때 오는 전화에는 답을 안 하는 것이 좋다.

  표현 효율적 방법/생산/이용

1 다음은 회사원 댄 씨의 하루입니다. 빈칸에 알맞은 단어를 쓰십시오.

| 담당자 | 보고서 | 처리 |

1.
오전 9시. 제일 먼저 이메일을 확인하고 _____ 한다.

2.
오전 11시. 우리 회사의 고객인 중국 회사의 _____ 와/과 만나서 회의를 한다.

3.
오후 6시. 사무실에 돌아와서 그날의 업무 결과 _____ 을/를 쓴다.

2 빈칸에 알맞은 단어를 쓰십시오.

| 다루다 | 승진하다 | 업무 | 임시 | 회장 |

1. 나는 백화점 쇼핑몰에서 전화로 상담하는 일을 하는데 명절 전에는 _____ 이/가 많아서 바쁘다.

2. 이번 출장 때 우리 회사와 사업을 같이 하는 미국 회사의 _____ 님과 만나는데 벌써부터 긴장이 된다.

3. 이번에 과장에서 부장으로 _____ 게 되어서 오늘 우리 부서에서 축하 파티를 해 줬다.

4. 내 동생은 악기를 잘 _____ 아/어서 대학교 때는 음악 동아리를 했고 지금은 직장인 동호회 활동을 하고 있다.

5. 우리 사무실 건물을 새로 짓는 동안 _____ (으)로 다른 사무실을 사용하고 있다.

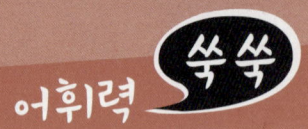
업 무 무(務):일 **work** 务 務め	공무원	public official / 公务员 / 公務員
	근무 DAY37	work / 工作 / 勤務
	사무소 DAY36	office / 办公室 / 事務所
	의무 DAY45	obligation / 义务 / 義務

승 진 진(進):앞으로 가다 **advance** 进 進む	선진국 DAY71	developed country / 发达国家 / 先進国
	직진 DAY12	straight / 直走 / 直進
	진학 DAY34	enter school / 升学 / 進学
	진행 DAY24	progress / 进行 / 進行

보 고 고(告):알리다 **report** 告 告げる	광고	advertisement / 广告 / 広告
	경고 DAY71	warning / 警告 / 警告
	신고 DAY68	report / 申报 / 申告

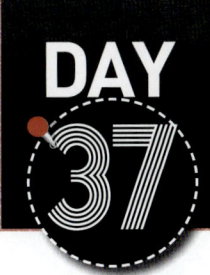

DAY 37 직장 생활2

아는 단어에 ○표 하세요.

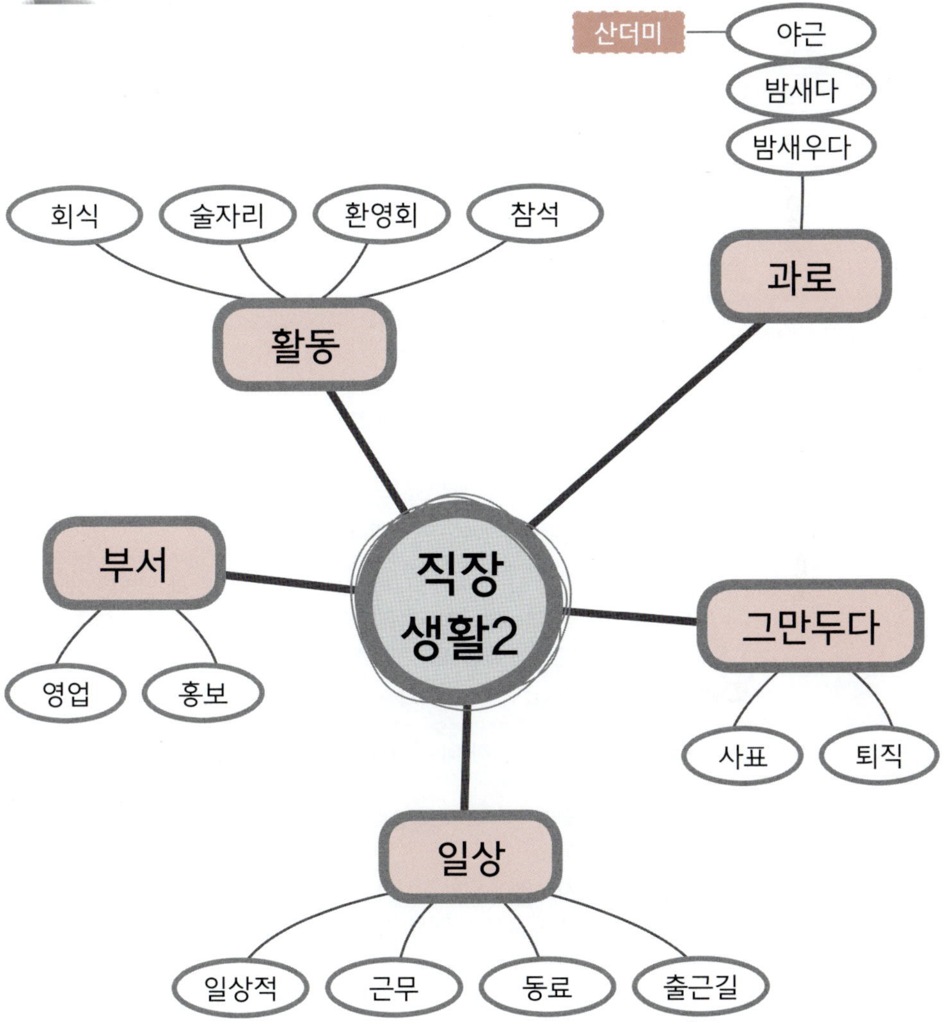
직장 생활2
활동
회식
술자리
환영회
참석
과로
야근
밤새다
밤새우다
산더미
부서
영업
홍보
그만두다
사표
퇴직
일상
일상적
근무
동료
출근길

부서 department 部门 部署	• 가: 여보, 요즘 왜 이렇게 집에 늦게 와요? 　나: 우리 **부서**가 요즘 새로운 일을 맡아서 일이 좀 많네요. • 다음 주 토요일에 우리 **부서** 직원들과 등산을 간다.
영업 business 营业 營業	• 가: 선풍기가 작년보다 안 팔려서 가게 **영업**이 힘들어요. 　나: 네, 저희 가게도 **영업**이 잘 안 돼서 걱정이에요. • (한국식당) 8월 19일부터 22일까지 여름휴가로 **영업**을 쉽니다.
홍보 advertise 宣传 広報	• 가: 우리 회사 제품의 광고 모델로 누가 좋겠습니까? 　나: 배우 송준기 씨가 어떨까요? 요즘 인기가 많으니까 **홍보** 효과가 좋을 것 같습니다. • 우리 부서에서 이번에 새로 나온 음료수를 **홍보**하려고 명동에서 무료로 음료수를 나눠 주는 행사를 하기로 했다. 표현 홍보 광고/목적

직장 생활2 **일상**

일상 daily life 日常 日常	• 가: 원원 씨는 아침마다 커피를 마시네요. 　나: 커피를 너무 좋아해서 그래요. 아침 커피는 저의 **일상**이에요. • 4일 동안의 휴가가 끝나고 이제 **일상**으로 돌아가야 하니까 아쉽다. 표현 일상 생활/세계/요리, 일상으로 돌아가다
근무 work 工作 勤務	• 가: 한국 회사는 보통 아침 9시부터 저녁 6시까지 **근무**하는데 일본은 어때요? 　나: 회사마다 조금 다르기는 하지만 일본도 같아요. • 우리 오빠는 경찰관인데 주말에도 **근무**를 할 때가 많다. 표현 근무 시간/조건, 근무에 들어가다
동료 colleague 同事 同僚	• 가: 우리 오랜만에 만나니까 너무 반갑네요. 그런데 이오리 씨는 왜 안 왔어요? 보고 싶었는데. 　나: 이오리 씨가 얼마 전부터 직장 **동료**하고 사귀기 시작했는데 오늘 데이트 때문에 못 온다고 했어요. • 나는 회사를 옮겼지만 전에 일한 회사의 **동료**들과 아직까지도 연락하면서 만나고 있다. 표현 직장/회사 동료, 동료 선생/직원, 동료가 되다
일상적 daily 平时的 日常的	• 가: 과장님이 내가 쓴 보고서를 다시 쓰라고 하셔서 기분이 안 좋아요. 　나: 우리 회사에서 보고서를 여러 번 쓰는 일은 **일상적**인 일이니까 너무 스트레스 받지 마세요. • 우리 회사는 밤늦게까지 일하는 것이 **일상적**이다. 표현 일상적 습관

출근길
way to work
上班路
出勤する道、出勤
途中

- 가: 오늘 **출근길**에 꽃이 예뻐서 샀어요.
  나: 아, 예쁜데요. 꽃 덕분에 우리 사무실 분위기가 더 밝아진 것 같아요.
- 아버지가 오늘 오후에 큰 수술을 받으셔서 **출근길**에 마음이 계속 무겁다.

표현 출근길을 나서다

직장 생활2 **활동**

술자리
drinking party
酒席
酒席

- 가: 어머니, 오늘 회사에서 **술자리**가 있어서 늦게 들어가요.
  나: 요즘 **술자리**가 많구나. 너무 많이 마시지 마라.
- 나는 **술자리**에서 친한 동료와 회사 일의 어려움을 이야기한다.

표현 술자리를 피하다

참석
take part in
参加
参列

- 가: 지우 씨, 다음 주에 옆 부서에서 열리는 세미나에 갈 거예요?
  나: 네, 부장님께서 우리 부서 사람들은 모두 **참석**하라고 하셔서 가야 될 것 같아요.
- (결혼식 인사) 저희 결혼식에 **참석**해 주셔서 정말 감사합니다.

표현 참석 예정/인원

환영회
welcome party
招待会
歓迎会

- 가: 이번에 우리 부서에 신입사원 3명이 온다고 해요.
  나: 그럼 **환영회**를 해야겠네요. 다음 주 금요일에 하면 어때요?
- 보통 때는 조용한 김나미 씨가 어제 새로 들어온 직원 **환영회**에서 춤을 춰서 모두 깜짝 놀랐다.

회식
get-together
会餐
会食

- 가: 과장님께서 오늘 **회식**에 모두 참석하라고 하십니다.
  나: 네, 알겠습니다. 그런데 장소는 어디예요?
- 나는 술을 안 마시는데 한국 회사에 취직해서 **회식**에 처음 갔을 때 술을 마셔야 해서 힘들었다.

직장 생활2 **과로**

과로
overwork
过劳
過労

- 가: 어머, 메리 씨. 코에서 피가 나요!
  나: 아, 그러네요. 요즘 **과로**를 해서 그런 것 같아요. 좀 쉬어야겠어요.
- 작년 겨울에 회사 일이 너무 많아서 **과로**로 병원에 입원한 적이 있었다.

표현 과로로 눕다/입원하다

밤새다
stay up all night
熬夜
夜が明ける

- 가: 오늘 웬팅 씨가 회사에 안 왔네요. 무슨 일이 있는지 아세요?
  나: 감기가 심하게 걸려서 많이 아프다고 해요. **밤새도록** 열이 나서 오늘 병원에 갈 거라고 했어요.
- 이번 주까지 끝내야 하는 보고서가 있어서 주말까지 **밤새도록** 일해야 한다.

표현 밤새도록

밤새우다 stay up all night 熬夜 夜を徹する	• 가: 동운아, 새벽 2시가 넘었는데 왜 안 자고 있어? 　나: 내일 학교에서 중요한 시험이 있어서 오늘 **밤새워야** 해요. 어머니 먼저 주무세요. • 처음 직장에 들어갔을 때는 일이 익숙하지 않아서 **밤새울** 때가 자주 있었다.
산더미 pile 堆積如山 山なす	• 가: 댄, 이번 여름휴가 어디로 가요? 　나: 일이 **산더미**같이 쌓여서 휴가 못 갈 것 같아요. • 휴가를 다녀오니까 빨래가 **산더미**처럼 쌓였다. 　[표현] 산더미같이/처럼 쌓이다
야근 night overtime 夜班 夜勤	• 가: 치에미, 미안한데 오늘 갑자기 **야근**을 해야 돼서 못 만날 것 같아. 　나: 또 **야근**이야? 그럼 우리 데이트는 언제 해? • 며칠 동안 **야근**을 했지만 아직도 할 일이 많이 남았다.

[직장 생활2] **그만두다**

사표 resignation 辞呈 辞表	• 가: 타카요시 씨, 오랜만이에요. 전에 회사일 바쁘다고 했죠? 요즘은 어때요? 　나: 지금 회사에 안 다녀요. 개인 사업을 시작하고 싶어서 얼마 전에 **사표**를 냈어요. • 지금 하는 일이 성격에 안 맞아서 **사표**를 내려고 한다. 　[표현] 사표를 내다/쓰다
퇴직 retirement 退職 退職	• 가: 아키호 씨, 일본은 회사에서 몇 살까지 일할 수 있어요? 　나: 일본에서 **퇴직**하는 나이는 보통 60세예요. • **퇴직** 후에 나는 아내와 함께 세계 여러 나라를 여행하고 싶다.

1 회사원들의 대화입니다. 빈칸에 알맞은 단어를 쓰십시오.

근무하다	밤새우다	산더미	야근	일상

유키 : 여보세요? 완여 씨. 저녁 같이 먹을래요? 오늘 몇 시까지 1. _____ 아/어요?

완여 : 유키 씨, 일이 끝나는 시간은 6시인데 지금 일이 2. _____ 같이 쌓여서 같이 저녁 못 먹어요.

유키 : 그럼 오늘 3. _____ 해야겠네요?

완여 : 네, 요즘 밤늦게까지 일하는 게 제 4. _____ 이에요/예요.

유키 : 저도 지난주까지 회사 일이 바빠서 며칠 동안 잠을 못 자고 5. _____ 았/었어요.

완여 : 유키 씨도 많이 힘들었겠네요. 이 일 끝나면 다음 주에 맛있는 거 먹으러 가요.

2 괄호 안에서 알맞은 단어를 고르십시오.

1. 부장님이 요즘 일이 많으셨는데 (과로 / 참석) 때문에 병원에 입원하셨다.

2. 우리 부서에서 새로 들어온 직원들에게 해 주는 (환영회 / 동료)는 내 담당이다.

3. 나는 (출근길 / 부서)에 항상 커피를 사서 회사로 간다.

3 빈칸에 알맞은 단어를 쓰십시오.

사표	영업	퇴직	밤새도록	홍보

1. 가 : 저 대학원에 가려고 회사에 _____ 을/를 냈어요.
   나 : 정말이에요? 왜 갑자기 그런 결정을 내렸어요?

2. 가 : 마데 씨 아버지는 아직 회사에 다니고 계세요?
   나 : 아니요, 작년에 65세가 되셔서 30년 동안 다니신 회사에서 _____ 하셨어요.

3. 가 : 우리 이번 모임은 람스키 씨의 삼촌이 하시는 식당에서 하는 게 어때요?
   나 : 삼촌 식당이 _____ 이/가 잘 안 돼서 지난달에 가게를 정리하셨어요.

4. 가 : 이번 영화를 어떻게 하면 잘 _____ 할 수 있을까요?
   나 : 출연 배우들이 영화 시작 전에 무대 인사를 하면 어떨까요?

5. 가 : 케이티 씨가 남자 친구와 헤어졌다고 들었는데 괜찮아요?
   나 : 아닌 것 같아요. 어제 _____ 울었다고 해요.

어휘력 쑥쑥

퇴 **직** 직(職): 일 **job** 职 職	**직**업	job / 职业 / 職業
	직원	clerk / 职员 / 職員
	직장	work / 职场 / 職場
	취**직**	get a job / 就职 / 就職

과 로 과(過): 지나치다 **exceed** 过 過ぎる	**과**소비 DAY69	excessive consumption / 过度消费 / 過度な消費
	과속 DAY12	speeding / 超速 / 過速 スピード違反
	과식 DAY15	overeating / 暴食 / 食べ過ぎ

동 료 동(同): 같다 **be equal** 同 同じだ	**동**일하다 DAY51	same / 同一 / 同じだ
	동창 DAY34	alumnus / 校友 / 同窓
	동호회 DAY20	club / 社团 / 同好会

DAY
38

성공과 실패

아는 단어에 ○표 하세요.

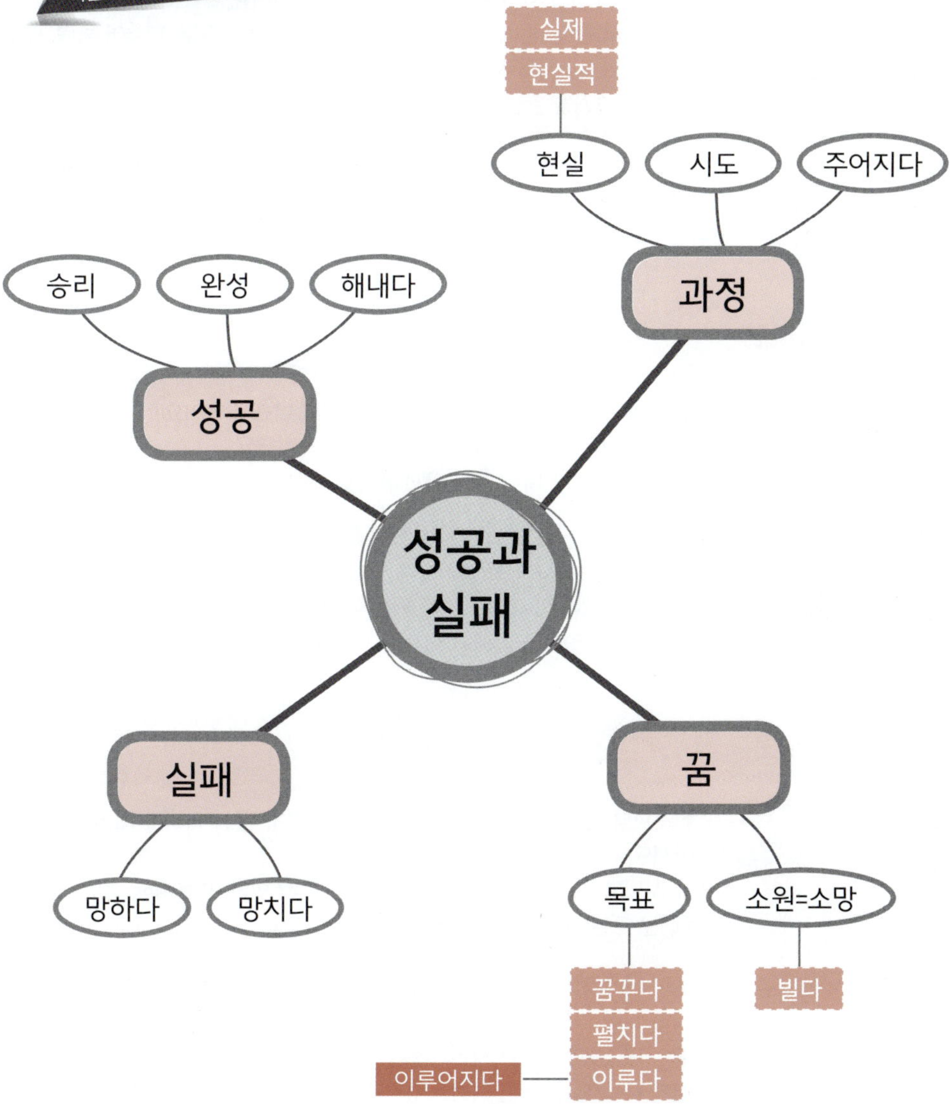

실제

현실적

현실　　시도　　주어지다

과정

승리　　완성　　해내다

성공

성공과 실패

실패

꿈

망하다　　망치다

목표　　소원=소망

꿈꾸다

펼치다

빌다

이루어지다 ─── 이루다

승리 victory 胜利 勝利	• 가: 이번 축구 경기에서 승리하신 걸 축하드립니다. 기분이 어떠세요? 나: 감사합니다. 우리 선수들이 끝까지 열심히 뛰어 주어서 좋은 결과가 나온 것 같습니다. • 나 자신과의 싸움에서 승리하는 것이 제일 어렵다. **표현** 승리를 얻다, 승리가 돌아오다
완성 completion 完成 完成	• 가: '한 달 완성'이라는 한국어 문법책이 나와서 샀어요. 나: 우와, 정말 한 달 안에 문법을 다 공부할 수 있어요? 지금 한국어 능력 시험을 준비하고 있는데 저도 사야겠네요. • 지금 그리는 그림을 완성하려면 3일 정도 더 걸릴 것 같다.
해내다 accomplish 做到 やり遂げる	• 가: 우리 회사 제품을 다음 달부터 독일에서도 판매할 수 있게 되었습니다. 나: 정말 큰일을 해내셨네요. 그동안 수고하셨습니다. • 한국에서 혼자 생활하는 일이 쉽지 않지만 부모님이 안 계시니까 혼자 해내야 한다.

망치다 ruin 弄坏 滅ぼす	• 가: 오늘 동운 씨 부서에서 준비한 신제품 계획 발표 잘했어요? 나: 아니요, 긴장해서 발표를 망쳤어요. 너무 속상해요. • 휴가를 갔는데 비가 너무 많이 와서 휴가를 망쳤다.
망하다 fail 破产 滅びる	• 가: 제가 다니는 회사가 망해서 다른 일자리를 찾아야 돼요. 나: 어머, 힘들겠네요. 그래도 동운 씨는 경력이 많으니까 금방 취직할 수 있을 거예요. • 그 사람은 하는 일마다 망해서 이제는 사업을 안 하겠다고 한다.

시도 attempt 试图 試し	• 가: 한국으로 유학 안 가려고 해요. 부모님의 도움 없이 학비를 내는 게 힘들 것 같아서요. 나: 왜 시도도 안 해 보고 그만두려고 해요? 다시 한번 잘 생각해 보세요. • 내 동생은 호텔 요리사인데 새로운 메뉴를 만드는 시도를 계속하고 있다.
실제 reality 事实 実際	• 가: 불이 난 집에서 개가 주인을 살리고 죽었다는 신문 기사를 봤어요. 나: 그런 일이 실제로 있을 수 있군요. • 회사에 지원할 때 제출한 사진과 실제 모습이 다른 사람이 가끔 있다고 한다. **표현** 실제 나이/모습/상황, 실제로 경험하다/일어나다, 실제에 가깝다

주어지다 given 给予 与えられる	• 가: 회사에서 부산에 있는 사무소를 맡아서 영업하라고 하는데 어떻게 할지 고민이에요. 　나: 그런 좋은 기회가 **주어지면** 가야죠. 지방으로 가야 해서 고민이에요? • 나는 자신에게 **주어진** 하루하루를 소중하게 사는 삶이 성공을 만들 수 있다고 생각한다.
현실 reality 现实 現実	• 가: 김연주 씨, 이번 드라마에서 연기가 좋다는 평가를 받고 있는데 어떻게 생각하십니까? 　나: 드라마 내용을 **현실**이라고 생각하면서 연기한 것이 도움이 된 것 같습니다. • 일이 너무 많을 때는 피곤하고 힘든 **현실**에서 벗어나고 싶다. 표현 현실 상황/생활/세계, 현실을 돌아보다, 현실에서 벗어나다
현실적 real 现实的 現実的	• 가: 난 취직할 때 월급보다 적성에 맞는 게 더 중요하다고 생각해. 　나: 적성도 중요하지만 **현실적**인 문제도 생각해야지. 월급이 적으면 생활하기 힘들 수도 있어. • **현실적** 조건을 생각하지 않고 사랑만으로 결혼할 수 있는 사람은 많지 않을 것이다. 표현 현실적으로 가능하다

성공과 실패　꿈

목표 aim 目标 目標	• 가: 새해가 됐는데 올해 **목표**가 뭐야? 　나: 새해 **목표**는 담배를 끊고 배에 근육을 만드는 거! • 일을 할 때 **목표**를 세우지 않으면 성공하기 어렵다. 표현 목표를 세우다/잡다/정하다
빌다 wish, beg 愿，求 祈る,謝る	• 가: 생일 정말 축하해요! 방금 케이크에 불 끌 때 소원 **빌었어요**? 　나: 네, 올해는 꼭 결혼하게 해 달라고 **빌었어요**. • (새해 카드) 올해에 좋은 일만 생기고 건강하시기를 **빕니다**. 표현 소원/용서/행운을 빌다
소원=소망 wish 愿望 所願, 望み	• 가: 그동안 장학금을 한 번도 못 받아서 이번 학기에는 꼭 장학금을 받는 게 **소원**이에요. 　나: 열심히 공부했으니까 받을 수 있을 거예요. • 나의 **소망**은 세계에서 굶어 죽는 아이들이 없는 것이다. 표현 소원을 들어주다/빌다/이루다/풀다, 소원이 이루어지다/풀리다, 　　소망을 이루다/표현하다
이루다 achieve 实现 成す	• 가: 어릴 때부터 선생님이 되는 게 꿈이었는데 아이들을 가르치게 되어서 정말 기뻐요. 　나: 축하해요. 선생님이 되었으니까 원하는 꿈을 **이루었네요**. • 아주 많은 사람들이 가수가 되려고 하지만 실제로 그 꿈을 **이룬** 사람은 매우 적다. 표현 꿈/소원/소망을 이루다

이루어지다 be achieved 实现 成る	• 가: 나 지난주에 가수 이승헌 콘서트에 가서 이승헌 씨한테 사인도 받고 같이 사진도 찍었어. 나: 진짜? 그렇게 만나고 싶다고 했는데 소원이 이루어져서 좋겠네. • 첫사랑이 이루어지는 일은 거의 없다고 한다. 표현 꿈/소원/사랑이 이루어지다
펼치다 spread (one's dream) 打开, 展开 広げる	• 가: 내일이 시험인데 공부가 잘 안 돼. 계속 스마트폰만 보게 돼. 나: 나는 책을 펼치기만 하면 졸려. 시험 보기 전까지 공부를 다 끝낼 수 있을까…. • 원하는 회사에 취직했으니까 이제 이곳에서 나의 꿈을 펼치겠다. 표현 책/우산/경기를 펼치다

현 실 실(實) : 사실 **fact** 实 事实	**사실**	fact / 事实 / 事実
	실시 DAY71	implementation / 执行 / 実施
	실천 DAY46	practice / 实践 / 実践
	진실 DAY71	truth / 真实 / 真実

1 꼭 성공하고 싶은 일에 대한 이야기입니다. 빈칸에 알맞은 단어를 쓰십시오.

목표	소망	완성하다	주어지다

1. 우리 아이가 다음 달에 초등학교에 들어가서 아이가 쓸 책상을 제 손으로 직접 만들고 있어요. 빨리 _____ 아/어서 딸에게 선물하고 싶어요.

2. 한국에 온 지 1년 정도 됐는데 올해 저의 _____ 은/는 한국어 능력 시험에서 5급을 받는 거예요.

3. K-pop 대회에 나가서 3등을 했어요. 마지막 경쟁에서 1등을 한 사람은 방송에 나갈 수 있는 기회가 _____ (으)ㄴ/는데 지금까지 한 것보다 훨씬 더 열심히 연습해서 꼭 1등을 했으면 좋겠어요.

4. 지금 우리 막내 아들이 고등학교 3학년인데 대학에 가려고 열심히 공부하고 있어요. 그래서 저의 _____ 은/는 우리 막내 아들이 대학 시험에 합격하는 거예요.

2 빈칸에 알맞은 단어를 쓰십시오.

승리	시도	실제	소원

1. 여러 번의 _____ 끝에 한강회사의 사장님과 통화할 수 있었다.

2. 추석에 달을 보면서 건강한 아이를 낳고 싶다는 _____ 을/를 빌었다.

3. 나는 연예인을 _____ (으)로 본 적이 한 번도 없다.

4. 이번 대회에서 우리 팀이 _____ 해서 결승전에 나갈 수 있게 되었다.

3 빈칸에 알맞은 단어를 쓰십시오.

망하다	빌다

1. 가 : 학교 앞 피자 가게가 계속 문을 안 여네요. _____ (으)ㄴ/는 것 같아요.
   나 : 네, 그런 것 같아요. 맛있었는데 문을 닫아서 정말 아쉽네요.

2. 가 : 어제 추석이었는데 보름달을 보고 무슨 소원을 _____ 았/었어?
   나 : 올해 꼭 토픽 시험에서 좋은 점수를 받고 장학금도 받을 수 있게 해 달라고 기도했어.

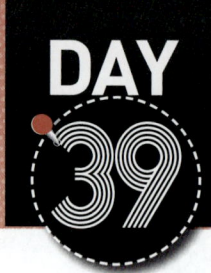

DAY 39

생각1

아는 단어에 ○표 하세요.

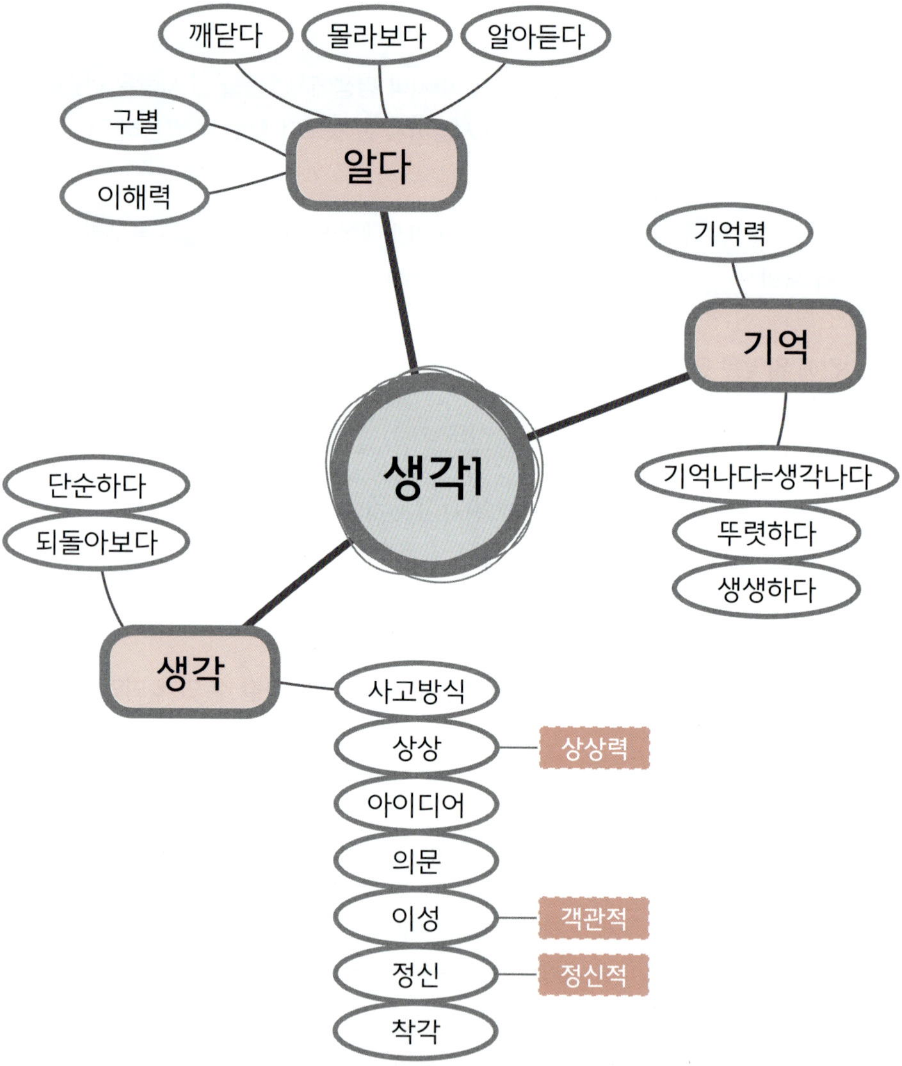
생각1
알다
깨닫다
몰라보다
알아듣다
구별
이해력
기억
기억력
기억나다=생각나다
뚜렷하다
생생하다
생각
단순하다
되돌아보다
사고방식
상상
상상력
아이디어
의문
이성
객관적
정신
정신적
착각

생각1 **기억**

기억
memory
记忆
記憶

- 가: 우리가 처음 만났을 때가 언제였지?
  나: 내 **기억**에는 작년 여름쯤인 것 같아.
- 제주도 여행 중에서 제주도 바다의 아름다운 밤경치가 가장 **기억**에 남는다.
  표현 기억에 남다/없다, 기억이 뚜렷하다/생생하다/정확하다

기억나다
=생각나다
remember, think
想起来
思い出す, 心付く

- 가: 저기 빨간색 티셔츠 입은 친구 이름이 뭐였지?
  나: 어… 알고 있었는데 갑자기 **기억나지** 않네.
- 오늘 쇼핑을 하면서 본 빨간색 구두가 계속 **생각난다**. 내일 그 구두를 사러 가야겠다.

기억력
memory
记忆力
記憶力

- 가: 요즘은 **기억력**이 안 좋아진 것 같아요. 며칠 전에 외운 단어도 기억이 잘 안 나요.
  나: 나도 첫째 아이 낳은 후에는 **기억력**이 떨어졌는데 잡지에서 녹차가 **기억력**에 좋다고 해서 녹차를 자주 마시고 있어요.
- 나는 **기억력**이 좋은데 특히 한 번 기억한 전화번호를 잘 잊어버리지 않는다.

뚜렷하다
🔁 분명하다
clear
清楚
はっきりしている

- 가: 우리 집 고양이의 사진을 찍으려고 하는데 사진이 **뚜렷하게** 나오지 않아.
  나: 너무 가깝게 찍으면 잘 안 나올 수 있어. 고양이하고 조금 거리를 두고 찍어 봐.
- 며칠 전에 돌아가신 할머니가 꿈에 나타나셨는데 꿈에서 본 할머니의 모습이 아직도 **뚜렷하게** 기억난다.
  표현 뚜렷한 기억/목적/원인, 뚜렷하게 나타나다/보이다/표현하다

생생하다
vivid
生动的
生生しい

- 가: 언제부터 배우가 되고 싶었어요?
  나: 고등학교 때 뮤지컬을 처음 봤을 때요. 그때의 감동은 10년이 지났지만 아직도 **생생해요**.
- (뉴스) 이번에는 김나미 기자가 우리나라의 박태환 선수가 참가한 올림픽 수영 경기 소식을 **생생하게** 전해 드리겠습니다.
  표현 생생한 감동/기억/표현

생각1 **생각**

객관적
objective
客观的
客観的

- 가: 내년에 3학년이 되면 전공을 선택해야 하는데 고민이야.
  나: 학교 상담실에 가서 적성 검사를 해 보는 거 어때? 검사도 하고 선생님과 상담도 해서 너의 적성이 무엇인지 **객관적**으로 알면 도움이 되지 않을까?
- 역사책마다 같은 사건을 다르게 설명하고 있는 것을 보면 역사를 **객관적**으로 보는 것은 매우 힘든 것 같다.

단순하다
반 복잡하다
simple
单纯
単純だ

- 가: 케이티 씨 생일 선물로 이 가방을 살까?
  나: 케이티 씨는 화려하고 무늬가 있는 디자인을 좋아하는데 디자인이 좀 **단순한** 것 같아. 다른 가방들을 조금 더 보고 결정하자.
- 두통이 자주 있는데 스트레스나 수면 부족 때문이라고 **단순하게** 생각하고 그냥 두면 큰 병이 될 수도 있다.
- 표현 단순한 내용/모양/문제/생각

되돌아보다
think back
回顾
見返す

- 가: 내일이면 올해도 다 끝나네요. 파니아 씨는 올해가 어땠어요?
  나: **되돌아보면** 참 많은 일들이 있었는데 그중에서 한국에 온 게 제일 큰일이지요.
- 이번 휴가 때는 나를 **되돌아보고** 조용하게 쉬고 싶어서 혼자 여행을 가려고 한다.
- 표현 과거/인생을 되돌아보다

사고방식
way of thinking
思考方式
考え方

- 가: 한국 사람들은 왜 '우리 가족', '우리 학교'처럼 '우리'라는 말을 많이 사용해요?
  나: 한국 사람들은 '개인'보다 '우리'가 더 중요하다는 **사고방식**을 가지고 있어서 그래요.
- 한국 회사에서 처음 일할 때 우리나라와 매우 다른 회사 문화와 **사고방식** 때문에 어려움이 많았다.

상상
imagine
想象
想像

- 가: 마갈리, 복권 샀네? 만약에 복권 1등을 하면 무엇을 하고 싶어?
  나: 제일 먼저 세계 여행을 가고 그리고 멋진 자동차도 사고 좋은 집도 살 거야. 아, **상상**만 해도 기분이 좋다.
- 놀이공원에 가면 동화에만 나오는 **상상**의 세계에 와 있는 것 같은 생각이 든다.
- 표현 상상이 가다/되다/안 되다

상상력
imagination
想象力
想像力

- 가: 이 영화를 만든 감독은 어떻게 이런 상상을 했을까요?
  나: 어렸을 때부터 할머니가 동화를 많이 들려 주셨다고 해요. 그렇게 하면서 **상상력**을 기른 것 아닐까요?
- 작가 김수현 씨의 책을 여러 권 읽었는데 읽을 때마다 작가의 끝이 없는 **상상력**에 깜짝 놀란다.
- 표현 상상력이 뛰어나다/풍부하다

외 아이디어
비 생각
idea
想法
アイデア

- 가: 이거 어때요? 안 듣는 CD로 제가 만든 시계예요.
  나: 와, **아이디어**가 좋은데요! 어떻게 만들어요? 저도 만들어 보고 싶어요.
- 광고 회사를 다니는 우리 오빠는 거의 매일 **아이디어** 회의를 한다고 한다.
- 표현 아이디어가 뛰어나다/좋다, 아이디어를 개발하다/내다

의문
doubt
疑问
疑問

- 가: 마데 씨, 담배를 안 피우게 되었다는 말이 정말이에요?
  나: 네. 저도 처음에는 끊을 수 있을까 **의문**이 들었는데 한 달 동안은 정말 힘들었지만 점점 괜찮아지고 있어요.
- 이오리 씨는 수업 중에 **의문**이 생기면 기다리지 않고 바로 손을 들고 질문한다.
- 표현 의문이 가다/남다/들다/생기다/풀리다

이성 rationality 理性 異性	• 가: 아까 옌샹 씨가 정말 화가 많이 난 것 같았어요. 보통 때의 옌샹 씨가 아닌 것 같았어요. 　나: 네. 그런 모습은 처음이에요. 너무 화가 나서 **이성**을 잃은 것 같았어요. • 내 생각에는 아무리 과학이 발달해도 영화에 나오는 것처럼 인간의 **이성**과 감정을 모두 가진 컴퓨터를 만드는 일은 어려울 것 같다. 　**표현** 이성을 잃다/지키다/찾다
정신 consciousness, mind 精神，灵魂 精神,魂	• 가: 오늘 아침에 회의하고 과장님께 보고서 제출하고 오후에 다음 주에 가는 출장 준비하고 너무 바빠서 점심도 못 먹었어. 　나: 점심도 못 먹고 하루 종일 **정신**이 없었겠구나. • '건강한 몸에 건강한 **정신**'이라는 말처럼 몸이 건강하지 않으면 마음의 건강도 지키기 어렵다. 　**표현** 정신이 맑아지다/없다, 정신을 빼앗기다/잃다/차리다
정신적 mental 精神上的 精神的	• 가: 새로 옮긴 회사 어때? 　나: 전에 다닌 회사보다 월급은 높은데 업무 때문에 **정신적**으로 스트레스를 좀 받아서 좀 힘들어. • 어느 정도의 긴장은 **정신적**인 건강에 꼭 필요하다고 한다. 　**표현** 정신적 능력/부담/사랑/충격/피해
착각 illusion 想错，错觉 錯覚	• 가: 내일 스케이트 타러 가기로 한 약속 안 잊었죠? 　나: 약속한 날이 내일이었군요. 다음 주로 **착각**했어요. • 이번 여름에 간 남해의 '독일 마을'은 독일에 온 것 같은 **착각**이 들 정도로 이국적인 분위기였다. 　**표현** 착각이 들다, 착각을 일으키다, 착각에 빠지다

생각1 **알다**

구별 distinguish 分别 区别	• 가: 중국 사람하고 한국 사람은 얼굴이 비슷해서 얼굴만 보면 국적을 모르겠어. 　나: 나도 그래. 얼굴만으로는 **구별**이 안 돼. • 오늘 요리 학원에서 여러 가지 야채와 과일이 신선한지, 신선하지 않은지 **구별**하는 방법을 배웠다. 　**표현** 구별이 되다/안 되다
깨닫다 ⑪ 알다 realize 明白 悟る	• 가: 여행 작가인 소피아 씨에게 여행의 의미는 뭐예요? 　나: 음… 여행을 가면 지금의 내 생활과 내 주위에 있는 사람들이 소중하다는 것을 **깨닫게** 되는 것 같아요. • 아이들이 나쁜 일을 했을 때 부모가 화를 내면서 말하면 아이들은 **깨닫지** 못한다. 　**표현** 은혜/의미/잘못을 깨닫다
몰라보다 fail to recognize 认不出 見忘れる	• 가: 파니아 씨, 방학 잘 지냈어요? 　나: 어, 크리스틴 씨였어요? 머리를 자르고 염색해서 **몰라봤어요**! • 사촌 동생을 안 만난 지 1년이 되었는데 그동안 **몰라보게** 키가 컸다.

알아듣다	• 가: 제주도에 갔는데 서울하고 말이 달라서 **알아듣기** 어려웠어요.
🔵 이해하다	나: 하하, 그랬군요. 저는 한국 사람이지만 제주도말은 저도 못 **알아듣는** 말이 많아요.
understand	• 우리 집 강아지는 태어나서 지금까지 10년 동안 우리 가족과 같이 살았는데 내가 하
明白	는 말을 거의 다 **알아듣는다**.
聞分ける	

이해력	• 가: 댄 씨, 한자를 공부해요?
understanding	나: 네. 한국어에는 한자로 된 단어가 많으니까 한자를 공부하면 한국어 **이해력**이 더
理解力	좋아지는 것 같아요.
理解力	• 어렸을 때부터 책을 많이 읽은 아이들은 그렇지 않은 아이들보다 **이해력**이 좋다고
	한다.
	표현 이해력이 나쁘다/부족하다/좋다, 이해력을 기르다/요구하다

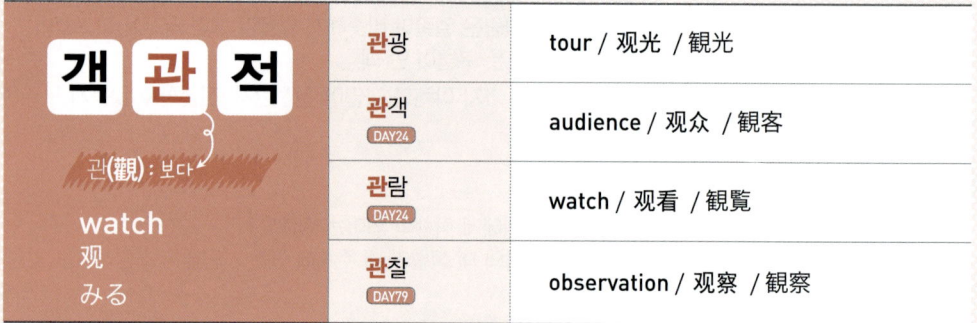

구별	**별**로	not particularly / 不太 / 別に
별(別): 다르다, 나누다	특**별**히	specially / 特別 / 特別に
differ, divide 別 異なる, 別つ	이**별** DAY6	farewell / 离别 / 別れ

객관적	**관**광	tour / 观光 / 観光
	관객 DAY24	audience / 观众 / 観客
관(觀): 보다	**관**람 DAY24	watch / 观看 / 観覧
watch 观 みる	**관**찰 DAY79	observation / 观察 / 観察

1 한국어 공부에 대한 이야기입니다. 빈칸에 알맞은 단어를 쓰십시오.

기억나다   생생하다   알아듣다

1. 저는 한국어를 배운 지 1년 반 정도 되었어요. 요즘 한국 뉴스로 공부하고 있는데 어려운 단어도 많고 너무 빨라서 _____기 좀 어렵지만 재미있어요.

2. 저는 한국에 온 다음 날 제가 좋아하는 가수의 공연에 갔어요. 공연 후에 가수와 사진을 찍었는데 그날 일은 아직도 어제 일처럼 _____게 생각나요. 정말 꿈 같았어요.

3. 저는 말하기가 정말 어려워요. 한국어 공부한 지 3개월 되었는데 한국 사람과 말할 때 너무 긴장돼서 문법이나 단어가 _____지 않아요. 한국 친구가 아직 없는데 한국 친구가 생겨서 한국말을 많이 말할 수 있으면 좋겠어요.

2 괄호 안에서 알맞은 단어를 고르십시오.

1. 가 : 케이티 씨는 어려운 문법도 한 번만 설명을 들으면 다 알아.
   나 : 맞아. (기억력 / 이해력)이 아주 좋은 것 같아.

2. 가 : 이제 휴대전화가 없으면 하루도 못 살 것 같아요.
   나 : 맞아요. 정말 답답하고 힘들 것 같아요. 휴대전화 없는 생활은 (상상 / 착각)이 안 돼요.

3. 가 : 어제 전화를 여러 번 했는데 무슨 일 있었어?
   나 : 미안해. 회사 일이 많았어. 나중에 전화해야겠다고 생각했는데 너무 바빠서 (이성 / 정신)이 없었어.

4. 오늘 수업 시간에 사용하지 않거나 버리는 물건을 다시 쓸 수 있는 (상상력 / 아이디어)을/를 이야기해 보는 시간을 가졌는데 아주 재미있는 생각들이 많았다.

5. 메리 씨를 만난 지 얼마 안 되었을 때 메리 씨가 나에게 아주 친절해서 나는 메리 씨가 나를 좋아한다는 (의문 / 착각)이 들었다.

DAY 40

생각2

아는 단어에 ○표 하세요.

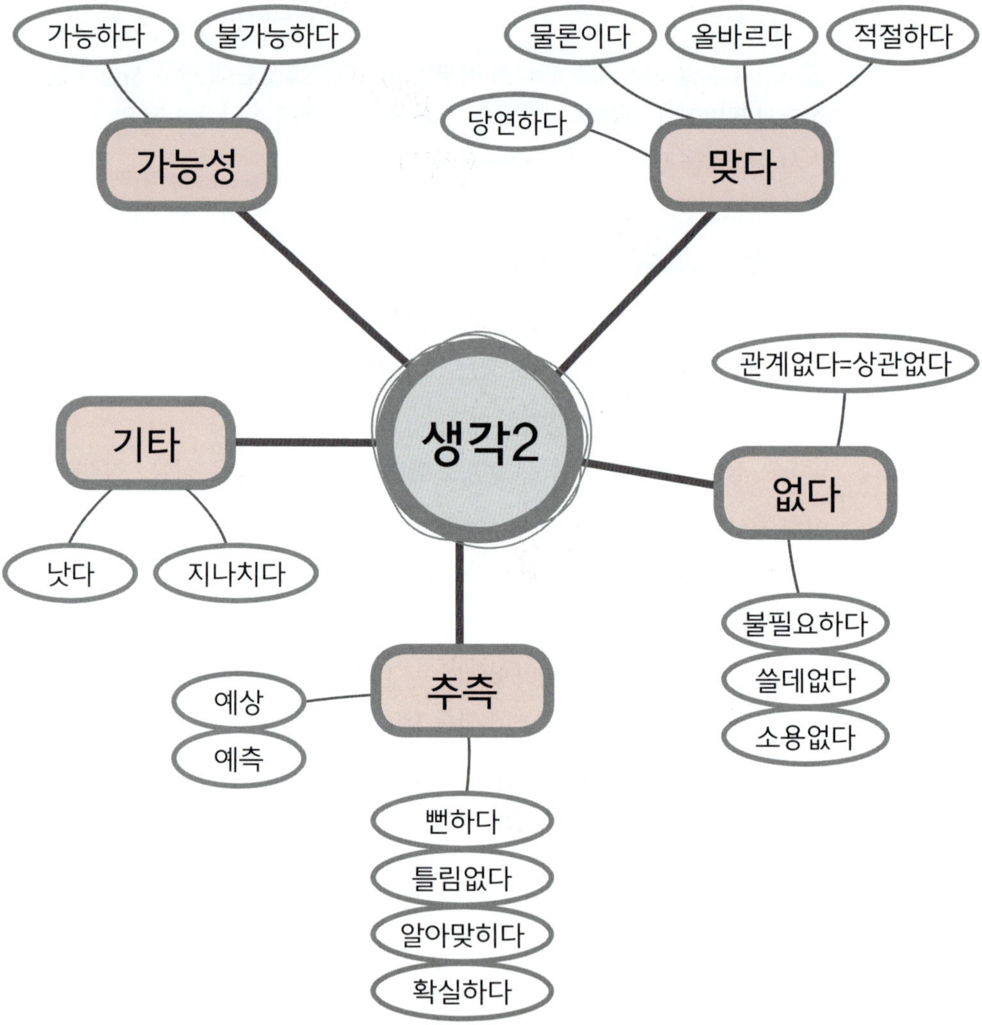

가능하다   불가능하다

가능성

물론이다   올바르다   적절하다

당연하다

맞다

기타

생각2

관계없다=상관없다

없다

낫다   지나치다

불필요하다

쓸데없다

소용없다

예상

예측

추측

뻔하다

틀림없다

알아맞히다

확실하다

생각2 가능성

가능성
possibility
可能性
可能性

- 가: 비가 많이 와서 내일 K-POP 콘서트가 취소될 **가능성**이 높겠어.
  나: 어렵게 예매했는데 비가 그쳐서 취소 안 되면 좋겠다.
- 올해 겨울은 날씨가 따뜻해서 이번 크리스마스 때는 눈이 오지 않을 **가능성**이 높다고 한다.

  표현 가능성이 낮다/높다/많다/보이다/충분하다, 가능성을 믿다/보이다/확인하다

가능하다
possible
能
出来る

- 가: 지금 곧 회의를 시작할 것 같아서 통화가 어려워.
  나: 그래. 그럼 통화가 **가능한** 시간이 언제야? 다시 전화할게.
- 드라마나 영화에는 현실에서는 **가능하지** 않을 것 같은 사랑 이야기가 많이 나온다.

불가능하다
🔄 가능하다
impossible
不能
出来ない

- 가: 새로 산 로션을 며칠 발랐는데 얼굴에 뭐가 나. 환불 받을 수 있을까?
  나: 사용한 화장품은 환불이나 교환이 **불가능한** 걸로 알고 있는데. 아마 안 될 거야.
- 어젯밤 교통사고가 나서 크게 다친 김승우 씨는 얼마 동안은 정상적인 가수 생활이 **불가능할** 것 같다고 한다.

생각2 맞다

당연하다
reasonable
当然
当たり前だ

- 가: 원원 씨, 한국 회사에 취직했다고 들었어요. 한턱내야지요.
  나: **당연하죠.** 언제 시간이 돼요? 제가 정말 맛있는 거 살게요.
- 열심히 공부하지 않았기 때문에 시험 점수가 좋지 않은 것은 **당연하다.**

  표현 당연한 결과/말/사실/이야기/일

물론이다
sure
不用说
もちろんだ

- 가: 탕기 씨, 다음 주에 시험이 끝나고 우리 반 친구들 모두 같이 놀러 가려고 하는데 갈 거죠?
  나: **물론이죠.** 그런데 어디로 가요?
- 불고기는 한국 사람은 **물론이고** 외국 사람들에게도 인기가 많은 음식 중 하나다.

올바르다
🔄 바르다
right
正確
正しい

- 가: 선생님, '즐주(즐거운 주말 보내세요)', '깜놀(깜짝 놀랐다)'처럼 줄여서 사용하는 말들이 참 재미있는 것 같아요.
  나: 재미있게 느낄 수도 있는데 그것 때문에 요즘에는 **올바르게** 말하고 쓰지 못하는 아이들도 많다고 해요.
- **올바른** 방법으로 손을 씻기만 해도 많은 병을 예방할 수 있다고 한다.

  표현 올바른 방법/방향/사용/생각

적절하다
🔄 알맞다
right
适当
適切だ

- 가: 라면을 3개 끓이려고 하는데 **적절한** 물의 양을 모르겠어.
  나: 종이컵으로 8~9컵 정도면 돼.
- 한국어 단어를 많이 알고 있지만 책으로만 공부하고 있어서 단어를 **적절하게** 사용해 볼 수 있는 기회가 별로 없다.

  표현 적절한 비용/사용/설명/운동/휴식

관계없다
=상관없다
have no concern
with, have nothing
to do with
没有关系，没关系
関係ない，構わない

- 가: 피자를 주문하려고 하는데 어느 것을 시킬까요?
  나: 저는 아무것이나 **관계없어요**. 후미 씨가 먹고 싶은 것으로 주문하세요.
- 나는 옷을 살 때 보통 유행과 **상관없는** 것을 사서 오랫동안 입는다.

불필요하다
🔈 필요하다
unnecessary
不必要
不必要だ

- 가: 청소를 매일 해도 집 안이 너무 정리가 안 돼.
  나: 청소도 좋지만 먼저 **불필요한** 물건들이나 가구를 버려.
- 돈을 모을 때 가장 중요한 것 중의 하나는 **불필요한** 일에 돈을 쓰지 않는 것이다.

소용없다
be useless
没用
仕方が無い

- 가: 담배 가격에 세금을 더 붙여서 가격을 올렸지만 담배 피우는 사람이 줄지 않았 다고 해.
  나: 가격이 두 배 비싸져도 **소용없었다는** 말이구나. 그런데 생각해 보면 담배 피우는 사람들이 돈 때문에 담배 끊는 건 힘들 것 같아.
- 건강을 잃으면 모든 것이 **소용없다**.

쓸데없다
🔈 불필요하다,
소용없다
be useless
不必要
何にもならない

- 가: **쓸데없는** 물건들이 많아서 인터넷으로 팔았는데 3만 원 정도 벌었어.
  나: 정말? 나도 안 쓰는 물건들 있는데 그렇게 해 봐야겠다.
- 책에서 읽었는데 사람들이 하는 96%의 걱정은 **쓸데없는** 걱정이라고 한다.
  표현 쓸데없는 노력/말/생각

추측
prediction
推测
推測

- 가: '비가 올 것 같아요', '비가 올 거예요', '비가 오겠어요'처럼 여러 가지 **추측** 표현 을 배웠는데 어려워요.
  나: 맞아요. 저도 여러 가지 **추측** 표현 중에서 언제, 어느 표현을 써야 하는지 아직 도 잘 모르겠어요.
- 나는 미래 사회의 모습을 **추측**해서 만든 영화들을 특히 좋아한다.
  표현 추측이 가능하다/맞다/쉽다/어렵다

뻔하다
🔈 분명하다
clear
铁板钉钉
白々しい

- 가: 오늘 본 영화는 내용이 **뻔해서** 좀 재미없었어.
  나: 응. 하지만 난 감동적이어서 좋았어.
- 여름휴가 때는 어느 곳이나 사람들이 많고 복잡할 게 **뻔해서** 그냥 집에서 쉬려고 한다.

알아맞히다 guess right 猜对 言当てる	• 가: 집에 자동차 잡지가 아주 많네. 나: 내 남동생 거야. 남동생은 자동차를 아주 좋아하는데 먼 곳에서 보고도 자동차 이름을 **알아맞힐** 수 있어. • 한국어 시간에 친구의 설명을 듣고 배운 단어를 **알아맞히는** 게임을 했다. 표현 나이/날씨/답을 알아맞히다
예상 prediction 预料 予想	• 가: 선생님, 대학원 면접시험을 어떻게 준비해야 돼요? 나: 먼저 **예상** 질문을 여러 개 만들어서 그 질문에 맞는 대답을 준비하세요. • 눈이 너무 많이 와서 비행기가 출발할 때까지는 몇 시간이 더 걸릴 것으로 **예상**된다. 표현 예상을 깨다/넘다, 예상 문제/밖
예측 비 예상, 추측 prediction 预测 予測	• 가: 어제 뉴스에서 오늘 비가 많이 올 거라고 했는데 비가 안 오네. 나: 가끔 일기예보의 **예측**이 안 맞을 때도 있어요. • 많은 전문가들이 내년에도 한국의 취업 문제가 해결되기 어려울 것으로 **예측**했다.
틀림없다 비 분명하다, 정확하다 certain 一定 間違いない	• 가: 경기가 곧 끝나는데 아직 3 : 1이니까 우리 팀이 질 게 **틀림없어**. 나: 이길 수도 있어, 옌샹. 야구는 마지막까지 결과를 알 수 없는 스포츠니까 아직 실망하지 말자. • 수민 씨가 이렇게 늦는 것을 보면 무슨 일이 생긴 게 **틀림없다**.
확실하다 비 분명하다, 맞다 sure 清楚, 一定 ちがいない	• 가: '별에서 온 사람'이라는 드라마가 한국에서 아주 인기가 많았는데 봤어요? 나: 네, 다 보지 않아서 내용은 **확실하게** 기억나지 않지만 한국에 오기 전에 우리나라에서 몇 번 봤어요. • 나미 씨와 호당 씨가 요즘 항상 같이 다니는 것을 보면 두 사람이 사귀는 것이 **확실하다**. 표현 확실한 답/미래/방법/사실/효과

생각2 기타

낫다 비 좋다 better (than) 比较好 勝る	• 가: 오늘 한강 공원에서 무료 콘서트가 있다고 해서 파니아 씨랑 같이 가기로 했는데 운룡 씨도 같이 가요. 나: 미안해요. 가고 싶은데 아침부터 머리가 계속 아파서 오늘은 집에서 좀 쉬는 게 **나을** 것 같아요. • 출퇴근 시간에는 차가 많이 막히니까 택시를 타는 것보다 지하철이나 버스를 타는 게 **낫다**.
지나치다 비 심하다 excessive 过度 通り過ぎる	• 가: 이 신문 기사는 여러 번 읽었지만 하나도 이해할 수 없어요. 나: **지나치게** 어려운 건 한국어 공부에 도움이 안 돼요. 조금 더 쉬운 것을 읽어 봐요. • 내가 보기에 우리 언니는 쓸데없는 걱정이 **지나치게** 많다. 표현 농담/말/욕심이 지나치다

1 미래에 대한 이야기입니다. 빈칸에 알맞은 단어를 쓰십시오.

가능하다	불필요하다	예측하다

1. 어떤 병은 집에서 인터넷으로 진찰과 치료를 할 수 있어서 병원에 가는 것이 _____ 아/어질 거예요.

2. 50년쯤 후에는 영화에 나오는 것처럼 보통 사람들도 달에 여행을 가는 일이 _____ (으)ㄹ 것 같아요.

3. 저는 세계가 너무 빠르게 바뀌고 있어서 미래를 _____ (으)ㄴ/는 것은 옛날보다 더 어려운 것 같아요. 과거에도 많은 사람들이 미래 사회의 모습을 이야기했지만 틀린 적이 많았고요.

2 빈칸에 알맞은 단어를 쓰십시오.

예상하다	물론이다	적절하다	확실하다

1. 가 : 10분 후면 경기가 끝나는데 지금 2:1인데 우리 팀이 이길 것 같지 않아?
   나 : 축구는 경기가 끝날 때까지 결과를 _____ 기 어려워. 10분 안에 공을 넣어서 결과가 바뀌는 걸 여러 번 봤어.

2. 가 : 이번 주에 제 생일이라서 우리 집에서 생일 파티를 하려고 하는데 올 수 있어요?
   나 : _____ 지요. 초대해 줘서 고마워요. 언제까지 가면 돼요?

3. 가 : 우리 동아리 신입생 환영회는 언제 하기로 했어?
   나 : 다음 주에 하려고 하는데 아직 날짜를 _____ 게 정하지는 않았어. 오늘 모임 때 정한다고 했어.

4. 가 : 새로 등록해서 다니는 헬스클럽 어때?
   나 : 아주 좋아. 특히 운동 선생님이 있어서 나한테 _____ (으)ㄴ/는 운동 종류와 시간을 정해 주는 게 마음에 들어.

어휘력 **쑥쑥**

예 상	**예약**	reservation / 预约 / 予約
예(豫) : 미리, 먼저	**예정** DAY55	schedule / 预定 / 予定
in advance 预 予め	**예측** DAY40	prediction / 预测 / 予測
	일기**예**보 DAY10	weather forcast / 天气日报 / 天気予報

불 필 요 하 다	**불**안	anxiety / 不安 / 不安
불(不) : 아니다	**불**가능하다 DAY40	impossible / 不可能 / 出来ない
not 不 -でない	**불**면증 DAY15	insomnia / 失眠 / 不眠症
	불행 DAY31	misfortune / 不幸 / 不幸

DAY 41 동작1

아는 단어에 ○표 하세요.

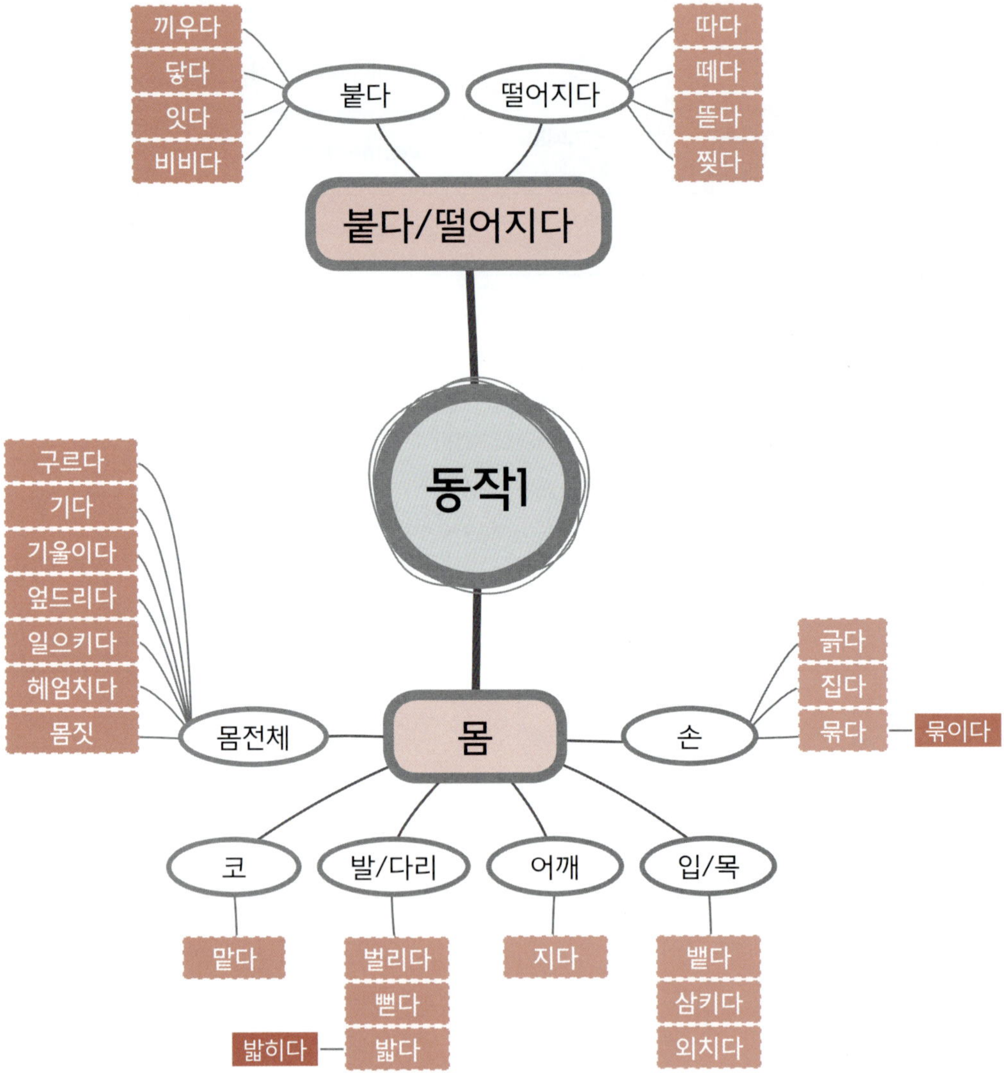

끼우다
닿다
잇다
비비다

붙다

떨어지다

따다
떼다
뜯다
찢다

붙다/떨어지다

동작1

구르다
기다
기울이다
엎드리다
일으키다
헤엄치다
몸짓

몸전체

몸

손

긁다
집다
묶다 — 묶이다

코

발/다리

어깨

입/목

맡다

벌리다
뻗다
밟히다 — 밟다

지다

뱉다
삼키다
외치다

동작 action 动作 動作	• 가: 요즘 재즈 댄스 학원에 다니는데 동작이 너무 어려워요. 　나: 어떤 동작을 하는데요? 조금만 보여 주세요. • 무대에서 춤을 출 때는 동작을 크게 해야 더 멋있어 보인다. 표현 동작이 단순하다
구르다 roll over 滚 転がる	• 가: 체육 시간에 앞으로 구르기를 하는데 난 잘 못하겠어. 　나: 그럼 이따가 같이 연습해 볼까? • 동전이 옷장 밑으로 굴러 들어가서 찾을 수 없다.
긁다 scratch 骚 搔く	• 가: 왜 이렇게 팔을 긁어요? 　나: 어젯밤에 모기한테 물렸는데 너무 가려워요. • 우리 고양이가 날마다 벽을 긁어서 벽에 바르는 종이를 새로 바꿔야 한다.
기다 crawl 爬 這う	• 가: 어머, 태어난 지 5달밖에 안 됐는데 벌써 기어요? 　나: 네, 우리 아기가 다른 아이보다 좀 빠른 것 같아요. • 군인 훈련을 할 때 기어서 가야 하는 훈련이 있었는데 정말 힘들었다.
기울이다 lean, devote to 斜，关注 傾ける,寄せる	• 가: 마갈리 씨, 진통제 있어요? 배가 아픈데 진통제가 없어요. 　나: 없는데 어떡하죠? 배가 아플 때는 몸을 앞으로 좀 기울이면 덜 아프다고 들었어 　　요. 한번 해 보세요. • 사춘기 때 부모님이 나에게 관심을 많이 기울여 주셔서 힘들지 않게 지나갔다. 표현 관심/귀/노력/정성을 기울이다
맡다 smell 闻 引受ける	• 가: 치에미, 이 나물 냄새가 좀 이상한 것 같아. 냄새 좀 맡아 봐. 　나: 음, 난 괜찮은 것 같은데? 한번 먹어 볼게. • 개는 길이나 사람을 찾을 때 냄새를 맡는다.
몸짓 gesture 姿态 身振	• 가: 손연재 선수가 세계 대회에서 체조하는 거 봤어요? 　나: 그럼요, 손연재 선수는 체조할 때 몸짓이 정말 아름다운 것 같아요. • 춤은 말을 하지 않고 하기 때문에 몸짓과 표정으로 내용을 전한다. 표현 몸짓을 하다
묶다 tie 绑，团结 結ぶ	• 가: 오늘은 머리를 묶고 왔네요? 푼 것보다 훨씬 예쁜데요! 　나: 그래요? 고마워요. 더워서 묶었는데 예쁘다고 하니까 기분 좋네요. • 응원할 때 부르는 노래는 사람들을 하나로 묶는 힘이 있다. 표현 끈을 묶다

묶이다 be tied 被绑 結ばれる	• 가: 이제 곧 달리기 경기가 시작되네. 오늘 잘 뛰어서 우리 팀이 꼭 이겼으면 좋겠어. 　나: 응, 우리 잘 뛰자. 경기 시작하기 전에 신발 끈이 잘 **묶였는지** 확인해. • 보통 영화에 나오는 남자 주인공들은 손과 발이 **묶여도** 싸움을 잘한다.
밟다 step on 踏 踏む	• 가: 오늘 아침에 지하철에서 어떤 아저씨가 내 발을 **밟았는데** 미안하다는 말도 안 하 　고 갔어. 　나: 정말 기분 나빴겠다. 나도 그런 적 있는데 기분이 안 좋았어. • 나는 길에 쌓인 눈을 **밟을** 때 나는 소리가 참 좋다.
밟히다 be stepped on 被踏 踏まれる	• 가: 요즘 운전할 때 가끔 브레이크가 잘 안 **밟히는** 느낌이 들 때가 있어. 　나: 그럼 빨리 자동차 수리 센터에 가 봐야지. • 영화배우 이사랑 씨가 방송국에 들어갈 때 팬들에게 드레스를 **밟혀서** 넘어졌다.
뱉다 spit 吐 吐く	• 가: 너 휴지 있어? 껌을 **뱉고** 싶은데 휴지가 없네. 　나: 휴지는 없는데 종이는 있어. 자, 여기에 **뱉어**. • 길에 침을 **뱉으면** 벌금을 내야 한다. **표현** 침을 뱉다
벌리다 open 张开 開ける	• 가: 선생님, 차가운 음식을 먹으면 이가 시려요. 　나: 한번 봅시다. 입을 크게 **벌리세요**. 아~ • 발레를 배울 때 다리 **벌리는** 연습을 매일 했는데 심하게 해서 다리 근육을 다친 적 　이 있다. **표현** 다리/입/팔을 벌리다
뻗다 stretch 伸 伸びる	• 가: 잠을 잘 때의 동작을 보면 그 사람의 성격을 알 수 있다고 해. 　나: 나는 팔이랑 다리를 양쪽으로 다 **뻗고** 자는데 그럼 어떤 성격이야? • 한국에서 '문경'이라는 곳에 가면 높이 **뻗은** 나무들이 늘어선 길이 있는데 참 아름 　답다. **표현** 다리/손/팔을 뻗다
삼키다 swallow 吞 飲込む	• 가: 우리 아이가 약을 잘 못 **삼켜서** 자꾸 뱉어요. 　나: 그럼 약을 살 때 가루로 만들어 달라고 부탁하세요. • 감기 때문에 목이 심하게 부어서 침을 **삼키는** 게 어렵다.
엎드리다 lie face down 趴 伏せる	• 가: 유키 씨, 수영하니까 허리가 좀 좋아졌어요? 　나: 네, 전에는 똑바로 누워도 **엎드려도** 허리가 아파서 힘들었는데 요즘은 안 아프니 　까 살 것 같아요. • 학교에서 너무 피곤해서 쉬는 시간에 책상에 **엎드려서** 10분 정도 잤다.

외치다 shout out 呐喊 張り上げる	• 가: 이제 산 위에 올라왔으니까 다 같이 저쪽 산을 보고 **외쳐** 봅시다. 　나: 좋아요. 그럼, 하나, 둘 셋, 하면 '야호'라고 **외칩시다**. • 군인들은 대답할 때 항상 큰 소리로 **외쳐야** 한다.
일으키다 raise up 扶起 起す	• 가: 너는 윗몸 **일으키기** 몇 개 할 수 있어? 　나: 1분에 50개 정도 할 수 있어. • 아버지가 허리를 심하게 다치셔서 일어나실 때도 **일으켜** 드려야 한다.
지다 carry sth on one's back 背 背負う	• 가: 대학교 때는 가방 하나만 **지고** 떠나는 여행을 좋아했는데 지금은 편한 여행이 　좋아. 　나: 응, 나도 그래. 이제는 많이 걸어 다니는 게 귀찮아. • 옛날에는 교통수단이 별로 없었기 때문에 사람들이 직접 등에 짐을 **지고** 다니는 일 이 많았다.
집다 pick up 捡 摘む	• 가: 왜 아이들이 쓰는 젓가락을 사? 　나: 요즘 우리 조카가 젓가락으로 음식을 **집는** 연습을 해서 하나 사 주려고. • 길을 가는데 천 원이 떨어져 있어서 바로 **집어서** 주머니에 넣었다.
헤엄치다 swim 游泳 泳ぐ	• 가: 이오리 씨, **헤엄쳐서** 한강을 건너는 대회에 나간다고 들었어요. 정말이에요? 　나: 네, 예전부터 한번 나가 보고 싶어서 신청했어요. • 어릴 때 집 근처에 강이 있어서 여름에 자주 친구들과 **헤엄치면서** 놀았다.

동작1　붙다/떨어지다

끼우다 insert 塞 挿す	• 가: 우리 아이가 요즘 스스로 옷을 입겠다고 해서 아침에 옷 입는 시간이 너무 오래 　걸려요. 　나: 그 나이 때는 다 그래요. 우리 아이도 직접 단추를 **끼우겠다고** 해서 30분이 걸 린 적도 있었어요. • 우리 집 개를 잃어버릴까 봐 이름과 전화번호를 쓴 종이를 **끼운** 목걸이를 목에 걸 어 줬다.
닿다 touch 接触 触れる	• 가: 나는 아침에 시계 소리가 나도 끄고 다시 자서 학교에 지각할 때가 많아. 　나: 시계를 손에 **닿지** 않는 곳에 두고 자 봐. 그럼 계속 시끄러우니까 일어날 수 있 지 않을까? • 처음 여자 친구와 손이 **닿았을** 때 너무 떨려서 심장이 멈출 것 같았다.
따다 pick 采 摘む	• 가: '하늘의 별 **따기**'가 무슨 말이에요? 　나: 하늘에 있는 별을 **딸** 수 없는 것처럼 하기가 아주 어려운 일을 의미해요. • 어릴 때는 꽃을 **따서** 꽃반지나 꽃목걸이를 만들어서 놀았다.

떼다 🔄 붙이다 take (sth) off 摘下, 分开 剝がす	• 가: 여러분, 이번 학기가 끝나서 교실 벽에 붙은 안내문을 **떼어야** 하는데 좀 도와줄래요? 　나: 네, 선생님, 벽에 있는 거 다 **떼면** 돼요? • 머리에 껌이 붙었을 때는 식초나 식용유를 바르면 쉽게 **뗄** 수 있다.
뜯다 pluck 打开 摘む	• 가: 승원 씨, 생일 선물 정말 고마워요. 　나: 마음에 들었으면 좋겠어요. 포장을 한번 **뜯어** 보세요. • 미국에 사는 친구에게 편지가 와서 반가워서 급하게 **뜯었는데** 편지까지 찢어졌다.
잇다 join 继承, 接着 継ぐ	• 가: 야스코 씨 부모님이 식당을 하신다고 들었어요. 한번 가 보고 싶어요. 　나: 네, 저도요. 야스코 씨의 할아버지 때부터 계속 **이어서** 하는 식당이라고 해요. • (방송) **이어서** 9시 뉴스가 방송되겠습니다.
찢다 tear 撕 裂く	• 가: 지금 먹는 게 치즈예요? 　나: 네, **찢어서** 먹는 치즈예요. 보통 치즈보다 짜지 않아서 더 맛있어요. • 금방 담은 김치를 손으로 **찢어서** 먹는 맛이 최고다.
비비다 rub 搓, 拌 擦る	• 가: 어제부터 눈이 계속 가려워. 　나: 가려울 때 그렇게 **비비면** 안 돼. 안약을 넣거나 계속 가려우면 병원에 가 봐. • 반찬이 없을 때 밥에 고추장과 참기름을 넣고 **비벼서** 먹으면 맛있다.

어휘력 쑥쑥

동 **작**		
작(作) : 만들다 **make** 作 作る	**작**가 DAY35	writer / 作家 / 作家
	작곡 DAY24	composition / 作曲 / 作曲
	작품 DAY24	work / 作品 / 作品
	제**작** DAY24	production / 制作 / 制作

연습 문제

1 다음은 집에서 할 수 있는 건강 체조입니다. 다음 그림을 보고 빈칸에 알맞은 단어를 쓰십시오.

| 구르다 | 떼다 | 밟다 | 벌리다 | 뻗다 |

1. 두 다리를 옆으로
_____고 두 팔을 옆으로
_____아/어서 돌립니다.

2. 두 사람 중 한 사람이 다른 사람의 발을
_____아/어 줍니다.

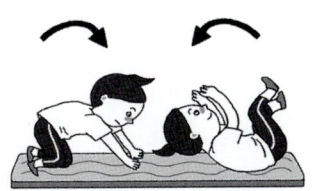

3. 앞으로 한 번, 뒤로 한 번
_____(스)ㅂ니다.

4. 발바닥 전체를 바닥에서 _____지
않고 바닥에 손을 30초 동안 댑니다.

2 괄호 안에서 알맞은 단어를 고르십시오.

1. 아기들은 1살 전에는 걷지 못하고 (기어서 / 기울여서) 다닌다.

2. 포도를 하나 먹었는데 맛이 너무 이상해서 (맡았다 / 뱉었다).

3. 제주도에 갔는데 태풍이 와서 서울로 오지 못하고 발이 (묶었다 / 묶였다).

4. 할아버지께서 사과를 직접 키우셔서 가을마다 사과 (따는 / 뜯는) 것을 도우러 할아버지 댁에 간다.

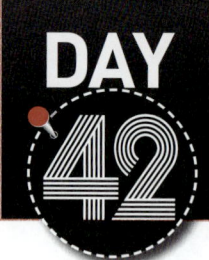

DAY 42

동작2

아는 단어에 ○표 하세요.

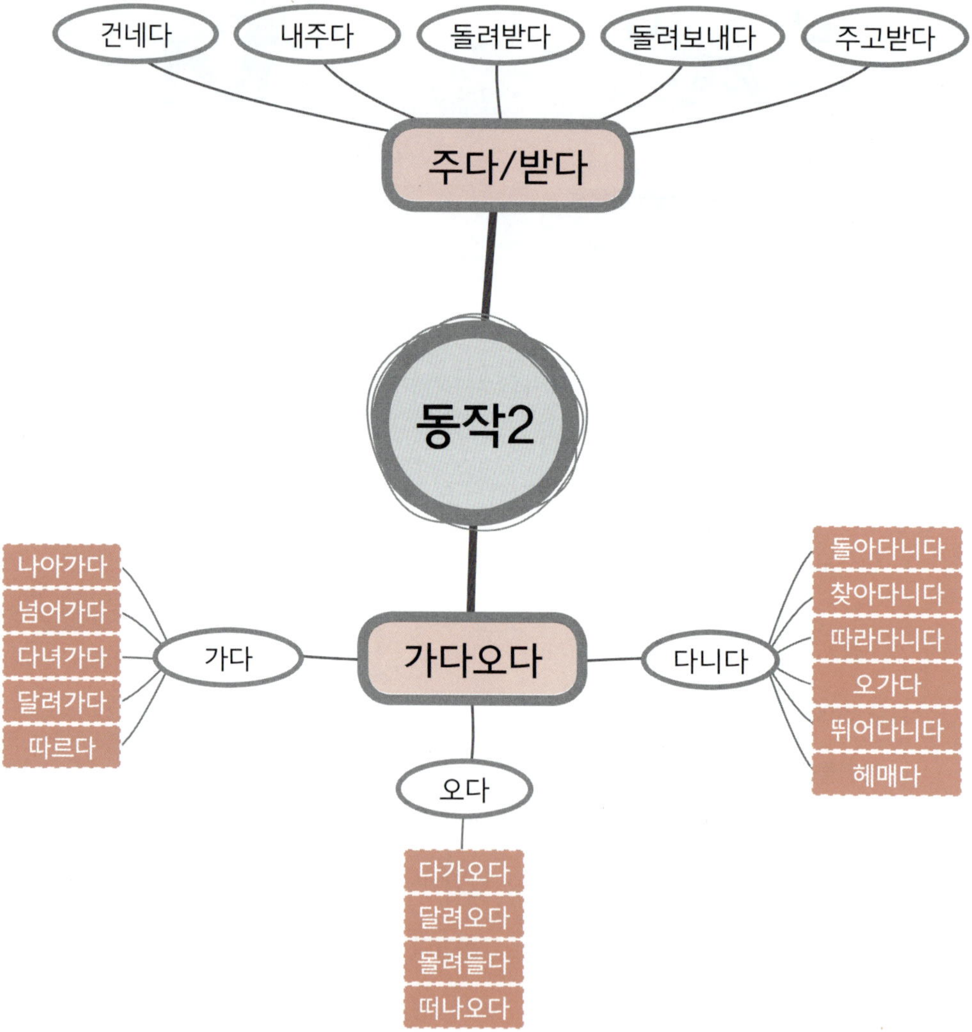

동작2
주다/받다
건네다
내주다
돌려받다
돌려보내다
주고받다
가다오다
가다
나아가다
넘어가다
다녀가다
달려가다
따르다
오다
다가오다
달려오다
몰려들다
떠나오다
다니다
돌아다니다
찾아다니다
따라다니다
오가다
뛰어다니다
헤매다

나아가다 progress 前進 進む	• 가: 선배, 저는 많이 노력하는데 다른 직원들보다 실력이 늘 떨어져요. 나: 내가 직장 생활을 해 보니까 다른 사람보다 앞으로 **나아가려면** 두 배의 노력을 해야 해. • 우리 회사가 앞으로 어떤 방향으로 **나아갈지** 고민 중이라고 사장님께서 말씀하셨다.
넘어가다 cross 倒, 转到 越す	• 가: 지금 인도네시아에 큰 태풍이 왔다고 들었어요. 나: 네, 큰 나무들도 **넘어갈** 정도의 강한 태풍이어서 다친 사람들도 많다고 해요. • 여름에서 가을로 **넘어갈** 때 입기 좋은 얇은 스웨터를 샀다.

다가오다
approach
来临
迫る
	• 가: 이제 곧 크리스마스가 **다가오네요**. 크리스마스 때 무슨 계획 있어요?
	   나: 가족들과 같이 프랑스에 여행 가려고 해요.
	• 대학 입학 합격자를 발표하는 날이 **다가와서** 너무 떨린다.
	   [표현] 새해가 다가오다

다녀가다 come by 来过 寄って行く	• 가: 여기가 요즘 인기 있는 멕시코 음식 레스토랑이에요. 연예인들도 많이 **다녀갔다고** 해요. 나: 네, 전부터 여기 오고 싶었어요. 우리 뭐 먹을까요? • 우리 아버지가 맏이셔서 설날이 되면 우리 집에 친척들이 많이 **다녀가신다**.
달려가다/ 달려오다 run into/dash 跑去/跑过来 駆け付ける/走って来る	• 가: 우리 여기에서부터 학교까지 **달려가자**. 나: 그래, 좋아. 지는 사람이 아이스크림 사자. 시작! • 우리 집 강아지 바비는 멀리 있어도 나를 알아보고 빠르게 **달려온다**.
돌아다니다 roam 走来走去 歩き回る	• 가: 미도리, 왜 이렇게 늦게 들어왔어? 연락도 없이 늦어서 걱정했어. 나: 많이 걱정했어? 답답한 일이 있어서 거리를 좀 **돌아다녔어**. • 우리 부모님은 나에게 밤늦게 **돌아다니지** 말라고 항상 얘기하신다.
따라다니다 follow 追随 付いて回る	• 가: 지금 남자 친구와 어떻게 사귀게 되셨어요? 나: 남자 친구를 대학원에서 만났는데 저를 3년 동안 **따라다녀서** 사귀게 됐어요. • 내 동생은 어릴 때 나를 좋아해서 내가 가는 곳마다 항상 **따라다녔다**.
따르다 follow 跟随, 达到 従う	• 가: 한국 여행 재미있게 하고 있어요? 나: 네, 어제는 한국 친구를 **따라서** '광장시장'이라는 곳에 갔어요. 거기서 한복도 구경하고 시장에서 유명한 파전도 먹었는데 정말 맛있었어요. • 요리 연습을 아무리 많이 해도 엄마의 요리 솜씨를 **따를** 수가 없다.

떠나오다 leave 离开 離れて来る	• 가: 캐나다에서 사신 지 얼마나 되셨어요? 　나: 한국을 **떠나온** 지 벌써 5년 정도 됐네요. • 고향을 **떠나와서** 오랫동안 외국에서 사니까 고향이 그리울 때가 많다.
뛰어다니다 run around 跑来跑去 走り回る	• 가: 우리 집 아이들은 매일 집 안을 **뛰어다녀서** 정신이 하나도 없어요. 　나: 저희 집은 아파트인데도 아이들이 **뛰어다녀요.** • 우리 오빠는 직업이 기자인데 좋은 기사를 쓰려고 항상 여기저기 **뛰어다닌다.**
몰려들다 crowd into 拥进 押し寄せる	• 가: 언니, 저기 좀 봐. 저쪽 식품 코너에 사람들이 갑자기 **몰려들었어.** 　나: 이제 문 닫을 시간이 돼서 세일을 하는 것 같네. 우리도 가 보자. • (뉴스) 새해의 첫 번째 해를 보려고 전국에서 많은 사람들이 동해로 **몰려들었습니다.**
오가다 come and go 来往 行き通う	• 가: 학교 앞 사거리에 새로 생긴 카페 봤어? 분위기 좋은 것 같은데 우리 한번 가 보자. 　나: 그래? 매일 **오가는** 길인데 못 봤네. 내일 같이 가자. • 옛날에는 옆집에 사는 사람들과 **오가면서** 가깝게 지냈다고 하는데 요즘 도시에서는 그런 모습을 보기가 힘들다.
찾아다니다 search around 到处寻找 探る	• 가: 유키 씨는 주말마다 어디를 그렇게 다녀요? 　나: 제가 지금 하고 있는 옷 가게를 다른 곳으로 옮기려고 좋은 장소를 **찾아다니고** 있어요. • 3일 동안 아르바이트를 **찾아다녔는데** 아직도 못 구했다.
헤매다 wander 徘徊 さまよう	• 가: 우리 집 찾는 거 힘들었지? 　나: 응, 처음 오는 길이라서 좀 **헤맸어.** 늦어서 미안해. • 운전을 시작한 지 얼마 안 됐는데 길을 잘 몰라서 길에서 **헤매는** 시간이 많다.

동작2 주다/받다

건네다 hand over 搭，交给 渡す	• 가: 혼자 배낭여행 할 때 심심하지 않았어? 　나: 아니. 나처럼 혼자 여행 온 사람들이 아무렇지도 않게 말을 **건네서** 가는 곳마다 외국 친구들을 많이 사귀었어. • 고향에 갔을 때 내 손에 용돈을 **건네**주시는 할아버지의 손이 참 따뜻했다.
내주다 give 拿出来给，让给 渡す	• 가: 주말에 시부모님 잘 만나고 왔어요? 　나: 네, 시어머니께서 옷장 속에서 시어머니의 어머니께 받은 반지를 **내주셔서** 감동했어요. • 손님이 집에 오셨는데 우리 집에 손님 방이 없어서 내 방을 며칠 동안 **내주게** 되었다. 　**표현** 거스름돈/방을 내주다

돌려받다 get back 找回来 返してもらう	• 가: 메리 언니, 언니가 지난 학기에 본 한국어 읽기 책 좀 빌려줄 수 있어요? • 나: 아, 그 책 켄토한테 빌려줬는데 아직 못 **돌려받았어**. **돌려받으면** 빌려줄게. • 친구한테 빌려준 돈을 **돌려받아야** 하는데 달라고 말을 하기가 어렵다.
돌려보내다 return 还给 往なす	• 가: 아빠, 제가 잡은 물고기예요. 보세요. 　나: 그래, 우리 아들 이제 낚시도 잘하는구나. 그런데 이 물고기는 너무 작으니까 강 　　　으로 다시 **돌려보내** 주자. • 인터넷으로 주문한 옷과 다른 옷이 배달되어서 택배를 **돌려보냈다**.
주고받다 exchange 交换 取り交わす	• 가: 어머, 이야기를 **주고받는** 동안 벌써 12시가 다 되었어. 빨리 집에 가야겠다. 　나: 시간이 이렇게 됐는지 몰랐네. 빨리 가자. • 나는 아내와 연애 때 **주고받은** 편지를 아직도 가지고 있다.

1 다음은 한 주의 신문 기사의 일부입니다. 빈칸에 알맞은 단어를 쓰십시오.

넘어가다	다가오다	몰려들다	헤매다

1. 지난 3일 서울백화점 세일에 1,000명이 넘는 사람들이 _____ 아/어서 1시간 안에 준비한 물건이 다 팔렸다. 그런데…

2. 운전할 때 길을 자주 _____ (으)ㄴ/는 사람들에게 '길 안내 서비스'가 다음 달부터 스마트폰으로 제공된다고…

3. 내일은 낮 최고 기온이 13도까지 올라가서 _____ (으)ㄴ/는 봄을 느낄 수 있는 날씨가 되겠습니다.

4. '열 번 찍어서 안 _____ (으)ㄴ/는 나무 없다'고 가수 K씨가 인기 영화배우 A 씨를 5년 동안 따라다닌 결과 결혼에 성공했다고…

2 괄호 안에서 알맞은 단어를 고르십시오.

1. 친구한테 빌려준 책을 아직 (돌려받지 / 돌려보내지) 못했다.

2. 내가 서울로 올라가는 기차를 탈 때 할머니께서 직접 만드신 반찬을 내 손에 (건네셨다 / 오가셨다).

3. 우리 딸이 '아빠'라고 부르면서 나에게 (달려갈 / 달려올) 때가 가장 행복하다.

4. 처음 외국 여행 갔을 때 모든 것이 새로워서 밤늦게까지 (돌아다녔다 / 찾아다녔다).

3 빈칸에 알맞은 단어를 쓰십시오.

떠나오다	오가다	주고받다

1. 가 : 메리 씨, 유학 생활한 지 오래 되었죠?
   나 : 네, 집을 _____ (으)ㄴ 지 벌써 3년이 되었네요.

2. 가 : 동운 씨, 한국에서는 크리스마스 때 무슨 선물을 _____ 아/어요?
   나 : 사람마다 다르지만 보통 장갑이나 모자, 스웨터 같은 선물을 많이 해요.

3. 가 : 한국에서는 설날 같은 명절에 서로 선물해요?
   나 : 네, 대부분 그렇게 해요. 선물이 _____ (으)면서 서로 정도 더 깊어지는 것 같아요.

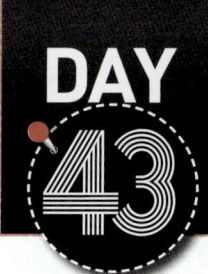

DAY 43 동작3

아는 단어에 ○표 하세요.

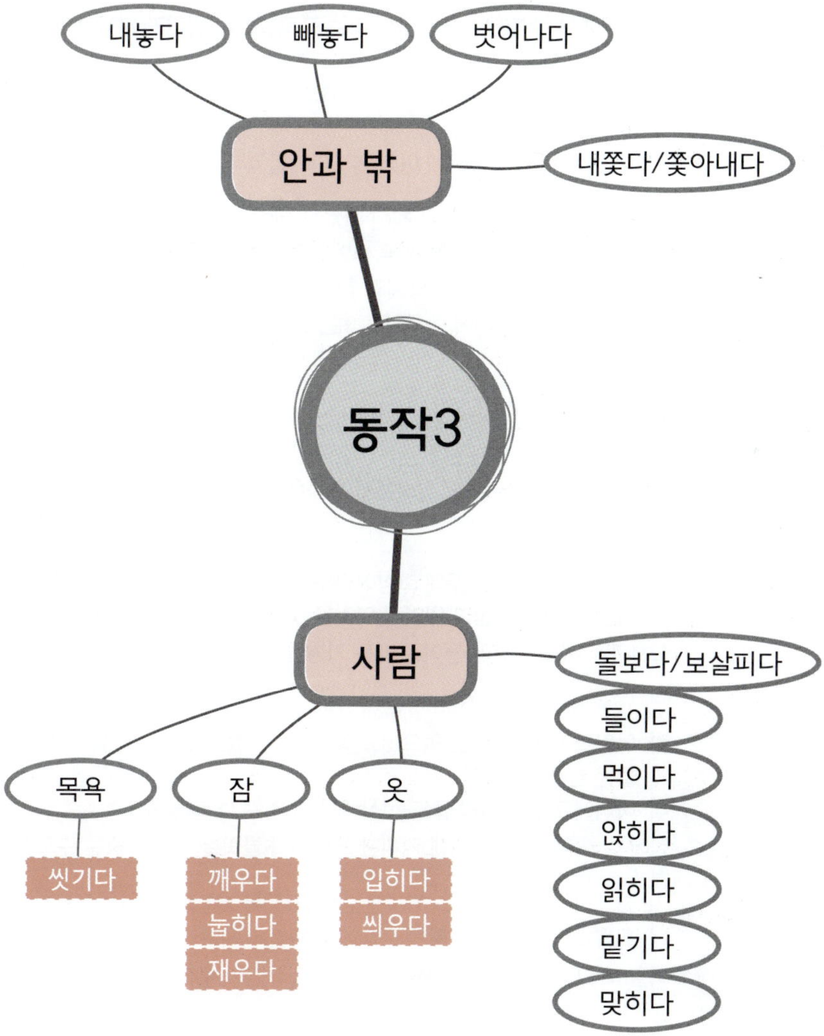

동작3
안과 밖
내놓다
빼놓다
벗어나다
내쫓다/쫓아내다
사람
돌보다/보살피다
들이다
먹이다
앉히다
읽히다
맡기다
맞히다
목욕
씻기다
잠
깨우다
눕히다
재우다
옷
입히다
씌우다

깨우다 wake 叫醒 目覚ます	• 가: 이제 곧 부산 도착이네. 자는 친구들 좀 **깨우자**. 　나: 그래. 댄, 줄리안, 이제 부산에 다 왔어. 내려야 되니까 빨리 일어나. • 아침에 카페 앞을 지날 때 커피 향기가 나의 잠을 **깨운다**.
눕히다 lay 让…躺 寝せる	• 가: 여보, 아기가 잠들었으니까 이제 **눕혀도** 될 것 같아요. 　나: 지금 **눕히면** 깰 것 같아요. 조금만 더 안고 있을게요. • 한국 드라마를 보면 소파에서 자고 있는 여자 주인공을 남자 주인공이 안아서 침대에 **눕히는** 장면이 자주 나온다.
돌보다 take care of 照顾 見る	• 가: 한국에서 '슈퍼맨이 돌아왔다'라는 프로그램이 인기가 많다고 들었어요. 어떤 프로그램이에요? 　나: 아빠 혼자서 아이들을 **돌보는** 모습을 보여 주는 프로그램인데 요즘 이 프로그램이 인기가 많아요. • 내가 직장에 다니기 때문에 어머니가 아기를 **돌봐** 주신다.
들이다 adopt 让…进来 入れる	• 가: 한국에는 유명한 요리사 중에 남자가 정말 많은 것 같아요. 　나: 네, 맞아요. 그런데 옛날에는 부엌일은 여자의 일이라고 생각해서 남자를 부엌에 **들이지** 않았다고 해요. 옛날과 참 많이 바뀌었죠. • 돌아가신 할머니는 집에 아무나 **들이는** 것을 싫어하셨다. 표현 물건/사람을 들이다
맞히다 guess right 让…淋, 让…被打 うたせる	• 가: 엄마, 말리려고 밖에 둔 이불이 비가 와서 다 젖었어요. 　나: 비를 **맞히면** 안 되는데 엄마가 깜박했네. 다시 빨아야겠다. • 아이들은 주사 맞는 것을 싫어해서 주사를 **맞히기**가 정말 힘들다.
맡기다 leave 寄托 任せる	• 가: 마갈리, 내가 다음 주에 고향에 가는데 그동안 우리 집 고양이 좀 봐 줄 수 있어? 　나: 미안해. 나도 출장이 있어서 어려울 것 같아. 이번에는 동물병원에 **맡겨**. • 도서관에 책을 빌리러 들어갈 때는 가방을 **맡기고** 들어가야 한다.
먹이다 feed 喂 食わす	• 가: 아이들이 밥을 잘 안 먹으려고 해서 밥 **먹이는** 게 제일 힘들어요. 아키호 씨 아이들은 밥 잘 먹어요? 　나: 아니에요, 저희 아이들도 편식해서 밥 **먹일** 때 힘들어요. • 집에서 키우는 강아지에게 커피나 포도나 초콜릿을 **먹이면** 죽을 수도 있다고 한다.
보살피다 take care of 照顾 世話する	• 가: 치에미 씨는 간호사라고 하셨죠? 환자들을 **보살피는** 일이 힘들지 않아요? 　나: 힘들 때도 있지만 보람을 느끼니까 즐겁게 하고 있어요. • 어릴 때부터 지금까지 우리를 키워 주시고 **보살펴** 주신 부모님께 더 잘해 드리고 싶다.

씌우다 cover 给…戴上，给…撑 被せる	• 가: 어머, 비가 오네요. 효성 씨, 저 우산이 없는데 좀 **씌워** 줄래요? • 나: 지하철 탈 거죠? 지하철역까지 **씌워** 줄게요. 같이 가요. • 외출을 하려고 하는데 바람이 많이 불고 추워서 아이들에게 모자를 **씌웠다**.
씻기다 be washed 洗 あらうれる	• 가: 여보, 내가 저녁 준비하는 동안 아이들 손발 좀 **씻겨** 주세요. 　 나: 응, 그럴게요. 목욕도 시킬까요? • 화장한 얼굴은 비누로만 씻으면 잘 **씻기지** 않는다.
앉히다 sit 让…坐下 座らせる	• 가: 이제 공연이 시작됩니다. 부모님들은 아이들을 자리에 **앉혀** 주시기 바랍니다. 　 나: 지우야, 이제 공연 시작할 거야. 엄마랑 자리에 **앉자**. • 아이의 첫 번째 생일 때 가족사진을 찍었는데 아이를 의자에 혼자 **앉히면** 계속 울어서 사진 찍을 때 시간이 오래 걸렸다.
읽히다 read 被读 読ませる	• 가: 아이들에게 책을 많이 **읽히는** 게 좋다고 하는데 메리 씨는 몇 권 정도 **읽히세요**? 　 나: 저는 매일 한 권씩 읽으라고 해요. • 소설 '노인과 바다'는 한국에서도 많이 **읽히는** 미국 소설이다.
입히다 dress 让…穿 着せる	• 가: 우리 준호, 혼자 티셔츠 잘 입었네. 바지는 엄마가 **입혀** 줄까? 　 나: 아니야. 내가 입을 거야. • 아버지가 교통사고 때문에 혼자 몸을 잘 못 움직이시기 때문에 옷을 **입혀** 드려야 한다.
재우다 put sb to sleep 让…睡觉 眠らせる	• 가: 벌써 9시네요. 이제 아이들을 **재워야겠어요**. 　 나: 여보, 오늘은 내가 **재울게요**. 당신은 좀 쉬어요. • 우리 아이는 **재울** 때 노래를 불러 주면 금방 잠이 든다.

동작3 안과 밖

벗어나다 get out 摆脱，离开 切り抜ける	• 가: 공무원 시험 준비 때문에 매일 공부만 해야 되니까 너무 힘들어요. 빨리 시험이 끝나서 긴장에서 **벗어나고** 싶어요. 　 나: 힘들죠? 이제 시험이 얼마 안 남았으니까 조금만 더 힘을 내요. • 서울에서 40년 동안 살았는데 이제는 도시를 **벗어나서** 시골에서 살고 싶다.
내놓다 put out 拿出来 出す	• 가: 완여, 오늘 쓰레기 **내놓는** 날이지? 　 나: 응, 지금 같이 밖으로 **내놓자**. 나는 음식물 쓰레기를 버릴게. • 중국집에서 배달을 시켜서 먹은 짜장면 그릇을 문 밖에 **내놓았다**.

내쫓다/ 쫓아내다 kick sb out 赶走 払い出す, 追っ立てる	• 가: 여보, 나 왔어요. 집이 조용하네. 아이들 어디 갔어요? 　나: 아이들 친구들이 집에 놀러 왔는데 너무 시끄럽게 뛰면서 놀아서 나가서 놀라고 **쫓아냈어요**. • (옛날이야기) 돈이 없는 동생이 부자인 형 집에 찾아갔지만 형은 동생을 도와주지 않고 **내쫓았습니다**.
빼놓다 leave sb out 丟掉, 甩下 措く	• 가: 자, 어제 숙제 있었죠? 반장한테 내세요. 　나: 선생님, 숙제를 집에 **빼놓고** 왔는데 내일 내도 될까요? • 어릴 때 누나들이 같이 놀 때 나만 **빼놓고** 놀아서 운 적이 많았다.

1 부모님이 아이를 어떻게 하고 있습니까? 다음 그림을 보고 빈칸에 알맞은 단어를 쓰십시오.

| 깨우다 | 먹이다 | 앉히다 | 읽히다 |
| 입히다 | 씻기다 | 씌우다 | 재우다 |

1.

_____

2.

_____

3.

_____

4.

_____

5.

_____

6.

_____

7.

_____

8.

_____

2 빈칸에 알맞은 단어를 쓰십시오.

| 보살피다 | 들이다 | 맞히다 | 벗어나다 |

1. 새 집으로 이사를 해서 침대와 옷장을 새로 _____ 았/었다.

2. 어머니가 직장에 다니셨기 때문에 어릴 때는 할머니께서 나를 _____ 아/어 주셨다.

3. 오늘 학교에서 선생님의 질문에 정답을 잘 _____ 아/어서 상품을 받았다.

4. 이제 취직했으니까 엄마의 잔소리에서 _____ 아/어서 혼자 살고 싶다.

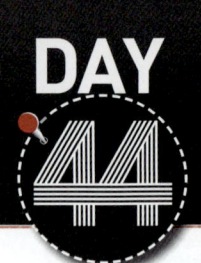

DAY 44 동작4

아는 단어에 ○표 하세요.

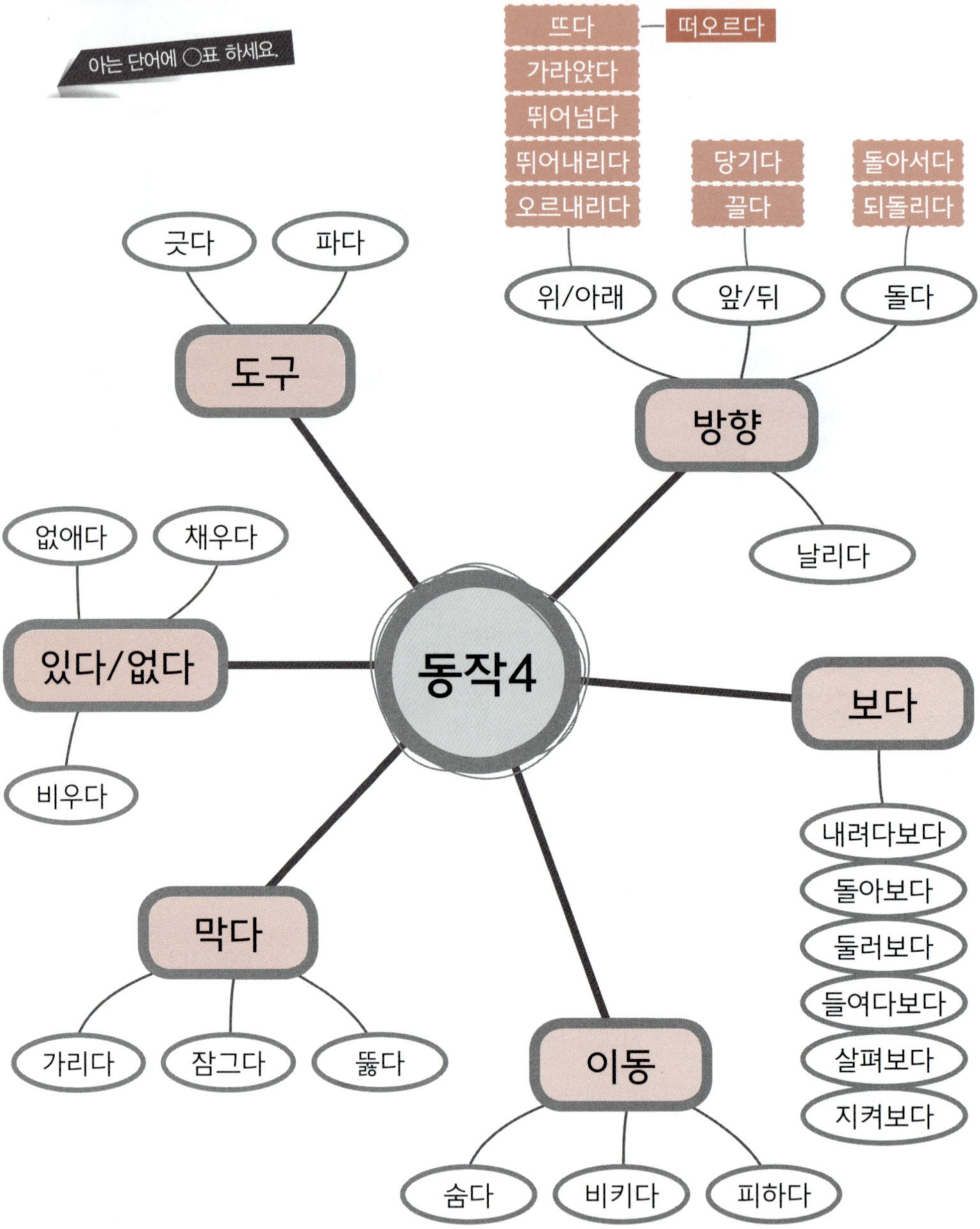

동작4
도구
긋다
파다
방향
위/아래
뜨다
떠오르다
가라앉다
뛰어넘다
뛰어내리다
오르내리다
앞/뒤
당기다
끌다
돌다
돌아서다
되돌리다
날리다
있다/없다
없애다
채우다
비우다
보다
내려다보다
돌아보다
둘러보다
들여다보다
살펴보다
지켜보다
막다
가리다
잠그다
뚫다
이동
숨다
비키다
피하다

가라앉다
sink
沉淀, 平静
沈む

- 가: 어제 태풍이 심해서 고기를 잡는 배들이 **가라앉았다고** 해요.
  나: 네, 저도 들었어요. 그래도 다친 사람들은 없으니까 다행이지요.
- 친구에게 화가 나서 말도 하기 싫었는데 시간이 지나니까 마음이 **가라앉았다**.

끌다
draw
拖, 开
引く

- 가: 아래 집에 사시는 할아버지는 의자 **끄는** 소리도 시끄럽다고 전화를 하셔.
  나: 그럼 의자 다리 밑에 붙이는 스티커를 사서 붙여 봐.
- 차가 길에서 갑자기 고장이 나서 자동차 센터 직원이 내 차를 **끌고** 갔다.

날리다
fly
抛
飛ばす

- 가: 왜 학생들이 졸업 모자를 **날리면서** 사진을 찍어요?
  나: 한국에서는 졸업할 때 공부가 다 끝났으니까 기쁘다는 의미로 모자를 **날려요**.
- 어릴 때는 친구들과 자주 종이로 만든 비행기를 **날리면서** 놀았다.

당기다
pull
拉
引寄せる

- 가: 어? 문이 안 열려.
  나: 계속 미니까 안 열리지. '당기세요'라고 붙인 거 안 보여? 문을 앞으로 **당겨** 봐.
- 나는 손에 힘이 별로 없어서 낚시할 때 줄을 **당기는** 것이 가장 어렵다.

돌아서다
turn over
转变, 转身
背を向ける

- 가: 유키랑 왜 헤어졌어? 유키는 성격도 좋고 너랑 잘 맞았는데 다시 한 번 더 얘기해 봐.
  나: 유키의 마음이 **돌아서서** 더 이상 내가 할 수 있는 게 없어.
- 내가 뒤에서 부를 때 **돌아서서** 나를 보면서 웃는 여자 친구의 미소가 너무 아름답다.

되돌리다
restore
挽回, 返回
戻す

- 가: 아키호 씨, 시간을 **되돌릴** 수 있으면 언제로 돌아가고 싶어요?
  나: 저는 중학교 때로 돌아가고 싶어요. 그때는 아무 걱정도 없고 즐거웠어요.
- 집에 핸드폰을 두고 와서 집으로 다시 발걸음을 **되돌려야** 했다.
  | 표현 | 걸음/마음/시간을 되돌리다

떠오르다
rise up
想起, 升起
浮かび上がる

- 가: 요즘 어제 한 일도 잊어버리거나 할 말이 **떠오르지** 않을 때가 자주 있어.
  나: 나도 그런 적 있어. 전에 고향에 선물을 보내려고 우체국에 갔는데 집 주소가 **떠오르지** 않아서 당황했어.
- 설날에는 많은 사람들이 **떠오르는** 해를 보면서 소원을 빈다.

뛰어내리다
jump
跳下
飛び下がる

- 가: 오늘 본 영화에서 남자 주인공이 달리는 기차에서 **뛰어내리는** 장면이 진짜 멋있었지?
  나: 응, 남자 주인공이 그 장면을 찍을 때 기차에서 실제로 **뛰어내렸다고** 해.
- 아이들은 침대같이 높은 곳에서 아래로 **뛰어내리는** 놀이를 좋아한다.

뛰어넘다 jump 跳过, 超过 飛び越える	• 가: 강아지 데리고 어디 가세요? 나: 다음 달에 '강아지 대회'가 있는데 거기 나가려고 준비하고 있어요. 요즘 상자를 **뛰어넘는** 훈련을 시키고 있어요. • 나보다 실력이 좋은 사람을 **뛰어넘으려면** 몇 배의 노력을 해야 한다.
뜨다 float, rise 浮, 升 浮かぶ,(日が)昇る	• 가: 요즘 수영 배운다고 했죠? 많이 늘었어요? 나: 아니요, 이제 시작이라서 물에 **뜨지**도 못해요. 발로 물을 차는 것만 열심히 하고 있어요. • 여름에는 해가 일찍 **뜨니까** 하루가 길게 느껴진다.
오르내리다 go up and down 上下 上り下り	• 가: 이 건물에는 엘리베이터가 없어서 너무 불편해요. 나: 네, 6층까지 계단을 **오르내리기**가 정말 힘들어요. • 옛날에는 교통수단이 없어서 다른 마을로 갈 때는 산을 한참 **오르내려서** 가야 했다.

동작4 보다

내려다보다 look down 俯視 見下ろす	• 가: 나는 비행기 탈 때 창문 옆 자리는 화장실 가기가 불편해서 별로 안 좋아해. 나: 그래? 난 비행기 창문으로 아래를 **내려다볼** 때 기분이 좋아서 창문 쪽 자리가 좋아. • 높은 산 위에 올라가서 아래를 **내려다볼** 때 힘들게 올라온 보람을 느낀다.
돌아보다 look back 回顾, 回头看 振り返る	• 가: 효성 씨, 오늘 올해의 마지막 날인데 뭐 할 거예요? 나: 특별한 일은 없고, 그냥 집에서 조용히 지난 1년을 **돌아보고** 내년을 계획하려고요. • 처음 자전거를 배울 때 아버지가 뒤에서 자전거를 잡아 주셨는데, 타는 중간에 뒤를 **돌아봤을** 때 아버지는 뒤에 안 계셨고 멀리서 나를 보고 웃고 계셨다.
둘러보다 look around 环视 見回す	• 가: 난 백화점 8층에 가야 하는데 너는 몇 층에 갈 거야? 나: 5층에서 아버지 넥타이 선물을 사야 돼. 그럼 따로 **둘러보고** 한 시간 후에 1층에서 만나자. • 나는 집을 구할 때 열 집 정도를 **둘러본** 후에 정한다.
들여다보다 look in 端详 覗く	• 가: 너 반지 찾았어? 세탁기 안에도 확인해 봤어? 나: 응, 세탁기 안도 여러 번 **들여다봤는데** 못 찾았어. 언니, 혹시 집 안 다른 곳에서 내 반지 보면 얘기해 줘. • 사람의 눈을 **들여다보면** 그 사람의 마음을 알 수 있다.
살펴보다 examine 环视, 检查 ウォッチ	• 가: 엄마, 오늘 유치원에서 길을 건널 때는 파란불일 때 건너야 한다고 배웠어요. 나: 응, 맞아. 그리고 길을 건널 때는 꼭 주위를 **살펴보고** 건너야 해, 알겠지? • 나는 버스나 택시에서 내릴 때 빠진 것이 없는지 항상 **살펴보는** 습관이 있다.

지켜보다
watch
注意看
見守る

- 가: 어제 태풍 때문에 바다에서 배 사고가 난 거 아시죠?
  나: 네, 저도 어제 거의 안 자고 사람들에게 아무 일 없기를 바라면서 뉴스를 **지켜봤어요.**
- 3~4살 정도의 아이들이 놀 때 계속 **지켜보지** 않으면 잠깐 사이에 사고가 날 수 있다.

동작4 있다/없다

비우다
empty
空出, 吃光
空ける

- 가: 다음 주에 부산에 간다고?
  나: 응, 친구 남편이 해외 출장 때문에 집을 일주일 동안 **비우는데** 친구가 심심하니까 집에 놀러 오라고 해서.
- 어머니가 만들어 주신 비빔밥이 너무 맛있어서 두 그릇이나 **비웠다.**

  표현 | 그릇/마음/시간/집을 비우다

없애다
remove
去除, 解除
払う

- 가: 아키호 씨, 왜 새 침대를 팔아요?
  나: 허리가 아파서 침대를 **없애고** 바닥에서 자려고 해요.
- 자주 크게 소리 내서 웃으면 스트레스를 **없앨** 수 있다고 한다.

채우다
fill
満
詰める

- 가: 이사 잘 했어요? 집들이는 언제 할 거예요?
  나: 아직 이삿짐 박스가 방을 가득 **채우고** 있어서 못 하니까 짐이 정리되면 할게요.
- 지난달부터 다이어트를 시작했는데 힘들어서 한 달을 못 **채우고** 그만뒀다.

동작4 먹다

막다
block
掩, 挡
塞ぐ

- 가: 댄 씨는 외국 사람인데 된장을 잘 드시네요.
  나: 처음에는 냄새가 이상해서 코를 **막고** 먹었는데 지금은 아주 좋아해요.
- 요즘 학교 정문을 고치고 있는데 큰 트럭이 길을 **막아서** 옆문으로 다녀야 한다.

  표현 | 귀/길/앞/코를 막다

가리다
cover
遮住
覆う

- 가: 앞머리를 잘라야겠어. 앞머리가 길어서 눈을 **가려.**
  나: 좀 참고 기르는 게 어때? 너는 앞머리 없는 게 더 어울리는 것 같아.
- 영화관에서 내 앞에 키가 큰 사람이 앉았는데 앞을 다 **가려서** 영화를 잘 못 봤다.

뚫다
pierce, go through
穿, 突破
穿つ

- 가: 이모, 귀걸이 하니까 예뻐요. 그런데 귀 **뚫을** 때 안 아파요?
  나: **뚫을** 때만 잠깐 아파. 나중에 지우도 귀 **뚫으면** 이모가 예쁜 귀걸이 사 줄게.
- 동생이 높은 경쟁을 **뚫고** 외국의 큰 회사에 합격해서 매우 기쁘다.

  표현 | 구멍/경쟁/귀를 뚫다

잠그다 lock 锁 かぎを掛ける	• 가: 줄리안 씨, 오늘 점심 뭐 먹을까요? 　나: 미안한데 오늘은 같이 못 먹어요. 문을 안 **잠그고** 온 것 같아서 점심에 집에 잠 　　　깐 다녀오려고요. • 내가 고등학교 때는 열쇠로 **잠글** 수 있는 비밀 일기장이 유행이었다.

동작4　이동

이동 move 移动 移動	• 가: 이 책 학교 도서관에서 빌렸어요? 　나: 아니요, 우리 동네에는 일주일에 한 번씩 큰 트럭 안에 책을 많이 가지고 다니면 　　　서 빌려주는 **이동** 도서관이 와서 거기서 빌렸어요. • 명절에는 차로 **이동**하는 사람들이 많아서 고속도로가 많이 막힌다. 【표현】 이동 도서관/속도/전화
비키다 step aside 让开 退ける	• 가: 병원 차가 가는데 저렇게 길을 안 **비켜** 주면 어떻게 해? 　나: 얼마 전에 뉴스에서 봤는데 저렇게 하면 20만 원까지 벌금을 낼 수 있다고 해. • 오늘 지하철에 탔을 때 내가 임신한 걸 알고 한 학생이 자리를 **비켜** 주었다.
숨다 hide 躲, 隐藏 隠れる	• 가: 우리 딸, 어디 **숨었니**? 아빠가 찾으러 간다. 　나: 아빠, 아직 안 돼요. 아직 안 **숨었어요**. 내가 말하면 찾으러 와요. • 운룡 씨는 평소에 요리를 잘 못한다고 했는데 지난번 요리 대회 때 운룡 씨의 **숨은** 　실력을 볼 수 있었다.
피하다 avoid 躲避, 避免 避ける	• 가: 요즘 나미 씨가 계속 나를 **피하는** 것 같아요. 　나: 왜요? 둘 사이에 무슨 일 있었어요? • 이번에 직원 한 명이 큰 실수를 해서 부장님이 책임을 **피할** 수 없게 됐다.

동작4　도구

긋다 draw 画 引く	• 가: 둘째 아이가 벌써 글씨를 써요? 　나: 아니요, 언니가 글을 쓰니까 자기도 하겠다고 하면서 공책에 그냥 줄만 **그어요**. • 나는 책을 읽을 때 중요한 부분에 밑줄을 **그으면서** 읽는다. 【표현】 선/줄을 긋다
파다 carve, dig 挖 彫る, 掘る	• 가: 와, 도장에 그림도 있고 정말 예쁘네요. 이런 도장은 어디서 팔아요? 　나: 인사동에 가면 원하는 디자인으로 **판** 도장을 살 수 있어요. • 나는 키위를 먹을 때 껍질을 까는 게 귀찮아서 반으로 자른 다음 숟가락으로 **파서** 먹 　는다. 【표현】 귀/도장/땅/우물을 파다

1 다음은 한국의 어린이들이 많이 하는 놀이에 대한 설명입니다. 빈칸에 알맞은 단어를 쓰십시오.

| 가리다 | 날리다 | 숨다 | 피하다 |

〈술래잡기〉
'술래'가 된 한 명이 눈을 1. _____, 1부터 10까지 숫자를 센다. 술래가 숫자를 세는 동안 다른 사람들은 안 보이는 곳으로 가서 2. _____ ㄴ/는다.

〈피구〉
두 팀으로 나누어서 공을 던져서 상대편 사람들을 맞히는 놀이이다. 날아오는 공을 잘 3. _____ 아/어서 끝까지 공을 맞지 않은 사람의 팀이 이긴다.

〈연날리기〉
종이로 연을 만들고 연에 실을 연결해서 하늘로 4. _____ ㄴ/는다. 연을 잘 만들면 연이 하늘 높이 날 수 있다.

2 괄호 안에서 알맞은 단어를 고르십시오.

1. 오늘처럼 안개가 많이 낀 날에는 비행기가 (끌지 / 뜨지) 못한다.

2. 과거를 (돌아보니까 / 둘러보니까) 즐겁고 행복한 일이 정말 많았다.

3. 아파트 엘리베이터가 고장이 나서 1층에서 15층까지 (뛰어내리니까 / 오르내리니까) 너무 힘들다.

4. 서울타워의 제일 위층에 올라가면 서울을 한눈에 (내려다볼 / 들여다볼) 수 있다.

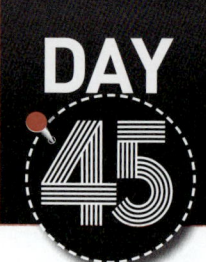

DAY 45

개인과 사회1

아는 단어에 ○표 하세요.

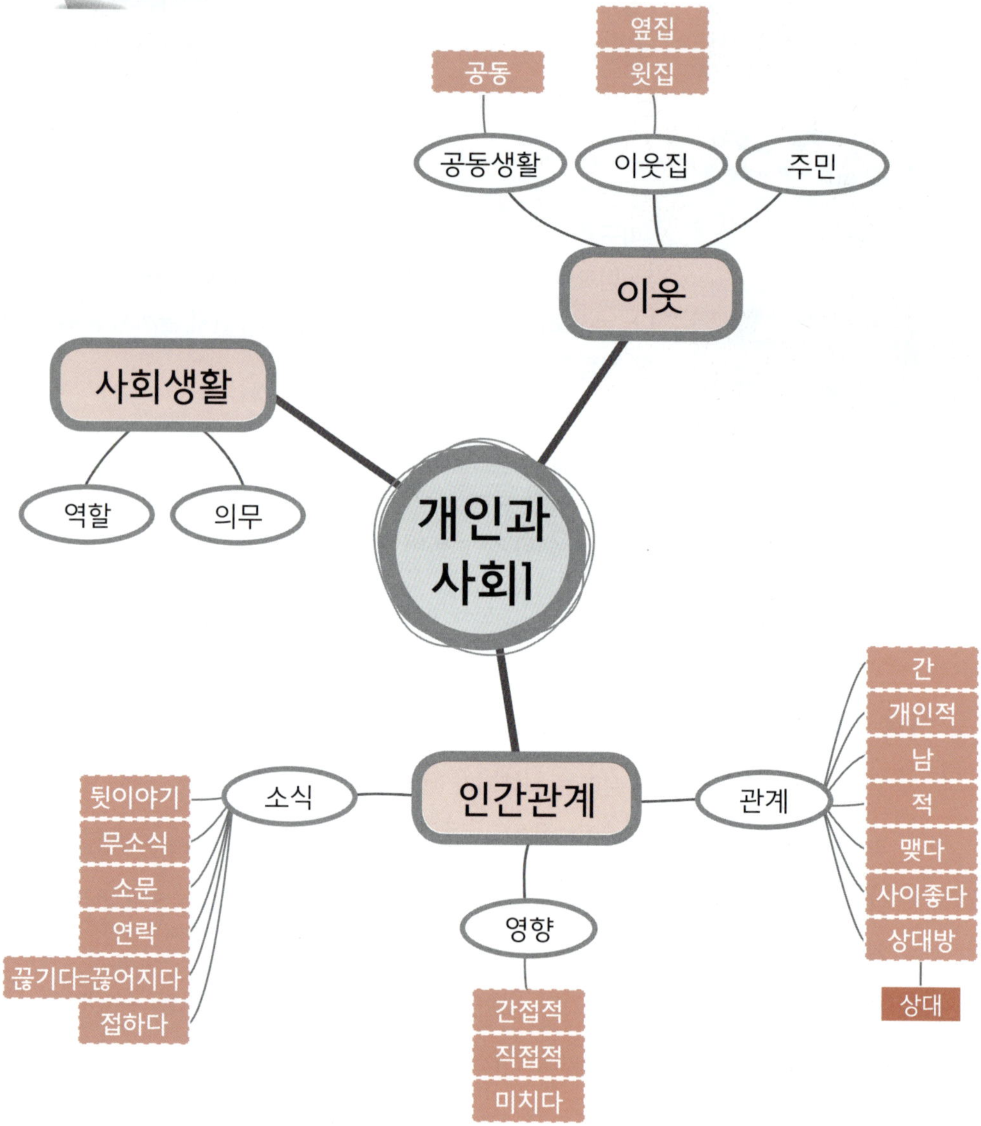
개인과 사회1
이웃
공동생활
공동
이웃집
옆집
윗집
주민
사회생활
역할
의무
인간관계
소식
뒷이야기
무소식
소문
연락
끊기다=끊어지다
접하다
영향
간접적
직접적
미치다
관계
간
개인적
남
적
맺다
사이좋다
상대방
상대

사회 society 社会 社会	• 가: 미래 사회에는 어떤 직업이 인기가 많을까? 　나: 내 생각에는 사람들이 점점 더 오래 살게 되니까 건강이나 음식과 관계가 있는 일 　　이 인기가 많을 것 같은데. • 나는 사회 문제에 관심이 많아서 신문을 매일 읽는다.

개인과 사회1　이웃

이웃 neighbor 邻居 隣	• 가: 기숙사에서 나와서 이사를 갈 거라고 들었어. 　나: 응. 한국에 와서 계속 기숙사에서 살았어. 이번에 처음으로 혼자 사는데 좋은 한 　　국인 이웃을 만나면 좋겠어. • 중국과 일본은 한국과 이웃 나라이다. 　표현 이웃 나라/동네/사람/아주머니/주민
공동 joint, collective 合作，公共 共同	• 가: 냉장고를 새로 사려고 하는데 싸게 사는 방법이 없을까? 　나: 공동 구매로 사면 아주 싸게 살 수 있어요. 제가 자주 이용하는 곳의 인터넷 주 　　소를 알려 줄게요. • 우리 하숙집에는 7명의 학생이 살고 있는데 화장실을 공동으로 사용하니까 아침에 샤 　워하려면 오래 기다려야 할 때가 많다. 　표현 공동 구매/대표/재산/화장실
공동생활 collective life 公共生活 共同生活	• 가: 누가 지금 아파트 계단에서 담배를 피우는 것 같아. 담배 냄새가 집 안까지 들어와. 　나: 공동생활을 하는데 그렇게 하면 안 되는데. 내가 나가서 말해야겠다. • 대학교 때 기숙사에 살면서 처음으로 가족이 아닌 다른 사람들과 같이 공동생활을 　해 봤다.
옆집/윗집/ 이웃집 next door/ upstairs neighbor/ neighborhood 邻居/上边的邻居/ 邻居 隣家/髮型/隣家	• 가: 와, 맛있는 냄새가 나는데. 　나: 옆집에서 고기를 굽는 것 같아. 고기 냄새 나니까 갑자기 배가 고파. • 한국에서는 이사를 가면 서로 잘 지내자는 의미로 떡을 이웃집에 나누어 준다.
주민 resident 居民 住民	• 가: 우리 동네 주민 센터에서 태권도를 배우려고 하는데 같이 할래? 일주일에 두 번, 　한 달에 3만 원이야. 　나: 별로 안 비싸네! 좋아, 같이 하자. • 우리 아파트 안에 있는 헬스클럽은 아파트 주민에게 이용 요금을 30% 할인해 준다.

인간관계
relationship
人际关系
人間関係

- 가: 결혼식에 동운 씨 친구들이 아주 많이 와서 친구들이 사진을 한 번에 못 찍고 두 팀으로 나누어서 찍었어요.
  나: 그래요? 동운 씨는 **인간관계**가 참 넓은 것 같아요.
- 나에게 회사 생활에서 가장 힘든 것은 회사 일이 아니라 **인간관계**에서 오는 스트레스이다.

> **표현** 인간관계가 넓다/좁다, 인간관계를 맺다

간
among
间
あいだ

- 가: 회사가 지방이라서 출근할 때 시간이 많이 걸리죠?
  나: 네, 그런데 곧 서울에서 광주 **간**에 새로운 고속도로가 생기면 30분 정도 시간을 줄일 수 있다고 해요.
- 어머니의 말씀을 따라서 거실의 텔레비전을 없앤 후부터 가족 **간**에 대화가 많아졌다.

간접적
indirect
间接的
間接的

- 가: 유미 씨가 댄 씨랑 전에 사귀었다고 들었는데 정말이야?
  나: 나도 다른 친구들에게 **간접적**으로 들어서 잘 몰라.
- 독서는 **간접적**인 경험을 할 수 있는 가장 쉽고 좋은 방법이다.

> **표현** 간접적으로 경험하다/듣다/표현하다

개인적
individual
个人的, 私人的
個人的

- 가: 한국 여자들이 신혼여행으로 가장 가고 싶은 곳이 프랑스 파리라고 해.
  나: 그래? 나는 **개인적**으로 도시보다는 푹 쉴 수 있는 곳이 좋은데.
- 처음 한국에 왔을 때 '나이가 몇 살이에요'나 '결혼했어요?'나 '아이는 언제 낳을 거예요?'와 같은 **개인적**인 질문을 받았을 때 좀 당황했다.

> **표현** 개인적인 관심/사정/일/입장

끊기다
=끊어지다
break up, snap
被断
絶える, 切れる

- 가: 여보세요, 여보세요? 전화가 **끊어지는데요**.
  나: 엘리베이터 안에 있어서 그런 것 같아요. 조금 후에 제가 다시 전화할게요.
- 오래 전에 소식이 **끊긴** 초등학교 친구들이 보고 싶다.

> **표현** 대화/소식/연락/전기/줄이 끊기다/끊어지다

남
others
他人
他人

- 가: 소피아 씨가 3일 전에 강아지를 잃어버렸는데 아직도 못 찾았다고 해.
  나: 정말? 나도 강아지를 키우는데 **남**의 일 같지 않다. 빨리 찾아야 하는데…
- '**남**의 떡이 더 커 보인다'라고 하는 말은 같은 것이지만 자기의 것보다 **남**의 것이 더 많아 보이거나 좋아 보인다는 의미이다.

뒷이야기
behind story
没讲完的故事
楽屋話, こぼれ話

- 가: 쓰기 숙제가 뭐였지?
  나: 수업 시간에 읽은 소설의 **뒷이야기**를 써서 다음 주까지 선생님께 이메일로 보내면 돼.
- 작년에 인기를 많이 끈 드라마를 인터넷으로 보기 시작했는데 **뒷이야기**가 너무 궁금해서 한 번에 3~4개를 보게 된다.

맺다 bear, form 结，交 結ぶ	• 가: 내일 대학원 시험을 보는 날인데 너무 긴장돼. 　나: 걱정하지 마. 지금까지 열심히 준비했으니까 좋은 결과를 **맺을** 거야. • 스마트폰을 하는 시간이 지나치게 많으면 사람들과 대화하는 것을 귀찮게 느끼게 돼서 다른 사람과 인간관계를 **맺는** 것이 어려워질 수 있다고 한다. **표현** 결과/계약/관계를 맺다
무소식 hear nothing from 没消息 無沙汰	• 가: 옌상 씨, 일본으로 돌아간 야스코 씨한테 소식 없어요? 　나: 네. 한 달 전쯤까지는 서로 이메일을 했는데 그 후부터는 **무소식**이에요. • 유럽 여행을 간 동생이 3일 동안 **무소식**이다. 여행이 너무 즐거워서 집에 전화하는 것을 잊어버린 것 같다.
미치다 reach 够，影响 及ぶ	• 가: 오늘 영화 어땠어요? 　나: 지금까지 김수철 감독이 만든 영화는 다 재미있었지만 오늘 영화는 기대에 좀 못 **미쳤어요**. • 부모의 말과 행동은 자녀들에게 큰 영향을 **미친다**. **표현** 영향/효과를 미치다, 생각/수준에 미치다
사이좋다 in harmony with 融洽 親しい	• 가: 저 할머니와 할아버지는 아주 **사이좋아** 보이세요. 　나: 맞아요. 저렇게 손을 잡고 걸어가시는 모습이 아주 보기 좋은데요. • 어렸을 때는 언니와 자주 싸웠지만 대학생이 된 후부터는 **사이좋게** 지낸다.
상대 someone, opponent 对方 相手	• 가: 나는 결혼을 하고 싶다는 생각이 안 들어. 혼자 사는 게 더 행복할 것 같아. 　나: 꼭 그렇게만 생각하지 마. 결혼하고 싶은 **상대**를 만나면 생각이 달라질 수 있어. • 오늘 학교에서 열리는 농구 경기에서 우리 반의 마지막 **상대**는 한국대학교 팀이다.
상대방 the other party 对方 相手方	• 가: 우리 반의 후미 씨는 **상대방**의 말을 끝까지 잘 들어 주는 것 같아요. 　나: 맞아요. 그래서 저는 후미 씨하고 이야기하면 마음이 편해져요. • 생일날 친구에게 '**상대방**의 마음을 움직이는 방법'이라는 책을 선물받았다.
소문 rumor 传闻 噂	• 가: '**소문**난 잔치에 먹을 것 없다'는 말이 무슨 뜻이에요? 　나: **소문**이 난 잔치에 기대를 하고 가지만 먹을 음식이 많지 않다는 말인데 **소문**과 실제가 다를 때 사용하는 표현이에요. • 우리 동네에 있는 한 중국 식당은 입에서 입으로 맛있다고 하는 **소문**이 났는데 예약을 하지 않으면 먹을 수 없다. **표현** 소문을 내다/듣다, 소문이 나다/퍼지다
연락 contact 联系 連絡	• 가: 고향에 있는 부모님하고 얼마나 자주 **연락**해? 　나: 인터넷 전화가 무료라서 거의 매일 부모님과 통화해. • 지난주에 회사 면접시험을 봤는데 오늘이 합격자 발표 날이라서 **연락**을 기다리고 있다. **표현** 연락을 기다리다/끊다/받다/주다

영향 effect 影响 影響	• 가: 아침에 마셨는데 커피를 또 마셔? 그러면 밤에 잠이 잘 안 오지 않아? 　나: 괜찮아. 자기 전에만 마시지 않으면 나한테 이 정도는 별로 **영향**이 없어. • 음악 선생님이신 아버지의 **영향**을 많이 받아서 어렸을 때부터 여러 종류의 악기를 　배웠다. 　표현 영향이 심각하다/엄청나다/크다, 영향을 미치다/받다/주다
적 enemy 敌人 敵	• 가: '**적**을 만들지 않는 대화 방법'? 이 책 읽어 보고 싶은데 빌려줄 수 있어, 마데? 　나: 응. 얼마 전에 읽은 책인데 대화 방법의 예가 많아서 재미있게 읽을 수 있을 거야. • 가을의 건조하고 쌀쌀한 날씨는 피부 건강의 **적**이다.
접하다 learn, border 体验，连接 接する	• 가: 시청 앞에서 '세계 음식 축제'가 열린다고 하는데 같이 가 볼래요? 　나: 좋아요. 다른 나라의 음식 문화를 **접할** 수 있는 좋은 기회가 되겠는데요! • 고향은 바다와 **접하고** 있어서 여름에 휴가를 보내러 오는 관광객이 많다.
직접적 반 간접적 direct 直接的 直接的	• 가: 한국 사람들에게 같이 무엇을 하자고 말하면 '싫다'고 말하지 않고 '다음에', '나중 　에'라고 간접적으로 말할 때가 많은 것 같아요. 　나: 맞아요. 듣는 사람이 기분이 나쁠까 봐 **직접적**인 표현을 하지 않아요. • 일본에서 시작된 태풍이 한국에는 **직접적**인 영향을 주지 않을 것이라고 한다.

개인과 사회1 **사회생활**

사회생활 social life 社会生活 社会生活	• 가: 대학교 졸업 후 회사에서 처음 **사회생활**을 시작했을 때 내성적인 성격 때문에 많 　이 힘들었어요. 　나: 그랬군요. 그럼 지금은 성격이 많이 바뀐 거네요. • 고등학교 때 커피숍에서 아르바이트를 한 것이 나의 첫 **사회생활**이었다.
역할 role 角色，作用 役割	• 가: 이거 우리 연극 동아리에서 하는 연극표인데 시간 있으면 와. 다음 주 금요일이야. 　나: 와, 고마워. 여자 친구하고 갈게. 그런데 너는 연극에서 무슨 **역할**을 해? • 지금은 컴퓨터의 도움 없이 만든 영화가 거의 없을 정도로 컴퓨터는 영화에서 중요 　한 **역할**을 한다. 　표현 역할을 다하다/맡다
의무 obligation 义务 義務	• 가: 동네 옷 가게에서 옷을 샀는데 카드는 안 된다고 하고 현금으로만 받았어. 그리 　고 영수증도 안 주고. 　나: 카드는 안 될 수도 있겠지만 현금으로 계산하면 영수증을 발급해 주는 건 **의무** 　인데, 왜 그랬지? • 한국의 **의무** 교육 기간은 초등학교부터 중학교까지 9년이다.

1 빈칸에 알맞은 단어를 쓰십시오.

공동	소문	옆집	주민

1. 우리 아파트에서는 한 달에 한 번 _____ 들이 모여서 회의를 해요. 이번 회의에서는 매달 벼룩시장을 해 보자는 말이 나와서 다음 회의 때 다시 이야기하기로 했어요.

2. 우리 아파트 반찬 가게는 맛있고 값도 싸다고 _____ 이 났어요. 그래서 저도 피곤하거나 시간이 없을 때는 가끔 반찬을 사 가지고 와서 먹는데 엄마가 해 주신 음식처럼 정말 맛있어요.

3. 우리 _____ 에 미국 사람이 이사를 왔는데 아침에 나가는 시간이 비슷해서 엘리베이터를 같이 기다릴 때가 많아요.

2 괄호 안에서 알맞은 단어를 고르십시오.

1. 요코 씨는 (직접적 / 개인적)인 이유로 졸업 파티에 오지 못했다.

2. 밀가루 음식은 다이어트를 시작하는 사람들이 가장 피해야 하는 음식이라고 한다. 그래서 내가 좋아하는 빵, 국수, 라면은 가장 큰 다이어트의 (간 / 적)이다.

3. 나는 (남 / 상대방)의 집에서 잠을 잘 못 잔다. 그래서 친구 집에서 늦게까지 논 날도 될 수 있으면 집에 와서 자려고 한다.

3 빈칸에 알맞은 단어를 쓰십시오.

끊기다	접하다	미치다	맺다

1. 지하철역이나 버스 정류장까지의 거리는 집값에 영향을 _____ ㄴ다/는다/다.

2. 친구들과 늦게까지 술을 마시고 집에 가려고 하는데 버스가 _____ 아/어서 1시간 동안 걸어서 집에 갔다.

3. 요즘은 인터넷 덕분에 외국에서도 쉽게 고향의 소식을 _____ (으)ㄹ 수 있다.

4. 동생이 내일 시험을 본다. 1년 동안 준비했는데 좋은 결과를 _____ (으)면 좋겠다.

무 소 식	무료	free / 免费 / 無料
무(無) : 없다 no 无 無い	무관심 DAY47	indifference / 冷淡 / 無関心
	무시 DAY47	disregard / 无视 / 無視

상 대	대답	answer / 回答 / 返事
대(對) : 대하다 deal with 对 対する	대화	dialogue / 对话 / 対話
	대책 DAY71	solution / 对策 / 対策
	반대말 DAY73	antonym / 反义词 / 反対語

개인과 사회2

아는 단어에 ○표 하세요.

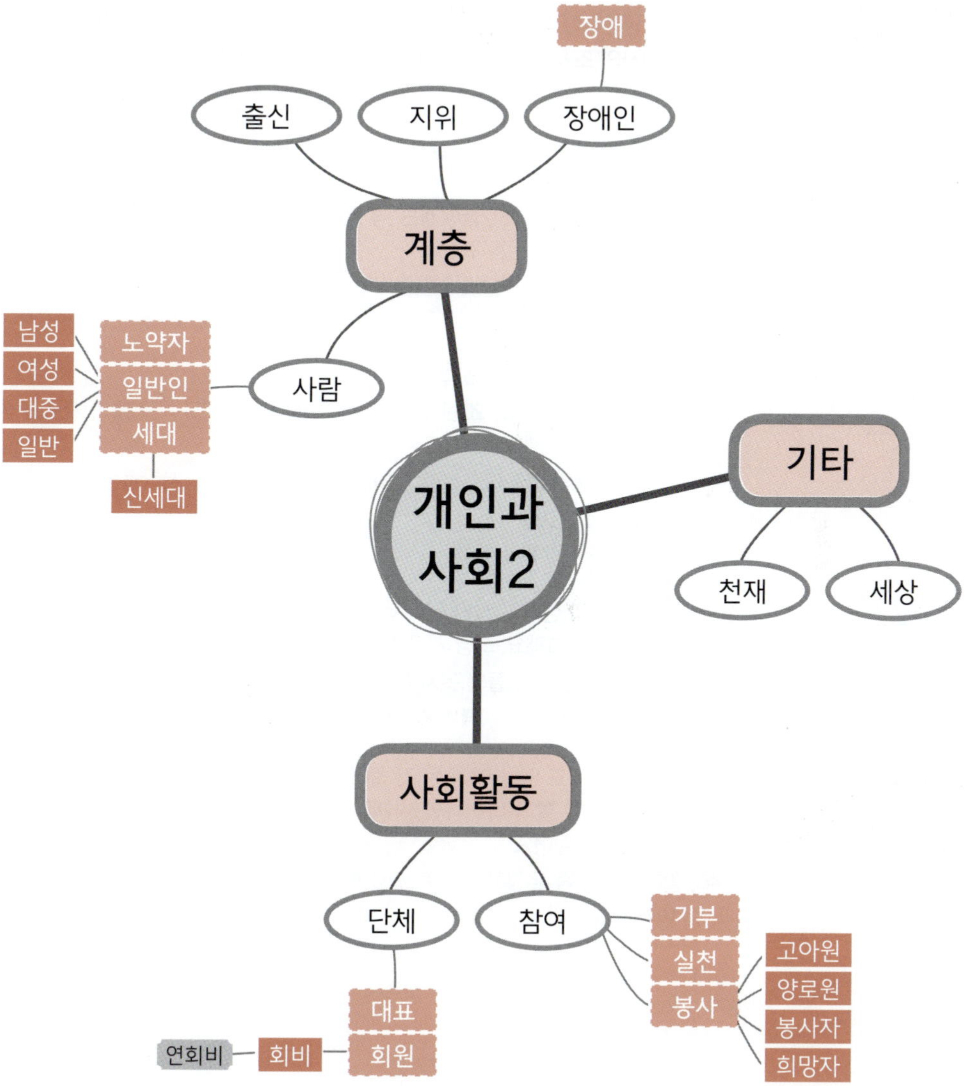

장애

출신　　지위　　장애인

계층

남성　　노약자
여성　　일반인　　사람
대중　　세대
일반

신세대

**개인과
사회2**

기타

천재　　세상

사회활동

단체　　참여　　기부
실천
봉사

고아원
양로원
봉사자
희망자

대표
연회비　　회비　　회원

계층
class
阶层
階層

- 가: 요즘 젊은 **계층**이 사용하는 말 중에 나이 많은 분들이 이해하지 못하는 말이 많다고 해요.
  나: 그럴 거예요. 저도 중학생들이 쓰는 단어나 말은 이해 안 되는 것이 있어요.
- 서울신문사의 조사 결과 개인의 노력만으로는 **계층** 이동이 어렵다는 대답이 62.1%였다.
- 표현 계층이 높다/다양하다

남성/여성
male/female
男人/女人
男性/女性

- 가: 하얀색 블라우스 좀 보여 주세요.
  나: 이거 어떠세요? 요즘 젊은 직장 **여성**분들이 제일 많이 찾는 스타일이에요.
- 한 게임 회사의 조사 결과 **남성**보다 **여성**들이 휴대전화로 하는 게임을 더 많이 샀다.

노약자
the old and weak
老弱者
足弱

- 가: 요즘 동네에 있는 산에 계단을 만들고 있는데 저는 등산할 때 계단으로 올라가는 걸 별로 안 좋아해요.
  나: 그렇기는 하지만 **노약자**들에게는 꼭 필요한 것 같아요. 등산 중에 다칠 수 있으니까요.
- 뉴스에서 내일은 황사가 심해서 어린이와 **노약자**는 가능하면 외출을 하지 않는 것이 좋다고 한다.

대중
the public
大众
大衆

- 가: 이 노래 제목이 뭐예요? 아주 좋은데요.
  나: '가을'이라는 노래예요. 20년 전에 나온 노래지만 아직도 **대중**들의 사랑을 받는 노래예요.
- 준호 씨는 **대중**음악보다 아프리카나 아시아 음악처럼 보통 사람들은 잘 모르는 음악을 좋아한다.
- 표현 대중가요/목욕탕/문화/사회

세대
generation
世代
世代

- 가: 저는 아버지와 생각이 많이 달라서 이야기할 때 좀 답답해요.
  나: **세대**가 달라서 그래요. 그냥 서로 생각이 다르다는 것을 이해하려고 노력해야지요.
- 우리 아버지는 젊은 **세대**들의 옷차림을 보면 **세대** 차이를 느낀다고 하신다.
- 표현 노인/마지막/젊은 세대, 세대 갈등/차이

신세대
new generation
新世代
新世代

- 가: 요즘은 **신세대**도 옛날 말이 된 것 같아요.
  나: 맞아요. 사회가 빨리 바뀌니까 N세대, Y세대, X세대, C세대 같은 말들이 계속 새로 나오는 것 같아요.
- 우리 할머니는 요즘 유행하는 K-POP을 좋아하시고 최신 스마트폰을 사용하는 방법도 잘 아셔서 **신세대** 같으시다.

일반
뗑 보통
ordinary
一般
一般

- 가: 할머님이 한 달 전에 입원하셨다고 들었는데 아직도 병원에 계세요?
  나: 퇴원은 금방 하셨어요. 지금 계신 곳은 **일반** 병원이 아니고 몸이 아픈 노인들만 들어갈 수 있는 병원이에요.
- 내가 자주 가는 식당 중에 스페인의 **일반** 가정에서 먹는 음식을 파는 곳이 있는데 손님이 항상 많다.

  표현 일반 가정/사회/손님/자동차/전화

일반인
ordinary person
一般人
一般人

- 가: 나는 이 대학교에 안 다니는데 도서관에 들어갈 수 있어?
  나: 응. 우리 학교는 신분증이 있으면 다른 대학교 학생들과 **일반인**들도 학교 도서관을 이용할 수 있어.
- 인기 영화배우 송인국 씨는 인터뷰에서 요즘 **일반인** 여자 친구와 연애 중이라고 말했다.

장애
disability
殘疾
障害

- 가: 지금 나오는 음악이 한 손으로만 피아노를 연주한 거야?
  나: 응. '라울 소사'라는 캐나다 사람인데 산책 도중에 다쳐서 오른손 손가락에 **장애**가 생겨서 한 손으로만 친다고 해.
- 서울도서관에서 1월 14일부터 22일까지 **장애** 아동들의 사진 전시회 '꿈꾸는 아이들의 사진 이야기'가 열린다.

장애인
disabled person
殘疾人
障害者

- 가: 저 택시는 일반 택시보다 크네요. 여러 명이 탈 때 이용하는 택시예요?
  나: 아니에요, 완여 씨. 저건 **장애인**들이 이용하는 택시예요.
- **장애인** 올림픽은 겨울 올림픽이 끝나고 2주 안에 10일 동안 개최된다.

지위
status
地位
地位

- 가: 한국에서 **지위**가 높은 직업은 뭐예요?
  나: 의사, 교수, 변호사요. 미국에서는 어때요?
- 우리 회사 사장님은 사회에서 **지위**가 높은 사람들은 그것에 맞는 사회적 책임과 의무가 있다고 생각하시기 때문에 해마다 많은 돈을 기부하신다.

  표현 지위가 낮다/높다, 지위를 얻다/빼앗다

출신
origin
出身
出身

- 가: 유미 씨하고 설희 씨는 서로 잘 알고 아주 친한 것 같아요.
  나: 네. 둘 다 같은 중학교, 고등학교, 대학교 **출신**이라고 해요. 그러니까 얼마나 친하겠어요?
- 서울말을 사용해서 전혀 몰랐는데 효성 씨는 부산 **출신**이고 고등학교를 졸업할 때까지 서울에 와 본 적이 없다고 한다.

  표현 출신을 따지다, 서울/운동선수/한국대학교 출신

개인과 사회2 ## 사회활동

고아원
orphanage
孤儿院
孤児院

- 가: 방학이 얼마 안 남았네. 방학 때 무슨 계획 있어?
  나: 응. 내가 다니는 교회에서 인천에 **고아원**을 짓는다고 해서 나도 그 일을 도우러 갈 거야.
- 오늘 본 콘서트는 10명의 가수들이 얼마 전 새로 생긴 **고아원**을 도우려고 한 달 동안 준비한 공연이라고 한다.

기부 donation 捐 寄付	• 가: 어제 뉴스에서 50년 동안 시장에서 김밥을 팔아서 모은 돈 10억을 **기부**한 할머니가 나왔어요. 　나: 저도 봤어요. 정말 훌륭한 일이지요? • 요즘은 '돈'이 아니라 자신이 가지고 있는 '능력'을 **기부**하는 사회 활동이 많이 생기고 있다.
단체 group 团体 団体	• 가: 제주도에 여행을 간 적이 있어요? 　나: 네. 대학교 4학년 때 졸업하는 친구들과 **단체** 여행으로 한 번 가 봤어요. • 나는 혼자 하는 경기보다 축구나 야구 같이 **단체**로 하는 경기가 더 재미있다. 표현 단체 규칙/모임/손님/예약
대표 representative 代表 代表	• 가: 인터넷에서 피자 가게 전화번호 찾았어? 　나: 응. 그런데 가게 번호는 없고 회사 **대표** 번호가 있어. 1588-8282로 전화하면 집에서 제일 가까운 가게로 연결해 준다고 해. • 불고기와 김치는 한국을 **대표**하는 음식이다. 표현 대표가 되다, 대표를 뽑다
봉사 serve 服务 奉仕	• 가: '오늘 하루만 **봉사** 가격, 오렌지 1개 200원'? '**봉사** 가격'이 뭐야? 　나: 저 가격에 물건을 파는 것은 **봉사**라고 생각할 수 있을 정도로 보통 때보다 많이 싸게 판다는 의미야. • 고등학교 때 학교 근처의 쓰레기를 줍는 **봉사** 시간이 있었다. 표현 봉사 활동
봉사자 volunteer 志愿者 ボランティア	• 가: 경복궁에서 중국어로 안내를 해 준다고 들었어요. 　나: 네. 저도 한 번 간 적이 있어요. **봉사자**들이 영어, 중국어, 일본어로 경복궁을 설명해 주는 외국어 서비스가 있어요. • 내가 일하고 있는 사회단체는 **봉사자**와 도움이 필요한 사람들을 연결해 주는 일을 한다.
실천 practice 实践 実践	• 가: 단어를 하루에 10개씩 외우기로 했는데 한 달 동안 잘 **실천**했어. 　나: 와, 그럼 단어를 300개 외웠겠네! • 남자 친구는 담배를 끊겠다고 말만 하고 **실천**하지 않고 있다. 표현 실천에 힘쓰다, 실천 가능성/과정/방법
양로원 nursing home 养老院 養老院	• 가: 이번 주말에 시간 있으면 영화 보러 가자. 　나: 이번 주말은 안 돼. 우리 학교 동아리에서 **양로원**에 가서 할머니, 할아버지들과 명절 음식을 같이 만들러 가는 날이야. • 우리 동네에 있는 **양로원**은 지은 지 얼마 안 되어서 시설이 매우 깨끗하고 좋다.
연회비 annual fee 年费 年会費	• 가: **연회비**가 없는 카드를 만들고 싶은데요. 　나: 네. 그런데 **연회비**가 없는 카드는 혜택이 좀 적은데 괜찮으시겠어요? • 내가 졸업한 대학교는 **연회비** 5만 원을 내면 도서관 열람실도 이용할 수 있고 책도 빌릴 수 있다.

참여 participation 参加 参与	• 가: 케이티 씨, 다음 주부터 취직한 회사에 출근하게 돼서 봉사 활동에 참여가 어렵 게 됐어요. 나: 아쉽네요. 할 수 없지요. 다음에 또 기회가 있으면 같이 해요. • 우리 동네 문화센터의 무료 컴퓨터 수업에 67세이신 우리 아버지도 참여하셨다. 표현 참여가 가능하다/어렵다, 참여를 원하다
회비 fee 会费 会費	• 가: 학교 동아리 활동을 하는데 회비가 있어? 나: 우리 동아리는 한 학기에 한 번 소극장에서 공연을 하는데 공연 준비하려면 돈이 들어서 회비를 내야 해. • 우리 동호회는 매주 모여서 테니스를 치는데 회비를 모아서 체육관을 빌린다.
회원 member 会员 会員	• 가: 우리 학교 기타 동아리에서 회원을 모집한다고 하는데 같이 가 볼래? 나: 나는 기타를 전혀 못 치는데 괜찮을까? • 내가 자주 가는 화장품 가게는 회원 카드를 만들면 15%에서 20%까지 할인해 준다.
희망자 seeker 志愿者 希望者	• 가: 이번 달부터 한국 요리 수업에 간다고 하지 않았어요? 나: 네. 그런데 무료 수업이라서 희망자가 많은데 늦게 신청해서 다음 달까지 기다 려야 해요. • 우리 학교에는 여러 가지 취업 프로그램이 있어서 해외 취업 희망자들이 쉽게 정보를 찾을 수 있고 필요한 교육을 받을 수 있다.

개인과 사회2 기타

세상 비 세계 world 世界 世の中	• 가: 어렸을 때 꿈이 뭐였어요? 나: 세계 여행을 하면서 이 세상 끝까지 가 보는 거였어요. • 영화배우 김수진 씨가 어제 일어난 교통사고로 세상을 떠났다. 표현 세상이 넓다/달라지다/변하다/좁다, 세상을 바꾸다/떠나다
천재 genius 天才 天才	• 가: 오늘 본 영화 정말 재미있었지? 나: 응. 영화를 보면서 이런 상상을 한 영화감독이 정말 천재라고 생각했어. • 나는 4살 때 한글을 읽기 시작했는데 그때 우리 부모님은 내가 천재라고 생각했다 고 하신다.

1 봉사 경험에 대한 이야기입니다. 빈칸에 알맞은 단어를 쓰십시오.

고아원	기부	양로원	회비

1. 저는 어렸을 때부터 1년에 한 번 1년 동안 모은 동전들을 _____하고 있어요. 용돈을 받기 시작한 초등학교 때부터 이렇게 하고 있는데 올해가 17년째예요.

2. 저는 미용사인데 한 달에 한 번 _____에 가서 할아버지, 할머니들의 머리를 잘라 드리고 있어요. 제가 해 드린 머리를 보면서 웃으시는 모습을 보면 아주 기분이 좋아요.

3. _____에 가서 아기들을 목욕시켜 주는 봉사를 한 적이 있어요. 태어날 때부터 부모님이 없는 아이들을 보고 마음이 아파서 처음에는 많이 울었어요.

4. 저는 독서 동호회를 하고 있는데 우리 동호회는 한 달에 3만 원씩 _____을/를 내요. 그리고 이 중의 30%의 돈으로 새로 나온 책들을 사서 1년에 한 번 시골 도서관에 보내고 있어요.

2 빈칸에 알맞은 단어를 쓰십시오.

계층	세상	실천	지위	출신

1. 해마다 1월에 운동 계획을 세우지만 끝까지 _____한 적이 한 번도 없다.

2. 한국은 2010년에 전체 인구에서 노인 _____이/가 9.4%였는데 2030년에는 24.1%, 2050년엔 37.3%가 될 것으로 보인다.

3. 내가 좋아하는 연예인들 중에는 운동선수 _____이/가 많다.

4. 나에게 _____에서 가장 소중한 것은 우리 가족이다.

5. 과거에는 지금과 다르게 여성의 _____이/가 매우 낮아서 딸을 학교에 보내지 않는 일이 많았다.

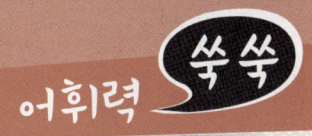

대 중	대부분	almost / 大部分 / 大部分
대(大) : 크다 **be large** 大 大きい	대학교	university / 大学 / 大学
	대한민국	Republic of Korea / 韩国 / 韓国
	대회	contest / 大会 / 大会

출 신	자신	self / 自身 / 自身
신(身) : 몸 **body** 身 身	독신자 DAY6	a single person / 独身 / 独身
	신분증 DAY21	identification / 身份证 / 身分証明書
	신체 DAY19	body / 身体 / 身体

태도1

아는 단어에 ○표 하세요.

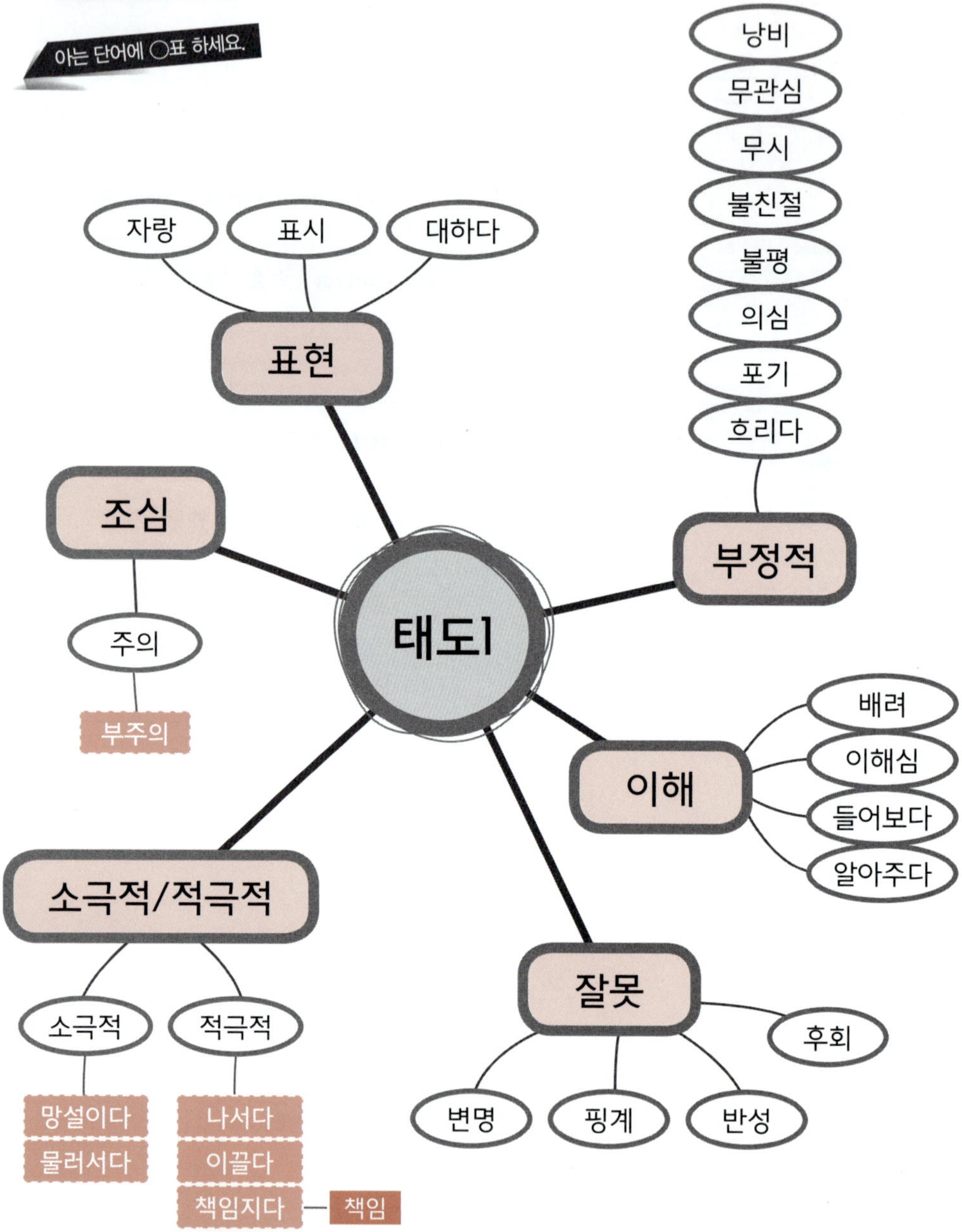

낭비
무관심
무시
불친절
불평
의심
포기
흐리다

부정적

표현
- 자랑
- 표시
- 대하다

조심
- 주의
  - 부주의

태도1

이해
- 배려
- 이해심
- 들어보다
- 알아주다

소극적/적극적
- 소극적
  - 망설이다
  - 물러서다
- 적극적
  - 나서다
  - 이끌다
  - 책임지다 ─ 책임

잘못
- 후회
- 변명
- 핑계
- 반성

태도
attitude
态度
態度

- 가: 부모가 아이들에게 보여 주는 **태도**가 아이들의 성격에 영향을 준다고 해요.
  나: 맞아요. 또 항상 같은 **태도**를 보이는 것도 중요하지요.
- 그 사람이 미안하다고 했지만 말하는 **태도**를 보면 전혀 미안한 마음이 없는 것 같다.

  <u>표현</u> 태도가 딱딱하다/바뀌다/바르다/좋다/차갑다, 태도를 기르다/바꾸다/보이다

태도1 **부정적**

낭비
🔄 절약
waste
浪费
浪費

- 가: 이 식빵은 하나 사면 하나 더 주니까 이걸로 사자.
  나: 그렇게 사면 싸게 사는 것 같아도 다 먹지 못하고 버린 적이 많으니까 **낭비**야.
- 인터넷으로 쇼핑을 하면 조금 더 싸게 사고 싶어서 이곳저곳을 돌아다니면서 시간을 **낭비**할 때가 많다.

  <u>표현</u> 돈/시간/전기 낭비

무관심
disinterest
漠不关心
無関心

- 가: 내일이 오빠 생일이야? 잊어버리고 선물을 못 샀는데 어떻게 하지?
  나: 언니, 지난번에 엄마 생신도 잊어버렸어. 회사 일이 많아서 바쁜 건 알지만 가족에게 너무 **무관심**한 거 아니야?
- 사춘기 아이들에게는 가끔 어른들의 **무관심**이 필요할 때도 있다.

무시
neglect
轻视
無視

- 가: 어제 가 본 집이 월세가 아주 싸서 좋기는 한데 학교까지 너무 멀어서 다른 집을 찾아야 할 것 같아.
  나: 맞아. 집을 구할 때는 거리도 **무시**할 수 없는 것 같아. 학교에서 멀면 시간도 돈도 많이 드니까.
- 자동차가 별로 다니지 않는 늦은 시간에 신호등의 신호를 **무시**하고 횡단보도를 건너는 사람들이 있다.

  <u>표현</u> 무시를 당하다

불친절
unkindness
不亲切
不親切

- 가: 지금 택시를 타고 왔는데 길이 너무 복잡한 곳이라고 하면서 택시 기사가 짜증을 내는데 정말 당황했어요.
  나: 그랬군요. 저도 택시 기사의 **불친절** 때문에 기분이 나쁠 때가 많아요.
- 아픈 동생과 같이 병원에 가서 여러 가지를 물어봤는데 의사가 **불친절**하게 대답해서 기분이 나빴다.

불평
🔄 불만
complaint
牢骚
不平

- 가: 하숙집 방에 선풍기가 있는데 하숙집 아주머니가 에어컨으로 좀 바꿔 주면 좋겠어.
  나: 그런 **불평**하지 마. 우리 하숙집에는 선풍기도 없어서 내가 샀어.
- 이 식당은 밥을 먹으려면 보통 한 시간 정도 기다려야 하지만 음식이 맛있어서 **불평**하는 사람이 없다.

의심
doubt
怀疑
疑心

- 가: 요즘 여자 친구가 전화도 잘 안 받고 만나자고 말하면 회사 일이 바쁘다고 하고 좀 이상해. 다른 사람을 만나는 것 같아.
  나: 마음이 불편하고 계속 **의심**이 가면 여자 친구한테 왜 그러냐고 솔직하게 물어봐.
- 가수 아이유 씨는 어렸을 때와 지금의 얼굴이 너무 달라서 성형 수술을 했다는 **의심**을 받는다고 말했다.

  <u>표현</u> 의심이 가다/들다/풀리다, 의심을 받다/사다

포기 abandonment 放弃 放棄	• 가: 김영우 선수가 어제 금메달 받았다는 소식 들었지요? 올해까지 올림픽에 네 번 참가했다고 해요. 나: 정말요? 그동안 얼마나 힘들게 훈련했을까요? 김영우 선수는 **포기**를 모르는 사람인 것 같아요. • 어머니는 집에 돈이 없어서 대학교에 가고 싶은 꿈을 **포기**하고 고등학교 졸업 후에 취직을 하셨다.
흐리다 blur 混浊，使混乱 濁す	• 가: 배우 이수민 씨가 술을 마시고 거리에서 사람들과 싸웠다는 뉴스 들었어? 나: 응. 이 일 때문에 지금까지 좋은 이미지를 **흐리게** 됐어. • 이오리 씨는 눈치가 없어서 분위기를 **흐리는** 말을 잘 한다. 표현 공기/말끝/물/분위기/이미지를 흐리다

태도1 ▸ 이해

들어보다 listen to 听一听 聞いてみる	• 가: 나미가 남자 친구랑 싸운 이야기 들었지? 이번에는 나미 남자 친구가 먼저 미안하다고 해야 할 것 같아. 나: 나미 말만 듣고 그렇게 생각하면 안 될 것 같아. 남자 친구의 말도 **들어봐야지**. • 내가 이용하는 인터넷 강의는 돈을 내기 전에 첫 번째 수업을 무료로 **들어볼** 수 있다.
배려 consideration 关怀 配慮	• 가: 저기 의자 하나는 왜 분홍색이에요? 나: 임산부 자리예요. 지하철 안에서 임산부를 **배려**하는 자리라는 의미예요. • 회사의 **배려**로 1년 동안 영국으로 유학을 가게 되었다.
알아주다 비 이해하다, 인정하다 understand, recognize 理解，认定 思いやる, 認める	• 가: 무엇이 성공한 인생이라고 생각해요? 나: 음, 내 마음을 **알아주고** 무슨 일이나 이야기할 수 있는 친구가 있으면 성공한 거 아닐까요? • **알아주는** 사람이 없을 때에도 열심히 일한 것이 지금처럼 성공한 이유라고 아버지가 말씀하셨다. 표현 마음/형편을 알아주다
이해심 understanding 理解 理解心	• 가: 오늘 회사에서 과장님 때문에 너무 화가 나서 내 **이해심**의 끝이 보이는 것 같았어. 나: 그런 일은 회사 생활하면 자주 있는 일이니까 잊어버려. • 나는 결혼 생활에서 가장 필요한 것은 **이해심**과 상대방을 바꾸려고 하지 않는 태도라고 생각한다. 표현 이해심이 깊다/많다/없다/있다

태도1 잘못

잘못
fault
错误
誤り

- 가: 아까 회의 때 과장님이 동운 씨 **잘못**이 아닌데 동운 씨 **잘못**인 것처럼 말씀하셔서 기분 많이 상했죠?
  나: 네. 이런 일이 있을 때마다 회사를 그만두고 싶다는 생각이 들어요.
- 어머니는 다른 사람의 **잘못**을 보기 전에 나의 **잘못**을 먼저 볼 수 있어야 한다고 말씀하셨다.

  표현 잘못이 많다/없다/있다/크다, 잘못을 고치다/깨닫다/꾸짖다/따지다

반성
regret, reflection
反省
反省

- 가: 어렸을 때 잘못을 하면 부모님이 어떻게 하셨어요?
  나: 우리 어머니는 10분 동안 두 손을 들고 벽을 보고 **반성**하라고 하셨어요.
- 나는 매일 일기를 쓰면서 하루를 감사하고 **반성**하는 시간을 갖는다.

변명
excuse
辩白
弁解

- 가: 지금 라디오에서 나오는 노래가 '사랑해서 헤어집니다'라는 노래인데 정말 좋지 않아?
  나: 제목이 마음에 안 드는데. 난 사랑해서 헤어진다는 것은 이해할 수 없는 **변명**이라고 생각해.
- 어렸을 때 선생님께 배가 아파서 숙제를 못 했다는 **변명**을 한 적이 있다.

핑계
유 변명
excuse
借口
口実

- 가: 크리스틴 씨가 감기 때문에 우리 반 모임에 못 와서 미안하다고 했어.
  나: 그건 **핑계** 같은데. 아마 주말이니까 남자 친구를 만나기로 했을 거야.
- 부모가 아이들에게 너무 엄격하게 하면 아이들이 잘못했을 때 거짓말을 하거나 **핑계**를 대려고 한다.

  표현 핑계를 대다

후회
regret
后悔
後悔

- 가: 대학교를 끝까지 다니지 않은 게 **후회**되지 않아요?
  나: 전혀요. 제가 좋아하는 일을 찾았고 지금 그 일을 하고 있으니까요.
- 작년에 여자 친구와 헤어진 일을 요즘 **후회**하고 있지만 이미 지난 일이라서 소용없다.

  표현 후회가 남다/들다/없다

태도1 소극적/적극적

소극적
passive
消极的
消極的

- 가: 한국어 공부하기가 어때요?
  나: 우리나라 말과 많이 달라서 어려워요. 특히 저의 **소극적**인 성격 때문에 말하기가 안 느는 것 같아요.
- 서울신문의 조사 결과 대학생 중 남자보다 여자가 결혼과 출산에 **소극적**이라고 한다.

  표현 소극적인 경기/성격/입장/태도/행동

적극적
반 소극적
active
积极的
積極的

- 가: 요즘 남편들은 집안일과 육아를 **적극적**으로 잘 도와주는 것 같아요.
  나: 맞아요. 제 친구 남편도 아이 때문에 1년 동안 회사를 쉬기로 했다고 들었어요.
- 고치기 어려운 병을 가진 환자들에게 가장 필요한 것은 병을 이기겠다고 하는 **적극적**인 태도다.

나서다
set out, meddle
带头，干涉
出る，差し出る

- 가: 메리하고 치에미가 싸운 것 같아. 무슨 일이냐고 물어볼까?
  나: 두 사람 문제니까 **나서지** 않는 게 좋을 것 같은데.
- 줄리안 씨는 우리 반 친구들에게 무슨 일이 있을 때마다 **나서서** 잘 도와주고 챙긴다.

망설이다
hesitate
犹豫
躊躇う

- 가: 이 식당에서 맛있는 게 뭐예요?
  나: 여기는 다 맛있어요. 저도 올 때마다 무엇을 먹을까 **망설이게** 돼요.
- 취직 시험에 합격했지만 한 달에 한두 번은 토요일에도 출근해야 한다고 해서 다닐지 안 다닐지 **망설이고** 있다.

물러서다
비 그만두다, 양보하다
반 나서다
step back, withdraw
后退，退让
退く，引ひっこむ

- 가: 동생이 가수가 되겠다고 했을 때 부모님이 뭐라고 하셨어요?
  나: 처음에는 안 된다고 하셨지만 동생이 **물러서지** 않으니까 마지막에는 포기하셨어요.
- (안내 방송) 곧 지하철이 도착합니다. 한 발 뒤로 **물러서** 주시기 바랍니다.

이끌다
lead
领
導く

- 가: 호당 씨는 10년 후에 뭘 하고 있으면 좋겠어요?
  나: 저는 직원이 100명이 넘는 회사를 **이끄는** 사장이 되고 싶어요.
- 배동운 선수는 경기 마지막에 공을 넣어서 팀을 승리로 **이끌었다**.

책임
responsibility
责任
責任

- 가: '핑계 없는 무덤 없다'는 말은 무슨 뜻이에요?
  나: 이유 없이 죽은 사람은 없다는 뜻인데 잘못했지만 여러 가지 이유로 **책임**을 피하려고 하는 사람한테 사용하는 말이에요.
- 보통 두 사람이 싸웠을 때는 어느 한 사람에게만 **책임**이 있다고 말하기 어렵다.

표현 책임이 돌아가다/무겁다/없다/있다/크다. 책임을 느끼다/돌리다/따지다/맡다/묻다

책임지다
take responsibility for
负责
責任を取る

- 가: 내일 7시 반에 기차가 출발하니까 늦게 오면 안 돼. 알았지?
  나: 알았어. 내가 **책임지고** 마데 씨를 일찍 깨워서 같이 올게. 걱정 마.
- (광고) 가장 많은 직장인이 찾는 시사중국어학원. 중국어는 우리가 **책임집니다**!

태도1 조심

부주의
carelessness
不小心
不注意

- 가: 휴대전화를 산 지 6개월밖에 안 되었는데 고치는 비용이 5만 원이라는 말씀이에요?
  나: 죄송합니다. 하지만 사용 **부주의** 때문에 고장이 났을 때는 돈을 내셔야 합니다.
- **부주의**한 말이나 행동은 다른 사람의 마음이나 기분을 상하게 만들 수 있다.

주의
🔵 조심
🔴 부주의
caution
注意
注意

- 가: 강아지를 처음 키우는데 **주의**해야 하는 게 뭐예요?
  나: 우선 강아지가 먹어도 되는 음식과 먹으면 안 되는 음식이 무엇인지 알아야 돼요.
- 옷을 세탁하기 전에는 세탁할 때 **주의**해야 할 것이 무엇인지 먼저 확인해야 한다.

태도1 표현

대하다
treat
对待
対する

- 가: 새로 이사 간 하숙집 어때?
  나: 방이 깨끗해서 마음에 들어. 그리고 하숙집 아주머니가 나를 가족처럼 잘 **대해** 주셔.
- 켄토 씨가 나에게 아주 잘 **대해** 줘서 처음에 켄토 씨가 나를 좋아한다고 생각했다.

자랑
boast
骄傲
誇り

- 가: 어제 말한 것처럼 오늘은 자기 고향을 **자랑**하는 시간을 가질 거예요. 원원 씨는 무슨 이야기를 준비했어요?
  나: 저는 오늘 우리 고향에서 만드는 맥주 이야기를 하려고 해요.
- 우리 부모님은 생일 때마다 전화로 '너는 우리의 **자랑**이다'라고 말씀해 주신다.

1 아래는 '성공하는 사람들의 특징'이라는 책 내용의 일부입니다. 빈칸에 알맞은 단어를 쓰십시오.

대하다	자랑하다	잘못하다	책임지다

1. 성공하는 사람은 실수하거나 _____ 았/었을 때 실패했다고 생각하지 않고 이것을 배우는 기회로 만든다.

2. 성공하는 사람은 혼자의 힘으로는 성공할 수 없다고 생각한다. 그래서 다른 사람과 함께 하는 것을 중요하게 생각하고 사람을 소중하게 _____ ㄴ다/는다/다.

3. 성공하는 사람은 자기가 한 일을 끝까지 _____ ㄴ다/는다/다. 하지만 실패하는 사람은 '돈이 없어서, 시간이 없어서, 다른 사람 때문에'라고 말한다.

4. 실패하는 사람은 좋은 결과가 나왔을 때 다른 사람에게 _____지만 성공하는 사람은 다른 사람들과 자신의 성공을 나눈다.

2 괄호 안에서 알맞은 단어를 고르십시오.

1. 회사를 다니면서 제일 힘들 때는 열심히 일해도 회사가 그것을 (들어보지 / 알아주지) 않는 것 같다고 느낄 때이다.

2. 여자 친구의 생일을 잊어버렸을 때는 (반성 / 변명)을 하려고 하지 말고 미안하다고 말하는 게 좋다.

3. 횡단보도에서 교통신호를 (무관심하고 / 무시하고) 건너면 벌금을 내야 한다.

4. 어머니가 요리를 잘 못하시지만 아버지는 어머니가 만든 음식이 맛이 없다고 (낭비하신 / 불평하신) 적이 없다.

5. 아파트나 집에서 불이 나는 사고의 대부분은 사람들의 (부주의 / 핑계) 때문이다. 그렇기 때문에 조금만 관심을 가지면 예방할 수 있다.

어휘력 쑥쑥

변명	분**명**하다	clear / 分明 / 分明だ
명(明) : 나타내다, 알리다	설**명**	explanation / 説明 / 説明
show 明 明かす	발**명** DAY79	invention / 发明 / 発明
	증**명**서 DAY35	certificate / 证明书 / 証明書

불**친**절	**친**구	friend / 朋友 / 友達
친(親) : 친하다, 가깝다	**친**척	relative / 亲戚 / 親類
be close 亲 親しい	**친**하다	close / 亲密 / 親しい

복습 문제 ❸

※빈칸에 알맞은 것을 고르십시오.

1 가: 오늘이 대학원 마지막 수업이네요.
나: 네, 대학원 2년 _____ 이/가 벌써 끝났다는 게 믿어지지 않아요.
① 과목　　　　　② 과외　　　　　③ 과정　　　　　④ 과제

2 시험에 _____ 하신 분들은 시험 시간 30분 전까지 면접 장소로 오십시오.
① 경쟁　　　　　② 면접　　　　　③ 모집　　　　　④ 응시

3 가: 이오리, 왜 이렇게 피곤해 보여요?
나: 요즘 회사 _____ 이/가 너무 많아서 그래요. 좀 쉬고 싶어요.
① 승진　　　　　② 업무　　　　　③ 임시　　　　　④ 처리

4 가: 어릴 때부터 선생님이 되는 게 꿈이었는데 아이들을 가르치게 되어서 정말 기뻐요.
나: 축하해요. 선생님이 되었으니까 원하는 꿈을 _____ .
① 망치셨네요　　　② 망하셨네요　　　③ 이루셨네요　　　④ 이루어지셨네요

5 가: 오늘 아침에 회의하고 과장님께 보고서 제출하고 오후에 다음 주에 가는 출장 준비하고 너무 바빠서 점심도 못 먹었어.
나: 점심까지 못 먹고 하루 종일 _____ 이/가 없었겠구나.
① 기억　　　　　② 이성　　　　　③ 정신　　　　　④ 착각

6 학교에서 너무 피곤해서 쉬는 시간에 책상에 _____ 10분 정도 잤다.
① 기어서　　　　② 기울여서　　　③ 굴러서　　　④ 엎드려서

7 내 동생은 어릴 때 나를 좋아해서 내가 가는 곳마다 항상 내 뒤를 _____ .
① 돌아다녔다　　　② 따라다녔다　　　③ 뛰어다녔다　　　④ 찾아다녔다

8 어머니가 만들어 주신 비빔밥이 너무 맛있어서 두 그릇이나 _____ .
① 비웠다　　　　② 채웠다　　　③ 없앴다　　　④ 가렸다

9 가: 한국 사람들에게 같이 무엇을 하자고 말하면 '싫다'고 말하지 않고 '다음에', '나중에'라고 간접적으로 말할 때가 많은 것 같아요.
나: 맞아요. 듣는 사람이 기분이 나쁠까 봐 _____ 인 표현을 하지 않아요.
① 개인적　　　　② 직접적　　　③ 간접적　　　④ 소극적

10 취직 시험에 합격했지만 한 달에 한두 번은 토요일에도 출근해야 한다고 해서 다닐지 안 다닐지 _____ 있다.
① 물러나고　　　② 포기하고　　　③ 나서고　　　④ 망설이고

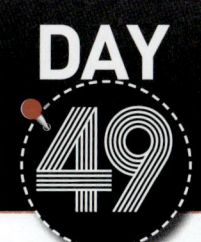

DAY 49 태도2

아는 단어에 ○표 하세요.

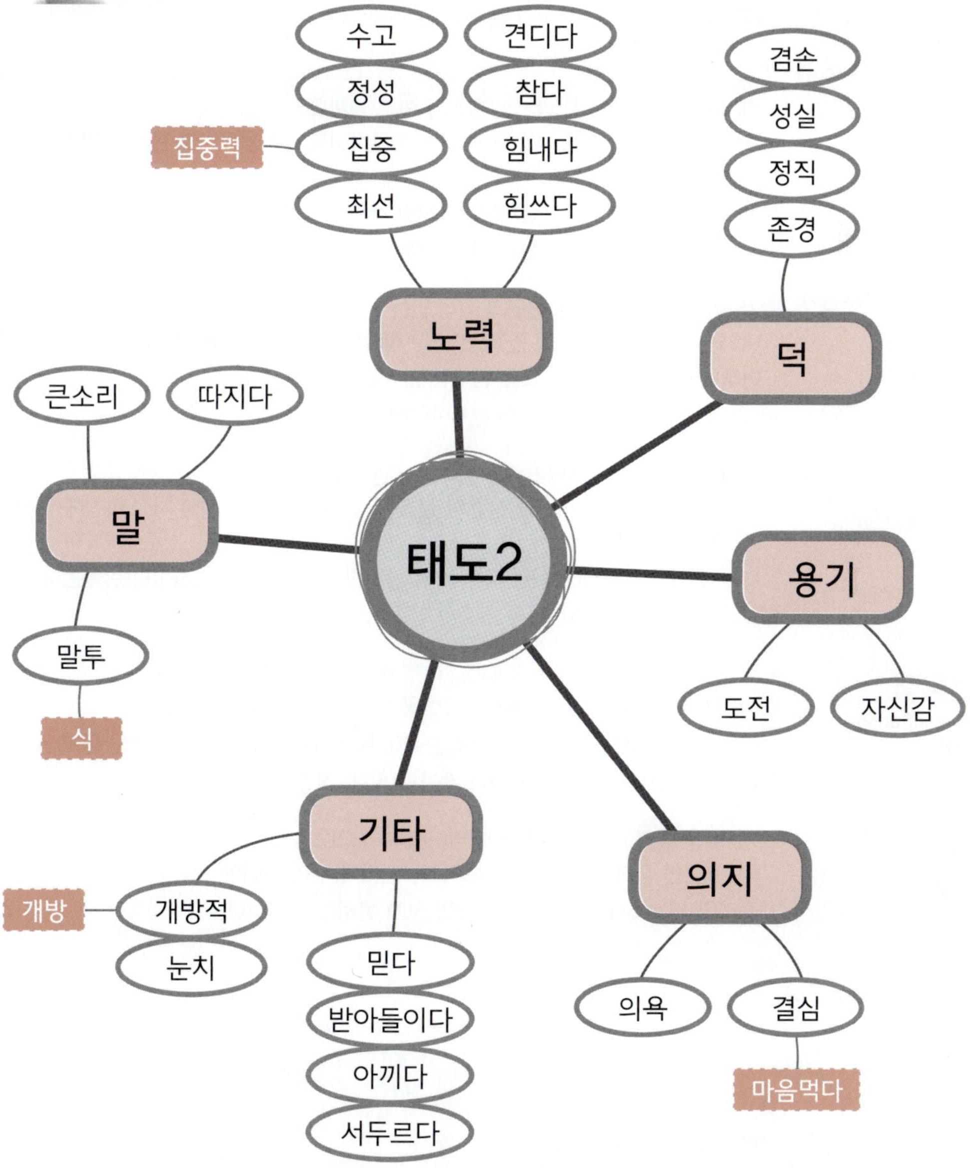

수고

정성

집중 — 집중력

최선

견디다

참다

힘내다

힘쓰다

겸손

성실

정직

존경

노력

덕

태도2

말

큰소리

따지다

말투 — 식

용기

도전

자신감

기타

개방 — 개방적

눈치

믿다

받아들이다

아끼다

서두르다

의지

의욕

결심 — 마음먹다

노력 effort 努力 努力	• 가: 메리 씨한테 그렇게 잘해 줬는데 메리 씨가 사귈 마음이 없다고 해서 속상하겠다. 　나: 응. 사랑은 노력만으로 되는 일이 아닌 것 같아…. • 아버지는 많이 바쁘시지만 우리들과 약속한 일은 꼭 지키려고 노력하신다. 표현 노력이 필요하다, 노력을 보이다/쏟다
견디다 bear 坚持 耐える	• 가: 선생님, 수술이 잘 됐어요? 허리가 너무 아파요. 　나: 수술은 잘 됐어요. 그런데 너무 견디기 힘들면 말하세요. 진통제를 드릴게요. • 나에게 제일 힘든 것은 배고픔을 견디는 것이다.
수고 🄑 고생 trouble 辛苦 劳苦	• 가: 사장님, 설거지 끝났는데 이제 가 봐도 될까요? 　나: 그래요. 켄토 학생, 식당에서 하는 아르바이트가 처음이라고 했는데 아주 잘하는데요. 오늘 수고 많았어요. • 한 달 동안 준비한 졸업 전시회가 잘 끝나서 수고한 보람을 느낀다. 표현 수고가 많다, 수고를 덜다/아끼지 않다
정성 sincerity 诚心 精誠	• 가: 이 스웨터 예쁘죠? 친구가 직접 만든 건데 생일 선물로 받았어요. 　나: 와, 이걸 친구가 직접 만들었어요? 정말 정성으로 만들어 줬네요. • 어머니가 고향에서 정성으로 만드신 만두를 보내 주셨다. 표현 정성을 다하다/담다/모으다/보이다/쏟다
집중 concentration 集中 集中	• 가: 타카요시 씨는 새벽 5시에 일어나서 공부를 해요? 　나: 네. 저는 밤보다 아침에 집중이 잘 돼요. 그래서 밤에 10시쯤 자고 아침에 일찍 일어나서 공부해요. • 나는 좋아하는 드라마를 볼 때는 너무 집중해서 전화가 오는 소리도 못 듣는다. 표현 집중이 되다/안 되다, 관심/주의 집중, 집중 관리/단속/개발
집중력 concentration 集中力 集中力	• 가: 방의 벽 색깔이 파란색이네요. 아주 예쁜데요. 　나: 그렇죠? 그리고 파란색은 집중력을 좋게 만든다고 해요. • 나는 음악을 들으면서 공부하면 집중력이 떨어져서 공부할 때는 음악을 듣지 않는다. 표현 집중력이 떨어지다/모자라다/생기다/없다, 집중력을 기르다/높이다
참다 🄑 견디다 patient 忍耐 堪える	• 가: 화장실 가고 싶은데 집까지 얼마나 더 걸려? 　나: 조금만 참아. 저기 아파트 보이지? 저기가 우리 집이야. • 줄리안 씨는 하고 싶은 말이 있으면 참지 못하는 성격이다.

최선 the best way, the utmost 最好，全力 最善，最好	• 가: 약을 먹었는데 아직도 한 달째 감기야. 나: 낮에는 공부하고 저녁에는 아르바이트하니까 피곤해서 그래. 감기에는 잘 먹고 푹 쉬는 게 **최선**이야. • 영화배우 조은영 씨는 한 인터뷰에서 영화에서 처음으로 맡은 주인공 역할에 **최선**을 다하겠다고 말했다. 표현 최선을 다하다
힘내다 cheer up, keep the steam up 加油 息張る	• 가: 내일 댄스 대회야. 연습한 시간이 많지 않아서 내일 실수할까 봐 걱정돼. 나: 넌 할 수 있어. 마음 편하게 하고 **힘내**! • 취직 시험에 여러 번 떨어져서 기운이 없는 언니에게 **힘내라는** 응원의 의미로 향수를 선물했다.
힘쓰다 비 노력하다 strive 下功夫 努める，励む	• 가: 부모님이 학비를 보내 주시는데 내가 좀 도와드려야 할 것 같아서 아르바이트를 찾을까 생각 중이야. 나: 지금은 공부에만 **힘쓰는** 게 어때? 아마 그게 부모님이 더 바라시는 일일 것 같은데. • 큰 수술 후에 건강 관리에 더 **힘쓰게** 되었다.

태도2 덕

덕 virtue 德 德,恩惠	• 가: 제가 아는 우리 회사 사람들은 다 김 부장님을 좋게 말해요. 나: 맞아요. 부장님은 **덕**과 능력을 모두 갖추신 분이죠. • 우리 할머니는 교육을 많이 받지 못하셨지만 **덕**이 높으셔서 가족들과 주위 사람들에게 존경을 받으신다. 표현 덕이 높다/없다, 덕을 갖추다
겸손 modesty 謙虛 謙遜	• 가: 요즘은 **겸손**보다는 자신의 능력을 잘 보여 줄 수 있는 게 더 중요한 것 같아. 나: 맞아. 그래서 다른 사람들 앞에서 발표를 잘하는 방법을 가르쳐 주는 학원도 많이 생겼어. • 영화배우 장동곤 씨는 유명하고 성공한 사업가이기도 하지만 **겸손**해서 적이 없다고 한다.
성실 earnest 诚实 誠実	• 가: 짧은 시간에 어떻게 이렇게 성공할 수 있었다고 생각하세요? 나: 무엇보다도 노력과 **성실**인 것 같아요. 저는 고객과 한 번 한 약속은 끝까지 지켰습니다. • (광고) 오후 5시부터 10시까지 일할 **성실**한 아르바이트 학생을 구합니다.
정직 honesty 老实 正直	• 가: 반찬가게에서 만든 건데 집에서 만든 반찬처럼 맛있네요. 나: 그렇지요? 깨끗하고 신선한 재료로 **정직**하게 만드는 반찬가게라고 소문이 나서 한번 사 봤는데 앞으로 자주 이용하게 될 것 같아요. • (광고) '**정직**'으로 사고 파는 서울 중고차! 서울 중고차에서 가장 좋은 가격으로 최고의 만족을 드립니다.

존경
respect
尊敬
尊敬

- 가: 중국에도 한국처럼 선생님께 **존경**을 표현하는 특별한 날이 있어요?
  나: 네. 한국은 5월 15일이지만 중국은 9월 10일이에요.
- 내가 가장 **존경**하는 선생님은 고등학교 때 역사 선생님이다.
  표현 존경을 나타내다/받다/표현하다

태도2 **말**

따지다
nitpick, calculate
追问, 考虑
詰る

- 가: 어제 일은 내가 아니라 나미 씨가 잘못한 거 아니야?
  나: 다 끝난 일인데 서로 누가 잘못했는지 **따지지** 말고 그냥 잊어버려.
- 나는 보험을 들기 전에 보험 회사 직원의 말만 듣지 않고 보험 내용을 직접 꼼꼼하게 **따져** 본다.
  표현 비용/원인/잘못/조건을 따지다

말투
one's way of
speaking
语气
口振り

- 가: 메리, 학교 앞에 새로 생긴 카페에서 커피를 50% 할인해 주는 행사 하는 거 알아?
  나: 친절한 **말투**로 커피를 주문하는 손님한테 커피를 할인해 주는 행사 말이지? 알지. 난 벌써 가서 마셨어.
- 케이티 씨는 사람들의 **말투**를 똑같이 따라서 해서 친구들을 잘 웃긴다.

식
ceremony
式
式

- 가: 야스코 씨, 동운 씨하고 결혼식은 어디에서 하기로 했어요?
  나: 한국에서 먼저 하고 그 다음에 일본에서 일본**식**으로 한 번 더 하기로 했어요.
- 원원 씨는 내가 심각한 이야기를 할 때도 장난 **식**으로 말을 해서 기분이 나쁠 때가 있다.

큰소리
raise one's voice,
grandiloquence
叫喊, 说大话
大声, 高言

- 가: 우리 아이들은 **큰소리**를 치지 않으면 말을 안 들어요.
  나: 아이들은 다 그래요. 화를 내면 더 말을 안 들으니까 참고 이야기해야 돼요.
- 시부모님과 같이 살기 때문에 아이들이 큰 잘못을 해서 화가 많이 날 때에도 **큰소리**를 내지 못한다.
  표현 큰소리를 내다/치다

태도2 **용기**

용기
courage
勇气
勇気

- 가: 선수 생활을 끝내고 앞으로 무슨 일을 하고 싶으세요?
  나: 저와 같은 장애가 있는 사람들에게 희망과 **용기**를 주는 일을 하고 싶습니다.
- 오늘은 **용기**를 내서 좋아하는 여자에게 사귀자고 말하려고 한다.
  표현 용기가 나다/생기다/필요하다, 용기를 내다/얻다/주다

도전
challenge
挑战
挑戦

- 가: 지난번에 한국어능력시험 봤는데 왜 또 시험을 보려고 해?
  나: 이번에는 한국어능력시험 5급에 **도전**해 보려고 해.
- 우리 오빠는 내일 운전면허 시험을 보는데 이번이 5번째 **도전**이다.

자신감
confidence
自信心
自信感

- 가: 처음 운전을 할 때는 사고를 낼까 봐 속도를 못 냈는데 1년쯤 운전하니까 **자신감**이 좀 생긴 것 같아.
  나: 맞아. 운전 처음 시작했을 때 5분이면 올 수 있는 거리를 20분 걸려서 왔다고 말한 게 기억난다.
- 부모의 칭찬과 인정은 아이들에게 **자신감**을 길러 준다.
  표현 자신감이 생기다/없다/있다, 자신감을 얻다/잃다/찾다

태도2 **의지**

의지
will
意志
意志

- 가: 술이나 담배를 끊으려고 하면 강한 **의지**가 필요한 것 같아요.
  나: 맞아요. 그런 걸 보면 준호 씨는 정말 **의지**가 강하지요? 지금 한 달째 술을 안 마시고 있으니까요.
- 열심히 공부하는 켄토 씨의 얼굴에서 이번 시험에 꼭 합격하겠다는 **의지**가 보인다.
  표현 의지가 강하다/없다/있다, 의지를 보이다

결심
decision
決心
決心

- 가: 내일부터 새벽에 일어나서 운동을 할 거야.
  나: 그 **결심**이 오래 가기를 바란다. 너 지난번에 수영 같이 배우기로 했는데 세 번만 왔어.
- 나는 **결심**한 것을 지키려고 **결심**한 내용을 보이는 곳에 적어서 놓고 주위 사람들에게도 알린다.
  표현 결심이 단단하다/서다/흔들리다

마음먹다
비 결심하다
make up one's mind
決心
思い込む

- 가: 인도에 있는 회사에 취직했다고 들었어. 그런데 혼자 외국에서 살 수 있겠어?
  나: 응. 처음에는 혼자 사는 게 좀 걱정이 됐는데 가기로 **마음먹었어**.
- 아주 비싸지만 큰 **마음먹고** 그동안 모은 돈으로 카메라를 샀다.

의욕
will
心劲
意欲

- 가: 한국어능력시험이 얼마 안 남았는데 공부에 **의욕**이 안 생겨.
  나: 시험을 잘 봤을 때 너에게 생기는 좋은 결과를 상상해 봐. 그럼 **의욕**이 좀 생기지 않을까?
- 즐거운 휴가를 끝내고 오니까 다시 열심히 일할 **의욕**이 생긴다.
  표현 의욕이 넘치다/떨어지다/생기다, 의욕을 보이다

태도2 **기타**

개방
open
开放
開放

- 가: 7월 한 달 동안 경복궁을 무료로 **개방**한다고 해.
  나: 알아. 나는 작년에 처음 가 봤는데 설명해 주는 사람이 있어서 그 사람의 이야기를 들으면서 구경하니까 더 재미있었어.
- 일본에 있는 '후지산'은 여름에만 **개방**을 해서 이번 여행 때는 갈 수 없다.

개방적
open
开放的
開放的

- 가: 효성 씨 할아버지가 영어를 잘하시네요.
  나: 네. 옛날에 회사 일로 외국에 자주 가셔서 영어도 잘하시고 나이가 많으시지만 사고방식도 아주 **개방적**이세요.
- 엄격한 부모님 밑에서 자란 나와 다르게 남편은 **개방적**인 집안 분위기에서 자랐다.

  표현 개방적인 분위기/사고방식/성격/환경

눈치
wits
眼色
目端

- 가: 내일 완여 씨 생일인데 완여 씨 모르게 깜짝 파티를 준비하는 게 어때?
  나: 좋은 생각이야. 그런데 완여 씨는 **눈치**가 빠르니까 조심해야 돼.
- 기숙사 방 친구가 다이어트를 해서 방에서 빵이나 과자를 먹을 때 **눈치**를 보게 된다.

  표현 눈치가 빠르다/없다, 눈치를 보다/주다

믿다
believe
相信
信ずる

- 가: 올해 9월부터 회사에 다닌다고 했죠? 아이를 맡길 사람을 찾았어요?
  나: 아니요, 아직 못 구했어요. **믿고** 맡길 수 있는 사람을 찾는 게 쉽지 않네요.
- 우리 회사는 고객들이 **믿고** 살 수 있는 물건을 만드는 것을 제일 중요하게 생각한다.

받아들이다
accept
接受
受け入れる

- 가: 우리 학교는 등록금이 너무 비싼 것 같아. 내 동생 학교보다 100만 원 정도 더 비싸.
  나: 맞아. 그런데 얼마 전에 학교 게시판에서 봤는데 학교가 학생들의 요구를 **받아들여서** 내년에는 등록금을 올리지 않겠다고 했다고 해.
- 회사 시험에서 세 번째 떨어졌을 때는 결과를 **받아들이기** 어려워서 마음이 많이 힘들었다.

  표현 결과/기술/변화/충고를 받아들이다

서두르다
hurry
着急
急ぐ

- 가: **서둘러**. 시험 시간에 늦겠어!
  나: 응. 이제 양말만 신으면 돼.
- 다음 달에 시작하는 야구 경기를 보려면 **서둘러서** 예매해야 한다.

아끼다
🔁 낭비하다
save, cherish
爱惜, 节省
惜しむ

- 가: 이 의자는 아주 오래된 것 같아요.
  나: 우리 할아버지가 가구 만드는 일을 하셨는데 할아버지가 직접 만드신 의자예요. 제가 제일 **아끼는** 물건이죠.
- 유학하는 동안 돈을 **아끼려고** 학교까지 30분 정도 걸어서 다녔다.

1 사람들이 자신의 직업에서 필요한 것에 대해서 이야기하고 있습니다. 빈칸에 알맞은 단어를 쓰십시오.

| 도전 | 정성 | 집중력 |

1.  저는 조금 더 어려운 것에 _____ 하려고 하는 마음을 항상 가지려고 해요. 제가 지금까지 올라간 제일 높은 산은 4,580m인데 3년 후에는 5,500m보다 높은 산에 가려고 준비하고 있어요.

2.  음식을 만들 때 제가 가장 중요하다고 생각하는 것은 _____ 이에요. 손님들에게 건강에 좋고 맛있고 행복을 주는 음식을 드리려고 가족들이 먹을 음식을 만드는 어머니의 마음으로 요리하고 있어요.

3.  긴 시간 동안 수술을 해야 할 때가 많아요. 하지만 수술 중에는 다른 생각을 하면 안 되고 _____ 을 가지고 해야 돼요.

2 밑줄 친 부분의 의미를 참고해서 빈칸에 알맞은 단어를 쓰십시오.

| 견디다 | 겸손하다 | 아끼다 |

1. 완여 씨는 아주 _____ (으)ㄴ/는 사람이다. <u>자랑하는 일도 없고 다른 사람을 무시하지도 않는다.</u>

2. 다이어트를 시작했다. 배고픔을 _____ (으)ㄴ/는 처음 며칠 동안이 제일 힘들다고 하는데 <u>먹고 싶은 마음을 참기가</u> 정말 쉽지 않다.

3. 물을 잠그고 이를 닦는 것은 물의 <u>낭비를 줄이는</u> 방법 중의 하나이다. 물을 잠그고 이를 닦으면 약 6ℓ의 물을 _____ (으)ㄹ 수 있다.

정 직	단**정**하다 DAY3	neat / 端正 / 端正だ
정(正) : 바르다 be right 正 正しい	**정**답 DAY34	answer / 答案 / 正答
	정상적 DAY51	normal / 正常的 / 正常的
	정확하다 DAY73	right / 正确 / 正確だ

 MEMO

DAY 50 상태1

아는 단어에 ○표 하세요.

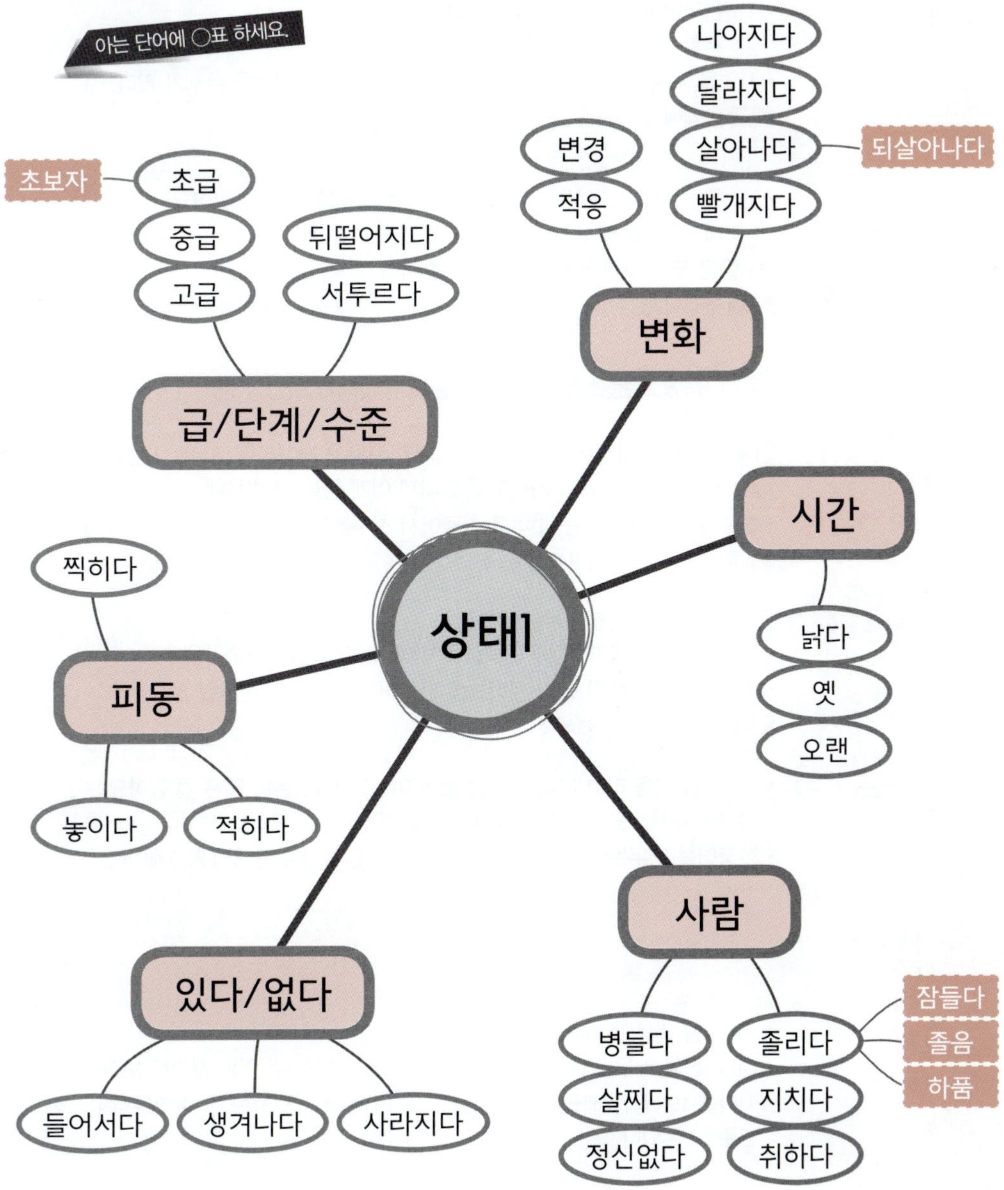

변화
- 나아지다
- 달라지다
- 살아나다 — 되살아나다
- 빨개지다
- 변경
- 적응

급/단계/수준
- 초급 — 초보자
- 중급
- 고급
- 뒤떨어지다
- 서투르다

시간
- 낡다
- 옛
- 오랜

상태1

피동
- 찍히다
- 높이다
- 적히다

있다/없다
- 들어서다
- 생겨나다
- 사라지다

사람
- 병들다
- 살찌다
- 정신없다
- 졸리다 — 잠들다 / 졸음 / 하품
- 지치다
- 취하다

급
class
级
急

- 가: 비행기 표는 결정하셨는데 그럼 호텔은 어디로 하고 싶으세요?
  나: 잠만 잘거니까 **급**이 그렇게 높지 않아도 돼요.
- 나는 다음 달부터 별 4개를 받은 1**급** 호텔에서 일하게 되었다.

단계
비 과정
stage
阶段
段階

- 가: 한국어 수업이 몇 **단계**까지 있어요?
  나: 저희 학원은 1**단계**부터 12**단계**까지 있습니다.
- 사업을 처음 시작하는 **단계**이기 때문에 여러 가지 어려운 문제가 많다.
  표현 단계에 들어가다

수준
비 단계
level
水平
水準

- 가: 원원 씨가 노래하는 것을 처음 들었는데 정말 깜짝 놀랐어요.
  나: 네. 정말 잘 부르지요? 거의 가수 **수준**이었어요.
- 서울은 우리 고향과 생활**수준**이 비슷하다.
  표현 수준이 높다/다르다/올라가다, 수준을 넘다, 수준에 맞다

뒤떨어지다
be behind
落后
一歩譲る

- 가: 마음에 드는 스케이트를 골랐는데 까만색과 하얀색 중에서 어느 걸 사는 게 좋을까?
  나: 하얀색은 품질은 조금 **뒤떨어지지만** 처음 스케이트를 배우는 사람이 타기에는 문제가 없을 것 같고 가격도 좋으니까 이게 좋을 것 같은데.
- 친구들과 등산을 갔는데 너무 힘들어서 친구들에게서 많이 **뒤떨어져서** 올라갔다.
  표현 기술/실력이 뒤떨어지다, 유행/시대에 뒤떨어지다

서투르다
unskilled
粗糙
拙い

- 가: 준호 씨는 운전할 수 있어요?
  나: 네. 하지만 얼마 전에 면허증을 받아서 아직 많이 **서툴러요**.
- 솜씨가 **서투르지만** 생일 케이크를 만들어서 친구에게 선물했다.
  표현 서투른 말/변명/행동

초급/중급/고급
beginner level/
intermediate level/
high rank
初级/中级/高级
初級/中級/高級

- 가: **고급** 차를 타고 다니는 것을 보면 야스코 씨는 돈이 많은 것 같아요.
  나: 아버지가 큰 회사의 사장이라고 들었어요.
- 한국어를 배우는 **초급** 학생이 알아야 하는 단어의 수는 약 1,800개이다.

초보자
beginner
新手
初心者

- 가: 어떤 종류의 카메라를 찾으세요?
  나: 사진을 배우려고 하는데 **초보자**도 쉽게 사용할 수 있는 것으로 보여 주세요.
- 기타를 1년 동안 배웠지만 연습을 얼마 안 해서 **초보자**도 칠 수 있는 쉬운 노래들만 연주할 수 있다.

변화
change
变化
変化

- 가: 감기가 심하게 걸렸군요. 병원에 갔어요?
  나: 네. 의사 선생님이 요즘 기온 **변화**가 심해서 감기에 걸린 사람들이 많다고 했어요.
- A회사에서 이번에 새로 나온 휴대 전화는 크기와 색깔의 **변화**는 없고 디자인만 조금 바뀌었다.

  표현 변화가 나타나다/일어나다, 변화를 가져오다/겪다/느끼다

나아지다
get better
变好, 提高
よくなる

- 가: 두통은 좀 어때? 괜찮아졌어?
  나: 주말에 아무것도 하지 않고 푹 쉬니까 많이 **나아졌어**.
- 지금은 힘들지만 대학교를 졸업하고 취직을 하면 생활이 더 **나아질** 거라고 생각한다.

  표현 성적/얼굴/형편이 나아지다

달라지다
change
改变
変わる

- 가: 학교가 많이 **달라진** 것 같지 않아?
  나: 응. 저 건물은 우리가 학교 다닐 때는 없었는데 새로 지었네!
- 후미 씨는 화가 나거나 기분이 안 좋으면 목소리부터 **달라진다**.

  표현 분위기/사람/세상/시대가 달라지다

되살아나다
be brought back,
revive
复苏过来
蘇る

- 가: 여기 비빔냉면 참 맛있네요.
  나: 네. 날씨가 더워서 입맛이 없었는데 매콤한 비빔냉면 먹으니까 입맛이 **되살아나는** 것 같고요.
- 옛날 사진들을 보면 그때의 행복하고 아름다운 기억들이 **되살아난다**.

변경
change
变更
変更

- 가: 우리 다음 주 수요일에 영화 보러 가기로 했는데 날짜를 **변경**해야 할 것 같아.
  나: 나는 월요일만 아니면 괜찮아. 그럼 언제 보러 갈까?
- 우리 반 교실이 다음 주부터 316호에서 320호로 **변경**된다.

  표현 계획/시간/장소를 변경하다

빨개지다
turn red
变红
赤む

- 가: 오마르 씨, 술을 얼마나 마셨어요? 귀까지 **빨개졌어요**.
  나: 많이 안 마셨는데요. 맥주 3잔밖에 안 마셨어요.
- 나는 어렸을 때 날씨가 추우면 코끝이 많이 **빨개져서** 친구들이 딸기코라고 불렀다.

살아나다
revive
恢复
助かる

- 가: 토마토에 영양제를 주고 있네요?
  나: 네. 토마토가 많이 말라서 그렇게 하고 있는데 **살아날** 수 있을지 모르겠어요.
- 우리 집 강아지가 눈도 못 뜰 정도로 많이 아팠는데 어제 동물 병원에서 주사를 맞은 후부터는 좀 **살아났다**.

적응
adaption
适应
適応

- 가: 한국에 처음 왔을 때 가장 **적응**하기 힘든 게 뭐였어?
  나: 지하철을 갈아타는 것이 복잡해서 지하철역 안에서 길을 자주 잃어버렸어.
- 지금 일하는 회사는 전에 다닌 회사와 분위기가 아주 달라서 **적응** 기간이 생각보다 많이 걸렸다.

  표현 적응이 되다/빠르다

병들다
get sick
得病
病む

- 가: 옛날에는 70살 정도까지 살았지만 우리 세대는 100살 정도까지 살 수 있게 된 것 같아.
- 나: 맞아. 하지만 나는 **병들면** 오래 살고 싶지 않아. 죽을 때까지 건강하게 살면 좋겠어.
- 우리 동네 산에는 **병들어서** 죽은 나무들이 종종 보인다.

표현 나뭇잎/마음/몸/사회가 병들다

살찌다
반 살(이) 빠지다
get fat
肥胖
太る

- 가: 작년보다 **살찐** 것 같아. 작년에 산 옷이 작아서 못 입게 됐어.
- 나: 그래? 내가 보기에는 비슷한 것 같은데…
- 나는 어렸을 때부터 너무 말라서 **살찌고** 싶어서 여러 가지 방법으로 노력했지만 잘 안 된다.

잠들다
fall asleep
入睡
寝入る

- 가: 어젯밤에 잘 들어갔는지 궁금해서 전화했는데 왜 안 받았어?
- 나: 너무 피곤해서 잠깐 침대에 누웠는데 **잠들었어**. 일어나니까 아침이었어.
- 요즘 잠이 잘 안 온다. 누워서 **잠들** 때까지 1시간 정도 걸린다.

정신없다
be out of one's mind
没有精神
たわい無い

- 가: 결혼식 준비로 요즘 **정신없겠어요**.
- 나: 네. 결혼식이 얼마 안 남았는데 회사 일도 많고 출장도 자주 가서 준비할 시간이 없어요.
- 저녁에 식당에서 아르바이트하는데 6시부터 7시까지는 손님이 많아서 정말 **정신없다**.

졸리다
feel drowsy
困
眠たい

- 가: 좀 **졸린데** 커피 마시러 잠깐 밖에 나갈래?
- 나: 잘됐다! 나도 그렇게 하자고 말하려고 했어.
- 고향에서 서울까지 18시간 동안 비행기를 타고 새벽 4시에 **졸린** 눈으로 인천 공항에 도착했다.

졸음
drowsiness
睡意
眠気

- 가: 요즘 왜 이렇게 **졸음**이 쏟아지는지 모르겠어.
- 나: 봄이 오는 때라서 그런 거 아닐까? 겨울에서 봄으로 계절이 바뀔 때 그런 피로 증상이 생겨.
- 감기약을 먹으니까 하루 종일 **졸음**이 와서 힘들었다.

표현 졸음이 쏟아지다/오다

지치다
비 피곤하다
be exhausted
疲惫
草臥れる

- 가: 명절 때는 고향에 가는 사람들이 많아서 고속도로가 많이 막힌다고 들었어요.
- 나: 네. 저도 작년에 10시간 정도 운전했는데 너무 **지쳐서** 올해는 기차로 갈 거예요.
- 여름에 더위 때문에 너무 **지칠** 때는 입맛도 없다.

표현 지친 걸음/몸/표정

취하다
be drunk
喝醉
酔う

- 가: 운룡 씨, 어제 많이 **취했는데** 집에 잘 들어갔어요?
  나: 잘 들어갔는데 오늘 아침부터 계속 배가 아파서 조금 전에 약을 사 왔어요.
- 나는 술에 **취하면** 잠이 온다.

하품
yawning
哈欠
欠伸

- 가: 이 사진 좀 보세요. 우리 강아지가 **하품**할 때 찍은 거예요.
  나: 하하하, 잘 찍었는데요. 아주 귀여워요.
- 회의 시간에 **하품**이 계속 나오는데 참아야 해서 힘들었다.
  표현 하품이 나오다, 하품을 참다

상태1 시간

낡다
비 오래되다
old
旧
古い

- 가: 여기에는 오래된 물건을 파는 가게가 많네요.
  나: 네. 아주 **낡은** 것들이지만 값은 비싸요. 저는 여기서 물건을 산 적은 없지만 구경하는 게 재미있어서 자주 와요.
- 지금 살고 있는 집은 지은 지 30년이 되었는데 너무 **낡아서** 내년에는 집을 좀 고치려고 한다.
  표현 낡은 교실/옷/책상

옛
비 옛날
old
老
昔

- 가: '한국의 **옛** 그림'? 이런 책도 읽어요?
  나: 네. 저는 미술에 관심이 많은데 이 책은 그림 설명도 있고 그림과 관계가 있는 한국 역사도 알 수 있어서 아주 재미있어요.
- 오랜만에 초등학교에 가니까 **옛** 기억들이 다시 되살아난다.
  표현 옛 맛/모습/추억/친구

오랜
old, long
悠久
長

- 가: 외국 여행을 가면 어디로 가고 싶어요?
  나: 첫 여행은 **오랜** 역사를 가진 나라나 도시로 가고 싶어요.
- **오랜** 시간이 지났지만 첫사랑은 잊을 수 없다.
  표현 오랜 경험/기간/습관/역사/친구

상태1 있다/없다

들어서다
비 생기다
반 나가다
enter
建立，走进
立ち入る

- 가: 동네 여기저기에 새로 생긴 가게들이 많네요.
  나: 네. 작년에 새 아파트들이 많이 **들어서서** 그래요. 곧 큰 병원과 백화점도 생긴다고 해요.
- 프랑스 여행 때 간 와인 박물관은 입구에 **들어서면** 오른쪽에 와인을 마셔 볼 수 있는 카페가 있었다.

사라지다	• 가: 며칠 동안 발표 준비한 자료가 **사라졌어**. 어떻게 하지?
﹙비﹚ 없어지다 disappear 消失 消える	나: 컴퓨터 회사에 전화해 봐. 회사에서 보내는 전문가가 오면 없어진 자료를 찾을 수 있을 거야. • 내가 어렸을 때는 중고 책을 파는 서점이 많이 있었는데 지금은 많이 **사라졌다**. 　**표현** 걱정/기억/희망이 사라지다

생겨나다	• 가: 우리 동네 지하철역 안에 미술관이 생겼는데 멀리 가지 않고 지하철 타기 전에 잠
﹙비﹚ 생기다 emerge 出現 生ずる	깐 그림들을 볼 수 있어서 좋아요. 나: 요즘 지하철역마다 지하철을 기다리면서 즐길 수 있는 미술관이나 텔레비전 극장 같은 문화 공간이 **생겨나고** 있다고 해요. • 우리 동네가 외국인들이 많이 찾는 관광지가 되면서 민박집이 빠르게 **생겨나고** 있다.

﹙상태1﹚ 피동

놓이다	• 가: 배를 타지 않고 다리로 섬까지 갈 수 있군요!
be laid, feel 放. 放心 載る	나: 네. 다리가 **놓인** 지 1년 되었는데 정말 편리해요. • 처음 외국 여행을 떠난 동생이 걱정되었는데 잘 도착했다고 전화를 받으니까 마음 이 **놓인다**.

적히다	• 가: 불고기가 정말 맛있네요. 어떻게 만들었어요?
be written 写 書かれる	나: 요리 잘하는 친구가 알려 줬어요. 여기 **적힌** 것을 따라서 하면 돼요. 이 노트 빌 려줄까요? • 생일에 남자 친구에게서 내 이름이 **적힌** 목걸이를 선물받았다.

찍히다	• 가: 친구에게 편지를 보냈는데 다시 돌아왔어.
be stamped, be photographed 被盖. 被拍 写る	나: 봉투에 도장이 **찍혔을** 거야. **찍힌** 도장에 돌아온 이유가 있으니까 다시 잘 살펴봐. • 가수 김수진 씨가 남자 친구와 카페에서 이야기하는 모습이 **찍힌** 사진이 인터넷에 올라왔다.

1 한국 생활을 하면서 생긴 변화에 대해서 이야기하고 있습니다. 빈칸에 알맞은 단어를 쓰십시오.

들어서다	빨개지다	적응하다	살찌다

1. 처음에 한국말을 잘 못해서 실수가 많았어요. 발음 때문에 내 말을 이해하지 못해서 여러 번 말해야 할 때가 많았는데 그때마다 얼굴이 _____ 았/었어요. 하지만 지금은 한국 친구도 많이 사귀고 한국말도 늘어서 한국 생활이 아주 재미있어요.

2. 우리 고향은 겨울이 없어요. 제일 추울 때는 15℃ 정도예요. 한국은 겨울에 날씨가 너무 추워서 처음에는 고향에 돌아가고 싶었어요. 하지만 한국 날씨에 많이 _____ 아/어서 이제는 눈이 오는 겨울을 기다려요.

3. 저는 한국에 와서 많이 _____ 아/어서 4kg 정도 늘었어요. 한국 음식은 맵지만 아주 맛있어요. 일본에서는 매운 음식을 잘 못 먹었지만 지금은 아주 잘 먹어요.

4. 저는 한국에 온 지 1년쯤 되었지만 아는 한국 사람이 별로 없었어요. 얼마 전에 우리 집 앞에 큰 건물이 _____ 았/었는데 거기에 수영장이 있어요. 아침마다 그 수영장에 운동하러 가는데 거기에서 한국 사람들을 많이 알게 되었어요.

2 빈칸에 알맞은 단어를 쓰십시오.

낡다	서투르다	정신없다	취하다

1. 월요일부터 금요일까지 회사일이 너무 많아서 밥 먹을 시간도 없을 정도로 _____ 았/었다.

2. 술을 잘 마시는 켄토 씨는 소주 5병을 먹었지만 안 _____ 았/었다.

3. 우리 집에 있는 소파는 산 지 20년이 되어서 많이 _____ 았/었다.

4. 한국어를 배운 지 3개월밖에 안 돼서 아직 한국말이 많이 _____ ㄴ다/는다/다.

중급	중심	middle / 中心 / 中心
	중학교	middle school / 初中 / 中学校
중(中) : 중간	도중 DAY20	in the middle of / 中途 / 途中
middle 中 中	중부 DAY60	middle part / 中部 / 中部

초급	초등학교	elementary school / 小学 / 小学校
	초기 DAY59	beginning / 初期 / 初期
초(初) : 처음	초보자 DAY50	beginner / 新手 / 初心者
first 初 初め	최초 DAY59	first / 最初 / 最初

 MEMO

DAY 51 상태2

아는 단어에 ○표 하세요.

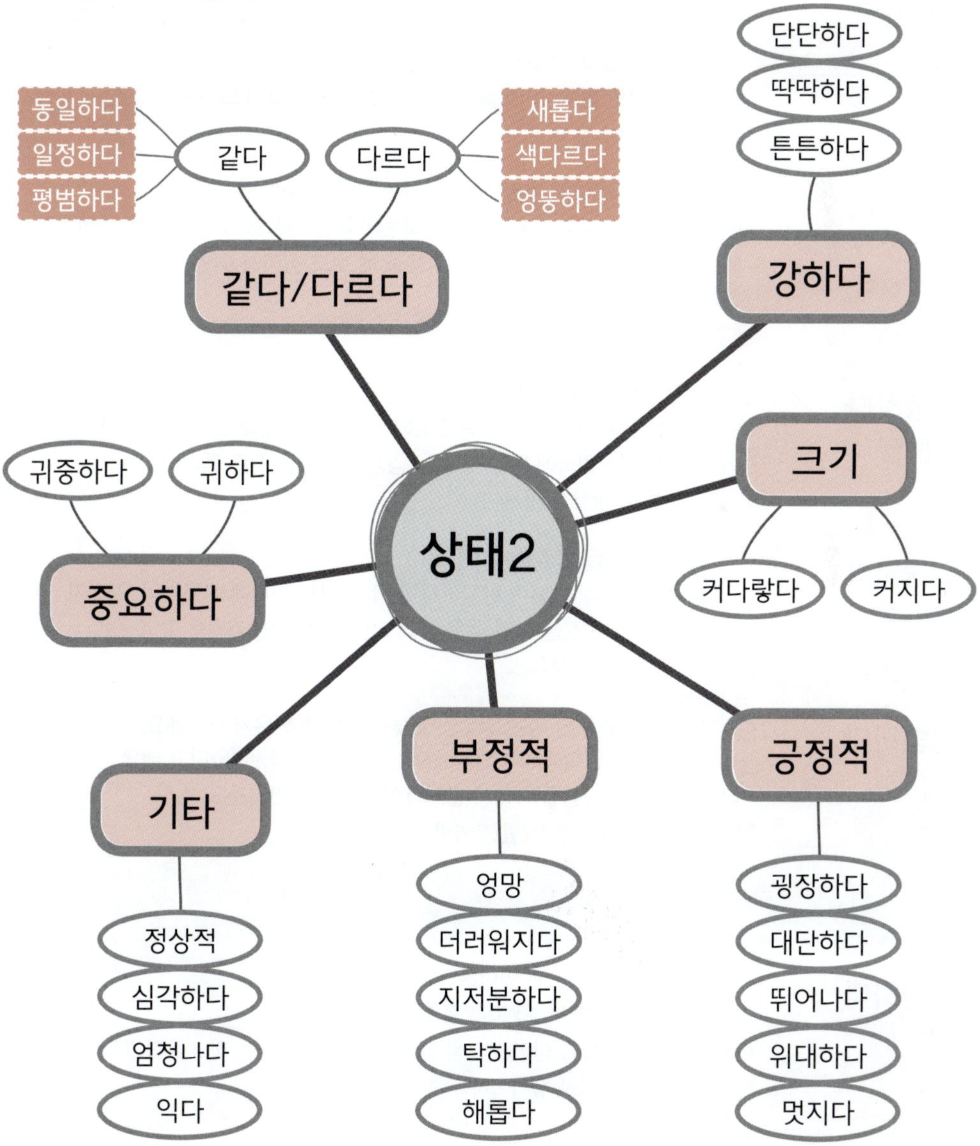

단단하다
딱딱하다
튼튼하다

동일하다
일정하다
평범하다

같다 ─ 다르다

새롭다
색다르다
엉뚱하다

같다/다르다

강하다

귀중하다 귀하다

중요하다

상태2

크기

커다랗다 커지다

기타

부정적

긍정적

정상적
심각하다
엄청나다
익다

엉망
더러워지다
지저분하다
탁하다
해롭다

굉장하다
대단하다
뛰어나다
위대하다
멋지다

동일하다
ⓑ 같다
ⓐ 다르다
same
同样
等しい

- 가: 졸업하면 역사로 전공을 바꿔서 대학원에 가려고 해.
  나: 전공이 **동일하지** 않으면 공부가 힘들 것 같은데 괜찮겠어?
- 은행 통장이나 인터넷에서나 나는 모두 **동일한** 비밀번호를 사용한다.
  표현 동일한 상황/점수/조건

새롭다
new
新颖
新しい

- 가: 한 달 동안 유럽 여행을 했다고 들었어요. 여행 어땠어요?
  나: **새로운** 곳에서 **새로운** 사람들을 만나고 **새로운** 음식을 먹고… 아주 재미있어서 돌아오지 않고 싶었어요.
- 유학 생활 동안 아르바이트를 한 식당에 오랜만에 다시 와 보니까 기분이 **새롭다**.
  표현 새로운 경험/문화/분위기/집

색다르다
unconventional
别致
振るっている

- 가: 이 떡볶이 어떻게 만들었어요? 맛이 아주 **색다른데요**.
  나: 떡볶이에는 보통 고추장을 사용하는데 이건 간장을 사용해서 만든 거예요.
- 대학교를 졸업하기 전에 **색다른** 여행을 해 보고 싶어서 이번 휴가 때 친구와 걸어서 하는 여행을 가기로 했다.
  표현 색다른 경험/맛

엉뚱하다
whimsical
意外
突飛だ

- 가: 내일 말하기 발표 준비 다 끝났어?
  나: 준비는 열심히 했는데 너무 긴장해서 **엉뚱한** 실수를 할까 봐 걱정이 돼.
- 어렸을 때 나는 영화에 나올 것 같은 **엉뚱한** 상상을 자주 했다.
  표현 엉뚱한 말/방향/상상/실수

일정하다
fixed
固定
一定

- 가: 아르바이트를 일주일에 며칠 해?
  나: 아르바이트 하는 날이 **일정하지** 않아. 일하는 회사에서 연락이 오면 가.
- **일정한** 속도로 운전을 하면 같은 양의 기름으로 더 먼 거리를 갈 수 있다.
  표현 일정한 방법/방향/속도

평범하다
ordinary
平凡
平凡だ

- 가: 영화배우 김동원 씨는 34살인데 늦은 나이에 배우가 되었네요.
  나: 그렇지요? 영화배우가 되기 전에는 **평범한** 회사원이었다고 해요.
- 나는 **평범한** 일상생활 속에서 감사와 행복을 느끼면서 살고 싶다.
  표현 평범한 모습/사람/생활/옷차림

단단하다
hard
硬
堅い

- 가: 강이 아주 **단단하게** 얼었어.
  나: 그러네. 여기에서 스케이트를 탈 수도 있겠는데.
- **단단한** 몸을 만들고 싶어서 다음 달부터 학교 앞에 있는 헬스클럽에 다니기로 했다.
  표현 단단하게 결심하다/약속하다/얼다

딱딱하다

(비) 단단하다
hard
生硬, 硬
堅い

- 가: 만화책을 읽고 있어?
  나: 응. 역사 만화책인데 **딱딱한** 내용을 쉽게 만화로 보니까 재미있어.
- 우리 할아버지는 이가 안 좋으셔서 **딱딱한** 음식은 못 드시고 부드러운 음식을 드신다.

  표현 딱딱한 과일/껍질/내용/분위기/인상

튼튼하다

(반) 약하다
strong
质量好, 健康
丈夫だ

- 가: 어, 우산이 또 뒤집어지네. 고장이 난 거 아니야?
  나: 이 우산은 바람이 조금만 세게 불어도 이렇게 돼. 좀 **튼튼한** 우산으로 다시 사야겠어.
- 어제 태어난 우리 조카가 건강하고 **튼튼하게** 자라면 좋겠다.

  표현 튼튼한 경제/다리/몸/이

상태2 크기

커다랗다

(비) 크다
huge
巨大
とても大きい

- 가: 이렇게 **커다란** 돼지 인형은 처음 봐. 크기가 진짜 돼지 정도 될 것 같은데!
  나: 정말 크지? 작년 기념일에 남자 친구에게 받은 선물이야.
- 기념일에 내가 제일 좋아하는 야구 선수의 등 번호가 **커다랗게** 적힌 티셔츠를 선물 받았다.

  표현 커다란 사건/상처/성공/충격

커지다

become bigger
变大
増す

- 가: 제주도에 갈 때 배로 가지 말고 비행기로 가자.
  나: 그렇게 하면 비용이 **커져**. 밤에 배를 타면 다음 날 아침에 도착하니까 시간도 돈도 더 적게 들어.
- 고등학생이 된 남동생은 전보다 키도 훨씬 **커지고** 목소리도 굵어졌다.

상태2 긍정적

굉장하다

amazing
了不起
素晴らしい

- 가: 어제 뮤지컬 봤다고 했지? 어땠어?
  나: 정말 **굉장했어**. 무대와 디자인도 멋있고 배우들의 노래와 춤도 최고였어. 또 보고 싶어.
- 요즘 가수 김수진 씨가 **굉장한** 인기를 모으면서 드라마와 영화에도 나오게 되었다.

  표현 굉장한 성공

대단하다

(비) 굉장하다, 놀랍다
great
了不起
凄い

- 가: 가수 김장훈 씨는 자기가 번 돈의 90%를 돈이 필요한 사람들에게 나누어 준다고 해요.
  나: 네. 저도 그 기사를 신문에서 읽었어요. 정말 **대단하지요**?
- 우리나라 사람들이 이번 올림픽에 나가는 축구 선수들에게 가지는 기대가 **대단하다**.

  표현 대단한 비밀/생각/일/작품

뛰어나다
outstanding
精彩
優れる

- 가: 이거 탕기 씨 생일 선물이에요. 제가 휴대 전화로 찍은 탕기 씨 사진을 보고 그린 거예요.
  나: 진짜예요? 그림 솜씨가 **뛰어난데요**! 저하고 정말 비슷하게 그렸어요.
- 우리 고향은 산과 바다가 가깝고 경치가 **뛰어나서** 항상 여행을 오는 사람들이 많다.

  표현 뛰어난 경치/능력/학생

멋지다
🐘 멋있다, 훌륭하다
wonderful
精彩
洒落る

- 가: 남자 친구가 생일날 직접 음식을 만들어 줬어. 그렇게 맛있지 않았지만 기분은 정말 좋았어.
  나: 정말? 남자 친구가 정말 **멋진** 사람이네.
- 겨울에 친구와 태국에서 관광도 하고 호텔 수영장에서 수영도 하면서 **멋진** 휴가를 보내기로 했다.

  표현 멋진 남자/생각/양복

위대하다
🐘 훌륭하다
great
伟大
偉大だ

- 가: 어제 학교에 못 갔는데 쓰기 수업의 주제가 뭐였어?
  나: '우리나라의 **위대한** 사람'이야. 다음 시간까지 누구를 쓸지 정해서 가야 돼.
- 한글을 만든 '세종대왕'은 한국의 가장 **위대한** 사람 중의 한 명이다.

  표현 위대한 사랑/작가/작품

상태2 부정적

더러워지다
get dirty
变脏
汚れる

- 가: 이거 사서 신은 지 얼마 안 된 운동화인데 흰색이라서 벌써 **더러워졌어**.
  나: 흰색 신발은 금방 **더러워지니까** 나는 오늘처럼 비가 오는 날에는 잘 안 신어.
- 요즘 황사 때문에 차를 닦은 지 3일밖에 안 되었는데 벌써 **더러워졌다**.

엉망
mess
乱七八糟
目茶苦茶

- 가: 4살이 된 조카가 집에 왔는데 내 방을 10분도 안 되어서 **엉망**으로 만들었어.
  나: 할 수 없어. 아이들은 다 그래.
- 내 동생은 정리하는 것을 아주 싫어해서 방이 항상 **엉망**이다. 책상과 침대 위에 항상 물건이 많이 있다.

지저분하다
🐘 깨끗하다
dirty
杂乱
汚い

- 가: 여기가 유명한 식당이야? 그런데 식당이 좀 **지저분한** 것 같아.
  나: 그렇기는 하지만 싸고 맛있어서 먼 곳에서 오는 사람들도 많은 유명한 식당이야.
- 우리 언니는 **지저분한** 것을 정말 싫어해서 아침과 저녁, 하루에 두 번 방을 청소한다.

  표현 지저분한 교실/옷차림/얼굴

탁하다
🐘 맑다
unclear
混浊
濁っている

- 가: 방 안 공기가 좀 **탁한** 것 같아. 창문을 좀 열자.
  나: 그래. 겨울에는 날씨가 추워서 창문을 자주 안 열게 돼.
- 강이 **탁한** 초록색으로 변해서 물속이 하나도 보이지 않는다.

해롭다
(비) 나쁘다
harmful
有害
有害

- 가: 잡지에서 읽었는데 아침 일찍이나 밤늦게 마시는 커피는 건강에 해롭다고 해. 오후 1시에서 5시 사이 정도는 괜찮고.
  나: 그래? 나는 아침에 일어나면 바로 커피를 마시는 습관이 있는데 건강에 나쁜지 몰랐네.
- 토마토와 설탕은 같이 먹으면 건강에 해롭다고 한다.

상태2 중요하다

귀중하다
precious
貴重
尊い

- 가: 유키 씨, 결혼 축하해요. 오늘 정말 예쁜데요.
  나: 댄 씨, 바쁘신데 귀중한 시간을 내서 결혼식에 와 주셔서 고마워요.
- 전에는 몰랐는데 건강을 잃은 후에 건강이 귀중하다는 것을 알게 되었다.
  표현 귀중한 물건/시간/자료

귀하다
important, rare, precious
高貴, 稀罕, 貴重
尊い,珍しい,貴重だ

- 가: 어렸을 때는 바나나가 아주 귀해서 엄마가 아주 가끔 사 오셨어요.
  나: 맞아요. 그때는 아주 맛있었는데 요즘은 자주 먹을 수 있으니까 그렇게 맛있게 느껴지지는 않아요.
- 요즘 보는 역사 드라마는 귀한 집안에서 태어나지는 않았지만 뛰어난 능력으로 나라를 세운 왕의 이야기이다.
  표현 귀한 몸/선물/손님/음식

상태2 기타

심각하다
serious
严重
深刻だ

- 가: 이오리 씨의 얼굴이 어제부터 왜 저렇게 심각해?
  나: 사귄 지 3년 된 여자 친구가 헤어지자고 했다고 해.
- 회사 일이 적성에 안 맞아서 다른 회사로 옮길까 심각하게 고민 중이다.
  표현 심각한 문제/상태/얼굴/영향

엄청나다
(비) 굉장하다, 대단하다
enormous
厉害
酷い

- 가: 와, 오늘도 비가 엄청나게 오네요.
  나: 네. 요즘 비가 너무 많이 와서 버스가 못 다니게 된 곳도 있다고 해요.
- 내가 자주 가는 학교 앞 식당은 양이 엄청나게 많아서 혼자 다 먹을 수 없을 정도다.
  표현 엄청난 결과/능력/부담/충격

익다
(비) 익숙하다
skilled, familiar
熟
慣れる

- 가: 바이올린을 배우기 시작했는데 재미있지만 손가락이 좀 아파.
  나: 손에 익으면 괜찮은데 그때까지는 시간이 좀 걸릴 거야.
- 저 사람은 얼굴이 눈에 익은데 누구인지 기억이 나지 않는다.
  표현 눈/손에 익다

정상적
normal
正常的
正常的

- 가: 어, 이메일을 정상적으로 이용할 수 없다는 메시지가 나오는데 왜 이렇지?
  나: 정말? 나도 그 이메일 사용하는데 지금 문제가 없는지 한번 확인해 봐야겠다.
- 아이들은 6개월에 2~3cm, 1년에 5~6cm 정도 키가 자라면 정상적이라고 한다.
  표현 정상적인 가정/방법/상황/상태

연습 문제

1 가족이나 친구에 대해서 이야기하고 있습니다. 빈칸에 알맞은 단어를 쓰십시오.

뛰어나다	새롭다	커다랗다

1. 나는 가지고 다니는 물건이 많아서 작은 가방보다 _____ (으)ㄴ 가방을 좋아한다. 가방에 휴대 전화와 책과 노트와 여러 가지 물건을 모두 넣어서 다닌다.

2. 마갈리 씨는 한국어 실력이 _____ 아/어서 학교를 졸업하고 바로 한국의 유명한 컴퓨터 회사에 취직했다.

3. 우리 어머니와 아버지는 영화를 좋아해서 한 달에 3~4번 정도 영화관에 가세요. _____ (으)ㄴ 영화가 나오면 일주일이 되기 전에 영화를 보러 가세요.

2 물건에 대해서 이야기하고 있습니다. 빈칸에 알맞은 단어를 쓰십시오.

동일하다	지저분하다	탁하다

1. 내가 사는 하숙방은 지하에 있어서 공기가 _____ ㄴ다/는다/다. 그래서 공기를 깨끗하게 만들어 주는 나무를 샀다.

2. 빨래할 옷을 침대나 의자 위에 두면 방이 _____ (으)니까 한 곳에 모아서 빨려고 바구니를 샀다.

3. 이번 여름 방학 때 여행을 가려고 여행 가방을 샀다. 인터넷으로 샀는데 백화점에서 본 것과 _____ (으)ㄴ 건데 7만 원 더 싸게 샀다.

3 알맞은 단어를 고르십시오.

1. 최근 인구 문제는 한국에서 매우 (굉장하다 / 심각하다). 출산율이 점점 떨어지고 있어서 2013년에는 1.19명이었다.

2. 5살이 된 조카는 자주 (색다른 / 엉뚱한) 질문을 많이 하는데 알맞은 대답을 하기가 어려울 때가 많다.

3. 한국 라면 '도시락'은 값이 싸고 맵지 않아서 러시아에서 인기가 (대단하다 / 위대하다)고 한다.

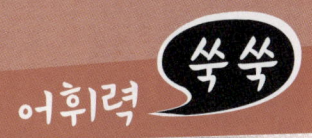

일 **정** 하 다	결**정**	decision / 決定 / 決定
정(定) : 정하다	인**정**받다	recognized / 得到承认 / 認められる
set 定 定める	**정**하다	decide / 定 / 定める
	예**정** DAY55	schedule / 预定 / 予定

✎ MEMO

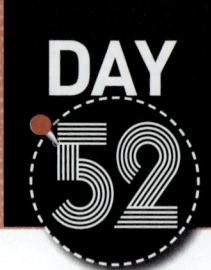

DAY 52 문제와 해결/부탁과 거절

아는 단어에 ○표 하세요.

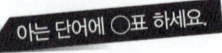

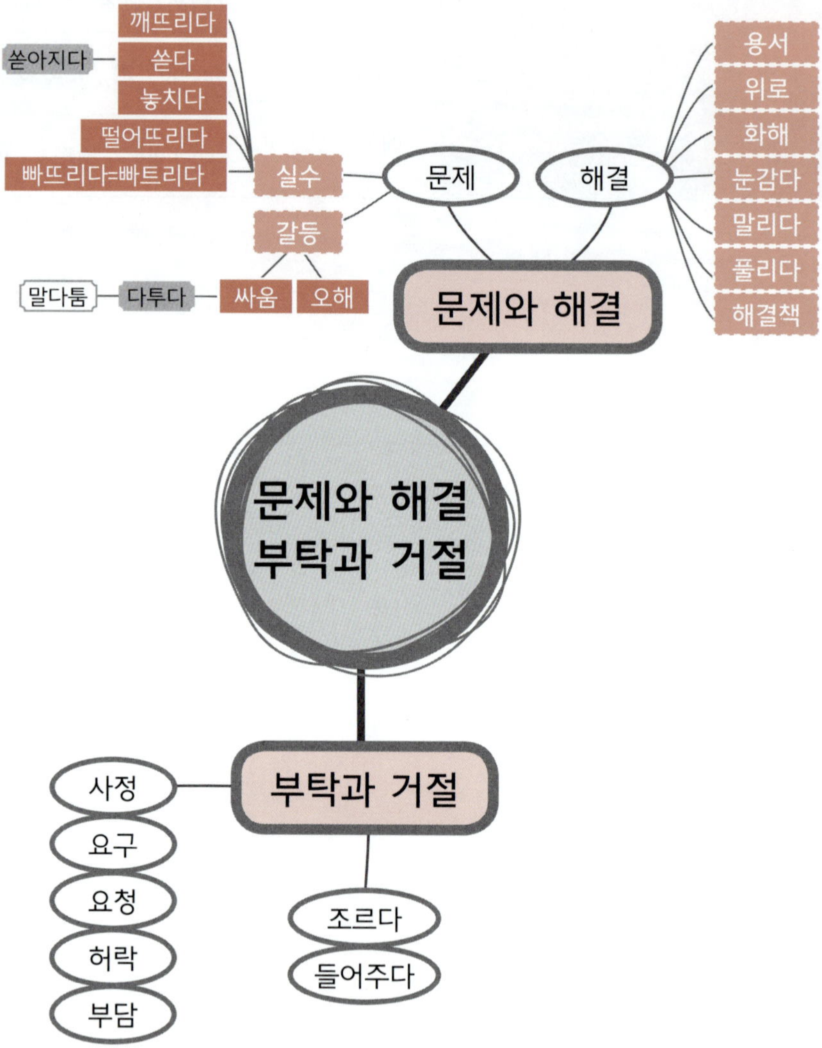

문제와 해결
부탁과 거절
문제와 해결
문제
해결
실수
깨뜨리다
쏟다
쏟아지다
놓치다
떨어뜨리다
빠뜨리다=빠트리다
갈등
싸움
오해
다투다
말다툼
용서
위로
화해
눈감다
말리다
풀리다
해결책
부탁과 거절
사정
요구
요청
허락
부담
조르다
들어주다

문제와 해결

해결
solution
解決
解決

- 가: 요즘 한국에서는 결혼한 부부가 아이를 안 낳아서 문제가 심각하다고 들었어요.
  나: 네, 출산 문제를 **해결**하려고 아이를 많이 낳으면 나라에서 아이를 키울 때 필요한 돈을 어느 정도 주고 있어요.
- (쇼핑몰 광고) 저희 쇼핑몰에서는 쇼핑과 식사를 모두 **해결**할 수 있어서 편리하게 쇼핑하실 수 있습니다.

표현 해결 방법, 해결을 보다/짓다

갈등
conflict
纠葛
葛藤

- 가: 일본에서도 시어머니와 며느리 사이에 **갈등**이 있어요?
  나: 그럼요. 있지요. 그런 문제는 아마 모든 나라에 있지 않을까요?
- 부부 사이에 **갈등**이 생겼을 때는 서로 대화로 풀려고 노력해야 한다.

표현 갈등을 풀다/해결하다

눈감다
close one's eyes
放一马, 死
目をつぶる

- 가: 아이들이 잘못했을 때 그냥 **눈감아** 줘야 하는지 아니면 엄격하게 이야기해야 하는지 잘 모르겠어요. 어떻게 하는 게 교육을 잘 시키는 건지 어려워요.
  나: 어떤 잘못인지 살펴보고 결정해야 되지 않을까요?
- 할아버지께서 **눈감으실** 때 나에게 하신 말씀이 아직도 내 마음에 있다.

다투다
quarrel
争吵
争う

- 가: 오늘 후미 씨랑 왜 말 안 해요? 무슨 일 있었어요?
  나: 네, 어제 카페에서 발표 준비하는데 서로 생각이 달라서 이야기할 때 좀 **다퉜어요**.
- 어릴 때는 서로 더 많이 먹겠다고 언니와 자주 **다퉜는데** 지금 생각하면 웃음이 난다.

말다툼
quarrel
吵架
言い合い

- 가: 나미야, 옷 환불했어?
  나: 환불은 했는데 처음에 주인이 환불을 안 해 준다고 해서 **말다툼**을 했어.
- 여자 친구가 나와 **말다툼** 중에 전화를 그냥 끊어서 기분이 나쁘다.

표현 말다툼이 생기다, 말다툼 끝에

말리다
stop
劝
分ける

- 가: 여보, 무슨 쇼핑을 이렇게 많이 했어요?
  나: 내가 산 게 아니라 어머니가 사 주셨어요. 안 사 주셔도 된다고 내가 계속 **말렸는데** 생일 선물이라고 하시면서 사 주셨어요.
- 술을 한 잔 더 하고 들어가자고 하는 친구를 **말려서** 집으로 보냈다.

싸움
fight
打架
争い

- 가: 요즘 우리 아들이 친구들이랑 자주 **싸움**을 하고 들어와서 걱정이에요.
  나: 자라면서 남자 아이들은 그럴 때가 있다고 들었어요. 조금 더 지켜보세요.
- 어제 술집에서 남자들이 술을 마시는 중간에 큰 **싸움**이 나서 경찰까지 왔다.

표현 싸움 구경, 싸움이 나다/붙다, 싸움에서 이기다, 싸움을 걸다/말리다

오해
misunderstanding
误会
誤解

- 가: 그 사람이 나한테 연락을 자주 해서 나를 좋아한다고 생각했는데 아니었어.
  나: 그랬구나. 내가 너였어도 좋아한다고 **오해**했을 것 같아.
- 내 차가운 말투 때문에 **오해**가 자주 생겨서 말투를 고치려고 노력 중이다.

표현 오해가 생기다/풀리다, 오해를 받다/사다/풀다

깨뜨리다 break 打破, 取消 破る	• 가: 방학이니까 다음 주 토요일에 인천에 있는 '차이나타운'으로 놀러 갈까? 　나: 토요일에는 **깨뜨리기** 힘든 약속이 있어. 그 다음 주에 가자. • 한국에서는 옛날부터 거울을 **깨뜨리면** 안 좋은 일이 생긴다고 생각한다.
쏟다 spill 倒, 流 注ぐ(つぐ)	• 가: 크리스틴, 휴지 있어요? 커피를 들고 너무 빨리 걸어서 옷에 **쏟았어요**. 　나: 어머, 괜찮아요? 그런데 많이 **쏟아서** 화장실에 가서 옷을 빠는 게 나을 것 같아요. • 헤어지자고 하는 나의 말에 여자 친구가 눈물을 **쏟았다**. 　**표현** 눈물/물/정성/힘을 쏟다
쏟아지다 pour 傾洒 注ぐ(そそぐ)	• 가: 댄 씨, 어서 오세요. 비가 많이 와서 여기까지 오는데 고생했죠? 　나: 아니에요. 비가 갑자기 **쏟아져서** 차가 좀 막혔어요. 늦어서 미안해요. • 영화관에서 음료수를 사서 들고 오는데 다른 사람이 나를 쳐서 음료수가 다 **쏟아졌다**. 　**표현** 눈/물/땀/비가 쏟아지다
놓치다 miss 失掉 逃がす	• 가: 고기 좀 잡았어? 낚시가 처음이라서 좀 어렵지? 　나: 응, 아까 한 마리 잡았는데 낚시 줄을 올릴 때 **놓쳤어**. • 어릴 때 놀이공원에서 엄마 손을 **놓쳐서** 길을 잃고 혼자 운 적이 있다.
떨어뜨리다 drop 掉 落とす	• 가: 핸드폰을 산 지 일주일밖에 안 됐는데 **떨어뜨려서** 깨졌어. 　나: 정말? 너무 속상하겠다. • 공원에서 지갑이 없어졌는데 어디에 **떨어뜨렸는지** 모르겠다.
빠뜨리다 =빠트리다 drop, throw into 把…沉入 陥れる, 落とす	• 가: 핸드폰이 왜 고장 났어요? 　나: 바지 주머니에 핸드폰을 넣었는데 화장실에서 물에 **빠뜨렸어요**. • 여름에 물놀이를 가면 친구들이 서로를 바다에 **빠트리면서** 논다.
용서 forgiveness 原谅 許し	• 가: 오늘 교회에서 들었는데 자신의 아들이 다른 사람 때문에 죽었는데, 그 사람을 **용서**하고 자신의 아들처럼 키운 분이 있었다고 해요. 승원 씨는 그렇게 할 수 있을 것 같아요? 　나: 아, 그건 정말 어려운 일인데 대단한 분이네요. 저는 못할 것 같아요. • 고등학교 때 부모님께 말도 안 하고 일주일 동안 집에 안 들어간 적이 있었는데 다시 집에 갔을 때 부모님께서 **용서**해 주셨다. 　**표현** 용서를 구하다/바라다/빌다

위로 consolation 抚慰 慰劳	• 가: 어머님께서 돌아가셔서 마음이 많이 힘드시죠? 뭐라고 위로를 해 드려야 할지 모르겠습니다. 나: 감사합니다. 이제 어머니를 볼 수 없어서 슬프지만 나중에 하늘에서 같이 만날 날 을 기다려야죠. • 사업을 하면서 힘든 일이 많이 있었지만 그때마다 아내가 위로의 말을 많이 해 줘서 다시 힘을 낼 수 있었다. 표현 위로를 듣다/받다, 위로가 되다
풀리다 come untied 被消除，被解开 解ける	• 가: 어제는 전화를 계속 안 받아서 많이 걱정했어. 이제 화가 좀 풀렸어? 나: 응, 옌샹 씨, 어제 내가 화내서 미안해. 어제는 옌샹 씨가 여자 친구인 나보다 친 구를 먼저 생각하는 것 같아서 서운했어. • 어제 학교에서 달리기를 하는데 신발 끈이 풀려서 넘어졌다. 표현 문제/신발 끈/오해/화/허리띠가 풀리다
해결책 solution 对策 解決策	• 가: 친한 친구가 저한테 화가 나서 제가 전화해도 안 받아요. 어떻게 하는 게 좋을까 요? 나: 아무것도 안 하고 기다리는 것도 하나의 해결책이 될 수 있어요. • 세계 기후 문제의 해결책을 마련하려고 서울에 여러 나라의 대표들이 모였다. 표현 해결책을 마련하다/찾다, 해결책이 간단하다
화해 reconsilliation 和解 和解	• 가: 지난번에 오마르랑 싸웠다고 했지? 화해는 했어? 나: 응, 오마르 마음이 금방 풀려서 서로 미안하다고 이야기하고 화해했어. • '아이폰'을 만든 스티브 잡스는 사이가 안 좋은 자신의 딸과 화해한 후부터 좋은 제품 을 많이 만들기 시작했다고 한다. 표현 화해를 시키다

문제와 해결/부탁과 거절 **부탁과 거절**

사정 reason 原因 事情	• 가: 유미 씨가 갑자기 회사를 그만뒀다고 들었어요. 무슨 일이에요? 나: 저도 잘 모르는데 집에 무슨 사정이 있다고 들었어요. • 내가 대학교에 들어갈 때 우리 집의 사정이 안 좋아져서 내가 스스로 학비를 벌어 야 했다. 표현 사정이 급하다/어렵다/있다, 사정을 모르다/묻다/알아보다
들어주다 grant 听一听，接受 聞き入れる	• 가: 웬팅 씨, 제 부탁 하나만 들어주실 수 있어요? 나: 네, 제가 할 수 있는 일이면 들어줄게요. • 우리 남편은 내가 부탁하는 것은 무엇이나 항상 들어줘서 참 고맙다.
부담 burden 负担 負担	• 가: 친한 친구가 100만 원을 빌려 달라고 해서 좀 부담이 돼요. 나: 그럼 친구한테 솔직하게 이야기하고 빌려줄 수 있는 금액만 빌려 주세요. • 영어 학원에서 듣고 싶은 수업이 한 달에 20만 원이어서 너무 부담된다. 표현 부담을 가지다/느끼다/주다, 부담이 가다/따르다/줄다/커지다

요구
request
要求
要求
	• 가: 우리 아이는 6살인데 밥 먹을 때 **요구**가 너무 많아서 힘들어요. 아키호 씨 아이
	  도 그래요?
	• 나: 네, 우리 아이도 바쁜 아침 시간에 생선을 달라거나 떡볶이를 달라고 하는 **요구**
	  를 해서 힘들 때가 많아요.
	• 영국 회사에서 우리 회사의 **요구**를 다 들어준다고 해서 사업을 같이 하기로 했다.
	  표현 요구 조건, 요구가 크다, 요구를 들어주다/자르다

요청
request
邀请
要請
	• 가: 여보세요? 302호죠? 옆집에서 좀 조용히 해 달라고 하는 **요청**이 들어와서 전화
	  드렸습니다.
	• 나: 아, 그래요? 지금 저희 아이의 생일 파티를 하고 있어서요. 죄송합니다.
	• 영화 팬들의 **요청**으로 40년 전에 만들어진 영화인 '미워도 다시 한 번'을 2월 한 달 동
	  안 영화관에서 다시 감상할 수 있다.
	  표현 요청을 받다

조르다 pester 纠缠 せがむ	• 가: 저 가방 마음에 드는데 내 용돈으로 사려고 하니까 좀 부담돼. 생일 때 언니한테 사 달라고 할까? • 나: 그래, 언니가 이번에 좋은 회사에 취직했으니까 사 주시지 않을까? 한번 **졸라** 봐. • 나는 어렸을 때 인형만 보면 사 달라고 **졸랐다**.
허락 permission 允许 許諾	• 가: 지우야, 나 동운 씨하고 결혼하기로 했어. • 나: 와, 정말 축하해! 이제 부모님 **허락**만 받으면 되겠네. • 부모님이 친구들과 배낭여행을 가도 된다고 **허락**해 주셔서 너무 기쁘다. 표현 허락을 구하다/받다/얻다

연습 문제

1 다음은 소피아 씨가 좋아하는 유명한 사람들의 말입니다. 빈칸에 알맞은 단어를 쓰십시오.

| 갈등 | 용서 | 위로 | 해결책 |

1. 서로의 잘못을 _____ 하는 것이 가장 아름다운 사랑의 모습이다.

2. 진짜 친구는 친구가 화났을 때는 기다리고, 슬퍼하고 있을 때는 _____ 해 주는 사람이다.

3. 우리 자신이 모든 문제의 원인이면서 동시에 문제를 풀 수 있는 _____ (이)다.

4. 아무 고민과 _____ 이/가 없는 삶이 무슨 의미가 있을까?

2 알맞은 단어를 고르십시오.

1. 줄리안은 내가 자기를 싫어한다고 (오해하고 / 싸움하고) 있는 것 같다.

2. 우산이 없는데 갑자기 비가 (쏟아서 / 쏟아져서) 옷이 다 젖었다.

3. 타카요시가 나에게 사과를 여러 번 했지만 아직 마음이 (말리지 / 풀리지) 않는다.

4. 시어머니가 아끼시는 그릇을 (깨뜨렸는데 / 빠뜨렸는데) 아직 말을 못 하고 있다.

3 빈칸에 알맞은 단어를 쓰십시오.

| 눈감다 | 다투다 | 조르다 |

1. 가: 우리 아이는 장난감만 보면 사 달라고 _____ 아/어서 같이 마트에 가면 힘들어요.
   나: 아이들이 다 그렇죠. 그래서 저는 마트에 아이를 안 데리고 가요.

2. 가: 여보세요? 준호야, 조금 전에 할아버지께서 _____ (으)셨다.
   나: 아, 마지막 인사도 못 했는데… 지금 바로 병원으로 갈게요.

3. 가: 승원 씨는 성격이 좋아서 부부 싸움도 잘 안 할 것 같아요. 아내하고 싸울 때 있어요?
   나: 그럼요, 저는 보통 집안일로 아내하고 자주 _____ 아/어요.

해 결	이해하다	understand / 理解 / 理解する
해(解) : 풀다, 해결하다 solve 解 解く	해소 DAY15	relieve / 消除 / 解消
	화해 DAY52	reconciliation / 和好 / 和解

요 구	중요하다	important / 重要 / 重要だ
요(要) : 중요하다, 필요하다 be important, be necessary 要 重要だ、必要だ	필요하다	needed / 必要 / 必要だ
	요약 DAY72	summary / 摘要 / 要約
	요청 DAY52	request / 请求 / 要請

 MEMO

DAY
53
설득과 주장/칭찬과 벌

아는 단어에 ◯표 하세요.

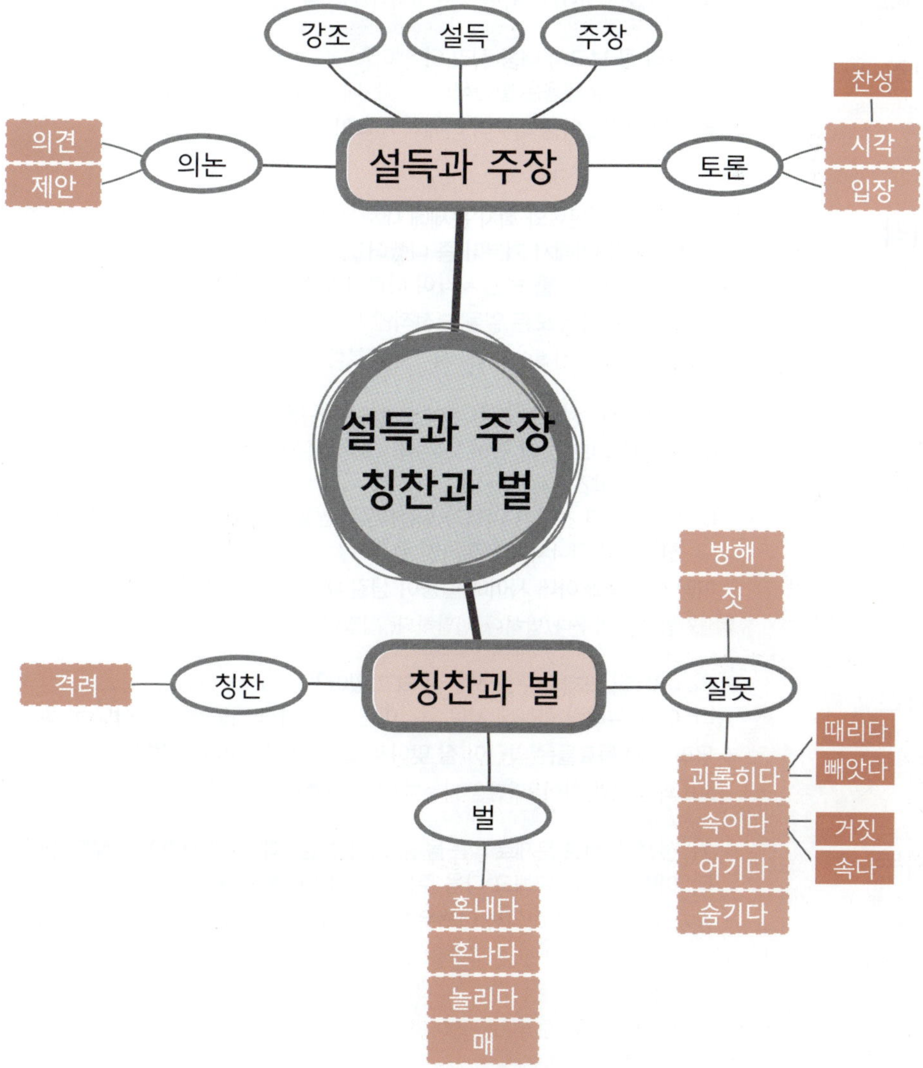

강조　설득　주장

의견
제안 — 의논 — **설득과 주장** — 토론
찬성
시각
입장

**설득과 주장
칭찬과 벌**

방해
짓

격려 — 칭찬 — **칭찬과 벌** — 잘못

때리다
빼앗다

괴롭히다
속이다 — 거짓
어기다 — 속다
숨기다

벌

혼내다
혼나다
놀리다
매

설득과 주장

설득
persuade
说服
説得

- 가: 남자 친구와 결혼하고 싶은데 부모님이 반대하세요.
  나: 그래서 어떻게 할 거예요? 부모님을 <u>설득</u>할 수 있겠어요?
- 아내와 말다툼을 할 때 아내가 말을 잘해서 항상 내가 <u>설득</u>을 당한다.
  표현 설득을 당하다

주장
argument
主张
主張

- 가: 회의할 때 과장님의 <u>주장</u>이 너무 강하시니까 내 생각을 말하기가 힘들어요.
  나: 네, 저도 그래요. 과장님이시니까 반대하기 어려워서 곤란해요.
- 나는 <u>주장</u>이 강한 사람들과 같이 일하는 것이 쉽지 않다.
  표현 주장을 세우다/펴다, 주장이 강하다/나오다/맞다

강조
emphasis
强调
強調

- 가: 우리 팀 보고서 내용 정리 다 했어?
  나: 응, <u>강조</u>할 내용은 빨간색으로 썼는데 괜찮은지 확인해 줘.
- 우리 어머니는 어릴 때부터 나에게 저축이 중요하다고 <u>강조</u>하셨다.

시각
view
视角
視覚

- 가: 어제 회사 동료와 회사 문제에 대해서 이야기하는데 그 친구가 제 생각이 잘못됐
  다고 이야기해서 기분이 좀 나빴어요.
  나: 사람마다 문제를 보는 <u>시각</u>이 다르니까 람스키 씨가 이해하세요.
- 오마르 씨는 거의 모든 일을 부정적인 <u>시각</u>으로 본다.
  표현 긍정적인/부정적인 시각, 시각이 다르다

입장
position
立场
入場

- 가: 어제 여자 친구의 친한 친구를 같이 만났는데 내가 그 친구한테 친절하게 대하
  고 이야기도 많이 했어. 그런데 그것 때문에 여자 친구가 화가 났어. 이게 화가
  날 일이야?
  나: 난 네 여자 친구가 이해가 되는데? <u>입장</u>을 바꿔서 생각해 봐. 네 여자 친구가 네
  친구한테 지나치게 친절하면 좋겠어?
- 가끔 어머니와 아내 사이에 갈등이 생길 때 내 <u>입장</u>이 매우 곤란하다.
  표현 입장을 바꾸다/밝히다/전달하다, 입장이 곤란하다/바뀌다

의견
opinion
意见
意見

- 가: 이번 팀 과제 누구랑 해? 잘 되고 있어?
  나: 아니. 유미랑 하는데 서로 <u>의견</u>이 안 맞아서 과제를 아직 시작도 못 하고 있어.
- 우리 부서 동료들은 <u>의견</u>이 잘 맞아서 같이 일하는 것이 즐겁다.
  표현 의견 교환/차이, 의견을 나누다/듣다/맞추다, 의견이 맞다/바뀌다

의논
discuss
商量
議論

- 가: 선생님, 진로 문제로 <u>의논</u>을 좀 드리고 싶은데 언제 시간이 괜찮으세요?
  나: 이번 주는 좀 바쁘고 다음 주는 아무 때나 괜찮아요.
- 혼자 외국 생활을 하니까 어려운 일이 있을 때 <u>의논</u>할 사람이 없어서 답답하다.

제안 suggestion 提案 提案	• 가: 대학교 동창한테 같이 사업을 하자고 하는 제안을 받았는데 아직 어떻게 할지 모르겠어요. 　나: 많이 생각해 보고 결정하세요. 같이 사업하는 게 쉬운 일은 아니라고 들었어요. • 우리 자전거 동호회의 다음 여행지는 제주도로 하자는 제안이 나왔다. 　표현 제안을 내다/받다
찬성 🔄 반대 agreement 贊同 賛成	• 가: 요즘 유럽에서는 남자와 여자가 함께 사용하는 화장실이 생기고 있다고 하는데요. 저는 남자와 여자가 같은 화장실을 쓰는 것을 반대합니다. 　나: 네, 저도 그 생각에 찬성합니다. • 오늘 반 대표를 뽑았는데 우리 반 친구들의 100% 찬성으로 효성 씨가 반 대표가 되었다. 　표현 찬성을 얻다
토론 discussion 讨论 討論	• 가: 나는 토론 시간에 내 주장을 잘 말하는 게 쉽지 않아요. 　나: 그럼 주장을 말하기 전에 의견을 정리한 후에 이야기해 보세요. • 토론할 때 자기주장을 너무 강하게 이야기하면 말다툼이 될 수 있다. 　표현 토론에 들어가다

설득과 주장/칭찬과 벌　칭찬과 벌

벌 🔄 상 punishment 罚 罰	• 가: 준호야, 오늘 왜 집에 늦게 왔어? 학교가 늦게 끝났어? 　나: 아니요, 수업 시간에 친구랑 싸워서 벌로 화장실 청소를 해서 늦었어요. • 나는 아이들이 말을 안 들을 때 벽을 보고 손을 들고 있는 벌을 준다. 　표현 벌을 내리다/받다/주다
거짓 🔄 진실 lie 假 嘘	• 가: 요즘 사람들한테 전화해서 은행이라고 거짓으로 말하고 돈을 입금하라는 전화가 많다고 해요. 　나: 네, 저도 들었어요. 그래서 저는 모르는 번호로 전화가 오면 받지 않아요. • 교통사고가 나서 약속 장소에 못 왔다고 한 친구의 말은 거짓이었다. 　표현 거짓을 꾸미다/섞다, 거짓으로 꾸미다/포장하다
격려 encouragement 鼓励 激励	• 가: 김윤아 선수는 훈련 때문에 가족들과 떨어져서 혼자 외국 생활을 많이 하니까 힘드시지요? 　나: 힘들 때도 있지만 한국에서 많은 분들이 응원해 주시고 격려해 주시니까 힘이 납니다. • 군인 생활을 할 때 가족과 친구들에게 받는 격려 편지가 많은 힘이 되었다. 　표현 격려 방문/전화/편지, 격려를 보내다, 격려의 말/박수
괴롭히다 harass, persecute 欺负 苦める, 悩ます	• 가: 주위에 내 동생한테 소개해 줄 괜찮은 사람 있어? 내 동생이 여자 대학교를 다니는데 소개팅을 해 달라고 매일 나를 괴롭혀 　나: 우리 학과에 괜찮은 후배들이 몇 명 있는데 소개해 줄까? • 여름만 되면 밤마다 모기가 나를 괴롭혀서 잠을 잘 수가 없다.

놀리다 tease 捉弄 揶揄う	• 가: 엄마, 친구들이 저한테 축구를 못 한다고 **놀려요**. 　나: 그랬어? 속상했겠네. 사람마다 잘하는 게 다르니까 좀 못해도 괜찮아. • 어릴 때 옆집 남자 아이가 나를 매일 **놀렸는데** 사실은 내가 좋아서 그랬다고 나중에 얘기했다.
때리다 🔁 맞다 hit 打 打つ	• 가: 우리 아이가 집에서 키우는 강아지를 **때려서** 걱정이에요. 　나: 그래요? 아직 어리니까 동물을 **때리는** 게 나쁜지 몰라서 그럴 수도 있고 아니면 관심을 더 받고 싶어서 하는 행동 아닐까요? • 우리 언니는 아이를 **때릴** 때 마음이 많이 아프지만 아이를 교육시키려면 어쩔 수 없다고 한다.
매 rod 鞭打 鞭	• 가: 어릴 때 부모님한테 **매** 맞은 적 있어요? 　나: 저는 어릴 때 어머니 모르게 어머니 지갑에서 돈을 꺼내서 쓴 적이 있었는데 그때 처음 맞았어요. • 아이를 키울 때 때리지 말라고 하는 사람도 있지만 아이가 잘못했을 때 **매**를 안 드는 일은 어려운 것 같다. **표현** 매를 견디다/들다/맞다
방해 disturbance 阻碍 妨害	• 가: 여러분, 지금 다른 학생들이 시험 중인데 복도에서 떠들면 **방해**가 되니까 아래로 내려가세요. 　나: 아, 죄송합니다, 선생님. 알겠습니다. • 나는 일할 때 **방해** 받지 않으려고 핸드폰을 끄고 일한다. **표현** 방해를 놓다/받다
빼앗다 rob, take 抢 奪う	• 가: 준호 왜 울어? 형이랑 또 싸웠어? 　나: 엄마, 형이 내 자동차 장난감을 **빼앗아** 갔어요. • 한국 드라마에는 친구의 애인을 **빼앗으려고** 하는 여자가 자주 나온다.
속다 be deceived 被骗 騙される	• 가: 남편이 결혼 전에는 자신과 결혼만 해 주면 집안일도 다 해 준다고 했는데 결혼하니까 별로 안 도와줘요. **속은** 기분이에요. 　나: 하하, 우리 남편도 결혼 전에 비슷한 말 했어요. 사랑하니까 **속아** 줘야죠. • 나는 다른 사람들이 하는 말을 쉽게 믿어서 친구들의 농담에 자주 **속는다**.
속이다 🔁 거짓말하다 deceive 骗 騙す	• 가: 한국에서 인기 있는 프로그램 중에 '몰래카메라'라고 하는 걸 들었는데 그게 뭐예요? 　나: 재미있는 상황을 만들고 사람들을 **속이는** 것인데 사람들이 속는 모습을 보면 정말 웃겨요. • '피는 못 **속인다**'는 말처럼 우리 딸은 남편을 닮아서 춤을 잘 춘다.
숨기다 hide 隐藏 包む	• 가: '로마의 휴일'? 이거 옛날 영화지? 무슨 내용이야? 　나: 여자 주인공이 공주인데 그 사실을 **숨기고** 평범한 남자와 사랑하는 내용이야. • 나는 어릴 때 많이 아파서 다른 사람보다 학교에 1년 늦게 입학했는데 나이가 많다고 말하는 게 창피해서 내 진짜 나이를 **숨기고** 다녔다.

어기다	• 가: 약속 시간이 벌써 30분 지났는데 지우 언니가 안 오네.
비 깨뜨리다	나: 약속을 **어기는** 사람이 아닌데 무슨 일이 생긴 게 아닐까?
반 지키다	• 가수 백주영 씨는 가수가 되고 싶어서 고향에서 취직하라는 부모님의 말씀을 **어기고**
violate, break	고등학교 졸업 후 바로 서울로 왔다.
违反	**표현** 규칙/법/약속을 어기다
破る	

짓	• 가: 요즘 7살 된 우리 아이가 미운 **짓**만 골라서 해요.
act	나: 그때는 엄마 말 잘 안 들을 때지요. 그런데 조금 지나면 괜찮아져요.
行为	• 다른 사람의 물건을 빼앗는 것은 나쁜 **짓**이라고 부모님이 항상 말씀하셨다.
仕業	**표현** 나쁜 짓

혼나다	• 가: 나미야, 오늘 기분이 안 좋아? 왜 말을 안 해?
get a scolding	나: 오늘 아침에 엄마한테 심하게 짜증을 내서 **혼났어**.
被批评	• 어릴 때 아버지께 거짓말을 했을 때 가장 크게 **혼났다**.
叱られる	

혼내다	• 가: 나는 기억이 안 나는데 어릴 때 엄마가 동생을 **혼내시면** 내가 울었다고 해.
scold	나: 하하, 귀엽네. 너는 어릴 때부터 눈물이 많았구나.
批评	• 우리 할아버지는 내가 어렸을 때 부모님보다 먼저 밥을 먹으면 **혼내셨다**.
叱る	

어휘력 쑥쑥

의 견	의미	meaning / 意思 / 意味
의(意) : 의미, 생각	의욕 DAY49	desire / 意欲 / 意欲
meaning	의지 DAY49	will / 意志 / 意志
意 意	주의 DAY47	warning / 注意 / 注意

1 다음은 남녀 100명에게 〈애인이나 배우자가 싫어질 때〉를 조사한 내용입니다. 빈칸에 알맞은 단어를 쓰십시오.

거짓	격려	숨기다	어기다

1위. 나한테 한 말이 _____ 이었을/였을 때

2위. 내가 궁금해서 물어보는데 다 이야기 안 하고 무엇을 _____ (으)ㄴ/는 것 처럼 느껴질 때

3위. 나와 한 약속을 자주 _____ (으)ㄹ 때

4위. 내가 어떤 일을 잘 못하거나 실수했는데 _____ 을/를 안 해 줄 때

2 알맞은 단어를 고르십시오.

1. 나는 그 친구에게 새로운 회사를 같이 만들자고 (제안 / 주장)했다.

2. 내 조카는 내가 책을 읽으려고 하면 같이 놀자고 하면서 옆에 와서 (방해 / 짓)을/를 한다.

3. 대학교 때 엄마에게 학교 도서관에서 공부한다고 (속이고 / 속고) 친구와 놀러 간 적이 있다.

3 빈칸에 알맞은 단어를 쓰십시오.

매	벌	시각	의논	토론

1. 나는 혼자 결정하기 어려운 문제가 있으면 언니와 자주 _____ 을/를 한다.

2. 고등학생인 아들이 학교에 안 가고 친구들과 PC방에 가서 _____ 을/를 들었다.

3. 요즘에는 결혼을 안 하는 것을 부정적인 _____ (으)로 보는 사람들이 거의 없다.

4. 오늘 수업 시간에 한 _____ 의 주제는 '국제결혼'이었다.

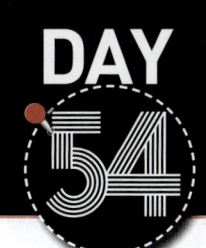

DAY 54 시간1

아는 단어에 ○표 하세요.

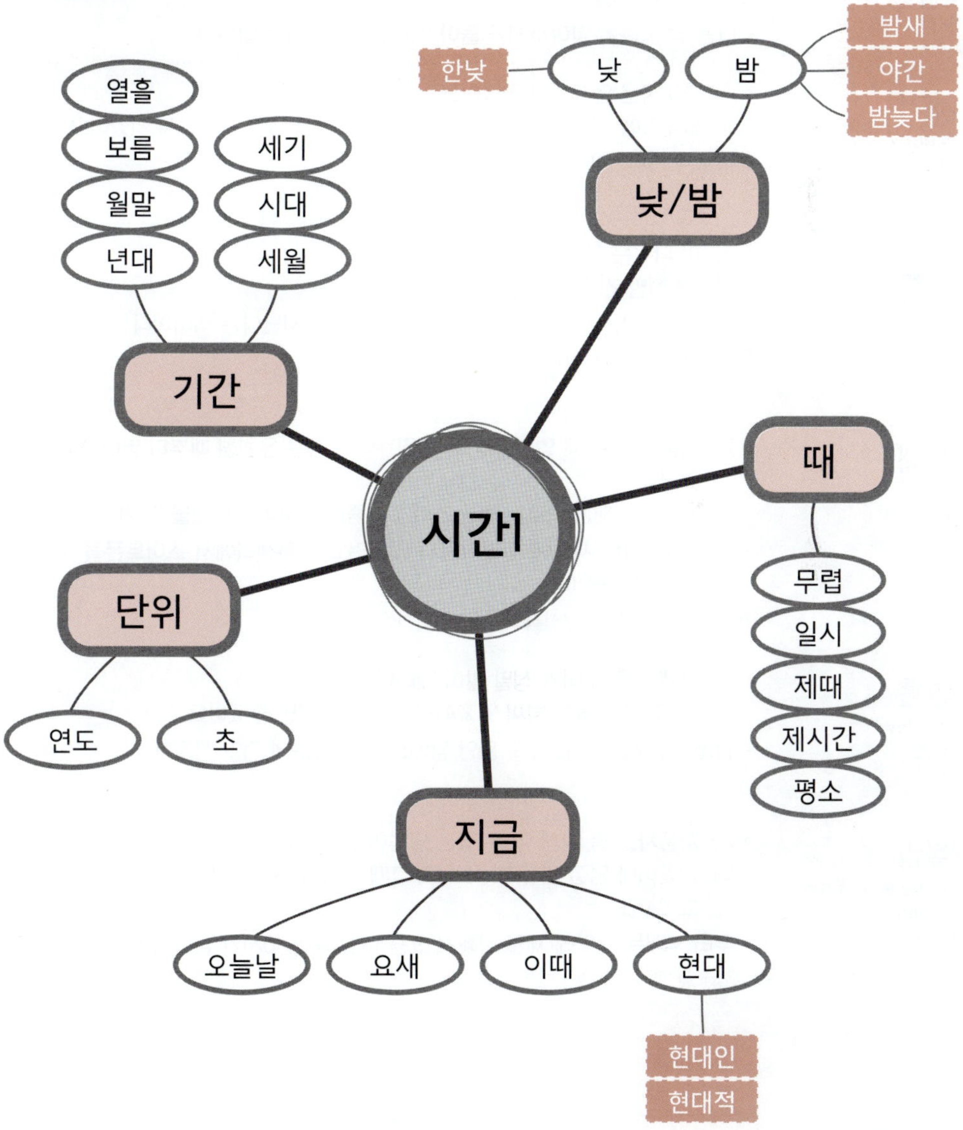

시간1
기간
열흘
보름
월말
년대
세기
시대
세월
낮/밤
한낮
낮
밤
밤새
야간
밤늦다
때
무렵
일시
제때
제시간
평소
단위
연도
초
지금
오늘날
요새
이때
현대
현대인
현대적

년대
era, years
年代
年代

- 가: 이건 1950~60**년대** 서울의 사진들이에요.
  나: 정말요? 서울이 짧은 기간 동안 정말 많이 바뀌었군요!
- 나는 오후 4시에서 6시까지 1990**년대**에 유행한 노래들을 틀어 주는 라디오 프로그램을 자주 듣는다.

보름
fifteen days
十五天, 十五日
半月,15日

- 가: 신발이나 옷을 인터넷으로 외국에 있는 회사에 직접 주문하면 받을 때까지 얼마나 걸려요?
  나: 저는 시계를 산 적이 있는데 **보름** 정도 걸렸어요.
- 다음 달 **보름**은 할아버지가 돌아가신 지 1년이 되는 날이다.

세기
century
世紀
世紀

- 가: 경복궁은 언제부터 있었어요?
  나: 14**세기**에 처음 지었는데 16**세기**에 불에 타서 19**세기**에 다시 지었어요.
- 한글은 15**세기**에 만들어졌다.

세월
비 시간
time
岁月
年月

- 가: 이 나무는 300년이 넘었다고 해요.
  나: 와! 정말 긴 **세월**을 살았군요!
- '**세월**이 흐르는 물과 같다'는 말은 **세월**이 빨리 지난다는 의미이다.

  표현 세월이 가다/걸리다/빠르다/지나다/흐르다

시대
era
時代
時代

- 가: 저는 중학교 때 영어를 처음 배웠는데 요즘은 유치원 때부터 영어를 배운다고 들었어요.
  나: 지금은 **시대**가 다르니까요. 그리고 요즘은 중국어도 어렸을 때부터 배운다고 해요.
- 우리 할머니는 **시대**에 뒤떨어지지 않으려고 문화센터에서 스마트폰을 사용하는 방법을 배우고 계신다.

  표현 시대가 변하다/시작되다/요구하다/지나다

열흘
ten days
十天
十日

- 가: 올해 여름에 비가 정말 많이 내리네요.
  나: 비 온 지 오늘이 벌써 **열흘**째인데 빨리 그치면 좋겠어요.
- 담배를 끊기로 하고 **열흘** 동안 담배를 안 피웠는데 정말 힘들다.

월말
at the end of the month
月底
月末

- 가: 자동차를 좀 싸게 살 수 있는 방법이 없을까요?
  나: **월말**이나 명절 연휴 때 사세요. 그때가 자동차를 제일 싸게 살 수 있는 때라고 알고 있어요.
- 우리 부서는 **월말**에 제일 바빠서 요즘 며칠 동안 10시가 넘어서 퇴근하고 있다.

밤늦다
late at night
夜深
夜遅い

- 가: 이 옷 모레 입어야 하는데 아직 안 빨았네. 지금 빨아야겠어.
  나: 지금 9시야. 이렇게 **밤늦은** 시간에 세탁기를 사용하면 시끄러우니까 내일 하는 게 좋을 것 같은데.
- 시험이 끝나면 기숙사 친구들과 방에서 **밤늦게**까지 영화를 보면서 맥주를 마시기로 했다.

밤새
all night
通宵
一晩

- 가: 민수 씨가 오늘 회사에 안 왔네요. 무슨 일이 있는 것 같아요.
  나: **밤새** 열이 나서 잠을 잘 못 자고 오늘 아침에 병원에 갔다고 전화가 왔어요.
- **밤새** 눈이 많이 내려서 동네 아이들이 신나게 눈사람을 만들고 있다.

야간
at night
夜間
夜間

- 가: 놀이공원 입장료가 1만 2,000원이에요? 지난번에 갔을 때는 2만 원이었는데.
  나: 5시부터는 **야간** 입장이라서 입장료를 할인 받을 수 있어요.
- 대학교 때 치킨 가게에서 **야간** 배달 아르바이트를 한 적이 있다.

  표현 야간 고등학교/대학원/등산/반

한낮
noon
中午
真昼

- 가: 이사 간 집은 어때?
  나: 괜찮은데 지하라서 **한낮**에도 방이 좀 어두워.
- 우리 집 앞에 있는 공원에는 나무가 많아서 여름에 **한낮**에도 시원하다.

무렵
(비) 정도, 쯤
towards
時
頃

- 가: 언제부터 영화를 공부하고 싶었어요?
  나: 14살 **무렵**인 것 같아요. 그때 영화관에서 본 영화에 아주 감동을 받아서 나도 저런 영화를 만들고 싶다고 생각했어요.
- 내가 대학교를 졸업할 **무렵** 우리 학과 교수님의 추천으로 박물관에서 일하기 시작했다.

일시
date and time
日子和時間
日時

- 가: 어제부터 갑자기 컴퓨터에서 USB가 안 읽혀요. 컴퓨터 산 지 좀 됐는데 교환이 가능할까요?
  나: 먼저 구매 **일시**를 확인해 드리겠습니다, 고객님. 제품 번호를 말씀해 주시겠습니까?
- 우리 학교가 텔레비전에 나오는데 방송 **일시**는 다음 주 월요일 7시부터 8시까지이다.

제때
right time
及时
頃合い

- 가: 지난주에 허리를 다쳤는데 아직도 계속 아프네.
  나: 아직도 병원에 안 갔어? **제때**에 치료하지 않으면 더 큰 병이 될 수 있어.
- 요즘 너무 바빠서 식사를 **제때**에 하지 못하고 있다.

제시간 at the right time 正时 定刻	• 가: 어떻게 하지? 차가 이렇게 막히면 **제시간**에 도착할 수 없을 것 같은데! 　나: 맞아. 우리 다음 정류장에 내려서 지하철을 타고 가자. • 준호는 만나기로 약속을 하고 **제시간**에 온 적이 거의 없다.
평소 usual day 平时 平素	• 가: 와! 반찬이 많네요. **평소**에도 이렇게 여러 가지 반찬을 만들어서 먹어요? 　나: 아니에요. 탕기 씨가 와서 **평소**와 다르게 특별히 좀 많이 했어요. 맛있게 드세요. • 세일 기간에는 **평소**보다 사람이 많아서 백화점 주차장에 주차할 곳을 찾기가 어렵다.

시간1 지금

오늘날 🔵 현재 today 目前 今日	• 가: 신문에서 읽었는데 미래에는 **오늘날** 학생들의 65%가 아직 생기지 않은 직업을 　가지게 될 거라고 해요. 　나: 사회가 정말 빠르게 바뀌고 있으니까 그럴 수 있을 것 같아요. • **오늘날**에 사용되는 달력은 16세기에 만든 것이라고 한다.
요새 🔵 요즘 recently 最近 近頃	• 가: 호당 씨, **요새**도 태권도 배우러 다녀요? 　나: 네. 지난달에 검은색 띠를 받았어요. • **요새** 오마르 씨 얼굴이 밝아 보여서 좋은 일이 있냐고 물어보니까 여자 친구가 생겼 　다고 한다.
이때 at this time 这时 この時	• 가: 왜 이렇게 버스가 안 오지? 　나: **이때**까지 안 오는 것을 보면 이 시간에 버스가 없는 것 같아. 그냥 택시 타자. • 작년 **이때**쯤에 산 노트북 가격이 올해는 작년의 50%도 안 된다.
현대 modern times 现代 現代	• 가: 어제 수업 시간에 본 영화와 같은 제목의 책이네? 　나: 응. 그 영화는 한국 **현대** 소설을 영화로 만든 거야. 영화가 너무 재미있어서 책으 　로도 읽어 보려고 해. • 다음 달에 국립**현대**미술관에서 내가 좋아하는 작가의 전시회가 열린다. 　표현 **현대** 미술관/사회/소설/연극/작가
현대인 modern people 现代人 現代人	• 가: 초등학생들 중에서도 스마트폰을 가지고 있는 아이들이 많아. 　나: 맞아. 스마트폰이 없는 사람이 거의 없는 걸 보면 이제 스마트폰은 **현대인**에게 없 　으면 안 되는 물건인 것 같아. • **현대인**이 걸리는 많은 병들은 스트레스 때문에 생긴다고 한다.
현대적 modern 现代的 現代的	• 가: 고등학교에서 영어를 가르친다고 들었어요. 어때요? 　나: 재미있어요. 지은 지 얼마 안 된 학교라서 시설도 깨끗하고 건물도 **현대적**이고요. • 요즘 한복은 디자인도 **현대적**이고 입었을 때 불편하지 않다.

연도 year 年度 年度	• 가: 줄리안, 한국어에서는 **연도**를 먼저 쓰고 그 다음에 날짜를 써. 그러니까 '2020년 9월 4일'이라고 써야 돼. 　나: 그렇구나. 이름처럼 영어와 반대로 써야 하는구나. • 보통 회사 이력서를 쓸 때는 고등학교와 대학교의 입학 **연도**와 졸업 **연도**를 쓴다.
초 second 秒 秒	• 가: 아버지 수술이 잘 끝났다고 들었어요. 수술 시간이 길어서 힘들었지요? 　나: 네. 수술이 끝날 때까지 1분 1**초**가 한 시간 같았어요. • 나는 아주 짧은 몇 **초** 안에 사람들에게 감동을 주는 광고를 만들고 싶다.

어휘력 쑥쑥

시대 대(代) : 시대 era 代 時代	년**대** DAY54	year / 年代 / 年代
	세**대** DAY46	generation / 时代 / 世代
	신세**대** DAY46	new generation / 新时代 / 新世代
	현**대** DAY54	modern / 现代 / 現代

월말 말(末) : 끝 end 末 末	**말**	end / 末 / 末
	연**말**	end of year / 年末 / 末
	주**말**	weekend / 周末 / 週末

1 빈칸에 알맞은 단어를 쓰십시오.

| 무렵 | 제시간 | 평소 | 현대 | 현대적 |

지금 나는 서울에 있다. 지난주에 기말 시험이 끝나고 친구와 서울로 여행을 왔다. 그런데 눈이 많이 와서 비행기가 1. _____ 에 출발하지 못해서 공항에서 3시간을 그냥 보내야 했다. 서울에 도착했을 때는 오전 11시 2. _____ 이었다/였다. 우리는 배가 고파서 제일 먼저 예약한 식당으로 갔다. 그 식당은 아주 유명한 곳인데 3. _____ 에도 예약을 하지 않으면 1시간 이상 기다려야 한다고 들었다.

늦은 점심을 먹은 후에 호텔에 갔다. 그 호텔은 별이 5개인 호텔이었는데 제일 비싼 방은 하루에 190만 원이라고 한다. 서울은 4. _____ 인 도시지만 옛날 건물이나 집들을 구경할 수 있는 곳들도 많다. 5. _____ 미술을 공부하는 나와 친구는 내일 제일 먼저 국립 미술관에 가기로 했다.

2 빈칸에 알맞은 단어를 골라 문장을 완성하십시오.

| 년대 | 시대 | 야간 | 제때 | 현대인 |

한국의 '요즘' 이야기

1. 100세 _____(이)라고 하는 말이 있다. 이 말은 '요즘은 100살까지 사는 때'라는 의미이다.

2. _____ 들이 가장 많은 관심을 가지고 있는 문제는 건강이다. 이 때문에 여러 가지 건강식품은 불경기에도 잘 팔린다고 한다.

3. 최근 3년 동안 1970~80_____ 에 유행한 스타일이 다시 유행하고 있다. 옷과 머리 스타일, 액세서리가 옛날로 돌아가고 있다.

4. 요즘 _____ 에 학교를 졸업하지 못하는 대학생이 약 30% 정도라고 한다. 학비도 비싸고 취직도 어려워서 학교를 쉬거나 졸업하지 않고 취직을 준비하는 학생들이 많기 때문이다.

5. 미래를 준비하려고 회사에 다니면서 저녁에 수업을 하는 _____ 대학교에 다니는 직장인이 계속 늘고 있다.

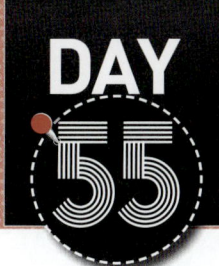

DAY 55 시간2

아는 단어에 ○표 하세요.

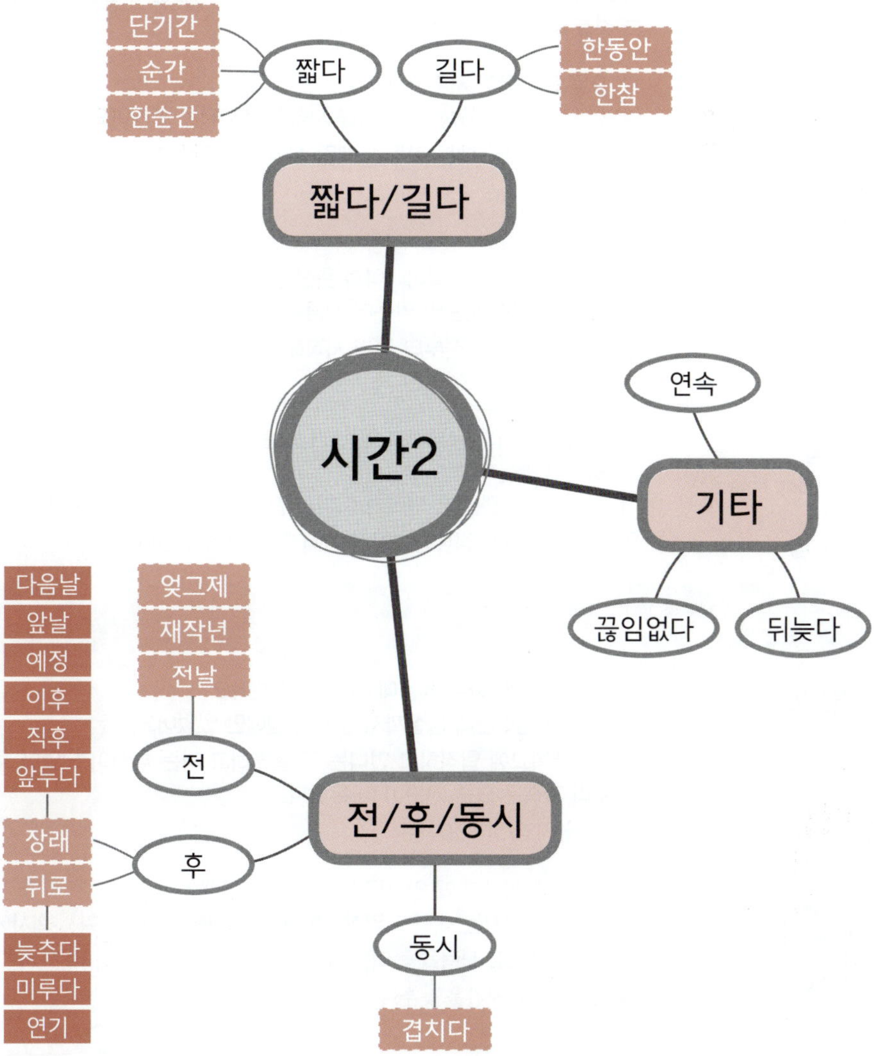

시간2
짧다/길다
짧다
단기간
순간
한순간
길다
한동안
한참
기타
연속
끊임없다
뒤늦다
전/후/동시
전
엊그제
재작년
전날
후
다음날
앞날
예정
이후
직후
앞두다
장래
뒤로
늦추다
미루다
연기
동시
겹치다

단기간 short period of time 短期 短期間	• 가: 베트남에 가는데 비자가 필요없어요? 　나: 네. 15일 정도의 **단기간** 여행에는 비자 없이 갈 수 있어요. • **단기간**에 다이어트를 해서 살을 빼면 다시 살찌기 쉽다.
순간 moment 瞬間 瞬間	• 가: 지금까지 살면서 제일 행복했을 때가 언제라고 생각해요? 　나: 우리 회사 시험에 합격했다는 전화를 받은 **순간**이요. 그날의 기분은 잊을 수 없을 것 같아요. • 나는 사진 찍기가 취미인데 특히 짧은 **순간**에 사람들의 얼굴에 나타나는 표정을 찍는 것을 좋아한다.
한동안 🔁 한참 for a while 这几天 一時	• 가: 요즘도 무릎이 자주 아파요? 　나: **한동안** 계속 아팠는데 수영을 시작한 후부터는 괜찮아요. • 요리를 처음 배울 때는 **한동안** 매일 집에서 새로운 종류의 요리를 해서 먹었다.
한순간 for a flash 一刹那 一瞬	• 가: 사고는 **한순간**에 일어나니까 운전 중에는 전화하지 마세요. 　나: 알아요, 평소에는 안 받는데 지금은 급한 전화라서 받았어요. • 딸이 2살인데 얼마 전부터 걷기 시작해서 **한순간**도 아이에게서 눈을 뗄 수 없다.
한참 for a long time 半天 暫く	• 가: 아까 케이티가 공부하고 있는 거 봤는데 집에 갔어? 같이 저녁 먹으러 가자고 말하려고 했는데. 　나: 간 지 **한참** 됐는데. 머리가 아파서 집에서 쉬어야겠다고 하면서 아까 갔어. • 우리 집에서 버스 정류장까지 멀어서 **한참** 걸어야 한다.

겹치다 overlap 碰在一起 重ねる	• 가: 요즘 날씨가 아주 좋은데 주말에 뭐 했어요? 　나: 감기에 걸렸는데 몸살까지 **겹쳐서** 집에만 있었어요. • 동생이 대학교에 합격하고 언니는 곧 결혼하고 나는 취직이 되었다. 좋은 일이 **겹쳐서** 우리 가족은 요즘 기분이 아주 좋다. 　표현 날짜/시간/일이 겹치다
늦추다 delay 延迟 延べる	• 가: 8시인데 회사에 왜 안 가? 오늘 늦게 출근해? 　나: 응. 우리 회사는 대학교 입학시험이 있는 날은 1시간 **늦춰서** 회사에 출근해. • 음식이나 약으로 시력을 높이는 것은 어렵지만 시력이 떨어지는 것은 **늦출** 수 있다. 　표현 걸음/속도/시간을 늦추다

미루다 **(비)** 연기하다 postpone, shift one's work on 延迟 見送る	• 가: 아직 시간이 많이 있는데 벌써 일을 다 끝냈어요? 　나: 저는 해야 할 일이 있으면 **미루지** 않고 빨리 해야 마음이 편해요. • 어렸을 때 우리 오빠는 자기가 해야 할 일을 자주 나에게 **미뤘다**. 표현 날짜/숙제/시간/일을 미루다
앞날 **(비)** 미래 the future 未来 将来	• 가: 지난주부터 새로 시작한 드라마 '사랑' 알아? 요즘 재미있게 보고 있는데 너도 봐? 　나: 응. 그런데 사랑하지 않는데 결혼한 두 사람의 **앞날**이 어떻게 될까? • 요즘은 취직도 어렵고 회사를 오래 다니기가 어려워서 **앞날**을 걱정하는 젊은 사람들이 많다. 표현 앞날이 밝다/어둡다, 앞날을 걱정하다
앞두다 have sth ahead 面临 控える	• 가: 아버지 수술을 **앞두고** 갑자기 중국 출장을 가게 됐어요. 　나: 큰 수술인데 걱정이 많겠어요. 그럼 출장에서 언제 와요? • 올림픽을 한 달 **앞두고** 여행을 오는 외국인이 많이 늘고 있다. 표현 결혼식/발표/수술/시험/졸업을 앞두다
엊그제 **(비)** 그저께 a couple of days ago 前几天 一昨日	• 가: 휴대 전화를 잃어버렸는데 찾을 수가 없어. 　나: **엊그제** 샀는데 벌써? 어디에서 잃어버렸는데? • 한국에 온 지 **엊그제** 같은데 벌써 3년이 되었다.
연기 delay 延迟 延期	• 가: 어제 비가 많이 왔는데 야구 봤어요? 　나: 아니요. 비 때문에 다음 주로 경기가 **연기**됐어요. • 시간이 서로 안 맞아서 대학교 동창 모임을 다음 달로 **연기**하기로 했다.
연장 extension 延长 延長	• 가: 이 연극을 봤어요? 제가 작년에 봤는데 아직까지 하네요? 　나: 네. 인기가 많아서 두 번이나 공연을 **연장**했다고 해요. • 연말에는 회사 일이 많아서 밤늦게까지 **연장** 근무를 할 때가 많다. 표현 수명 연장, 연장 공연/근무
예정 **(비)** 계획, 예상 be scheduled 预定 予定	• 가: 인터넷으로 산 바지의 배달 **예정** 시간이 오후 5시에서 6시 사이라고 했는데 아직도 안 왔어. 　나: 배달하는 물건이 많을 때나 출퇴근 시간에는 한두 시간 늦게 올 때도 있어. • 오늘 언니가 아기를 **예정**보다 일주일 일찍 낳았다는 전화를 받았다. 표현 예정을 미루다/발표하다

이후
after
以后
以後

- 가: 이번 주 토요일 오후 6시 **이후**로 예약을 좀 하려고 하는데요.
  나: 죄송합니다, 손님 예약이 다 찼습니다.
- 고향으로 돌아간 친구와 두 달 전까지는 이메일을 했는데 그 **이후**에는 바빠서 연락을 못했다.

장래
비 미래
future
将来
将来

- 가: 직업을 선택할 때 중요하다고 생각하는 게 뭐예요?
  나: 제 생각에는 **장래**가 밝은 직업인지 아닌지가 중요한 것 같아요. 요즘은 사회가 너무 빠르게 바뀌어서 미래에는 필요 없어지는 직업도 많다고 해요.
- 어렸을 때 내 **장래** 희망은 요리사였다.

재작년
the year before last
前年
一昨年

- 가: 켄토 씨가 한국에 온 지 얼마나 됐죠?
  나: **재작년** 겨울에 왔으니까 1년 3개월 됐네요.
- 이 영화는 **재작년**에 부산국제영화제에서 감독상을 받은 작품이다.

전날
the day before
前一天
前日

- 가: 시험 **전날**이라서 많이 긴장돼요.
  나: 걱정하지 마세요. 그동안 열심히 준비했으니까 잘할 거예요.
- 옛날 어머니들은 설날 **전날** 밤에 아이들이 입을 새 한복을 만들었다.

직후
immediately after
之后
直後

- 가: 고향에 가려면 아직 많이 남았는데 벌써 표를 예매하려고 해요?
  나: 네. 명절 때는 한 달 전에 기차표 예매를 시작하는데 예매 시작 **직후** 한 시간도 안 되어서 다 팔려요.
- 운동 **직후**에는 물이나 우유를 한 컵 정도 마시는 것이 건강에 좋다고 한다.

시간2 기타

끊임없다
endless
无际，连续不断
繁し

- 가: 영화 어땠어? 내 생각에 내용은 무겁지만 재미있게 잘 만든 것 같은데.
  나: 맞아. 그리고 영화를 보면서 사람의 욕심은 **끊임없다**는 생각이 들었어.
- 이 떡볶이 가게는 싸고 맛있어서 점심때부터 가게 문을 닫을 때까지 손님이 **끊임없다**.

표현 끊임없는 노력/대화/연구

뒤늦다
belated
晚
遅れる

- 가: 이 노래가 아주 좋은데요. 누가 불렀어요?
  나: 20년 전에 '조용아'라고 하는 가수가 부른 옛날 노래인데 요즘 **뒤늦게** 인기를 모으고 있어요.
- 어머니는 40살의 **뒤늦은** 나이에 대학원에서 공부를 다시 시작하셨다.

표현 뒤늦게 나타나다/시작하다/알다

연속
continuous
连续
連続

- 가: 발표 준비 때문에 **연속** 3일 하루에 2시간밖에 못 자서 너무 피곤해.
  나: 그렇겠다. 오늘은 집에 일찍 가서 잠을 좀 자.
- 내 휴대 전화는 오래 된 거라서 사진을 **연속**으로 찍을 수 없다.

표현 연속 동작/매진/우승, 고통/긴장/실망의 연속

1 아래 광고를 보고 빈칸에 알맞은 단어를 쓰십시오.

단기간	순간	연속

1.

한 대에서 두 개의 에어컨이! 공기도 깨끗하게!
3년 _____ 1등!

2.

한국어능력시험(TOPIK) _____에 끝내기!
25일이면 합격할 수 있습니다!

3.

경험해 보셨어요? 바르는 _____ 장미꽃 향과 함께
하얀 얼굴을! 지금 바로 느껴 보세요.

2 알맞은 단어를 고르십시오.

1. 12월 31일에는 지하철 막차 시간을 새벽 2시까지 1시간 더 (연기 / 연장)한다.

2. 결혼을 축하합니다. 두 사람의 (앞날 / 예정)에 행복한 날들만 있기를 바랍니다.

3. 식사를 한 (직후 / 이후)에는 커피를 마시지 않는 게 좋다고 한다. 30분~1시간 후에 마시는 게 좋다고 한다.

4. 취직 시험 (전날 / 엊그제)에 너무 긴장을 해서 잠을 푹 못 잤다.

5. 친구와 싸우고 나서 (한동안 / 한순간) 연락을 하지 않은 적이 있다.

6. 날씨가 며칠 동안 좋지 않을 거라고 하는 뉴스를 듣고 부산 여행 계획을 일주일 (앞두기로 / 미루기로) 했다.

어휘력 쑥쑥

순 간	간식	snack / 点心 / 間食
간(間): 사이	공간	space / 空间 / 空間
gap	중간	middle / 中间 / 中間
间 間	기간 DAY55	duration / 期间 / 期間

장 래	내일	tomorrow / 明天 / 來日
래/내(來): 오다	내년	next year / 明年 / 來年
come	미래	future / 未来 / 未来
来 来る	거래 DAY69	deal / 交易 / 取り引き

✎ MEMO

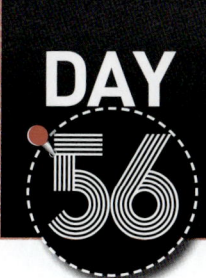

DAY 56 수와 양1

아는 단어에 ○표 하세요.

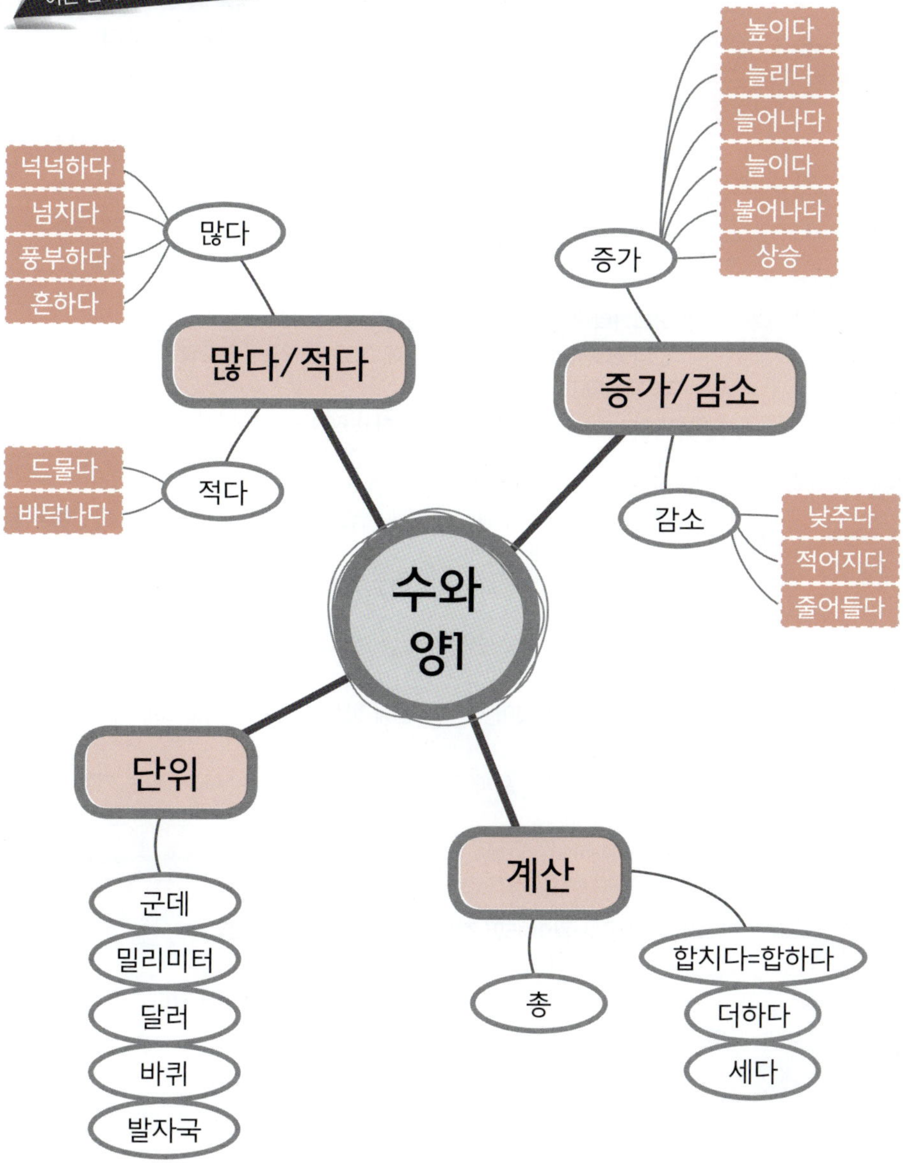

수와 양1
많다/적다
많다
넉넉하다
넘치다
풍부하다
흔하다
적다
드물다
바닥나다
증가/감소
증가
높이다
늘리다
늘어나다
늘이다
불어나다
상승
감소
낮추다
적어지다
줄어들다
단위
군데
밀리미터
달러
바퀴
발자국
계산
총
합치다=합하다
더하다
세다

단위
measurement
単位
単位

- 가: 한국말에는 '개', '명', '권'처럼 단위를 나타내는 말이 많아요.
  나: 맞아요. 그래서 처음 배울 때 머리가 좀 복잡했어요.
- 많은 나라에서 길이의 단위로 미터를 사용한다.

군데
(비) 곳
here and there
处
箇所

- 가: 문을 연 식당이 한 군데도 없네.
  나: 추석 전날 저녁이라서 그래. 오늘은 집에서 저녁을 만들어서 먹어야겠다.
- 학교 군데군데 꽃이 피는 것을 보니까 이제 봄이 시작되는 것 같다.

외 달러
dollar
美元
ドル

- 가: 미국에서처럼 캐나다에서도 달러를 사용하지요?
  나: 네. 하지만 '캐나다 달러'라고 해요. 미국에서 사용하는 달러와 달라요.
- 외국 여행을 가는데 할아버지께서 500달러를 주셨다.

외 밀리미터
millimeter
毫米
ミリメートル

- 가: 머리카락은 얼마나 빨리 자랄까?
  나: 인터넷에서 찾아 보니까 하루에 0.33밀리미터 정도씩 자라고 더운 날씨에 더 빨리 자란다고 하네.
- (일기예보) 내일 서울에는 20에서 최고 60밀리미터의 비가 오겠습니다.

바퀴
turn, wheel
圈, 轮
輪, 回り

- 가: 이 책상은 바퀴가 달렸네요?
  나: 네, 고객님. 바퀴가 달려서 쉽게 옮길 수 있고 필요 없을 때는 바퀴를 사용하지 않을 수도 있습니다.
- 친구들과 여름 방학에 자전거를 타고 제주도를 한 바퀴 도는 여행을 하기로 했다.

발자국
footstep
足迹
足跡

- 가: 오늘 본 영화 정말 무섭지 않았어? 나는 영화가 끝날 때까지 계속 긴장하고 있었어.
  나: 응. 특히 어떤 일이 생기기 전에 항상 나오는 발자국 소리와 음악 때문에 더 무서웠어.
- 남자 친구와 여행을 갈 때 입으려고 강아지 발자국 무늬가 있는 커플 티셔츠를 샀다.

수와 양1 많다/적다

넉넉하다
(반) 부족하다, 모자라다
enough
足够, 宽大
豊かだ

- 가: 같이 온 사람이 15명 정도 되는데 자리가 있어요?
  나: 2층에 자리가 넉넉합니다. 어서 들어오세요.
- 준호 씨는 사람들을 잘 웃기고 마음도 넉넉해서 친구가 많다.
  표현 돈/생활/시간/음식/자리가 넉넉하다

넘치다 overflow 漾出, 充滿 溢れる	• 가: 국이 **넘칠** 것 같아요. 　나: 그럼 불을 좀 약하게 하고 10분 정도 더 끓이세요. • 지금까지 좋은 경기를 보여 준 우리 선수들의 얼굴에는 이번 경기에서도 잘할 수 있 　다는 자신감이 **넘쳤다**. 　표현 강/기쁨/물/자신감/행복이 넘치다
드물다 (비) 적다 rare 稀少 まれだ	• 가: 비빔밥이 4,000원밖에 안 하는데 정말 맛있네요! 　나: 네, 이렇게 싸면서 맛있는 식당은 **드문** 것 같아요. • 내가 어렸을 때 아버지는 회사 일로 아주 바쁘셔서 평일에 가족이 모두 같이 저녁을 　먹는 날이 **드물었다**.
바닥나다 (비) 떨어지다 be drained 用光 干る	• 가: 유럽 여행 간다고 들었어요. 며칠 동안 여행을 가요? 　나: 가지고 간 돈이 **바닥나면** 돌아오려고 해요. • 차에 기름이 없는 것을 모르고 운전했는데 기름이 **바닥나서** 자동차가 선 적이 있다. 　표현 기운/돈/음식이 바닥나다
풍부하다 (비) 넉넉하다 (반) 모자라다, 넉넉하다 plentiful 丰富 富む	• 가: 이 그림을 수진 씨 딸이 그렸어요? 상상력이 정말 **풍부한** 것 같아요. 　나: 네. 학교 미술 대회에서 1등을 한 그림이에요. 잘 그렸죠? • 녹색 야채 중에서 고추에 특히 비타민C와 A가 **풍부하다**. 　표현 감정/경험/영양/자원이 풍부하다
흔하다 (반) 드물다, 적다 common 普遍 有り触れる, ごろ つく	• 가: 제가 어렸을 때 바나나는 정말 비싸서 1년에 1~2번 정도 먹었어요. 　나: 맞아요. 하지만 요즘은 아주 싸고 **흔한** 과일이에요. • 소화가 안 되거나 머리가 아픈 증상은 스트레스가 있을 때 **흔하게** 나타나는 증상이다. 　표현 흔한 이름/질병, 흔하게 들어보다/사용되다/일어나다

수와 양1 ▶ 증가/감소

감소 decrease 减少 減少	• 가: 인구 **감소**가 큰 사회 문제가 되고 있어요. 　나: 네. 일할 수 있는 사람이 적으면 여러 가지 문제가 생기니까요. • 학교 앞에 횡단보도가 생긴 후로 교통사고가 30% **감소**했다.
증가 (반) 감소 increase 增加 増加	• 가: 외국 회사에서 만든 자동차를 타고 다니는 사람이 **증가**하는 이유가 뭐라고 생각 　해요? 　나: 디자인도 예쁘고 작은 자동차들은 전보다 값이 많이 내려서 그런 것 같아요. • 자전거 도로가 생긴 후부터 자전거로 출퇴근하는 서울 시민이 **증가**했다. 　표현 소득/수출/인구 증가

낮추다 lower 降低，放低 低める	• 가: 코트를 하나 더 사고 싶은데 좀 비싸서 못 사겠어. 　나: 이번 달이 지나면 가격을 **낮춰서** 파니까 그때 사는 게 어때? • '저'는 나이가 많은 사람에게 '나'를 **낮추어서** 쓰는 말이다. 　**표현** 목소리/세금/온도/요금을 낮추다
높이다 🖭 낮추다 increase 提高 上げる	• 가: 다이어트할 때 아침에 운동을 하면 운동 효과를 **높일** 수 있다고 해. 　나: 그렇구나. 그런데 학생이나 나 같은 직장인들은 아침에 운동하는 게 쉽지 않지. • 실력을 좀 더 **높여서** 다음 경기에서는 꼭 1등을 하겠다. 　**표현** 성적/실력/수준/온도/효과를 높이다
늘리다 expand, increase 增加 加える	• 가: 운룡, 나도 조깅을 시작하려고 하는데 너는 하루에 몇 분 정도 뛰어? 　나: 처음에는 20분 정도 뛰었는데 조금씩 **늘려서** 지금은 한 시간 정도 달려. • 치마가 좀 짧아서 1cm 정도 **늘려서** 입어야겠다. 　**표현** 시간/실력/수를 늘리다
늘어나다 🖭 증가하다 increase 变松，增加 増える	• 가: 치에미 씨, 오늘 입은 티셔츠 목이 너무 **늘어난** 것 같아요. 　나: 네. 좀 오래된 티셔츠인데 친한 친구에게 선물로 받은 거라서 오래 입었어요. 보기 안 좋아요? • 회사 직원이 작년에 100명이었는데 사업이 잘 되어서 올해는 150명으로 **늘어났다**. 　**표현** 살림/수/양/인원/재산이 늘어나다
늘이다 stretch, lengthen 拉长，增多 述べる	• 가: 저기 보세요. 사장님이 국수를 직접 만들고 있네요. 　나: 네. 저번에 왔을 때 봤는데 저렇게 계속 국수를 **늘이면** 점점 가늘어져서 이렇게 가는 국수가 돼요. • 글을 쓸 때 불필요한 단어를 써서 글을 **늘이면** 읽는 사람이 이해하기 어려울 수 있다.
불어나다 🖭 늘다 grow 增多 嵩む	• 가: 한국에는 커피숍이 많은 것 같아요. 　나: 네. 전에는 안 그랬는데 5년 정도 전부터 커피숍이 갑자기 **불어났어요**. • 제주도는 2010년부터 인구가 **불어나서** 땅값도 계속 오르고 있다고 한다. 　**표현** 강물/인구/재산/체중이 불어나다
상승 elevate 上升 上昇	• 가: 물가 **상승** 때문에 학교 등록금이 또 올랐어요. 　나: 네. 등록금이 너무 비싸서 학교를 쉬는 학생들도 많다고 해요. • 올해 아파트 값이 작년보다 0.11% **상승**했다. 　**표현** 가격/물가 상승
적어지다 reduce 减少 減る	• 가: 고향에서 제가 졸업한 초등학교가 얼마 전에 문을 닫았어요. 　나: 그렇군요. 아이들 수가 계속 **적어져서** 시골에는 그런 학교가 많다고 들었어요. • 시간도 없고 인터넷으로 책을 더 싸게 살 수 있어서 서점에 가는 일이 **적어졌다**.

줄어들다 🔵 감소하다 🔴 늘어나다 decrease 变小, 减少 縮む	• 가: 스웨터를 빨았는데 **줄어들었어!** 　나: 뜨거운 물에 빨았어? 그러면 **줄어들어.** • 담배를 끊으면 암에 걸릴 위험이 30~50% **줄어든다고** 한다.

수와 양1 **계산**

더하다 add, worse (greater) 加, 更严重 加える, より強い	• 가: 올해 겨울은 너무 추운 것 같아. 　나: 작년은 **더했어.** 너무 추워서 내가 태어나서 처음으로 내복을 입었어. • 초등학교 3학년 때까지 **더하는** 것이 어려워서 손가락으로 계산했다.
세다 count 数 強い	• 가: 어, 사과를 10개 샀는데 왜 9개밖에 없지? 　나: 그래? 잘못 **세지** 않았어? 다시 한번 **세어** 봐. • 나라마다 손으로 돈을 **세는** 방법이 다르다.
총 total 一共 銃	• 가: 서울에서 고향까지 시간이 얼마나 걸려요? 　나: 비행기로 6시간 걸리고 베이징에서 기차를 타고 다시 버스를 타고 가면 **총** 10시간 정도 걸려요. • 월급을 받는 날이 일주일 후인데 지금 나한테 **총** 5만 원밖에 안 남았다.
합치다 =합하다 add, combine 合 合わせる, 合する	• 가: 오늘 하루 종일 머리가 아프네. 우리 어제 술을 얼마나 마셨지? 　나: 맥주하고 소주 **합해서** 10병 정도 마신 것 같아. 나도 계속 속이 안 좋아. • 회사가 어렵지만 직원들 모두 힘을 **합쳐서** 열심히 일하고 있다.

어휘력 쑥쑥

상 승 상(上): 위 above 上 上	영상	above zero / 零上 / [気温が]零度以上
	연상 DAY6	older / 年长 / 年上
	이상 DAY59	more / 以上 / 以上
	조상 DAY75	ancestor / 祖先 / 先祖

1 아래는 신문기사의 일부입니다. 빈칸에 알맞은 단어를 쓰십시오.

늘리다	바닥나다	넘치다

1. 아이들 크리스마스 선물로 인형이 가장 인기가 많아 크리스마스 일주일 전에 벌써 _____ 았/었다고 한다. 이 인형은…

2. 3주 동안 계속 내린 비로 어제 한강이 _____ 아/어서 한강 다리로 건널 수 없게 되었다. 어제 4시 후부터 내리기 시작한 비는…

3. 스케이트장과 스키장들이 이번 겨울 올림픽 기간 동안 스케이트장과 스키장을 닫는 시간을 오후 8시에서 10시로 _____ 기로 했다. 올림픽이 시작하는 다음 달 6일부터…

2 빈칸에 알맞은 단어를 쓰십시오.

단위	밀리미터	바퀴

1. 언니는 발이 255_____ 라서 마음에 들지만 맞는 사이즈가 없어서 못 사는 신발이 많다.

2. 초, 분, 시는 시간의 _____ 이다.

3. 나는 아침마다 동네 중학교 운동장을 열 _____ 씩 뛴다.

3 대화를 읽고 빈칸에 알맞은 단어를 쓰십시오.

넉넉하다	세다	합치다

1. 가: 생일 파티 음식을 얼마나 준비해야 할까요?
   나: 반 친구들이 거의 다 오니까 음식을 좀 _____ 게 준비해야 할 것 같은데요.

2. 가: 와, 10원짜리 동전을 아주 많이 모았어요! 몇 개예요?
   나: _____ 아/어 보지 않았지만 1,000개쯤 되지 않을까요?

DAY 57 수와 양2

아는 단어에 ○표 하세요.

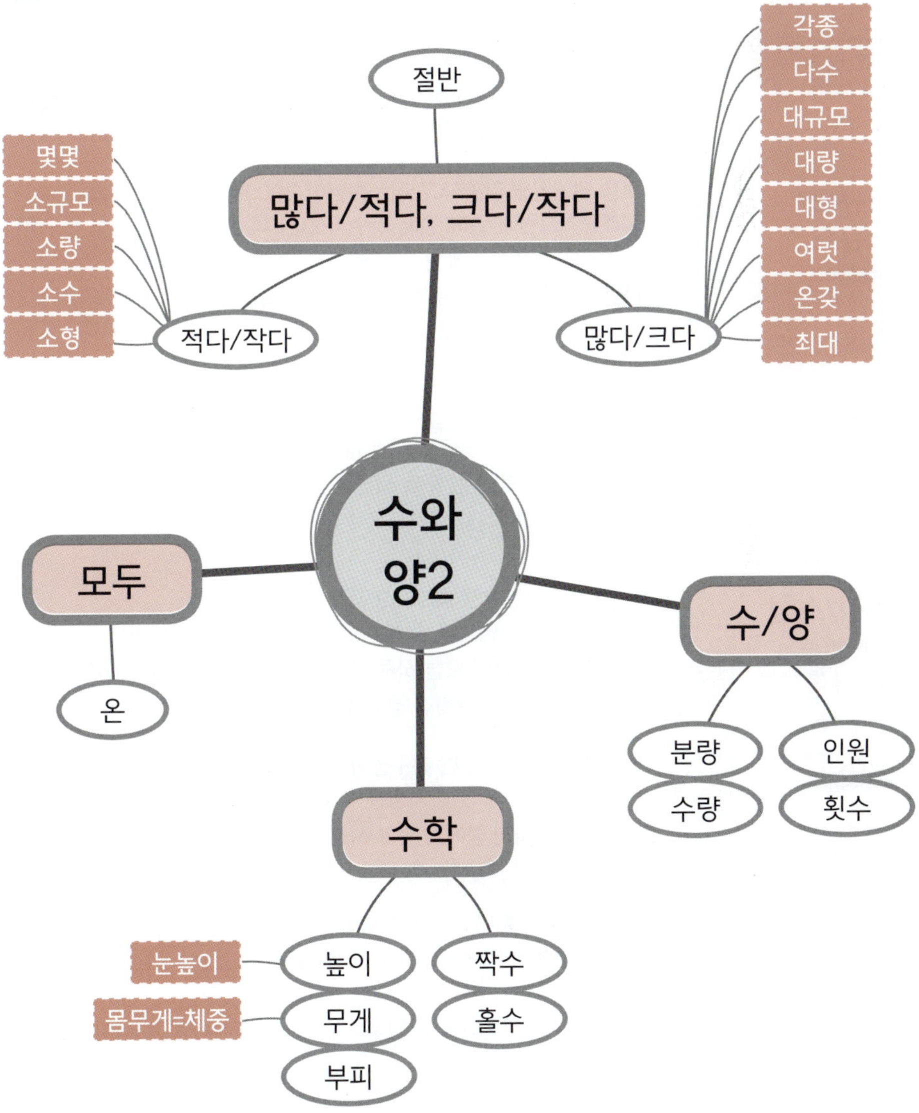

절반

많다/적다, 크다/작다

몇몇
소규모
소량
소수
소형

적다/작다

각종
다수
대규모
대량
대형
여럿
온갖
최대

많다/크다

수와 양2

모두

온

수/양

분량
수량
인원
횟수

수학

눈높이
몸무게=체중

높이
무게
부피

짝수
홀수

많다/적다, 크다/작다

각종 of every kind 各种 各種	• 가: 지금 텔레비전에서 나오는 아이가 아주 어려 보이는데 피아노를 아주 잘 치는데요! 　나: 네. 13살밖에 안 됐는데 '피아노 천재'라고 해요. 어렸을 때부터 **각종** 피아노 대회에서 여러 번 1등을 했다고 해요. • 영화배우 김수호 씨가 나온 영화 '비밀'이 올해 열린 **각종** 영화제에서 많은 상을 받았다.
다수/소수 majority/minority 多数/少数 多数/少数	• 가: 우리 반은 친구들 **다수**가 한국에서 대학교를 가려고 한국어를 공부하고 있어. 　나: 그렇구나. 우리 반은 반 정도는 대학교에 가는 것이 목적이지만 나머지 친구들은 그렇지 않아. • 오늘 한국어 말하기 시간에 '결혼은 하는 것이 좋다'라는 주제로 토론을 했는데 그렇다는 의견은 **소수**였다.
대규모/ 소규모 large scale/ small scale 大規模/小規模 大規模/小規模	• 가: 보통 연예인들 결혼식에 오는 손님이 2,000명 정도라고 해요. 　나: 그래요? 그런데 얼마 전에 가수 이효지 씨는 가족들과 친한 친구들만 초대해서 **소규모**로 결혼식을 했다고 해요. • 우리 언니가 사는 아파트 주변에는 **대규모**의 호수 공원과 산책로와 체육 센터가 있다. 　표현 대규모/소규모 공사/사업/시설/행사
대량/소량 in quantity/ small quantity 大量/小量 大量/小量	• 가: 이 마트는 **대량**으로만 살 수 있는데 라면을 한 박스 사서 나눌래요? 　나: 좋아요. 그런데 **대량**으로 사면 많이 싸겠네요? • 이 가방 가게는 가방을 손으로 직접 만들고 **소량**만 생산하기 때문에 가격이 비싸다. 　표현 대량으로 생산하다/수입하다/주문하다
대형/소형 large/small 大型/小型 大型/小型	• 가: 손님, 어떤 냉장고를 찾으세요? 　나: 새로 나온 **소형** 냉장고 좀 볼 수 있을까요? • 갑자기 내린 눈 때문에 오늘 하루 동안 일어난 **대형** 사고로 10명이 죽었다고 한다. 　표현 대형(소형) 냉장고/백화점/컴퓨터
몇몇 several 几个 幾	• 가: 다음 학기에도 우리 반 친구들과 모두 같이 공부하고 싶어. 　나: 나도. 그런데 아마 **몇몇** 사람은 다시 등록하지 않고 고향으로 돌아간다고 들었어. • 결혼식 때 찍은 사진 중에서 **몇몇** 사진을 빼고 마음에 드는 게 없다.
여럿 비 다수 many 许多 多くの	• 가: 준호 씨, 오늘 저녁 잘 먹었어요. 　나: 저도 덕분에 맛있게 먹었어요. 매일 혼자 먹었는데 이렇게 **여럿**이 먹으니까 맛있네요. • 이사를 했는데 친구들이 도와줬다. **여럿**이 같이 짐을 정리하니까 빨리 끝났다.

온갖

(비) 여러
all
各种各样
有らゆる

- 가: 여기가 서울에서 제일 큰 신발 시장이에요.
  나: 와, **온갖** 신발들이 다 있어요. 정말 없는 게 없네요.
- 헤어지자고 말하는 여자 친구의 마음을 바꾸려고 **온갖** 노력을 다 했지만 여자 친구는 결정을 바꾸지 않았다.
  - 표현 온갖 노력/변명/수단/정성/종류

절반

half
一半
折半

- 가: 자동차 얼마에 팔았어요?
  나: 3년 정도 탔는데 **절반** 가격에 팔았어요.
- 12월이 시작된 지 얼마 안 된 것 같은데 벌써 **절반**이 지났고 이제 올해도 얼마 남지 않았다.

최대

maximum
最大
最大

- 가: 한 번에 책을 몇 권까지 빌릴 수 있어요?
  나: **최대** 5권까지 2주일 동안 빌릴 수 있습니다.
- 우리 회사는 1년에 **최대** 20일까지 휴가를 신청할 수 있다.

수와 양2 **수/양**

분량

(비) 양
amount
量
分量

- 가: 이 한국어 책을 한 달 안에 다 공부하겠다는 말이야?
  나: 응. **분량**이 얼마 안 되니까 할 수 있을 것 같은데.
- 힘들지 않게 다이어트를 하는 방법은 식사 때마다 먹는 **분량**을 조금씩 줄이는 것이다.
  - 표현 분량이 적당하다, 분량을 맞추다/조절하다

수량

(비) 양
quantity
数量
数量

- 가: 이 신발 얼마예요?
  나: 3만 원이에요. 30개까지만 70% 할인된 가격에 드리는데 **수량**이 얼마 안 남았어요.
- (이메일) 티셔츠 주문 이메일을 잘 받았습니다. 돈을 보내시기 전에 주문하신 **수량**을 꼭 확인해 주세요.

인원

the number of people
人员
人員

- 가: 댄 씨 반은 졸업 여행을 가는 **인원**이 몇 명이에요?
  나: 1명 빼고 모두 가서 14명이에요.
- 이 호텔 방은 4명이 잘 수 있는데 4명보다 **인원**이 많으면 1명에 2만 원을 더 내야 한다.
  - 표현 인원이 남다/늘다/부족하다/줄다, 인원을 제한하다/확인하다

횟수

number
次数
回数

- 가: 수술 후 몸이 어때요? 다니기 힘들지 않아요?
  나: 처음에는 일어나지도 못했는데 이제는 일주일에 한 번 운동도 해요. 조금씩 운동 **횟수**를 늘리려고 해요.
- 20~39살 여성의 인터넷 쇼핑 **횟수**가 작년보다 20% 늘어난 것으로 조사됐다.
  - 표현 횟수가 늘다/많다, 횟수를 계산하다/늘리다/조절하다

눈높이
(비) 수준
eye level
要求, 身高
目通り

- 가: 사장님은 레스토랑을 여러 개 가지고 계신데요, 사업을 하시면서 가장 중요하게 생각하는 것은 무엇입니까?
  나: 가장 중요한 것은 음식의 맛이지요. 그 다음으로는 손님들의 기대와 **눈높이**에 맞는 서비스를 하는 것입니다.
- 텔레비전을 벽에 걸 때 텔레비전을 보는 사람의 **눈높이**보다 조금 낮게 거는 것이 좋다고 한다.
  표현 눈높이를 맞추다

몸무게
=체중
weight
体重
体重

- 가: 밥을 잘 먹는데 **체중**이 조금씩 줄어요.
  나: 그래요? 이유 없이 **체중**이 줄면 병원에 가서 검사를 해 보는 게 좋겠어요.
- 다이어트를 하지 않으니까 **몸무게**가 다시 늘고 있다.
  표현 몸무게/체중이 가볍다/늘다/줄다

부피
volume
体積
嵩

- 가: 이 카메라도 좋은 카메라 같은데 왜 새 카메라를 사려고 해?
  나: **부피**가 너무 커서 잘 안 가지고 다니게 돼. 좀 작은 것으로 사고 싶어.
- 이사 선물로 언니에게 **부피**가 작고 가벼운 청소기를 선물받았다.

짝수
even number
奇数
偶数

- 가: 오늘 버스 타고 집에 가요? 차 안 가지고 왔어요?
  나: 올림픽을 하는 동안 **짝수** 날에는 **짝수** 번호의 자동차만 다닐 수 있어요.
- 내가 좋아하는 야구팀은 **짝수** 해마다 경기 결과가 안 좋았는데 올해는 예상과 다르게 2위를 했다.

홀수
(반) 짝수
odd number
偶数
奇数

- 가: 0은 **홀수**야, 짝수야?
  나: 짝수인 것 같은데… 선생님한테 한번 물어보자.
- 인도에서는 선물을 돈으로 줄 때는 3만 원, 5만 원처럼 **홀수**로 줘야 한다.

온
(비) 모든
whole, all
全
挙げて

- 가: 내일에 우리 학교 축제에 가수 김동민 씨가 온다고 해. 들었어?
  나: 지금 그것 때문에 **온** 학교가 시끄러워.
- 내 동생은 어렸을 때 **온** 동네 사람들이 모두 아는 개구쟁이였다.
  표현 온 가족/나라/동네/세계

1 여러 정보에 대해서 말하고 있습니다. 빈칸에 알맞은 단어를 넣으십시오.

대량	소량	소형	온갖	최대

1. 아키호(공항 직원) : 비행기에 무료로 가지고 탈 수 있는 짐은 _____ 23kg까지입니다. 이것보다 더 무거우면 요금을 내야 돼요.

2. 원원(자동차 구매자) : _____ 자동차를 사면 기름 값도 덜 들고 자동차 보험료도 싸고 주차비도 할인 받을 수 있는 곳이 많아요.

3. 최준호(문구점 주인) : 물건을 한 번에 많이 사면 할인을 받을 수 있는데 우리 가게에서 엽서를 300장보다 더 많이 _____ (으)로 사면 30% 싸게 살 수 있어요.

4. 한유미(꽃 가게 주인) : 양재동에 있는 꽃 시장은 아주 넓고 커요. 새벽 12시부터 오후 1시까지 문을 여는데 계절마다 나오는 _____ 종류의 예쁜 꽃을 싸게 살 수도 있어요.

5. 파니아(주부) : 어제 마트에서 새로 나온 세제를 샀는데 많은 양을 사용하지 않고 아주 _____ (으)로도 깨끗하게 빨래할 수 있고 냄새도 아주 좋아요.

2 빈칸에 알맞은 단어를 쓰십시오.

소규모	소수	여럿	절반	홀수

1. 한국의 공휴일은 1월 1일, 3월 1일, 5월 5일처럼 날짜가 _____ 인 날이 많다.

2. 졸업 여행을 제주도로 가고 싶다는 의견이 60%가 되어서 _____ 을/를 넘었기 때문에 제주도로 졸업 여행을 가기로 했다.

3. 우리 동네도 대형 마트가 생긴 후부터 _____ 가게들이 문을 닫고 있다.

4. 나는 혼자 하는 운동보다 _____ 이/가 같이 할 수 있는 운동을 더 좋아한다.

5. 우리 학교 학생들은 다수가 유럽에서 왔다. 아시아 학생들은 _____ 인데 5%밖에 안 된다.

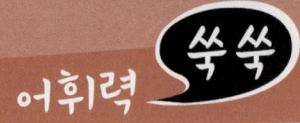

최 대	최고	best / 最高 / 最高
최(最) : 가장 best 最 最も	최근	recently / 最近 / 最近
	최선 DAY49	the best / 最好 / 最善
	최신 DAY29	the newest / 最新 / 最新

↪ MEMO

DAY 58

위치와 방향

아는 단어에 ○표 하세요.

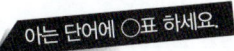

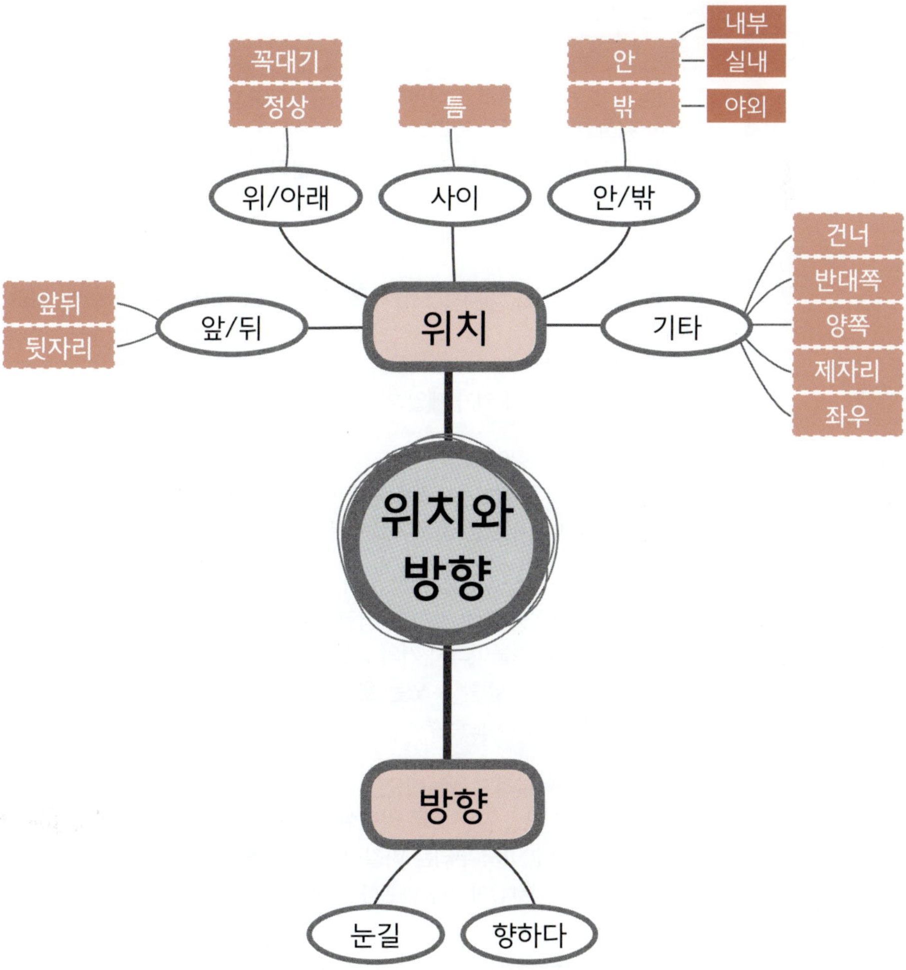

위치와 방향
위치
방향
위/아래
꼭대기
정상
사이
틈
안/밖
안
밖
내부
실내
야외
앞/뒤
앞뒤
뒷자리
기타
건너
반대쪽
양쪽
제자리
좌우
눈길
향하다

건너
across
对面
向こう

- 가: 저기 한강 **건너**에 보이는 높은 건물이 뭐예요?
  나: 63빌딩이에요. 서울에서 제일 높은 건물이에요.
- 길 **건너** 맞은편에 5,000원짜리 피자 가게가 생겼다.

꼭대기
비 정상
top, apex
顶
天辺

- 가: 어제 엘리베이터가 고장이 나서 집까지 걸어서 올라갔어요.
  나: 줄리안 씨 집은 아파트 **꼭대기** 층 아니에요? 정말 힘들었겠어요!
- 크리스마스 나무를 사서 예쁘게 꾸미고 나무 **꼭대기**에 별 모양 인형을 걸었다.
  표현 건물/나무/산 꼭대기

내부
비 안
interior
内部
内部

- 가: 자동차 **내부**를 청소하고 싶은데 가격과 시간이 어떻게 됩니까?
  나: 2만 원이고 1시간쯤 걸립니다.
- 우리 동네 시장에 있는 5층 건물에서 밤에 불이 났는데 건물 **내부**에 사람이 없어서 다친 사람이 없었다.
  표현 내부 고장/수리/서류/시설/청소

뒷자리
back seat
后排
後ろの席

- 가: 영화 보실 자리는 어디로 드릴까요? 앞자리는 예매가 끝나서 **뒷자리**만 남았습니다.
  나: 그럼 여기 K-1와 K-2로 주세요.
- 나는 어렸을 때 반에서 키가 제일 커서 항상 교실 **뒷자리**에 앉았다.

반대쪽
opposite side
对面
反対側

- 가: 지금 가고 있는 길이 맞아?
  나: **반대쪽**으로 가고 있는 것 같아. 차를 다시 돌려야겠다.
- 보통 영화관에서 나가는 문은 들어오는 문의 **반대쪽**에 있다.

실내
inside
室内
室内

- 가: **실내** 공기가 안 좋은 것 같아요. 창문을 좀 열까요?
  나: 그게 좋겠어요. 겨울이라서 거의 창문을 안 열어서 그래요.
- 오늘 학교에서 **실내**에서 할 수 있는 운동을 배웠다.
  표현 실내 공기/수영장/온도/운동장

앞뒤
the front and the back
前后
前後

- 가: 자동차 바퀴를 갈려고 왔는데요.
  나: 네, 그런데 고객님, **앞뒤** 모두 바꾸실 건가요?
- 말이 **앞뒤**가 맞지 않아서 우리는 마갈리 씨의 말을 이해할 수 없었다.
  표현 앞뒤가 같다/다르다/막히다/바뀌다/안 맞다

야외
비 바깥
outside
外面
野外

- 가: 사진을 보니까 결혼식을 **야외**에서 했네요.
  나: 네. 4월에 결혼했는데 날씨가 아주 좋았어요.
- 내일은 **야외** 수업을 하는 날인데 선생님과 같이 시장에 가서 직접 물건을 사 보기로 했다.
  표현 야외 결혼식/공연/박물관/수업/식당

양쪽 both sides 两边 両方	• 가: 이 길은 도로 **양쪽**에 나무와 꽃이 있어서 운전할 때 기분이 아주 좋아요. 　나: 네. 영화에 나오는 곳 같은데요. • 고기를 맛있게 먹고 싶으면 고기의 **양쪽**을 한 번씩만 굽는 게 좋다.
정상 normal 顶点 頂上	• 가: 와, 산 **정상**에서 보는 한강의 경치가 참 아름다워요. 　나: 네. 힘들게 올라온 보람이 있네요. • 이번 달 올림픽 공원에서 열리는 음악 축제에 인기 **정상**의 가수들이 많이 온다고 한다.
제자리 in place 原地 もとの場所	• 가: 팀 발표 준비는 잘 되고 있어요? 　나: 아니요. 이야기만 많이 하고 아직 **제자리**예요. • 내 동생은 물건을 **제자리**에 놓지 않아서 필요할 때마다 찾는다. [표현] 제자리에 놓다/서다
좌우 right and left 左右 左右	• 가: 람스키 씨의 안경을 써 보니까 머리가 아파요! 　나: 네. 저는 눈이 아주 나빠요. 그리고 눈의 **좌우** 시력이 많이 달라서 더 그럴 거예요. • 길을 건너기 전에는 **좌우**를 먼저 보고 차가 오지 않는 것을 확인한 후에 건너야 한다.
틈 (명) 사이, 여유 crack, time 缝，空儿 透き，暇	• 가: 어떻게 해! 냉장고 문**틈**에 된장국을 쏟았어. 　나: 그래? 문**틈**에 쏟은 국물은 좀 닦기가 힘든데... 같이 닦아 보자. • 내가 일하는 식당은 점심시간에는 손님들이 너무 많아서 잠깐 동안 앉아서 쉴 **틈**도 없이 일해야 한다. [표현] 틈이 나다/없다/있다

위치와 방향　방향

눈길 eyes 目光 視線	• 가: 어떤 스타일의 남자가 좋아? 　나: 나 빼고 다른 여자에게는 **눈길**도 안 주는 사람이면 좋겠어. • 만화에 나오는 자동차와 똑같이 꾸민 시내버스가 아이들의 **눈길**을 끈다. [표현] 눈길이 가다/마주치다, 눈길을 끌다/모으다/보내다/피하다
향하다 toward 向 向かう	• 가: 회사 두 곳에 합격했는데 어느 회사로 가면 좋을까요? 정말 고민이에요. 　나: 너무 고민하지 말고 그냥 마음이 **향하는** 곳으로 결정하세요. • '한국어능력시험 4급'의 목표를 **향해서** 오늘부터 6개월 동안 열심히 공부하겠다.

1 줄리안 씨가 여행 동안 묵은 호텔을 소개하고 있습니다. 빈칸에 알맞은 단어를 쓰십시오.

| 건너 | 꼭대기 | 앞뒤 | 야외 |

한국 여행 중에 제가 묵은 '설악산 호텔'이에요. 앞에는 바다, 뒤에는 산! 설악산 호텔은
1. _____ (으)로 설악산과 동해 바다가 있어서 방에서 보이는 경치가 정말 좋아요.
건물 안으로 들어오면 1층 로비 중앙에 카페가 있는데 커피가 정말 맛있어요. 제일
2. _____ 층에 올라가면 세계 여러 나라의 술과 와인을 마실 수 있는 식당이 있
어요.
호텔 수영장도 아주 좋아요. 호텔 안과 3. _____ 에 모두 수영장이 있어서 날씨가
추우면 안에서 수영하면 되고 여름에는 바다를 보면서 밖에서 수영할 수 있어요.
마지막으로 호텔 밖으로 나오면 길 4. _____ 에 식당들이 많이 있어요. 호텔 식
당은 비싸서 저는 호텔 밖에 있는 식당에서 식사를 했어요. 아주 맛있고 싸고 친절해요.
설악산에 여행 가시면 설악산 호텔에 꼭 가세요!

2 빈칸에 알맞은 단어를 쓰십시오.

| 내부 | 눈길 | 양쪽 | 정상 |

1. 가: 산 _____ 까지 얼마나 남았어?
   나: 아직 반밖에 안 왔어. 1시간 정도 더 올라가야 해.

2. 가: 빵을 어떻게 해서 먹을 거야? _____ 다 구워?
   나: 아니, 한 쪽만 구워 줘. 고마워.

3. 가: 저기 있는 그릇에 자꾸 _____ 이/가 가.
   나: 내가 보기에도 예쁘다. 할인해서 가격도 비싸지 않은데 마음에 들면 사.

4. 가: 손님, 저희 미술관은 건물 밖에서는 괜찮지만 _____ 에서는 사진을 찍을 수 없습
      니다.
   나: 아, 그래요? 몰랐어요. 죄송합니다.

내**부** 부(部) : 부분 **part** 部分 部	대**부**분	almost / 大部分 / 大部分
	부장	team leader / 部长 / 部長
	동**부** DAY60	east part / 东部 / 東部
	부서 DAY37	department / 部门 / 部署

✎ MEMO

DAY 59 순서와 범위

아는 단어에 ○표 하세요.

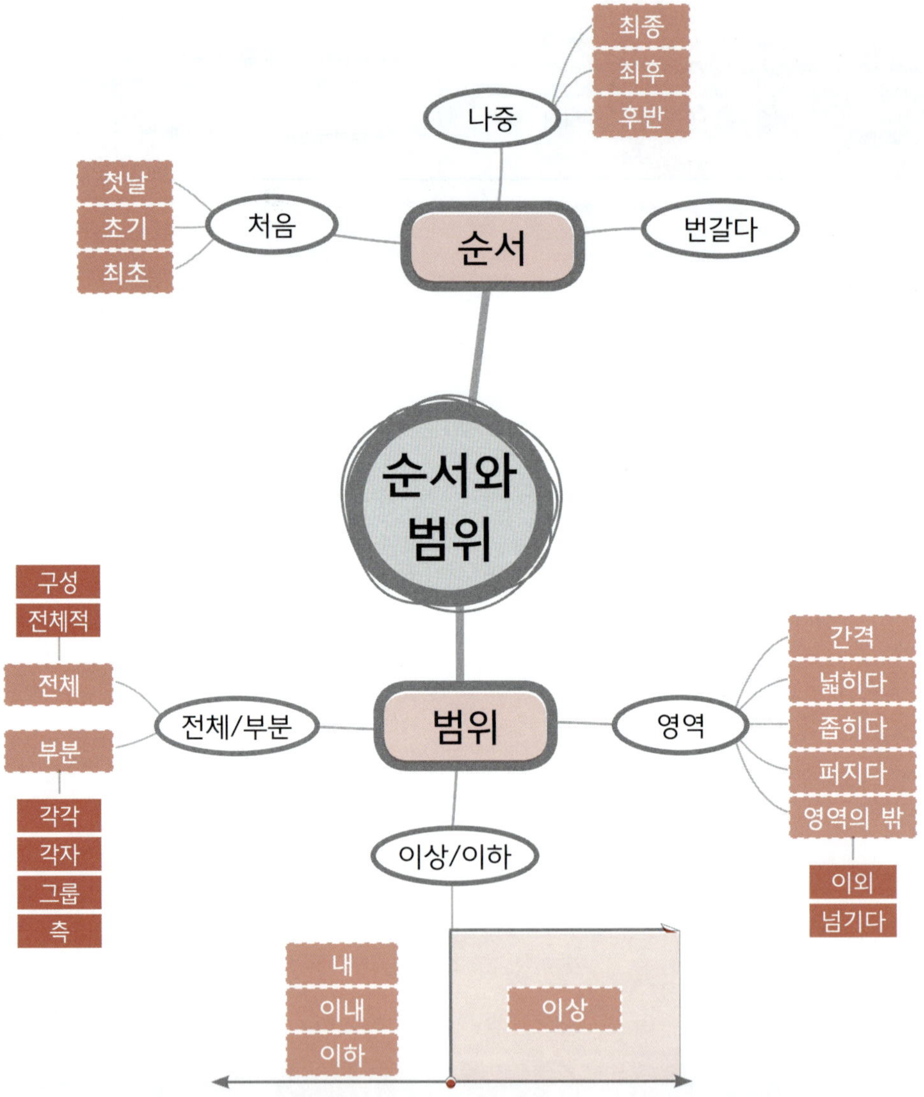

나중 — 최종 / 최후 / 후반

첫날 / 초기 / 최초 — 처음 — **순서** — 번갈다

순서와 범위

구성 / 전체적
전체
부분 — 전체/부분 — **범위** — 영역 — 간격 / 넓히다 / 좁히다 / 퍼지다 / 영역의 밖
각각 / 각자 / 그룹 / 측

이상/이하

내 / 이내 / 이하

이상

영역의 밖 — 이외 / 넘기다

범위
scope, range
范围
範囲

- 가: 가수 유나 씨가 영화를 찍는다고 해.
  나: 정말? 유나 씨는 모델로 시작했는데 가수도 하고 이제는 영화배우까지 활동 **범위**가 점점 넓어지고 있네.
- 부모는 아이들에게 해도 되는 일과 하면 안 되는 일의 **범위**를 정해서 가르쳐야 한다.

  表現 범위가 넓다/작다/좁다, 범위를 정하다/제한하다, 시험 범위

각각
each
各个
各各

- 가: 제가 만든 야채 케이크예요. 한번 먹어 보세요.
  나: 정말 맛있어요! 야채 **각각**의 맛이 서로 잘 어울리는데요.
- (광고) 1년 사용한 텔레비전과 책상을 팝니다. **각각** 3만 원, 만 원입니다. 모두 사시면 3만 원에 드립니다.

각자
比 각각
each
各自
各自

- 가: 어머니가 여행을 가셔서 아침에 우유만 마시고 와서 배가 좀 고프네.
  나: 너는 엄마가 챙겨 주시는구나. 우리 집은 가족이 **각자** 알아서 아침을 챙겨서 먹어.
- 남자 친구와 나는 자기가 먹은 음식 값을 **각자** 낸다.

간격
比 사이, 틈
distance
间隔
間隔

- 가: 버스가 왜 이렇게 안 오지요?
  나: 이 버스는 20분 **간격**으로 와요. 조금 있으면 올 거예요.
- 우리 회사 주차장은 주차 자리의 **간격**이 좁아서 주차하기가 어렵다.

  表現 간격이 넓다/생기다/좁다

구성
composition
构成
構成

- 가: '특별 **구성** 1+1'? 저게 무슨 뜻이에요?
  나: 화장품을 하나 사면 하나를 더 준다는 뜻이에요.
- 물은 우리 몸의 약 67%를 **구성**한다.

外 그룹
外 比 팀
group
组
グループ

- 가: 이번 말하기 시험은 **그룹** 발표를 할 거예요.
  나: 선생님, 그러면 **그룹**은 어떻게 나눠요?
- 내가 좋아하는 한국 가수 **그룹**은 'BTS'인데 노래도 잘하고 춤도 정말 잘 춘다.

내
比 안
in, inside
内部
中

- 가: 아, 배가 너무 고프다. 저녁 먹으러 가자.
  나: 잠깐만. 5분 **내**에 숙제 끝낼게. 조금만 기다려 줘.
- 서울백화점 **내**에 있는 식당은 백화점에서 5만 원 이상 물건을 산 고객에게 10% 할인을 해 준다.

넘기다 pass over 超过 通り越す	• 가: 저는 고등학교 때는 공부하기 싫어해서 책상에 앉으면 30분을 못 **넘기고** 일어났어요. 　나: 하하하. 저도 그랬어요. 그래서 엄마한테 자주 혼났죠. • 갑자기 내린 눈 때문에 비행기가 예정된 시간보다 1시간을 **넘겨서** 도착했다. 　**표현** (나이)살/책/해를 넘기다
넓히다 expand, increase 加宽, 扩展 広げる	• 가: 동생하고 같이 살려면 지금 사는 집이 좀 좁지 않아요? 　나: 네. 그래서 동생이 오기 전에 집을 좀 **넓혀서** 이사 가려고 해요. • 여행과 독서는 생각을 **넓힐** 수 있는 좋은 방법이다. 　**표현** 길/땅/이해/집을 넓히다
영역 region 部分, 领域 領域	• 가: 한국어능력시험(TOPIK) 어땠어? 잘 봤어? 　나: 다른 영역은 괜찮았는데 읽기 **영역**은 시간이 없어서 4문제를 못 풀었어. • 우리 회사는 올해 서비스 **영역**에서 고객들에게 가장 좋은 평가를 받았다.
이내 🔲 내, 안 within 以內 以内	• 가: 한 달 **이내**로 사용해야 하는 무료 영화표가 생겼는데 같이 갈래? 　나: 좋은데. 그런데 아무 영화나 볼 수 있어? • (안내) 30분 **이내** 주차하면 무료이고 30분 후부터는 10분에 1,000원입니다.
이상/이하 over/below 以上/以下 以上/以下	• 가: 너무 많이 먹어서 더 **이상** 못 먹겠어. 　나: 나도. 그럼 남은 피자를 싸 달라고 하자. • (안내) 이곳에 쓰레기를 버리면 100만 원 **이하**의 벌금을 내야 합니다.
이외 🔲 밖 except 以外 以外	• 가: 지하철 안에 지갑이 있는 가방을 놓고 내렸는데 찾을 수 있을까요? 　나: 잃어버린 시간과 지하철역, 그리고 이름과 전화번호를 여기에 써 주세요. 그리고 가방 안에 지갑 **이외**에 다른 건 없어요? • 다이어트를 하려고 저녁 7시 후에는 물 **이외**에는 아무 음식도 안 먹는다.
전체적 overall 整体的 全体的	• 가: 오늘 내 옷차림 어때? 　나: 하나하나 보면 다 괜찮은데 **전체적**으로는 좀 안 어울리는 것 같은데. • 지방 출신 대학생들이 서울의 한 하숙집에 살면서 생기는 일들이 드라마 '서울 1994'의 **전체적**인 내용이다.
측 🔲 쪽 side 边 側	• 가: 빨간불일 때 길을 건너는 중에 교통사고가 나면 어떻게 되는 거예요? 　나: 길을 건넌 사람도 잘못이지만 조심하지 않고 운전한 **측**도 잘못이 있어요. • 한국자동차 **측**은 이번 가을에 새로 나오는 자동차 'D5'가 예약이 벌써 끝나서 차를 사려면 두 달은 기다려야 한다고 설명했다.

좁히다

世 넓히다
narrow, close
縮小
狭める

- 가: 노트북을 사려고 하는데 어떤 게 좋을까?
  나: 먼저 가격의 범위를 **좁히면** 고르기가 좀 쉽지 않을까? 얼마 정도 생각하고 있는데?
- 새 차를 사려고 하는데 원하는 스타일이 너무 달라서 남편과 의견이 **좁혀지지** 않는다.

표현 간격/거리/범위/차이를 좁히다

퍼지다

spread
流传, 扩展
広がる

- 가: 두 사람이 헤어진 지 3일도 안 되었는데 벌써 학교 친구들이 다 알고 있어요.
  나: 네. 그런 소문은 빨리 **퍼지죠**.
- 내가 대학교에 다닐 때는 아래가 넓게 **퍼지는** 청바지가 유행했다.

표현 냄새/독/소문/향기가 퍼지다

순서와 범위 **순서**

번갈다

alternate
交替
互違い

- 가: 컴퓨터가 두 대가 있네요.
  나: 네. 저는 컴퓨터 두 대를 **번갈아** 사용하면서 일해요.
- 목욕을 할 때 따뜻한 물과 차가운 물에 몸을 **번갈아** 가면서 담그면 건강에 좋다고 한다.

표현 번갈아 보다/읽다/하다, 번갈아 가면서 + 동사

첫날

the first day
第一天
初日

- 가: 오늘 출근한 **첫날**이었는데 어땠어?
  나: **첫날**이라서 별로 한 일은 없는데 하루 종일 긴장하고 있어서 좀 피곤하네.
- 마음에 드는 운동화를 사려고 세일 **첫날** 저녁에 백화점에 갔는데 벌써 다 팔렸다.

초기

at the beginning
初期
初期

- 가: 임신 **초기**에는 항상 조심해야 돼요. 서류 상자가 무거운데 제가 들게요.
  나: 도와주셔서 감사합니다, 김 과장님.
- 결혼 **초기**에는 아내와 싸우는 일이 많았는데 지금은 서로를 더 잘 이해하고 받아들이게 되었다.

표현 초기 단계/발견/작품/증상

최초

비 처음
first
最初
最初

- 가: 저기가 한국 **최초**의 빵집이라고 해. 아침 8시밖에 안 되었는데 사람이 저렇게 많네.
  나: 그렇구나. 유명한 가게라는 건 알았는데 한국 **최초**인지는 몰랐어. 우리도 빨리 가 보자.
- 세계 **최초**의 영화는 1895년에 프랑스에서 만든 '열차의 도착'이라고 하는 영화라고 한다.

최종

世 최초
final
最终
最終

- 가: 여행 준비는 다 했어요?
  나: 거의 다요. 비행기 표하고 호텔 예약한 것을 **최종** 확인만 하면 돼요.
- 어제 새벽 4시까지 회사에 낼 **최종** 보고서를 썼다.

표현 최종 결과/목적/보고서/확인

최후

- 🕮 끝, 마지막
- ⊞ 최초
  the last
  最后
  最後

- • 가: 이 게임은 어떻게 하는 거예요?
  나: 4명이 같이 싸우고 **최후**에 남는 사람이 이기는 게임이에요.
- • 이 그림은 화가 이수백 씨가 죽기 전에 그린 **최후**의 작품이다.

후반

second half
后半
後半

- • 가: 별로 기대하지 않고 봤는데 영화가 괜찮았지?
  나: 응. 처음에는 지루하다고 느꼈는데 **후반**부터는 아주 재미있었어.
- • 가수 이효진 씨는 1990년대 **후반**에 최고의 인기 가수였는데 그 후 패션 사업을 시작
  해서 지금은 성공한 사업가가 되었다.

구 성		
성(成): 완성하다	**성**공	success / 成功 / 成功
complete	**성**인 DAY31	adult / 成人 / 成人
成る	**성**적표 DAY34	reportcard / 成绩表 / 成績表
成	완**성** DAY38	completion / 完成 / 完成

이 하		
하(下): 아래	영**하**	below zero / 零下 / 零下
below	지**하**	underground / 地下 / 地下
下 下	연**하** DAY6	younger / 较年轻的 / 年下

1 우리 학교 소개입니다. 아래 글을 읽고 빈칸에 알맞은 단어를 쓰십시오.

그룹	영역	이상

우리 학교를 소개합니다.
우리 학교의 전체 학생 수는 250명입니다. 여러 나라에서 온 학생들이 있는데 학생의
50% **1.** _____ 이/가 중국 학생입니다.
우리 학교의 수업은 모두 다섯 개 **2.** _____ 이/가 있습니다. 읽기, 쓰기, 말하기,
듣기, 어휘와 문법 시간입니다.
우리 반 학생은 모두 16명인데 네 개의 **3.** _____ (으)로 나누어서 팀 수업을 합니
다. 우리 팀에는 일본 학생, 인도 학생, 영국 학생 그리고 제가 있습니다.

2 알맞은 단어를 고르십시오.

1. 한국에 가는 (첫날 / 최초)에 제일 먼저 먹어 보고 싶은 음식은 갈비다.

2. 고등학생인 동생과 영화를 보러 갔는데 19살 (이내 / 이하)는 볼 수 없다고 해서 그냥 저녁
만 먹고 집에 왔다.

3. 열심히 준비한 대학교 시험이 끝났고 한 달 후의 (최후 / 최종) 합격자 발표만 남았다.

4. 이번 중간시험 (간격 / 범위)은/는 1과에서 16과까지이다.

3 빈칸에 알맞은 단어를 쓰십시오.

넘기다	번갈다	퍼지다

1. 가: 경주에 무료로 갈 수 있는 여행 신청 안 했어요?
　　나: 알고 있었는데 잊어버려서 신청해야 하는 날짜를 _____ 았/었어요.

2. 가: 올해 독감은 빨리 _____ 고 잘 안 낫는다고 들었어요.
　　나: 네. 우리 엄마도 감기 때문에 한 달 동안 약을 드시고 계세요.

3. 가: 부산까지 운전해서 가면 너무 피곤하지 않아요?
　　나: 우리 가족들은 모두 운전할 수 있어서 _____ 아/어 가면서 운전하니까 괜찮아요.

장소

아는 단어에 ○표 하세요.

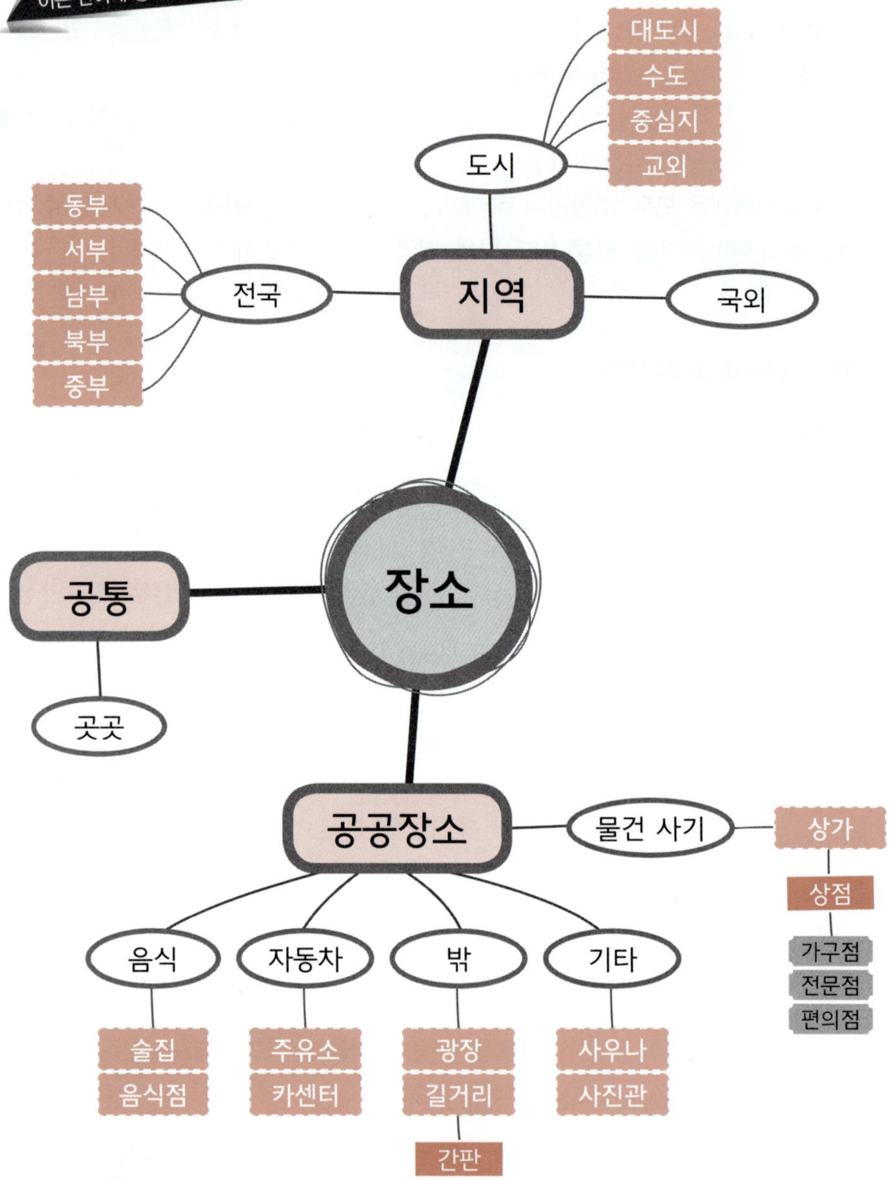

```
                                              대도시
                                              수도
                                              중심지
                                    도시        교외

동부
서부
남부        전국          지역              국외
북부
중부
```

장소

공통

곳곳

공공장소 ── 물건 사기 ── **상가**

상점

가구점
전문점
편의점

음식   자동차   밖   기타

술집   주유소   광장   사우나
음식점   카센터   길거리   사진관

간판

장소 **지역**	

지역
region
地域
地域

- 가: 서울 시내에 이렇게 옛날 분위기가 있는 동네도 있네요!
  나: 네. 이곳은 아파트나 새 건물을 짓지 못하는 **지역**이라고 들었어요.
- 전화번호 앞에 있는 '02'는 서울의 **지역** 번호이다.

교외
rural
郊外
郊外

- 가: 런던에 어학연수 갔을 때 주말에 자주 **교외**로 친구들과 여행을 갔는데 그때 참 재미있었어.
  나: 그래? 어디에 갔었어? 내 고향이 런던 근처에 있는 작은 도시야.
- 부산시 **교외**에 큰 가구 거리가 생겼는데 시내보다 30%에서 70%까지 싸게 가구를 살 수 있다.

국외
foreign country
国外
国外

- 가: 이 드라마가 재미있어요?
  나: 네. 한국에서도 **국외**에서도 인기가 많았다고 들어서 한번 보려고 해요.
- 우리 사장님은 **국외**에 있는 회사 사무실 직원들에게도 추석 선물을 보내신다.

대도시
big city
大城市
大都市

- 가: 한국은 다른 도시에도 지하철이 있어요?
  나: 네. 서울이나 부산 같은 **대도시**에는 지하철이 있어요.
- 가수 조용한 씨는 다음 달 1일부터 서울 공연을 시작으로 5개의 **대도시**에서 한 달 동안 공연에 들어간다.

동부/서부/남부/북부/중부
the east/the west/
the south/the
north/central part
东部/西部/南部/
北部/中部
東部/西部/南部/
北部/中部

- 가: 이번 주에 정말 비가 많이 오네요.
  나: 네. **동부** 지역과 제주도에는 큰 태풍이 왔다고 해요.
- 집 근처에 서울**중부**시장이 있는데 말린 생선이나 해산물 가게가 특히 많이 있다.

수도
capital
首都
首都

- 가: 서울은 언제 한국의 **수도**가 됐어요?
  나: 1390년쯤부터 지금까지 계속 **수도**예요.
- 나는 외국 여행을 가면 그 나라의 **수도**에 가장 먼저 가 본다.

전국
the whole country
全国
全国

- 가: 동운 씨, 방학 때 한국 여행을 가는데 이 교통카드를 다른 도시에서도 사용할 수 있어요?
  나: 네. 이 카드는 **전국**에서 사용할 수 있는 카드예요.
- 나는 중학교 때 그림을 잘 그려서 **전국** 미술 대회에 나간 적이 있다.

중심지
center, hub
中心地区
中心地

- 가: 고객님, 호텔은 어떤 곳을 찾으세요?
  나: 일본 여행이 처음이라서 시내 **중심지**에 있는 호텔이면 좋겠어요.
- 패션과 쇼핑의 **중심지**인 동대문은 많은 가게들이 낮과 밤에 모두 문을 연다.

공공장소 public place 公共場所 公界	• 가: 한국에서 인터넷을 무료로 할 수 있는 곳이 많은 것 같아요. 나: 네. 다른 도시는 잘 모르겠지만 서울에 있는 **공공장소**에서는 거의 다 인터넷이 무료예요. • 부모는 아이들에게 **공공장소**에서 하면 안 되는 것과 해도 되는 것을 가르쳐야 한다.
가구점 furniture store 家具店 家具屋	• 가: 인터넷에서 소파를 샀는데 컴퓨터에서 보는 것과 색깔이 많이 달라서 바꾸려고 해. 나: 가구라서 다시 포장해서 보내기 불편하겠다. 다음에 가구를 살 때는 **가구점**에 가서 직접 보고 사는 게 좋겠어. • 요즘은 손님이 원하는 디자인으로 가구를 주문할 수 있는 **가구점**이 많다.
간판 sign 牌子 看板	• 가: 이 식당은 **간판**이 없네. 나: 응. 그래도 전국에서 사람들이 찾아올 정도로 유명한 식당이야. • 한국 문화의 거리인 인사동 골목에는 외국어로 쓴 **간판**이 없고 모두 한국어 **간판**이다.
광장 square 广场 広場	• 가: 내일 어디에서 몇 시에 만날까? 나: 기차 시간이 10시니까 9시 반에 서울역 **광장**에서 만나자. • 서울**광장**에 있는 스케이트장은 1시간에 1,000원밖에 안 해서 항상 사람들이 많다.
길거리 street 街道 街頭	• 가: 이 길에는 쓰레기통이 없네요? 나: 네, 쓰레기통이 없으니까 **길거리**가 깨끗해서 좋은 것 같아요. • 대학교 앞 공원에서는 매주 주말마다 여러 가지 **길거리** 공연이 열린다.
외 **사우나** sauna 桑拿 サウナ	• 가: **사우나**를 하고 나오니까 그동안 쌓인 스트레스가 풀린다. 나: 응. 그리고 땀을 빼서 기분도 좋고 피부도 좋아졌어. • 우리가 간 호텔은 숙박하는 고객들에게 **사우나** 요금을 50% 할인해 준다.
사진관 photo studio 照相館 写真館	• 가: 학생증을 만들려면 사진이 필요한데 근처에 **사진관**이 어디에 있어요? 나: 근처에 **사진관**은 없고 지하철역 안에 사진을 찍으면 바로 사진이 나오는 곳이 있어요. • 인터넷 **사진관**이 많이 생겨서 동네 **사진관**이 점점 없어지고 있다.
상가 shopping district 商店, 商业街 商店街	• 가: 남자 친구와 만난 지 1년이 되어서 커플 반지를 사려고 해. 나: 그래? 그럼 종로에 가 봐. 거기에 가면 액세서리 **상가**들이 많이 있어서 좀 싸게 살 수 있어. • 고속버스터미널 역 지하**상가**에는 예쁘고 싼 옷 가게가 많이 있다.

상점 store 商店 店	• 가: 켄토 씨, 명절 잘 보냈어요? 　나: 아니요. **상점**들이 문을 모두 닫아서 저 같은 외국인들은 명절 때 집에만 있어야 해요. • 고속버스 터미널로 가는 지하상가에는 600개가 넘는 **상점**이 있다.
술집 bar 酒店 飲み屋	• 가: 지갑을 아직도 못 찾았어? 　나: 응. 어제 친구랑 간 **술집**에 놓고 온 것 같아. • 한국에서 **술집**에 들어가려면 19살이 넘어야 한다.
음식점 restaurant 饭店 飯屋	• 가: 오늘 저녁은 중국 **음식점**에 가서 먹는 게 어때? 　나: 좋아. 며칠 전부터 자장면이 먹고 싶었는데 잘 됐다. • 지난주부터 24시간 배달 **음식점**에서 아르바이트를 시작했는데 밤 8시부터 새벽 1시까지 일한다.
전문점 a speciality store 专门店 専門店	• 가: 이 초콜릿 직접 만든 거예요? 　나: 아니에요. 집 근처에 새로 생긴 초콜릿 **전문점**에서 샀어요. 맛있죠? • 우리 학교 앞에 있는 라면 **전문점**에서 파는 라면은 종류가 20가지가 넘는다.
주유소 gas station 加油站 注油所	• 가: 차를 깨끗하게 닦고 싶은데 시간이 없네. 　나: 8만 원 이상 기름을 넣으면 **주유소**에서 무료로 차를 닦아 줘. 3분도 안 걸리니까 다음에 한번 이용해 봐. • 자신이 직접 기름을 넣는 **주유소**를 이용하면 기름 값이 조금 더 싸다.
의 카센터 garage 汽车修理厂 カーセンター	• 가: 토요일에 차를 고치러 가려고 하는데 몇 시까지 가면 될까요? 　나: 저희 **카센터**는 토요일은 5시까지 합니다. • 차가 **카센터**에 있어서 이번 주에는 지하철을 타고 회사에 갔다.
편의점 convenience store 便利店 コンビニ	• 가: 배가 아파서 약을 사고 싶은데 시간이 너무 늦어서 약국이 문을 닫았을 것 같아요. 　나: **편의점**에서도 몇 가지 약을 살 수 있으니까 **편의점**에 가 보세요. • 일본 **편의점**에서 파는 빵은 싸지만 맛있고 종류도 많아서 일본 여행 중에 자주 이용했다.

장소　공통

곳곳 here and there 各处 所所	• 가: 돈이 많이 있으면 뭘 하고 싶어? 　나: 세계 **곳곳**을 돌아다니면서 여행하고 싶어. • 갑자기 눈이 와서 시내 **곳곳**에서 교통사고가 많이 났다.

1 우리 동네 이야기입니다. 빈칸에 알맞은 단어를 쓰십시오.

| 광장 | 길거리 | 술집 | 전문점 | 편의점 |

우리 동네는 아주 살기 좋습니다.

1. 집 앞에는 _____이/가 있습니다. 늦은 밤이나 새벽에도 문을 여니까 편합니다.

2. 버스로 10분 거리에 시청이 있습니다. 시청 앞에는 넓은 _____이/가 있는데 여러 가지 무료 공연을 자주 볼 수 있습니다.

3. 걸어서 20분만 가면 신촌이 있습니다. 신촌에는 _____이/가 많아서 시원한 맥주가 마시고 싶을 때 자주 갑니다.

4. 버스 정류장 옆에 신발만 세탁해 주는 신발 세탁 _____이/가 있는데 2,000원밖에 안 해서 자주 이용합니다. 새 신발처럼 정말 깨끗하게 빨아 줍니다.

2 지도를 보고 빈칸에 알맞은 단어를 쓰십시오.

| 동부 | 남부 | 서부 | 전국 |

1. 한국에는 높지 않은 산이 많아요. 그래서 _____ 어느 도시에서도 쉽게 등산을 할 수 있어요.

2. 한국의 _____ 지방에 있는 강릉에는 해수욕장이 많이 있어요. 또 '카페 거리'도 유명한데 매년 커피 축제가 열릴 정도로 많은 카페가 있어요.

3. _____에 위치하고 있는 도시인 인천에는 국제공항이 있어요. 그리고 '송도'라고 하는 국제도시가 있는데 공원과 야경이 정말 아름다워요.

4. 부산은 한국의 _____ 지방에 있는 도시인데 한국 최대 해수욕장인 '해운대'가 있어요. 그리고 매년 가을에 아시아 최대 영화제인 부산국제영화제가 열려요.

대 도 시 시(市) : 도시 city 市 都市	시내	downtown / 市内 / 市内
	시민	citizen / 市民 / 市民
	시외	countryside / 市外 / 市外
	시청	city hall / 市政厅 / 市庁

사 진 관 관(館) : 집 house 馆 -館	도서관	library / 图书馆 / 図書館
	대사관	embassy / 大使馆 / 大使館
	박물관	museum / 博物馆 / 博物館
	영화관	movie theatre / 电影院 / 映画館

✎ MEMO

DAY 61 집1

아는 단어에 ◯표 하세요.

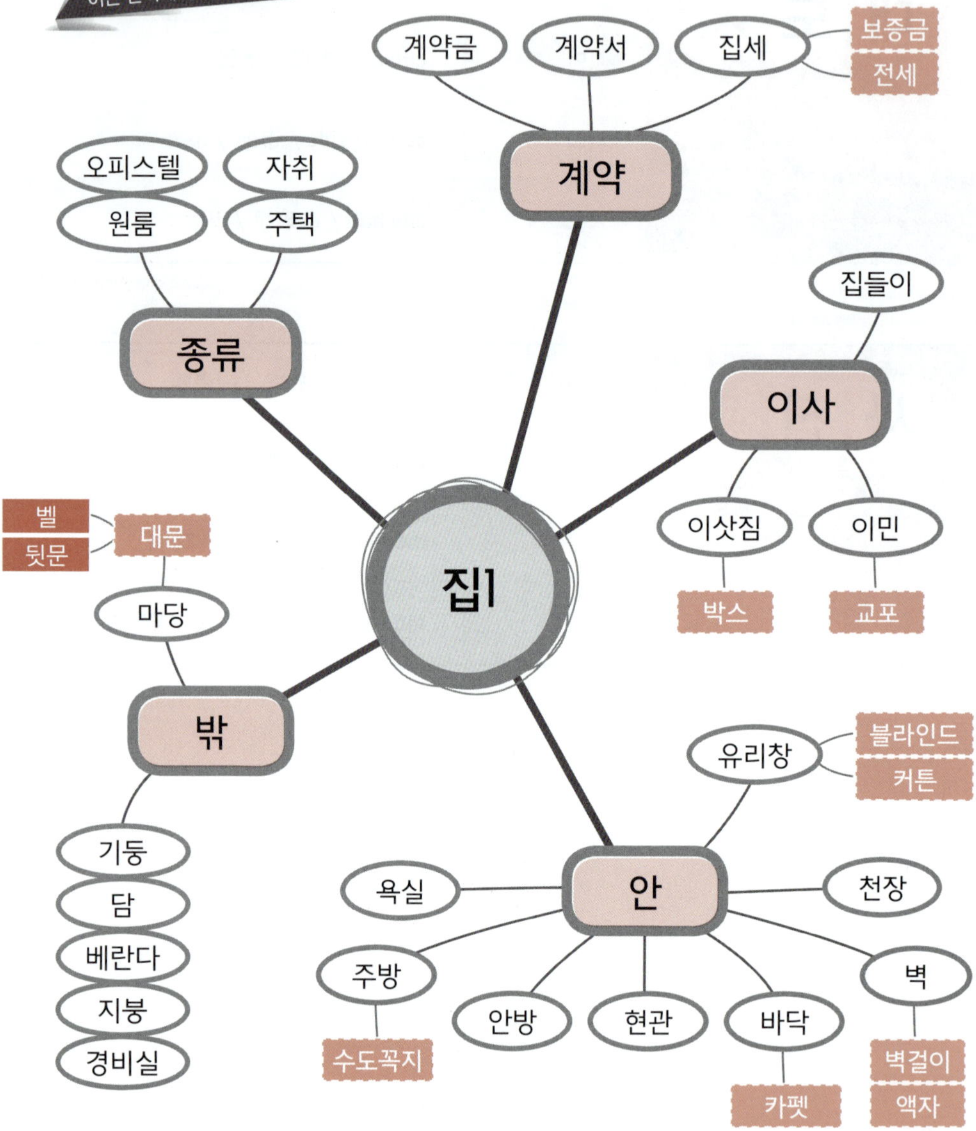

계약
- 계약금
- 계약서
- 집세
  - 보증금
  - 전세

종류
- 오피스텔
- 원룸
- 자취
- 주택

이사
- 집들이
- 이삿짐
  - 박스
- 이민
  - 교포

집1

밖
- 대문
  - 벨
  - 뒷문
- 마당
- 기둥
- 담
- 베란다
- 지붕
- 경비실

안
- 유리창
  - 블라인드
  - 커튼
- 천장
- 벽
  - 벽걸이
  - 액자
- 바닥
  - 카펫
- 현관
- 안방
- 주방
  - 수도꼭지
- 욕실

집1　종류

외 오피스텔
studio
办公楼
オフィステル

- 가: 다음 달에 이사 올 수 있는 **오피스텔**을 구하고 있는데요.
  나: 지은 지 1년밖에 안 된 새 **오피스텔**이 있는데 한번 보시겠어요?
- 10년 동안 모은 돈으로 작은 **오피스텔**을 두 개 샀는데 월세로 한 달에 100만 원 정도를 받고 있다.

외 원룸
studio
套房
ワンルーム

- 가: 이 **원룸**은 다른 **원룸**보다 많이 비싸네요.
  나: 이 방에는 가구나 냉장고, 에어컨, 텔레비전처럼 필요한 게 거의 다 있어요. 그냥 개인 짐만 가지고 들어오면 돼요.
- 우리 동네 근처에는 대학교가 2개나 있어서 작은 **원룸**이 많이 있다.

자취
live apart from
one's own family
一个人生活
自炊

- 가: 남편이 요리를 정말 잘하시네요!
  나: 대학교 때부터 10년 동안 **자취**를 해서 요리를 잘하게 됐다고 해요.
- 집에서 회사까지 너무 멀어서 회사 앞 오피스텔에서 **자취**를 하기로 했다.

주택
housing
住宅
住宅

- 가: 나는 지금까지 아파트에서만 살았는데 나중에 결혼하면 **주택**에서 살고 싶어.
  나: 나도 그래. 난 마당이 넓은 이층집에서 살 거야.
- **주택** 값이 너무 비싼 것이 서울의 가장 큰 **주택** 문제라고 생각한다.

집1　계약

계약
contract
签订
契約

- 가: 전세 **계약**이 끝나서 이사를 가야 하는데 내 조건에 맞는 집을 찾기가 어렵네.
  나: 그럴 거야. 나도 올해 10월에 **계약**이 끝나는데 걱정이야.
- 아파트나 원룸과 다르게 오피스텔은 1년마다 **계약**을 다시 해야 한다.
  표현 계약이 끝나다, 계약 기간/내용/조건/취소

계약금
deposit
定金
手付け

- 가: 집 **계약금**은 어떻게 내야 합니까?
  나: 계약서를 쓸 때 20~30% 내고 이사하기 전까지 나머지를 내면 됩니다.
- 자동차를 사기로 하고 계약했을 때 특별한 이유 없이 계약을 취소하면 **계약금**을 돌려받을 수 없다.

계약서
contract
合同书
契状

- 가: 오늘 아파트 **계약서**를 쓰러 부동산에 가요.
  나: 결정했군요. 잘 알고 있겠지만 사인하기 전에 **계약서** 내용을 잘 읽어 보세요.
- 회사에서 1년에 한 번 **계약서**를 다시 쓰는데 그때마다 월급이 조금씩 오른다.

보증금
deposit
押金
見返り資金

- 가: 월세 얼마 정도의 집을 찾으세요?
  나: **보증금**은 1,000만 원 정도, 월세는 40~50만 원 정도 생각하고 있어요.
- 수영장에서 수영복을 빌리려면 5,000원을 내야 하는데 그중에서 3,000원은 **보증금**이라서 다시 받을 수 있다.

전세 lease 包租 貸し切り	• 가: **전세** 구했어요? 　나: 회사에서 제일 가까운 곳을 알아봤는데 제일 싼 게 5천만 원이었어요. • 지금 살고 있는 집은 **전세**인데 건물 주인이 다음 계약 때는 **전세**를 월세로 바꾼다고 　해서 이사를 가야 할 것 같다.
집세 rent 房租 家賃	• 가: 왜 서울에서 인천으로 이사를 가요? 　나: **집세**가 너무 올라서요. 남편 회사도 인천에서 더 가깝고요. • 우리 집이 생겨서 이제부터는 **집세** 걱정을 안 해도 되니까 아주 행복하다. 　**표현** 집세를 내다/받다/올리다

교포 overseas Korean 侨胞 海外同胞	• 가: 이 친구 이름은 효성이야. 프랑스에서 한국어를 배우러 온 **교포**야. 　나: 안녕. 내 이름은 원원이야. 만나서 반가워. • 캐나다에 있을 때 대학교에 **교포** 친구들이 많아서 한국어에 관심을 가지게 되었다.
외 박스 **비** 상자 box 箱子 ボックス	• 가: 이 종이 쓰레기는 어디에 버려야 돼요? 　나: 저기 문 옆에 큰 **박스** 보이죠? 거기에 사무실에서 나오는 종이 쓰레기를 모으 　　고 있어요. • 20년이 지났지만 어렸을 때 친구들에게 받은 편지나 선물을 버리지 않고 작은 **박스** 　에 넣어서 가지고 있다.
이민 immigration 黎民 移民	• 가: 소피아 씨는 독일 사람인데 가족이 미국에 살아요? 　나: 네, 아버지 일 때문에 고등학교 때 미국으로 **이민**을 갔어요. • 내 친구 수민이는 5살 때 영국으로 **이민**을 가서 영어를 아주 잘한다.
이삿짐 a moving load 搬家行李 引越し荷物	• 가: 시험 끝났는데 일요일에 영화 보러 갈까? 　나: 미안해. 지난주에 이사를 했는데 **이삿짐** 정리를 아직 못해서 이번 주말에 해야 해. • 어제 이사를 했는데 **이삿짐**을 많이 옮겨서 몸 여기저기가 다 아프다.
집들이 housewarming 乔迁宴 家見	• 가: 한국 친구가 이사해서 **집들이**를 하는데 선물로 뭘 사면 좋아요? 　나: 한국 사람들은 보통 휴지를 사 가요. • 나와 남편은 친구들이 많아서 신혼 때 **집들이**를 아홉 번이나 했다.

벽걸이 wall-mounted 壁挂 壁掛け	• 가: 여보, 에어컨은 어떤 걸로 살까요? 　나: 이사 가는 집 거실이 좀 작으니까 **벽걸이**로 사는 게 어때요? • 집을 좀 더 넓게 쓰고 싶어서 **벽걸이** 텔레비전을 사려고 한다.

외 블라인드 blind 百叶窗 ブラインド	• 가: 인터넷으로 **블라인드**를 사려고 해요? 　나: 네. 아이들 방에 할 귀여운 그림이 있는 **블라인드**를 찾고 있어요. • 어렸을 때 세계 여행이 꿈이어서 방에 세계지도 그림이 있는 큰 **블라인드**를 걸었다. 　**표현** 블라인드를 걸다/하다
수도꼭지 tab 水龙头 水栓	• 가: 이 **수도꼭지** 어떻게 사용하는 거예요? 　나: 손으로 **수도꼭지**를 돌리지 않아도 돼요. **수도꼭지** 아래에 손을 가깝게 대면 물이 나와요. • 차가운 물은 나오는데 따뜻한 물이 안 나오는 것을 보면 **수도꼭지**가 고장 난 것 같다.
안방 **비** 침실 main room 卧室 奥	• 가: 여기는 무엇을 하는 방이에요? 　나: **안방**인데 옛날에는 집주인의 아내가 사용하는 방이었어요. 그런데. 요즘은 부부가 사용하는 방을 보통 **안방**이라고 해요. • 나는 혼자 자는 것이 무서워서 8살까지 **안방**에서 엄마, 아빠와 같이 잤다.
액자 frame 相框 額縁	• 가: 이쪽 벽에 그림이나 사진을 거는 게 어떨까? 　나: 좋은 생각이야. 잡지에서 봤는데 여러 개의 **액자**로 벽을 꾸미니까 예뻐 보였어. • 내 회사 책상 위에는 우리 가족사진과 세 아이들의 사진이 있는 **액자** 두 개가 있다.
욕실 kitchen 浴室 浴室	• 가: 안경이 어디 있지? 호당, 내 안경 못 봤어? 　나: **욕실**에 가 봐. 아까 샤워할 때 **욕실**에서 봤어. • 나는 하숙집에 사는데 하숙집 사람들이 많기 때문에 아침에는 **욕실**을 아주 잠깐만 사용해야 한다.
유리창 window 玻璃窗 ガラス窓	• 가: **유리창** 청소는 어떻게 해요? 　나: 저는 오래돼서 안 쓰는 로션을 사용하는데 아주 깨끗하게 닦을 수 있어요. • 내 자동차의 **유리창**은 안에서는 밖이 보이지만 밖에서는 안이 안 보인다.
주방 **비** 부엌 kitchen 厨房 厨房	• 가: 식당 **주방**에서 설거지하는 일이 힘들지 않아? 　나: 힘들지만 같이 일하는 한국 사람들과 한국말 연습을 많이 할 수 있어서 좋아. • 주부들이 집에서 하루 중 가장 많은 시간을 보내는 곳은 **주방**이라고 한다.
천장 ceiling 顶棚 天井	• 가: 어, 화장실 **천장**에서 물이 떨어져. 　나: 그래? **천장**에 문제가 있는 것 같은데 하숙집 주인아저씨한테 말해야겠다. • 교실 **천장**에 에어컨이 있지만 내가 앉은 자리까지 바람이 오지 않아서 너무 덥다.

외 **카펫** carpet 地毯 カーペット	• 가: **카펫**에 왜 소금을 뿌려? 　나: 이렇게 하고 나서 30분 정도 후에 청소기로 청소하면 깨끗하게 돼. • 겨울이 되었으니까 **카펫**을 꺼내서 거실에 깔아야겠다. 표현 카펫을 깔다
외 **커튼** curtain 窗帘 カーテン	• 가: **커튼**이 바뀌었네요. 　나: 네. 봄이 되어서 집의 분위기를 바꾸고 싶어서요. 어때요? • 나는 햇빛이 들어오면 잠에서 바로 깨기 때문에 침실 **커튼**은 햇빛을 막아 주는 두꺼운 **커튼**으로 해야 한다.
현관 front door 玄关 玄関	• 가: 집의 **현관**이 아주 넓은데요. 신발장도 크고요. 　나: 그렇지요? 전에는 좁아서 자전거를 밖에 두었는데 이제는 집 안에 둘 수 있어서 좋아요. • 나는 아버지가 출근하실 때는 항상 **현관**까지 가서 아버지께 "잘 다녀오세요."라고 인사를 드린다.

집1 　**밖**

경비실 security office 警卫室 警備室	• 가: 어, 물이 왜 안 나오지? 　나: **경비실**에서 안내 방송 했는데 오늘 저녁 6시까지 물이 안 나온다고 했어. • 거의 대부분의 건물 **경비실**에서는 CCTV로 건물 안에서 생기는 일을 볼 수 있다.
기둥 column 柱子 柱	• 가: 저기 강에 있는 **기둥**들은 뭐예요? 　나: 다리의 **기둥**이에요. 한강 다리를 하나 더 짓고 있다고 들었어요. • 지금은 **기둥**만 남았지만 옛날에는 여기에 아주 큰 건물이 있었다고 한다.
담 wall 墙 垣	• 가: 경복궁이 참 아름답지요? 　나: 네. 저는 특히 여기 **담**에 있는 무늬가 아주 예쁘고 마음에 들어요. • 초등학교 때 친구들과 학교 문으로 들어가지 않고 **담**을 넘어서 들어간 적이 많았다. 표현 담을 넘다
대문 gate 大门 大門	• 가: 여보세요, 택배 배달 왔는데 집에 안 계시는 것 같아서 전화드렸습니다. 　나: 네. 지금 집에 없는데 5분 안에 도착하니까 그냥 **대문** 앞에 놓고 가 주세요. • **대문**이 열리는 소리가 나는 것을 보니까 아버지가 오신 것 같다.
뒷문 back door 后门 裏門	• 가: 실례지만 이 근처에 서울은행이 어디에 있어요? 　나: 이 건물 **뒷문**으로 나가면 바로 보여요. • 한국에서 버스를 탈 때는 앞문으로 타고 **뒷문**으로 내려야 한다.

외 **베란다** veranda 阳台 ベランダ	• 가: 엄마, 날씨가 더워서 잠이 잘 안 와요. 　나: 그럼 **베란다** 창문을 좀 열고 거실에서 자자. • 어머니는 꽃을 좋아하셔서 **베란다**에서 여러 가지 꽃을 기르신다.
외 **벨** bell 门铃 ベル	• 가: 여기요, 여기요! 반찬 좀 더 주세요. 　나: 메리 씨, 여기 테이블에 있는 **벨**을 누르면 직원이 와요. • 엘리베이터 안에는 위험한 일이 생기거나 문이 열리지 않을 때 누르는 **벨**이 있다.
지붕 roof 屋顶 屋根	• 가: 동해안 여행 때 탈 자동차 빌렸어요? 　나: 네. **지붕**이 없는 자동차를 빌렸는데 그 차를 타고 아름다운 동해안의 도로를 달릴 거예요. • 내가 어렸을 때 한 집에 사는 세 가족의 이야기를 내용으로 하는 '한 **지붕** 세 가족'이라고 하는 드라마가 인기가 있었다.

1 '내가 살고 싶은 집'입니다. 빈칸에 알맞은 단어를 쓰십시오.

| 유리창 | 주방 | 지붕 | 천장 |

내가 살고 싶은 집

　미래에 나는 마당이 넓은 2층집에서 살고 싶다.

1. 거실은 벽 전체가 큰 _____ 이면 좋겠다. 그래서 햇빛이 잘 들어오고 겨울에도 항상 따뜻하면 좋겠다.

2. 우리 집에서 가장 넓은 곳은 _____ 이다. 요리를 좋아하니까 가장 많은 시간을 보내는 곳이 될 것이다. 매일 가족을 위해서 맛있는 요리를 만들고 싶다.

3. _____ 은 오페라 극장처럼 높으면 좋겠다. 그리고 작은 유리 창문도 있어서 누워서 하늘을 볼 수 있으면 좋겠다.

4. 나는 별을 보는 것을 좋아하니까 _____ 위에 별을 볼 수 있는 곳을 만들어서 날씨가 좋은 날 밖에서 별을 보고 싶다.

---

2 집에 대해 이야기하고 있습니다. 빈칸에 알맞은 단어를 쓰십시오.

| 계약서 | 보증금 | 자취 | 주택 |

1. 가: 이 하숙집은 얼마예요?

　나: _____ 이/가 500만 원이고 월세는 한 달에 50만 원이에요.

2. 가: _____ 을/를 하니까 어때요?

　나: 하숙집에 살 때는 요리를 안 해서 편했는데 지금은 매일 음식을 만들어야 하니까 좀 힘들어요.

3. 가: 7월에 결혼을 하는데 집을 찾고 있어요.

　나: 아파트를 찾으세요?

　가: 아니요. 마당이 있는 _____ 을/를 구하고 있어요.

4. 가: 아까 마지막으로 가 본 집이 마음에 드는데요. 그 집으로 할게요.

　나: 네. 그럼 먼저 _____ 을/를 써야 하는데 언제가 괜찮으시겠어요?

계 약	약속	promise / 约会 / 約束
약(約) : 약속	예약	reservation / 预约 / 予約
promise 约 約束	약혼 DAY6	engagement / 婚约 / 婚約

대 문	남대문	Namdaemun / 南大门 / 南大門
문(門) : 문	창문	window / 窗 / 窓
gate, door 门 門	뒷문 DAY61	back door / 后门 / 裏門

천 장	천국 DAY78	heaven / 天堂 / 天国
천(天) : 하늘	천사 DAY78	angel / 天使 / 天使
sky, heaven 天 天	천재 DAY46	genius / 天才 / 天才

집2

아는 단어에 ○표 하세요.

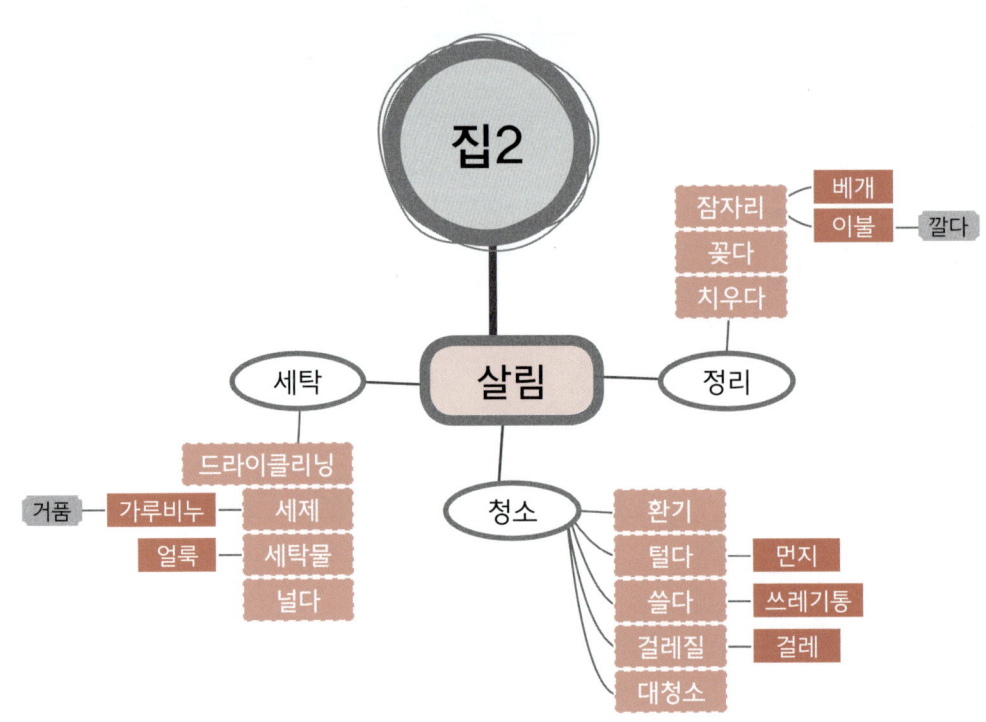

살림
housekeeping,
household goods
家事, 家具
暮らし, 所帯道具

- 가: '살림 잘 하는 방법'? 이 책을 읽고 있어요?
  나: 네. 이제 곧 결혼하는데 집안일을 잘 못해서 며칠 전부터 읽기 시작했어요.
- 살림이 많아서 이번에 이사할 때 자주 안 쓰는 것들을 많이 버리려고 한다.

표현 살림이 늘다, 살림을 잘하다/못하다

집2 세탁

가루비누
powdered soap
洗衣粉
粉石鹼

- 가: 고객님, 이 가루비누 한번 써 보세요. 차가운 물에도 잘 녹아요.
  나: 그래요? 그럼 하나 주세요.
- 나는 가루비누를 다 써서 없을 때는 샴푸와 식초를 사용해서 빨래를 한다.

거품
bubble
泡沫
泡

- 가: 아, 시원하다. 이렇게 더운 여름밤에 마시는 맥주는 정말 맛있어.
  나: 응. 이 맥주는 거품이 아주 부드러운데!
- 우리 집 아이들은 목욕을 할 때 비누로 거품을 만들어서 가지고 노는 것을 좋아한다.

표현 거품이 나다/나오다

널다
hang
晒
干す

- 가: 이불 빨래는 얼마나 자주 해요?
  나: 빨래는 1년에 한두 번 하는데 햇빛이 강한 날에는 이불을 자주 밖에 널어요.
- 아침에 세탁기로 빤 옷을 꺼내서 널어야 하는데 잊어버리고 그냥 학교에 왔다.

외 드라이클리닝
dry cleaning
干洗
ドライクリーニング

- 가: 집 앞에 새로 생긴 세탁소에서 한 달 동안 드라이클리닝 가격을 50% 할인해 준다고 해.
  나: 정말? 정장하고 스웨터를 세탁소에 맡기려고 했는데 이번에는 그 세탁소에 맡겨야겠다.
- 스키를 타거나 골프를 칠 때 입는 옷은 드라이클리닝을 하면 안 된다.

세제
detergent
洗涤剂
洗剤

- 가: 세제로 과일을 씻어요?
  나: 이건 과일이나 야채를 씻을 때 사용하는 세제예요.
- 그릇을 휴지로 먼저 닦고 설거지를 하면 세제를 조금만 사용해도 된다.

세탁물
laundry
洗衣物
濯ぎ物

- 가: 옷 색깔이 빨기 전과 조금 달라요.
  나: 흰색 옷과 검은색 옷을 같이 빨았군요. 옷을 빨 때는 색깔이 비슷한 세탁물을 모아서 따로따로 빨아야 돼요.
- 며칠 동안 집안일을 못해서 세탁물이 많이 쌓였다.

얼룩
spots
斑点
染み

- 가: 산 지 얼마 안 된 가방인데 비에 젖어서 얼룩이 생겼어.
  나: 없애기 쉽지 않을 것 같으니까 가방을 산 가게에 가서 A/S가 되는지 한번 물어봐.
- 땀 때문에 생긴 얼룩은 샴푸를 바르고 빨면 깨끗하게 지울 수 있다.

표현 얼룩이 생기다, 얼룩을 닦다/지우다

걸레
rag
抹布
雑巾

- 가: 노트북을 걸레로 닦으면 안 돼요.
  나: 이건 물에 젖지 않은 걸레라서 괜찮아요.
- 우리 어머니는 성격이 깔끔하셔서 걸레도 삶아서 쓰신다.

걸레질
mopping
拖地
拭き掃除

- 가: 난 욕실 청소 다 했는데 좀 쉬고 하자.
  나: 좋아. 나도 설거지 다했으니까 이제 걸레질만 같이 하면 되겠다.
- 지금 임신을 해서 바닥을 닦을 때 엎드려서 걸레질을 하면 허리가 아프다.

대청소
house cleaning
大扫除
大掃除

- 가: 주말에 대청소를 했는데 침대 밑에서 5만 원이 나왔어.
  나: 갑자기 생각하지 못한 돈이 생겨서 기분이 좋았겠네.
- 우리 가족은 계절이 바뀔 때마다 대청소를 한다.

먼지
dust
尘
埃

- 가: 와, 자동차에 쌓인 이 먼지들 좀 봐!
  나: 요즘 황사가 심하니까 지하 주차장에 차를 세우는 게 좋겠어.
- 오랫동안 청소를 하지 않아서 침대 밑에 먼지가 많이 쌓였다.
- **표현** 먼지가 끼다/나다/덮이다/쌓이다

쓰레기통
trash can
垃圾桶
屑籠

- 가: 이게 음식물 쓰레기통이에요?
  나: 네. 친구한테 선물을 받았는데 쓰레기 냄새도 안 나고 디자인도 예뻐요.
- 우리 동네 공원에는 쓰레기통이 없어서 쓰레기를 집으로 가지고 와야 한다.

쓸다
sweep
扫
掃く

- 가: 주말에 눈이 정말 많이 왔지요?
  나: 네. 우리 집 마당에도 눈이 많이 쌓여서 아침에 아이들과 같이 마당을 쓸었어요.
- 낙엽은 아름답지만 떨어진 낙엽을 쓰는 것은 좀 귀찮다.

털다
dust off
抖
叩く

- 가: 자, 이제 청소를 시작할까?
  나: 그래. 나는 먼저 집 안 먼지를 털게.
- 어떤 옷은 빨래 후 널기 전에 두세 번 털면 다리지 않아도 된다.
- **표현** 먼지/옷/이불을 털다

환기
ventilate
通風
換気

- 가: 오늘은 날씨가 좀 따뜻하니까 환기를 좀 시키자.
  나: 그래. 겨울에는 추워서 환기를 잘 안 하게 돼.
- 우리 집은 환기가 잘 안 돼서 특히 생선 요리를 하면 며칠 동안 집에서 냄새가 난다.
- **표현** 환기가 잘 되다/안 되다, 환기를 시키다, 실내 환기, 환기 시설

정리

깔다
spread out
铺
敷く

- 가: 안 쓰는 종이 있어요? 의자가 좀 더러워서 종이를 깔고 앉아야겠어요.
  나: 그렇네요. 잠깐만요. 저한테 신문이 있어요.
- 우리 집은 겨울에는 거실에 따뜻한 분위기가 나는 카펫을 깐다.

꽂다
put
插
差し込む

- 가: 유키, 닭고기 내가 구울까?
  나: 응. 그런데 그냥 굽지 말고 자른 닭고기를 나무 막대기에 꽂아서 구워.
- 요즘 인터넷으로 꽃을 예쁘게 꽂는 방법을 배우고 있다.

표현 꽃/책/우산을 꽂다

베개
pillow
枕头
枕

- 가: 침대 위에 있는 베개는 얼마예요?
  나: 베개는 무료입니다. 이번 달에 침대를 사시는 손님들께 베개 2개를 드리고 있습니다.
- 우리 아들들은 아빠와 베개 싸움 하면서 노는 것을 제일 좋아한다.

이불
bedding
被子
布団

- 가: 어떤 이불을 찾으세요, 손님?
  나: 세탁기로 빨 수 있고 가벼운 것으로 좀 보여 주세요.
- 나는 침대 위에 까는 얇은 이불을 매주 세탁한다.

표현 이불을 깔다/덮다/정리하다

잠자리
bed
睡铺, 睡觉
寝床

- 가: 왜 그렇게 피곤해 보여?
  나: 잠자리가 바뀌어서 잠을 잘 못 자서 그래.
- 나는 잠자리에 들기 전에 꼭 책을 읽는 습관이 있다.

표현 잠자리를 바꾸다/정리하다, 잠자리에 들다

치우다
비 옮기다, 정리하다
clean(tidy) up
搬, 整理
片付ける, 移す

- 가: 이거 집에서 하는 운동을 가르쳐 주는 DVD인데 같이 해 볼래?
  나: 좋아. 그런데 테이블 때문에 자리가 좁으니까 테이블을 저쪽으로 치우고 하자.
- 학교에 늦을까 봐 밥을 먹은 후에 식탁도 치우지 않고 집에서 나왔다.

표현 물건/방/상/쓰레기를 치우다

1 청소를 하고 있습니다. 다음 그림을 보고 빈칸에 알맞은 단어를 쓰십시오.

| 깔다 | 꽂다 | 널다 | 쓸다 | 치우다 | 털다 |

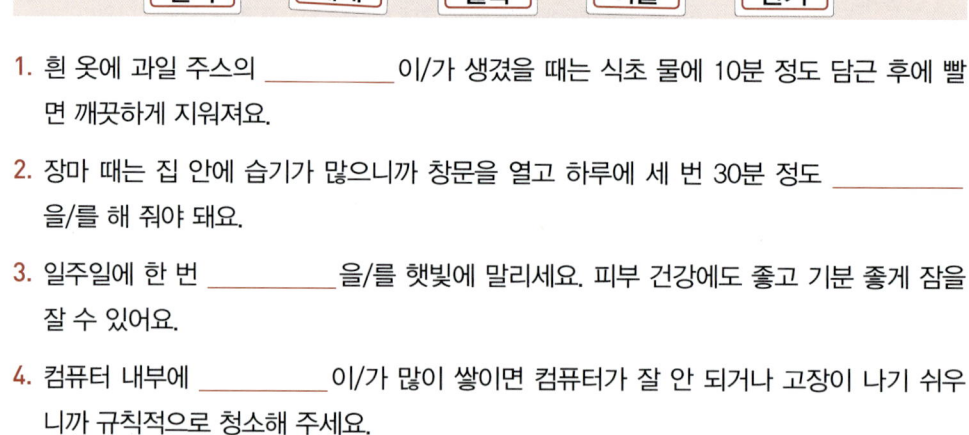

1. 먼지를 _____

2. 이불을 _____

3. 책장에 책을 _____

4. 식탁을 _____

5. 빨래를 _____

6. 바닥을 _____

2 살림 방법에 대한 것입니다. 빈칸에 알맞은 단어를 쓰십시오.

| 먼지 | 세제 | 얼룩 | 이불 | 환기 |

1. 흰 옷에 과일 주스의 _____이/가 생겼을 때는 식초 물에 10분 정도 담근 후에 빨면 깨끗하게 지워져요.

2. 장마 때는 집 안에 습기가 많으니까 창문을 열고 하루에 세 번 30분 정도 _____을/를 해 줘야 돼요.

3. 일주일에 한 번 _____을/를 햇빛에 말리세요. 피부 건강에도 좋고 기분 좋게 잠을 잘 수 있어요.

4. 컴퓨터 내부에 _____이/가 많이 쌓이면 컴퓨터가 잘 안 되거나 고장이 나기 쉬우니까 규칙적으로 청소해 주세요.

5. 욕실 청소를 하려고 하는데 _____을/를 다 써서 없을 때는 치약이나 샴푸로 해 보세요. 아주 깨끗하게 청소할 수 있어요.

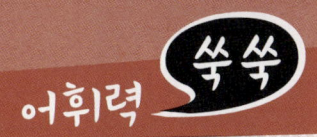
환 기	공기	air / 空气 / 空気
기(氣):공기	기온	temperature / 气温 / 気温
air 气 空気	기후 DAY10	climate / 气候 / 気候
	습기 DAY11	moisture / 气温 / 湿気

DAY 63 물건

아는 단어에 ○표 하세요.

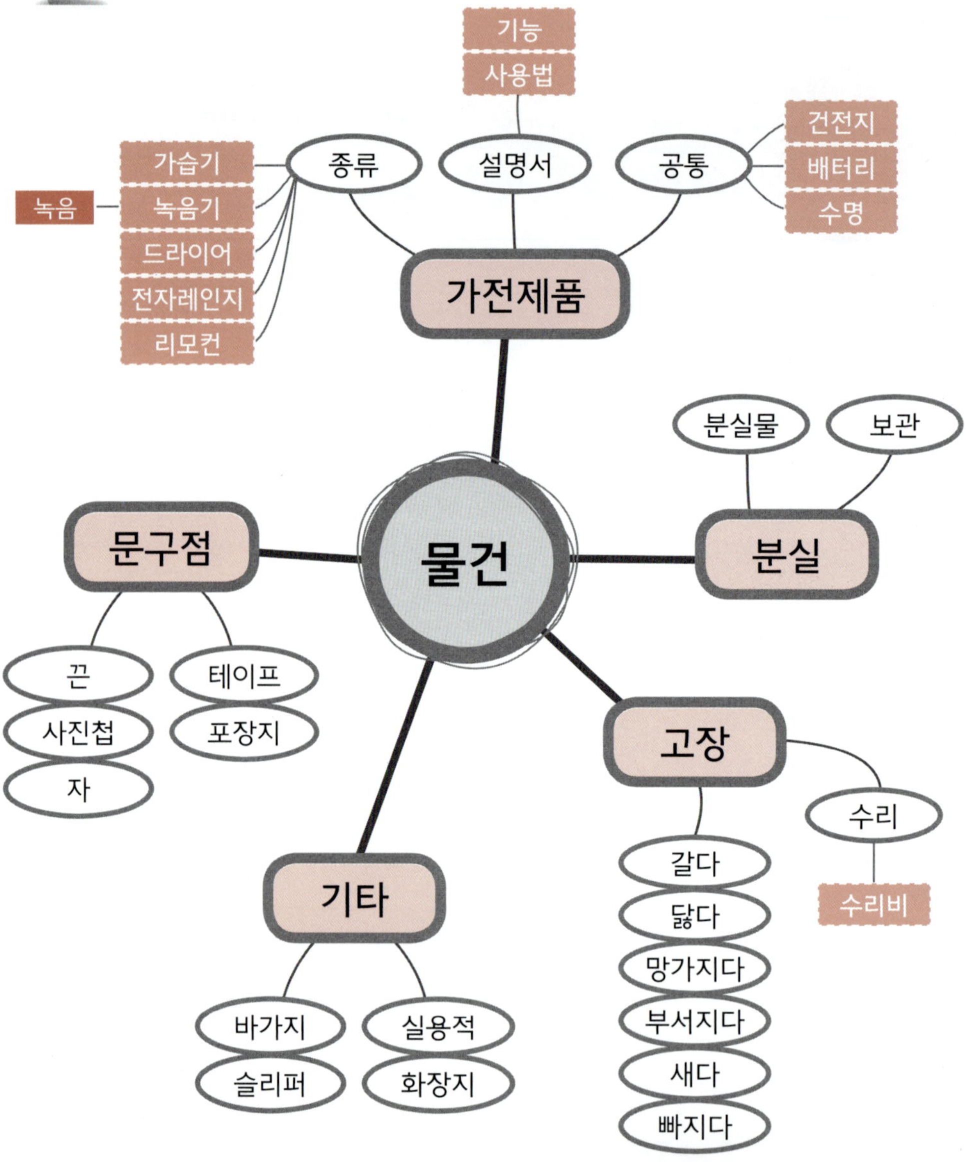

기능
사용법

녹음 — 가습기   종류   설명서   공통   건전지
녹음기   배터리
드라이어   수명
전자레인지
리모컨

가전제품

분실물   보관

문구점   ## 물건   ## 분실

끈   테이프
사진첩   포장지
자

고장

수리

기타   갈다
닳다   수리비
바가지   실용적   망가지다
슬리퍼   화장지   부서지다
새다
빠지다

끈
nod
绳子
紐

- 가: 손님, 이 가방이 마음에 드세요?
  나: 네, 그런데 가방의 **끈**이 조금 더 길었으면 좋겠는데 그런 건 없어요?
- 이삿짐을 쌀 때 책은 10권씩 **끈**으로 묶어서 상자에 넣었다.

  표현 끈을 매다/묶다/풀다

사진첩
photobook
相册
写真帖

- 가: **사진첩**이 정말 많네요.
  나: 네. 저는 사진을 찍는 게 취미인데 찍은 사진을 **사진첩**에 넣어서 가지고 있어요.
- 휴대 전화로 사진을 찍은 후부터는 **사진첩**을 사지 않고 잘 찍은 사진들을 CD에 정리한다.

자
ruler
尺子
定規

- 가: 아저씨, 100cm **자**는 없어요?
  나: 지금 없는데요. 지금은 60cm **자**밖에 없어요.
- 이 **자**는 인치(inch)와 센티미터(cm)가 모두 있어서 편리하다.

외 테이프
tape
胶带
テープ

- 가: 이 책들을 소포로 보내려고 하는데요.
  나: 그럼 그 책들을 저기에 있는 상자에 넣은 후에 **테이프**로 붙이고 주소를 써서 가지고 오세요.
- 옷에 붙은 먼지는 **테이프**를 이용하면 쉽게 뗄 수 있다.

  표현 테이프를 떼다/붙이다

포장지
wrapping paper
包装纸
包み紙

- 가: 지갑을 선물하려고 샀는데 어떤 **포장지**가 어울릴까?
  나: **포장지**로 싸는 것보다 상자에 넣어서 주는 게 더 좋을 것 같은데.
- 과자의 양은 적은데 **포장지**는 크게 만드는 회사가 많다.

물건 **가전제품**

가전제품
home appliances
家电
家電製品

- 가: 새 **가전제품**을 좀 싸게 살 수 있는 방법 알아요?
  나: 새 제품이지만 손님들이 구경한 것을 사면 70%까지도 싸게 살 수 있어요.
- 요즘 혼자 사는 사람들이 많아서 작은 크기의 새로운 **가전제품**이 많이 나오고 있다.

가습기
humidifier
加湿器
加湿器

- 가: 방에 왜 이렇게 물수건을 많이 놓았어요?
  나: 목감기에 걸렸는데 **가습기**가 고장이 나서요.
- **가습기**는 매일 청소하지 않으면 코와 목에 좋지 않다.

건전지 battery 电池 乾電池	• 가: 시계가 멈췄어. 나: **건전지**가 다 된 것 같아. 새 **건전지**로 바꿔야겠다. • **건전지**는 크기가 다양하기 때문에 사기 전에 필요한 **건전지**의 크기를 먼저 알아야 한다. 표현 건전지가 다 되다/닳다, 건전지를 갈다/끼우다/넣다
기능 function 功能 機能	• 가: 스마트 텔레비전 샀네? 어때? 나: 아주 좋아. 제일 마음에 드는 **기능**은 스마트폰으로 게임을 고르고 텔레비전으로 할 수 있는 거야. • 올해 새로 나온 '스마트 에어컨'은 날씨 정보를 알려 주는 **기능**이 있다. 표현 기능이 떨어지다/약하다/없다/있다
녹음 record 录音 録音	• 가: 선생님, 수업 시간에 말씀하시는 내용을 **녹음**해도 될까요? 나: 수업 내용을 **녹음**하는 건 안 돼요. • 우리 딸들이 말하기 시작했을 때 아이들의 말을 **녹음**했는데 들을 때마다 그때의 일 이 생각난다.
녹음기 recorder 录音机 テープ·レコーダー	• 가: 한국어 발음을 고치고 싶은데 좋은 방법이 없을까요? 나: **녹음기**를 사용해 보는 게 어때요? 발음을 녹음해서 틀린 발음을 듣고 다시 연습 하면 도움이 될 거예요. • 방송국 기자가 된 후 제일 먼저 **녹음기**를 샀다.
외 **드라이어** dryer 吹风机 ドライヤー	• 가: 집에서 **드라이어**로 직접 머리를 손질했는데 어때? 나: 그 머리를 집에서 했다는 말이야? 멋진데! 나는 미용실에서 했다고 생각했어. • **드라이어**를 사용할 때 계속 뜨거운 바람으로 하면 머리카락이 상할 수 있다.
외 **리모컨** remote control 遥控 リモコン	• 가: 장난감 자동차를 샀어요? 나: 아니요. 제가 직접 만든 건데 **리모컨**으로 움직일 수 있어요. • 새로 나온 이 **리모컨**은 텔레비전과 에어컨, 선풍기에 모두 사용할 수 있습니다.
외 **배터리** battery 电池 バッテリー	• 가: 어제 차에서 내릴 때 불을 안 끄고 내려서 자동차 **배터리**가 다 된 것 같아요. 어 떻게 하죠? 나: 고객님, 지금 계신 곳이 어디세요? 빠른 시간 안에 출장 서비스 직원을 보내겠 습니다. • **배터리**를 오래 사용하는 방법 중의 하나는 **배터리**를 한 달에 한 번 정도 0%로 만드 는 것이라고 한다.
사용법 directions 使用方法 使い道	• 가: 어떤 카메라를 찾으세요? 나: **사용법**이 어렵지 않은 것으로 몇 개 보여 주시겠어요? • 화장품 **사용법**을 모르고 쓰면 얼굴에 뭐가 날 수 있다.

설명서 directions, manual 说明书 説明書	• 가: 집에서 직접 만들어서 사용하는 옷걸이를 샀는데 **설명서**가 너무 어려워서 잘 못 만들겠어요. 　나: 그래요? 한번 봐요. 내가 도와줄게요. • 대부분의 사람들은 물건을 사용하기 전에 **설명서**를 읽지 않는다.
수명 lifespan 寿命 寿命	• 가: 새로 산 코트를 어떻게 세탁해야 할지 모르겠어. 　나: 겨울 코트를 집에서 잘못 세탁하면 **수명**이 짧아질 수 있으니까 세탁소에 맡겨. • 한국인의 평균 **수명**은 남자는 77.95살, 여자는 84세라고 한다. 　表現 수명이 길다/늘다/짧다, 수명을 늘리다/연장하다
外 전자레인지 microwave 微波炉 電子レンジ	• 가: 찌개가 다 식어서 **전자레인지**에 넣어서 좀 따뜻하게 해야겠어. 　나: 잠깐만. 그 그릇은 **전자레인지**에 넣으면 안 돼. 다른 그릇에 담아서 해. • (광고) 아침에 밥을 할 시간이 없으시지요? 이제 **전자레인지**에 넣고 3분만 기다리면 따뜻한 밥을 먹을 수 있습니다.

물건 ▶ 고장

갈다 比 바꾸다 grind 换 代える	• 가: 자동차 수리가 생각보다 빨리 됐네요. 　나: 네. 그런데 손님, 자동차 바퀴도 **갈** 때가 되었습니다. 다음에 시간이 있으실 때 한 번 더 오세요. • 저희 수영장은 이용하는 사람들이 많은 7월과 8월에는 물을 하루에 두 번씩 **갈고** 있습니다. 　表現 건전지/물/바퀴/배터리을/를 갈다
닳다 wear out 磨坏 擦れる	• 가: 바지 밑이 좀 **닳았어**. 　나: 그렇네! 이 바지를 입을 때는 높은 구두를 신어야 하는데 운동화를 신어서 이렇게 된 것 같아. • 나는 왼쪽 구두가 더 빨리 **닳는데** 걸을 때 한 쪽으로만 힘을 줘서 그런 것 같다. 　表現 건전지/바지/신발이 닳다
망가지다 be ruined 坏 壊れる	• 가: 바람이 너무 많이 불어서 우산이 **망가졌는데** 고치려고 하면 얼마예요? 　나: 이 정도로 **망가진** 것은 4,000원이에요. • 우리 동네에는 **망가진** 물건을 새것처럼 고쳐서 다시 파는 가게가 있다.
부서지다 比 깨지다 break 破 砕ける	• 가: 선물하려고 인터넷으로 비싼 과자를 주문했는데 다 **부서져서** 왔어. 　나: 그럼 새것으로 다시 배달해 달라고 하거나 환불해 달라고 해. • 자동차 유리는 튼튼해서 쉽게 **부서지지** 않는다.

빠지다 fall out 掉 抜ける	• 가: 짐 다 쌌지? 이제 공항으로 출발할 시간이 거의 다 됐는데 **빠진** 물건 없는지 다시 한번 확인해 보자. 나: 그래. 나는 화장실하고 옷장 안을 볼게. 너는 방을 확인해 봐. • 필리핀에서는 이가 **빠지면** 새 이가 나기를 바라는 마음으로 이를 강에 가지고 가서 던진다고 한다. **표현** 내용/냄새/바람/얼룩/이가 빠지다
새다 leak 漏 漏れる	• 가: 가방이 왜 그래? 물 같은 게 떨어지는데? 나: 정말이네? 병에 커피를 넣어서 왔는데 병에서 커피가 **새는** 것 같아. • 내 운동화는 오래 신어서 비가 오는 날은 물이 **샌다**. **표현** 국물/물/바람/비가 새다
수리 **비** 고치다 repair 修理 修理	• 가: 여보세요, 컴퓨터가 고장이 나서 **수리**를 해야 하는데 컴퓨터를 직접 가지고 가야 돼요? 나: 아니요. 가까운 곳이면 직접 가지러 갑니다. 주소가 어떻게 되세요? • 종로에 가면 소리가 잘 안 나거나 부서진 악기를 **수리**해 주는 가게들이 많이 있다. **표현** 수리가 끝나다/되다/안 되다, 수리 기사/센터
수리비 repair cost 修理費 修理費	• 가: 청소기가 고장이 났는데 **수리비**가 얼마나 나올까요? 나: 먼저 어디가 고장인지 확인해 보고 말씀드리겠습니다. • 집을 싸게 사서 이사를 가는데 오래된 집이라서 **수리비**가 많이 나올 것 같다.

(물건) 분실

분실 loss 丟 紛失	• 가: **분실**하신 지갑이 어떻게 생겼어요? 나: 검은색 긴 지갑이에요. 지갑을 열면 가족사진이 있어요. • (광고) 10월 3일 오전 10시쯤 101호 교실에서 휴대 전화를 **분실**했습니다. 가지고 계신 분은 010-1234-5678로 전화 주세요.
보관 keep, storage 保管 保管	• 가: 어, 이거 어제 지난 주말에 잃어버린 공책인데? 나: 도서관 책상 위에 있었는데 네 이름이 있어서 내가 **보관**하고 있었어. • 쌀은 햇빛이 없고 시원한 곳에 **보관**해야 한다. **표현** 보관이 편리하다, 보관 장소
분실물 lost property 失物 落とし物	• 가: 비행기 타기 전에 공항 화장실에 모자를 놓고 온 것 같아요. 어떻게 하지요? 나: 고객님, 인터넷으로 공항에서 잃어버린 **분실물**을 확인할 수 있습니다. 제가 도와드리겠습니다. • 지하철역 **분실물** 보관 센터는 1년이 넘은 **분실물**은 보관하지 않는다.

바가지
large bowl
瓢, 买上当
瓢

- 가: 저기는 무엇을 하는 곳인데 바가지가 저렇게 많아요?
  나: 산에서 내려오는 물을 마시는 곳인데 저 바가지로 물을 마셔요.
- '바가지를 썼다'라는 표현은 물건을 실제 가격보다 많이 비싸게 샀다는 의미이다.

외 슬리퍼
slippers
拖鞋
スリッパ

- 가: 호당 씨, 새로 이사한 집이 아주 좋은데요. 이거 선물이에요. 곧 겨울이라서 겨울 슬리퍼를 샀어요.
  나: 고마워요. 빨간색 슬리퍼가 아주 예쁜데요!
- 인터넷으로 슬리퍼를 샀는데 사이즈가 맞지 않아서 교환해야 한다.

실용적
practical
实用的
実用的

- 가: 손님, 이 의자는 의자로도 사용하실 수 있고 식탁으로도 사용하실 수 있어서 아주 실용적인데 어떠세요?
  나: 좋은데요. 집이 좁아서 이렇게 두 가지로 사용할 수 있으면 아주 좋겠어요.
- 이 가방은 아무 옷에 다 잘 어울려서 실용적이다.

화장지
toilet paper
卫生纸
化粧紙

- 가: 화장실에 가야 하는데 화장지 있어?
  나: 서울은 모든 지하철역 화장실 안에 화장지가 있어.
- 우리 동네 마트에서는 다 쓴 종이를 1kg 모아서 가지고 가면 화장지를 1개 준다.

어휘력 쑥쑥

분 실	실수	mistake / 错误 / 手落ち
실(失): 잃어버리다	실패	failure / 失败 / 失敗
lose 失 失う	실망 DAY8	disappointment / 失望 / 失望
	실종 DAY97	missing / 失踪 / 失踪

1 무엇이 필요합니까? 문장을 읽고 필요한 물건을 빈칸에 쓰십시오.

| 가습기 | 드라이어 | 리모컨 | 바가지 | 자 |

1. 에어컨이 높은 곳에 있어서 손으로 켤 수 없어요. _____

2. 내 몸에 꼭 맞는 바지를 직접 만들어서 입으려고 하는데 허리와 다리 길이를 알아야 해요.

   _____

3. 머리를 감은 후에 말려야 해요. _____

4. 공기가 너무 건조해서 아이들이 감기에 걸리기 쉬워요. _____

5. 화장실 바닥 청소를 해야 하는데 물을 담을 도구가 필요해요. _____

2 아래 대화를 읽고 빈칸에 알맞은 단어를 쓰십시오.

| 갈다 | 부서지다 | 새다 | 빠지다 |

1. 〈휴대 전화 수리 센터〉

   가: 휴대 전화를 구두로 밟아서 _____ 았/었는데 휴대 전화 안에 있는 사진들은 괜찮을까요?

   나: 얼마나 망가졌는지 제가 한번 확인해 보겠습니다.

2. 〈하숙집〉

   가: 주인 아주머니, 화장실에서 물이 _____ 아/어요.

   나: 그래요? 잠깐만 기다려 보세요. 금방 갈게요.

3. 〈자동차 수리 센터〉

   가: 자동차 바퀴를 _____ (으)려고 하는데 며칠 정도 걸릴까요?

   나: 3시간 정도 후에 오시면 됩니다.

4. 〈온라인 쇼핑〉

   가: 티셔츠 네 벌을 주문했는데 한 벌이 _____ 아/어서 왔어요.

   나: 고객님, 정말 죄송합니다. 확인하고 보내 드리겠습니다. 성함과 전화번호가 어떻게 되시죠?

※빈칸에 알맞은 것을 고르십시오.

1 은행 통장이나 인터넷에서나 나는 모두 _____ 비밀번호를 사용한다.
① 귀중한　　　　　　　② 동일한　　　　　　　③ 일정한　　　　　　　④ 평범한

2 가: 핸드폰이 왜 고장 났어요?
　　나: 바지 주머니에 핸드폰을 넣었는데 화장실에서 물에 _____.
① 깨뜨렸어요　　　　　② 빠뜨렸어요　　　　　③ 놓쳤어요　　　　　　④ 쏟았어요

3 가: 나는 기억이 안 나는데 어릴 때 엄마가 동생을 _____ 내가 울었다고 해.
　　나: 하하, 귀엽네. 너는 어릴 때부터 눈물이 많았구나.
① 숨기면　　　　　　　② 어기면　　　　　　　③ 혼나면　　　　　　　④ 혼내면

4 시간이 서로 안 맞아서 대학교 동창 모임을 다음 달로 _____ 했다.
① 앞두기로　　　　　　② 연장하기로　　　　　③ 뒤늦기로　　　　　　④ 미루기로

5 오늘 한국어 말하기 시간에 '결혼은 하는 것이 좋다'라는 주제로 토론을 했는데 그렇다는 의견은 _____ 이었다/였다.
① 소량　　　　　　　　② 소수　　　　　　　　③ 소규모　　　　　　　④ 짝수

6 가: 영화 보실 자리는 어디로 드릴까요? 앞자리는 예매가 끝나서 _____ 만 남았습니다.
　　나: 그럼 여기 K-13와 K-14로 주세요.
① 제자리　　　　　　　② 좌우　　　　　　　　③ 꼭대기　　　　　　　④ 뒷자리

7 세계 _____의 영화는 1895년에 프랑스에서 만든 '열차의 도착'이라고 하는 영화라고 한다.
① 최종　　　　　　　　② 최초　　　　　　　　③ 초기　　　　　　　　④ 최후

8 차에 기름을 넣을 때 자신이 직접 기름을 넣는 _____ 을/를 이용하면 기름 값이 조금 더 싸다.
① 전문점　　　　　　　② 카센터　　　　　　　③ 상점　　　　　　　　④ 주유소

9 가: 남편이 요리를 정말 잘하시네요!
　　나: 대학교 때부터 10년 동안 혼자 _____ 을/를 해서 요리를 잘하게 됐다고 해요.
① 전세　　　　　　　　② 자취　　　　　　　　③ 이민　　　　　　　　④ 원룸

10 가: 새로 산 코트를 어떻게 세탁해야 할지 모르겠어.
　　나: 겨울 코트를 집에서 잘못 세탁하면 _____ 이 짧아질 수 있으니까 세탁소에 맡겨.
① 기능　　　　　　　　② 보관　　　　　　　　③ 분실　　　　　　　　④ 수명

컴퓨터와 통신

아는 단어에 ○표 하세요.

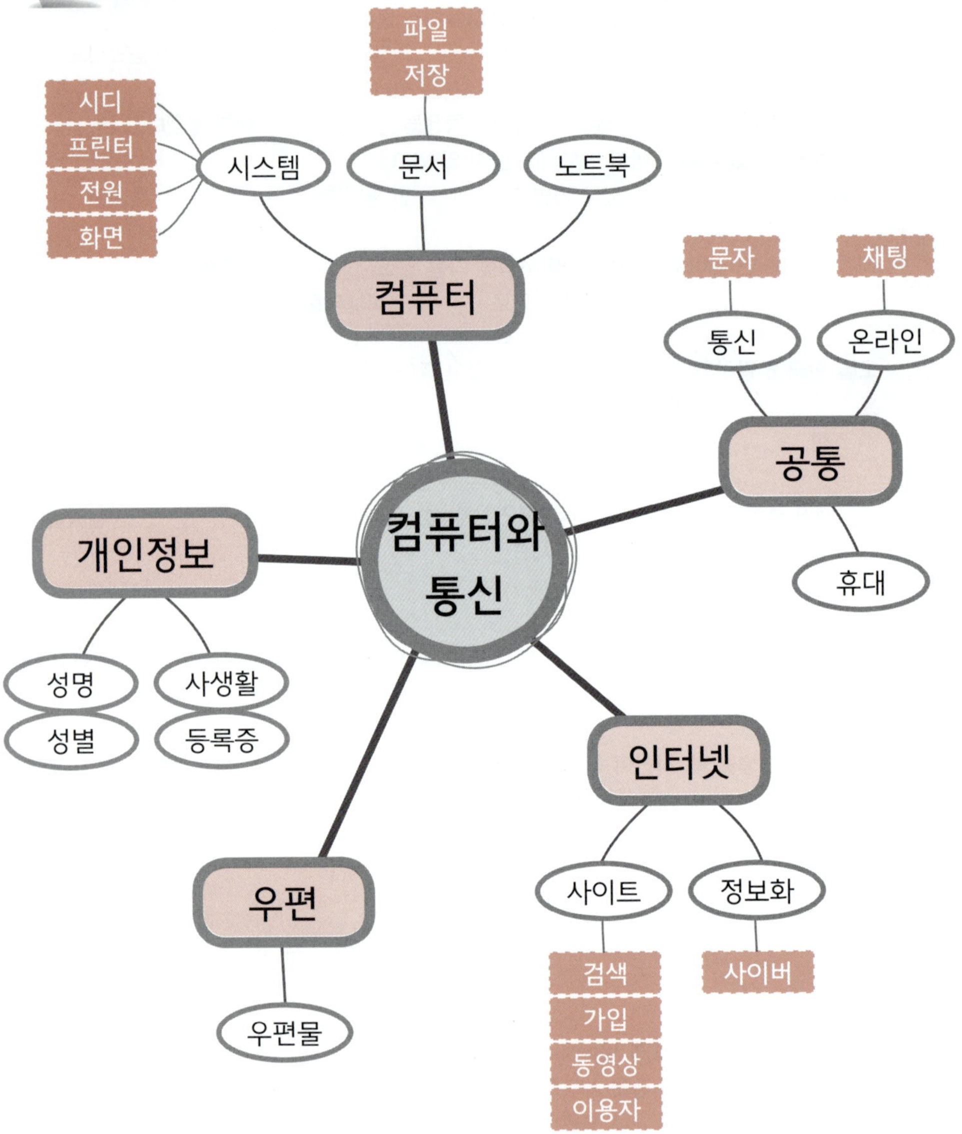

파일
저장

시디
프린터
전원
화면

시스템

문서

노트북

컴퓨터

문자

채팅

통신

온라인

공통

휴대

컴퓨터와
통신

개인정보

성명
성별

사생활
등록증

인터넷

사이트

정보화

우편

검색
가입
동영상
이용자

사이버

우편물

등록증
certificate of
registration
证书
登録証

- 가: 외국인도 한국 홈페이지에 등록할 수 있어요?
  나: 그럼요. 외국인 **등록증**이 있으면 등록할 수 있어요.
- 자동차 **등록증**을 잃어버려서 인터넷으로 다시 발급 받았다.

사생활
private life
私生活
私生活

- 가: 요즘 인터넷으로 SNS를 많이 하니까 **사생활**이 다 알려지는 것 같아서 조금 불안해요.
  나: 맞아요. 또, 개인 정보도 쉽게 알려지니까 이런 것을 이용한 범죄도 많은 것 같아요.
- 많은 연예인들은 사람들의 관심을 많이 받기 때문에 **사생활**이 거의 없다.
  표현 사생활을 보호하다

성명
name
姓名
姓名

- 가: 여보세요? 인터넷으로 구매한 옷을 환불하고 싶은데요.
  나: 네, 고객님. 그럼 상품과 함께 종이에 **성명**, 전화번호, 환불 이유를 같이 적어서 보내주십시오.
- (여권 신청) 이곳에 영어로 **성명**을 쓰십시오.

성별
sex
性別
性別

- 가: 어머, 귀여워요. 태어난 지 얼마 안 된 거 같은데 아이 **성별**이 어떻게 돼요?
  나: 남자 아이예요. 백일 좀 지났어요.
- 우리 딸은 남자같이 생겨서 밖에 데리고 나가면 **성별**을 많이 묻는다.

외 노트북
laptop computer
笔记本
ノートブック

- 가: **노트북** 새로 샀어? 디자인이 정말 예쁘다.
  나: 예쁘지? 고등학교 졸업 선물로 어머니가 사 주셨어.
- 최근 480g밖에 안 되는 가벼운 **노트북**이 나와서 인기를 끌고 있다.

문서
document
文件
文書

- 가: 아키호 씨는 **문서**를 깨끗하고 예쁘게 잘 만드네요.
  나: **문서** 프로그램을 이용해서 만들면 정리가 깨끗하게 잘 돼요.
- 새로 들어온 직원이 **문서**를 빨리 잘 만들어서 아주 마음에 든다.

외 시디
CD
光盘
シイーディー

- 가: 줄리안 집에는 음악 **시디**가 많이 있네요.
  나: **시디** 모으는 게 취미예요. 지금까지 모은 게 300개 정도예요.
- 교통사고 때문에 병원에서 검사 받을 때 찍은 사진을 퇴원할 때 **시디**로 받았다.
  표현 시디를 듣다/모으다

외 **시스템** system 系统 システム	• 가: 어제부터 컴퓨터가 안 돼요. 좀 봐 주실 수 있어요? 　나: 음… 컴퓨터 시스템에 문제가 생긴 것 같아요. 서비스 센터에 연락하는 게 좋을 　　것 같아요. • 인터넷 시스템 확인 작업 때문에 오전 1시부터 4시까지 인터넷을 사용할 수 없다고 　한다. 　표현 시스템을 갖추다/개발하다/이용하다
저장 save 存储 保存	• 가: 컴퓨터를 열어 보니까 오늘 제출할 과제가 없어졌어. 　나: 갑자기 어떻게 없어져? 컴퓨터 끄기 전에 저장을 안 했어? • 나는 전에 컴퓨터에 저장한 문서가 없어진 일이 몇 번 있어서 요즘은 항상 USB에 따 　로 저장한다.
외 **파일** file 文件 ファイル	• 가: 컴퓨터 안에 파일이 엄청 많네요. 　나: 네, 그래서 요즘 컴퓨터가 느려졌어요. 한번 정리해야 돼요. • 한글 파일을 PDF 파일로 바꿔 주는 무료 프로그램을 받았다.
전원 power supply 电源 電源	• 가: 학교에 와서 보니까 내가 노트북 전원을 안 끄고 그대로 들고 왔어. 　나: 그렇게 하면 금방 고장 난다고 들었어. • 가전제품을 사용한 후에 전원이 꺼졌는지 잘 확인해야 한다.
외 **프린터** printer 打印机 プリンター	• 가: 고객님, 찾으시는 프린터 있으세요? 　나: 네, 복사도 되는 프린터 좀 보여 주시겠어요? • 요즘 3D 프린터의 사용 범위가 점점 넓어지고 있다.
화면 screen 屏幕 画面	• 가: 컴퓨터 화면을 오래 보고 있으면 눈이 너무 피곤해요. 　나: 그렇죠? 너무 오랫동안 컴퓨터 앞에 있지 말고 중간에 좀 쉬면서 하세요. • 영화배우 신민애 씨를 명동에서 봤는데 화면에서 보는 것보다 더 예뻤다. 　표현 화면에 나타나다/담다, 화면을 쳐다보다, 화면이 넓다

컴퓨터와 통신 　**인터넷** 외

가입 join 注册 加入	• 가: 홈페이지에 가입하는데 써야 하는 개인 정보가 너무 많아요. 　나: 맞아요. 꼭 써야 되는 정보만 쓰세요. • 기타를 배우려고 무료로 기타를 가르쳐 주는 인터넷 기타 교실에 가입했다. 　표현 가입 비용, 가입을 신청하다/원하다
검색 search 搜索 検索	• 가: 인터넷에서 네 이름 검색해 본 적 있어? 　나: 응, 내 이름이 흔하지 않아서 별로 없을 줄 알았는데 생각보다 훨씬 많았어. • 요즘은 인터넷으로 검색하면 찾을 수 없는 게 거의 없다.

동영상 video 影片 動画	• 가: 크리스틴, 요즘 프랑스어 배운다고 들었는데 학원에 다녀요? 　나: 아니요, 학원에 갈 시간이 없어서 **동영상**으로 수업 듣고 있어요. • 내가 공부하는 한국어 책은 인터넷으로 **동영상**을 제공해 준다.
외 **사이트** site 网站 サイト	• 가: 한국어를 배우고 싶은데 한국어 교육 **사이트** 아는 곳 있으면 좀 알려 주세요. 　나: 얼마 전에 한국어 단어를 재미있게 배우는 **사이트**를 찾았는데 알려 줄게요. • 나는 물건을 사기 전에 가격을 비교하는 **사이트**에 들어가서 먼저 가격을 비교해 본다.
외 **사이버** cyber 网络 サイバー	• 가: '**사이버** 대학교'가 뭐예요? 　나: 학교에 직접 가지 않고 인터넷으로 수업을 들을 수 있는 대학교를 말해요. 주로 직 　　장에 다니면서 공부하는 사람들이 많이 이용해요. • 최근 **사이버** 세계를 주제로 한 영화가 많이 있다.
이용자 user 用户 使用者	• 가: 한국은 인터넷 **이용자**가 정말 많은 것 같아요. 　나: 네, 우리나라가 세계 3위라고 들었어요. • 인터넷 검색 사이트는 다른 사이트보다 **이용자**가 훨씬 많다고 한다.
정보화 informatization 信息化 情報化	• 가: 할머니, 이 근처에 맛있는 식당을 핸드폰으로 좀 찾아볼게요. 잠깐만 기다리세요. 　나: **정보화** 시대가 좋구나. 길에서도 쉽게 정보를 찾을 수 있고. • 요즘은 은행 업무가 **정보화** 되어서 은행에 직접 갈 일이 많지 않다. 　표현 정보화 사회/시대

컴퓨터와 통신 우편

우편 mail 邮件 郵便	• 가: 고객님, 카드 사용 청구서는 이메일로 보내 드릴까요? 　나: 아니요, **우편**으로 보내 주세요. • 사이버 시대이지만 나는 아직도 **우편**으로 편지 받는 것을 좋아한다. 　표현 우편 요금, 우편으로 받다/보내다
우편물 mail 邮件 郵便物	• 가: 설희야, 오늘 일본에서 **우편물**이 와서 책상 위에 뒀어. 　나: 네, 엄마. 봤어요. 일본 친구가 생일 선물을 보냈네요. • 명절 때는 **우편물**이 많이 밀리기 때문에 도착 예정일보다 10일 정도 일찍 보내야 한다. 　표현 우편물을 배달하다, 우편물이 돌아오다/오다

컴퓨터와 통신 기타

문자 message 短信 テキストメッセージ	• 가: 효성 씨, 아까 내가 **문자** 메시지 보냈는데 왜 대답을 안 했어요? 　나: 미안해요. 전화기가 꺼진 걸 몰라서 **문자**를 못 봤어요. • 요즘 젊은 사람들은 통화보다 **문자** 보내는 것을 선호한다고 한다. 　표현 문자를 보내다/치다

외 온라인 online 联网 オンライン	• 가: 준호 씨는 **온라인** 게임을 자주 하네요. 　나: 네, 저는 **온라인** 게임을 하면 스트레스가 풀려서 자주 해요. • 고향에 있는 언니와 인터넷으로 전화하고 싶었는데 언니가 **온라인** 상태가 아니어서 못했다. 　**표현** 온라인 상담
외 채팅 chatting 聊天 チャット	• 가: 케이티 씨, 한국에 유학 와서 혼자 지내니까 가족들이 많이 보고 싶죠? 　나: 요즘에는 얼굴을 보면서 **채팅**을 할 수 있으니까 괜찮아요. • 나는 청소년들이 **채팅**할 때 사용하는 말이 무슨 뜻인지 잘 모르겠다.
통신 communication 通讯 通信	• 가: 요즘 **통신** 비용이 너무 많이 들어요. 유키 씨는 한 달에 얼마나 써요? 　나: 매달 조금씩 다른데 평균 5만 원 정도 나오는 것 같아요. • 우리 할머니 댁은 아주 시골인데 **통신**이 안 될 때가 자주 있어서 인터넷을 사용할 때 불편하다. 　**표현** 통신 비용/사업/수단/시설
휴대 portable 携带 携帯	• 가: 좀 작고 가벼운 노트북을 사고 싶은데요. 　나: 고객님, 이 노트북은 1.5kg밖에 되지 않아서 **휴대**하기가 정말 편합니다. • 이 우산은 작게 접을 수 있어서 가방에 늘 **휴대**하고 다닐 수 있다. 　**표현** 휴대 전화

1 다음은 인터넷 사이트를 이용하려고 할 때 신청에 필요한 내용입니다. 빈칸에 알맞은 단어를 쓰십시오.

| 가입 | 등록 | 문자 | 성명 | 성별 | 우편물 |

한글파크

한글파크 1. _____ 신청

* 2. _____   김나미

* 3. 주민 _____ 번호   901124 – 2048526

* 4. _____   □남 / □여

* ID   skytouch

* 연락처   010-2345-6789

* 주소   서울시 종로구 혜화동 13-4

(※ 5. _____을/를 받으실 주소를 써 주십시오.)

※ 저희 사이트에서 제공하는 서비스나 내용을 전화나 6. _____(으)로 받아보시겠습니까?
(□ 네 / □ 아니오)

🔒 Secure

2 다음은 컴퓨터를 사용할 때 볼 수 있는 그림입니다. 그림을 보고 빈칸에 알맞은 단어를 쓰십시오.

| 문서 | 저장 | 파일 | 프린터 |

1. _____   2. _____   3. _____   4. _____

어휘력 쑥쑥

문자	문장	sentence / 文章 / 文章
문(文): 글 writing 文 文	안내문	sign / 指南 / 案内文
	작문 DAY72	composition, writing / 作文 / 作文

성명	유명하다	famous / 有名 / 有名だ
명(名): 이름 name 名 名	명소 DAY21	attraction / 名所 / 名所
	서명 DAY29	signature / 签名 / 署名

DAY 66 신문/방송/출판

아는 단어에 ○표 하세요.

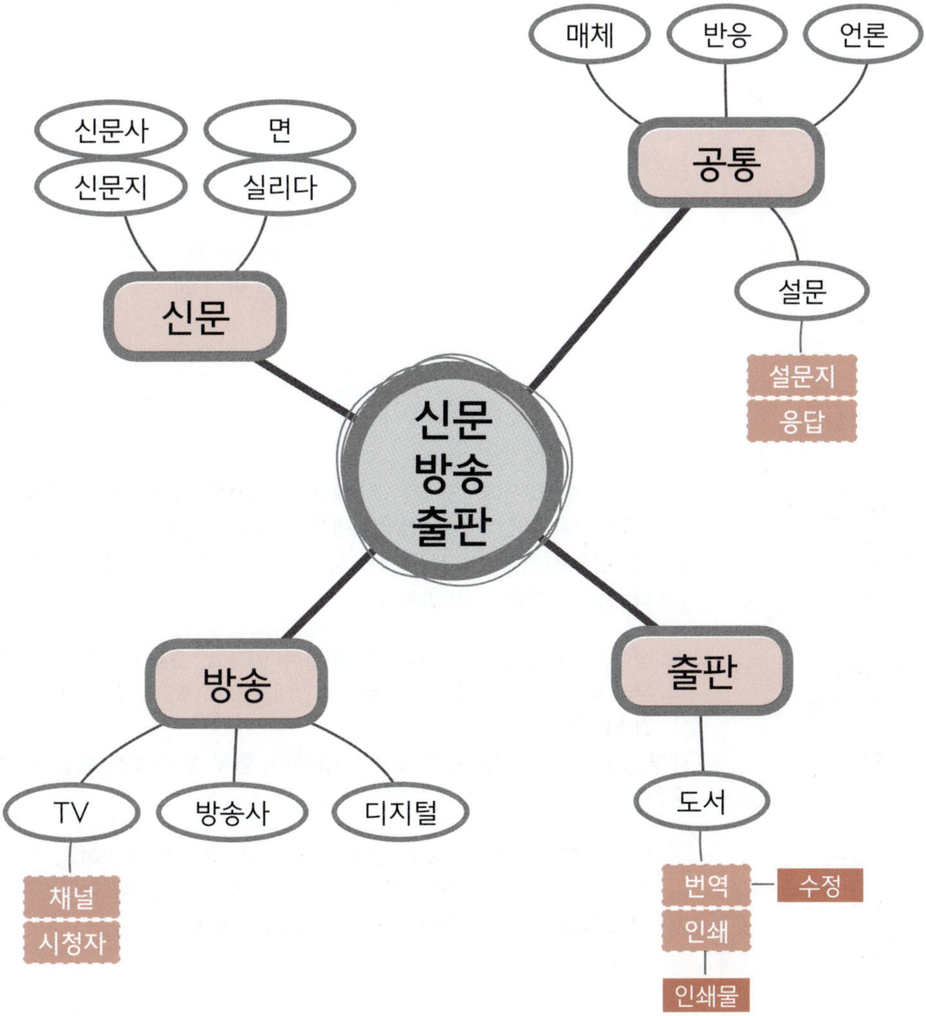

매체　반응　언론

공통

설문

설문지
응답

신문사　면
신문지　실리다

신문

**신문
방송
출판**

방송

TV　방송사　디지털

채널
시청자

출판

도서

번역 ── 수정
인쇄
인쇄물

면
page
面
面

- 가: 넌 신문의 어느 **면**을 제일 먼저 봐?
  나: 나는 신문은 보통 인터넷으로 봐.
- 새로 이사하는 집의 벽**면**을 하얀색으로 할 생각이다.

신문사
newspaper
publishing
company
报社
新聞社

- 가: 지금 무슨 일을 하세요?
  나: 작은 **신문사**에 다니고 있어요.
- **신문사**들은 정확한 정보와 사실을 전하려고 노력해야 한다.
  표현 신문사 사장

신문지
newspaper
报纸
新聞紙

- 가: 외국 학생들이라서 이 유리컵 정말 싸게 드렸어요.
  나: 감사합니다, 아저씨. 그런데 유리컵이 깨지면 안 되니까 **신문지**로 좀 싸 주시겠어요?
- **신문지**로 더러워진 유리나 거울을 닦으면 깨끗해진다.

실리다
be reported,
be loaded
被登載
乗る

- 가: 오늘 아침 신문에 우리 학교 기사가 **실렸어**.
  나: 응, 나도 봤어. 우리 학교가 대학 평가에서 1위를 해서 너무 기분이 좋아.
- 내 자동차는 너무 작아서 자동차 뒤에 자전거도 안 **실린다**.

외 **디지털**
digital
数码
デジタル

- 가: 요즘은 텔레비전에서도 **디지털** 방송을 해서 영화관에서 보는 것 같아요.
  나: 맞아요. 텔레비전이 좀 크면 영화관에 안 가도 될 정도예요.
- 요즘은 보통 휴대전화로 사진을 찍어서 **디지털** 카메라는 사용을 자주 안 한다.
  표현 디지털 도서관/방송/카메라/신호

방송사
broadcaster
电视台
放送局

- 가: 방송국에서 하는 'KBC 인기가요'에 갈 수 있다고? 표를 어디에서 구했어?
  나: 우리 오빠가 **방송사**에 근무해서 오빠한테 무료로 표를 받았어. 이번 토요일에 시간 되지?
- 대부분의 **방송사**에서는 명절 때마다 가족들이 함께 볼 수 있는 특별 프로그램을 방송한다.

시청자
viewer
观众
視聴者

- 가: 요즘 TV에서 아이들이 보기 안 좋은 내용이 너무 많은 것 같아요.
  나: 맞아요, **시청자** 중에 어린이도 있다는 것을 생각했으면 좋겠어요.
- 저희 한국방송은 **시청자** 여러분께 항상 좋은 방송을 보여 드리겠습니다.

외 채널
channel
頻道
チャンネル

- 가: 엄마, 지금 kbc 방송에서 재미있는 프로그램 하는데 채널 좀 돌리면 안 돼요?
  나: 지금 보는 거 엄마가 좋아하는 드라마야. 이거 끝나면 봐.
- 최근 방송사가 많아져서 채널을 다양하게 선택할 수 있다.

신문/방송/출판 › **공통**

매체
media
媒体
媒体

- 가: 이번에 새로 나온 화장품 홍보는 어떻게 하기로 했습니까?
  나: 지난번 회의에서 인터넷 매체로 먼저 홍보하는 게 좋을 것 같다는 의견이 많았습니다, 부장님.
- 영국 왕자의 결혼식을 방송하려고 세계 여러 나라의 방송 매체들이 모두 영국에 모였다.

  표현 대중/방송/신문/온라인 매체

반응
reaction
反應
反応

- 가: 새로 시작한 가요 프로그램의 반응이 어때요?
  나: 사회자가 인기 가수와 배우라서 첫 방송부터 반응이 아주 좋아요.
- 내가 만든 새로운 메뉴가 손님들에게 좋은 반응을 얻고 있어서 행복하다.

  표현 반응을 보이다/얻다, 반응이 나타나다/없다/좋다/차갑다

설문
survey
调查
設問

- 가: 안녕하세요? 한국대학교 교환학생인데요. 시간 되시면 설문에 잠깐 답해 주시겠어요?
  나: 네, 어떤 내용인데요?
- 우리 팀은 한국 사람들이 자주 가는 여행지를 설문의 내용으로 정했다.

  표현 설문조사/설문에 답하다

설문지
questionaire
问卷
アンケート

- 가: 여러분, 설문지를 만든 후에 30명에게 설문지를 돌려야 해요.
  나: 네, 선생님, 설문 발표 피피티(PPT)는 언제까지 만들어야 돼요?
- 수업 시간에 발표할 설문지를 만들어야 해서 어제 잠을 못 잤다.

언론
the press
言论
言論

- 가: 우리나라의 김치는 맛도 좋고 영양도 많고 참 좋은 음식인 것 같아요.
  나: 네, 맞아요. 외국 언론에서도 한국의 김치가 건강에 좋은 식품이라고 소개한 것을 여러 번 봤어요.
- 올해 발표된 자료를 보면 언론의 자유가 높은 나라는 노르웨이, 핀란드, 덴마크, 스웨덴, 네덜란드의 순서이다.

  표현 언론 매체/출판/활동, 언론에서 떠들다

응답
answer
回答
応答

- 가: 서 부장, 지난번에 말한 호주와의 업무는 잘 진행되고 있습니까?
  나: 그쪽 회사에 저희 회사 제품을 보냈고, 지금 응답을 기다리고 있습니다.
- 이번 설문조사에 응답을 해 준 사람은 20%밖에 되지 않는다.

출판
publication
出版
出版

- 가: '한글파크'에서 출판된 한국어 책이 좋다고 들었어.
  나: 응, 맞아. 나도 '한글파크' 책으로 한국어 단어 공부를 하는데 아주 좋아.
- 출판 기념행사에서 좋아하는 작가에게 사인을 받았다

도서
book
图书
図書

- 가: 도서 대출 기간을 좀 알고 싶은데요.
  나: 네, 도서 한 권에 일주일 동안 빌리실 수 있습니다.
- 서울 국립 도서관은 매달 주제를 정해서 어린이들이 읽기에 좋은 추천 도서를 홈페이지에 올린다.
  표현 추천 도서

번역
translation
翻译
翻訳

- 가: 한국어를 배운 후에 뭘 하고 싶으세요?
  나: 한국어 공부가 끝나면 번역 대학원에 갈 거예요.
- 우리 언니는 외국 영화를 한국어로 번역하는 일을 한다.

수정
modification
修改
修正

- 가: 오늘의 여행 코스는 한라산에 가는 건데 이렇게 비가 와서 갈 수 있을까요?
  나: 아니요, 위험하니까 계획을 수정해야 할 것 같아요.
- 내 한국 친구는 내가 한국어로 글을 쓰면 수정해 줘서 도움이 많이 된다.
  표현 계획/내용/글을 수정하다

인쇄
printing
印刷
印刷

- 가: 책을 주문했는데 중간중간 글씨가 잘 안 보여요.
  나: 인쇄가 잘못된 것 같네요. 전화해서 교환해 달라고 하세요.
- 옛날에는 인쇄할 수 있는 기술이 없어서 손으로 책을 직접 썼다.
  표현 인쇄 공장/기계/기술

인쇄물
printed matter
印刷品
印刷物

- 가: 언니, 이 시간까지 안 자고 뭐 해?
  나: 응, 우리 회사 홍보 인쇄물 디자인 작업을 내가 맡아서 그거 하고 있어. 너 먼저 자.
- 길에서 받는 광고 인쇄물이 너무 많아서 집에 종이 쓰레기가 많이 생긴다.
  표현 인쇄물을 찍다

1 다음은 텔레비전과 신문 광고입니다. 빈칸에 알맞은 단어를 쓰십시오.

디지털	방송사	시청자	채널

1. _____ 여러분, 안녕하십니까? 저희 KBC 2. _____ 은/는 다음 달부터 직접 보는 것처럼 생생하게 볼 수 있는 3. _____ 방송을 시작합니다. 저희 KBC 방송의 4. _____ 을/를 계속 사랑해 주시기 바랍니다. 앞으로도 항상 최선을 다하는 방송이 되겠습니다. 감사합니다.

도서	번역	출판

항상 좋은 책을 5. _____ 하려고 노력하는 저희 회사에서는 외국 작가가 쓴 6. _____ 을/를 한국어로 7. _____ 해 주실 분을 찾고 있습니다. 관심이 있으신 분들은 10월 31일까지 지원서를 보내주시면 됩니다. 여러분의 많은 지원 바랍니다.

2 괄호 안에서 알맞은 단어를 고르십시오.

1. 여름 방학 동안 출판 회사에서 틀린 한국어를 (언론 / 수정)하는 아르바이트를 했다.

2. 가수 수지 씨가 다음 달 결혼한다고 방송 (매체 / 인쇄)를 통해 발표했다.

3. 이번에 새로 나온 드라마에 시청자들이 뜨거운 (반응 / 응답)을 보이고 있다.

4. 외국인이 느끼는 한국의 인상을 알아보려고 (설문지 / 신문지)를 만들었다.

어휘력 쑥쑥

방송사	사원	clerk / 职员 / 社員
사(社) : 회사	사장	boss / 总经理 / 社長
company 社 会社	여행사	Travel Agency / 旅行社 / 旅行会社
	회사	company / 公司 / 会社

응답	답장	reply / 回复 / 返信
답(答) : 대답하다	대답하다	answer / 回答 / 答える
respond 答 答える	답변 DAY72	responser / 答辩 / 答弁
	정답 DAY34	answer / 答案 / 正答

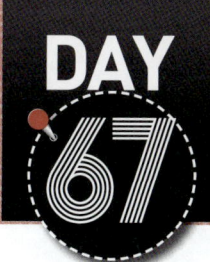

DAY 67 사건과 사고1

아는 단어에 ○표 하세요.

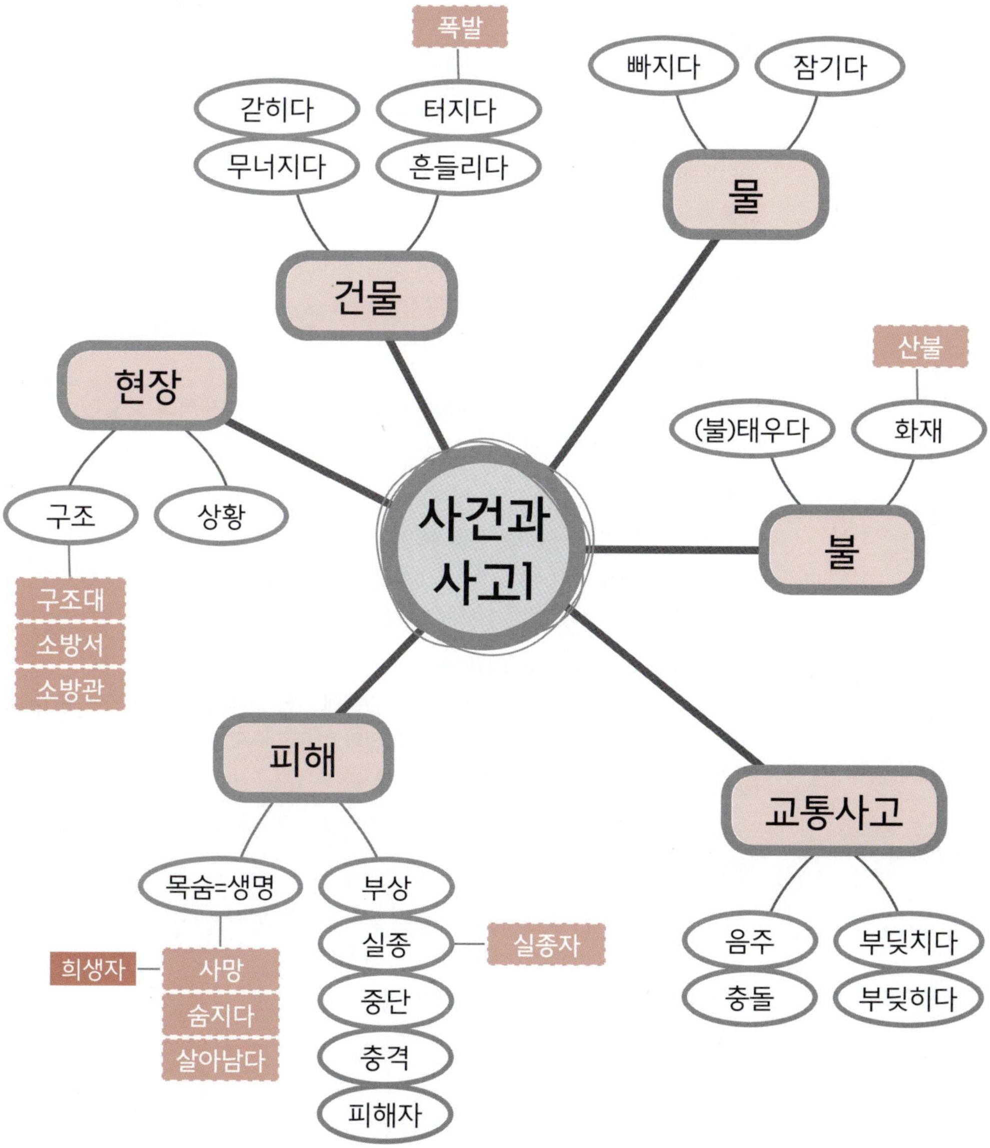
사건과 사고1
건물
갇히다
무너지다
터지다
폭발
흔들리다
물
빠지다
잠기다
현장
구조
구조대
소방서
소방관
상황
불
(불)태우다
화재
산불
피해
목숨=생명
사망
희생자
숨지다
살아남다
부상
실종
실종자
중단
충격
피해자
교통사고
음주
충돌
부딪치다
부딪히다

사건
incident
事件
事件
	• 가: 오늘 한국어 수업이 재미있었어요?
	  나: 네. 특히 한국에서 일어난 중요한 **사건**을 조사해서 발표하는 시간이 재미있었어요.
	• (뉴스) 오늘 세계 여러 나라에서 일어난 **사건**과 사고를 전해 드리겠습니다.
	  표현 사건이 발생하다/일어나다/터지다

사건과 사고1 **건물**

갇히다 be locked up 被关 監禁される	• 가: 번호를 눌러서 여는 문은 불이 났을 때 사람이 안에 **갇힐** 수 있다고 들었어요. 나: 그래요? 아이들이 아직 어린데 열쇠로 바꿔야겠네요. • 불이 났지만 사람들이 안전하게 밖으로 모두 나와서 건물 안에 **갇힌** 사람은 없다고 한다.

무너지다
collapse
倒塌
潰れる
	• 가: 이렇게 눈이 많이 내린 적은 처음인 것 같아요.
	  나: 우리 고향은 시골인데 어제 갑자기 내린 눈으로 집이 **무너진** 곳도 있다고 해요.
	• 이 다리는 나무로 만든 다리인데 너무 오래되어서 **무너질** 것 같다.
	  표현 계획/건물/기대/꿈/다리가 무너지다

터지다
🔵 폭발하다
burst
爆发
破れる
	• 가: 가수 생활을 오래 하셨는데 공연 중에 일어난 재미있는 일 중에서 기억나는 게 있어요?
	  나: 네. 작년 부산 공연할 때 춤을 추고 있는데 바지가 **터졌어요**. 정말 깜짝 놀랐는데 본 사람이 아무도 없어서 다행이었지요.
	• 친구의 생일 파티에서 맛있는 음식을 너무 많이 먹어서 배가 **터질** 것 같다.
	  표현 공/배/웃음/풍선이 터지다

폭발
explosion
爆发
爆発
	• 가: 괜찮아? 준호 씨가 말을 너무 심하게 한 것 같아.
	  나: 지금은 괜찮은데 아까는 정말 화가 나서 **폭발**할 것 같았어.
	• 유럽에서 일어난 기차 **폭발** 사고로 100명이 넘는 사람이 죽었다.
	  표현 폭발이 일어나다, 폭발을 일으키다, 폭발 사고/소리

흔들리다
quake, shake
摇动
揺れる
	• 가: 저기 한옥을 배경으로 내가 그네 타는 사진 좀 찍어 줘.
	  나: 움직일 때 찍으면 사진이 **흔들릴** 것 같은데 그냥 그네 옆에 서서 찍는 게 어때?
	• **흔들리는** 배 안에 오랫동안 있으니까 머리가 아프고 속도 안 좋다.
	  표현 건물/마음/배가 흔들리다

사건과 사고1 **물**

빠지다
fall
掉下, 迷
溺れる
	• 가: 어떻게 하지요? 휴대전화가 화장실 물에 **빠졌어요**.
	  나: 서비스 센터에 빨리 가 보세요. 그런데 물에 **빠지면** 고치기 어려울 수 있어요.
	• 대학교 1학년 때 만난 선배와 사랑에 **빠져서** 졸업 후에 바로 결혼했다.
	  표현 물/사랑/위험에 빠지다

잠기다
sink,
be submerged
沉浸，凝
浸る

- 가: 어제부터 내린 비 때문에 서울 시내 도로가 **잠긴** 곳이 많다고 해요.
  나: 네. 그래서 저는 오늘은 버스를 타지 않고 지하철을 타고 회사에 왔어요.
- 이 음악을 들으면 첫사랑 생각에 **잠기게** 된다.
  표현 물/생각에 잠기다

사건과 사고1 **불**

(불)태우다
burn
烧
燃やす

- 가: 어젯밤에 산불이 난 이유가 고등학생들이 버린 담배 때문이라고 해요.
  나: 학생들의 생각 없는 행동으로 산 하나를 모두 **태웠군요**.
- 한국에서는 아무 곳에서 쓰레기를 버리거나 **태우면** 벌금을 내야 한다.

산불
forest fire
山火
山火事

- 가: 어제 학교 뒤에 있는 산에서 난 **산불** 소식 들었어요?
  나: 네. 지금 경찰이 **산불**을 낸 사람을 찾고 있다고 해요.
- 1년 중 **산불**이 가장 많이 나는 계절은 봄이고 그중 4월에 가장 많이 일어난다.
  표현 산불을 내다

화재
비 불
fire
火灾
火災

- 가: 어머, 저기 좀 보세요. 유치원에서 아이들이 신발도 신지 않고 뛰어서 나오고 있어요. 불이 난 거 아니에요?
  나: 아니에요. 아이들에게 **화재**가 났을 때 어떻게 해야 하는지 안전 교육을 하고 있는 거예요.
- **화재**가 나면 엘리베이터를 타지 말고 계단으로 나가야 한다.

사건과 사고1 **교통사고**

음주
drinking
饮酒
飲酒

- 가: 맥주 마셨는데 **음주** 운전하려고 해? 그냥 택시 타고 가.
  나: 맥주 1잔밖에 안 마셨는데 괜찮지 않을까?
- 2014년부터 **음주** 운전을 한 사람의 옆에 탄 사람도 벌금을 내기 시작했다.
  표현 음주 문화/습관/운전

충돌
비 부딪치다
collision
冲突，碰撞
衝突

- 가: 시간이 없는데 조금 빨리 가요.
  나: 이곳은 **충돌** 사고가 많아서 천천히 운전해야 돼요.
- 같이 사업을 하는 친구와 의견 **충돌**이 많아서 힘들다.
  표현 충돌이 생기다, 충돌을 일으키다/피하다

부딪치다
hit
碰，冲突
突き当たる

- 가: 한국 사람들은 술자리에서 술 마시는 시작을 어떻게 해요?
  나: 술잔을 **부딪치면서** '건배'라고 말해요. 자, 같이 해 봐요.
- 친구와 성격이나 생각이 달라서 자주 **부딪친다**.

부딪히다 hit 被碰撞 ぶつかる	• 가: 머리를 다쳤어요? 　나: 네. 건물 유리문에 **부딪혔어요**. 좋아하는 음악을 듣고 있어서 유리문 생각을 못 　　했어요. • 이 길은 너무 좁아서 자전거 두 대가 같이 가면 **부딪힐** 것 같다.

사건과 사고1 　피해

피해 harm 伤害 被害	• 가: 택배로 명절 선물을 보냈는데 배달 도중에 분실이 됐어요. 　나: 저도 같은 **피해**를 당한 적이 있어요. **피해** 금액을 두 배로 돌려받았지만 정말 기 　　분이 안 좋았어요. • 공공장소에서 담배를 피우는 것은 다른 사람에게 **피해**를 주는 행동이다. 　표현 피해를 당하다/받다/보다/주다
목숨=생명 life 生命 命, 生命	• 가: 의사는 매일 아픈 사람들을 만나고 수술도 해야 하니까 힘들지 않을까? 　나: 그렇겠지만 환자의 **생명**을 구했을 때는 정말 보람이 클 것 같아. • 나는 우리 아이들을 너무 사랑하기 때문에 내 **목숨**과 바꿀 수 있을 것 같다. 　표현 목숨/생명을 구하다/빼앗기다/빼앗다/잇다
부상 injury 受伤 負傷	• 가: 오늘 경기에서 우리 팀이 이길 수 있을까? 　나: 내 생각에는 팀에서 제일 잘하는 김수호 선수가 **부상**을 당해서 어려울 것 같아. • 이번 사고에서 **부상**을 입은 사람들의 이름이 지금 텔레비전 뉴스에 나오고 있다. 　표현 부상을 당하다/입다
사망 death 死亡 死亡	• 가: 이 노래 아주 좋은데! 가수의 이름이 뭐야? 　나: '김수하'라고 하는데 교통사고로 25살의 젊은 나이로 **사망**했어. • 올해 겨울에 새로 유행하는 독감 때문에 **사망**한 사람들이 벌써 147명이 된다고 한다.
살아남다 survive 活下来 生き残る	• 가: 학교 앞에 생긴 지 얼마 안 돼서 금방 다른 가게로 바뀌는 가게가 많은 것 같아. 　나: 뉴스에서 들었는데 카페나 음식점 사업을 시작해도 3년 후까지 **살아남는** 가게는 　　30% 정도밖에 안 된다고 해. • 어제 일어난 기차 사고에서 **살아남은** 사람은 35명밖에 안 된다고 한다.
숨지다 비 사망하다, 죽다 die 死亡 こと切れる	• 가: 혼자 사는 할머니가 **숨진** 지 한 달이 넘었는데 아무도 몰랐다고 해. 　나: 정말? 어떻게 그런 일이 있을 수 있을까! • 어제 설악산에서 눈사태가 일어나서 2명이 **숨지고** 5명이 실종되었다.
실종 disapperance 失踪 失踪	• 가: **실종** 어린이를 찾는 광고네요. 　나: 네. 이런 광고를 보면 마음이 너무 아파요. 빨리 찾으면 좋겠어요. • 전화 **실종** 신고는 112번, 전화 상담은 182번으로 전화를 하면 된다. 　표현 실종 사고/신고

실종자 missing person 失踪人 失踪者	• 가: 어제 제주도에서 낚시하는 사람들이 탄 배가 뒤집어졌다는 사고 뉴스 봤어? 　나: 응. 오늘 아침에 학교 오는 버스 안에서 뉴스를 들었는데 아직도 **실종자** 4명을 못 찾고 있다고 해. • 비행기 사고로 생긴 **실종자** 수가 계속 늘고 있다.
중단 halt 中断 中断	• 가: 한국 유학 생활 동안 언제가 제일 힘들었어요? 　나: 힘들지 않을 때가 없었지만 특히 몸이 아플 때는 공부를 **중단**하고 고향으로 돌아가고 싶었어요. • 오늘 오후 2시쯤 일어난 사고로 지하철이 20분 동안 **중단**되었습니다.
충격 shock 冲击 衝擊	• 가: 노트북 가방이 아주 좋아 보이는데요. 　나: 이 노트북은 작은 **충격**에도 고장이 날 수 있다고 해서 좀 비싸지만 좋은 가방을 샀어요. • 유명한 영화배우가 건물에서 떨어져서 죽었다는 뉴스를 듣고 많은 사람들이 **충격**에 빠졌다. **표현** 충격이 가다/계속되다/엄청나다/크다, 충격을 느끼다/받다/주다/줄이다
피해자 victim 受害者 被害者	• 가: 사고 싶은 가방이 있는데 외국 인터넷에서 직접 사면 30% 정도 싸게 살 수 있다고 들었어. 　나: 싸게 살 수는 있지만 실제와 다른 물건이 와서 피해를 보는 **피해자**들이 많다고 들었어. 조금 비싸지만 그냥 우리나라 쇼핑몰을 이용하는 게 어때? • 태풍 때문에 집을 잃은 **피해자**들을 돕고 싶어서 우리 반 친구들은 돈을 모으기로 했다.
희생자 victim 牺牲者 犧牲者	• 가: 6월 6일이 공휴일이에요? 　나: 네. 한국에서 6월 6일은 한국 전쟁의 **희생자**들을 기억하는 날이에요. • (뉴스) 어제 일어난 지하철 사고에서 지금까지 20명이 죽고 14명이 다쳤는데 더 많은 **희생자**가 나올 것으로 보입니다.

사건과 사고1 **현장**

현장 site 现场 現場	• 가: 방송국에서 드라마를 찍는 **현장**을 볼 수 있는 표가 생겼는데 같이 가자. 　나: 정말? 좋아. 한국에서 방송국에 꼭 한번 가 보고 싶었어! • 사고 **현장**에는 사고로 넘어진 화물차가 아직도 있어서 차가 많이 밀리고 있다.
구조 rescue 救 救助	• 가: 지난번에 해수욕장에 갔을 때 물에 빠진 초등학생을 어떤 대학생이 **구조**했어요. 　나: 다행이군요. 저도 대학교 때 **구조** 방법을 배운 적이 있지만 아직 구조해 본 경험은 없어요. • (뉴스) 갑자기 내린 비로 산에서 내려오지 못한 등산객들이 오늘 저녁 7시쯤에 **구조**되었습니다. **표현** 구조 신호/요청

구조대 rescue team 救援队 救助袋	• 가: 문이 안 열릴 때도 119 **구조대**에 전화하는 사람이 아주 많다고 해. 나: 정말? 그건 동네에 있는 열쇠 가게에 전화해도 될 것 같은데! • 조카가 생일 선물로 만화 '자동차 **구조대**'에 나오는 자동차를 사 달라고 했다.
상황 situation 情況 状況	• 가: 댄, 이제 부산으로 출발하자. 나: 잠깐만. 출발하기 전에 스마트폰으로 고속도로 **상황**을 먼저 확인해 보고 막히지 않는 길로 가자. • 텔레비전 방송에서 오늘 저녁에 난 지하철 사고 **상황**이 계속 나오고 있다.
소방관 firefighter 消防員 消防	• 가: 줄리안 씨 아버지는 무슨 일을 하세요? 나: **소방관**이세요. 어렸을 때 **소방관** 옷을 입은 아버지가 멋있어 보여서 저도 **소방관**이 되고 싶었어요. • 남자 친구가 **소방관**인데 불이 난 곳은 위험하니까 나는 남자 친구가 항상 걱정이 된다.
소방서 firestation 消防站 消防署	• 가: 집 근처에 **소방서**가 있네요. 나: 네. 그래서 우리 아이들은 불자동차를 구경하러 가자고 자주 말해요. • 종로 **소방서**는 매년 근처의 20개 초등학교에 가서 '안전 교실'을 열고 있다.

1 자신이 경험한 사고에 대해서 이야기하고 있습니다. 빈칸에 알맞은 단어를 쓰십시오.

갇히다	빠지다	흔들리다

1. 저는 엘리베이터 안에 _____(으)ㄴ 적이 있어요. 30분 동안 엘리베이터 안에 있었는데 정말 무서웠어요.

2. 고등학교 때 바다에 _____(으)ㄴ 적이 있어요. 저는 수영을 못했는데 같이 간 친구가 수영을 잘해서 저를 바다에서 데리고 나왔어요.

3. 저는 아파트 26층에 사는데 지난달에 태풍이 왔을 때 바람이 너무 심하게 불어서 창문이 많이 _____ 았/었어요.

2 텔레비전 뉴스의 처음 부분입니다. 괄호 안에서 알맞은 단어를 고르십시오.

1. "오늘 경주에서 한 달 전부터 짓기 시작한 아파트가 갑자기 (무너지는 / 잠기는) 사고가 있었습니다. 이 사고로 3명이 죽고 5명이 다쳤습니다. 정승원 기자입니다.

2. "공원에서 아이나 노인을 잃어버렸을 때 어떻게 해야 하는지 아십니까? (실종자 / 희생자)을/를 찾을 때는 당황하지 말고 182번으로 전화하면 됩니다. 이 밖에 알고 있으면 도움이 되는 전화번호를 김나미 기자가 알려 드립니다."

3. "지금까지 많은 대형 사고들이 있었는데요, 이런 대형 사고의 (구조대 / 피해자)와 그 가족들은 짧게는 1년, 길게는 5년 이상의 정신 치료가 필요하다고 합니다. 김효성 기자입니다."

3 밑줄친 부분과 바꿔 쓸 수 있는 단어를 찾아 바르게 고치십시오.

부딪히다	숨지다	중단하다	터지다

1. 고속도로에서 택시와 고속버스가 충돌하는 사고가 일어났다. 이 사고로 버스와 트럭 기사가 목숨을 잃었다.　　　　　(　　　　　　　,　　　　　　　)

2. 어제 오후 1시쯤 서울의 한 원룸에서 신 모 씨의 컴퓨터에 갑자기 불이 나면서 폭발하는 사고가 났다.　　　　　(　　　　　　　　　　　)

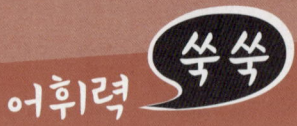

사 건	기사	article / 消息 / 記事
사(事):일 work 事 仕事	**사**고	accident / 事故 / 事故
	사무실	office / 办公室 / 事務室
	사업가	business man / 企业家 / 事業家

산 불	**산**	mountain / 山 / 山
산(山):산 mountain 山 山	남**산**	Namsan Mountain / 南山 / 南山
	등**산**	hiking / 爬山 / 登山
	설악**산**	Seoraksan Mountain / 雪岳山 / 雪岳山

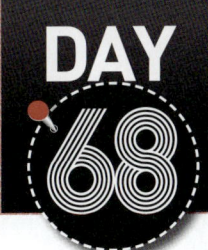

DAY 68 사건과 사고2

아는 단어에 ○표 하세요.

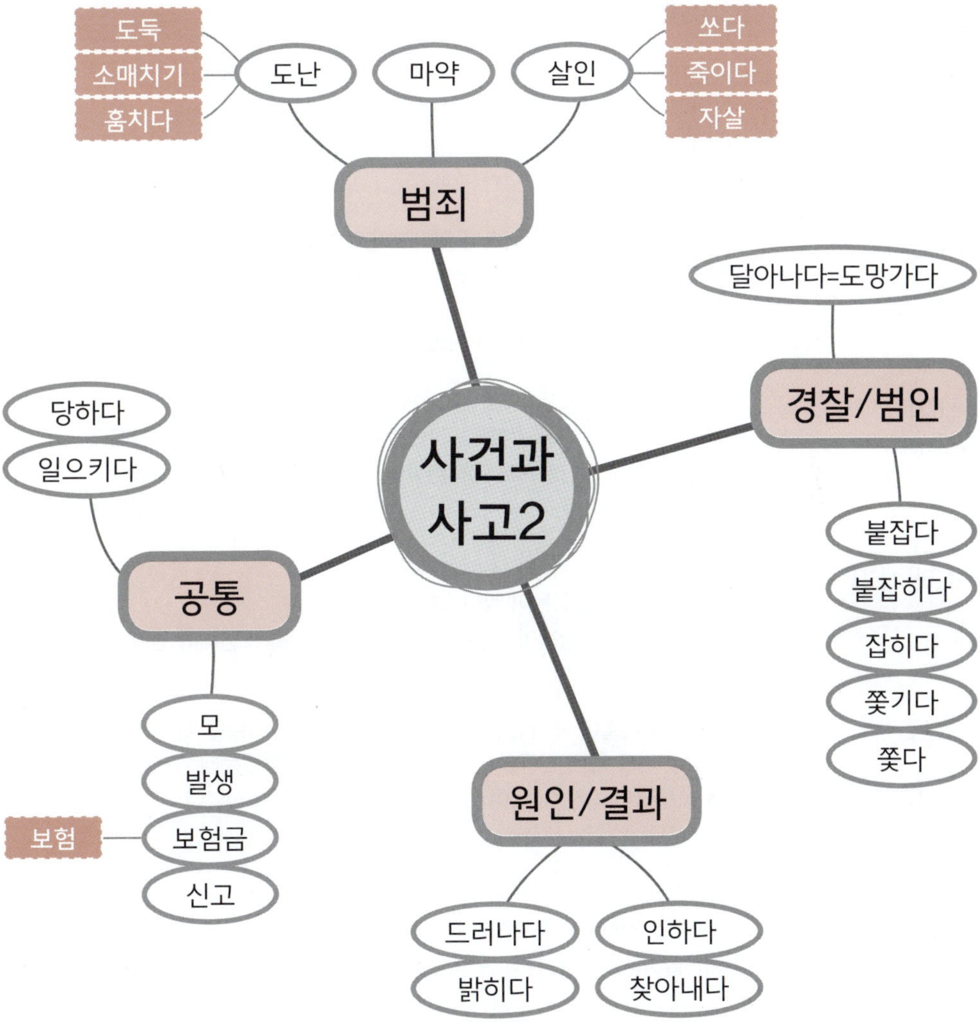

사건과 사고2
범죄
도난
도둑
소매치기
훔치다
마약
살인
쏘다
죽이다
자살
경찰/범인
달아나다=도망가다
붙잡다
붙잡히다
잡히다
쫓기다
쫓다
원인/결과
드러나다
밝히다
인하다
찾아내다
공통
당하다
일으키다
모
발생
보험금
보험
신고

범죄

범죄 crime 罪 犯罪	• 가: 중학생이나 고등학생에게 술을 파는 것이 **범죄**예요? 　나: 네. 한국에서는 20살부터 술이나 담배를 살 수 있어요. • 이곳은 사람이 별로 다니지 않아서 **범죄**가 일어나기 쉽기 때문에 CCTV가 필요하다. 　**표현** 범죄가 늘다/발생하다/일어나다, 범죄를 예방하다/줄이다
도난 robbery 偷 盗難	• 가: 배가 고픈데 저녁 먹으러 갈까? 　나: 그래. 그런데 요즘 도서관에서 책을 **도난**당하는 일이 자주 있다고 하니까 가방을 가지고 가자. • 공원에서 산책을 하는 동안 자전거 주차장에 둔 자전거를 **도난**당했다. 　**표현** 도난을 당하다, 도난 사건/사고/수표
도둑 theif 小偷 泥棒	• 가: 어제 문을 안 잠그고 왔다고 했지? 집에 갔을 때 아무 일도 없었어? 　나: 아니… 책상 서랍 안에 둔 50만 원을 **도둑** 맞았어. • 여행을 간 동안 집에 **도둑**이 들었는데 새로 산 컴퓨터와 텔레비전을 가지고 갔다. 　**표현** 도둑이 들다, 도둑을 맞다/잡다
마약 drug 毒品 麻薬	• 가: **마약**을 해도 괜찮은 나라가 있다고 들었어요. 　나: 네. 하지만 모든 **마약**이 되는 것은 아니에요. **마약**을 할 수 있는 나이와 장소도 정하고 있고요. • **마약**을 한번 시작하면 끊기가 어렵다.
살인 murder 杀人 殺人	• 가: '**살인**의 추억'이라는 영화 봤어요? 　나: 네. 그 영화는 1986년부터 1991년까지 일어난 **살인** 사건 이야기예요. • 그 사건은 작은 말다툼으로 시작된 싸움이 **살인**으로 이어진 일이었다. 　**표현** 살인이 일어나다, 살인 사건
소매치기 pick pocket 扒手 掏摸	• 가: 어제 버스에서 지갑을 **소매치기** 당했어. 　나: 정말? 지갑 안에 돈이 많이 있었어? • 여행을 갔을 때 관광객이 많은 곳에서는 **소매치기**를 조심해야 한다.
쏘다 shoot 射, 打 射る	• 가: 저기 아이들이 가지고 노는 장난감 활을 보니까 어렸을 때 생각이 나. 　나: 맞아. 나도 동네 친구들하고 활을 **쏘면서** 자주 놀았는데. • 총을 **쏘는** 것이 멋있어 보여서 어렸을 때 군인이 되고 싶었다. 　**표현** 총/화살/활을 쏘다
자살 suicide 自杀 自殺	• 가: 어제 고등학교 2학년 여학생이 **자살**했다는 뉴스 봤어요? 　나: 대학교 입학시험 스트레스 때문이라고 들었어요. 너무 마음이 아파요. • 연예인들이 **자살**하는 가장 큰 이유는 인기가 떨어졌기 때문이라고 한다.

죽이다 kill 杀 殺す	• 가: 소고기를 안 먹어? 　나: 응. 시골에서 소를 **죽이는** 것을 본 후부터 소고기를 못 먹겠어. • 우리 언니는 마음이 여려서 모기 한 마리도 **죽이지** 못한다.
훔치다 steal 抢 盗む	• 가: 어제 신문에서 읽었는데 어떤 중학생이 아버지가 회사 사장인데 마트에서 물건을 여러 번 **훔쳤다고** 해요. 　나: 꼭 돈이 필요한 게 아니고 관심을 받고 싶거나 스트레스가 많으면 **훔치는** 습관이 생길 수 있다고 해요. • 초등학교 때 엄마 지갑에서 돈을 **훔친** 경험이 있다.

사건과 사고2 · 경찰/범인

범인 criminal, culprit 凡人 犯人	• 가: 지난주에 이야기한 살인 사건의 **범인**이 누군지 알아? 　나: 어제 뉴스에서 봤어. **범인**이 남자 친구였다고 하는데 정말 무섭지 않아? • 범죄 예방 카메라 10대 중 4~5대는 **범인**의 얼굴이나 자동차 번호를 확인하기 어려운 것으로 조사됐다.
달아나다 =도망가다 escape, run away 逃跑 逃げる, 逃げ出す	• 가: 흐엉 씨가 오토바이에 부딪혀서 병원에 입원했다고 해. 　나: 응, 들었어. 그런데 사고를 낸 오토바이가 **달아났다고** 해. • 내 동생은 강아지를 싫어해서 강아지가 보이기만 하면 바로 **달아난다**.
붙잡다 catch 抓住 捕らえる	• 가: 남자 친구가 헤어지자고 하는데 난 헤어지고 싶지 않아. 어떻게 하지? 　나: 싫다고 하는 사람을 **붙잡지** 마. 좋은 남자를 다시 만날 수 있어. • 어떤 아주머니의 가방을 훔쳐서 도망가는 사람을 **붙잡은** 사람이 18살 고등학생이라고 한다.
붙잡히다 be caught 被抓住 捕まる	• 가: 영화 보고 저녁 식사 후에 맥주 한 잔 할까? 　나: 아니. 어제 회식 때 부장님한테 **붙잡혀서** 12시까지 맥주를 마셔서 오늘은 안 마시고 싶어. • 밥을 사 먹을 돈이 없어서 한 달 동안 동네 편의점 5곳에서 라면과 김밥을 훔친 대학생이 **붙잡혔다**.
잡히다 be caught 抓住 捕まる	• 가: 왜 이렇게 늦었어. 영화 시간 거의 다 됐어. 　나: 정말 미안해. 택시가 안 **잡혀서** 20분 동안 기다렸어. • 주말에 낚시하러 갔는데 하루 종일 한 마리밖에 안 **잡혔다**.

쫓기다 be chased 被追 追われる	• 가: 발표 수업 준비를 벌써 해? 　나: 시간에 **쫓겨서** 하면 실수를 많이 하게 돼서 미리 준비하려고 해. • 이 영화는 사람을 죽이고 경찰에게 **쫓기는** 남자를 사랑하게 되는 여자 경찰관의 이야기이다. 표현 불안/시간/일에 쫓기다
쫓다 chase, follow 追 追う	• 가: 나는 다른 사람보다 옷에 돈을 좀 많이 쓰는 것 같아. 　나: 빠르게 바뀌는 유행을 **쫓아서** 옷을 사면 입은 지 1~2년도 안 되어서 입을 수 없는 옷이 생겨. • 서울 경찰서의 한 경찰관이 범인을 **쫓는** 중에 범인이 쏜 총에 맞아서 크게 다쳤다. 표현 돈/욕심/유행을 쫓다

사건과 사고2 원인/결과

원인 cause 原因 原因	• 가: 어떤 영화를 좋아해? 　나: 난 범죄 영화를 좋아해. 사건의 **원인**을 찾는 과정이 흥미 있어. • 지금도 **원인**을 알 수 없는 병들이 많이 있다. 표현 원인을 따지다/설명하다/알아보다
드러나다 come out 露出 現われる	• 가: 우리 남편은 결혼 전과 결혼 후가 많이 달라. 　나: 남편도 너와 비슷한 생각을 할 수 있어. 결혼해서 같이 살면 서로 모르는 성격이 **드러나니까**. • 경찰이 조사한 결과 사고를 낸 남자는 운전면허증이 없는 것으로 **드러났다**. 표현 비밀/사실/원인/진실이 드러나다
밝히다 reveal 大白 明かす	• 가: 올해 지하철 문이 안 열리는 사고가 자주 있는 것 같아. 　나: 응. 지하철을 탈 때마다 불안해. 빨리 그 원인을 **밝혀서** 안전한 지하철이 되면 좋겠어. • 원인이 **밝혀지지** 않아서 예방과 치료가 어려운 질병이 아직도 많다. 표현 비밀/사실/원인/이름/진실을 밝히다
인하다 be caused by 因为 因る	• 가: 부산에서 보낸 이번 휴가 정말 재미있었어요. 서울에 오면 우리 집에 꼭 오세요. 　나: 그럴게요. 고속도로에서 졸음운전으로 **인한** 사고가 많다고 하니까 자주 쉬면서 가세요. • 명절 연휴로 **인해서** 학교 근처 식당들이 모두 문을 닫아서 외국인 학생들이 불편을 겪었다. 표현 N(으)로 인한/인해서
찾아내다 find 找到 探し出す	• 가: 어제 드라마 '엄마는 경찰'을 못 봤는데 범인을 **찾아냈어**? 　나: 응. 죽은 여자가 다닌 회사의 사장의 아들이 범인이었어. • 한국대학교 병원의 최준호 교수팀은 약을 적게 사용하고 암을 치료할 수 있는 방법을 **찾아냈다**. 표현 방법/범인/보물/비밀/원인을 찾아내다

당하다
suffer
被
遣られる

- 가: 들었어요? 람스키 씨가 다음 달에 결혼한다고 해요.
  나: 람스키 씨는 여자 친구가 없어요. 오늘 4월 1일인데 람스키 씨의 거짓말에 **당했 군요**!
- 초등학교 때 키가 작고 뚱뚱해서 남자 아이들에게 놀림을 많이 **당했다**.

  표현 거절/창피/피해를 당하다

모
unnamed
某
某(氏)

- 가: 어제 마약 때문에 붙잡힌 연예인 뉴스 봤어?
  나: 응. 김 **모** 씨라고 했는데 얼굴은 안 보였지만 내 생각에 가수 서지우 씨 같아.
- 영화배우 김나미 씨가 자신보다 나이가 3살이 적은 회사원 이 **모** 씨와 다음 달 5일 결혼식을 올린다.

발생
occurrence,
outbreak
发生
発生

- 가: 어제부터 날씨가 안 좋아요. 비가 올 것 같아요.
  나: 어제 일본에서 **발생**한 태풍이 지금 우리나라로 오고 있다고 해요.
- 자동차 도난 사고는 오전 6시에서 9시 사이에 가장 많이 **발생**한다고 한다.

  표현 발생을 막다/예방하다/줄이다. 발생 원인/위험/이유/가능성

보험
insurance
保险
保険

- 가: 취직했다고 들었어. 축하해. 무슨 일을 하게 됐어?
  나: 고마워. **보험** 회사에 들어갔어.
- 외국 여행을 갈 때는 여행자 **보험**에 드는 것이 좋다.

  표현 보험에 가입하다/들다

보험금
insurance
保险金额
保険金

- 가: 큰 수술을 해서 돈이 많이 들었겠어요.
  나: 아니에요. 보험을 여러 개 들어서 **보험금**을 타서 쓰고 100만 원이 남았어요.
- 사고가 났을 때 2년 안에 **보험금**을 신청하면 **보험금**을 모두 받을 수 있습니다.

  표현 보험금을 타다

신고
report, notify
报
届け出

- 가: 지하철에 가방을 놓고 내렸어요. 은행 카드가 그 안에 들어있는데…
  나: 그럼 먼저 은행에 잃어버렸다고 **신고** 전화를 하세요.
- 불이 나면 119로 **신고**하면 된다.

일으키다
cause
引起
起こす

- 가: 운룽 씨는 학교에 결석도 안 하고 숙제도 안 하는 날이 없고 중국에서도 항상 모 범생이었을 것 같아요.
  나: 하하하, 그래요? 어렸을 때는 학교에서 문제를 **일으켜서** 부모님이 학교에 가신 적도 있어요.
- 어린이들에게 알레르기를 **일으키는** 음식은 계란, 우유, 콩과 같은 식품들이다.

  표현 문제/변화/병/전쟁을 일으키다

1 아래 글을 읽고 순서대로 번호를 쓰십시오.

> ① 이 때문에 종로 경찰서는 다음 달부터 초등학교에서 '범죄예방교실'을 열기로 했다.
>
> ② 이와 함께 어려움을 당했을 때 어른에게 도움을 구하는 방법이나 신고 전화를 하는 방법도 가르친다.
>
> ③ 수업 내용은 사람들이 별로 없는 길로 가거나 모르는 사람과 같이 가면 안 된다는 것이다.
>
> ④ 초등학생 범죄는 해마다 늘어서 여러 가지 사건과 사고를 당한 초등학생이 작년보다 올해 12.5% 늘었다.

_____ → _____ → _____ → _____

2 빈칸에 알맞은 단어를 쓰십시오.

| 도난 | 도둑 | 보험 | 신고 | 원인 |

1. 휴가철에는 집에 _____ 이/가 들기 쉽다. 여행을 가기 전에 문을 꼭 잠그고 가야 한다.

2. 아이를 잃어버렸을 때는 '아동실종센터'에 전화하면 된다. _____ 번호는 182이다.

3. 어학연수를 온 외국인들은 꼭 _____ 을/를 드는 게 좋다. 그렇게 하지 않으면 병원에 갔을 때 돈을 아주 많이 내야 한다.

4. 해외여행 중 기차에서 _____ 을/를 당한 휴대전화의 요금이 100만 원이 넘게 나왔다.

5. 서울역 근처의 한 호텔에서 _____ 을/를 알 수 없는 불이 나서 경찰이 조사 중이다.

3 괄호 안에서 알맞은 단어를 고르십시오.

1. 횡단보도에서는 위험하기 때문에 어린 아이들의 손을 (붙잡고 / 잡히고) 건너야 한다.

2. 회사 일에 (쫓겨서 / 쫓아서) 영화 보러 간 지 오래됐다.

3. 제주도에 여행 갔을 때 말을 타고 화살을 (쏴 / 훔쳐) 보는 체험을 했다.

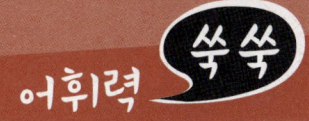

자 **살**	**자기** DAY73	oneself / 自己 / 自分
자(自): 자기, 스스로	**자동** DAY79	automatic / 自动 / 自動
oneself 自 自ら	**자존심** DAY2	self-esteem / 自尊心 / 自尊心
	자취 DAY61	live apart from one's own family / 一个人住 / 自炊

 MEMO

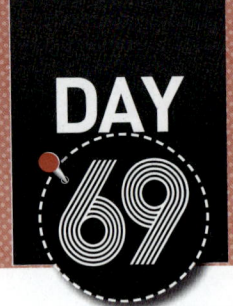

DAY 69 경제1

아는 단어에 ○표 하세요.

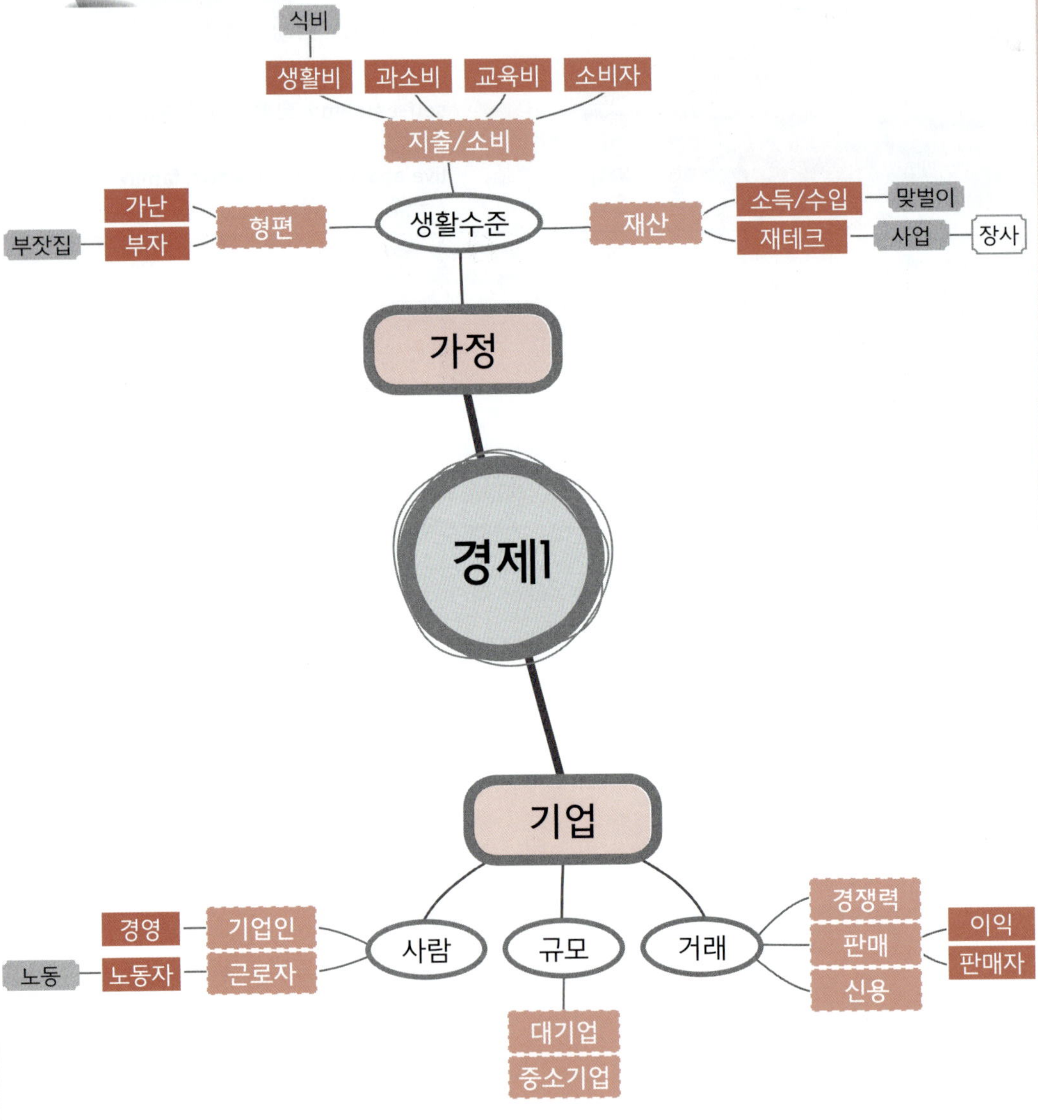
경제1
가정
생활수준
지출/소비
생활비
과소비
교육비
소비자
식비
형편
가난
부자
부잣집
재산
소득/수입
맞벌이
재테크
사업
장사
기업
사람
기업인
경영
근로자
노동자
노동
규모
대기업
중소기업
거래
경쟁력
판매
이익
판매자
신용

경제
economy
经济
経済

- 가: 학교 다닐 때 무슨 공부가 제일 재미있었어요?
  나: 수학하고 **경제**요. 그래서 대학교에서 **경제**를 전공했어요.
- 한국 **경제**의 가장 큰 문제는 일자리 문제이다.

경제1 **가정**

가난
poverty
穷
貧乏

- 가: 이 사진 좀 보세요. 감동적이죠?
  나: 네. 사진의 제목이 '**가난**한 소년에게 신발을 벗어 주는 사람'이네요.
- 외국 여행을 갔을 때 **가난**하지만 행복하게 사는 사람들을 보고 감동을 받은 적이 있다.

과소비
execissve
consumption
超前消费
過消費

- 가: 생각 없이 돈을 쓰니까 **과소비**를 하게 돼. 월급을 받은 지 2주밖에 안 되었는데 벌써 통장에 돈이 없어.
  나: 그래서 나는 월급을 받으면 제일 먼저 저축을 해.
- 홈쇼핑은 편리하기는 하지만 쉽게 **과소비**하게 돼서 자주 하지 않는다.

교육비
education fee
教育费
教育費

- 가: 한국에서는 왜 아이를 1명만 낳으려고 하는 사람들이 많아요?
  나: 아이에게 **교육비**가 너무 많이 들어가는 것이 가장 큰 이유예요.
- **교육비** 중에서 영어나 수학 학원에 내는 돈이 75%로 가장 많다고 한다.

맞벌이
dual income
双职工
共稼ぎ

- 가: 결혼 후에도 **맞벌이**를 할 거예요?
  나: 네. 하지만 아이가 생길 때까지만 회사에 다닐 거예요.
- **맞벌이** 부부의 가장 큰 어려움은 자녀를 기르는 문제이다.

부자
the rich
富人
金持ち

- 가: 댄, 책을 읽고 있었어? 무슨 내용의 책이야?
  나: '**부자**가 되는 10개의 습관'이라는 책이야. 예상 밖의 내용도 있어서 재미있는데 그 중의 하나가 운동하는 거라고 해.
- 우리 할아버지는 큰 재산을 가진 **부자**이신데 늘 아끼면서 사신다.

부잣집
rich family
富人家
金持ち

- 가: 한국 드라마 중에서 '학교'라는 드라마 봤어?
  나: 그럼. 탤런트 이민우 씨가 **부잣집** 아들로 나오는 그 드라마 맞지?
- 나는 딸만 6명인 딸**부잣집**에서 첫째로 태어났다.

사업
business
事业
事業

- 가: 웬팅 씨 결혼 소식 들었어요?
  나: 네. 그런데 남자 친구가 일본에서 **사업**을 해서 결혼 후에는 일본에서 살 거라고 해요.
- 그동안 모은 돈으로 내년에는 작은 **사업**을 시작하려고 한다.

  표현 사업이 망하다/성공하다/실패하다/안 되다/잘 되다

생활비 living expenses 生活費 生活費	• 가: 한국에 온 지 얼마 안 되었는데 한국어를 아주 잘하는데요. 　나: **생활비**를 벌려고 주말마다 식당에서 일을 하는데 그때 한국어 연습을 많이 할 수 있어요. • 취직한 후부터는 부모님께 **생활비**를 한 달에 20만 원씩 드리고 있다.
생활 수준 the standard of living 生活水平 生活水準	• 가: 10년 전보다 우리 고향의 **생활 수준**이 많이 올라갔지? 　나: 응. 높은 건물도 많이 생기고 외국 회사들도 많이 들어왔지. • 자동차를 사려고 하는데 운전하기도 편하고 내 **생활 수준**에도 맞는 자동차를 고르는 게 쉽지 않다. 표현 생활 수준이 낮다/높다/다르다/올라가다
소득 income 收入 所得	• 가: 모든 나라에서 **소득**이 높은 직업은 뭘까? 　나: 의사나 변호사 아닐까? • 올해 한 가정의 한 달 평균 **소득**은 440만 3,000원으로 작년보다 5% 늘었다. 표현 소득이 높다/늘다/늘어나다/줄다
소비 consumption 消費 消費	• 가: 요즘은 어린 아이들도 유명하고 비싼 옷이나 신발을 사려고 하는 것 같아요. 　나: 맞아요. 비싼 것이 좋다고 생각하는 **소비** 문화를 바꿔야 해요. • 한국에서 한 사람이 1년에 **소비**하는 라면이 약 74개라고 한다. 표현 소비 사회/생활/습관
소비자 consumer 消費者 消費者	• 가: 회사에서 무슨 일을 해요? 　나: **소비자**들이 원하는 것이나 **소비자**들의 의견을 조사하는 일을 해요. • 올해 젊은 직장 여성 **소비자**들이 가장 많이 찾는 화장품 색깔은 주황색이었다.
수입 income 收入 輸入	• 가: 친구가 회사를 나와서 커피숍을 하는데 한 달 **수입**이 500만 원이 넘는다고 들었어요. 　나: 왜! 돈을 많이 버는군요. 하지만 쉴 수 있는 날이 별로 없으니까 힘들 것 같아요. • 학교 앞에서 식당을 하는데 방학이 되면 손님이 별로 없어서 **수입**이 준다. 표현 수입이 괜찮다/늘다/늘어나다/적다/좋다/줄다
식비 food expenses 饭钱 食費	• 가: 한 달 **식비**가 너무 많이 나와서 좀 줄여야 하는데 너는 어떻게 해? 　나: 집에 있는 음식 재료를 다 먹을 때까지 시장에 가지 않으면 **식비**를 많이 줄일 수 있어. • 우리 가족은 생활비 중에서 **식비**가 가장 많이 든다.
장사 commerce 生意 商い	• 가: 요즘 동네에 있는 작은 가게들이 **장사**가 잘 안 된다고 해요. 　나: 대형 마트가 생긴 동네에는 그런 일이 자주 있다고 해요. • 학교 축제 때 친구들과 떡볶이 **장사**를 해서 10만 원을 벌었다.

재산 asset 財産 財産	• 가: 어제 뉴스에서 40년 동안 모은 **재산** 10억을 방송국에 보낸 할머니 이야기가 나 왔어요. 　나: 저도 봤어요. 시장에서 장사를 하면서 모은 돈이라고 하지요? • 내가 가진 **재산**은 10년 동안 타고 다니고 있는 자동차 한 대밖에 없다. 　**표현** 재산이 많다/없다/있다, 재산을 늘리다/모으다/물려주다/지키다
외 **재테크** investment 理財 財テク	• 가: 민수 씨도 **재테크**를 해요? 　나: 그럼요. 결혼에 필요한 돈을 모으려고 **재테크**를 하고 있어요. • 한국 사람들이 가장 많이 하는 **재테크**는 저축이라고 한다.
지출 expense 支出 支出	• 가: 1년 중 가장 큰 **지출**이 뭐예요? 　나: 여름휴가 때마다 가족들과 외국 여행을 가니까 그때 돈을 제일 많이 써요. • 예상하지 못한 **지출**이 생기면 쓰려고 달마다 10만 원씩 모으는 통장을 만들었다. 　**표현** 지출이 늘다/줄다
형편 circumstances 生活情況 都合	• 가: 이 가구가 마음에 들지만 내 **형편**에는 좀 비싼 것 같아. 　나: 그럼 저거는 어때? 디자인도 가격도 괜찮은 것 같은데. • 부모님은 어려운 **형편**에도 나를 영국으로 유학을 보내 주셨다. 　**표현** 형편이 곤란하다/나쁘다/어렵다, 형편에 맞다

경제1 기업

기업 enterprise 企業 企業	• 가: 왜 외국 **기업**으로 회사를 옮겼어요? 　나: 지난번에 다닌 회사보다 월급은 좀 적지만 야근이 거의 없어서요. • 최근 3년 동안 한국 사람들이 취직하고 싶은 외국 **기업** 1위는 '구글(google)'이라고 한다.
거래 transaction 交易 取り引き	• 가: 동운 씨는 외국 출장이 많은 것 같아요. 　나: 우리 회사의 **거래** 회사가 외국에 많이 있어서 그래요. • 부동산 경제가 좋지 않아서 서울시에서 작년보다 아파트 **거래**가 17% 정도 줄었다. 　**표현** 거래가 많다/없다/있다/활발하다, 거래를 끊다
경영 management 経営 経営	• 가: 졸업 후에 대학 병원에서 3년 정도 일한 후에 개인 병원을 하고 싶어. 　나: 개인 병원은 **경영**이 쉽지 않아. 한 달 수입이 많을 때도 있고 아주 적을 때도 있 다고 들었어. • **경영** 대학원은 수업이 저녁이나 주말에 있어서 직장에 다니는 사람들이 많다. 　**표현** 경영 상태/수업/정보
경쟁력 competitiveness 競爭力 競爭力	• 가: 영어도 배우고 중국어 학원도 다녀요? 　나: 네. 요즘은 외국어를 하나만 하면 **경쟁력**이 없어요. • 우리 식당의 **경쟁력**은 한 달에 한 번씩 나오는 새 메뉴이다. 　**표현** 경쟁력을 가지다/갖추다/키우다, 경쟁력이 없다/있다/높다

규모
(비) 크기
size
規模
規模

- 가: 승원 씨 학교의 도서관은 **규모**가 정말 크네요.
  나: 네. 그리고 지은 지 얼마 안 돼서 시설도 아주 좋아요.
- 작년 우리 동네 지하철역 근처에 20층 **규모**의 큰 백화점이 들어섰다.

  표현 규모가 늘어나다/비슷하다/엄청나다/작다/크다

근로자
worker
劳动者
勤労者

- 가: **근로자** 카드? 이게 뭐야?
  나: 직장인들이 여러 가지 할인을 받을 수 있는 카드인데 얼마 전에 만들었어.
- 나는 중학교 교사라서 '**근로자**의 날(5월 1일)'에도 출근을 해야 한다.

기업인
businessman
企业家
企業家

- 가: (인터뷰) '올해의 여성 **기업인**'이 되셨는데 성공하고 싶은 젊은 여성들에게 어떤 말을 해 주고 싶으세요?
  나: 현실이 어렵다고 불평하기보다는 긍정적인 태도로 일하라고 말하고 싶습니다.
- 지금보다 더 많은 한국의 **기업인**들이 자신의 재산과 능력을 사회에 기부하는 일에 참여하면 좋겠다.

노동
(비) 일
labor, work
劳动者
労働

- 가: 어떤 나라에서는 어린 아이들에게도 **노동**을 시킨다고 해요.
  나: 맞아요. 그래서 요즘은 아이들의 **노동**으로 만든 것을 파는 회사의 물건은 사지 않으려는 사람들이 많아요.
- 현재 한국 근로자의 평균 **노동** 시간은 세계 1위이다.

노동자
(비) 근로자
worker
劳动者
労働者

- 가: '**노동자**의 날'인데 내일도 회사에 가요?
  나: 네. 요즘 회사가 어려워서 우리 회사는 안 쉬어요.
- 이 영화는 학교나 병원에서 일하는 여성 청소 **노동자**들의 이야기이다.

대기업
major company
大企业
大企業

- 가: **대기업**에 합격했다고 들었어. 축하해.
  나: 고마워. 하지만 계약 직원이라서 1년 후에 다시 평가를 받아야 해.
- 요즘 대학교에는 **대기업**들이 자기 회사를 소개하고 알리는 행사가 자주 열린다.

신용
credit
信用
信用

- 가: (은행에서) 돈을 빌리려고 하는데 얼마까지 빌릴 수 있을까요?
  나: 잠깐만 기다려 주세요. **신용** 정도를 먼저 확인해 보겠습니다.
- 케이티는 약속을 잘 지키지 않아서 친구들에게 **신용**을 잃었다.

  표현 신용이 땅에 떨어지다/좋다, 신용을 얻다, 신용 상태/정보

이익
profit
利益
利益

- 가: 아키호 씨는 남편하고 같이 가게를 하시죠? 부부가 같이 가게를 하니까 **이익**이 많겠어요.
  나: 네. 다른 사람에게 월급을 주지 않아도 되니까요.
- 사업을 시작한 지 약 1년 동안은 **이익**이 거의 없어서 아주 힘들었다.

  표현 이익이 나다/남다/돌아가다, 이익을 계산하다/남기다/내다/보다/얻다

중소기업 small business 中小企業 中小企業	• 가: 대학생들이 왜 대기업에만 취직하려고 하고 **중소기업**에는 안 가려고 할까? 　나: **중소기업**들은 월급도 적고 회사가 어려우면 월급이 늦게 나오는 일도 있다고 들었어. • 서울역 안에는 **중소기업**에서 만든 물건들만 파는 곳이 있는데 가격은 비싸지 않지만 품질이 좋아서 손님이 많다.
판매 sale 销售 販売	• 가: 이 비누와 로션, 샴푸까지 집에서 만들었어요? 　나: 네. 취미로 시작했는데 지난달부터 인터넷 **판매**도 시작했어요. • (광고) 선물로 받은 새 화장품을 **판매**합니다. 2만 5,000원짜리를 1만 7,000원에 팝니다. 　**표현** 판매 가격/경쟁/상황/회사, 방문/할인 판매
판매자 salesman 卖方 売り主	• 가: 인터넷으로 물건을 사기 전에 **판매자** 정보를 확인할 수 있는 서비스가 생겼다고 들었어. 　나: 그런 서비스가 더 빨리 생겼으면 좋았는데…. 나도 인터넷으로 산 노트북이 한 달도 안 돼서 고장이 났는데 **판매자**와 연락이 안 된 적이 있었어. • (안내) 다음 달 5일에 열리는 한강공원 벼룩시장의 **판매자**분들은 9시까지 오셔서 행사 준비에 참여해 주시기 바랍니다.

판 **매** 매(賣): 팔다 sell 卖 売る	**매표소**	ticket office / 售票处 / チケット売り場
	매점 DAY33	store / 小卖部 / 売店
	매진 DAY24	sellout / 卖完 / 売り切れ

1 다음은 돈을 모으는 방법에 대한 책 내용입니다. 빈칸에 알맞은 단어를 쓰십시오.

| 과소비 | 교육비 | 대기업 | 맞벌이 | 재테크 |

우리 부부가 돈을 모으는 방법!

1. 여러 가지 _____ 방법을 소개하는 책을 자주 사서 읽습니다.

2. _____ 을/를 하지 않기 위해서 쇼핑하기 전에 꼭 사야 할 물건을 메모합니다.

3. _____ 에서 만든 물건을 사지 않고 중소기업에서 만든 물건을 사면 조금 더 싸게 살 수 있습니다.

4. 우리 부부는 _____ 인데 아내의 월급은 하나도 쓰지 않고 모읍니다.

5. 아이들을 학원에 보내지 않고 좋은 인터넷 수업을 찾아서 이용하면 _____ 이/가 20~30% 정도 적게 듭니다.

---

2 괄호 안에서 알맞은 단어를 고르십시오.

1. 가: 지난달은 (소비 / 식비)가 10만 원밖에 안 들었어.

   나: 어떻게 그렇게 조금만 썼어?

   가: 저녁을 거의 집에서 만들어서 먹었어.

2. 가: 나는 노란색을 좋아하는데 노란색 휴대전화는 아직 없어.

   나: 조금만 기다려 봐. 아마 곧 (소비자 / 판매자)가 직접 스마트폰의 색깔과 모양을 선택할 수 있는 날이 올 거야.

3. 가: 저 가게는 (장사 / 이익)이/가 잘 되는 것 같아. 사람이 항상 많아.

   나: 아직 안 가 봤어? 음식 값도 싸고 서비스도 좋고 특히 음식이 정말 맛있어.

4. 가: 이번 학기에 흐엉을 한 번도 못 봤어.

   나: 가정 (소득 / 형편) 때문에 이번 학기에 휴학했다고 들었어.

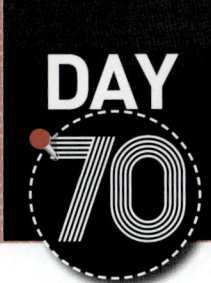

DAY 70 경제2

아는 단어에 ○표 하세요.

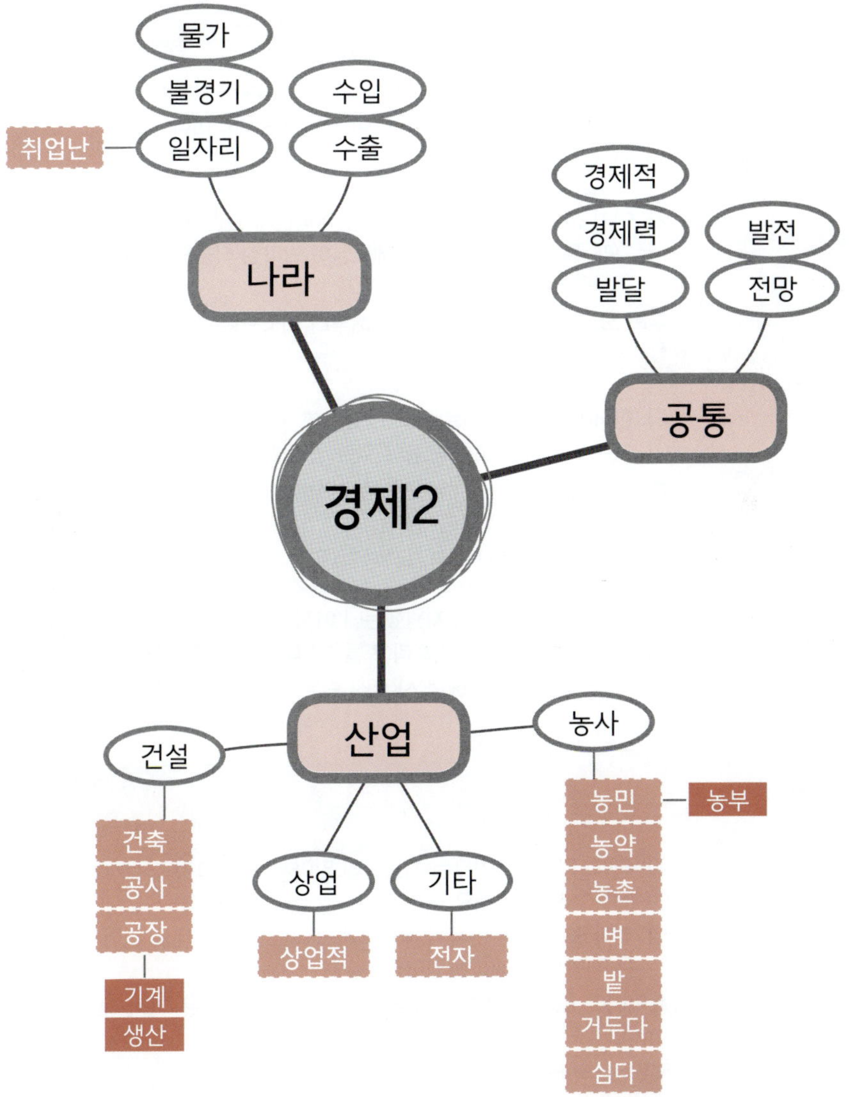

경제2
나라
물가
불경기
일자리
취업난
수입
수출
공통
경제적
경제력
발달
발전
전망
산업
건설
건축
공사
공장
기계
생산
상업
상업적
기타
전자
농사
농민
농부
농약
농촌
벼
밭
거두다
심다

물가
price
物价
物価

- 가: 제가 어렸을 때는 자장면이 1,000원이었는데 지금은 5,000~6,000원이에요.
  나: 네. **물가**가 전보다 정말 많이 올랐지요.
- 도쿄는 세계에서 **물가**가 높은 도시 중의 하나이다.

  표현 물가가 내려가다/높다/뛰다/불안하다/오르다

불경기
recession
不景气
不景気

- 가: 요즘 **불경기**인데 액세서리 사업 어때요?
  나: 1년 전까지는 괜찮았는데 올해는 **불경기** 때문에 좀 힘들어요.
- 가격이 싼 화장품은 **불경기**에도 평소처럼 잘 팔린다고 한다.

수입
import
进口
收入

- 가: **수입** 화장품은 가격이 너무 비싸요.
  나: 네. 하지만 품질은 우리나라 화장품하고 크게 다르지 않은 것 같아요.
- 미국은 세계에서 와인을 가장 많이 **수입**하는 나라이다.

  표현 수입 가격/고기/상품/자동차

수출
반 수입
export
出口
輸出

- 가: 이거 친구한테 선물받은 베트남 커피인데 한번 마셔 볼래?
  나: 그래. 얼마 전에 신문에서 베트남이 브라질 다음으로 커피 **수출**이 많은 나라라는 기사를 읽었는데 한번 마셔 보자.
- 우리 회사에서 만드는 김치를 올해부터 외국으로 **수출**하게 되었다.

  표현 수출을 늘리다

일자리
work, job
工作単位
職

- 가: 한국에서 아르바이트를 하고 싶은데 어디에서 찾을 수 있는지 알아요?
  나: 저는 **일자리** 정보를 제공해 주는 인터넷 회사를 이용해요.
- 초등학교에 다니는 아이가 있는 우리 언니는 오전에만 근무하는 **일자리**를 구하고 있는데 찾기가 쉽지 않은 것 같다.

  표현 일자리를 구하다/만들다/얻다/찾다

취업난
unemployment
就业难
就職難

- 가: 10개가 넘는 회사에 지원했는데 아직도 취직이 안 되었어요.
  나: 한국의 **취업난**이 심각하다고 들었는데 정말 그렇군요!
- 계속되는 **취업난** 때문에 취직이 잘 되는 전공을 선택하는 학생들이 늘고 있다.

경제2 산업

산업
industry
产业
産業

- 가: 집에서 동물을 기르는 사람들이 많아서 요즘 그것과 관계있는 **산업**도 빠르게 발전하고 있다고 해요.
  나: 맞아요. 그런데 한국의 대학교에는 그런 전공이 별로 없어서 외국에 공부하러 가는 사람도 많다고 들었어요.
- 음악이나 드라마 **산업**과 다르게 한국의 영화 **산업**은 아직 해외 시장에서 경쟁력이 약하다.

  표현 산업이 발달하다/발전하다

거두다 harvest 收拾, 收获 得る	• 가: 휴가 동안 고향 집에서 잘 쉬고 왔어요? 　나: 아니요. 고추를 **거두는** 때라서 부모님을 도와드리고 왔는데 아직까지도 허리가 　　　아파요. • 많은 한국 가수들이 외국에서 큰 성공을 **거두고** 있다. 　표현 쌀/성공/승리/효과를 거두다
건설 construction 建设 建設	• 가: 외국 출장을 자주 가는 것 같아요. 　나: 네. 우리 회사가 외국에서 **건설** 사업을 많이 하고 있어서 1년에 두세 번 가요. • 한국 최초의 고속도로는 서울과 인천을 잇는 고속도로인데 1968년에 **건설**되었다. 　표현 건설 비용/사업/시장/회사
건축 architecture, construction 建筑 建築	• 가: 대학교에서 뭐 전공했어요? 　나: 실내 **건축**을 전공했어요. 지금은 실내 **건축** 디자이너로 일하고 있어요. • 내년에 우리 동네에 어린이 도서관 **건축**이 시작된다고 한다. 　표현 건축 기사/재료
공사 construction 工程 工事	• 가: 요즘 도서관에서 공부해요? 　나: 네. 보통 집에서 공부하는데 요즘 집 근처에서 **공사**를 해서 너무 시끄러워서요. • 갑자기 이사를 하게 되어서 이사할 집 **공사**를 급하게 시작했다.
공장 factory 工厂 工場	• 가: 이 미술관은 건물 모양이나 실내 분위기가 보통의 미술관과 좀 다른 것 같아요. 　나: 그렇죠? 전에는 **공장** 건물이었는데 미술관으로 만들었다고 해요. • 많은 한국 회사들이 **공장**을 외국으로 옮겼다.
기계 machine 机械 機械	• 가: 오늘 수업 시간에 본 영화 재미있었어. 　나: 응. 그런데 영화처럼 미래에는 정말로 **기계**가 사람이 하는 모든 일을 할 수 있 　　　게 될까? • (광고) 식당에서 사용한 국수 만드는 **기계** 팝니다. 사용한 기간은 2년입니다.
농민 peasant 农民 農民	• 가: 곧 설날이라서 시청 앞에서 주말에 **농민**들과 직접 거래할 수 있는 시장이 열린다 　　　고 하는데 같이 가 볼래요? 　나: 좋아요. 재미있겠는데요. • (뉴스) 지난 9월 7일 이후 처음 내린 비로 **농민**들은 오랜만에 웃음을 지으면서 바쁜 　하루를 보냈습니다.
농부 peasant 农夫 農夫	• 가: 집에서 기른 야채들이에요. 호당 씨에게 주려고 좀 가지고 왔어요. 　나: 이게 전부 효성 씨가 기른 거예요? 재작년부터 마당에서 야채를 기르기 시작했는 　　　데 벌써 **농부**가 다 되었군요! • 우리 회사 사장님은 가난한 **농부**의 딸로 태어났지만 22살에 사업을 시작해서 크게 　성공하셨다.

농사 farming 农活 農事	• 가: '자식 **농사**'라고 하는 말이 무슨 말이에요? 　나: 자식을 기르는 것도 **농사**처럼 제때에 낳고 때마다 정성으로 잘 길러야 한다는 뜻이에요. • 옛날에는 겨울에 **농사**를 짓지 않고 쉬었기 때문에 윷놀이처럼 겨울에 하는 여러 가지 놀이가 많았다. 　**표현** 농사가 잘되다/안 되다, 농사를 망치다/짓다
농약 agricultural pesticides 农药 農薬	• 가: 대부분의 과일은 껍질까지 먹는 게 좋다고 해요. 　나: 네. 하지만 **농약** 때문에 저는 껍질을 안 먹어요. • 내가 자주 가는 비빔밥집은 **농약**을 사용하지 않고 직접 기른 야채를 사용한다. 　**표현** 농약을 뿌리다
농촌 country side 农村 農村	• 가: 나중에 나이가 들면 **농촌**에서 살고 싶어. 　나: 오랫동안 도시에서 살았는데 **농촌**에서 살면 좀 심심하지 않을까? • **농촌** 생활을 경험해 보려고 방학 때 **농촌**으로 가족 여행을 가는 사람들이 많다고 한다.
밭 field 田 畑	• 가: 이 마을의 **밭**은 거의 대부분이 배추**밭**이라고 들었어. 　나: 응. 나도 여행 오기 전에 이곳을 소개하는 글을 읽었는데 한국에서 나오는 배추의 70% 정도가 이 지역에서 키우는 배추라고 해. • 작년 봄에 친구와 녹차 **밭** 축제에 가서 녹차로 만든 여러 가지 음식을 먹어 봤다.
벼 rice 稻子 稻	• 가: 저기 노란 **벼**들 좀 보세요. 　나: 네. 저렇게 잘 익은 **벼**를 보니까 정말 가을이 온 것 같네요. • 올해는 날씨가 좋아서 **벼**농사가 잘 되었다고 한다. 　**표현** 벼가 익다, 벼를 심다
상업 commerce 商业 商業	• 가: 이 동네에 오피스텔을 구하려고 했는데 너무 비싸요. 　나: 여기가 **상업** 지역이라서 그럴 거예요. • 아버지는 가난 때문에 대학교에 갈 수 없어서 **상업** 고등학교를 졸업하고 바로 취직하셨다고 한다. 　**표현** 상업 고등학교/광고/도시/지역
상업적 commercial 商业的 商業的	• 가: 인터넷에서 찾은 노래나 음악을 카페에서 사용해도 돼요? 　나: CD를 사서 이용하는 것은 괜찮지만 인터넷에서 무료로 받은 것은 **상업적**으로 이용하면 안 돼요. • 아파트 게시판에 **상업적**인 목적으로 광고를 붙이려면 아파트 관리실에 사용 요금을 내야 한다. 　**표현** 상업적 목적/연극/영화
생산 production 生产 生産	• 가: 이것과 똑같은 휴대 전화를 사고 싶은데요. 　나: 손님, 이건 좀 오래된 제품이라서 이제 **생산**되지 않습니다. • 올해 쌀 **생산**은 늘었지만 쌀 소비가 줄어서 쌀값이 많이 떨어졌다. 　**표현** 생산이 가능하다, 생산 공장/능력/수단/시설

심다 plant 种 植える	• 가: 어서 오세요. 어떤 꽃을 찾으세요? 　　나: 집에 **심을** 건데 쉽게 기를 수 있는 것으로 주세요. • 나는 아이들에게 꿈과 희망을 **심어** 주는 동화 작가가 되고 싶다. 　표현　꽃/나무/배추/씨를 심다
전자 electronic 电子 電子	• 가: 그거 **전자**사전인데 인터넷도 할 수 있어요? 　　나: 네. 요즘 새로 나온 **전자**사전은 인터넷도 할 수 있어요. • 내 생각에 미래에는 종이책보다 **전자**책을 읽는 사람이 더 많을 것 같다. 　표현　전자 게임/공장/사전/책

경제2　공통

경제력 economic power 经济能力 経済力	• 가: 여러 가지 조건을 따졌을 때 세계에서 **경제력**이 가장 높은 나라는 미국이라고 하네요. 　　나: 네. 그 다음이 일본이라고 알고 있는데 중국의 **경제력**도 점점 커지고 있지요. • 자녀들이 결혼할 때 집을 사 줄 수 있을 정도의 **경제력**을 가진 부모들은 많지 않다.
경제적 economic 经济的 経済的	• 가: 자동차가 있는데 왜 여행지에서 빌리려고 해요? 　　나: 제주도는 자동차를 싸게 빌릴 수 있어서 가지고 가는 것보다 빌리는 게 더 **경제적**이에요. • 내 기억에 어렸을 때 우리 집은 **경제적**으로 어려움이 없었다. 　표현　경제적 능력/성공/여유/조건/피해
발달 development 发达 発達	• 가: 아이가 말하는 게 늦어서 병원에 간다고 했죠? 의사 선생님이 뭐라고 하셨어요? 　　나: 말이 조금 늦기는 하지만 **발달**에 문제가 있는 건 아니니까 걱정하지 말라고 하셨어요. • 일본과 독일은 세계에서 중소기업이 **발달**한 나라이다. 　표현　기술/산업/의학의 발달
발전 비 발달 development 发展 発展	• 가: 우리 학교 축구팀이 이번 경기에서 이겨서 진짜 기분이 좋아. 　　나: 나도. 작년 경기 때보다 실력이 정말 많이 **발전**한 것 같아. • '설악산 눈 축제'와 같은 지역 축제는 그 지역의 경제 **발전**에 큰 도움이 된다. 　표현　발전을 가져오다/기대하다/이루다, 발전 가능성/방향/속도/전망
전망 prospect 前景 展望	• 가: 직업을 선택할 때 뭐가 가장 중요해요? 　　나: 미래에 **전망**이 밝은 일을 찾아야 한다고 생각해요. • 환율 때문에 수출이 어려워서 올해도 경제 **전망**이 어두울 것 같다. 　표현　전망이 밝다/어둡다/좋다

1 학생들이 꿈에 대해서 이야기하고 있습니다. 빈칸에 알맞은 단어를 쓰십시오.

건설	건축	기계	전자

1. 정승원(한국) : 　저는 디자인에 관심이 많아요. 대학교에서 디자인을 공부하고 싶고 졸업 후에는 냉장고나 텔레비전처럼 _____ 제품을 디자인하는 일을 하고 싶어요.

2. 유키(일본) : 　저는 _____ 회사에서 일하고 싶어요. 우리나라에는 아직 큰 도로가 많지 않아요. 그래서 자동차나 기차가 다니는 길을 만드는 일을 하고 싶어요.

3. 메리(캐나다) : 　저는 어렸을 때부터 _____을/를 좋아해서 집에서 고장이 난 물건들은 제가 다 고쳤어요. 특히 자동차나 비행기를 좋아했는데 나중에 자동차나 비행기를 만드는 회사에서 일하고 싶어요.

4. 마데(인도네시아) : 　저는 _____을/를 공부하고 싶어요. 가족들과 외국 여행을 갔을 때 본 아름다운 미술관과 박물관들을 잊을 수 없어요. 저도 나중에 많은 사람들이 구경하러 오는 멋진 건물을 짓고 싶어요.

2 신문 기사의 제목입니다. 빈칸에 알맞은 단어를 쓰십시오.

물가	수출	전망	취업난

1. 드라마 등 모두 21개의 한국 텔레비전 프로그램 세계로 _____.

2. 서울 _____ 다른 도시보다 25~50% 정도 더 비싸.

3. 외국으로 가는 젊은 사람들 59%가 국내의 심각한 _____ 때문.

4. 한국 사람 78% 내년 경제 부정적 _____, "작년보다 더 어려울 것".

산 업 산(産): 나다, 낳다 produce 产 産む	산부인과 DAY17	obstetrics / 产科 / 産婦人科
	생산 DAY70	produce / 生产 / 生産
	출산 DAY7	childbirth / 分娩 / 出産

MEMO

DAY 71 나라/법/정치

아는 단어에 ○표 하세요.

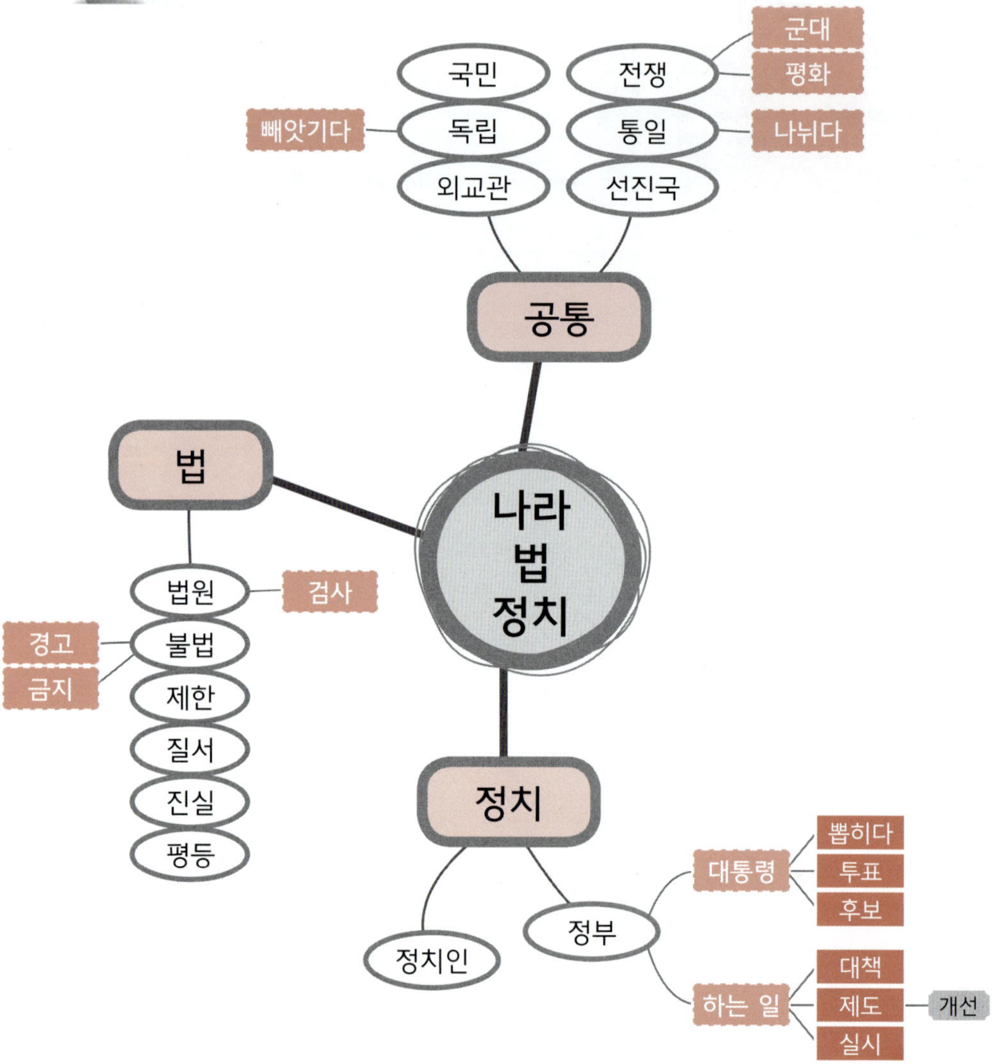

나라
법
정치
공통
국민
독립
빼앗기다
외교관
전쟁
군대
평화
통일
나뉘다
선진국
법
법원
검사
불법
경고
금지
제한
질서
진실
평등
정치
정치인
정부
대통령
뽑히다
투표
후보
하는 일
대책
제도
개선
실시

국가
📖 나라
nation
国家
国家

- 가: 여행사에서 일을 하면 뭐가 제일 재미있어요?
  나: 출장 때문에 여러 **국가**에 가 볼 수 있어서 좋아요.
- 세계 여러 **국가**에서 가장 많이 사용하고 있는 말은 영어이다.

국민
people, nation,
citizen
人民
国民

- 가: '**국민** 가수'가 뭐예요?
  나: 아주 유명하고 많은 사람들이 좋아하는 가수를 말할 때 사용하는 표현이에요.
- 정치를 하는 사람은 **국민**이 바라는 것을 가장 중요하게 생각해야 한다.

군대
the military
军队
軍隊

- 가: 남자 친구가 **군대** 간 지 얼마나 됐어?
  나: 18개월 됐어. 이제 3개월만 기다리면 돼.
- 한국에서는 18살이 넘은 남자들은 특별한 이유가 없으면 **군대**에 가야 한다.

나뉘다
be divided
分成
分かれる

- 가: 가족 여행을 어디로 가기로 했어?
  나: 엄마와 나는 제주도, 아빠와 오빠는 해외여행으로 의견이 둘로 **나뉘어서** 아직 결정 못 했어.
- 1950년에 일어난 한국 전쟁으로 한국은 남과 북으로 **나뉘었다**.
  표현 나라/의견이 나뉘다

독립
independence
独立
独立

- 가: 원원 씨는 부모님과 같은 도시에 사는데 왜 같이 안 살아요?
  나: 우리 아버지는 대학생이 되면 **독립**해서 나가서 살아야 한다고 하셨어요.
- 8월 15일은 한국의 **독립** 기념일이다.

빼앗기다
be deprived, lose
被抢
取られる

- 가: 여행 일정이 짧은데 잃어버린 여권 찾는 일에 시간을 너무 많이 **빼앗겼어**.
  나: 하지만 여권을 찾아서 정말 다행이야. 오늘은 그냥 쉬고 내일 구경하자.
- 옛날에는 힘이 약한 나라가 힘이 강한 나라에게 나라를 **빼앗기는** 일이 많았다.
  표현 나라/돈/마음/시간를 빼앗기다

선진국
developed country
发达国家
先進国

- 가: 어떤 나라가 **선진국**이라고 생각해요?
  나: 국민이 안전하고 행복한 나라 아닐까요?
- 다른 나라보다 정치, 경제, 문화가 발달한 나라를 **선진국**이라고 한다.

외교관
diplomat
外交官
外交官

- 가: 어떻게 해서 외국에서 태권도를 가르치게 되셨어요?
  나: 어렸을 때 꿈이 **외교관**이었어요. 그래서 외국에서 태권도를 가르치면서 한국을 알리고 싶다는 생각을 했어요.
- 민수 씨는 아버지가 **외교관**이라서 어렸을 때 여러 나라에서 살았다.

전쟁 war 战争 戦争	• 가: 영화배우 김민우 씨가 한국 **전쟁**을 배경으로 찍은 영화가 다음 주부터 시작하는데 같이 갈래요? 나: '삼형제' 말이지요? 저도 그 영화 보러 가려고 했는데 잘됐네요. 같이 가요. • 인터넷 쇼핑 회사들의 경쟁이 심해져서 배달을 빨리 해 주는 '배달 **전쟁**'이 뜨겁다고 한다. **표현** 전쟁이 끝나다/일어나다, 전쟁을 일으키다
통일 unity 统一 統一	• 가: 대학교에서 무엇을 공부하고 싶어? 나: 나는 **통일** 문제에 관심이 많아서 정치를 전공하려고 해. • 한국이 빨리 **통일**이 되어서 전쟁으로 헤어진 가족들이 만나서 같이 살 수 있는 날이 오면 좋겠다. **표현** 통일이 되다, 통일을 이루다
평화 peace 和平 平和	• 가: 휴가철이 지나서 바닷가에 사람들이 없네요. 나: 네. 이렇게 조용하고 넓은 바다를 보니까 마음에 **평화**가 찾아오는 것 같아요. • 올림픽 개막식을 할 때 **평화**를 의미하는 새인 '비둘기'를 날린다.

나라/법/정치 법

법 law 法 法	• 가: 중국에서는 아이를 한 명만 낳아야 하고 그렇지 않으면 벌금을 내야 한다고 들었어요. 나: 아니에요. **법**이 바뀌어서 이제 두 명까지 괜찮아요. • 다른 나라에서 사업을 하려면 그 나라의 **법**을 잘 알아야 한다.
검사 examination 检查员 検事	• 가: 장동건 씨가 나오는 영화가 새로 나왔네. 나: 응. 이 영화에서 상대 변호사와 사랑에 빠지는 **검사**로 나온다고 해. • 나는 대학에서 법을 전공하고 아버지처럼 능력 있는 **검사**가 되는 것이 꿈이다.
경고 warning 警告 警告	• 가: 컴퓨터를 산 지 얼마 안 되었는데 또 고장이 났어? 나: 아니. 문제는 없는데 컴퓨터를 켤 때마다 **경고** 메시지가 나와서 A/S 센터에 가 보려고 해. • 미리 말씀드리지 않고 여러 번 수업에 가지 않아서 교수님께 **경고**를 받았다.
금지 prohibition 禁止 禁止	• 가: 이 호수 공원에는 개나 고양이를 데리고 들어가는 것이 **금지**네요. 나: 그렇군요. 근처에 있는 다른 공원으로 가요. • 올해부터 우리 회사 건물의 모든 장소에서 담배를 피우는 것이 **금지**된다. **표현** 금지되다, 금지를 당하다, 수입/출입 금지
법원 court 法院 裁判所	• 가: 신용 카드 때문에 은행과 생긴 문제가 해결됐어요? 나: 아니요, 아직 **법원**의 결정을 기다리고 있는 중이에요. • **법원**에 낼 서류는 **법원**의 인터넷 홈페이지에서 받을 수 있습니다.

불법 illegal 非法 不法	• 가: 식사하는 동안 길에 잠깐 주차해도 되지 않을까요? 　나: 여기에 주차하면 **불법**이에요. 주차장을 찾아보는 게 나을 것 같아요. • 길에서 싸게 파는 CD는 대부분 **불법**으로 만든 것들이다.
제한 restriction 限制 制限	• 가: 노트북이 고장이 나서 학교 도서관에 있는 컴퓨터실을 이용해야겠어. 　나: 그렇구나. 그런데 우리 학교 도서관 컴퓨터실은 사용 시간에 **제한**이 있어서 2시 　　간까지만 쓸 수 있는데 괜찮겠어? • 한국은 공무원 시험을 볼 때 일반 회사와 다르게 나이 **제한**이 없다. 　표현 제한이 없다/있다, 제한을 두다, 나이/속도/시간/크기 제한
진실 truth 真実 真実	• 가: '**진실**게임'이 뭐예요? 　나: 친구가 하는 어떤 질문에도 거짓말하지 않고 대답하는 게임이에요. • 얼마 전에 새로 나온 '과일 주스 100%의 **진실**'이라고 하는 책이 주부들에게 많이 팔 　리고 있다. 　표현 진실을 밝히다, 진실이 드러나다
질서 📳 차례 order 秩序 秩序	• 가: '차가운 물도 위, 아래가 있다'가 무슨 뜻이야? 　나: 모든 것에는 **질서**와 차례가 있다는 말인데 그래서 한국 사람들은 나이가 많은 사 　　람이 먼저라고 생각해. • 일본 여행에서 거리가 깨끗한 것과 사람들이 **질서**를 잘 지키는 게 아주 인상적이었다. 　표현 질서를 지키다
평등 equal 平等 平等	• 가: 신문에서 읽었는데 남자보다 여자의 월급이 37% 정도 더 적다고 해. 　나: 그렇구나. 물론 전보다 좋아졌지만 아직도 남녀**평등**이 되려면 먼 것 같아. • 모든 사람은 법 앞에서 **평등**해야 한다.

나라/법/정치	**정치**

정치 politics 政治 政治	• 가: 연예인들의 **정치** 참여를 반대하는 사람들도 많은데 너는 어떻게 생각해? 　나: 그건 개인의 자유와 선택의 문제라고 생각해. • 한국 신문을 읽을 때 **정치** 기사와 경제 기사를 이해하는 게 가장 어렵다.
개선 improvement 改善 改善	• 가: 여드름이 많이 났는데 여드름 피부에 맞는 로션 좀 보여 주세요. 　나: 이거 한번 써 보세요. 올해 새로 나왔는데 여드름 피부 **개선**에 효과가 좋아요. • 서울시는 내년에 오래된 도로의 **개선** 사업을 계획 중이라고 밝혔다. 　표현 관계/제도 개선, 개선 방향/사업

대책
(비) 해결책
measure
对策
対策

- 가: 한국은 젊은 사람들이 아이를 낳지 않으려고 하는 나라 중의 하나라고 들었어요.
  나: 네. 인구 문제 때문에 정부가 여러 가지 **대책**을 마련하고 있지만 해결이 어려워 보여요.
- 서울의 높은 집값과 교통 문제에 새로운 **대책**이 필요하다.

  표현 대책을 마련하다/세우다

대통령
president
总统
大統領

- 가: 여기에 경찰관들이 왜 이렇게 많아요?
  나: 오늘 행사에 **대통령**이 온다고 들었어요.
- 한국 **대통령**은 5년의 일하는 기간이 끝나면 그 후에는 다시 **대통령**이 될 수 없다.

뽑히다
be chosen
被挑
選ばれる

- 가: 우리가 만든 광고가 올해 최고의 광고로 **뽑혔다**고 해요.
  나: 알아요. 그리고 우리 팀 직원 모두 월급이 오른다고 하는 소식도 있어요!
- 어젯밤 태풍으로 도로의 나무들이 **뽑히고** 건물의 창문들이 깨지기도 했다.

실시
implement
实施
実施

- 가: 졸업 여행을 어디로 가기로 했어?
  나: 학교에서 투표를 **실시**한 결과 제주도가 75%가 나왔어요.
- 한국자동차는 다음 달 1일부터 한 달 동안 고장 난 자동차를 무료로 고쳐 주는 서비스를 **실시**한다.

정부
government
政府
政府

- 가: 경찰 대학교는 **정부**에서 만든 대학교라서 무료라고 들었어요.
  나: 네. 기숙사도 무료이고 달마다 학교에서 돈도 조금 받아요.
- **정부**에서 빌려주는 아파트는 다른 아파트보다 싸서 인기가 매우 높다.

정치인
politician
政治家
政治家

- 가: **정치인**들에게 바라는 점이 있어요?
  나: 무엇보다 국민들에게 한 약속을 잘 지키면 좋겠어요.
- 저는 국민 여러분께 희망을 주는 **정치인**이 되겠습니다.

제도
institution
制度
制度

- 가: 회사를 선택할 때 가장 중요하게 생각하는 게 뭐야?
  나: 휴가 **제도**가 좋은 회사에 들어가고 싶어.
- 나라마다 결혼 **제도**가 조금씩 다르다.

  표현 제도를 고치다/마련하다/바꾸다, 교육/정치 제도

투표
vote
投票
投票

- 가: 내일 한국어 수업이 끝나고 영화 보러 갈까?
  나: 좋아. 그런데 내일은 한국 대통령을 뽑는 날이라서 오전에 **투표**하러 가니까 오후에 가자.
- **투표**하기 전에 얼굴과 주소를 확인하고 사인을 해 주시기 바랍니다.

후보
candidate
候选人
候補

- 가: 지금 라디오에서 나오는 노래 좋지? 한국 가요 대회 우승 **후보** 팀인 '나무와 새'가 부른 노래야.
  나: 그렇구나. 고등학생이 어떻게 이렇게 좋은 음악을 만들 수 있을까? 정말 대단해.
- 박지민 선수는 지금은 유명한 축구 선수가 되었지만 오랫동안 **후보** 선수였다.

1 사람들이 대통령에게 바라는 것이 무엇인지 물어봤습니다. 빈칸에 알맞은 단어를 쓰십시오.

| 선진국 | 제도 | 제한 | 통일 |

1. 배동운(80살) : 빨리 _____이/가 되면 좋겠어요. 죽기 전에 어렸을 때 헤어진 동생을 만나고 싶어요.

2. 김효성(45살) : 경제가 더 좋아져서 우리나라 경제가 _____ 중에서 10위 안에 들어갈 수 있으면 좋겠어요.

3. 서지우(23살) : 장학금 _____이/가 더 좋아지면 좋겠어요. 지금은 보통 학과에서 성적이 제일 좋은 사람이 장학금을 받는데 장학금의 종류가 더 많으면 좋겠어요.

4. 크리스틴(34살) : 외국인에게 신용 카드 발급을 _____하고 있어서 많이 불편해요. 인터넷으로 물건을 사고 싶을 때가 많은데 카드가 없어서 사지 못해요.

2 괄호 안에서 알맞은 단어를 고르십시오.

1. 회사에 취직한 후부터 나는 부모님에게서 경제적으로 (독립 / 평등)했다.

2. (검사 / 외교관)은/는 보통 대사관에서 일하고 다른 나라에서 산다.

3. 축구 경기에서 노란색 카드는 (경고 / 불법)을/를 의미한다.

4. 첫째 아이들은 동생이 태어나면 엄마를 동생에게 (빼앗겼다고 / 뽑혔다고) 생각한다고 한다.

국**민**	**민**속촌	Folk Village / 民俗村 / 民俗村
민(民) : 사람 **people** 民 人	시**민**	citizen / 市民 / 市民
	민족 DAY75	people / 民族 / 民族

외**교**관	**교**통	traffic / 交通 / 交通
교(交) : 사귀다 **socialize** 交 交じる	**교**환	exchangel / 交換 / 交換
	사**교**적 DAY2	social / 社交的 / 社交的

✎ MEMO

DAY 72 언어1

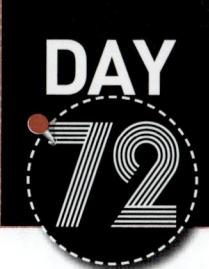

아는 단어에 ○표 하세요.

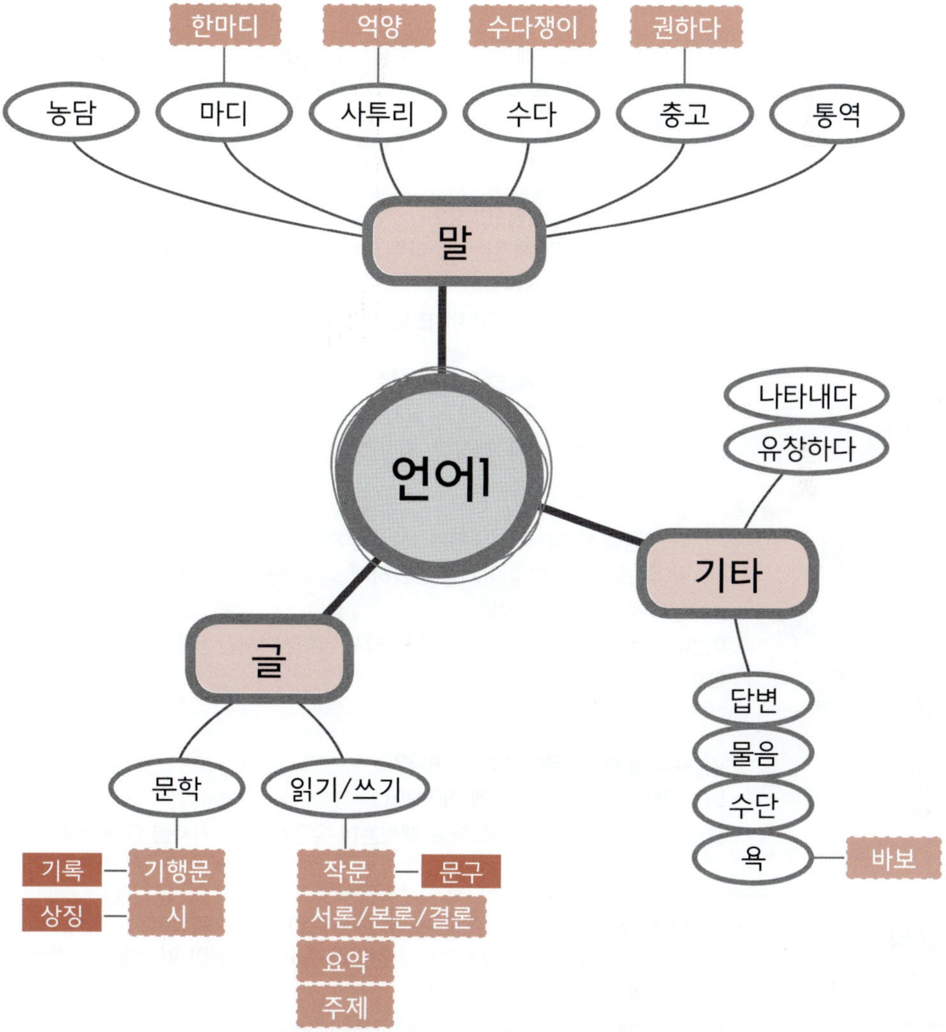
한마디
억양
수다쟁이
권하다
농담
마디
사투리
수다
충고
통역
말
언어1
나타내다
유창하다
기타
답변
물음
수단
욕
바보
글
문학
읽기/쓰기
기록
기행문
상징
시
작문
문구
서론/본론/결론
요약
주제

기록
record
记录
記録

- 가: 지난번 회의 때 이야기를 다 못 했지요? 오늘 그것부터 이야기해 볼까요?
  나: 네. 그럼 먼저 제가 회의 내용을 **기록**한 것을 정리해서 말씀드릴게요.
- 우리 회사는 출입할 때 카드를 사용하기 때문에 들어오고 나가는 모든 **기록**을 확인할 수 있다.

  표현 기록을 남기다, 기록으로 남다

기행문
travel essay
游记
紀行文

- 가: 지금 뭐해요?
  나: **기행문**을 쓰고 있어요. 여름 방학 동안 여행한 경험을 쓰는 게 방학 숙제예요.
- 어떤 작가가 쓴 **기행문**을 읽고 프랑스 여행을 하고 싶은 마음이 생겼다.

문구
phrase
句子
文句

- 가: 여자 친구 생일인데 특별한 선물을 하고 싶어. 뭐가 좋을까?
  나: 여자 친구 회사로 'OO 씨, 사랑해요'라는 **문구**를 넣은 생일 케이크를 보내는 거 어때?
- 한국 회사에서 만든 모든 담배에는 담배를 피우면 건강에 좋지 않다는 **문구**가 있다.

문학
literature
文学
文学

- 가: 어렸을 때 취미가 뭐였어요?
  나: 지금도 그렇지만 책 읽는 걸 아주 좋아했어요. 그래서 친구들이 저를 '**문학** 소년'이라고 부르기도 했어요.
- 대학원에서 일본 **문학**을 공부하고 있는데 박사 과정은 일본에서 할 계획이다.

상징
symbol
象征
象徵

- 가: 이 글에서 '꽃'과 '새'는 무엇을 **상징**하는 것 같아요?
  나: 제 생각에 '꽃'은 여자, '새'는 남자인 것 같아요.
- 태극기에서 흰색은 밝음, 깨끗함, 평화를 **상징**한다.

서론/본론/결론
introduction/body/conclusion
绪论/本论/结论
序論/本論/結論

- 가: 나는 글을 쓸 때 **서론** 부분을 쓰는 게 제일 어려워.
  나: 맞아. **본론**에서 할 이야기를 간단하게 소개하는 것도 어렵고 특히 글을 어떻게 시작해야 할지 모르겠어.
- 이번에 만드는 광고의 디자인이 결정되지 않아서 1시간 동안 회의를 했지만 쉽게 **결론**이 나지 않았다.

시
poem
诗
詩

- 가: 수첩에 쓴 이 글들이 다 뭐예요?
  나: **시**예요. 저는 **시** 쓰는 게 취미예요.
- 오늘 한국어 수업 시간에 노래를 배웠는데 유명한 **시**로 가사를 만들었다고 한다.

요약
summary
概括
要約

- 가: 어제 가수 김장훈 씨 강연에 못 갔는데 강연 내용이 뭐였어?
  나: 김장훈 씨의 인생 이야기였는데 간단하게 **요약**을 하면 인생에서 사람을 제일 소중하게 생각하라는 말이었어.
- 이번 학기에는 일주일에 한 번 신문 기사 내용을 간단하게 **요약**하고 자신의 생각을 써서 내는 숙제가 있다.

작문 composition 作文 作文	• 가: 저는 우리 학교 수업 중에서 한국어 **작문** 시간이 제일 재미있어요. 　나: 그래요? 저는 글을 쓰는 게 제일 어려운데. 저는 '드라마로 배우는 한국어 말하기' 시간이 제일 재미있어요. • 인터넷에서 무료로 외국어 **작문**을 고쳐 주는 곳을 찾았는데 영어 시험 준비에 아주 많은 도움이 된다.
주제 topic 主題 主題	• 가: 선생님, 말하기 시험은 어떻게 해요? 　나: 이번 말하기 시험은 발표인데 **주제**는 '음식'이에요. • 나는 **주제**가 너무 무거운 영화보다 그냥 가볍고 재미있게 볼 수 있는 영화가 좋다.

언어1　말

권하다 suggest 推荐 勧める	• 가: 벌써 한국어로 된 책을 읽어요? 　나: 한국어 선생님이 **권해** 주신 책인데 별로 어렵지 않아요. • 병원에서는 수술을 **권하는데** 아버지는 수술하지 않겠다고 하신다. 　표현 수술/술/유학/음식을 권하다
농담 joke 开玩笑 冗談	• 가: 켄토 씨가 아까 장난으로 한 말에 크리스틴 씨가 화를 내서 당황했어요. 　나: 제가 들었을 때도 켄토 씨의 **농담**이 좀 심했어요. • 우리 반 운룡 씨는 재미있는 **농담**을 잘해서 친구들을 자주 웃긴다.
마디 node 句，节 節	• 가: 와, 중국어 잘하는데요! 　나: 아니에요. 중국 여행 가려고 꼭 필요한 몇 **마디**를 외운 거예요. • 며칠 동안 손가락 **마디**가 아팠는데 오늘은 세수도 못 할 정도여서 병원에 가 봐야겠다. 　표현 마디가 굵다, 한두/몇 마디
사투리 dialect 方言 訛り	• 가: 서울에 온 지 얼마 안 됐어요? **사투리**를 쓰네요. 　나: 아니에요. 대학교까지 부산에 살아서 **사투리**를 고치기가 쉽지 않네요. • 배우 김사랑 씨는 영화 때문에 **사투리**를 배우려고 한 달 동안 광주에서 살았다고 한다.
수다 chatter 唠叨 喋り	• 가: 벌써 6시네요. **수다**를 너무 떨어서 배가 고파요. 　나: 시간이 이렇게 빨리 지났군요. 시간 있으면 저녁 같이 먹을래요? • 나는 회사 일 때문에 힘들 때는 맛있는 음식과 **수다**로 스트레스를 푼다. 　표현 수다를 떨다
수다쟁이 talkative person 话匣子 お喋り	• 가: 여자 형제가 많아서 재미있겠어요. 　나: 네. 우리는 모두 **수다쟁이**라서 어렸을 때는 밤새워서 이야기한 적도 있어요. • 내 여동생은 **수다쟁이**라서 특별히 할 말이 없을 때에도 친구와 전화로 1시간이 넘게 이야기를 한다.

억양 intonation 语调 抑揚	• 가: 중국말 배우는 게 어렵지 않아? 　나: 어려워. 특히 **억양**이 다르면 의미가 달라지니까 **억양** 연습을 많이 해야 돼. • 한국말을 할 때의 발음이나 **억양**을 들으면 그 사람이 어느 나라에서 왔는지 알 수 있다.
충고 advice 劝告 忠告	• 가: '입에 쓴 약이 몸에 좋다'는 말이 무슨 뜻이에요? 　나: 지금은 듣기 싫은 **충고**지만 잘 생각하면 자신에게 좋다는 의미예요. • **충고**를 할 때는 듣는 사람의 기분을 생각해서 말해야 한다.
통역 translation 翻译 通訳	• 가: 한국어 공부가 끝나고 무슨 계획이 있어요? 　나: 한국에서 대학교를 졸업하고 **통역** 대학원에 갈 거예요. • 올림픽 때 외국인 선수들에게 한국어를 영어로 **통역**을 해 주는 봉사를 한 적이 있다.
한마디 word 一句 一言	• 가: 마데 씨와 소피아 씨가 싸운 것 같지 않아요? 　나: 네. 오늘 서로 **한마디**도 안 한 걸 보면 크게 싸운 것 같은데요. • 지난 주말에 가서 본 가을 설악산의 경치는 너무 아름다워서 **한마디**로 표현할 수 없다.

언어1 기타

나타내다 🔁 표현하다, 의미하다 represent 表示 表わす	• 가: 유키 씨는 말하지 않으면 기분이나 생각을 잘 모르겠어. 　나: 맞아. 나도 유키 씨처럼 내 감정을 얼굴에 안 **나타내고** 싶은데 그건 나한테 정말 어려운 일이야. • '깜짝'은 갑자기 놀라는 모습을 **나타내는** 말이다.
답변 🔁 대답 answer 答辩 答弁	• 가: 취직할 때 인터뷰 시험은 어떻게 준비하면 좋을까? 　나: 나올 것 같은 모든 질문을 생각하고 질문에 맞는 **답변**을 준비해야 하지 않을까? • 인터넷으로 산 카메라에 문제가 있어서 일주일 전에 회사 게시판에 글을 남겼는데 아직도 **답변**이 없다.
물음 🔁 질문 question 提问 問い	• 가: '지금 행복합니까?'라는 **물음**에 얼마나 많은 사람들이 '그렇다'고 대답했을 것 같아요? 　나: 아마… 10%도 안 될 것 같은데요. • (시험 문제) 아래 글을 읽고 **물음**에 답하십시오.
바보 idiot 笨蛋 阿呆	• 가: 시험 잘 봤어? 　나: 아니… 공부한 게 하나도 생각이 안 나고 **바보**가 된 것 같았어. 어제 잠을 거의 안 자서 그런 것 같아 • '딸 **바보**'라는 말은 최근에 생겼는데 딸을 특별히 아끼는 아빠를 가리키는 말이다.

수단 method 手段 手段	• 가: 할아버지, 옛날에 전화가 없을 때는 사람들이 서로 어떻게 연락했어요? 나: 옛날에는 소식을 알리는 수단으로 새를 이용했어. • 건물 안에 갇힌 사람들을 구조하려고 모든 수단을 사용하고 있지만 구조가 쉽게 끝날 것 같지 않다.
얻어먹다 catch (a scolding) 讨吃 もらい食いする	• 가: 명절 동안 뭐 했어요? 나: 추석날에는 식당 문을 안 열어서 옌상 씨 집에 가서 아침, 점심, 저녁을 다 얻어먹고 집에서 같이 놀았어요. • 어떤 친구는 얻어먹기만 하고 친구들에게 커피 한 잔 사는 일이 없다.
욕 scolding, swear word, insult 脏话 悪口	• 가: 오늘 부장님한테 30분이나 안 좋은 소리를 들어서 기분이 하루 종일 안 좋아. 나: 직장 생활하면서 욕을 안 먹어 본 사람이 어디 있겠어? 잊어버려. • 요즘 청소년들이 지나치게 욕을 사용하는 것이 큰 문제라고 한다. 표현 욕을 먹다/하다
유창하다 fluent 流畅 流暢だ	• 가: 한국말이 유창하지 않아서 면접시험을 잘 볼 수 있을지 걱정돼. 나: 꼭 유창한 실력이 필요한 건 아니야. 네 생각을 쉽지만 분명하게 잘 표현하면 돼. • 나는 유민 씨의 유창한 말솜씨가 매우 부럽다. 표현 유창한 말솜씨/외국어 실력

기록 기(記): 쓰다 **write, record** 记 記す	기사	article / 消息 / 記事
	기자	reporter / 记者 / 記者
	일기	diary / 日记 / 日記
	기행문 DAY72	travel essay / 游记散文 / 紀行文

1 빈칸에 알맞은 단어를 쓰십시오.

| 기행문 | 문학 | 서론 | 요약 | 작문 | 주제 |

1. 글을 잘 쓰려면 글의 _____에서는 글의 목적과 본론의 내용이 무엇인지 간단하게 소개한다. 그리고 글의 마지막에서는 앞의 내용을 _____하고 자신의 생각을 쓴다.

2. 나는 고등학교 때 시나 소설을 배우는 _____ 시간을 가장 좋아했다. 특히 글을 쓰는 것이 재미있어서 시나 소설을 직접 _____해 보는 시간이 제일 재미있었다.

3. '걸어서 세계 끝까지'는 김수미 씨가 3년 동안 걸어서 여행을 하면서 쓴 _____을/를 모은 책이다. 내가 생각하기에 이 책의 _____은/는 '말도 다르고 문화도 다르지만 모든 사람은 서로 친구가 될 수 있다'이다.

2 괄호 안에서 알맞은 단어를 고르십시오.

1. 수업 시간에 토론을 했지만 의견이 다양해서 결국 (결론 / 본론)을 내리지 못했다.

2. 이 영화는 내용은 좋지만 (사투리 / 욕)이 너무 많이 나와서 아이들에게 좋지 않을 것 같다.

3. 옛날과 다르게 요즘은 술자리에서 술을 (충고하는 / 권하는) 분위기가 별로 없다.

4. 광고 회사에 다니는 우리 언니는 좋은 아이디어가 생기면 수첩에 항상 (기록하는 / 나타내는) 습관이 있다.

3 빈칸에 알맞은 단어를 쓰십시오.

| 시 | 억양 | 통역 |

1. 가: 이 노트가 다 뭐예요? 오래된 것 같은데요.
   나: 고등학교 때 시인이 되고 싶어서 거의 매일 _____을/를 쓰는 연습을 했는데 30권이 넘어요.

2. 가: 몇 년 후에는 외국어를 자기 나라 말로 _____까지 해 주는 기능이 있는 스마트폰이 나올 것 같아요.
   나: 네. 그러면 그때는 외국어를 공부할 필요가 없을까요?

3. 가: 효성 씨는 _____이/가 다른 한국 친구들과 다른 것 같아요.
   나: 제 고향이 부산이라서 그래요.

DAY **73** 언어2

아는 단어에 ◯표 하세요.

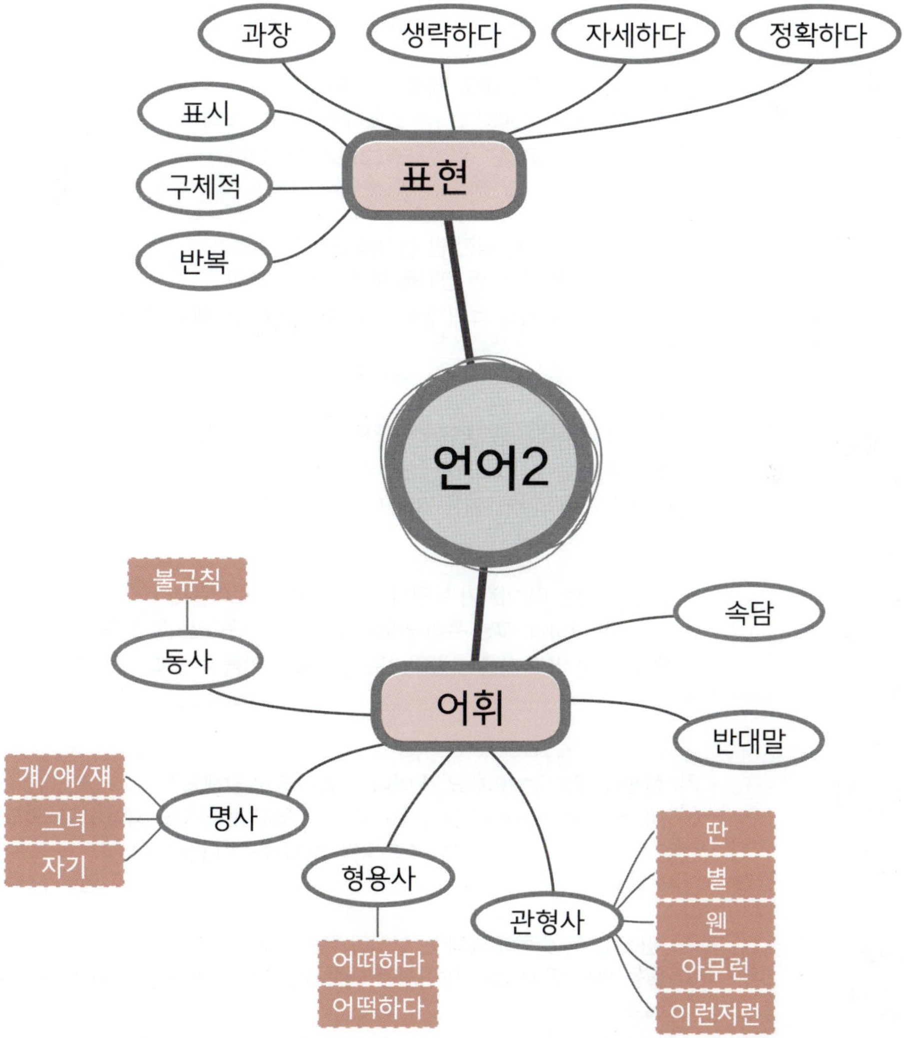

과장　생략하다　자세하다　정확하다

표시
구체적　　　**표현**
반복

언어2

불규칙
동사　　　　속담
　　　어휘
반대말

걔/얘/쟤
그녀　　명사
자기

형용사　　관형사　　딴
　　　　　　　　별
어떠하다　　　　웬
어떡하다　　　아무런
　　　　　　이런저런

어휘 vocabulary 词汇 語彙	• 가: 소피아, 너는 **어휘** 공부 어떻게 해? 　나: **어휘** 책으로 매일 조금씩 외워. 그리고 공부한 단어를 한국 친구와 이야기할 때 사용해 보려고 노력해. • 한국어 **어휘** 중에서 한자로 된 단어가 70%가 넘는다.
걔/얘/쟤 she/he / she/he / she/he 那个人/这个人/ 那个人 その子/この子/ あの子	• 가: 나 오늘 야스코한테 좋아한다고 말할 거야. 　나: 정말? 그런데 **걔**가 남자 친구가 있다고 하면 어떻게 할 거야? • 가: 요즘 탕기와 웬팅이 매일 같이 다녀. 　나: 너 몰랐어? **쟤**들 지난주부터 사귀기로 했다고 해. • 가: 결혼식 사진이네요. 이 사람 어디에서 많이 본 것 같은데 누구예요? 　나: 가수 김민수예요. **얘**가 저와 대학교 때 친구였어요.
그녀 she 她 彼女	• 가: 이 노래 아주 좋은데요. 제목이 뭐예요? 　나: 좀 오래된 노래인데 '**그녀**가 말했다'라고 하는 노래예요. • 가을이 되면 대학교 4년 동안 사귄 **그녀**가 생각난다.
딴 🅑 다른 irrelevant, others 无关的，别的 余の,ほかの	• 가: 어? 뭐라고 했어? 잠깐 **딴** 생각을 해서 못 들었어. 　나: 주말에 시간이 있으면 영화를 보러 가자고 했어! • 지금까지 같은 회사의 휴대 전화를 사용했는데 이번에는 **딴** 회사 것으로 바꾸려고 한다.
반대말 antonym 反义词 反対語	• 가: 성격을 나타내는 말 중에서 '급하다'의 **반대말**이 뭐였지? 　나: 음… 지난주에 배웠는데… 생각이 왜 이렇게 안 날까… • 내 생각에 '사랑'의 **반대말**은 '미움'이 아니라 '무관심'이다.
별 🅑 특별한 special 特别 別	• 가: 사진에 있는 이 여자가 누구야? 아주 가까워 보이는데. 　나: **별** 사이 아니야. 그냥 우리 반에서 친하게 지내는 러시아 친구야. • **별** 뜻 없이 한 말도 다른 사람의 기분을 나쁘게 만들 수 있다.
불규칙 irregular 不规则 不規則	• 가: 선생님, '입다'는 '이워요'가 아니고 '입어요'로 말해요? 　나: 네. '입다'는 **불규칙**이 아니에요. 하지만 '돕다'는 '도와요'처럼 **불규칙**이고요. • 요즘 식사 시간이 **불규칙**하고 술을 자주 마셔서 살이 많이 쪘다.
속담 proverb 俗语 諺	• 가: '입에 쓴 약에 몸에 좋다'는 **속담**이 무슨 뜻이에요? 　나: 들을 때는 좋지 않은 말이지만 나중에는 자신에게 도움이 되는 말이라는 의미 예요. • **속담**을 배우면 그 나라의 문화와 사고방식을 알 수 있다.

아무런 any sort of 任何 何の	• 가: 이번 주말에는 아무런 약속도 계획도 없어서 그냥 집에서 쉴 거야. 　나: 그래? 그럼 우리 집에 와서 같이 영화도 보고 저녁도 만들어 먹는 게 어때? • 여동생이 아무런 말도 없이 어제 산 내 옷을 입고 나가서 너무 화가 난다.
어떠하다 be how 任何 どうだ	• 가: 신랑은 지금 제가 한 질문에 대답해 주세요. 　나: 네, 저는 앞으로 어떠한 어려움이 있어도 아내 한유미를 사랑하겠습니다. • 누구나 다른 사람과의 관계 안에서 산다. 이 세상의 어떠한 사람도 혼자 살 수 없다.
어떡하다 what if 怎么 いかにする	• 가: 다른 일자리를 찾는 건 어렵고 지금 다니는 회사는 그만두고 싶고 어떡하면 좋을까? 　나: 왜 회사를 그만두고 싶은데? • 걱정이 많은 내 친구가 가장 자주 하는 말은 '어떡하지?'이다.
웬 what, how 什么，怎么， 什么样 如何した,何と言う	• 가: 이렇게 늦은 밤에 웬 피아노 소리예요? 　나: 시끄러워도 며칠 동안 참았는데 오늘은 옆집에 전화를 해야겠어요. • 버스 정류장에서 버스를 기다리고 있었는데 웬 남자가 와서 시간이 있냐고 물었다.
이런저런 this and that 各种各样 何や彼や	• 가: 탕기 맞지요? 커피숍에서 혼자 뭐 하고 있어요? 　나: 아, 이오리 씨네요. 수업 시간까지 시간이 좀 있어서 그냥 이런저런 생각을 하면서 시간을 보내고 있었어요. • 졸업이 얼마 남지 않았는데 취직 문제로 이런저런 생각이 많다.
자기 oneself 自己 自己	• 가: 이거 마갈리 씨 가방 아니야? 　나: 마갈리 씨한테 아까 물어봤는데 자기 가방이 아니라고 했어. 다른 사람이 놓고 간 것 같아. • 오마르 씨는 친구들의 일을 자기의 일처럼 생각하고 잘 도와준다.

언어2 표현

과장 exaggerate 夸张 大げさ	• 가: 이 광고 햄버거는 정말 맛있어 보이는데 과장이 좀 심한 것 같아. 　나: 그래. 가게에서 파는 햄버거와 너무 다르다. • 나는 가끔 다른 사람의 기분을 생각해서 과장해서 웃을 때가 있다.
구체적 detailed 具体的 具体的	• 가: 저는 말하기를 잘하고 싶어서 한국 친구의 도움을 많이 받았어요. 　나: 도움을 어떻게 받았어요? 조금 더 구체적으로 이야기해 주세요. • 이 한국어 문법책은 설명이 아주 구체적이라서 혼자 공부하기에 좋다.

반복 repetition 反复 反覆	• 가: 한국어 발음이 아주 좋은데요. 어떻게 발음 연습을 해요? 　나: 책을 CD로 들으면서 여러 번 **반복** 연습을 해요. • 나는 매일 **반복**되는 일상생활이 싫다고 느낄 때는 여행을 떠난다.
생략 omit 省略 省略	• 가: 한국 친구와 휴대 전화 메시지로 대화하는 게 어렵지 않아요? 　나: 처음에는 **생략**하는 말이 많아서 한참 생각하고 대답을 했는데 지금은 바로 바로 　　　이해할 수 있어요. • '파니아 씨(는) 지금 남자 친구(를) 만나러 공원(에) 갔어요'처럼 말할 때는 '은/는', 　'을/를', '에'와 같은 단어는 자주 **생략**된다.
자세하다 🔁 간단하다 detailed 仔細 子細だ	• 가: 유럽 여행이 어땠어요? 　나: 안내해 주는 사람이 가는 곳마다 아주 **자세하게** 설명해 줘서 재미있게 여행했 　　　어요. • 나는 물건을 사면 사용하기 전에 처음부터 끝까지 설명서를 **자세하게** 읽는다. 　**표현** 자세한 기록/내용/대답/사정/설명
정확하다 accurate 正確 正確だ	• 가: 곧 우리 반 완여 씨 생일 아니에요? 　나: 맞아요! **정확하게** 기억이 안 나는데 아마 다음 주일 거예요. • 처음보다 한국말을 잘하게 되었지만 더 **정확한** 표현을 써서 말할 수 있으면 좋겠다.
표시 sign 标示 表示	• 가: 교수님께 이메일을 보낸 지 10일이 지났는데 아직도 답이 없어. 아직 안 읽으신 　　　것 같아. 　나: 메일에 상대방이 메일을 읽었는지 안 읽었는지 **표시**가 되는데 확인해 봤어? • 어두운 색 옷은 조금 더러워져도 **표시**가 잘 안 난다. 　**표현** 표시가 나다, 표시를 내다

1 아래는 자기소개서를 잘 쓰는 방법입니다. 빈칸에 알맞은 단어를 쓰십시오.

| 과장하다 | 구체적이다 | 반복하다 | 정확하다 |

자기소개서를 잘 쓰는 방법!

✔ 자신의 좋은 점을 실제보다 너무 1. _____ 지 않기

✔ 같은 단어를 여러 번 2. _____ 아/어서 사용하지 말고 비슷한 표현으로 바꾸기

✔ '열심히', '최선을 다해서'와 같은 말보다 지금까지 노력한 것을 예를 들어서
   3. _____ (으)ㄴ/는 표현으로 쓰기

✔ 글자나 문법을 틀리지 말고 4. _____ 게 쓰기

---

2 빈칸에 알맞은 단어를 쓰십시오.

| 반대말 | 불규칙 | 생략 | 속담 |

1. '쉽다'와 '어렵다'는 서로 _____ (이)다.

2. '발 없는 말이 천 리 간다'는 말은 말을 조심해서 해야 한다는 의미의 옛날 _____
   (이)다.

   *천(1000) 리 = 약 400km

3. '걷다, 듣다'는 '걸어요, 들어요'로 말해야 하는 'ㄷ _____ ' 동사이다.

4. 일상생활에서 말할 때는 '나(는) 어제 한강공원(에) 갔어'처럼 '는'이나 '에'를 자주
   _____ 한다.

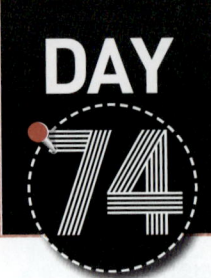

DAY 74 인사와 예절

아는 단어에 ○표 하세요.

인사와 예절
예절
대접
양보
예의
공손하다
바르다
말
높임말
반말
뵈다/뵙다
여쭈다/여쭙다
잡수다
찾아뵙다
사람
웃어른
윗사람
아랫사람
인사
인사말
악수
안부
맞이하다
숙이다
흔들다
별일
복
은혜
진심

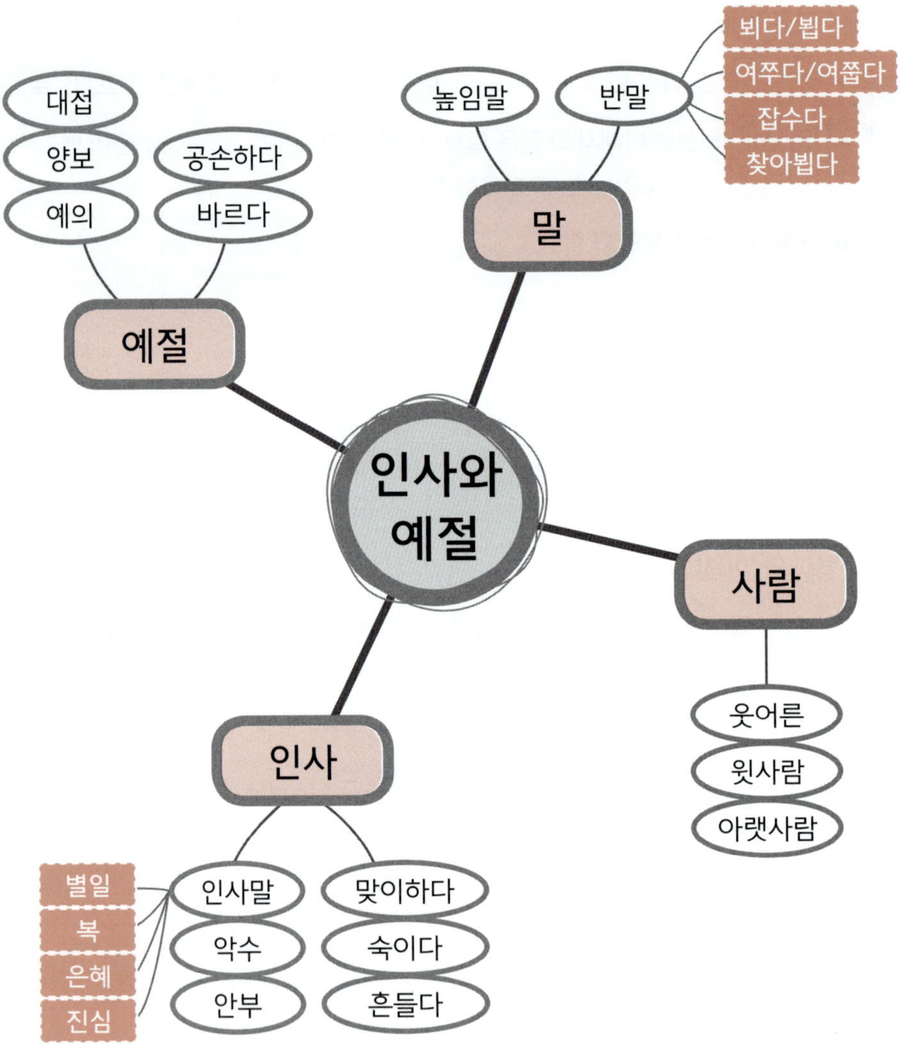

예절
비 예의
manners
礼节
礼節

- 가: 인터넷에서는 실제 이름을 사용하지 않으니까 다른 사람의 기분을 생각하지 않고 글을 쓰는 사람들이 많아.
  나: 맞아. 그래서 나는 이제 초등학교에서 인터넷 예절도 가르쳐야 한다고 생각해.
- 한국어 수업 시간에 차 마시는 예절과 식사 예절을 배웠다.

  표현 예절을 지키다, 예절이 바르다

인사와 예절 말

높임말
honorific
敬语
敬語

- 가: 한국말을 할 때 뭐가 어려워요?
  나: 높임말을 잘 사용하는 것이 제일 어려워요.
- 나는 배동운 씨보다 나이가 많지만 배동운 씨가 나보다 먼저 회사에 들어왔기 때문에 우리는 서로 높임말을 쓴다.

반말
talk down
非敬语
タメ口

- 가: '말을 놓자'고 하는 말이 무슨 뜻이에요?
  나: 서로 반말을 하자는 말이에요. 제가 1살밖에 안 많으니까 이제부터 우리 서로 말을 놓는 게 어때요?
- 내가 초등학교에 들어간 후부터 아버지는 할아버지와 할머니께 반말을 쓰지 말라고 하셨다.

뵈다/뵙다
see, meet/see, meet
见/见
お会いする/お会いする

- 가: 과장님, 먼저 퇴근하겠습니다. 내일 뵙겠습니다.
  나: 그래요. 수고했어요. 내일 봅시다.
- 방학에 시골에 계신 할아버지, 할머니를 뵈러 가려고 한다.

여쭈다/여쭙다
ask/ask
问/问
申し上げる/伺う

- 가: 이 내용이 이해가 잘 안 되는데 좀 가르쳐 줄 수 있어?
  나: 나도 어려워서 선생님께 가려고 했는데 같이 가서 여쭙자.
- 우리 반 친구들이 졸업 파티를 하기로 했는데 선생님께도 오실 수 있냐고 여쭤 보려고 한다.

잡수다
eat
吃
召し上がる

- 가: 승원 씨, 어머니 수술이 잘 되었어요?
  나: 네. 수술은 잘 되었는데 음식을 잘 못 잡수셔서 걱정이에요.
- 아버지는 암 수술을 받으신 후부터는 고기 종류는 거의 잡수시지 않으신다.

찾아뵙다
visit
拜访
お尋ねする

- 가: 학교 선생님 중에서 찾아뵙고 싶은 선생님이 있어요?
  나: 음… 중학교 때 영어 선생님이요. 제 첫사랑이었어요.
- 회사 일이 항상 바빠서 고향에 계신 부모님을 6개월 동안 찾아뵙지 못했다.

아랫사람/ 윗사람
one's junior/
one's elder
手底下的人/长者
目下/目上

- 가: 아버지는 저에게 항상 '네가 형이니까 잘해야 한다'고 말씀하시는데 가끔 마음이 불편할 때가 있어요. 저도 잘 못하는 것이 있으니까요.
  나: 이해해요. 그런데 어른들은 윗사람이 잘하면 아랫사람이 그것을 보고 배운다고 생각해서 그렇게 말씀하시는 것 같아요.
- 한국에서는 아랫사람과 윗사람이 같이 담배를 피우지 않는다.

웃어른
senior
尊长
目上

- 가: 최근 아이들과 관계있는 위험한 일이 많아서 유치원에서 아이들에게 낯선 사람이 주는 음식을 먹거나 모르는 사람과 말하지 말라고 가르친다고 해요.
  나: 저도 그런 말을 들었어요. 그래서 같은 아파트에 살아도 웃어른에게 인사를 안 하는 일도 자주 있다고 들었어요.
- 우리 가족 중에서 제일 웃어른은 할머니이시다.

맞이하다
greet
迎接
迎える, 迎え入れる

- 가: 한국에서 처음 맞이하는 명절인데 특별한 계획 있어요?
  나: 네. 한국 친구가 저를 초대해 줘서 친구 가족과 설날을 보내게 됐어요.
- 새해를 맞이해서 저희 서점에서는 1월 한 달 동안 달력을 드리고 있습니다.
  표현 명절/새해/손님을 맞이하다

별일
problem, big deal, matter
特别的事
別事

- 가: 치에미, 오랜만이야. 요즘 별일 없지?
  나: 응. 별일은 없는데 지난주부터 아르바이트를 시작해서 좀 바빠졌어.
- 람스키 씨는 별일이 아니라고 했지만 오늘 학교에서 계속 기분이 안 좋아 보였다.
  표현 별일이다, 별일이 아니다/없다

복
luck
福
福

- 가: 한국말에 '웃으면 복이 와요'라고 하는 말이 있어요. 야스코 씨는 잘 웃어서 복이 많을 거예요.
  나: 그래요? 그럼 앞으로 더 자주 웃어야겠네요.
- 한국에서는 새해에 '새해 복 많이 받으세요'라고 말하면서 인사를 한다.
  표현 복이 많다/있다/오다, 복을 받다

숙이다
bow
俯
俯く

- 가: 일본 사람들도 인사를 할 때 고개와 허리를 숙이지요?
  나: 네. 그런데 직장에서 윗사람에게 인사를 할 때는 더 많이 숙여야 돼요.
- 어제 계단에서 넘어진 후부터 허리를 숙이면 아파서 오늘 병원에 가 봐야겠다.
  표현 고개/머리/허리를 숙이다

악수
handshake
握手
握手

- 가: 한국 사람은 악수를 할 때 어떻게 해요?
  나: 다른 나라와 비슷한데 윗사람과 할 때는 두 손으로 해야 하고 보통 윗사람이 먼저 악수를 하자고 해요.
- 악수할 때는 악수를 하는 사람의 눈을 보면서 해야 한다.

안부 ask after 问候 安否	• 가: 부모님께 전화 자주 해요? 　나: 아니요. 전화는 한 달에 한 번 정도 드려요. 하지만 휴대 전화로 **안부** 메시지를 자주 보내요. • 한국 남자들은 오랜만에 만났을 때 보통 악수를 하면서 **안부**를 묻는다. **표현** 안부를 묻다/전하다, 안부 인사/말씀/편지
은혜 grace 恩惠 恩惠	• 가: 이거 아이들이 읽는 책인 것 같은데. 　나: 응. 한국의 옛날이야기를 읽고 싶어서 어제 서점에서 한 권 샀는데 '**은혜**를 갚은 호랑이'라고 하는 이야기야. • 한국에서 공부하는 동안 나를 가족처럼 대해 주고 도와주신 하숙집 아주머니의 **은혜**를 잊을 수 없다. **표현** 은혜를 갚다/입다/잊다
진심 heart 真心 真心	• 가: 파니아 씨를 좋아하는 나의 **진심**을 어떻게 전해야 할지 모르겠어. 　나: 말로 하는 것보다 **진심**을 담은 편지를 써 보는 게 어때? • 나는 인간관계에서 제일 중요한 것은 상대방을 **진심**으로 대하는 것이라고 생각한다. **표현** 진심으로 감사하다/기뻐하다/사랑하다/환영하다
흔들다 shake 摇动 振る	• 가: 자, 지금부터 춤추는 시간이야! 모두 몸을 **흔들** 준비가 됐지? 　나: 응, 완여, 빨리 음악을 틀어. • 내 동생은 너무 피곤할 때는 **흔들어서** 깨워도 못 일어난다. **표현** 꼬리/마음/몸/손/어깨를 흔들다

인사와 예절 **예절**

공손하다 polite 谦恭 恭しい	• 가: 한국에서 술자리에서 지켜야 하는 예절에는 뭐가 있어요? 　나: 나이가 많은 어른이 술을 따라 주면 **공손하게** 컵을 두 손으로 들어야 하고 마실 때는 고개를 돌리고 마셔야 돼요. • 그 친구는 지나치게 **공손해서** 가끔 불편할 때가 있다.
대접 treat, reception 接待 持て成し, 馳走	• 가: 여자 친구 부모님께 저녁 식사를 **대접**하고 싶은데 어느 식당이 좋을까? 　나: 혼자 생각하지 말고 여자 친구하고 이야기를 해 보는 게 어때? • 다른 사람에게 **대접**을 받고 싶으면 자신이 먼저 다른 사람을 **대접**해 줘야 한다. **표현** 대접을 받다/하다
바르다 upright 正直 正しい, 張る	• 가: 요즘 허리가 계속 아파. 운동을 해야 할 것 같아. 　나: 운동도 좋은데 먼저 **바르게** 앉는 습관을 가져야 돼. • 이오리 씨는 일도 잘하고 예의도 **발라서** 회사에서 좋은 평가를 받는다. **표현** 바르게 대답하다/앉다/알다/행동하다

양보 yield, concession 让步 讓步	• 가: 너무 피곤할 때도 버스에서 나이가 많은 분한테 자리를 양보해야 할까? 나: 내 생각에는 꼭 그렇게 하지 않아도 될 것 같은데. • 어렸을 때 어머니가 나에게 "언니니까 동생한테 먼저 양보해야 한다"고 자주 말씀하셨다.
예의 ⓑ 예절 manners 礼仪 礼儀	• 가: 한국에서는 높임말이나 반말을 쓰려면 나이를 알아야 하니까 처음 만났을 때 나이를 물어볼 때가 자주 있어요. 나: 네. 하지만 우리나라에서는 처음 만난 사람에게 나이를 물어보는 것은 예의가 아니에요. • 프랑스에서는 식사에 초대를 받았을 때 10분 정도 늦게 가는 것이 예의라고 한다. 표현 예의를 지키다, 예의가 바르다

예 절 례/예(禮) : 예절 manners 礼 礼	실례하다	discourtesy / 无礼 / 失礼する
	예식장 DAY7	wedding hall / 婚礼场 / 結婚式場
	예의 DAY74	manners / 礼貌 / 礼儀
	장례식 DAY31	funeral / 葬礼 / 葬式

1 한국의 예절에 대한 내용입니다. 빈칸에 알맞은 단어를 쓰십시오.

| 높임말 | 반말 | 양보 | 웃어른 |

1. 버스나 지하철에서 노인이 타면 자리를 _____합니다.

2. 나이가 많은 사람에게 _____을/를 사용합니다.

3. _____와/과 식사할 때 숟가락을 먼저 들지 않습니다.

4. 나이가 같거나 어린 사람에게는 _____을/를 할 수 있습니다.

2 높임말을 바르게 쓰십시오.

| 뵈다 | 여쭈다 | 잡수다 | 찾아뵙다 |

1. 가: 유학을 마치고 오랜만에 공항에서 부모님을 _____(으)니까 눈물이 났어요.
   나: 그랬겠어요. 5년 동안 부모님을 못 만났으니까 많이 보고 싶었을 것 같아요.

2. 가: 어머님, 과일 좀 _____(으)세요.
   나: 그래. 지금 과일을 먹으려고 했는데 잘됐구나. 너도 같이 먹자.

3. 가: 선생님, 오랜만에 _____고 싶은데 언제 시간이 괜찮으세요?
   나: 다음 주는 수요일이 괜찮아.

4. 가: 실례지만 길 좀 _____(으)ㄹ게요. 시청으로 가려고 하는데 어디로 가야 돼요?
   나: 저쪽으로 가면 한국은행이 나오는데 거기에서 오른쪽으로 돌면 시청이 보일 거예요.

3 빈칸에 알맞은 단어를 쓰십시오.

| 복 | 진심 | 공손 |

1. '연필 좀 빌려 줘요'보다 '연필 좀 빌려 줄 수 있어요?'나 '연필 좀 써도 될까요?'가 더 _____하게 들린다.

2. 중국 사람들은 빨간색을 좋아하는데 그 이유는 빨간색은 _____이/가 들어와서 좋은 일이 생기는 색깔이라고 생각하기 때문이다.

3. 대학원에 합격하고 장학금도 받게 된 친구에게 _____(으)로 축하한다고 말했다.

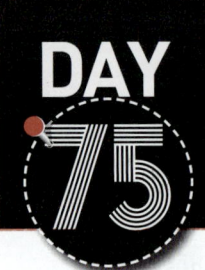

DAY 75 전통과 역사

아는 단어에 ○표 하세요.

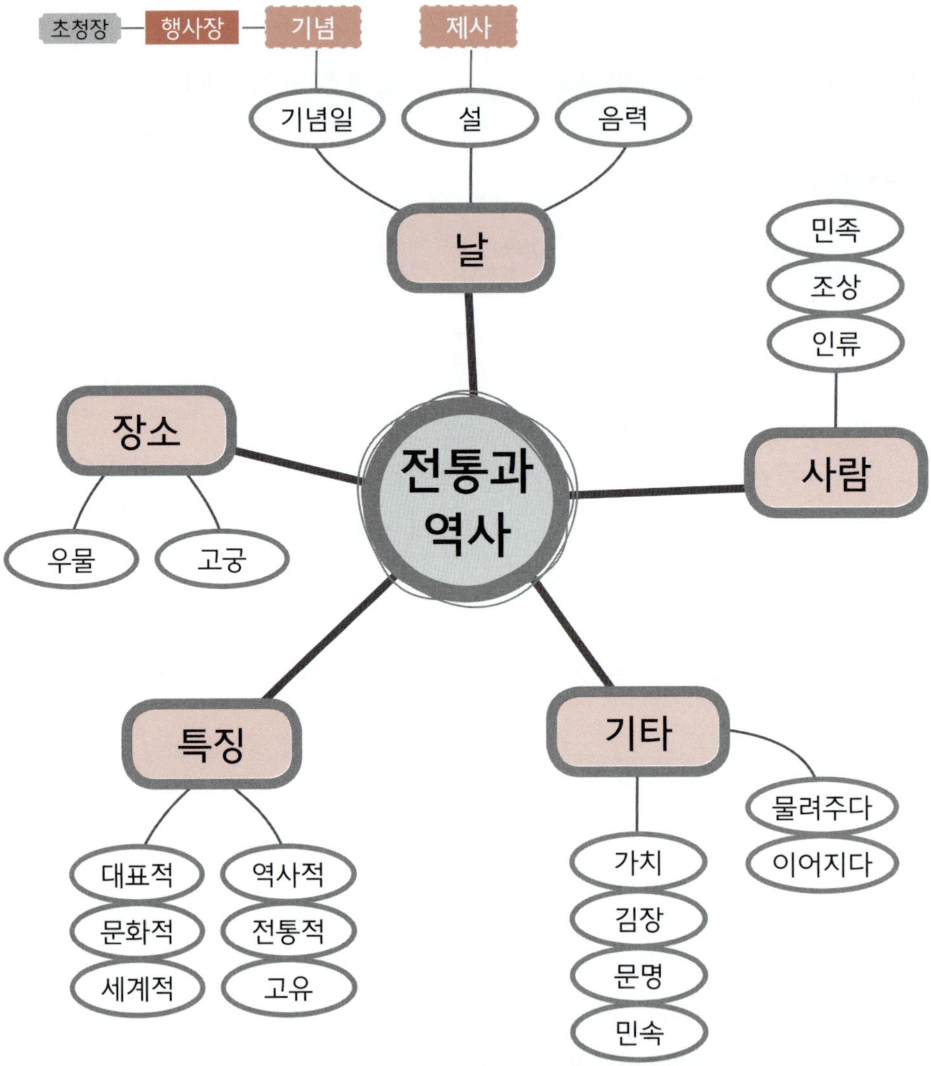

초청장 — 행사장 — 기념   제사

기념일   설   음력

날

민족
조상
인류

장소   전통과 역사   사람

우물   고궁

특징   기타

대표적   역사적   가치   물려주다
문화적   전통적   김장   이어지다
세계적   고유   문명
                      민속

전통
tradition
传统
伝統

- 가: 이 술 이름이 뭐예요?
  나: 이건 '막걸리'라고 하는데 한국의 **전통** 술이에요.
- 우리 학교는 한 학기에 한 번 한국의 **전통** 음식을 만드는 수업이 있다.

기념
comemmoration
纪念
記念

- 가: 시계가 예쁘고 좀 비싸 보이는데.
  나: 응. 이 시계는 어머니가 대학교 졸업 **기념**으로 사 주신 거야.
- 내 취미는 특별한 날을 **기념**해서 만든 우표를 모으는 것이다.
  표현 기념 도서관/사업

기념일
anniversary
纪念日
記念日

- 가: 5월에는 **기념일**이 많아서 돈을 좀 많이 쓰게 돼요.
  나: 맞아요. 난 어린이날과 어버이날 선물에만 벌써 20만 원 정도 썼어요.
- 어머니는 꽃가게를 하시는데 **기념일**마다 꽃 주문이 많아서 매우 바쁘시다.
  표현 결혼/독립 기념일

설
비 설날
Lunar New Year's Day
春节
お正月

- 가: 과일이 왜 이렇게 비싸요?
  나: 곧 **설**이니까요. 명절 때는 보통 과일이나 야채 값이 올라요.
- 옛날에는 **설** 아침에 동네 어른들께도 세배를 드리러 돌아다녔다.

음력
lunar calendar
月历
陰曆

- 가: 어머니 생신이 언제지요?
  나: **음력** 3월 21일이니까 다음 주 목요일 5월 9일이네요.
- 한국 달력은 날짜 아래에 작은 숫자로 **음력** 날짜를 표시하고 있다.

제사
ancestral rites
祭祀
祭祀

- 가: 벌써 집에 가?
  나: 응. 오늘 우리 할아버지의 **제사**가 있는 날이라서 일찍 집에 가서 엄마 도와드려야 해.
- **제사** 음식은 **제사**를 지내기 전에 먹으면 안 된다.
  표현 제사를 지내다

초청장
invitation
聘书
招請状

- 가: 다음 주까지 해야 하는 업무가 너무 많아요.
  나: 맞아요. **초청장** 디자인도 해야 하고 거래 회사들에 1,000장이 넘는 **초청장**을 보내야 하니까요.
- 내일 열리는 우리 회사 패션쇼에는 **초청장**이 없으면 들어올 수 없다.

행사장
event hall
活动场地
イベントホール

- 가: 저기 백화점 안내문 좀 보세요. 크리스마스 기념 70% 세일을 하네요.
  나: 그렇군요. 어서 9층 **행사장**으로 가 봅시다.
- 국제 영화 축제에서 외국인들에게 영어로 **행사장**을 안내하는 일을 했다.

민족 people, race 民族 民族	• 가: 한국은 몇 개의 **민족**이 있어요? 　나: 한국 사람은 하나의 **민족**이에요. 하지만 요즘은 외국인과 결혼하는 사람들이 점점 많아지고 있어요. • 중국에는 여러 **민족**들이 살고 있어서 문화가 다양하다.
인류 humanity 人类 人類	• 가: '**인류**의 생활을 바꾼 물건'이라는 제목의 신문 기사를 읽고 있는데 어떤 물건들이 있을 거라고 생각해요? 　나: 음… 종이, 자동차, 인터넷 아니에요? 궁금한데요. 저도 읽고 싶어요. • 나는 **인류**가 동물에서 시작되었다는 생각에 동의하지 않는다.
조상 ancestor 祖先 祖先	• 가: 다음 주에 우리 학교에서 민속촌에 간다고 하는데 민속촌은 어떤 곳이에요? 　나: 민속촌은 옛날 마을인데 우리 **조상**의 생활 모습을 볼 수 있어요. • 우리 **조상**은 계절마다 건강에 좋은 특별한 음식을 먹었는데 그중의 하나가 삼계탕이다.

고궁 ancient pacle 故宫 故宮	• 가: 운룽 씨, 이번 방학 때 베이징에 여행을 가는데 어디에 가면 좋아요? 　나: **고궁**에 가 보세요. 베이징에 있는 **고궁**은 하루 동안 다 구경할 수 없을 정도로 아주 커요. • 서울에는 5개의 **고궁**이 있는데 그중에서 경복궁이 가장 오래되었다.
우물 well 水井 井戸	• 가: 이건 '**우물**'이라고 하는데 옛날에 물을 얻으려고 만든 시설이에요. 　나: 그렇군요. 그런데 물에 빠질 수 있으니까 아이들은 조심해야 했겠어요. • '**우물**을 팔 때는 한 **우물**만 파라'는 말은 한 가지 일을 시작하면 끝까지 해야 한다는 의미의 속담이다. 　표현 우물을 파다

고유 inherent 固有 固有	• 가: 이 식당은 음식 재료가 가진 **고유**한 맛을 잘 살리는 것 같아요. 　나: 맞아요. 그래서 양념이나 소스도 많이 사용하지 않고요. • 모든 한국 사람은 국가가 만들어 주는 13개로 된 **고유** 번호를 가지고 있는데 이것을 '주민등록번호'라고 한다. 　표현 고유 문화/상표/음식/의상
대표적 typical 代表的 代表的	• 가: 독일의 **대표적**인 축제는 맥주 축제라고 들었는데 가 본 적 있어요? 　나: 네. 우리 고향에서 가까운 도시에서 해서 몇 번 가 봤어요. • 제주도는 한국의 **대표적**인 관광지이다.

문화적 cultural 文化的 文化的	• 가: 내일 한국어 말하기 수업의 주제가 뭐지? 　나: '한국에 와서 경험한 **문화적** 충격'이야. 아주 재미있는 이야기들이 많이 나올 것 같아. • 한국과 중국은 **문화적**으로 비슷한 부분이 많다.
세계적 global 世界性的 世界的	• 가: 이 남자가 모델이에요? 키가 작은데요? 　나: 네. 키가 174cm밖에 안 되지만 **세계적**으로 인정받은 모델이에요. • 이번 주말에 서울역사박물관에서 **세계적**인 사진작가의 사진 전시회가 열린다.
역사적 historical 历史性的 歴史的	• 가: 경주는 어떤 도시예요? 　나: 경주는 옛날에 수도였어요. 그래서 **역사적**으로 의미가 있는 장소들이 많아요. • 이 영화를 잘 이해하려면 먼저 영화의 **역사적**인 배경을 알아야 한다.
전통적 traditional 传统的 伝統的	• 가: 두부가 아주 고소하고 맛있네요. 　나: 그렇지요? **전통적**인 방법으로 만든 두부라서 일반 두부보다 비싸지만 맛있어요. • 나라마다 **전통적**으로 부정적인 의미를 가지는 숫자가 있는데 한국과 중국은 '4'이다.

전통과 역사 **기타**

가치 value 价值 価値	• 가: 이 과일이 모두 3,000원이면 너무 싼데. 맛이 없는 거 아닐까? 　나: 그게 아니고 모양이 안 예뻐서 상품 **가치**가 떨어지는 과일들은 이렇게 싸게 팔아. • 이 그림은 '박수근'이라는 화가가 45년 전에 그렸는데 지금 45억 원의 **가치**가 있다고 한다. 　표현 가치가 높다/떨어지다/크다/있다
김장 gimjang 腌泡菜 (越冬用の)キムチを 漬けること	• 가: 와, 김치가 정말 맛있네요. 　나: 작년에 어머니가 담그신 **김장** 김치예요. • 매년 11월이 되면 **김장**을 하려고 어머니와 이모는 할머니 댁에 간다.
문명 civilization 文明 文明	• 가: 외국 여행을 가면 어디에 가 보고 싶어? 　나: 세계의 **문명**이 시작된 인도에 제일 먼저 갈 거야. • 1977년부터 1997년 사이에 태어나서 디지털에 익숙한 디지털 **문명** 세대를 'N세대'라고 한다.
물려주다 leave, bequeath 传给 伝える	• 가: 이 한복은 좀 오래된 것 같아요. 　나: 네. 돌아가신 어머니가 **물려주신** 거라서 입지는 않지만 버리지 않고 있어요. • 한국에서는 과거에는 재산의 대부분을 아들에게 **물려주었다**.

민속 folklore 民俗 民俗	• 가: 선생님, 다음 주 한국 문화 수업 시간에는 뭐 해요? 　나: 곧 추석이니까 추석에 하는 **민속**놀이를 해 볼 거예요. • 친구가 데리고 간 한식당에서는 주말마다 7시부터 **민속** 음악 공연을 한다. **표현** 민속 박물관/음악/의상, 민속놀이, 민속촌
이어지다 continue 継続 繋がる	• 가: 이제 장마가 끝났네요. 　나: 네. 하지만 오늘부터 30℃가 넘는 아주 더운 날씨가 계속 **이어질** 거라고 들었어요. • 명절에 가족과 친척이 고향을 찾는 것은 옛날부터 지금까지 **이어지고** 있는 한국의 전통이다.

가 치	가격	price / 价格 / 価格
가(價): 가격 price 价 価	물가 DAY70	price / 物价 / 物価
	평가 DAY34	appraisal / 评价 / 評価

대 표 적	발**표**	announcement / 发表 / 発表
표(表): 보여주다 express 表 表わす	**표**현	expression / 表現 / 表現
	표시 DAY47	expression / 表示 / 表示
	표정 DAY3	look / 表情 / 表情

1 그림을 보고 빈칸에 알맞은 단어를 쓰십시오.

| 고궁 | 김장 | 우물 | 제사 |

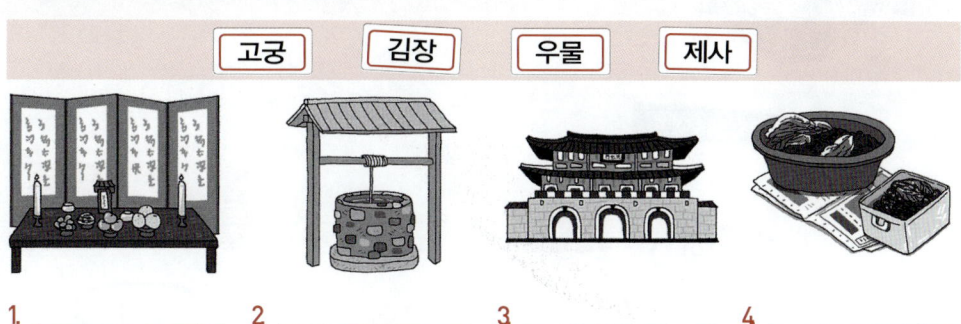

1. _____ 2. _____ 3. _____ 4. _____

2 민수가 외국인 친구 딘과 이야기하고 있습니다. 빈칸에 알맞은 단어를 쓰십시오.

| 기념 | 기념일 | 음력 | 전통 |

1. 딘: 저기 사람들이 그네를 타고 있네요.

   민수: 네. 그네 타기는 한국에서 옛날에 여자들이 하는 _____ 놀이 중의 하나였어요.

2. 딘: 10월 9일이 공휴일이네요. 무슨 날이에요?

   민수: '한글날'이라고 하는데 한글을 만든 날을 _____하는 날이에요.

3. 딘: 집마다 다 태극기를 걸었네요.

   민수: 네. 8월 15일은 한국의 독립 _____이에요/예요. 일본으로부터 독립한 날이지요.

4. 민수: 일본에서는 8월 15일이 명절이에요.

   딘: 알아요. 추석이지요? 한국도 추석이 있는데 _____ 8월 15일이에요.

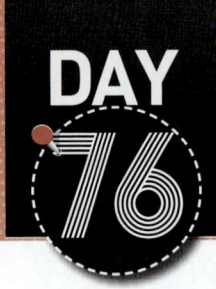

DAY 76

식물과 동물

아는 단어에 ○표 하세요.

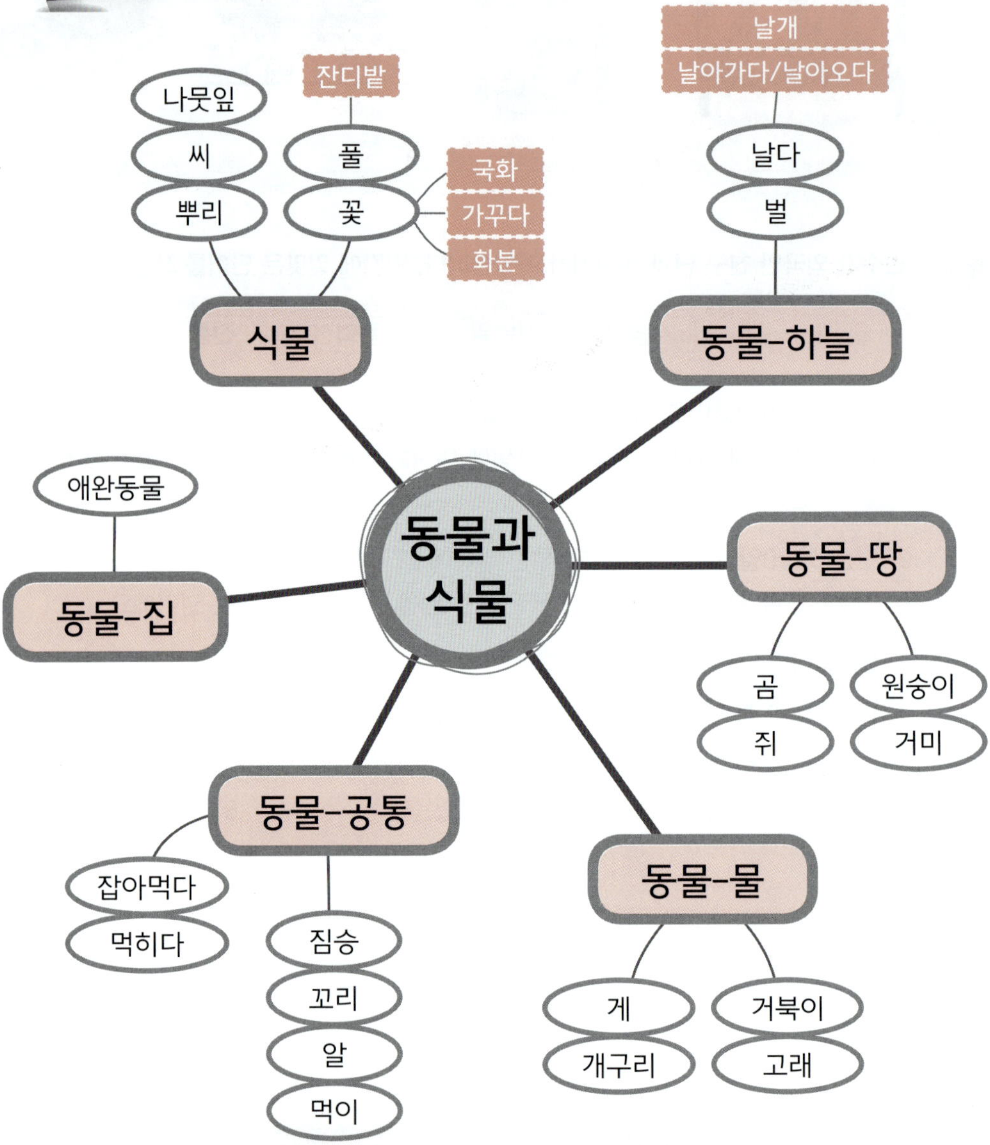
동물과 식물
식물
나뭇잎
씨
뿌리
풀
잔디밭
꽃
국화
가꾸다
화분
동물-하늘
날다
날개
날아가다/날아오다
벌
동물-땅
곰
쥐
원숭이
거미
동물-물
게
개구리
거북이
고래
동물-공통
잡아먹다
먹히다
짐승
꼬리
알
먹이
동물-집
애완동물

식물

식물 plant 植物 植物	• 가: 야스코 씨는 집에서 **식물**을 많이 키우네요? 키우기 힘들지 않아요? 　나: 우리 집에 있는 건 대부분 키우기 쉬운 **식물**이라서 괜찮아요. • 이 **식물**을 키우면 실내 공기가 깨끗해진다고 해서 기르고 있다. 표현 식물을 가꾸다/기르다
가꾸다 trim, tend 养, 管理 培う,装う	• 가: 한국에서 4월 5일은 무슨 날인데 쉬어요? 　나: 4월 5일은 '식목일'이라고 하는데 꽃하고 나무를 심고 **가꾸는** 날이에요. • 우리 언니는 결혼했는데 외모를 잘 **가꾸어서** 밖에 나가면 아가씨라는 말을 듣는다.
국화 chrysanthemum 菊花 菊	• 가: 가을이 되니까 **국화**가 예쁘게 피었네요. 　나: 네, 저희 엄마도 **국화**를 좋아하시는데 오늘 집에 갈 때 좀 사서 가야겠어요. • **국화**를 말려서 차로 끓여 마시면 눈도 밝아지고 머리도 맑아진다고 한다.
나뭇잎 leaf 树叶 木の葉	• 가: **나뭇잎** 모양의 귀걸이가 초록색 스웨터랑 잘 어울리네요. 　나: 고마워요. 친구한테 생일 선물로 받은 귀걸이에요. • 가을이 되니까 **나뭇잎** 색깔이 노란색, 빨간색으로 바뀌어서 아름답다. 표현 나뭇잎이 떨어지다/쌓이다/지다, 나뭇잎을 따다
뿌리 root 根 根	• 가: 엄마, 선생님이 오늘부터 일주일 동안 양파 **뿌리**가 어떻게 자라는지 보고서를 써 　　오라고 하셨어요. 　나: 지금 집에 양파가 없는데 그럼 양파를 좀 사와야겠네. • **뿌리**채소에는 비타민이 많고 몸에 있는 독을 빼 주는 효과가 있다. 표현 뿌리채소, 뿌리가 깊다, 뿌리를 뽑다/자르다
씨 seed 种子 種	• 가: 크리스틴, 날씨가 너무 더운데 수박 사서 먹을까? 　나: 응, 그런데 **씨**가 없는 수박이 먹기 편하니까 **씨** 없는 걸로 사자. • '말이 **씨**가 된다'는 한국 속담은 늘 말하는 것이 사실이 된다는 뜻이다. 표현 씨를 뿌리다
잔디밭 a lawn 草地 芝生	• 가: 오늘 날씨가 정말 좋다. 점심을 **잔디밭**에서 먹을까? 　나: 좋은 생각이야. 그럼 매점에 가서 맛있는 샌드위치 사 오자. • 우리 학교에는 축구를 할 수 있는 **잔디밭**이 없어서 아쉽다. 표현 잔디밭에 눕다
풀 grass 草 草	• 가: 오랜만에 오니까 할머니 무덤에 **풀**이 많이 자랐네. 좀 뽑아야겠다. 　나: 아버지, 제가 뽑을게요. • 나는 비가 온 후에 나는 **풀** 냄새가 좋다. 표현 풀을 깎다/뜯다/뽑다, 풀이 나다/서다/자라다

화분
flowerpot
花盆
植木鉢

- 가: 할머니, 이것 좀 보세요. 학교에서 제가 직접 **화분**에 꽃을 심었어요.
  나: 예쁘게 심었구나. 집에서 잘 키워 봐.
- 한국에서는 새로운 가게를 열 때 **화분**을 많이 선물한다.

표현 화분을 놓다

식물과 동물 **동물–공통**

꼬리
tail
尾巴
尻尾

- 가: 이 하얀색 국물은 무슨 음식이에요?
  나: '곰탕'이라고 하는 건데 소의 **꼬리**를 끓여서 만든 음식이에요.
- 내가 집에 들어가면 우리 집 강아지가 **꼬리**를 흔들면서 나를 반갑게 맞이한다.

표현 꼬리를 흔들다

먹이
food
饲料
餌

- 가: 집에서 키우는 강아지가 누구를 제일 좋아해요?
  나: 저희 어머니가 **먹이**를 주시니까 어머니를 제일 좋아해요.
- 뱀이나 곰 같은 동물들은 겨울에 **먹이**를 찾기 힘들기 때문에 겨울잠을 잔다.

표현 먹이를 구하다/물다/얻다/주다

먹히다
be eaten
被吃
食われる

- 가: 요즘 얼굴 살이 좀 빠진 것 같아요. 무슨 일 있어요?
  나: 감기에 걸렸는데 기침 때문에 잠도 잘 못 자고 입맛도 없어서 밥이 잘 안 **먹혀요**.
- TV에서 토끼가 호랑이에게 **먹히는** 모습을 보고 다섯 살 된 조카가 울었다.

알
egg
蛋
卵

- 가: 동운 씨, 메뉴에 '**알**탕'이 있는데 저게 뭐예요?
  나: **알**탕은 생선 **알**을 넣고 끓인 찌개예요. 소피아 씨가 아직 안 먹어 봤으면 오늘 먹어 볼래요?
- 새가 **알**을 깨고 나올 때 옆에서 도와주면 스스로 날지 못한다고 한다.

표현 알 모양

잡아먹다
prey on
吃
食う

- 가: 엄마, 사자는 무슨 동물을 **잡아먹어요**?
  나: 사자는 자기보다 약한 동물은 거의 다 **잡아먹**을 수 있어. 그래서 '동물의 왕'이라고 해.
- 어릴 때 읽은 동화책에서 고양이는 쥐를 **잡아먹는다고** 하는데 실제로 본 적은 없다.

짐승
animal, beast
兽
獣

- 가: 한국 사람들이 '**짐승**남'이라고 하는 말을 많이 들었는데 무슨 뜻인지 모르겠어요.
  나: 아, **짐승**남은 **짐승** 같은 남자를 말하는데, 요즘은 근육이 많고 강한 이미지를 가진 남자를 '**짐승**남'이라고 해요.
- 추운 지역에 사는 사람들은 **짐승**을 잡아서 고기는 먹고 **짐승**의 피부로 옷을 만들어 입는다.

동물-하늘

벌
bee
蜂
蜂

- 가: 다리가 왜 이렇게 부었어요? 모기한테 물린 건 아닌 것 같은데.
  나: 어제 산에 갔는데 벌에 쏘였어요. 아직도 너무 아파요.
- 한국에서는 부지런한 사람을 '꿀벌' 같다고 말한다.

표현 벌에 쏘이다

날개
wings
翅膀
翼

- 가: 새들이 하늘을 날 때 날개를 펴는 모습이 멋있지 않아요?
  나: 네…. 저에게도 날개가 있어서 산더미처럼 쌓인 회사 일에서 벗어나고 싶네요.
- 어제 공항에서 난 사고는 비행기 날개 부분의 고장 때문에 일어났다고 한다.

표현 날개를 움직이다/접다/펴다

날아가다 / 날아오다
fly away/fly
飞走/飞过来
飛ぶ/飛んで来る

- 가: 켄토 씨, 한국에서 대학교에 합격한 것 정말 축하해요. 합격해서 기분 좋죠?
  나: 네, 하늘을 날아갈 것 같이 기뻐요.
- 잘 훈련된 새는 아무리 멀리 가도 주인에게 다시 날아온다.

동물-땅

거미
spider
蜘蛛
蜘蛛

- 가: 요즘에는 집에서 거미를 키우는 사람도 있다고 해요.
  나: 네? 거미를 키워요? 나는 보기만 해도 싫은데 좋아하는 사람도 있군요.
- 거미줄은 약하고 잘 끊어지기 때문에 별로 효과가 없는 일을 할 때 '거미줄에 목 맨다'라고 한다.

표현 거미가 움직이다

곰
bear
熊
熊

- 가: 메리 씨는 어떤 동물을 제일 좋아해요?
  나: 저는 곰이 제일 좋아요. 귀엽고 따뜻한 느낌이 들어요.
- 어릴 때는 곰 인형을 많이 샀는데 지금은 전혀 관심이 없다.

원숭이
monkey
猴子
猿

- 가: 한국에서는 올해가 원숭이의 해라고 해요.
  나: 아, 그래서 가게에서 원숭이 그림이 있는 물건을 많이 파는군요.
- 나는 어렸을 때 동물원에 갈 때 원숭이에게 주려고 바나나를 가지고 갔다.

쥐
rat
老鼠
鼠

- 가: 어젯밤에 쥐가 나와서 내 방을 돌아다니는 꿈을 꿨어. 아직도 그 느낌이 생생해. 무슨 꿈일까?
  나: 그럼 인터넷에서 무슨 꿈인지 꿈의 의미를 한번 찾아보자.
- 시골에 있는 할머니 댁에 갔는데 부엌에서 쥐가 나와서 깜짝 놀랐다.

표현 쥐를 몰다/잡다

개구리
frog
小蛙
蛙

- 가: 시골에 오니까 **개구리** 울음 소리가 많이 들리네요.
  나: 네, 어릴 때 시골에서 살았는데 그때로 돌아간 기분이에요.
- 내 동생은 **개구리**가 주인공으로 나오는 '**개구리** 소년'이라는 만화를 좋아한다.
  표현   개구리 알, 개구리가 울다

거북이
turtle
乌龟
龟

- 가: 한국의 옛날이야기 중에서 '토끼와 **거북이**'라는 이야기가 있는데 알아?
  나: 응, 한국어 읽기 책에서 봤어.
- **거북이**는 오래 사는 동물이기 때문에 어른들께 **거북이** 목걸이를 선물하기도 한다.
  표현   거북이 걸음

게
crab
螃蟹
蟹

- 가: 지우 엄마, 지금 어디 가세요?
  나: **게** 사러 시장에 가요. 남편이 오늘 **게** 찌개를 끓여 달라고 해서요.
- 나는 **게** 알레르기가 있어서 **게**를 못 먹는다.

고래
whale
鲸
鯨

- 가: 아빠, **고래**도 알을 낳아요?
  나: 아니, **고래**는 물고기처럼 알을 안 낳고 아기 **고래**를 낳아.
- 부산 근처에 있는 울산이라는 도시에 갔는데 **고래** 고기가 유명해서 한번 먹어 봤다.
  표현   고래 고기

애완동물
pet
宠物
愛玩動物

- 가: 줄리안 씨는 집에서 **애완동물**을 키워요?
  나: 아니요, 지금은 안 키우는데 전에는 토끼를 키웠어요.
- 혼자 사는 노인들이 **애완동물**을 키우면 병을 예방하는 효과가 있다고 한다.

어휘력 쑥쑥

애 완 동 물	연애 DAY6	date / 恋爱 / 戀愛
애(愛): 사랑하다 love 爱 愛	애인 DAY6	lover / 爱人 / 恋人
	애정 DAY9	affection / 爱情 / 愛情

1 다음은 땅과 하늘, 그리고 물에서 볼 수 있는 동물들입니다. 그림을 보고 빈칸에 알맞은 단어를 쓰십시오.

1. _____   2. _____   3. _____

4. _____   5. _____   6. _____

7. _____   8. _____   9. _____

2 괄호 안에서 알맞은 단어를 고르십시오.

1. 초등학교 때 집에서 키우는 닭이 (씨 / 알)을/를 낳았을 때 아주 신기했다.

2. 동물원에서 아이들이 동물들에게 직접 (먹이 / 뿌리)를 줄 수 있는 프로그램이 있다.

3. 새가 나에게 (날아가면 / 날아오면) 나는 무서워서 피한다.

4. 뱀이 쥐를 (잡아먹는 / 먹히는) 장면을 모습을 본 적이 있는데 너무 충격이었다.

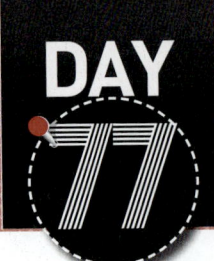

DAY 77

자연과 경치

아는 단어에 ○표 하세요.

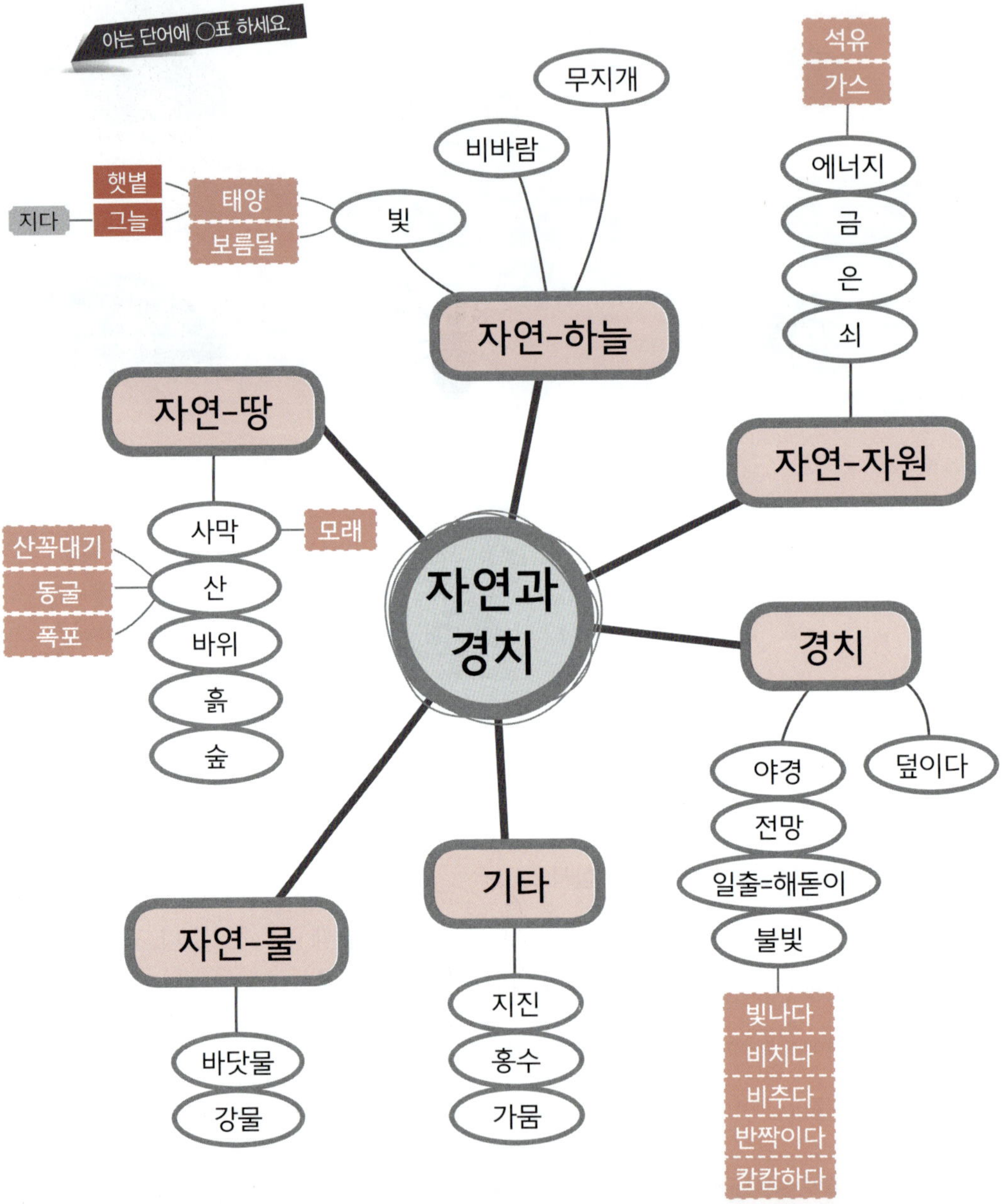

자연과 경치
자연-하늘
빛
태양
보름달
햇볕
그늘
지다
비바람
무지개
자연-자원
에너지
석유
가스
금
은
쇠
자연-땅
사막
모래
산
산꼭대기
동굴
폭포
바위
흙
숲
경치
야경
전망
일출=해돋이
불빛
빛나다
비치다
비추다
반짝이다
캄캄하다
덮이다
기타
지진
홍수
가뭄
자연-물
바닷물
강물

자연-하늘

지다
sunset, wither
落
暮れる, 散る

- 가: 준호 씨, 저기 하늘 좀 보세요. 해가 **지는** 풍경이 정말 아름답죠?
  나: 네, 그러네요. 지우 씨랑 같이 봐서 더 아름답게 느껴져요.
- 나는 낙엽이 **지는** 겨울 산을 1년 중 가장 좋아한다.

표현 낙엽/해가 지다

그늘
shade
阴影
陰

- 가: 할머니, 햇빛이 뜨겁지 않으세요? 이쪽 **그늘**로 오세요.
  나: 모자 써서 괜찮아. 오랜만에 공원에 나오니 기분이 좋네.
- 요즘처럼 30도가 넘는 더운 여름에는 낮에 돌아다니면 쓰러질 위험이 있기 때문에 아이들이나 노약자는 **그늘**이 지는 5시 이후에 외출하는 것이 좋다고 한다.

표현 그늘을 만들다, 그늘이 지다

무지개
rainbow
彩虹
虹

- 가: 한국에서는 **무지개**를 자주 볼 수 없는데 필리핀에 오니까 비 올 때마다 **무지개**를 볼 수 있네요.
  나: 네, 필리핀에서는 **무지개**가 뜨는 게 흔한 일이에요.
- 초등학교 때 학교에서 자연을 그리라고 하면 나는 늘 일곱 색깔의 **무지개**를 그렸다.

표현 무지개가 뜨다

보름달
full moon
圓月
望月

- 가: 오늘 달이 참 밝지요?
  나: 조금 있으면 추석인데 이번 추석에도 크고 밝은 **보름달**을 볼 수 있으면 좋겠어요.
- 옛날에는 **보름달**이 뜨면 **보름달**을 보고 소원을 빌었다.

표현 보름달이 뜨다

비바람
storm
风雨
雨風

- 가: 아빠, 우리 오늘 낚시 가요?
  나: 오늘 오후부터 **비바람**이 분다고 하니까 못 갈 것 같은데.
- (일기 예보) 오늘 전국에 비가 오고 **비바람**이 불면서 쌀쌀한 날씨가 계속되겠습니다.

표현 비바람이 불다/치다

빛
light
光
光

- 가: 나는 밤에 불을 켜고 자는 습관이 있어.
  나: 잘 때 **빛**이 있으면 잠을 깊이 잘 수 없다고 들었어.
- 우리 언니는 성격이 깔끔해서 **빛**이 날 정도로 깨끗하게 청소한다.

표현 빛이 나다/들어오다/사라지다, 빛을 내다/받다/잃다

태양
sun
太阳
太陽

- 가: 너 내일 노래 시험 있다고 했지? 무슨 노래 불러?
  나: '오, 나의 **태양**'이라는 이탈리아 노래를 부를 건데 한번 들어봐 줘.
- 이번에 이사 가는 집은 **태양**에서 나오는 열을 이용하는 '**태양**열 주택'이어서 전기나 가스 요금을 많이 줄일 수 있다.

햇볕
sunlight
阳光
日

- 가: 특별히 찾는 조건이 있으세요?
  나: **햇볕**이 잘 들어오는 집이면 좋겠어요.
- 여름 방학 동안 시골에 봉사 활동을 다녀와서 **햇볕**에 얼굴과 팔, 다리가 다 탔다.

표현 햇볕이 나다/뜨겁다, 햇볕에 말리다/타다

모래
sand
沙子
砂

- 가: 여기 바닷가 **모래**가 정말 부드럽다.
  나: 그렇지? 우리 신발 벗고 좀 걸을까?
- 어릴 때는 집이 바닷가 옆에 있어서 **모래**로 밥도 만들고, 집도 만들면서 하루 종일 놀았다.

표현 모래가 가늘다/쌓이다, 모래를 섞다/파다

바위
rock
岩
岩

- 가: 다음 주에 여행 간다고 했지? 어디로 가?
  나: 동해에 있는 '무릉계곡'이라는 곳인데 여러 종류의 **바위**가 있는 낮은 산이야. 올라 가기 힘들지 않고 아주 아름다워서 인기가 많다고 해.
- 설악산에 가면 '흔들**바위**'라고 하는 크고 유명한 **바위**가 있다.

표현 바위산, 바위가 깨지다/미끄럽다

사막
desert
沙漠
砂漠

- 가: 나는 나중에 시간이 나면 **사막** 여행을 해 보고 싶어.
  나: 응, 나도 '우유니 소금 **사막**'에 가 보고 싶어. 전에 텔레비전에서 봤는데 소금으로 된 **사막**이어서 흰 눈처럼 보이는데 정말 아름다웠어.
- 이집트에 있는 **사막**에 갔을 때 기념으로 그곳의 모래를 병에 담아서 왔다.

표현 사막이 넓다

산꼭대기
apex
山頂
尾の上

- 가: 한국에서 지금까지 가 본 산 중에서 제일 기억에 남는 산이 어디예요?
  나: '지리산'이라는 산이 있는데 아세요? 지리산 **산꼭대기**에 올라갔을 때 보이는 풍 경이 정말 최고였어요.
- 중국에 있는 '장백산'에 갔을 때 산이 너무 높아서 **산꼭대기**까지 차를 타고 올라갔다.

표현 산꼭대기로 올라가다

숲
forest
樹林
林

- 가: 여보, 우리 아이가 조금 크면 주말에는 자주 **숲**에 데리고 가고 싶어요.
  나: 그럽시다. 나도 아이들이 어릴 때부터 자연과 가깝게 지내는 게 좋다고 생각해요.
- 서울의 중심에 있는 '서울**숲**'에는 자연을 체험을 할 수 있는 여러 가지 프로그램이 있다.

표현 숲을 가꾸다

폭포
water fall
瀑布
滝

- 가: 캐나다 여행 잘 다녀왔어요? 캐나다는 자연이 참 아름답죠?
  나: 네, 특히 **폭포**가 멋있었는데 **폭포** 소리가 아주 커서 옆에 있는 사람의 목소리가 안 들릴 정도였어요.
- 세계에서 제일 유명한 3개의 **폭포**는 미국과 캐나다의 중간에 있는 '나이아가라 **폭포**', 아프리카에 있는 '빅토리아 **폭포**', 브라질에 있는 '이과수 **폭포**'라고 한다.

흙
dirt
土
土

- 가: 엄마, 놀이터에 있는 **흙** 때문에 바지가 더러워졌어요.
  나: 그러네. 현관에서 바지 좀 털고 집에 들어가자.
- 사람은 죽으면 **흙**으로 돌아간다.

표현 흙을 털다

자연-물

강물
river water
江水
川水

- 가: 지금 무슨 영화 보는데 표정이 왜 이렇게 심각해?
  나: 응. '흐르는 강물처럼'이라는 미국 영화인데 이 영화를 보고 있으니까 나의 인생을 생각하게 돼.
- 초등학교 때 여름이 되면 강물에서 물고기를 잡으면서 놀았다.

표현 강물을 건너다/흐리다, 강물이 넘다/막히다/맑다/차갑다

바닷물
see water
海水
海水

- 가: 지난여름에 바다에 간다고 했죠? 수영 많이 했어요?
  나: 아니요. 8월 말에 갔는데 바닷물이 벌써 차가워져서 들어갈 수 없었어요.
- 어릴 때 바다에 가서 아빠에게 처음 수영을 배웠는데 잘 못해서 배가 부를 정도로 바닷물을 많이 먹었다.

표현 바닷물이 짜다

자연-자원

외 **가스**
gas
煤气
ガス

- 가: 실례합니다. 가스 안전 검사하러 나왔는데요.
  나: 아, 지금은 손님이 계셔서 곤란한데 이따가 다시 오실 수 있으세요?
- 지난밤 서울의 한 가정집에서 가스 폭발 사고가 나서 5명이 다쳤다고 한다.

표현 가스 시설, 가스가 나다/떨어지다, 가스를 끄다/마시다/맡다

석유
oil
石油
石油

- 가: 엄마, 석유난로에 불이 안 들어와요.
  나: 석유가 떨어진 것 같네. 다시 주문해야겠다.
- 요즘 석유 값이 계속 오르고 있다.

표현 석유가 나다/나오다

외 **에너지**
energy
能量
エネルギー

- 가: 요즘 에너지 절약 때문에 회사에서는 실내 온도를 20도 이상으로 하면 안 된다고 해요.
  나: 그럼 아무리 날씨가 추워도 온도를 많이 높이지 못한다는 말이에요?
- 20대에는 하루 종일 놀아도 에너지가 넘쳤는데 지금은 몇 시간만 돌아다녀도 금방 피곤해진다.

표현 에너지 사용, 에너지가 넘치다, 에너지를 쏟다/얻다/절약하다

자연-피해

가뭄
drought
干旱
日照り

- 가: 올해 가뭄이 들어서 농사짓는 사람들의 피해가 크다고 해요.
  나: 네, 그리고 요즘 야채 가격도 많이 올랐어요.
- 최근 기후 변화가 심해져서 국가에서 2020년까지 가뭄에도 견디는 채소와 과일을 심는다고 한다.

표현 가뭄이 들다

지진 earthquake 地震 地震	• 가: 뉴스에서 어제 광주 근처에서 큰 **지진**이 났다고 들었어요. 　나: 저도 봤어요. 광주 근처는 **지진**에서 안전한 지역이 아니라고 하지요? • 구름의 모양을 보고 **지진**이 날지 미리 알 수 있다고 한다. 　**표현** 지진이 나다/일어나다/발생하다, 지진에 견디다
홍수 flood 洪水 洪水	• 가: 한국에는 여름에 비가 많이 오는데 **홍수**도 자주 나요? 　나: 네, 비가 많이 와서 **홍수**로 집을 잃는 사람들도 있어요. • 기후 변화로 세계적으로 **홍수**가 자주 일어나고 있다. 　**표현** 홍수가 나다/들다/지나가다, 홍수를 당하다/막다

자연과 경치 경치

덮이다 be covered 覆盖 覆われる	• 가: 어제 여자 친구랑 남산에 간다고 했죠? 첫 데이트 성공했어요? 　나: 네, 산 전체가 눈으로 **덮인** 경치를 볼 수 있어서 분위기가 좋았어요. • 단풍으로 **덮인** 가을 산이 1년 중 가장 아름다운 것 같다.
반짝이다 glitter 亮 煌めく	• 가: 한 선생님은 학생을 가르치면서 언제 가장 힘이 나세요? 　나: 학생들이 눈을 **반짝이면서** 제 설명을 들을 때가 힘이 나요. • 시골에 가면 도시에서는 보기 힘든 밝게 **반짝이는** 별들을 많이 볼 수 있다.
불빛 light 灯光 火影	• 가: 댄 씨, 우리 주말에 가평에서 하는 '**불빛**축제'에 갈래요? 　나: 와, 한국에도 **불빛**축제가 있어요? 좋아요. 같이 가요. • 우리 집 앞 골목길은 밤에는 **불빛**이 하나도 없어서 무섭다. 　**표현** 불빛이 보이다/비치다/세다/어둡다
비추다 shine 照 照らす	• 가: 영화관 안이 어두워서 자리가 잘 안 보이네. 　나: 내가 핸드폰 불빛을 **비춰서** 찾아볼게. • 아침에 햇빛이 창문을 **비출** 때 하루 중 가장 따뜻함을 느낀다. 　**표현** 달빛이 비추다
비치다 shine, be reflected 照 照る	• 가: 오늘은 날씨가 참 좋네요. 　나: 네, 며칠 동안 계속 비만 왔는데 오늘은 해가 **비치니까** 기분이 좋네요. • 강물 위에 **비치는** 구름의 모습이 아름답다.
빛나다 shine, twinkle 亮 輝く	• 가: 아빠, 제가 아빠 구두 깨끗하게 닦았어요. 　나: 어, 정말 구두가 **빛나는데**? 수고했다. 아빠가 용돈 줄게. • 중학교 때부터 라디오 듣는 것을 좋아했는데 '별이 **빛나는** 밤에'라는 프로그램을 매일 들었다. 　**표현** 별빛이 빛나다

야경 night view 夜景 夜景	• 가: 서울에서 **야경**이 아름다운 곳이 어디예요? 　나: 한강과 남산의 **야경**이 아름다워요. 시간이 될 때 꼭 가 보세요. • 프랑스 파리의 **야경**을 감상하려고 매년 많은 관광객들이 파리를 방문한다.
일출 **＝해돋이** sunrise 日出 日出	• 가: 이제 곧 새해인데 우리 **해돋이** 보러 가는 게 어때? 　나: 좋아. 한국에서 **일출**을 한번 보러 가고 싶었어. • 새해에 많은 사람들이 **해돋이**를 보면서 한 해의 소망을 빌고 새로운 결심을 한다.
전망 view 风景，前景 展望, 見晴らし	• 가: 와, 이 레스토랑은 높은 곳에 있어서 **전망**이 정말 좋은데요. 　나: 네, 그래서 젊은 사람들이 데이트할 때 많이 와요. • 남산에 있는 '서울타워' 위에 올라가면 서울 시내의 **전망**이 한눈에 들어온다. 　**표현** 전망이 좋다/나쁘다
캄캄하다 dark 漆黑 暗い	• 가: 아직 6시밖에 안 됐는데 밖이 **캄캄하네**. 　나: 한국에서 겨울에는 해가 일찍 져서 그래. • 어릴 때 놀이공원에서 딸아이를 잃어버린 적이 있는데 눈앞이 **캄캄했다**.

어휘력 **쑥쑥**

홍 수	세**수**	wash up / 洗脸 / 洗面
수(水) : 물 **water** 水 水	**수**영	swimming / 游泳 / 水泳
	음료**수**	beverage / 饮料 / 飲み物
	향**수** **DAY4**	perfume / 香水 / 香水

1 다음 글을 읽고 빈칸에 알맞은 단어를 쓰십시오.

| 해돋이 | 빛나다 | 캄캄하다 |

1. 새해에 _____을/를 보려고 많은 사람들이 동해를 찾는다. 태양이 떠오르면 _____(으)ㄴ/는 하늘이 밝아지면서 새해가 시작된다. 사람들은 하늘에서 밝게 _____(으)ㄴ/는 태양을 보면서 한 해의 새로운 결심을 한다.

| 야경 | 반짝이다 | 전망 |

2. 서울에서 _____이/가 가장 아름다운 곳은 한강이라고 합니다. 그래서 밤에 한강 공원의 _____(으)ㄴ/는 불빛 아래에서 경치를 감상하면서 데이트하는 사람들이 많습니다. 그러면 서울에서 _____이/가 좋아서 멀리까지 볼 수 있는 곳이 어디일까요? 그곳은 63빌딩입니다. 빌딩 위에서 먼 곳의 경치까지 볼 수 있어 사람들에게 인기가 많습니다.

| 가뭄 | 홍수 | 지진 |

3. 요즘 세계적으로 자연에서 오는 피해가 많아지고 있다. 얼마 전에는 일본에서 큰 _____이/가 났는데 건물이 무너져서 많은 사람들이 크게 다치거나 죽었다. 미국의 중부와 서부 지역은 폭우 때문에 _____이/가 나서 집을 잃은 사람들이 많이 생겼다. 또, 미국의 동부는 작년에 비가 오랫동안 오지 않아서 _____(으)로 많은 식물과 동물이 죽었다.

2 괄호 안에서 알맞은 단어를 고르십시오.

1. 최근 태양 (에너지 / 일출)을/를 사용하는 건물들이 늘어나고 있다.

2. 처음에 수영을 배울 때 잘못해서 (강물 / 바닷물)을 먹은 적이 있는데 너무 짰다.

3. 부산에서 제주도까지 배를 타고 가려고 했는데 (빛 / 비바람)이 강해서 일정이 취소되었다.

4. 프랑스에 갔을 때 강 위에 달이 (비치는 / 비추는) 모습이 너무 아름다워서 오랫동안 그 자리를 떠날 수 없었다.

DAY 78 환경/종교

아는 단어에 ○표 하세요.

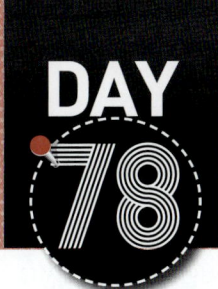

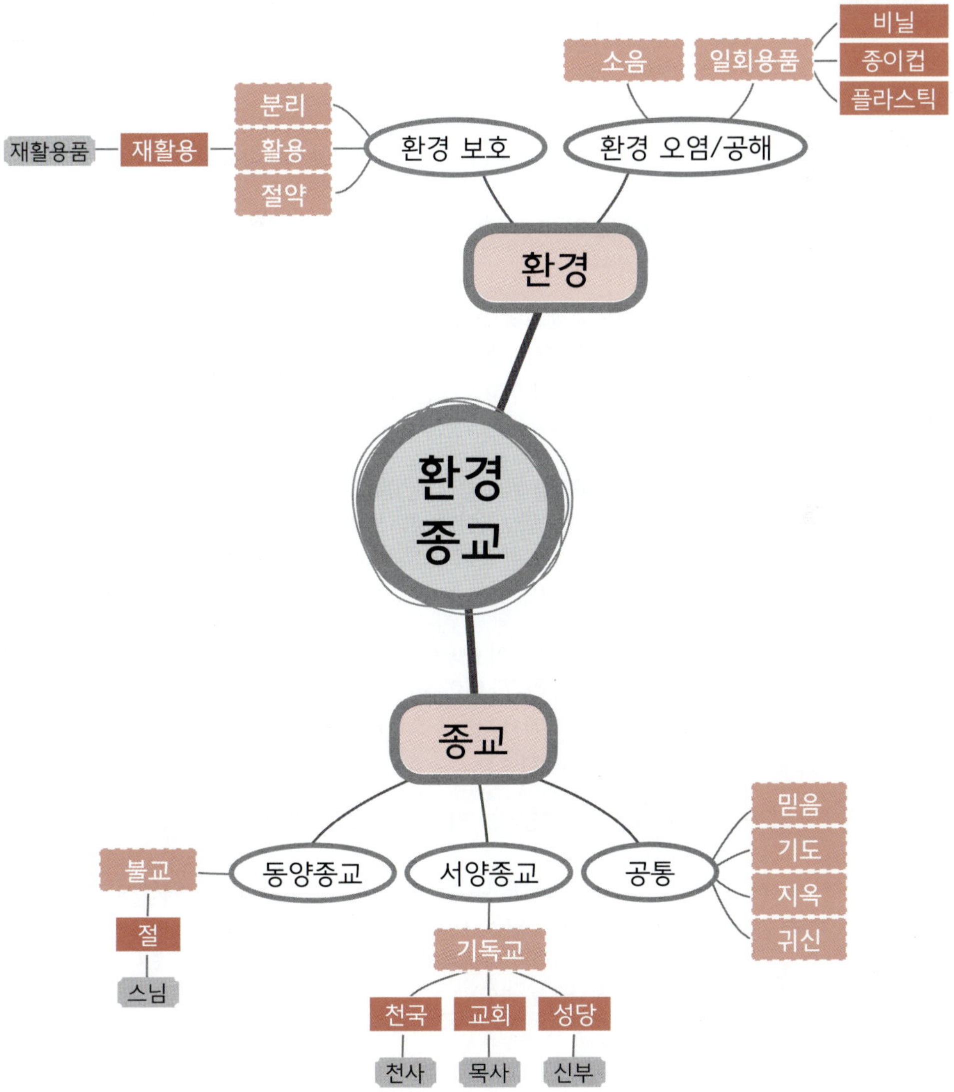

환경
종교
환경
환경 보호
환경 오염/공해
분리
활용
절약
재활용
재활용품
소음
일회용품
비닐
종이컵
플라스틱
종교
동양종교
서양종교
공통
불교
절
스님
기독교
천국
교회
성당
천사
목사
신부
믿음
기도
지옥
귀신

환경
environment
环境
環境

- 가: 우리 아이는 학교 끝나고 집에 돌아오면 매일 컴퓨터 게임만 해서 걱정이에요.
  나: 아이들한테는 공부하는 **환경**을 만들어 주는 게 중요하다고 해요. 우리 집은 컴퓨터를 아이 방에 두지 않고 거실에 뒀어요.
- 한국의 유명한 배우 소진섭 씨는 최근 **환경**을 보호하는 사업에 자신의 재산을 기부했다.

표현 환경보호/환경오염, 환경을 가꾸다/개선하다/지키다

공해
air pollution
公害
公害

- 가: 밤에 창문 밖의 불빛이 너무 밝아서 잠을 잘 못 자겠어.
  나: 너도 그렇구나. 요즘 '빛 **공해**' 때문에 잠을 잘 못 자는 사람이 많다고 해.
- 요즘 여러 가지 **공해**로 환경문제가 심각하다.

표현 공해문제

보호
protection
保护
保護

- 가: 나미 엄마, 나미가 초등학교 졸업하면 영국으로 유학 보낼 거예요?
  나: 그럴 계획인데 아직 엄마의 **보호**가 필요한 나이라서 혼자 유학을 보내도 될지 고민이에요.
- 이곳은 학교 앞 어린이 **보호** 지역이라서 운전을 천천히 해야 한다.

표현 보호를 받다

분리
division
分开
分離

- 가: 한국에서는 쓰레기를 같이 안 버리고 따로 버려요?
  나: 네, 종이나 음식물은 같이 버리면 안 되고 **분리**해서 버려야 돼요.
- 내 스마트폰은 배터리가 **분리**가 안 돼서 사용할 때 좀 불편하다.

표현 분리수거

외 비닐
plastic
塑料
ビニール

- 가: 손님, 사신 물건을 **비닐** 봉투에 넣어드릴까요? **비닐** 봉투는 20원입니다.
  나: 아니요, 그냥 주세요. 가방에 넣어서 갈게요.
- 포장된 음식의 **비닐**을 한 번에 벗겨 주는 편리한 스티커가 나왔다.

표현 비닐 가방/백/우산/포장

소음
noise
噪音
騒音

- 가: 학교 옆에 있는 건물이 공사를 해서 요즘 수업할 때 **소음**이 너무 심해요.
  나: 네, 밖이 시끄러우니까 아이들도 수업시간에 집중을 못해서 걱정이에요.
- 나는 음악 작업을 집에서 하는데 **소음**을 줄이려고 벽에 **소음**을 막는 벽지를 붙였다.

표현 소음이 나다/발생하다

오염
pollution
污染
汚染

- 가: 준호 씨, 고향 구경시켜 줘서 고마워요. 그런데 이 강은 경치는 좋은데 물이 맑지 않네요.
  나: 네, 옛날에는 깨끗했는데 지금은 많이 **오염**이 돼서 이 강에서 사는 물고기를 먹을 수 없게 됐어요. 안타까워요.
- 요즘 중국에서는 공기가 나빠져서 도시의 60%가 **오염**됐다고 한다.

표현 오염이 심하다/심각하다

일회용품
a disposable product
一次性用品
使い捨ての品

- 가: 오늘 점심으로 김밥 싸서 왔네요? 그런데 나무젓가락은 안 가져왔어요?
  나: 저는 **일회용품** 사용을 줄이려고 나무젓가락 사용을 안 해요.
- 우리 아파트 앞에 있는 식당에서는 음식을 배달할 때도 **일회용품**을 쓰지 않는다.
  표현 일회용품 사용

재활용
recycle
再生利用
再利用

- 가: 웬팅 씨, 이 종이 버릴 거예요? 버릴 거면 제가 메모하는 종이로 쓸게요.
  나: **재활용** 쓰레기로 버리려고 했는데 필요하면 쓰세요.
- 얼마 전 요리 프로그램에서 남은 자장면을 **재활용**해서 먹는 방법을 소개했는데 시간 날 때 똑같이 만들어 봐야겠다.
  표현 재활용 쓰레기, 재활용이 가능하다

재활용품
recyclable materials
可回收物
再利用品

- 가: 할머니가 **재활용품**을 모으신다고 했지? 우리 집에 안 입는 옷 좀 가지고 올게. 그런데 그거 팔아서 용돈 하시는 거야?
  나: 아니, **재활용품**을 판 돈으로 동네에 사시는 어려운 노인들을 도와주셔.
- 올해는 우리 아이들과 함께 **재활용품**으로 크리스마스 나무를 만들었는데 아이들도 재미있다고 하고 돈도 절약할 수 있어서 잘했다는 생각이 든다.

절약
saving
节约
節約

- 가: 이 닦을 때 물을 **절약**해야지. 그렇게 물을 계속 틀고 닦으면 안 돼.
  나: 네, 엄마. 물을 잠그고 닦을게요.
- 시간을 **절약**하는 방법 중 하나는 자신에게 오는 이메일이나 메시지를 자주 확인하지 않는 것이라고 한다.
  표현 절약습관

종이컵
paper cup
纸杯
紙コップ

- 가: 케이티, 크리스마스 파티에 친구들이 많이 오는데 컵이 부족하네.
  나: 그럼 내가 **종이컵**을 좀 사 올게.
- 나는 **종이컵**을 한 번만 쓰고 버리는 것이 아까워서 세 번 정도 쓴 후에 버린다.

활용
application
利用
活用

- 가: 여보, 다 마신 녹차 잎을 안 버리고 왜 말리고 있어요?
  나: 말려서 다시 **활용**하려고 안 버렸어요. 녹차 잎은 냉장고 냄새를 없애 준다고 해요.
- 안 쓰는 커튼을 **활용**해서 베개를 만들었다.
  표현 활용 능력, 활용이 가능하다

외 플라스틱
plastic
塑胶
プラスチック

- 가: 집에서 고추장을 만들었는데 병에 좀 담아서 가져갈래?
  나: 응, 고마워 언니. 그런데 병은 들고 가기가 무거우니까 **플라스틱** 병에 담아서 주면 좋겠어.
- **플라스틱** 제품은 썩을 때까지 10~12년이 걸린다고 한다.
  표현 플라스틱 그릇/병/젓가락

종교 religion 宗教 宗教	• 가: 나미 씨는 **종교**가 있어요? 　나: 아니요, **종교**가 없어요. 저는 제 자신을 믿어요. • 작년에 조사한 결과 한국인의 49%는 **종교**가 없다고 한다. 　표현 종교를 믿다
기도 pray 祈祷 祈り	• 가: 설희야, 우리 아버지가 교통사고가 나서 병원에 입원하셨는데 **기도** 좀 부탁해. 　나: 어머, 얼마나 다치셨어? 걱정이 많겠다. **기도**할게. • 우리 할머니는 하루도 안 빠지고 새벽에 **기도**하러 교회에 가신다. 　표현 기도를 드리다/끝내다
귀신 ghost 鬼神 鬼神	• 가: 너 **귀신**이 있다고 생각해? 　나: 세상에 **귀신**이 어디 있어? 난 그런 거 안 믿어. • 공포 영화를 찍으면서 **귀신**을 봤다고 말하는 배우들이 있다. 　표현 귀신 이야기, 귀신이 나타나다
기독교 christianity 基督教 キリスト教	• 가: 지우 씨는 주말에 바쁜 것 같은데 취미 활동해요? 　나: 아니요, 저는 종교가 **기독교**라서 일요일마다 교회에 가는데 교회 활동이 많아서 바빠요. • 우리 집은 아버지의 할아버지 때부터 **기독교**를 믿고 있다. 　표현 기독교 가정/교회, 기독교를 믿다
목사 priest 牧師 牧師	• 가: 소식 들었어? 치에미가 다음 달에 결혼하는데 남편 될 사람이 **목사**라고 해. 　나: 응. 남자 친구가 미국 교회에서 일하고 있어서 결혼하면 미국으로 떠난다고 해. • 우리 **목사**님은 사회에 도움이 되는 일을 많이 하셔서 사람들에게 존경을 받는다.
믿음 belief 信任, 信仰 信心, 信頼	• 가: 남자 친구가 3년 후, 유학을 다녀온 후에 결혼하자고 했어. 우리가 서로를 기다릴 수 있을까? 　나: 3년이 좀 길지만 두 사람이 서로 사랑하고 **믿음**이 있으면 기다릴 수 있다고 생각해. • 어렸을 때는 **믿음**이 무엇인지 모르고 그냥 교회에 다녔는데 대학교 때부터 **믿음**이 생겼다. 　표현 믿음을 가지다/갖다/깨다/버리다, 믿음이 가다/강하다/깊다/생기다
불교 Buddhism 佛教 仏教	• 가: 다음 주에 우리 교회에서 친구 초대 행사가 있는데 호당 씨도 올래요? 　나: 미안해요. 저는 종교가 **불교**예요. • 한국에서 음력 4월 8일이 '부처님 오신 날'인데 이 날은 **불교**에서 가장 큰 기념일이다. 　표현 불교문화

성당 cathedral 教堂 聖堂	• 가: 크리스마스에 뭐 해요? 특별한 계획 있어요? 　나: 아니요, 성당에 갈 거예요. 저녁에는 가족하고 식사하고요. • 나는 성당에 다니는 아내와 결혼한 후 성당에 다니게 되었다.
스님 monk 和尚 和尚	• 가: 영화배우 강서연 씨가 이번에 새 영화를 찍는데 스님 역할을 맡아서 머리를 스님 　처럼 짧게 깎는다고 해요. 　나: 여자 배우에게 머리 깎는 일이 쉽지 않을 것 같은데 대단하네요. • 요리책을 사러 서점에 갔는데 스님들이 먹는 자연 음식의 요리법을 소개한 책이 있 　어서 샀다.
신부 priest 神父 神父	• 가: 유미 씨는 성당에 다니죠? 신부님 중에 존경하는 분 있어요? 　나: 네, 지금은 돌아가셨지만 김수환 신부님을 존경해요. 훌륭한 일을 많이 하셨는데 　특히 남을 돕고 기도하는 삶을 살라고 하셨어요. • 배우 강동언 씨는 '신부'라는 영화를 찍기 전에 실제로 신부님들과 성당에서 일주일 　동안 같이 생활하면서 촬영을 준비했다고 한다.
절 temple 寺庙 寺	• 가: 할머니, 이렇게 많은 음식을 가지고 어디 가세요? 　나: 응, 제사 드리려고 절에 간다. 가서 기도 드리고 올게. • 태국에 여행을 갔는데 곳곳에 절이 많이 있었다. 　**표현** 절 구경
지옥 hell 地域 地獄	• 가: 나미 씨, 한국 사람한테 '지옥철'이라는 단어를 들었는데 그게 무슨 말이에요? 　나: 아, 그건 출퇴근 시간에 지하철에 사람이 너무 많아서 지옥같이 힘들다는 뜻이 　에요. • 요즘 잘되는 일이 하나도 없어서 매일의 삶이 지옥 같다.
천국 heaven 天堂 天国	• 가: 할머니가 돌아가셔서 많이 슬프지? 　나: 이제는 할머니를 볼 수 없어서 슬프지만 나중에 우리 가족 모두 천국에서 만날 수 　있다고 생각하니까 위로가 돼. • 여행을 와서 아침에 늦게 일어나고 맛있는 음식을 먹으면서 쉬니까 천국에 온 것 같 　이 행복하다.
천사 angel 天使 天使	• 가: 동운 씨는 정말 착한 것 같아요. 늘 다른 사람을 도와주고 어려운 일은 자기가 맡 　아서 하고. 　나: 맞아요. 우리 부서의 천사예요. • 아기의 자는 모습이 천사같이 예쁘다. 　**표현** 천사가 나타나다/내려오다, 천사를 보내다

연습 문제

1 다음은 환경을 보호하는 방법입니다. 빈칸에 알맞은 단어를 쓰십시오.

분리	비닐	일회용품	재활용

1. 쓰레기는 종류를 잘 나누어서 _____해서 버린다.

2. 다 쓴 병이나 플라스틱은 버리지 말고 _____한다.

3. 종이컵 같은 _____을/를 사용하지 않고 일반 컵을 사용한다.

4. 쇼핑하러 갈 때 집에서 물건을 담을 가방을 가져가면 _____ 봉투를 안 사도 된다.

2 빈칸에 알맞은 단어를 쓰십시오.

기도	기독교	불교	활용

1. 내 동생은 교회에 다니는데 밤에 자기 전에 꼭 _____을/를 하고 잔다.

2. 한국은 국가의 종교가 없지만, 미국은 _____ 국가이다.

3. 우리 언니는 안 입는 옷을 버리지 않고 다시 _____해서 핸드폰을 넣는 주머니나 지갑 같은 걸 만든다.

4. 우리 시어머니는 _____을/를 믿으셔서 주말마다 절에 가신다.

3 빈칸에 알맞은 단어를 쓰십시오.

목사	믿음	소음

1. 가: 요즘 극장에서 재미있는 영화를 많이 하는데 토요일에 같이 보러 갈래?
   나: 토요일에는 내가 미국에서 유학할 때 다닌 교회의 _____님이 한국에 오셔서 공항에 가야 해. 다음 주에 보러 가자.

2. 가: 새로 이사 간 집 어때?
   나: 네, 제가 사는 아파트가 큰 도로 옆에 있는데 _____이/가 심해서 밤에 시끄러워서 푹 못 자요.

분리	부분	part / 部分 / 部分
분(分) : 나누다 divide 分 分ける	구분 DAY79	division / 区分 / 区分
	분량 DAY57	amount / 分量 / 分量

종교	교과서	textbook / 教科书 / 教科書
교(教) : 가르치다 teach 教える 教	학교	school / 学校 / 学校
	교육자 DAY35	educator / 教育者 / 教育者
	교재 DAY33	textbook / 教材 / 教材

MEMO

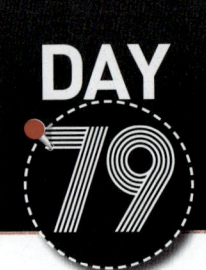

DAY 79 학문

아는 단어에 ○표 하세요.

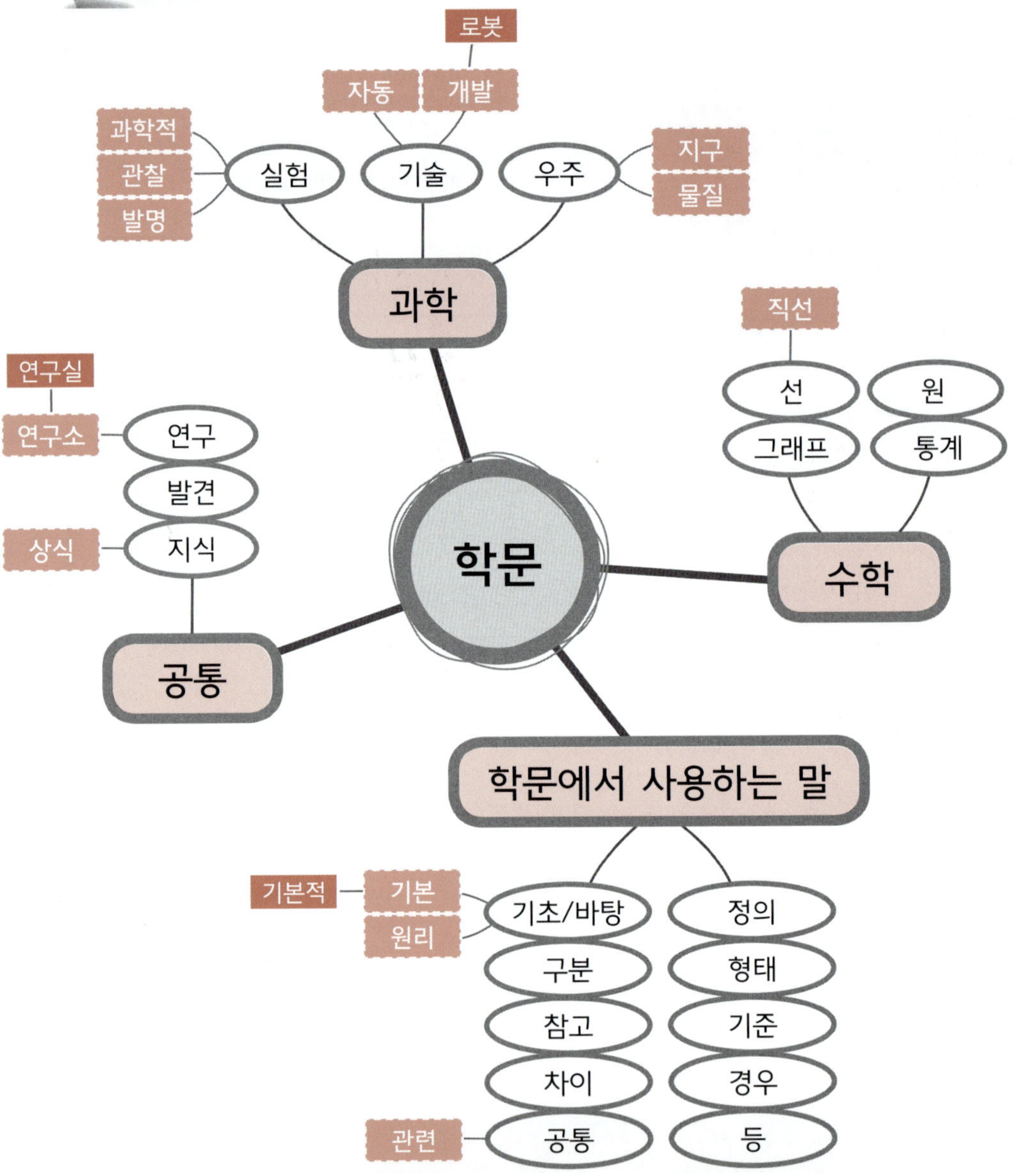

로봇
자동
개발
과학적
관찰
발명
실험
기술
우주
지구
물질
과학
직선
선
원
그래프
통계
수학
연구실
연구소
연구
발견
상식
지식
학문
공통
학문에서 사용하는 말
기본적
기본
원리
기초/바탕
정의
구분
형태
참고
기준
차이
경우
관련
공통
등

개발
development
开发
開発

- 가: 오늘 김연아 선수가 경기하는 모습을 봤는데 정말 대단했어요. 어떻게 스케이트를 그렇게 잘 탈 수 있죠!
  나: 맞아요. 김연아 선수의 어머니께서 딸의 능력을 일찍 알고 그 능력을 **개발**할 수 있는 환경을 만들어 주셨다고 해요.
- 한국은 1960년대에 경제 **개발**을 시작했다.

과학적
scientific
科学的
科学的

- 가: '**과학적**으로 상상하기'? 이거 과학책이야?
  나: 응, 과학의 비밀을 알기 쉽게 설명한 책이야. 아주 재미있는데 다 읽고 빌려줄까?
- 채소, 요구르트, 생선, 땅콩, 곡식은 **과학적**으로 확인된 건강식품이라고 한다.

  표현 과학적 방법

관찰
observation
观察
観察

- 가: 설희야, 엄마하고 같이 해야 하는 **관찰** 숙제가 뭐라고 했지?
  나: 식물을 키우는 거예요. 선생님이 식물을 하나 정해서 키우면서 어떻게 자라는지 **관찰**하고 써 오라고 하셨어요.
- 한국대학병원의 최준호 교수가 지난 10년 동안 암 환자들을 **관찰**한 결과 암이 치료되어도 5년 후에 다시 생길 수 있다는 것을 확인했다고 한다.

  표현 관찰 결과/일기

기술
technology
技术
技術

- 가: 다음 달에 이탈리아로 출장 간다고 했죠? 좋겠네요.
  나: 네, 이탈리아의 건축 **기술**을 배울 수 있는 시간이어서 많이 기대가 돼요.
- 요즘 '대화의 **기술**'이라는 책을 읽고 있는데 말솜씨가 없는 내게 도움이 되는 정보가 많이 있다.

  표현 기술 고등학교/발전/정보, 기술을 개발하다/소개하다/활용하다

외 로봇
robot
机器人, 自动
로봇

- 가: 동운아, 이번 크리스마스 때 무슨 선물 받고 싶어?
  나: **로봇** 장난감을 받았으면 좋겠어요.
- 집안 청소를 쉽게 해 주는 **로봇** 청소기가 주부들에게 인기가 많다.

  표현 로봇 장난감

물질
material
财务, 物质
物質

- 가: 호당 씨, 왜 조건이 좋은 회사를 그만두고 다른 회사로 옮겼어요?
  나: 옮긴 회사는 여가 시간을 많이 가질 수 있어서 좋아요. 제가 **물질**에 욕심이 좀 많아서 그동안 너무 돈 버는 것에만 집중했는데 앞으로는 가족들과 시간을 좀 보내고 싶어서요.
- 정부가 공장에서 나오는 오염 **물질**을 바다에 그냥 버린 회사들에게 영업 정지를 내렸다.

발명
invention
发明
発明

- 가: 선생님, 한글은 언제, 누가 **발명**했어요?
  나: '세종대왕'이라는 한국의 왕이 1443년에 한글을 만드셨어요.
- 나는 사람이 **발명**한 것 중에서 가장 뛰어난 것은 비행기라고 생각한다.

실험 experiment 实验 実験	• 가: 신문 기사에서 봤는데 화장품을 만들 때 하는 동물 **실험** 때문에 1년에 죽는 동물이 5억 마리 정도 된다고 해. 난 이제 동물 **실험** 하는 회사의 화장품은 안 살 거야. 나: 그래? 그렇게 많이 죽는지 몰랐어. 동물들이 정말 불쌍하다. • 우리 회사는 새로 개발한 두통약이 얼마나 효과가 있는지 알아보려고 6개월 동안 **실험**을 했다. 표현 실험 결과
우주 space 宇宙 宇宙	• 가: 얼마 전에 영화 '스타워즈'를 봤는데 언제쯤이면 영화에서처럼 **우주**에 쉽게 갈 수 있을까? 나: 신문에서 선진국들은 벌써 일반인들의 **우주**여행을 준비하고 있다는 기사를 봤어. 우리가 죽기 전에는 갈 수 있지 않을까? • 1961년에 '유리 가가린'이라는 러시아 사람이 최초로 **우주**에 갔다. 표현 우주 박물관/개발/여행
자동 automatic 自动 自動	• 가: 이 난로는 일정한 온도가 되면 **자동**으로 꺼지는 기능이 있네. 이거 살까, 언니? 나: **자동**으로 꺼지면 안전하게 사용할 수 있겠다. 이걸로 사자. • 1960년대에 우리가 지금 타는 버스의 **자동**문이 처음 생겼다.
지구 earth 地球 地球	• 가: 옛날 사람들은 **지구**의 모양은 네모라고 생각했다고 해. 나: 옛날에 살았으면 나도 그렇게 생각했을 것 같아. 둥근 **지구**의 모양을 눈으로 볼 수 없으니까. • 환경오염 때문에 **지구**의 온도가 매년 오르고 있다. 표현 지구 과학/오염/환경, 지구가 돌다/둥글다, 지구를 개발하다/구하다/살리다/지키다

학문 **수학**

외 **그래프** graph 坐标图 グラフ	• 가: 김 팀장, 지난 1년 동안 우리 회사 핸드폰의 판매 변화를 **그래프**로 정리해서 보여 주세요. 나: 네, 알겠습니다. 언제까지 준비할까요? • 이번 한국어 말하기 시험은 **그래프**를 보고 설명하는 것이다. 표현 그래프를 그리다
선 line 线 線	• 가: 운전을 시작한 지 얼마 안 돼서 주차장에 그려진 **선** 안에 주차하는 게 아직 어려워. 나: 나도 처음으로 차를 몰고 마트에 갔을 때 주차를 못 해서 거기 마트 직원이 해 줬어. • (문제) 다음 단어와 의미가 반대인 단어를 찾아 **선**으로 연결하십시오. 표현 선을 긋다

원
circle
圆
円

- 가: 여러분, 소풍 와서 어머니가 싸 주신 김밥 먹으니까 정말 맛있죠? 그럼 이제부터 게임을 할까요? 반장이 나와서 게임 진행해 주세요.
  나: 네, 선생님! 얘들아, 지금부터 게임할 거니까 **원**을 만들어서 앉자.
- 어깨가 아플 때 양쪽 팔을 돌려서 큰 **원**을 그리는 운동을 반복하면 좋아진다고 한다.
  표현 원을 그리다

직선
straight line
直线
直線

- 가: 이 그림은 위에서 아래로 선을 몇 개만 그었는데 유명하다고?
  나: 응, 나도 잘 모르는데 이 그림은 **직선**의 아름다움을 아주 잘 표현한 그림이라고 들었어.
- 고속도로에서 **직선** 도로가 아닌 곳에서 사고가 많이 일어난다고 한다.
  표현 직선 도로

통계
statistics
统计
統計

- 가: 이번 학기에 **통계** 수업을 듣는데 너무 어려워.
  나: 나도 그 수업 들을 때 많이 어려웠어. 그런데 여러 가지 **통계** 프로그램을 배우니까 보고서 쓸 때 도움이 많이 됐어.
- '2015년 인구이동**통계**' 발표 결과, 전국에서 이사를 가장 많이 온 곳은 대전에 있는 '세종시'라고 한다.
  표현 통계 자료, 통계를 내다

학문 **공통**

발견
discovery
发现
発見

- 가: 지난주에 친구랑 남대문에 갔는데 국수가 아주 맛있는 집을 **발견**했어. 가격도 3,000원밖에 안 했어.
  나: 그래? 정말 싸다. 나도 국수 좋아하니까 다음에 같이 가자.
- 미국은 1492년에 콜럼버스가 **발견**했는데 콜럼버스는 미국을 인도라고 생각했다고 한다.

상식
common sense
常识
常識

- 가: '**상식**사전'? **상식** 쌓으려고 책 샀어?
  나: 다음 달에 회사 면접시험이 있는데 그때 일반 **상식**도 질문한다고 해서 샀어.
- 하루에 8잔 이상의 물을 꼭 마셔야 한다는 건강 **상식**은 잘못된 것이라고 한다.
  표현 상식이 있다/없다/풍부하다, 상식에 맞지 않다, 상식을 벗어나다

연구
study
研究
研究

- 가: 아키호 씨 남편은 무슨 일을 하세요?
  나: 스마트폰 기술을 **연구**하는 일을 해요.
- 스트레스를 풀지 않고 오랫동안 그냥 두면 기억력이 나빠진다는 **연구** 결과가 나왔다.
  표현 연구 결과/내용/방향/보고서

연구소
lab
研究所
研究所

- 가: 남편이 **연구소**에 다닌다고 했죠? 어떤 연구를 하세요?
  나: 환경 문제를 연구하고 있어요.
- 한국 경제 **연구소**는 내년에 달러의 환율이 1,100원 정도로 계속될 것이라고 발표했다.
  표현 연구소를 두다

연구실 lab 研究室 研究室	• 가: 마데 씨, 이번에 영국으로 가서 일하게 됐다고 들었어요. 　나: 한국 과학 기술 연구소와 유럽 연구소가 런던에 공동 **연구실**을 만들었는데 거기 　　서 일하게 됐어요. • 우리 아버지는 교수이신데 **연구실**에서 늦게까지 공부하고 오실 때가 많아서 어릴 때 　는 아버지의 얼굴을 자주 볼 수 없었다.
지식 knowledge 知識 知識	• 가: 미도리, 지금 과학책 읽고 있네. 과학책 읽는 거 좋아해? 　나: 아니에요. 저는 과학책같이 **지식**을 전달하는 책보다 소설 같은 문학을 읽는 것을 　　더 좋아해요. 지금 이 책은 과제 때문에 읽고 있어요. • 옛날에는 **지식**을 많이 쌓는 것이 중요했지만 요즘은 **지식**을 잘 활용하는 것이 더 중 　요한 시대가 됐다. 　**표현** 지식이 풍부하다, 지식을 갖추다/얻다

학문 학문에서 사용하는 말

경우 case, situation 情況 場合	• 가: 로션을 산 지 2년 정도 됐는데 써도 될까? 　나: 보통 화장품의 **경우** 사용 기간이 2~3년이니까 괜찮을 것 같은데? • 20~40대의 부부가 맞벌이를 할 **경우** 아내가 육아에 쓰는 시간은 남편의 2.6배라 　고 한다.
공통 common 共同 共通	• 가: 지난번에 소개팅한 사람하고 계속 만나고 있어? 　나: 세 번 만났는데 이야기할 때 **공통** 화제가 없어서 대화가 잘 안 돼. 그래서 그만 　　만나려고 해. • (문제) 다음 빈칸에 **공통**으로 들어갈 말을 쓰십시오. 　**표현** 공통점을 찾다
관련 relation 关联 関連	• 가: 제주도 여행 가신다고 하셨죠? 이번에 싸게 나온 여행 상품들이 좀 있는데 소개 　　해 드릴까요? 　나: 네, 그리고 여행 **관련** 정보도 좀 받을 수 있어요? • 한국 역사에 관심이 생겨서 역사와 **관련**된 책들을 사서 보려고 한다. 　**표현** 관련 기사/서류/정보, 관련이 있다/깊다, 관련을 가지다/짓다
구분 division 区別 区分	• 가: 세쌍둥이 낳으신 거 정말 축하드려요! 그런데 제가 볼 때는 얼굴이 다 똑같은데 　　얼굴 **구분**이 가능하세요? 　나: 처음 태어났을 때는 얼굴이 너무 비슷해서 저도 **구분**하기 힘들었는데 조금 지나 　　니까 **구분**이 됐어요. • 학교에 성별의 **구분**이 없는 화장실이 생기는 것에 반대하는 부모들이 늘고 있다고 　한다. 　**표현** 구분이 가다, 구분을 짓다

기본 base 基本 基本	• 가: 저, 헬스클럽 등록하려고 하는데 우선 한 달만 등록할 수 있어요? 　나: 죄송하지만 저희 헬스클럽은 **기본**으로 3개월은 등록하셔야 합니다. • 내년부터 택시 **기본**요금이 오른다고 한다. 표현 기본 계획/요금/정신/특성
기본적 basic 基本的 基本的	• 가: 유미 씨, 요리 배운 적 있어요? 된장찌개를 정말 잘 끓이네요! 　나: 제가 혼자 산 지 5년 돼서 된장찌개나 나물처럼 **기본적**인 음식은 만들 수 있어요. • 국가에 세금을 내는 것은 국민의 **기본적**인 의무이다.
기준 standard 标准 基準	• 가: 나이가 드니까 결혼 상대를 고르는 **기준**이 바뀌는 것 같아요. 　나: 그렇겠죠. 저도 대학생 때는 잘생기고 키가 큰 남자와 결혼하고 싶었는데 10년이 　　　지난 지금은 성격이 좋고 능력이 있는 사람과 결혼하고 싶어요. • 미인의 **기준**은 시대가 바뀌면 달라질 수 있다. 표현 기준을 세우다
기초 foundation 基础 基礎	• 가: '**기초** 영어 문법'? 영어 공부 다시 하려고 책 샀어? 　나: 응, 영어 문법 **기초**가 부족한 것 같아서 처음부터 다시 공부하고 있어. • 이 다리를 지을 때 **기초** 공사만 2년이 걸렸다고 한다. 표현 기초 공사/과목/학문, 기초가 쌓이다/부족하다, 기초를 두다/마련하다
등 etc 等 など	• 가: 선생님, 피부병에 먹지 말아야 하는 음식이 있나요? 　나: 네, 기름이 많은 음식이나 튀긴 음식은 피하고 야채, 과일 **등** 비타민이 많은 음 　　　식을 드세요. • 요즘 아이들은 햄버거, 피자 **등** 패스트푸드를 좋아한다.
바탕 background 背景 地	• 가: 한국 영화 '태극기 날리며'를 어제 봤는데 너무 슬프고 감동적이어서 많이 울었 　　　어요. 　나: 그렇죠? 그 영화는 1950년에 일어난 한국 전쟁을 **바탕**으로 만든 영화라서 우리나 　　　라의 아픈 역사를 담고 있어요. • 컴퓨터 속도를 빠르게 하는 방법 중의 하나는 **바탕**화면을 간단하게 정리하는 것이다. 표현 바탕이 되다/좋다, 바탕을 두다/이루다
원리 principle 原理 原理	• 가: 승원 씨는 수학 과외 선생님이에요? 저는 학교 다닐 때 수학이 너무 어려워서 성 　　　적이 별로 안 좋았어요. 　나: 수학은 **원리**를 알면 그렇게 어렵지 않아요. 문제를 풀기 전에 먼저 어떤 **원리**로 　　　문제가 만들어졌는지 생각하면 쉽게 풀 수 있어요. • 국제 사회에서 '힘의 **원리**'는 힘이 약한 나라가 강한 나라의 영향을 받는 것이다. 표현 원리를 발견하다

정의
(비) 뜻, 의미
definition
定义
正義

- 가: 여러분, 오늘 수업에서는 인생을 한번 **정의**해 볼까요? 인생이 뭐라고 생각하세요?
  나: 어떤 영화에서 봤는데 "인생은 초콜릿 상자와 같다."고 한 말이 기억납니다. 상자를 열기 전까지 어떤 맛의 초콜릿이 상자 안에 있는지 모르니까요.
- '에리히 프롬'이라는 독일 학자는 사랑은 받는 것이 아니라 주는 것이라고 **정의**했다.

  표현 정의를 내리다

차이
difference
差异
差異

- 가: 이 두 제품의 **차이**가 뭐예요?
  나: 왼쪽 세제는 과일 향기가 나고요, 오른쪽 세제는 시원한 향기가 나는 제품입니다, 고객님.
- 우리 아들은 남편을 닮아서 키가 큰데 같은 나이의 친구들과 키 **차이**가 10cm 정도 난다.

  표현 차이가 나다/나타나다/생기다, 차이를 나타내다/느끼다/보이다

참고
reference
参考
參考

- 가: 영어로 이력서를 써야 하는데 한 번도 써 본 적이 없어서 너무 어려워.
  나: 서점에 가면 이력서를 어떻게 쓰는지 알려주는 책들이 많이 있으니까 **참고**해서 써.
- 나는 학교에 내는 보고서를 쓸 때 보통 다섯 권 이상의 책을 **참고**한다.

형태
form
形态
形態

- 가: 한국 드라마에서 결혼 후에 부부가 부모님과 같이 사는 걸 봤는데 한국에서는 결혼해도 부모님과 같이 살아요?
  나: 옛날에는 그랬는데 요즘에는 가족의 **형태**가 많이 바뀌어서 결혼하고 부모님과 따로 사는 부부가 더 많아요.
- 시대가 바뀌면서 한복의 **형태**도 많이 변해서 지금의 한복과 옛날 한복은 다르다.

  표현 형태가 뚜렷하다/변하다, 형태로 나타나다

1 다음 그림을 보고 빈칸에 알맞은 단어를 쓰십시오.

그래프	로봇	지구	선

1. _____
2. _____
3. _____
4. _____

2 괄호 안에서 알맞은 단어를 고르십시오.

1. 로봇을 처음 (발견한 / 발명한) 사람이 누구인지 궁금하다.

2. 이 슬리퍼는 왼쪽과 오른쪽의 (구분 / 차이)이/가 어려워서 자주 양쪽을 바꿔서 신는다.

3. 보고서 과제가 있는데 책과 인터넷 등 여러 가지 자료를 (관찰해서 / 참고해서) 썼다.

4. 내 동생은 외국 회사에서 일한 경험을 (관련 / 바탕)으로 사업을 성공으로 이끌었다.

5. 한국의 소고기인 '한우'의 품질이 우수하다는 것이 (기본적 / 과학적)으로 밝혀졌다.

3 다음은 뉴스의 일부입니다. 빈칸에 알맞은 단어를 쓰십시오.

기술	물질	우주

1. 〈지구 밖에 있는 생명을 찾아서〉

지구 밖, _____에서 인간과 비슷한 생명을 찾는 것을 목표로 미국와 유럽이 경쟁을 시작했다.

2. 〈'훅스' 자동차, 환경오염의 범인 〉

환경관리 연구소에서 발표한 결과 '훅스' 회사의 자동차가 다른 회사의 자동차보다 오염 _____이/가 55% 정도 더 나오는 것으로 알려졌다.

3. 〈서울시, 베트남에 다리 건설 사업 시작〉

서울시가 올해 베트남의 도시 한 곳을 정해서 다리를 만들 수 있는 _____을/를 알려주기로 했다고 발표했다.

어휘력 **쑥쑥**

공 통	교통	traffic / 交通 / 交通
통(通) : 통하다	통화	call / 通话 / 通話
communicate	통신 DAY65	communication / 通信 / 通信
通 通じる	통역 DAY72	interpretation / 翻译 / 通訳

직 선	직접	personally / 直接 / 直接
직(直) : 곧, 똑바로	정직 DAY49	honesty / 正直 / 正直
directly	직진 DAY12	straight / 直走 / 直進
直 直	직후 DAY55	immediately / 之后 / 直後

✂ **MEMO**

※빈칸에 알맞은 것을 고르십시오.

1
가: 인터넷에서 네 이름을 _____ 해 본 적 있어?
나: 응, 내 이름이 흔하지 않아서 별로 없을 줄 알았는데 생각보다 훨씬 많았어.
① 가입　　　　　　② 검색　　　　　　③ 저장　　　　　　④ 채팅

2
가: 배가 고픈데 저녁 먹으러 갈까?
나: 그래. 그런데 요즘 도서관에서 _____ 사고가 자주 있다고 하니까 가방을 가지고 가자.
① 도난　　　　　　② 실종　　　　　　③ 중단　　　　　　④ 소매치기

3
가: 친구가 회사를 나와서 커피숍을 하는데 한 달 _____ 이/가 500만 원이 넘는다고 들었어요.
나: 와! 돈을 많이 버는군요. 하지만 쉴 수 있는 날이나 시간이 별로 없으니까 힘들 것 같아요.
① 수입　　　　　　② 재산　　　　　　③ 경영　　　　　　④ 소비

4
옛날에는 힘이 약한 나라가 힘이 강한 나라에게 나라를 _____ 일이 많았다.
① 나뉘는　　　　　② 빼앗기는　　　　③ 뽑히는　　　　　④ 제한되는

5
올림픽 때 외국인 선수들에게 한국어를 영어로 _____ 해 주는 봉사를 한 적이 있다.
① 비교　　　　　　② 수다　　　　　　③ 통역　　　　　　④ 충고

6
어렸을 때 어머니가 나에게 "언니니까 동생한테 먼저 _____ 한다"고 자주 말씀하셨다.
① 대접해야　　　　② 공손해야　　　　③ 숙여야　　　　　④ 양보해야

7
중국에는 여러 _____ 이 살고 있어서 문화가 다양하다.
① 국민　　　　　　② 민족　　　　　　③ 조상　　　　　　④ 인류

8
가: 어제 여자 친구랑 남산에 간다고 했죠? 첫 데이트 성공했어요?
나: 네, 산 전체가 눈으로 _____ 경치를 볼 수 있어서 분위기가 좋았어요.
① 덮인　　　　　　② 비추는　　　　　③ 비치는　　　　　④ 캄캄한

9
가: 준호 씨, 고향 구경 시켜줘서 고마워요. 그런데 이 강은 경치는 좋은데 물이 맑지 않네요.
나: 네, 옛날에는 깨끗했는데 지금은 많이 _____ 이/가 돼서 안타까워요.
① 분리　　　　　　② 오염　　　　　　③절약　　　　　　④ 활용

10
나는 학교에 내는 보고서를 쓸 때 보통 다섯 권 이상의 책을 _____ 한다.
① 개발　　　　　　② 구분　　　　　　③ 발견　　　　　　④ 참고

연습 문제 정답

DAY1 가족
1 1. 외아들 2. 쌍둥이 3. 맏아들 4. 막내
2 1. 식구 2. 며느리 3. 손자 4. 효녀

DAY2 외모와 성격1
1 1. 엄격하세요 2. 씩씩해요 3. 까다로워요 4. 여려요
2 1. 내성적인 2. 솔직하 3. 느긋해지고 4. 꼼꼼하

DAY3 외모와 성격2
1 1. 매력 2. 미인 3. 여드름 4. 뒷모습
2 1. 이미지 2. 동그랗다 3. 겉모습 4. 날씬하다

DAY4 옷과 패션1
1 1. 생머리, 앞머리, 잠옷 2. 단발머리, 유니폼
3. 곱슬머리, 귀걸이, 줄무늬 4. 파마, 소매, 핸드백
2 1. ⓒ 2. ⓓ 3. ⓐ 4. ⓑ

DAY5 옷과 패션2
1 1. 옷차림 2. 다림질 3. 꾸미 4. 우아하
2 1. 패션쇼 2. 수선해서 3. 치수 4. 찢어진

DAY6 연애와 결혼1
1 1. 연애 2. 연인 3. 타입 4. 노총각 5. 독신자
2 1. 한눈에 반하다 2. 고백하다 3. 청혼하다
4. 헤어지다

DAY7 연애와 결혼2
1 1. 청첩장 2. 신혼여행 3. 신랑 4. 웨딩드레스
2 1. 배우자 2. 이혼 3. 임산부 4. 출산율

DAY8 감정1
1 1. 부러워하 2. 만족하 3. 실망하 4. 두려워하
2 1. 든든하다 2. 보람 3. 서운했다 4. 괴롭다
3 1. 고통 2. 불만 3. 공포

DAY9 감정2
1 1. 안심 2. 놀라운 3. 지겹지
2 1. 창피했다 2. 싫증이 나지 3. 끌리지 4. 질투가 났다

DAY10 날씨와 계절1
1 1. 선선한 2. 단풍 3. 안개 4. 쌀쌀하 5. 일기예보
6. 화창한 7. 최저 8. 환절기 9. 전국적 10. 강수량
11. 개
2 1. 건조해서 2. 상쾌하 3. 서늘하니까 4. 녹았어

DAY11 날씨와 계절2
1 1. 무더운 2. 부채 3. 더위 4. 소나기 5. 첫눈
6. 어는데 7. 난방 8. 눈사태
2 1. 난로 2. 추위 3. 떤다 4. 무더위 5. 포근하다
6. 폭우 7. 습해서

DAY12 교통1
1 1. 벌금을 내야 2. 운전면허 3. 헬멧 4. 운전자
5. 끼어들었을
2 1. 좌회전 2. 골목길 3. 표지판 4. 속도 5. 빗길
6. 위반 7. 멈추는

DAY13 교통2
1 1. 고속도로 2. 교통편 3. 막차 4. 노선
2 1. 승용차 2. 항공기 3. 트럭 4. 전철 5. 오토바이

DAY14 돈과 은행
1 1. 1) 번호표 2) 금액 3) 인출기 4) 입금 5) 송금
2. 1) 버튼 2) 계좌 3) 금액 4) 무통장
2 1. 세금 2. 공공요금 3. 상금 4. 적금

DAY15 건강과 질병1
1 1. 규칙적, 채식 2. 굶는, 과식해서 3. 자극적 4. 영양
제 5. 수면 6. 해소법
2 1. 불면증 2. 눈병 3. 피부병 4. 비만

DAY16 복습 문제 1
1. ① 2. ③ 3. ② 4. ① 5. ③ 6. ④ 7. ④ 8. ② 9. ③ 10. ②

2 1. 예 2. 정답 3. 입시 4. 신입생

DAY35 일과 직업

1 1. 모집 2. 지원 3. 경쟁 4. 추천서 5. 면접관
6. 접수 7. 합격자

2 1. 영화감독 2. 시인 3. 운전기사 4. 강사 5. 상담원

DAY36 직장 생활1

1 1. 처리 2. 담당자 3. 보고서

2 1. 업무 2. 회장 3. 승진하 4. 다뤄서 5. 임시

DAY37 직장 생활2

1 1. 근무해요 2. 산더미 3. 야근 4. 일상 5. 밤새웠어요

2 1. 과로 2. 환영회 3. 출근길

3 1. 사표 2. 퇴직 3. 영업 4. 홍보 5. 밤새도록

DAY38 성공과 실패

1 1. 완성해서 2. 목표 3. 주어지는데 4. 소망

2 1. 시도 2. 소원 3. 실제 4. 승리

3 1. 망한 2. 빌

DAY39 생각1

1 1. 알아듣 2. 생생하 3. 기억나

2 1. 이해력 2. 상상 3. 정신 4. 아이디어 5. 착각

DAY40 생각2

1 1. 불필요해질 2. 가능할 3. 예측하는

2 1. 예상하 2. 물론이 3. 확실하 4. 적절한

DAY41 동작1

1 1. 벌리, 뻗어서 2. 밟아 3. 구릅니다 4. 떼

2 1. 기어서 2. 뱉었다 3. 묶였다 4. 따는

DAY42 동작2

1 1. 몰려들어서 2. 헤매는 3. 다가오는 4. 넘어가는

2 1. 돌려받지 2. 건네셨다 3. 달려올 4. 돌아다녔다

3 1. 떠나온 2. 주고받아요 3. 오가면서

DAY43 동작3

1 1. 씻기다 2. 깨우다 3. 재우다 4. 씌우다
5. 먹이다 6. 앉히다 7. 읽히다 8. 입히다

2 1. 들였다 2. 보살펴 3. 맞혀서 4. 벗어나서

DAY44 동작4

1 1. 가린다 2. 숨는다 3. 피해서 4. 날린다

2 1. 뜨지 2. 돌아보니까 3. 오르내리니까 4. 내려다볼

DAY45 개인과 사회1

1 1. 주민 2. 소문 3. 옆집 4. 공동

2 1. 개인적 2. 적 3. 남

3 1. 미친다 2. 끊겨서 3. 접할 4. 맺으면

DAY46 개인과 사회2

1 1. 기부 2. 양로원 3. 고아원 4. 회비

2 1. 실천 2. 계층 3. 출신 4. 세상 5. 지위

DAY47 태도1

1 1. 잘못했을 2. 대한다 3. 책임진다 4. 자랑하

2 1. 알아주지 2. 변명 3. 무시하고 4. 불평하신
5. 부주의

DAY48 복습 문제 3

1. ③ 2. ④ 3. ② 4. ③ 5. ③ 6. ④ 7. ② 8. ① 9. ② 10. ④

DAY49 태도2

1 1. 도전 2. 정성 3. 집중력

2 1. 겸손한 2. 견디는 3. 아낄

DAY50 상태1

1 1. 빨개졌어요 2. 적응해서 3. 살쪄서 4. 들어섰는데

2 1. 정신없었다 2. 취했다 3. 낡았다 4. 서투르다

DAY51 상태2

1 1. 커다란 2. 뛰어나서 3. 새로운

2 1. 탁하다 2. 더러워지니까 3. 동일한

3 1. 심각하다 2. 엉뚱한 3. 대단하다

DAY52 문제와 해결/부탁과 거절

1 1. 용서 2. 위로 3. 해결책 4. 갈등

2 1. 오해하고 2. 쏟아져서 3. 풀리지 4. 깨뜨렸는데

3 1. 졸라서 2. 눈감으셨다 3. 다퉈요

DAY53 설득과 주장/칭찬과 벌

1 1. 거짓 2. 숨기는 3. 어길 4. 격려

2 1. 제안 2. 방해 3. 속이고

3 1. 벌 2. 의논 3. 매 4. 시각 5. 토론

DAY54 시간1

1 1. 제시간 2. 무렵 3. 평소 4. 현대적 5. 현대

2 1. 시대 2. 현대인 3. 년대 4. 제때 5. 야간

DAY55 시간2

1 1. 연속 2. 단기간 3. 순간

2 1. 연장 2. 앞날 3. 직후 4. 전날 5. 한동안 6. 미루기로

DAY56 수와 양1

1 1. 바닥났다고 2. 넘쳐서 3. 늘리

2 1. 밀리미터 2. 단위 3. 달러 4. 바퀴

3 1. 넉넉하 2. 세(어)

DAY57 수와 양2

1 1. 최대 2. 소형 3. 대량 4. 온갖 5. 소량

2 1. 홀수 2. 절반 3. 소규모 4. 여럿 5. 소수

DAY58 위치와 방향

1 1. 앞뒤 2. 꼭대기 3. 야외 4. 건너

2 1. 정상 2. 양쪽 3. 눈길 4. 내부

DAY59 순서와 범위

1 1. 이상 2. 영역 3. 그룹

2 1. 첫날 2. 이하 3. 최종 4. 범위

3 1. 넘겼어요 2. 퍼지 3. 번갈아

DAY60 장소

1 1. 편의점 2. 광장 3. 술집 4. 길거리 5. 전문점

2 1. 전국 2. 동부 3. 서부 4. 남부

DAY61 집1

1 1. 유리창 2. 주방 3. 천장 4. 지붕

2 1. 보증금 2. 자취 3. 주택 4. 계약서

DAY62 집2

1 1. 털다 2. 깔다 3. 꽂다 4. 치우다 5. 널다 6. 쓸다

2 1. 얼룩 2. 환기 3. 이불 4. 먼지 5. 세제

DAY63 물건

1 1. 리모컨 2. 자 3. 드라이어 4. 가습기 5. 바가지

2 1. 부서졌는데 2. 새요 3. 갈려고 4. 빠져서

DAY64 복습 문제 4

1. ② 2. ② 3. ④ 4. ④ 5. ② 6. ④ 7. ② 8. ④ 9. ② 10. ④

DAY65 컴퓨터와 통신

1 1. 가입 2. 성명 3. 등록 4. 성별 5. 우편물 6. 문자

2 1. 프린터 2. 문서 3. 저장 4. 파일

DAY66 신문 · 방송 · 출판

1 1. 시청자 2. 방송사 3. 디지털 4. 채널 5. 출판 6. 도서 7. 번역

2 1. 수정 2. 매체 3. 반응 4. 설문지

DAY67 사건과 사고1

1 1. 갇힌 2. 빠진 3. 흔들렸어요

2 1. 무너지는 2. 실종자 3. 피해자

3 1. 부딪히는, 숨졌다 2. 터지는

DAY68 사건과 사고2

1 ④ → ① → ③ → ②

2 1. 도둑 2. 신고 3. 보험 4. 도난 5. 원인

3 1. 붙잡고 2. 쫓겨서 3. 쏴

DAY69 경제1

1 1. 재테크 2. 과소비 3. 대기업 4. 맞벌이 5. 교육비
2 1. 식비 2. 소비자 3. 장사 4. 형편

DAY70 경제2

1 1. 전자 2. 건설 3. 기계 4. 건축
2 1. 수출 2. 물가 3. 취업난 4. 전망

DAY71 나라/법/정치

1 1. 통일 2. 선진국 3. 제도 4. 제한
2 1. 독립 2. 외교관 3. 경고 4. 빼앗겼다고

DAY72 언어1

1 1. 서론, 요약 2. 문학, 작문 3. 기행문, 주제
2 1. 결론 2. 욕 3. 권하는 4. 기록하는
3 1. 시 2. 통역 3. 억양

DAY73 언어2

1 1. 과장하 2. 반복해서 3. 구체적인 4. 정확하
2 1. 반대말 2. 속담 3. 불규칙 4. 생략

DAY74 인사와 예절

1 1. 양보 2. 높임말 3. 웃어른 4. 반말
2 1. 뵈니까 2. 잡수세요 3. 찾아뵙 4. 여쭐게요
3 1. 공손 2. 복 3. 진심

DAY75 전통과 역사

1 1. 제사 2. 우물 3. 고궁 4. 김장
2 1. 전통 2. 기념 3. 기념일 4. 음력

DAY76 식물과 동물

1 1. 개구리 2. 곰 3. 고래 4. 벌 5. 거미 6. 거북이 7. 쥐 8. 원숭이 9. 게
2 1. 알 2. 먹이 3. 날아오면 4. 잡아먹는

DAY77 자연과 경치

1 1. 해돋이, 캄캄한, 빛나는 2. 야경, 반짝이는, 전망 3. 지진, 홍수, 가뭄
2 1. 에너지 2. 바닷물 3. 비바람 4. 비치는

DAY78 환경과 종교

1 1. 분리 2. 재활용 3. 일회용품 4. 비닐
2 1. 기도 2. 기독교 3. 활용 4. 불교
3 1. 목사 2. 소음

DAY79 학문

1 1. 지구 2. 선 3. 로봇 4. 그래프
2 1. 발명한 2. 구분 3. 참고서 4. 바탕 5. 과학적
3 1. 우주 2. 물질 3. 기술

DAY80 복습 문제5

1. ② 2. ① 3. ① 4. ② 5. ③ 6. ④ 7. ② 8. ① 9. ② 10. ④

마인드맵으로 배우는
토픽 어휘 2300

초판발행	2016년 10월 20일
초판 10쇄	2025년 9월 12일

저자	정보영, 한후영
편집	권이준, 김아영, 윤상희
펴낸이	엄태상
디자인	이건화
콘텐츠 제작	김선웅, 장형진
마케팅본부	이승욱, 노원준, 조성민, 이선민, 김동우
경영기획	조성근, 최성훈, 김로은, 최수진, 오희연
물류	정종진, 윤덕현, 신승진, 구윤주

펴낸곳	한글파크
주소	서울시 종로구 자하문로 300 시사빌딩
주문 및 교재 문의	1588-1582
팩스	0502-989-9592
홈페이지	www.sisabooks.com
이메일	book_korean@sisadream.com
등록일자	2000년 8월 17일
등록번호	제300-2014-90호

ISBN 978-89-5518-764-9 13710